Coleção
REPERCUSSÕES DO **v. 18**

NOVO CPC

JUIZADOS ESPECIAIS DA FAZENDA PÚBLICA E JUIZADOS ESPECIAIS FEDERAIS

Coleção
REPERCUSSÕES DO **v. 18**

NOVO CPC

Coordenador geral
FREDIE DIDIER JR.

JUIZADOS ESPECIAIS DA FAZENDA PÚBLICA E JUIZADOS ESPECIAIS FEDERAIS

Coordenadores
AUGUSTO VINÍCIUS FONSECA E SILVA
FREDERICO AUGUSTO LEOPOLDINO KOEHLER
RENATA CORTEZ VIEIRA PEIXOTO

2019

EDITORA
JusPODIVM
www.editorajuspodivm.com.br

EDITORA *Jus*PODIVM
www.editorajuspodivm.com.br

Rua Território Rio Branco, 87 – Pituba – CEP: 41830-530 – Salvador – Bahia
Tel: (71) 3045.9051
• Contato: https://www.editorajuspodivm.com.br/sac

Diagramação: Luiz Fernando Romeu *(lfnando_38@hotmail.com)*

Capa: Rene Bueno e Daniela Jardim *(www.buenojardim.com.br)*

J91 Juizados Especiais da Fazenda Pública e Juizados Especiais Federais / coordenadores Augusto Vinícius Fonseca e Silva, Frederico Augusto Leopoldino Koehler e Renata Cortez Vieira Peixoto – São Paulo: Editora JusPodivm, 2019.
432 p. (Coleção Repercussões do Novo CPC, v. 18; coordenador geral, Fredie Didier Jr.)

Vários autores
Bibliografia.
ISBN 978-85-442-2716-9.

1. Juizados especiais federais. I. Didier Jr., Fredie. II. Silva, Augusto Vinícius Fonseca e. III. Koehler, Frederico Augusto Leopoldino. IV. Peixoto, Renata Cortez Vieira. V. Título.

CDD 341.41921

Apresentação

É com muito orgulho que apresentamos ao público a obra coletiva **Juizados Especiais da Fazenda Pública e Juizados Especiais Federais**, que integra a *Coleção Repercussões do Novo CPC* da Editora Juspodivm.

A ideia de um procedimento diferenciado para as causas de menor valor foi implantada no Brasil com a aprovação da Lei nº 7.244/1984, que dispôs sobre a criação e o funcionamento dos *Juizados Especiais de Pequenas Causas*, para o julgamento de causas cujo valor não superasse 20 (vinte) vezes o maior salário mínimo vigente no país.

Em 1995, foi aprovada a Lei nº 9.099, que, em cumprimento aos arts. 98, inciso I e 24, inciso X, da Constituição Federal, revogou a Lei nº 7.244/1984 e criou os Juizados Especiais Cíveis, apenas em âmbito estadual e para pessoas jurídicas de direito privado. A competência foi elevada para as causas cujo valor não excedesse a quarenta salários mínimos, além de abranger outras matérias aí previstas.

A Lei nº 10.259/2001 criou os Juizados Especiais Federais no âmbito da Justiça Federal, com competência para processar causas com a presença da União, autarquias, fundações e empresas públicas federais, até o valor de sessenta salários mínimos.

Após a experiência exitosa das legislações anteriores, foi promulgada a Lei nº 12.153/2009, que dispôs sobre os Juizados Especiais da Fazenda Pública no âmbito dos Estados, do Distrito Federal, dos Territórios e dos Municípios, também com alçada de até sessenta salários mínimos, e prevendo como réus os Estados, o Distrito Federal, os Territórios e os Municípios, bem como autarquias, fundações e empresas públicas a eles vinculadas.

Nota-se, portanto, uma tendência histórica de crescimento acelerado dos juizados especiais, com ampliação do valor das causas que deve processar, bem como com uma expansão da competência para abranger as pessoas jurídicas de direito público federal e estadual. Tudo isso a demonstrar a necessidade progressiva de estudos e reflexões da doutrina sobre o referido sistema especial.

E, dentre as questões pungentes que a práxis impõe aos usuários do sistema dos juizados especiais, sobressai a que se refere aos limites de aplicação do CPC ao referido sistema.

O art. 27 da Lei nº 12.153/2009 foi o primeiro a prever, de forma expressa, a aplicação subsidiária do Código de Processo Civil no âmbito dos juizados especiais: "*Aplica-se subsidiariamente o disposto nas Leis nos 5.869, de 11 de janeiro de*

1973 - *Código de Processo Civil, 9.099, de 26 de setembro de 1995, e 10.259, de 12 de julho de 2001".*

Posteriormente, o art. 1.046, § 2º do CPC/2015 reforçou essa ideia, quando passou a prever: "*Permanecem em vigor as disposições especiais dos procedimentos regulados em outras leis, aos quais se aplicará supletivamente este Código.*".

Assim, é fundamental descortinar, em cada situação concreta vivida no sistema dos juizados especiais, a aplicabilidade ou não do CPC/2015 e de seus princípios, normas e institutos.

A Editora Juspodivm, vislumbrando a relevância dessa temática, encampou o projeto desta obra, que trata, dentre outros temas relacionados à aplicação do CPC/2015 nos juizados especiais, dos seguintes: a contagem dos prazos processuais em dias úteis; a dinamização do ônus da prova; o incidente de resolução de demandas repetitivas; a necessidade de motivação das sentenças; a execução; a competência; o cabimento da reclamação; a instrução probatória; a possibilidade de flexibilização procedimental; a recorribilidade das decisões interlocutórias e seu regime de preclusões.

Cumpre ressaltar que os comentários que compõem a presente obra foram elaborados por representantes dos mais variados órgãos e carreiras da área jurídica, fato que enriqueceu sobremaneira o livro, tornando-o mais plural e com interessantes reflexões e críticas sobre os temas nela versados.

Os coordenadores agradecem à Editora Juspodivm pela confiança neles depositada e congratulam todos os coautores desta obra pela excelência do trabalho realizado.

Barbacena/Brasília/Recife, fevereiro de 2019.

Os coordenadores

Prefácio

Nem completadas duas décadas de sua instituição, os Juizados Especiais Federais promoveram uma revolução nas causas de competência da Justiça Federal. Criados pela Lei 10.259, de 12 de julho de 2001, inovaram substancialmente o ordenamento positivo então vigente no tocante à relação processual entre a Administração Pública Federal e os administrados, destacando-se: a redução dos prazos e dos recursos cabíveis; o incentivo e as maiores facilidades oferecidas para a conciliação; o pagamento mais ágil das condenações; a informalidade, enfim, do procedimento. Tudo em clara contraposição ao rigor formalista que presidia até então o regramento das demandas envolvendo a Fazenda Pública.

Sem exagero é possível dizer, assim, que a chamada Lei dos JEF's antecipou em quase um quarto de século muitos dos institutos jurídicos trazidos, agora de forma ampla, pelo recente Código de Processo Civil. Mais que isso, por meio dela, toda uma geração de operadores do Direito passou a atuar baseada numa normatização voltada para promover uma Justiça mais eficaz e célere.

A mudança de paradigma foi tão benfazeja para o Direito brasileiro, sobretudo no nivelamento das posições do particular e da Fazenda Pública, enquanto partes na relação processual, que, pouco tempo depois, pretendeu-se expandi-la para o âmbito da Justiça Estadual alcançando os Juizados Especiais da Fazenda Pública. Coube, então, à Lei 12.153, de 22 de dezembro de 2009, reproduzir aquela exitosa experiência, abrangendo doravante também as Fazendas Públicas estaduais, distrital e municipais.

As principais disposições da Lei dos JEF's foram adaptadas, considerando-se peculiaridades das distintas realidades locais, com a introdução, aqui e ali, de certas novidades em relação ao procedimento dos Juizados Especiais Federais. É o caso, por exemplo, da delegação conferida a conciliador do Juizado para tomar depoimento das partes para fins de composição amigável, podendo o ato ser posteriormente aproveitado pelo juiz para fins instrutórios, caso não obtida a conciliação. Embora essa previsão seja polêmica, para alguns, é indiscutível seu mérito de prodigalizar a celeridade do procedimento.

Mercê de sua juventude, as disposições trazidas com as citadas Leis ainda precisam ser exploradas com mais profundidade pela doutrina, revelando mais nitidez e melhor compreensão. Afinal, embora cada qual tenha lá suas particularidades, parece que ambas se interligam e se complementam, formando uma composição harmônica, como faces de um diálogo entre integrantes de realidades assemelhadas. E a intercomunicação entre as duas Leis não apenas é inevitável como desejável, pois reportam-se ambas à origem comum emergente da

Lei 9.099, de 26 de setembro de 1995, norma base de todos os Juizados Especiais, formando, esse tripé, o plano de um microssistema processual específico.

Por tudo isso, mostra-se mais que oportuna e bem-vinda a iniciativa da coleção *"Repercussões do Novo CPC"*, publicada sob o pálio da Editora *Juspodivm*, mediante a coordenação-geral do **Professor Fredie Didier Júnior,** em incorporar o presente volume com estudos sob o título: OS JUIZADOS DA FAZENDA PÚBLICA E OS JUIZADOS ESPECIAIS FEDERAIS. Afinal, a mencionada coletânea já é referência na doutrina nacional, tanto pelo qualificado conteúdo como pela envergadura acadêmica de seus colaboradores.

Cabe lembrar que, embora nas unidades dos Juizados Especiais tramite expressiva quantidade de ações em meio a todo o acervo de processos em curso no Poder Judiciário brasileiro, nem sempre recebem a merecida atenção por estudos específicos. Daí a clara pertinência deste volume no contexto da série, servindo como fonte doutrinária de primeira grandeza para estudantes e profissionais da área jurídica.

Honra-me, portanto, em demasia o gentil convite que recebi do ilustre coordenador-geral da Coleção e dos nobres coordenadores desta obra, a saber, a Professora **Renata Cortez Vieira Peixoto**, o Juiz de Direito **Augusto Vinícius Fonseca e Silva** e o Juiz Federal **Frederico Augusto Leopoldino Koehler**, para prefaciá-la. Por tudo quanto acima foi destacado, a obra promete logo constituir-se em consulta obrigatória por todos aqueles apreciadores dos debates jurídicos de intensidade e que buscam a melhor distribuição da Justiça.

Boa leitura!

Raul Araújo

Ministro do Superior Tribunal de Justiça

Sobre os Coordenadores e Autores

COORDENADORES E AUTORES

AUGUSTO VINÍCIUS FONSECA E SILVA

Juiz de Direito em Minas Gerais. Pós-graduado em Direito Civil e Direito Processual Civil pela UNESA-RJ. Membro do Instituto Brasileiro de Direito Processual (IBDP), do Centro de Estudos Avançados de Processo (CEAPRO) e da Associação Brasileira de Direito Processual (ABDPRO). Autor de "A prova psicográfica no Direito Processual brasileiro" (Editora Lumen Juris, 2.ª ed., 2017), "Princípios pamprocessuais ou metaprocessuais – Normas fundamentais do CPC/2015 - princípios de todo processo" (Editora JusPodivm, 2019) e Coautor/Cocoordenador das obras "Juizados Especiais – Homenagem em Desembargador José Fernandes Filho" (Editora Del Rey, 2011), e "Juizados Especiais – Repercussões do novo Código de Processo Civil" (Editora JusPodivm, 2015). Autor de vários artigos jurídicos publicados em diversos periódicos e diversas revistas especializadas.

FREDERICO AUGUSTO LEOPOLDINO KOEHLER

Mestre em Direito pela Universidade Federal de Pernambuco – UFPE. Professor Adjunto da Universidade Federal de Pernambuco – UFPE. Membro e Secretário-Geral Adjunto do Instituto Brasileiro de Direito Processual – IBDP. Membro e Secretário-Geral da Associação Norte-Nordeste de Professores de Processo – ANNEP. Juiz Federal do TRF-5ª Região, exercendo atualmente o cargo de Juiz Instrutor no STJ.

RENATA CORTEZ VIEIRA PEIXOTO

Mestre em Direito pela Universidade Católica de Pernambuco – UNICAP. Especialista em Direito Processual Civil pela Universidade Católica de Pernambuco - UNICAP. Membro do Instituto Brasileiro de Direito Processual - IBDP. Membro da Associação Norte e Nordeste de Professores de Processo - ANNEP. Coordenadora do Curso de Pós-Graduação em Direito Notarial e Registral do CERS/Recife. Professora de Direito Processual Civil de cursos de Pós-graduação e preparatórios para concursos. Professora da Escola Superior de Advocacia de Pernambuco - ESA-PE. Registradora e Tabeliã no Estado de Pernambuco.

AUTORES

ANA KARENINA SILVA RAMALHO ANDRADE

Mestre em Direito, Estado e Constituição (UnB). Professora universitária. Advogada da União. Diretora do Departamento de Servidores Civis e de Militares da PGU/AGU.

BIANCA LOPES RODRIGUES

Graduanda em Direito – Mackenzie, onde integra o grupo de estudos sobre Juizados Especiais Cíveis, denominado "Direito e Processo", e o grupo de pesquisa Observatório do Poder Legislativo.

BIANCA MENDES PEREIRA RICHTER

Mestre e Doutoranda em Direito Processual Civil – Universidade de São Paulo. Pesquisadora Visitante – Universidade de Coimbra, 2012. Professora de Prática Jurídica – Mackenzie (UPM), onde integra grupo de estudos sobre os Juizados Especiais Cíveis, denominado "Direito e Processo". Professora de Processo Civil – Direito São Bernardo. Professora Orientadora da Pós-Gradução lato sensu – Damásio Educacional - Ibmec. Professora Convidada na Pós-Graduação lato sensu – Escola Superior da Advocacia – OAB e Direito São Bernardo. Advogada.

CECÍLIA RODRIGUES FRUTUOSO HILDEBRAND

Advogada, Professora, especialista em Direito Processual Civil, coordenadora do curso de direito do centro universitário Anhanguera - campus Leme/SP, coordenadora do Núcleo de Prátiva Jurídica do Centro Universitário Anhanguera. Foi coordenadora da ESA/SP na subsecção de Leme/SP. Atuou como assessora jurídica da Saecil, autarquia municipal de Leme/SP. Participante do FPPC.

ERICK CAVALCANTI LINHARES LIMA

Juiz de Direito (TJRR), ex-Presidente do FONAJE (2017-2018), Pós-doutor em direitos humanos e democracia (Univ. de Coimbra) e doutor em Relações Internacionais (Univ. de Brasília). É também autor de livros e artigos sobre o Sistema dos Juizados Especiais.

ESDRAS SILVA PINTO

Bacharel em Direito pela Universidade de Brasília. Especialista em Poder Judiciário com ênfase em Direito Processual Civil. Autor dos livros "A Força dos Precedentes no Direito Brasileiro: Uma análise histórica e comparada sobre a aproximação entre o civil law e o common law até o Novo Código de Processo Civil. 1a Ed. Rio de Janeiro: Câmara Brasileira de Jovens Escritores, 2015" e "O Novo Tipo Penal de Estupro: Um estudo sobre a unidade delitiva na redação dada pela Lei 12.015 de 2009. 1a Ed. Rio de Janeiro: Câmara Brasileira de Jovens Escritores, 2015". Coautor dos livros: "Ciências Penais e Juízes Criminais. 1a Ed. Curitiba: Editora Juruá, 2017" e "Leis Penais Comentadas. 1a Ed. Curitiba: Editora Juruá, 2018". Parecerista da Revista E-Legis da Câmara dos Deputados. Ex-integrante do Conselho Editorial da Revista dos Estudantes de Direito da Universidade de Brasília. Professor na Escola do Poder Judiciário de Roraima. Juiz de Direito no Tribunal de Justiça de Roraima.

GEISA ROSIGNOLI NEIVA

Mestre em direito público pela UNESA/RJ; Pós graduada em didática do ensino superior. Professora das disciplinas de direito processual civil e teoria geral do processo na Universidade Presidente Antônio Carlos - UNIPAC; Advogada com atuação profissional na área de direito público, prestando serviços de assessoria e consultoria jurídica; Sócia fundadora da Câmara Barbacenense de Mediação e Arbitragem – Pacificar Mediação e Arbitragem; Já foi Advogada-Geral do Município de Barbacena; procuradora municipal e assessora parlamentar.

HUMBERTO SANTAROSA DE OLIVEIRA

Mestre e Doutorando em Direito Processual pela Universidade do Estado do Rio de Janeiro. Advogado.

JULIANE PENTEADO SANTANA

Advogada previdenciarista. Professora de graduação e cursos de extensão. Graduada em Direito pela Universidade Católica Dom Bosco - UCDB. Pós-graduada em Direito Civil e Processo Civil pela Universidade da Grande Dourados - Unigran; Membro da Comissão de Direito Previdenciário da OAB/MS; Coordenadora do Instituto Brasileiro de Direito Previdenciário - IBDP pelo Estado de Mato Grosso do Sul e da região do Centro-Oeste. Palestrante.

JULIO PINHEIRO FARO HOMEM DE SIQUEIRA

Mestre em Direitos e Garantias Fundamentais pela Faculdade de Direito de Vitória (FDV); Pesquisador no Grupo de Pesquisas "Concretização da Constituição Brasileira pela Justiça Constitucional" no Departamento de Direito Público da Universidade Federal do Rio Grande do Norte (UFRN); Membro do Grupo de Pesquisas "Direito, Sociedade e Cultura" na FDV; Servidor Público Federal.

KARINA VELOSO GANGANA TANURE

Juíza de Direito/TJMG (2010). Bacharela em Direito pela Faculdade Milton Campos (2002). Pós-graduação em Direito Público pela ANAMAGES e Faculdades Integradas Newton Paiva (2004). Coordenadora Jurídica dos Setores de Conciliação e Atermação nos Juizados Especiais Cíveis de Belo Horizonte (2002/2005). Atuou pela ACADEPOL/MG (2005). Aprovada em concurso público para Tabelionato/MG (Edital-2007). Instrutora sobre Juizados Especiais pela Escola Judicial Des. Edésio Fernandes/TJMG (2002-2005) e isoladamente em Cursos de Formação Inicial de Juízes Substitutos/TJMG (2005 e 2017), além do Detran/MG (2015), CEDIN/MG(2016), dentre outros. Advocacia tributarista na Samarco Mineração S.A.(2007). Respondeu como magistrada no Juizado Especial da Fazenda Pública em Belo Horizonte (2015-2017). Avaliadora no Processo Seletivo para Juízes Leigos - foco Juizados da Fazenda Pública (2016). Membro do Comitê Executivo Estadual de Saúde do CNJ, em Minas Gerais (desde agosto de 2016). Titular em segunda entrância, da 1ª Vara Cível, Criminal, Infância e Juventude, Idoso e Juizados Especiais Cíveis, Criminais e da Fazenda Pública da Comarca de Mateus Leme/MG (desde 29.05.2017). Publicou o livro "Juizados Especiais da Fazenda Pública – Particularidades em uma visão prática e integrada", em coautoria com Lívia Teixeira (em 23.02.2018).

LILIAN MACIEL SANTOS

Juíza de Direito titular da 2ª Vara da Fazenda Pública Estadual e Autarquias de Belo Horizonte. Juíza convocada perante a 5ª e 8ª Câmaras Cíveis do TJMG. Mestre em Direito Civil pela UFMG. Pós-graduada em Direito

Processual pelo Universidade Gama Filho/RJ. Pós-graduada em Gestão em Poder Judiciário pela UNB/DF. Professora universitária no curso de graduação da disciplina de Direito Processual Civil. Professora no curso de formação inicial e permanente de magistrados da EJEF/TJMG. Membro da Comissão do FONAJE. Ex-integrante na 9ª Turma Recursal de Belo Horizonte.

LUCAS GABRIEL RODRIGUES ALVES

Graduando em Direito - Mackenzie, onde integra o grupo de estudos sobre Juizados Especiais Cíveis, denominado "Direito e Processo". Conciliador Judicial Nomeado - 1ª Vara do Juizado Especial Cível do Foro Regional II, Santo Amaro/SP.

LUIZ BISPO DA SILVA NETO

Juiz Federal na 5.ª Região.

LUIZA MARIA MORAES MELLO SANTOS

Graduanda em Direito - Mackenzie, onde integra grupo de estudos sobre Juizados Especiais Cíveis, denominado "Direito e Processo" e o grupo de estudos "Diálogos sobre Gênero e Violência Doméstica e Familiar contra a Mulher.

MARCO AURÉLIO VENTURA PEIXOTO

Mestre em Direito Público pela Universidade Federal de Pernambuco – UFPE. Especialista em Direito Público pela Universidade de Brasília - UNB. Membro do Instituto Brasileiro de Direito Processual – IBDP. Associado Fundador da ANNEP - Associação Norte e Nordeste de Professores de Processo. Professor Honorário da Escola Superior de Advocacia – ESA-OAB/PE. Professor de Direito Processual Civil da Graduação da Faculdade Estácio do Recife e das Pós-Graduações da Faculdade Estácio do Recife, Facesf, ATF e Espaço Jurídico. Advogado da União. Vice-Diretor da Escola da AGU na 5ª Região. Conselheiro Seccional da OAB/PE.

MAURÍCIO FERREIRA CUNHA

Juiz de Direito (TJMG). Mestre (PUC/Campinas) e Doutor (PUC/Minas) em Direito Processual Civil. Professor dos cursos de graduação e pós-graduação (PUC/Minas). Professor do CERS (Complexo de Ensino Renato Saraiva). Membro do IBDP (Instituto Brasileiro de Direito Processual). Membro do CEAPRO (Centro de Estudos Avançados de Processo). Membro da ABDPro (Associação Brasileira de Direito Processual).

NEANDERSON MARTINS RAMOS

Juiz de Direito da Vara do Juizado Especial de Diamantina – TJMG, Juiz integrante da Turma Recursal de Curvelo/MG.

PAULO MITSURU SHIOKAWA NETO

Especialista em Direito Constitucional, Direito e Processo do Trabalho. Juiz Federal no TRF1. Professor de Cursos Preparatório para Concursos.

PRISCILLA ROLIM DE ALMEIDA

Pós-graduada em Direito Constitucional (UNISUL em parceria com IDP). Advogada da União. Coordenadora Nacional dos Juizados Especiais Federais da PGU/AGU.

ROBSON RENAULT GODINHO

Pós-doutor (UFBA), doutor e mestre (PUC/SP) em Direito Processual Civil. Promotor de Justiça (MPRJ).

RODRIGO FRANTZ BECKER

Advogado da União. Mestre em Direito pela UnB. Ex-Procurador-Geral da União. Diretor da Escola Superior de Advocacia da OAB/DF. Professor da Graduação e da Pós-Graduação do IDP em Brasília e Goiânia e da Pós-Graduação da Atame. Membro-fundador e Vice-Presidente da ABPC (Associação Brasiliense de Direito Processual Civil). Membro do IBDP Instituto Brasileiro de Direito Processual e da ABDPro (Associação Brasileira de Direito Processual).

Sumário

CAPÍTULO 1

Possibilidade de Reclamação para o Superior Tribunal de Justiça de decisões proferidas nos Juizados Especiais Federais em atenção aos precedentes vinculantes

Ana Karenina Silva Ramalho Andrade

Priscilla Rolim de Almeida

SUMÁRIO: 1. INTRODUÇÃO; 2. O DEVER DE HARMONIZAÇÃO DA JURISPRUDÊNCIA ; 2.1. MICROSSISTEMA DE PRECEDENTES VINCULANTES; 3. RECLAMAÇÃO NO CÓDIGO DE PROCESSO CIVIL DE 2015; 3.1. A RECLAMAÇÃO E OS JUIZADOS ESPECIAIS FEDERAIS; 3.2. RECLAMAÇÃO PARA O STJ COMO INSTRUMENTO CONTRA DECISÕES DO JEF QUE NÃO OBSERVAM PRECEDENTES VINCULANTES; 4. CONCLUSÃO; REFERÊNCIAS BIBLIOGRÁFICAS

1. INTRODUÇÃO

O relatório Justiça em Números de 2017 do Conselho da Justiça Federal informa que há, em tramitação, na Justiça Brasileira, atualmente, cerca de 100.000.000 (cem milhões) de processos. Não é novidade que esse número astronômico de processos acarreta grande repercussão negativa na prestação jurisdicional.

Em decorrência disso, estudos apontam vários fatores como causadores dessa judicialização predatória. Porém, a falta de uniformidade das decisões, especialmente nas decorrentes da litigância de massa, é a grande vilã da história e, por isso, há muito tem sido objeto de reflexão por parte dos doutrinadores, especialmente, dos processualistas civis, uma vez que a pulverização de entendimentos judiciais afeta a efetividade da prestação jurisdicional.

Por isso, os holofotes estão voltados para o Código de Processo Civil de 2015, tido por muitos, como a grande aposta capaz de proporcionar uma Justiça, a um só tempo, célere, isonômica e segura, tudo isso decorrente da implementação do microssistema de demandas repetitivas e do microssistema de precedentes vinculantes.

Diante da instauração do novo marco regulatório, já é possível extrair os primeiros impactos e interpretações dos mencionados microssistemas, principalmente, sua repercussão nos Juizados Especiais Federais.

Eis o objetivo do presente estudo: analisar o cabimento de reclamação para o Superior Tribunal de Justiça como instrumento contra decisões dos Juizados Especiais Federais que não observam precedentes vinculantes.[1]

Para isso, no primeiro tópico, abordaremos a problemática da falta de harmonização da jurisprudência e a necessidade da criação de mecanismos e técnicas de julgamento que possibilitem a uniformidade das decisões, com escopo de consagrar uma prestação jurisdicional mais efetiva.

Em seguida, serão contextualizados o cabimento da reclamação e a especificidade do procedimento dos Juizados Especiais Federais.

Ao final, verificaremos, o cabimento de reclamação para o Superior Tribunal de Justiça como instrumento contra decisões dos Juizados Especiais que não aplicam precedentes vinculantes, como forma de viabilizar a uniformidade da jurisprudência.

2. O DEVER DE HARMONIZAÇÃO DA JURISPRUDÊNCIA

A preocupação hodierna em busca do alcance da efetividade da prestação jurisdicional passa, necessariamente, pela estabilidade da jurisprudência pátria, uma vez que a previsibilidade das decisões promove a segurança jurídica indispensável à proteção da igualdade substancial[2] e, por isso, é considerada um fator essencial para um Estado Democrático de Direito[3].

Ao abordar o tema, Daniel Assumpção Neves afirma que

> " a harmonização dos julgados é essencial para um Estado Democrático de Direito. Tratar as mesmas situações fáticas com a mesma solução jurídica preserva o princípio da isonomia. Além do que a segurança no posicionamento das cortes evita discussões longas e

---

1. O tema é objeto da **RECLAMAÇÃO Nº 34.625 – SP (2017/0213410-3) – Rel. Min Gurgel de Faria.**
2. CUNHA, Leonardo Carneiro da. O processo civil no Estado constitucional e os fundamentos do projeto do novo código de processo civil brasileiro. Revista de Processo, n. 209, ano 37, jul/2012, p. 234.
3. NEVES, Daniel Amorim Assumpção. *Novo Código de Processo Civil Comentado artigo por artigo.* 2ª ed. – Salvador: Ed. JusPodivm, 2017, p. 1522.

> inúteis, permitindo que todos se comportem conforme o Direito. Como se ensina a melhor doutrina, a uniformização de jurisprudência atende à segurança jurídica, à previsibilidade, à estabilidade, ao desestímulo à litigância excessiva, à confiança, à igualdade perante a jurisdição, à coerência, ao respeito à hierarquia, à imparcialidade, ao favorecimento de acordos, à economia processual (de processos e de despesas) e à maior eficiência."[4]

Além do mais, como já relatado, a falta de uniformidade das decisões judiciais influencia na quantidade de processos que se avolumam no Poder Judiciário, repercutindo negativamente, na duração razoável do processo.

Por tais motivos, é nítido o esforço do Código de Processo Civil de 2015 no sentido de evitar a dispersão excessiva da jurisprudência, o que se observa na norma esculpida no seu art. 926 ao criar um dever da uniformização estabelecendo que "os tribunais devem uniformizar sua jurisprudência e mantê-la estável, integra e coerente.[5]"

Por jurisprudência estável se entende que o tribunal não poderá abandonar ou modificar os seus entendimentos consolidados sem uma justificativa plausível, ou seja, é o dever de seguir os seus próprios entendimentos.[6]

Já jurisprudência íntegra é aquela construída levando-se em consideração o histórico de decisões proferidas pelo tribunal a respeito da mesma matéria jurídica.[7]

Por sua vez, a jurisprudência coerente é aquela que espelha a própria ideia de uniformização da jurisprudência, ou seja, consolidação do entendimento, posto que aplica a mesma solução jurídica para os casos análogos.[8]

---

4. Op. cit

5. Art. 926. Os tribunais devem uniformizar sua jurisprudência e mantê-la estável, íntegra e coerente.

6. **Enunciado 316 do FPPC:** A estabilidade da jurisprudência do tribunal depende também da observância de seus próprios precedentes, inclusive por seus órgãos fracionários e **o Enunciado 453 do FPPC:** A estabilidade a que se refere o caput do art. 926 consiste no dever de os tribunais observarem os próprios precedentes.

7. **Enunciado 456 do FPPC:** Uma das dimensões do dever de integridade consiste em os tribunais decidirem em conformidade com a unidade do ordenamento jurídico e o **Enunciado 457 do FPPC:** Uma das dimensões do dever de integridade previsto no caput do art. 926 consiste na observância das técnicas de distinção e superação dos precedentes, sempre que necessário para adequar esse entendimento à interpretação contemporânea do ordenamento jurídico.

8. **Enunciado 454 do FPPC:** Uma das dimensões da coerência a que se refere o caput do art. 926 consiste em os tribunais não ignorarem seus próprios precedentes (dever de autorreferência) e o **Enunciado 455 do FPPC:** Uma das dimensões do dever de coerência significa o dever de não -contradição, ou seja, o dever de os tribunais não decidirem casos análogos contrariamente às decisões anteriores, salvo distinção ou superação.

Por todos esses conceitos apresentados, percebe-se que a criação de dever de harmonização jurisprudencial tem como objetivo suprimir a instabilidade de um ambiente decisório.

A partir de tal concepção, com escopo de atingir uma maior credibilidade do Poder Judiciário perante a sociedade e exterminar as diferentes respostas em casos análogos, foi necessário a criação de instrumentos capazes de proporcionar a tão almejada estabilidade e, por via de consequência, a previsibilidade das decisões judiciais.

2.1. Microssistema de precedentes vinculantes

É cediço que a pulverização dos entendimentos jurisprudenciais ocorre, em grande parte, em virtude da ausência de adoção da teoria dos precedentes com força vinculantes[9].

Pensando nisso, o legislador brasileiro, com o escopo de harmonizar os entendimentos judiciais e de assegurar os princípios da igualdade, segurança jurídica, duração razoável e efetividade processual, introduziu no ordenamento jurídico pátrio, o Código de Processo Civil de 2015 que trouxe, dentre outras inovações, a inauguração do *stare decisis* brasileiro – o microssistema de precedentes vinculantes previsto no art. 927 do citado diploma.

Mas o que seria precedente?

Precedente é qualquer julgamento que venha a ser utilizado como fundamento de um outro julgamento que venha a ser posteriormente proferido.

De acordo Cruz e Tucci, "todo precedente é composto de duas partes distintas: a) as circunstâncias de fato que embasam a controvérsia; e b) a tese ou princípio jurídico assentado na motivação (*ratio decidendi*) do provimento decisório."[10]

Diante da realidade brasileira e do tamanho da instabilidade das decisões proferidas pelo Judiciário, o Código de Processo Civil de 2015 optou pela vinculação obrigatória aos precedentes.

De acordo com o art. 927, os juízes e os tribunais deverão seguir os precedentes nas seguintes hipóteses:

---

9. GOUVEIA. Lúcio Grassi. BREITENBACH. Fábio Gabriel. Sistema de Precedentes no Novo Código de Processo Civil Brasileiro, publicado na obra Grandes Temas do NCPC, v. 3 – Precedentes, Editora Juspodivm. p.512

10. TUCCI, José Rogério Cruz e. Precedentes Judiciais como fonte do direito. São Paulo: RT, 20004, p. 92-93.

> Art. 927. Os juízes e os tribunais observarão:
>
> I - as decisões do Supremo Tribunal Federal em controle concentrado de constitucionalidade;
>
> II - os enunciados de súmula vinculante;
>
> III - os acórdãos em incidente de assunção de competência ou de resolução de demandas repetitivas e em julgamento de recursos extraordinário e especial repetitivos;
>
> IV - os enunciados das súmulas do Supremo Tribunal Federal em matéria constitucional e do Superior Tribunal de Justiça em matéria infraconstitucional;
>
> V - a orientação do plenário ou do órgão especial aos quais estiverem vinculados.

Ao analisar o citado artigo, a maioria da doutrina entende que restou consagrado no Brasil a eficácia vinculante dos precedentes proferidos pelos Tribunais Superiores, bem como dos seus enunciados sumulares.

Além disso, verifica-se que o Código de Processo Civil de 2015 fortalece o papel uniformizador do Supremo Tribunal Federal, em matéria constitucional e do Superior Tribunal de Justiça, na intepretação das normas infraconstitucionais.[11]

Por isso, é fácil entender que a unidade do Direito é alcançada por meio da formação dos precedentes que devem ser obedecidos de forma horizontal (pelos próprios tribunais) e forma vertical por todos os órgãos do Poder Judiciário que deverão aplicar aos casos futuros análogos.

2.1.2. Submissão dos Juizados Especiais Federais ao Microssistema de precedentes vinculantes.

Considerando que é função precípua do Superior Tribunal de Justiça interpretar as normas infraconstitucionais, a qual é exercida através da formação

11. Sobre o papel do STF e STJ, antes mesmo da introdução do microssistema de precedentes vinculantes, Daniel Mitidiero afirmava que: "O Supremo Tribunal Federal e o Superior Tribunal de Justiça são cortes em que prepondera a função de nomofilaquia interpretativa em detrimento do escopo de controle da juridicidade das decisões recorridas. E sendo função precípua do O Supremo Tribunal Federal e o Superior Tribunal de Justiça a adequada interpretação da Constituição e da legislação infrancosntitucional federal visando à unidade do Direito brasileiro, ressai daí que participa do núcleo-duro da sua função a formação de precedentes capazes de viabilizar a cognoscibilidade do Direito pelos demais tribunais e pela sociedade civil, cuja formação obedece ao imperativo de fornecer razões idôneas para orientar suas decisões, sem o que o Direito não pode ser identificado precisamente e a igualdade de todos perante a ordem jurídica civil não passa de piada de mau gosto. (MITIDIERO, Daniel. Cortes superiores e cortes supremas: do controle à interpretação da jurisprudência ao precedente. São Paulo: Editora RT, 2013. p. 96.)

dos precedentes, a violação à interpretação ofertada pelo referido tribunal constitui grave insubordinação institucional, passível de reclamação. Inclusive, quando essas decisões são originárias dos Juizados Especiais Federais.

Até porque a estruturação e natureza peculiares dos juizados, idealizados para igualmente tornar mais fluida e expedita a prestação do Judiciário, não lhe conferem imunidade a ponto de não serem alcançados pelas soluções processuais de uniformização. Pensar de modo diverso, é não admitir o dever de manter unidade, coerência e estabilidade nos Juizados Especiais Federais.

O sistema próprio de revisão das decisões proferidas no âmbito do juizado, que levam em consideração, especialmente, o critério do valor da causa, de modo algum, constitui-se em sistema apartado da jurisdição praticada pela Justiça ordinária, cometendo, a ambas, o dever de uniformidade das teses jurídicas construídas.

3. RECLAMAÇÃO NO CÓDIGO DE PROCESSO CIVIL DE 2015

A reclamação, manifestação do direito de petição[12], até a entrada em vigor do Código de Processo Civil de 2015, era prevista expressamente pela Constituição Federal para o Supremo Tribunal Federal (art. 102, I, *l*) e para o Superior Tribunal de Justiça (art. 105, I, *f*), em ambos os casos com a finalidade de preservar a respectiva competência e garantir a autoridade de suas decisões. No âmbito infraconstitucional, a reclamação era delineada basicamente pela Lei nº 8.038/90.

O Código de Processo Civil de 2015, nos arts. 988 a 993, deu novos contornos ao instituto, destacando-se o incremento das hipóteses ensejadoras do seu ajuizamento e a previsão de cabimento para qualquer Tribunal (art.988, § 1º).

A inovação quanto às causas de pedir fundamentadoras estão dispostas nos incisos III e IV do art.988; neste, tem-se a utilização da reclamação com o fim de garantir a observância de acórdão proferido em julgamento de incidente de resolução de demanda repetitiva ou de incidente de assunção de competência; naquele, a garantia de observância de decisão do Supremo Tribunal Federal em controle concentrado de constitucionalidade. [13]

12. Entendimento firmado pelo Supremo Tribunal Federal na ADI nº 2.212-1/CE.

13. A previsão do cabimento de reclamação para a observância de enunciado de súmula vinculante não é inovação do CPC/15, tendo em vista que a hipótese já era tratada pela Lei nº 11.417/2006.

Para os casos de recursos extraordinários decididos em sede de repercussão geral ou de acórdãos proferidos em recursos especiais repetitivos, a novel legislação condicionou o uso da reclamação ao prévio esgotamento das instâncias ordinárias (art. 988, § 5º, II).

Diante do breve panorama apresentado, pode-se dizer que a reclamação foi reconfigurada de modo a atender aos anseios do Código de Processo Civil de 2015 de conferir estabilidade à jurisprudência dos Tribunais, mantendo-a íntegra e coerente, como preleciona o art. 926, uma vez que se tornou instrumento hábil a garantir decisões uniformes a casos semelhantes, conferindo uma maior previsibilidade à prestação jurisdicional.

3.1. A Reclamação e os Juizados Especiais Federais

O rito aplicável aos Juizados Especiais Federais está delineado na Lei nº 10.259/2001. Tal regulamentação conta com particularidades processuais que somente se aplicam nessa esfera, como a irrecorribilidade imediata de decisão interlocutória (art. 5º), a ausência de prazo em dobro para a prática de atos processuais por pessoas jurídicas de direito público (art. 9º), ou ainda a não submissão da sentença a reexame necessário (art. 13).

O desenvolvimento de um microssistema processual próprio é compreensível quando se tem em mente que os Juizados Especiais Federais se alicerçam nos princípios da simplicidade, informalidade e celeridade (art. 2º da Lei nº 9.099/95), conformando-se com o princípio da mínima intervenção jurisdicional ou da minimização das arenas de conflito. [14]

No que tange ao tratamento do instituto no âmbito do JEF, a Lei nº 10.259/2001 é silente, da mesma forma que a Lei nº 9.099/1995 também o é.

A possibilidade de manejo da reclamação era abordada pela Questão de Ordem nº 16 da TNU, recentemente revogada.[15] Com a edição da Resolução CJF nº 345, de 2 de junho de 2016, que alterou o Regimento Interno da Turma Nacional de Uniformização, passou-se a prever expressamente as hipóteses de cabimento e seu procedimento no Título V (art. 45 ao art. 50)[16].

---

14. Savaris, José Antônio; Xavier, Flavia da Silva. Manual dos Recursos nos Juizados Especiais Federais, 5ª ed. rev. atual. Curitiba: Alteridade Editora, 2015.

15. QO nº 16/TNU: Na Turma Nacional de Uniformização de Jurisprudência dos Juizados Especiais, admite-se a reclamação contra decisão da Turma Recursal que se recusa a adaptar acórdão à jurisprudência consolidada. A deliberação pela sua revogação ocorreu na sessão de julgamento de 22 de fevereiro de 2018. Entendeu a TNU que o seu enunciado contrariava o disposto no atr. 46, I do RITNU.

16. Art. 45 – Para preservar a competência da Turma Nacional de Uniformização ou garantir a autoridade das suas decisões, caberá reclamação da parte interessada ou do Ministério Público, no prazo de quinze dias,

Em síntese, é cabível a reclamação perante a TNU para preservar a competência desta Turma e com o fim de assegurar a autoridade dos seus julgados, devendo ser ajuizada no prazo de 15 dias úteis,[17] a contar da intimação da decisão nos autos de origem. É válido observar que ela não pode ser utilizada em função de descumprimento de decisão proferida pela Turma Nacional em outro processo.

Das decisões proferidas no âmbito dos Juizados Especiais Federais, não cabe reclamação para o Superior Tribunal de Justiça. [18] Então, o que fazer

---

a contar da intimação da decisão nos autos de origem.

Art. 46 - Não cabe reclamação, sendo a inicial desde logo indeferida quando:

I - fundamentada em decisões proferidas em outros autos;

II - fundamentada em negativa de admissibilidade de incidente nacional por parte do juiz responsável pela admissibilidade;

III - fundamentada em negativa de seguimento, pelo Presidente da TNU ou pelo seu colegiado, de incidente de uniformização manifestamente inadmissível ou em confronto evidente com súmula ou jurisprudência dominante;

IV - contra decisão do Presidente da TNU que devolve às turmas de origem os processos para sobrestamento;

V - contra decisão de sobrestamento em juízo provisório de admissibilidade, em aguardo à decisão de processo paradigmático ou representativo de controvérsia;

VI - contra decisão do juiz responsável pelo juízo preliminar de admissibilidade no caso de devolver o feito à Turma Recursal ou Regional para eventual adequação, nos termos do art. 14, § 2º, deste Regimento Interno.

Parágrafo único - A reclamação, dirigida ao Presidente da Turma Nacional de Uniformização e instruída com as provas documentais pertinentes, será autuada e distribuída ao relator da causa principal, sempre que possível.

Art. 47 - Não cabe reclamação fundada em descumprimento de decisão proferida pela Turma Nacional de Uniformização em outro processo.

Art. 48 - Ao despachar a reclamação, o relator:

I - requisitará informações da autoridade a quem foi imputada a prática do ato impugnado, as quais deverão ser prestadas no prazo de dez dias;

II - determinará a suspensão do processo ou do ato impugnado, caso seja necessário para evitar dano irreparável.

Art. 49 - O Ministério Público, nas reclamações que não houver formulado, terá vista do processo, por cinco dias, após o decurso do prazo para informações.

Art. 50 - Julgando procedente a reclamação, a Turma Nacional de Uniformização cassará a decisão impugnada, no todo ou em parte, ou determinará medida adequada à preservação de sua competência.

Parágrafo único - O Presidente da Turma determinara o imediato cumprimento da decisão, lavrando-se o acórdão posteriormente.

17. O Regimento Interno da TNU fora alterado pela Resolução CJF nº 392/2016 a fim de adequar à contagem de prazos processuais em dias úteis, trazida pelo CPC/15. (art. 31, § 2º).

18. PROCESSUAL CIVIL. AGRAVO INTERNO NA RECLAMAÇÃO. ACÓRDÃO RECLAMADO PROFERIDO PELA TURMA NACIONAL DE UNIFORMIZAÇÃO DE JURISPRUDÊNCIA DOS JUIZADOS ESPECIAIS FEDERAIS - TNU. SUPOSTA DIVERGÊNCIA COM JURISPRUDÊNCIA DOMINANTE OU SUMULADA DO STJ. POSSIBILIDADE DE RECURSO DIRIGIDO A ESTA CORTE SUPERIOR. ART. 14, § 4º, DA LEI N. 10.259/2001. NÃO CABIMENTO DA RECLAMAÇÃO. SUCEDÂNEO RECURSAL. IMPOSSIBILIDADE. AGRAVO INTERNO A QUE SE NEGA PROVIMENTO.

quando a decisão emanada do JEF não observa o precedente firmado em sede de recurso especial repetitivo pelo STJ? A sistemática recursal prevista na Lei nº 10.259/2001 é suficiente para preencher essa lacuna?

3.2. Reclamação para o STJ como instrumento contra decisões do JEF que não observam precedentes vinculantes

Com o advento do Código de Processo Civil de 2015, além dos desafios de implementação das novas regras por ele trazidas, é preciso enfrentar a questão da sua interligação normativa com os microssistemas já existentes, como é o caso dos Juizados Especiais Federais.

Não há dúvidas de que o Código de Processo Civil de 2015 é o centro do sistema processual civil brasileiro. No entender de Fredie Didier Jr[19], a relação mantida pelo CPC de 1973 com esses microssistemas era centrípeta e de mão única, ou seja, ele servia para resolver os problemas de lacunas textuais, tendo apenas aplicação supletiva e subsidiária. O CPC de 2015, por sua vez:

> (...) diferentemente do CPC-1973, passou a dialogar de outra maneira com os microssistemas processuais civis da legislação extravagante, seja porque pressupõe expressamente, seja porque incorporou a esses microssistemas novas normas jurídicas. A relação com os microssistemas passou a ser de mão dupla, em um vaivém do núcleo para a periferia (centrífuga) e da periferia para o núcleo (centrípeta). A eficácia do CPC sobre os microssistemas da legislação extravagante deixou de ser exclusivamente supletiva, subsidiária ou residual e passou a ser, também, direta. [20]

---

1. Nos termos dos arts. 105, inc. I, alínea "f", da CF e 187 do RISTJ, a reclamação destina-se a preservar a competência deste Tribunal ou garantir a autoridade das suas decisões. É um meio de impugnação de manejo limitado, que não pode ter seu espectro cognitivo ampliado, sob pena de se tornar um sucedâneo recursal.
2. No sistema dos Juizados Especiais Federais, não é cabível reclamação diretamente contra decisão de turma recursal ou da própria Turma Nacional, com a finalidade de discutir contrariedade à jurisprudência dominante ou sumulada do STJ.
3. É que há a previsão legal de recurso específico contra acórdão da Turma Nacional de Uniformização de Jurisprudência dos Juizados Especiais Federais, qual seja, o pedido de uniformização dirigido a esta Corte Superior, nos termos do art. 14, § 4º, da Lei n. 10.259/2001.
4. Assim, ao STJ somente competirá, em momento posterior, a análise de eventual divergência entre o acórdão da Turma Nacional de Uniformização com a sua jurisprudência dominante ou sumulada, acerca de questões de direito material, descabendo a interposição de reclamação, como no caso em exame.
5. Agravo interno a que se nega provimento.

(AgInt na Rcl 33.658/SP, Rel. Ministro OG FERNANDES, PRIMEIRA SEÇÃO, julgado em 13/12/2017, DJe 01/02/2018)

19. Didier Jr., Fredie. Curso de Direito Processual Civil: introdução ao direito processual civil, parte geral e processo de conhecimento. 20º Ed. Salvador: JusPodivm, 2018, p.69.

20. Idem, p.70.

Tomando como base esse novo viés relacional, bem como o espírito do Código de Processo Civil de 2015 de conferir estabilidade e uniformidade à jurisprudência pátria, pode-se dizer que o art. 927, ao se referir à observância pelos juízes e tribunais de decisões proferidas em julgamento de recurso especial repetitivo (inciso III) deve ser necessariamente aplicado às demandas em trâmite no JEF.

Firmadas as premissas, pode-se dizer, de imediato, que, em caso de descumprimento a esse precedente vinculante, o instrumento apto a rechaçar tal violação é a reclamação, conforme previsto no art. 988, § 5º, II do CPC/15. Para fundamentar a resposta à primeira indagação alhures suscitada e responder a segunda, deve-se proceder à análise do sistema recursal a que se submetem as decisões proferidas no JEF.

Do acórdão emanado da Turma Recursal, caberá pedido de uniformização de interpretação de lei federal para a Turma Nacional de Uniformização, quando houver divergência entre decisões sobre questões de direito material proferidas por Turmas Recursais de diferentes regiões ou quando contrariar súmula ou jurisprudência dominante do STJ (art. 14, § 2º da Lei nº 10.259/2001). Por sua vez, da decisão colegiada promulgada pela TNU, é cabível a interposição de pedido de uniformização de interpretação de lei (PUIL) para o STJ, caso a orientação acolhida pela TNU, em questões de direito material, contrarie súmula ou jurisprudência dominante da Corte Cidadã (art. 14, § 4º da Lei nº 10.259/2001).

Assim, constata-se que, nos moldes processuais vigentes, um acórdão do JEF só passa pelo crivo do STJ através de um PUIL. Contudo, entende-se que o recurso à disposição não é suficiente para garantir o cumprimento do precedente vinculante formado no âmbito de recurso especial repetitivo, sendo necessário, repita-se, o ajuizamento de reclamação. Explica-se.

O pedido de uniformização de jurisprudência dirigido à Turma Nacional de Uniformização possui características próprias que o diferenciam de um recurso ordinário *lato sensu*, mantendo diversos pontos de conexão com o gênero recurso extraordinário. Já no requisito da sua admissibilidade, observa-se que o pedido de uniformização é submetido à um duplo juízo de admissibilidade. De fato, uma vez interposto o recurso do acórdão da Turma Recursal, cabe ao Presidente ou Vice-Presidente desta realizar o seu juízo de admissibilidade preliminar (art. 3º, § 1º da Resolução CJF nº 347, de 2015 e art. 14 do RITNU). O segundo é realizado pela Turma *ad quem*. De acordo com os ensinamentos de Didier[21], com a entrada em vigor do CPC/15, "o recurso especial e o recurso

21. Didier Jr., Fredie, Cunha, Leonardo Carneiro da. Curso de Direito Processual Civil: meios de impugnação às decisões judiciais e processo nos tribunais. 15º ed. Salvador: JusPodivm, 2018, p.316.

extraordinário são os únicos recursos que se submetem a um *duplo* juízo de admissibilidade". Eis o primeiro aspecto que aproxima o pedido de uniformização da classe dos recursos extraordinários.

No que tange à matéria sujeita ao exame por meio do pedido de uniformização, observa-se que a Turma Nacional não conhece de recurso que implique reexame da matéria de fato (súmula 42/TNU). Essa mesma restrição somente é vista nos Tribunais Superiores, quando do julgamento de recursos extraordinários, vide o conteúdo do enunciado da súmula nº 7/ STJ[22] e da súmula nº 279/STF[23]. Ainda, percebe-se que o recurso dirigido à TNU elenca, assim como o RE e o REsp (art. 102, III/CF e art. 105, III/CF, respectivamente) requisitos específicos ao seu cabimento, quais sejam: controvérsia referente à direito material; divergência entre o acórdão recorrido e decisões de turmas recursais de diferentes regiões ou contrariedade daquele com súmula ou jurisprudência dominante do STJ. É válido ressaltar que também é exigido que, entre acórdãos recorrido e paradigma haja similitude fática, não bastando a similitude jurídica[24].

Pelo exposto, pode-se dizer que, no microssistema processual dos Juizados Especiais Federais, o pedido de uniformização aproxima-se mais de um recurso do gênero extraordinário. E, por conter essas características, ele não faz parte da cadeia ordinária de recursos do JEF. Logo, não é dotado de eficácia suficiente para fazer valer os precedentes formados em recurso repetitivo no STJ.

Ademais, ressalta-se que proposição que ora se faz não seria inaugural no STJ. Atualmente, com a edição da Resolução STJ 3/2016, cabe a este Tribunal Superior a análise de reclamação de decisões de Turmas Recursais estaduais que contrariam jurisprudência consolidada em julgamento de recurso especial repetitivo[25]. Como se demonstrou não ser o sistema recursal dos

---

22. Súmula 7/STJ: a pretensão de simples reexame de prova não enseja recurso especial.

23. Súmula 279/STF: para simples reexame de prova não cabe recurso extraordinário.

24. Questão de Ordem nº 22 da TNU: É possível o não-conhecimento do pedido de uniformização por decisão monocrática quando o acórdão recorrido não guarda similitude fática e jurídica com o acórdão paradigma.

25. AGRAVO REGIMENTAL NO PEDIDO DE UNIFORMIZAÇÃO DE LEI FEDERAL. CONDENAÇÃO POR LESÃO CORPORAL LEVE (129, CAPUT, CP) E AMEAÇA (ART. 147, CP). DIVERGÊNCIA DE ENTENDIMENTO ENTRE TURMAS RECURSAIS. INEXISTÊNCIA DE COMPETÊNCIA DO STJ PARA DIRIMIR TAIS DIVERGÊNCIAS POR AUSÊNCIA DE PREVISÃO LEGAL. COMPETÊNCIA PREVISTA NO ART. 18 DA LEI 12.153/2009 LIMITADA A DECISÕES DE JUIZADOS ESPECIAIS DA FAZENDA PÚBLICA.

1. Conforme assentado pela Primeira Seção do STJ, no julgamento do RCD na Rcl 14.730/SP (Rel. Ministro MAURO CAMPBELL MARQUES, DJe de 24/02/2015), o sistema para processo e julgamento de causas em juizados especiais é composto por três microssistemas: a) Juizados Especiais Estaduais Comuns, instituídos

Juizados Especiais Federais suficiente para corrigir eventual descompasso, a reclamação, desta vez de decisão do JEF, passaria também a ser o instrumento cabível.

Por fim, a importância da discussão não passa desapercebida no âmbito do Superior Tribunal de Justiça. Recentemente, com o início do julgamento da Rcl nº 34.625/SP[26], o Min. Relator Gurgel de Farias entendeu que, apesar de a regulamentação dos Juizados Especiais da Fazenda Pública possuírem meios recursais próprios de acesso ao STJ, diante da inovação processual trazida pelo art. 988, § 5º, II, bem como da previsão do art. 988, IV, ambos do CPC/15, há uma lacuna no que tange à observância das teses firmadas em sede de recurso repetitivo, sendo, portanto, cabível a reclamação para o STJ. Veja-se trecho do voto:

---

pela Lei 9.099/1995; b) Juizados Especiais Federais, instituídos pela Lei 10.259/2001 e c) Juizados Especiais da Fazenda Pública Estadual e Municipal, instituídos pela Lei 12.153/2009, cada um deles submetido a regras processuais e procedimentais específicas, no que toca a recursos e ao mecanismo de uniformização de jurisprudência.

2. Apenas as leis que dispõem sobre Juizado Especial Federal (Lei 10.259/2001) e sobre Juizados Especiais da Fazenda Pública (Lei 12.153/2009) trouxeram em seus textos a possibilidade de se efetuar Pedido de Uniformização de Interpretação de Lei Federal perante o STJ nos artigos 14, § 4º, da Lei 10.259/2001 e 18, § 3º, e 19, caput, da Lei 12.153/2009.

3. O Pedido de Uniformização de Lei Federal proposto perante o Superior Tribunal de Justiça somente existe, portanto, no âmbito do microssistema dos Juizados Especiais Federais e no dos Juizados Especiais da Fazenda Pública e apenas em duas hipóteses: (1) Interpretação de lei federal dissonante entre Turmas Recursais de diferentes Estados; e (2) Decisão de Turma de Uniformização que contrariar súmula do STJ.
4. Para suprir a lacuna da uniformização da interpretação da lei federal no âmbito dos Juizados especiais comuns, o Superior Tribunal de Justiça editou resolução, admitindo o manejo da Reclamação. Quando ainda vigorava o CPC de 1.973, a Resolução STJ n. 12/2009 admitia que fosse dirigida Reclamação a esta Corte quando decisão de Turma Recursal estadual ou do Distrito Federal a) afrontasse jurisprudência do STJ pacificada em recurso repetitivo; b) violasse súmula do STJ; ou c) fosse teratológica.

5. No entanto, após o advento do CPC/2015, a Resolução n. 12/2009 foi revogada e substituída pela Resolução n. 03/2016 que, em seu art. 1º, restringiu o cabimento da Reclamação dirigida a esta Corte à hipótese de decisão de Turma Recursal Estadual (ou do DF) que contrariar jurisprudência do STJ consolidada em a) incidente de assunção de competência; b) incidente de resolução de demandas repetitivas (IRDR); c) julgamento de recurso especial repetitivo; d) enunciados das Súmulas do STJ; e) precedentes do STJ.

6. Assim sendo, a hipótese de divergência de entendimento jurisprudencial entre Turmas Recursais de Juizados especiais criminais comuns de diferentes Estados não desafia o manejo de Pedido de Uniformização de Lei Federal perante o STJ.

7. Remanescem, entretanto, duas vias abertas ao jurisdicionado para discussão da matéria decidida em sede de Turmas Recursais de Juizados Especiais Comuns: a Reclamação fundada na Resolução n.

03/2016 que demonstre que a decisão da Turma recursal contraria a jurisprudência do STJ consolidada em julgamento de recurso especial repetitivo ou em precedentes do STJ; e o habeas corpus dirigido ao Tribunal de Justiça respectivo.

8. Agravo regimental a que se nega provimento.

(AgRg nos EDcl no PUIL 694/SP, Rel. Ministro REYNALDO SOARES DA FONSECA, TERCEIRA SEÇÃO, julgado em 14/03/2018, DJe 02/04/2018)

26. Julgamento iniciado pela 1º Seção do STJ em 25/04/2018.

> Registre-se, primeiramente, que a Resolução STJ n. 12/2009 foi revogada pela Emenda Regimental n. 22, de 16/03/2016, publicada em 18/03/2016, sendo certo que esta Corte tinha o entendimento de que, tratando-se de ação de competência de Juizado Especial que envolve interesse da Fazenda Pública, seria incabível o ajuizamento de reclamação, ante a existência de procedimento específico de uniformização de jurisprudência (art. 18, § 3º, da Lei n.º 12.153/2009). Nesse sentido: AgRg na Rcl 27862/MT, Relatora Ministra REGINA HELENA COSTA, PRIMEIRA SEÇÃO, DJe 18/11/2015; e AgRg na Rcl 25509/SP, Relator Ministro MAURO CAMPBELL MARQUES, PRIMEIRA SEÇÃO, DJe 17/12/2015. Não obstante o entendimento acima destacado, o Código de Processo Civil de 2015, no art. 988, IV, previu expressamente o cabimento de reclamação para "garantir a observância de acórdão proferido em julgamento de incidente de resolução de demandas repetitivas ou de incidente de assunção de competência". Merece, ainda, destaque o disposto no § 5º, II, do referido artigo, que explicita, a *contrario sensu*, ser cabível a reclamação para garantir a observância de acórdão proferido em recurso especial repetitivo. Note-se que a Lei n. 12.153/2009, ao prever procedimento específico de uniformização de jurisprudência no âmbito dos Juizados Especiais da Fazenda Pública, explicitou apenas a possibilidade de manejo do incidente específico dirigido ao STJ quando: a) as Turmas Recursais de diferentes Estados divergirem entre si (art. 18, § 3º, 1ª parte); b) julgado da Turma Recursal divergir de SÚMULA DO STJ (art. 18, § 3º, 2ª parte); ou c) a Turma de Uniformização divergir de SÚMULA DO STJ (art. 19). Nesse contexto, pode-se afirmar que, após a edição do CPC/2015, diante da lacuna da Lei n. 12.153/2009, será cabível a reclamação para o STJ, no âmbito dos Juizados Especiais da Fazenda Pública, quando o julgado da Turma Recursal ou da Turma de Uniformização divergir de aresto desta Corte proferido em sede de recurso especial repetitivo.

Dessa forma, se o próprio STJ entende que "apenas as leis que dispõem sobre Juizado Especial Federal (Lei 10.259/2001) e sobre Juizados Especiais da Fazenda Pública (Lei 12.153/2009) trouxeram em seus textos a possibilidade de se efetuar Pedido de Uniformização de Interpretação de Lei Federal perante o STJ nos artigos 14, § 4º, da Lei 10.259/2001 e 18, § 3º, e 19, caput, da Lei 12.153/2009"[27], conferindo a ambos os microssistemas o mesmo tratamento, é de se reconhecer que o vazio legislativo no JEF acerca do descumprimento de precedente vinculante também enseja a propositura de reclamação, nos termos do que sustentado pelo Min. Gurgel de Farias.

---

27. AgRg nos EDcl no PUIL 694/SP, Rel. Ministro REYNALDO SOARES DA FONSECA, TERCEIRA SEÇÃO, julgado em 14/03/2018, DJe 02/04/2018

1.1.1. Esgotamento da instância ordinária no JEF

Conforme sustentado, entende-se que a reclamação é o meio hábil para garantir a observância do acórdão firmado em recurso repetitivo no STJ, de acordo com o previsto no art. 988, § 5º, II do CPC/15. Porém, esse mesmo dispositivo exige, para a sua utilização, o prévio esgotamento das instâncias ordinárias. O entabulamento dessa condição significou um meio termo entre a jurisprudência desenvolvida nos Tribunais Superiores sob a égide do CPC antigo, na qual se entendia pelo não cabimento de reclamação em casos de má aplicação de teses firmadas em recursos repetitivos, devendo a questão ser resolvida nos Tribunais inferiores, e o espírito no CPC de impor respeito à jurisprudência[28].

No âmbito da Justiça comum, é bastante simples estabelecer quando ocorre o esgotamento da instância ordinária. E no microssistema do JEF? Mais uma vez, a sua organização peculiar torna nebulosa a identificação desse momento.

Defende-se que o esgotamento da instância ordinária no JEF se dá na Turma Recursal. De acordo com a linha desenvolvida no tópico anterior, pedido de uniformização de jurisprudência para a TNU apresenta características que o tornam mais próximos da definição de recurso extraordinário, retirando-o da vala recursal ordinária. Assim, ele não se constitui como etapa necessária no atendimento da condição do no art. 988, § 5º, II do CPC/15.

Outro aspecto relevante que reforça esse entendimento é que um dos pressupostos formais dos recursos extraordinário e especial é a existência de uma "decisão contra a qual foram esgotadas as possibilidades de impugnação nas instâncias ordinárias ou na instância única, não podendo ser exercitados *per saltum*, ignorando uma previsão de recurso ordinário contra a decisão". [29] Essa construção foi sedimentada na súmula nº 281 do STF, que enuncia ser inadmissível o recurso extraordinário, quando couber, na Justiça de origem, recurso ordinário da decisão impugnada.

Nesse momento, ululante é o correlacionamento deste preceito com outro também do STF, desta vez trazido pelo enunciado da súmula nº 640, que diz que é cabível recurso extraordinário contra decisão proferida por juiz de

28. Côrtes, Osmar Mendes Paixão. O Novo Paradigma Objetivo nos Tribunais Superiores e a Utilização da Reclamação, 2018. Disponível em http://emporiododireito.com.br/leitura/o-novo-paradigma-objetivo-nos-tribunais-superiores-e-a-utilizacao-da-reclamacao. Acesso em 27/05/2018.

29. Didier Jr., Fredie, Cunha, Leonardo Carneiro da. Curso de Direito Processual Civil: meios de impugnação às decisões judiciais e processo nos tribunais. 15º ed. Salvador: JusPodivm, 2018, p.370.

primeiro grau nas causas de alçada, ou por turma recursal de juizado especial cível e criminal. Observe-se, ainda, trecho de julgado proferido pelo Supremo Tribunal Federal:

> Observo, ainda, por oportuno, que a Constituição não arrola as Turmas Recursais dentre os órgãos do Poder Judiciário, os quais são por ela discriminados, em numerus clausus, no art. 92. Apenas lhes outorga, no art. 98, I, a incumbência de julgar os recursos provenientes dos Juizados Especiais. Vê-se, assim, que a Carta Magna não conferiu às Turmas Recursais, sabidamente integradas por juízes de primeiro grau, a natureza de órgãos autárquicos do Poder Judiciário, e nem tampouco a qualidade de tribunais, como também não lhes outorgou qualquer autonomia com relação aos Tribunais Regionais Federais. É por essa razão que, contra suas decisões, não cabe recurso especial ao Superior Tribunal de Justiça, a teor da Súmula 203 daquela Corte, mas tão somente recurso extraordinário ao Supremo Tribunal Federal, nos termos de sua Súmula 640. Isso ocorre, insisto, porque elas constituem órgãos recursais ordinários de última instância relativamente às decisões dos Juizados Especiais, mas não tribunais, requisito essencial para que se instaure a competência especial do STJ. [30]

Logo, se é cabível recurso extraordinário para o STF de acórdão de Turma Recursal e esse exige o prévio esgotamento da instância ordinária, conclui-se que é na Turma Recursal que se tem o esgotamento da instância ordinária.

Assim, para o ajuizamento de reclamação em face de decisão do JEF que não aplique precedente formado em recurso especial repetitivo, deve-se considerar esgotada a instância ordinária com a utilização dos recursos possíveis na Turma Recursal.

A adoção desse posicionamento faz superar questão que se tornaria incontornável se se considerasse a TNU como última instância ordinária. Como dito acima, os pedidos de uniformização dirigidos à TNU têm como requisito versar sobre questões de direito material. Essa exigência faz com que a TNU não analise recursos que tenham como fundamento matéria de direito processual. Isso restou consolidado na súmula 43 da TNU, que diz não caber incidente de uniformização que verse sobre matéria processual. Ciente de que os julgamentos de casos repetitivos envolvem objetos tanto de cunho material, como processual, o esgotamento da instância para os casos processuais nunca ocorreria, o que inviabilizaria o uso da reclamação.

---

30. RE 590409, Relator Ministro Ricardo Lewandowski, Tribunal Pleno, julgamento em 26.8.2009, DJe de 29.10.2009, com repercussão geral – tema 128.

Por fim, o esgotamento da instância no âmbito da Turma Recursal torna a prestação jurisdicional mais célere, uma vez que dispensa mais um procedimento recursal. Mostra-se, portanto, mais adequado aos princípios que regem os Juizados Especiais Federais.

4. CONCLUSÃO

A realidade da convivência de um novo sistema processual civil com antigas estruturas fragmentárias torna pulsante a sua necessidade de inclusão e adaptação. O espírito de valorização da uniformidade da jurisprudência e observância dos precedentes vinculantes se mostram necessários para o desestímulo da litigância excessiva.

Os Juizados Especiais Federais, criados com o intuito de fornecer uma prestação jurisdicional mais célere e resoluta para as causas de menor complexidade não podem ser alijados do movimento de obediência aos precedentes advindo com o CPC/15, sob pena de se criar dois universos jurisprudenciais, muitas vezes díspares.

Para evitar, deve-se buscar uma forma de inseri-los no sistema, preservando, tanto quanto possível, as suas particularidades, para que não sejam desnaturados. Até porque o Código de Processo Civil de 2015, ao adotar o sistema de precedentes obrigatório, não restringiu o seu escopo apenas à agilização da prestação jurisdicional. Buscou também alcançar a harmonização da jurisprudência, como meio de atingir a segurança jurídica, consagrada um dos pilares do Estado Democrático de Direito.

Por todas essas considerações, a possibilidade de reclamação para o Superior Tribunal de Justiça de decisões proferidas nos Juizados Especiais Federais em atenção aos precedentes vinculantes vem ao encontro da harmonização da jurisprudência, posto que não obstante o avanço proporcionado pelo arcabouço de instrumentos introduzidos no ordenamento jurídico com o escopo de racionalizar a atividade jurisdicional, especificamente, os precedentes vinculantes, a interpretação e aplicação das normas que o regulamentam devem ter como vetores os objetivos do citado microssistema, sob pena de perpetuar o tumulto e o descrédito que as decisões conflitantes e a morosidade ocasionam à prestação jurisdicional.

REFERÊNCIAS BIBLIOGRÁFICAS

ANDRADE, Cássio Cavalcante. O processo administrativo e sua contribuição para o fortalecimento da confiança na Administração Pública. In: *Fórum Administrativo – FA*, Belo Horizonte, ano 14, n. 162, ago. 2014, pp.13-28.

__________ . RAMALHO ANDRADE, Ana Karenina Silva. *A participação da Fazenda Pública na audiência do artigo 334 do NCPC*. Obra coordenada por PINHO, Humberto Dalla Bernardinha; e RODRIGUES, Roberto de Aragão Ribeiro. Marc.,018.

BARBOSA MOREIRA, José Carlos. Ações Coletivas na Constituição Federal de 1988. *Revista Processo*, vol. 61, Jan. 1991.

BRASIL. Congresso Nacional. Senado Federal. Comissão de Juristas Responsável pela Elaboração de Anteprojeto de Código de Processo Civil. Código de Processo Civil: anteprojeto/Comissão de Juristas Responsável pela Elaboração de Anteprojeto de Código de Processo Civil. – Brasília: Senado Federal, Presidência, 2010.

CABRAL. Antonio do Passo. Comentários aos arts. 976 a 987. In: CABRAL. Antonio do Passo; CRAMER, Ronaldo (coords). *Comentários ao novo Código de Processo Civil*. Rio de Janeiro: Forense, 2015, p. 1418.

CÂMARA, Alexandre Freitas. O novo processo civil brasileiro. São Paulo: Atlas, 2015, p. 479.

CAMBI, Eduardo. FOGAÇA, Mateus Vargas. Enunciado 344. In: PEIXOTO. Ravi (Coord.). Enunciados Fórum Permanente de Processualistas Civil: organizados por assunto, anotados e comentados. Salvador: JusPodivm, 2017.

CAVALCANTI, Marcos. *Incidente de resolução de demandas repetitivas e ações coletivas*. Salvador: JusPodivm, 2015.

CAVALCANTI. Marcos de Araújo. Incidentes de resolução de demandas repetitivas (IRDR). São Paulo: Editora Revista dos Tribunais. 2016.

CÔRTES, Osmar Mendes Paixão. O Novo Paradigma Objetivo nos Tribunais Superiores e a Utilização da Reclamação, 2018. Disponível em ‹http://emporiododireito.com.br/leitura/o-novo-paradigma-objetivo-nos-tribunais-superiores-e-a-utilizacao-da-reclamacao›.

CUNHA, Leonardo José Carneiro da. O regime processual das causas repetitivas. In: *Revista Processo*, São Paulo: RT, n. 179, jan., 2010.

______, Leonardo Carneiro da. O processo civil no Estado constitucional e os fundamentos do projeto do novo código de processo civil brasileiro. In: Revista de Processo, n. 209, ano 37, jul. 2012.

DIDIER JR., Fredie; CUNHA, Leonardo Carneiro. *Curso de Direito Processual Civil: introdução ao direito processual civil, parte geral e processo de conhecimento*. 20º Ed. Salvador: JusPodivm, 2018.

______. Curso de Direito Processual Civil: meios de impugnação às decisões judiciais e processo nos tribunais. 15º ed. Salvador: JusPodivm, 2018

DUARTE, Antonio Aurelio Abi-Ramia. BRASIL, Maria Eduarda de Oliveira. *Os Juizados Especiais Estaduais e o IRDR – por uma busca harmônica dos mesmos objetivos.* Disponível em: < http://www.tjrj.jus.br/documents/10136/1186838/irdr-juizados.pdf >. Acesso em 28 dez. 2017.

ENUNCIADOS DO FÓRUM PERMANENTE DE PROCESSUALISTAS CIVIS, 2017, Florianópolis. Disponível em: < http://fpprocessualistascivis.blogspot.com.br/>. Acesso em: 28 de outubro de 2017.

GOUVEIA. Lúcio Grassi. BREITENBACH. Fábio Gabriel. *Sistema de Precedentes no Novo Código de Processo Civil Brasileiro,* publicado na obra Grandes Temas do NCPC, v. 3 – Precedentes, Editora Juspodivm, 2016

KOEHLER. Frederico A. L. *Questões polêmicas da aplicação do incidente de resolução de demandas repetitivas (IRDR) no microssistema dos juizados especiais,* publicado na obra Grandes Temas do NCPC, v. 3 – Precedentes, Editora Juspodivm, 2016.

JUSTIÇA EM NÚMEROS 2017. Disponível em: < http://www.cnj.jus.br/files/conteudo/arquivo/2017/09/e5b5789fe59c137d43506b2e4ec4ed67.pdf > Acesso em: 16 de outubro de 2017.

MARINONI, Luiz Guilherme. Precedentes Obrigatórios. 2 ed. São Paulo: RT 2011.

MITIDIERO, Daniel. Cortes superiores e cortes supremas: do controle à interpretação da jurisprudência ao precedente. São Paulo: Editora RT, 2013.

NEVES, Daniel Amorim Assumpção. *Manual de direito processual civil* – Volume único. 9ª ed. – Salvador: Ed. JusPodivm, 2017.

________. *Novo Código de Processo Civil Comentado artigo por artigo.* 2ª ed. – Salvador: Ed. JusPodivm, 2017.

NUNES, Dierle José Coelho. O IRDR do novo CPC: este "estranho" que merece ser compreendido. *Revista Justificando.* Disponível em: ‹http://justificando.com/2015/02/18/o-irdr-novo-cpc-este-estranho-que-merece-sercompreendido/›. Acesso em: 01 dez. 2017.

PEIXOTO, Ravi. O IRDR e a suspensão de processos. *Empório do Direito.* Publicado em 18 jul. 2017. Disponível em: ‹http://emporiododireito.com.br/oirdr-e-a-suspensao-de-processos-por-ravi-peixoto/›. Acesso em: 13 dez. 2017.

SAVARIS, José Antônio; Xavier, Flavia da Silva. *Manual dos Recursos nos Juizados Especiais Federais,* 5º ed. rev. atual. Curitiba: Alteridade Editora, 2015.

TUCCI, José Rogério Cruz e. Precedentes Judiciais como fonte do direito. São Paulo: RT, 2004.

CAPÍTULO 2

Flexibilização procedimental nos Juizados Especiais da Fazenda Pública

Augusto Vinícius Fonseca e Silva

1. DELINEAMENTO DO TEMA

Em um contexto de efetividade processual, buscaremos demonstrar, no presente artigo, o cabimento e a conveniência de se flexibilizar o rito sumaríssimo, suprimindo-se a sessão de conciliação, quando a Fazenda Pública não dispuser de lei que autorize seus representantes judiciais a fazê-lo.

Exporemos as razões pelas quais a flexibilização procedimental foi abraçada pelo novo Código de Processo Civil e a maneira por que pode ela ser aplicada aos Juizados Especiais de Fazenda Pública, sem que, com tanto, sejam solapadas as garantias fundamentais do processo.

Logicamente, há entendimento contrário, a que também nos reportaremos, a fim de que, em contraponto, exponhamos nossas ideias favoráveis à modulação do rito e, assim, possamos trazer à reflexão e ao debate um tema ainda envolto em controvérsias.

2. EFETIVIDADE DO PROCESSO

O novo CPC trouxe, logo em seu pórtico, um conjunto de doze artigos a que nomeou, expressamente, de "normas fundamentais do processo civil", as quais, no entanto, não estão aí em rol taxativo, mas espalhadas por todo o Código, sobremodo à vista do que, há tempos, já decorre da letra do § 2.º do art. 5.º da Constituição Federal de 1988, tudo a reforçar a existência de um evidente direito constitucional processual.[1]

Para nós, em obra que está para ser lançada ainda neste ano de 2018, algumas dessas normas fundamentais do processo *civil*, em verdade, são princípios fundamentais *de processo*, ou seja, não limitadas ao processo civil, mas, sim, aplicáveis a todo e qualquer processo (civil, penal, administrativo etc.).[2]

Dessa forma entendemos, porque, em sendo o processo um instrumento a serviço de realização da justiça do caso concreto e não um fim em si mesmo[3], ou "um método de trabalho desenvolvido pelo Estado para permitir a solução dos litígios" e que, por isso, deve ser "adequado aos fins a que se propõe"[4], não pode ser visto e analisado distanciado de alguns princípios básicos, sobretudo quando decorrentes diretamente do superprincípio constitucional do devido processo legal (CF, art. 5.º, LIV).

Nessa ordem de ideias, eis que do art. 4.º do CPC/2015 dimana ser "direito das partes obter em prazo razoável a solução integral do mérito, incluída a atividade satisfativa".

Se, por um lado, as partes possuem tal *direito*, por outro, se a cada direito corresponde um respectivo *dever*, este é do Juiz e de todos os participantes do processo, a quem cabe cooperar para que se chegue a um resultado de mérito no menor espaço de tempo possível (art. 6.º do CPC). Noutros termos: todas as personagens do processo - protagonistas e coadjuvantes - têm de colaborar processualmente entre si, colimando a evitar a geração de vícios que possam comprometer tal desiderato, inclusive evitando, quanto possível, as etapas mortas do processo que possam fustigar o julgamento de mérito (enunciado 373 do FPPC).

Assim é que o segundo princípio cravado no art. 4.º do CPC acaba sendo uma decorrência do primeiro, quer dizer, a quem figura no processo,

---

1. É isso o que está estampado no enunciado n. 369 do FPPC: "o rol de normas fundamentais previsto no Capítulo I do Título Único do Livro I da Parte Geral do CPC não é exaustivo". Na doutrina, nesse sentido: GUERRA, Marcelo Lima. *Enunciados do FPPC (Fórum Permanente de Processualistas* Civis) organizados por assunto, anotados e comentados. Ravi Peixoto (coord.). Salvador: JusPodivm, 2018, p. 34. No processo civil alemão, isso também acontece, sendo muitos os seus princípios informadores (*Verfahrensgrundsätze*), os quais, por vezes, são também chamados de "máximas do processo" (*Prozessmaximen*). (BENEDUZI, Renato. *Introdução ao processo civil alemão*. Salvador: JusPodivm, 2015, p. 79).
2. SILVA, Augusto Vinícius Fonseca e. *Princípios pamprocessuais: normas fundamentais do CPC/2015 que são princípios fundamentais de processo*. Salvador: JusPodivm, 2018 (no prelo).
3. STJ - REsp 667.002/DF - Rel. Min. Luiz Fux - Data do julgamento: 12/12/2006 -Informativo n. 308.
4. BEDAQUE, José Roberto dos Santos. *Efetividade do Processo e Técnica Processual*. 2 ed. São Paulo: Malheiros, 2007, p. 36.

resguarda-se o direito de vê-lo resolvido em tempo razoável, o que equivale a dizer ver o seu mérito examinado e julgado com a celeridade possível.

Essa equação – direito à tramitação do processo em tempo razoável + direito à resolução do mérito – tem por resultado o que se chama de *eficiência processual*, positivada no art. 8.º do CPC.[5] Noutros termos, a eficiência processual agora cravada em lei dialoga com o art. 4.º do CPC e com o art. 5.º, LXXVII, da CF.[6] Não há, no entanto, sinonímia entre *efetividade* e *celeridade*, já que esta é apenas um aspecto ou um componente daquela.[7] Valem, aqui, as lições de Alexandre Freitas Câmara, que bem resume o que queremos dizer:

> Um processo rápido e que não produz resultados constitucionalmente adequados não é eficiente. E a eficiência é também um princípio do processo civil (art. 8.º). *[para nós, é, de fato, um princípio de todo e qualquer processo, inclusive o penal].* Impõe-se, assim, a busca do equilíbrio, evitando-se demoras desnecessárias, punindo-se aqueles que busquem protelar o processo (com multas e antecipação de tutela, quanto haja propósito protelatório), mas assegurando-se que o processo demore todo o tempo necessário para a produção de resultados legítimos.[8]

Em mesmo tom, Humberto Theodoro Jr., Dierle Nunes, Flávio Quinaud Pedron e Alexandre Melo Franco Bahia:

> Percebe-se que, no Novo CPC, a questão da duração razoável do processo há de ser lida a partir de um referencial mais amplo do

---

5. MARINONI, Luiz Guilherme *et al. O Novo Processo Civil.* São Paulo: RT, 2015, p. 169.

6. ABBOUD, Georges. *Comentários ao Código de Processo Civil – Arts. 1.º a 317 – Parte Geral.* Cássio Scapinella Bueno (coord.). São Paulo: Saraiva, 2017, v. 1, p. 139.

7. ZANFERDINI, Flávia de Almeida Montingelli. *O processo civil no 3.º milênio e os principais obstáculos ao alcance de sua efetividade – Morosidade da justiça, insuficiência de poderes de imperium do Magistrado e as deficiências da execução civil.* Rio de Janeiro: Forense, 2004, p. 23.

8. *O Novo Processo Civil Brasileiro.* 2 ed. São Paulo: Atlas, 2016, pp. 8-9. Para José Roberto dos Santos Bedaque, um processo realmente efetivo é "aquele que, observado o equilíbrio entre os valores segurança e celeridade, proporciona às partes o resultado desejado pelo direito material. Pretende-se aprimorar o instrumento estatal destinado a fornecer a tutela jurisdicional. Mas constitui perigosa ilusão pensar que simplesmente conferir-lhe celeridade é suficiente para alcançar a tão almejada efetividade. Não se nega a necessidade de reduzir a demora, mas não se pode fazê-lo em detrimento do mínimo de segurança, valor também ao processo justo". (Ob. cit., 2007, p. 49). Não sem outra razão, Francesco Carnellutti de há muito já vaticinava: "quando ouvimos dizer que a justiça deve ser rápida, temos aí uma fórmula que se deve tomar com benefício de inventário; o clisé [clichê] dos chamados, que promete a toda discussão do balanço da justiça que esta terá um desenvolvimento rápido e seguro, mostra um problema análogo ao da quadratura do círculo. Infelizmente, a justiça, se é segura, não é rápida, e se é rápida não é segura. É preciso ter a coragem de dizer, por sua vez, também do processo: quem vai devagar, vai bem e vai longe. Esta verdade transcende, inclusive, da própria palavra "processo", a qual alude a um desenvolvimento gradual no tempo: proceder quer dizer, aproximadamente, dar um passo depois do outro". (*Como se faz um processo.* Jeremy Lugros (trad.). São Paulo: Nilobook, 2013, pp. 19-20)

que a mera aceleração ou desformalização dos procedimentos. Isso porque a duração razoável de um processo está ligada à celeridade, mas também à solução integral do mérito – e por solução integral o Novo CPC já esclarece que não se está falando apenas da decisão de mérito, mas na efetiva satisfação do direito, ou seja, aqui se falar na primazia do julgamento do mérito que induz o máximo aproveitamento da atividade processual mediante a adoção do aludido novo formalismo democrático ou formalismo conteudístico.

Isso porque já se percebeu que não adiante somente andar rápido nas atividades, uma vez que o trabalho malfeito induz retrabalho e tal situação é facilmente visível durante o processo quando se profere, por exemplo, uma decisão de modo superficial ou com formalismo exacerbado que induz ao uso de recursos, reforma e refazimento do mesmo pronunciamento judicial.

O debate bem realizado induz o melhor aproveitamento e menor tempo, quando se enxerga o processo de modo panorâmico, mesmo que, momentaneamente, o gasto cronológico seja superior. Quando se parte dessa premissa, a redução de tempo que uma atividade processual bem realizada provoca é evidente.

Ademais, não se soluciona o mérito apenas se proferindo *qualquer* sentença: ela tem de conter integralmente o objeto do processo, e ainda a função jurisdicional deve ser tal que o direito definido seja satisfeito. A adoção do formalismo que busca embasamento nos fundamentos constitucionais, (...), evitará armadilhas desprovidas de logicidade e uma análise integral do caso.

A celeridade, finalidade de fundamental importância para obter aqueles requisitos (solução integral e satisfativa), é ainda posta em tensão com as exigências decorrentes do contraditório (art. 10) e da fundamentação das decisões (art. 486). Nesse sentido, a provocação de Cabral:

> [O] processo é feito para demorar! Isso porque, para julgar adequadamente, o julgador, seja ele juiz ou autoridade administrativa, deve se debruçar com cuidado sobre as questões postas para sua cognição. Além disso, o contato constante e reiterado com as partes é essencial para o amadurecimento do processo decisório. O juiz deve, literalmente, "dormir" o conflito, ler as alegações iniciais naquele primeiro momento da fase postulatória, reunir-se com as partes em audiência, acompanhar a produção de prova, considerar suas alegações, para somente então, com sobriedade e reflexão detida, prolatar sua decisão.

Mais do que nunca, estamos convencidos de que, tal qual noutras experiências estrangeiras, um processo terá, tendencialmente, uma

> duração menor caso o processo de conhecimento possibilite um "ambiente ótimo" d contraditório e diálogo genuíno e que a decisão seja uma resposta, pormenorizada e exaustiva, do que foi ali produzido. Isso pode inibir o uso de recursos ou, ao menos, diminuir a taxa de reforma das decisões, o que também pode contribuir para uma diminuição na expectativa de recorrer.
>
> A celeridade, como dever de todos os sujeitos do processo, como vimos anteriormente, relaciona-se também com o que prescreve o art. 5.º do Novo CPC, que trata da necessidade de boa-fé por parte de todos os que participam do processo (...). Dessa forma, há que se construir uma nova teoria acerca dos limites entre o legítimo uso do direito de defesa/contraditório e de quando tais limites são usados de forma extrapolada, constituindo "abuso de direito".
>
> Uma das razões que gera congestionamento do Judiciário é o abuso de mecanismos processuais e a dificuldade que tempos de identificar e caracterizar a má-fé processual, a despeito de o CPC reformulado de 1973 ter previsões a respeito e da doutrina definir tal instituto. Em outro estudo, por exemplo, definimos o *abuso de direito processual* como os "os atos de má-fé praticados por quem tenha uma faculdade de agir no curso do processo, mas que dela se utiliza não para seus fins normais, mas para protelar a solução do litígio ou para desviá-la da correta apreciação jurisdicional, embaraçando, assim, o resultado justo da prestação jurisdicional".[9]

Numa interpretação sistemática do ordenamento jurídico, não só conforme a Constituição, mas, sobretudo, *a partir dela*, veremos que a eficiência é princípio reitor da Administração Pública como um todo, no que não poderia deixar de ser incluído o Poder Judiciário (arts. 37 e 92-126 da CF).[10] Exige-se, desse modo, de toda a Administração que exerça suas funções eficientemente, mesmo porque o faz em nome do povo, que é o titular do poder (art. 1.º, parágrafo único, CF), em prol de quem deve propiciar o grau máximo de satisfação. Ao Poder Judiciário, incumbido da tutela dos direitos através da atividade jurisdicional, cabe concretizar a plenitude de acesso à ordem jurídica justa, proporcionando o melhor resultado num menor espaço de tempo possível.[11] Novamente, valem as pertinentes palavras de Cândido Rangel Dinamarco:

---

9. *Novo CPC – Fundamentos e Sistematização*. Rio de Janeiro: Forense, 2015, pp. 142-143.

10. A propósito da extensão principiológica do art. 37 da CF ao Poder Judiciário, já se pronunciou o STF: ADC 12 MC, Pleno, Rel. Min. Carlos Britto, j. 16.2.2006, DJ 01.9.2006 – RTJ 199-02, p. 427.

11. NEVES, Daniel Amorim Assumpção. *Novo Código de Processo Civil comentado artigo por artigo*. 3 ed. Salvador: JusPodivm, 2018, pp. 39-40.

A força das tendências metodológicas do direito processual civil na atualidade dirige-se, com grande intensidade, para a *efetividade do processo*, a qual constitui expressão resumida da ideia de que o *processo deve ser apto a cumprir integralmente toda a sua função sócio-político-jurídica, atingindo em toda sua plenitude todos os seus escopos institucionais*. Essa constitui a dimensão moderna de uma preocupação que não é nova e que já veio expressa nas palavras autorizadas de antigo doutrinador: "na medida do que for praticamente possível, o processo deve proporcionar a quem tem direito tudo aquilo e precisamente aquilo que ele tem direito de obter". (...)

Pois a efetividade do processo, entendida como se propõe, significa a sua almejada aptidão a eliminar insatisfações, com justiça, fazendo cumprir o direito, além de valer como meio de educação geral para o exercício e respeito aos direitos e canal de participação dos indivíduos nos destinos da sociedade e assegurar-lhes a liberdade. Sempre, como se vê, é a visão dos objetivos que vem a iluminar os conceitos e oferecer condições para o aperfeiçoamento do sistema.

Ora, é preciso adequar o processo ao cumprimento de toda essa complexa missão, para que ele não seja fonte perene de decepções somadas a decepções ("toda decepção é muito triste"), nem permite que com isso se desgaste a legitimidade do sistema. Desse lavor, hão de participar o *processualista e o juiz* e de ambos se espera, para que possam chegar a bom termo, uma racional mas decida *mudança de mentalidade*. É preciso implantar um novo "método de pensamento", rompendo definitivamente com as velas posturas introspectivas do sistema e abrindo os olhos para a realidade da vida que passa fora do processo. (...)

O processo e o direito completam-se e a boa compreensão de um exige o suficiente conhecimento do outro. É inerente à proposta de mudança de mentalidade essa visão acentuadamente instrumentalista, com superação das atitudes muito próprias à fase *autonomista* do direito processual, ora em vias de extinção. É indispensável, agora, relativizar o binômio direito-processo, para a libertação de velhos preconceitos formalistas e para que do processo se possam extrair melhores proveitos.

Na mentalidade dos juízes, é preciso que, além de todas essas alterações, esteja presente o empenho muito vivo pelo efetivo comando do processo. Sua obcecada preocupação pelo compromisso que têm com a justiça será o melhor fator para uma participação mais efetiva, dando cumprimento aos ditames do processo civil como instrumento do Estado, empregado na persecução de objetivos que

> são seus. Tal é a postura publicista que se preconiza, com alteração das tradicionais fórmulas de equilíbrio entre o princípio dispositivo e o inquisitivo.
>
> Falta muito para que se tenha o processo que se deseja. Velhos formalismos e hábitos comodistas minam o sistema e de um momento para outro ele não se alterará. Além disso, a própria lei reflete atitudes privatistas e individualistas perante o processo, incluindo-se nisso o conformismo com algumas de suas supostas fraquezas e pouca disposição a superá-las. Para o exame crítico do sistema existente, é indispensável identificar os pontos vitais em que as tomadas de posição se mostram particularmente importantes, considerando o tempo presente e o que hoje é lícito esperar do processo.[12]

Esse, então, o postulado da eficiência processual, que compreende a operosidade e vincula, como gizado, indistintamente *todas* as personagens do processo que estejam a dele participar direta ou indiretamente.[13] Há de estar em voga, sobretudo agora, em tempos de um novo CPC, a postura dos próprios processualistas, que hoje devem inexoravelmente estar mais conscientes do verdadeiro papel reservado à sua ciência, ou seja, de que o processo é um *instrumento de pacificação social* e para tanto devem contribuir para alcançar este objetivo[14], valendo frisar que processualista é todo aquele que lida com o processo na teoria e na prática e não apenas aqueles acadêmicos ensimesmados que ficam em salas de aula teorizando sobre o que nunca praticaram. Estes são meros "ilusionistas do Direito" e suas palavras devem ser lidas com toda ressalva e com todo cuidado.[15]

---

12. *A Instrumentalidade do Processo*. 12 ed. São Paulo: Malheiros, 2005, pp. 330-333.

13. CARNEIRO, Paulo Cezar Pinheiro. *Breves Comentários ao novo Código de Processo Civil*. Teresa Arruda Alvim Wambier *et al*. (coord.). São Paulo: RT, 2015, p. 77. Há quem distinga entre *eficiência* e *efetividade* do processo: enquanto a obtenção da eficiência permite um amplo espectro de atuação do Juiz (p. ex., art. 139 do CPC), focado na realização do processo com o menor dispêndio de tempo e recursos possíveis, desde que respeitadas as garantias processuais, o *processo efetivo* estaria ligado à realização do direito afirmado e reconhecido pelo provimento jurisdicional. (OLIVEIRA JR., Zulmar Duarte de. *Teoria Geral do Processo - Comentários ao CPC de 2015 - Parte Geral*. São Paulo: Método, 2015, p. 54).

14. BEDAQUE, José Roberto dos Santos *Direito e Processo - Influência do Direito Material sobre o Processo*. 4 ed. São Paulo: Malheiros, 2006, p. 54.

15. "Ilusionistas do direito" é expressão que se deve a Gabriel García Márquez (*Cem anos de solidão*. Eliane Zagury (trad.) 60 ed. Rio de Janeiro: Record, 2006, p. 287). Anotou, com sagacidade, Alexandre Freitas Câmara que "a ciência isolada da prática é uma ciência estéril, enquanto a prática do Direito distante da ciência pode se tornar puro charlatanismo". O Direito "é criado, formulado, para ser aplicado, e entre a sua ciência e os procedimentos adequados para sua aplicação, deveria haver um indissociável liame, realimentado mutuamente, em razão de sua natureza, que o faz em permanente processo de construção". (*Lições de Direito Processual Civil*. 16 ed. Rio de Janeiro: Lumen Juris, 2007, v. I p. XV). E J.J. Gomes Canotilho arremata: A ciência jurídica ensinada nas "Escolas de Direito" oscila entre duas orientações fundamentais:

Nesse palco de eficiência processual, a Fazenda Pública ocupa posição de destaque negativo, quando atua como litigante.

É certo que o comportamento dos sujeitos processuais - notadamente da Fazenda - é um dos fatores que em muito influencia na chamada crise do processo e em seu andamento. Sob a forma de recalcitrância em cumprir ordens judiciais, de desprestígio ao sistema judicial, de chicanas e manobras processuais, de abuso do direito processual[16] e de expedientes patologica-

---

a "orientação profissional" e a "orientação académica". A primeira procura fornecer um saber colocado directamente ao serviço do jurista prático e das suas necessidades. A segunda, sem perder a dimensão praxeológica (irrenunciável ao direito), visa proporcionar um discurso com um nível teorético-científico (no plano dos conceitos, da construção, da argumentação) que compense a "cegueira" do mero utilitarismo e evite a unidimensionalização pragmaticista do saber jurídico. A preferência por uma "orientação académica" de modo algum afasta a preocupação de se procurar fornecer aos alunos os conhecimentos indispensáveis ao posterior alicerçamento do *leges artis* da profissão. O ensino universitário não deve, porém, antecipar ou substituir quer os estágios profissionais, quer a riqueza da vida. (...) A teoria visa proporcionar uma reflexão sobre o modo e a forma como o direito constitucional *[e do Direito como um todo]* e a ciência do direito constitucional *[e, também, toda a ciência do Direito]* compreendeu o seu objeto de estudo e cumprem as respectivas tarefas nos planos pedagógico e científico. A iluminação de muitos problemas jurídico-constitucionais *[e jurídicos de um modo geral]* carece de um *background* explicativo e justificativo que só pode ser fornecido por uma reflexão teórica sobre o próprio direito constitucional *[sobre o Direito]*. (...) A necessidade da "dogmática" e da "teoria" não implica qualquer distanciação perante as necessidades da prática e da vida. Mas compreenda-se a mensagem aqui insinuada. Sem as teorias de Newton não se teria chegado à Lua - assim o diz e demonstra Sagan; sem o húmus teórico, o direito constitucional *[e todo o Direito]* dificilmente passará de vegetação rasteira, ao sabor dos "ventos", dos "muros" e da eficácia. Mas o inverso também tem os seus perigos: a hipertrofia teorética (e filosófica) pode insinuar a transformação de modelos teorético-constitucionais *[e teorético-jurídicos em sentido amplo]* e filosóficos em verdadeiras normas jurídicas, esvaziando ou minando a efectividade e validade do direito constitucional *[e de todo o Direito]*. Por outras palavras: a fuga para o céu dos conceitos e teorias pode acarretar a diminuição da capacidade de reflexão do direito relativamente aos problemas concretos das mulheres, dos homens e de todos os seres vivos da nossa comunidade. Um "direito ex cathedra", um direito reduzido a teorias abstractas, esquece que os problemas dos homens e da *polis* se situam no terreno da experiência humana e não nas alturas abstractas de um "saber sábio" do direito. Em síntese: procura-se um direito "bem pesado" não dissolvido nem nas pressões utilitaristas de um "direito descartável", nem nas nebulosas abstractas teorias que esquecem o lugar das coisas e o mundo dos homens." (*Direito Constitucional e Teoria da Constituição*. 7 ed. Coimbra: Almedina, 2003, pp. 17-18). Se pudermos resumir isso em quatro máximas, seriam estas: 1- Estudar para praticar: nunca praticar sem estudar; 2- teoria e prática: teoria *para a* prática e nunca praticar sem ter base teórica; 3- aquele que não estuda, não terá condição de bem praticar o Direito; 4- aquele que só estuda Direito, sem praticá-lo d'alguma forma, vivendo apenas nas academias, vive como um eremita acadêmico, um academicista, como muitos por aí, inócuo, limitado, um autêntico ilusionista do direito.

16. Define-se o *abuso de direito processual* como sendo "os atos de má-fé praticados por quem tenha uma faculdade de agir no curso do processo, mas que dela se utiliza não para seus fins normais, mas para protelar a solução do litígio ou para desviá-la da correta apreciação jurisdicional, embaraçando, assim, o resultado justo da prestação jurisdicional". (THEODORO JR. Humberto *et al. Novo CPC - Fundamentos e Sistematização*. Rio de Janeiro: Forense, 2015, p. 143). Noutros termos: "o abuso de direito no processo, que independe de cláusula de cláusula explícita em lei, define-se como o uso de meios em tese legítimos mas além dos limites da legitimidade de seu uso - ou seja, além dos limites da indispensável proporcionalidade. Isso significa que não só o emprego de expedientes ou artifícios em si mesmo desleais é ilícito perante a ordem processual (casos tipificados de litigância de má-fé ou de atentado à dignidade da Justiça), mas

mente protelatórios (dentre eles os infindáveis recursos à disposição das partes no processual brasileiro), contribuem marcantemente para o passo lento do processo.[17]

Essa situação, aliás, está comprovada pelo Conselho Nacional de Justiça, quando, em profundo estudo acerca do tema, verificou que a Fazenda Pública ocupa lugar de lamentável destaque (1.º lugar) na lista dos 100 maiores litigantes da Justiça brasileira.[18]

Amiúde faz do processo e das leis processuais um palco para desfile de todo o repertório de manobras aparentemente abrigadas pela legalidade, mas que, no fundo, nada mais objetivam que delongar o seu desfecho. A troça processual, aliada a e respaldada por um generoso cardápio de leis que permitem interpretação favorável a tanto (porque elaboradas por quem é diretamente interessado que o processo se perpetue), dá azo a uma mistura favorável à formação desse coquetel nefasto, que tanto contribui para o atraso e para a inefetividade da prestação jurisdicional e para o descrédito do Poder Judiciário.

Não que o Judiciário não tenha lá seus problemas e suas deficiências; isso há e também preme por solução. Contudo, dos mais de 100 milhões de processos em curso na Justiça brasileira[19], a Fazenda Pública estrela a indesejável posição de maior litigante em grande parte deles, o que também urge

---

também o uso exagerado ou desproporcional de meios que em tese nada tenham de ilícito". (DINAMARCO, Cândido Rangel. *Instituições de Direito Processual Civil*. 7 ed. São Paulo: Malheiros, 2017, v. 2, pp. 312-313). A propósito, orienta o enunciado n. 377 do FPPC: "a boa-fé processual orienta a interpretação da postulação e da sentença , permite a reprimenda do abuso do direito processual e das condutas dolosas de todos os sujeitos processuais e veda seus comportamentos contraditórios".

17. ZANFERDINI, Flávia de Almeida Montingelli. Ob. cit., pp. 11-12. "Enquanto o Estado brasileiro, por meio do Poder Executivo e seu lacaio, o Poder Legislativo, continuarem a ver o Poder Judiciário como um estorvo, este Poder não terá condições materiais para enfrentar o cada vez maior número de processos. O que falta é dinheiro, estrutura e organização profissional, temas estranhos ao processo civil. Sem isso, continuará somente como promessa vazia o direito a um processo com duração razoável. Triste é constatar que o Estado brasileiro, em especial o Poder Executivo, não deseja um Poder Judiciário ágil e eficaz, porque, sendo um dos clientes preferenciais do Poder Judiciário, em regra como demandado, para o Poder Executivo, quanto mais tempo demorar o processo, melhor será, afinal, o governante de plantão provavelmente não mais estará no cargo ao final do processo; logo, o problema já não será mais dele. Enquanto nossos governantes tiverem essa tacanha e imediatista visão, dificilmente as coisas melhorarão em termos de celeridade processual, apenas do esforço elogiável dos responsáveis pelas constantes mudanças procedimentais do processo civil". (NEVES, Daniel Amorim Assumpção. *Novo Código de Processo Civil Comentado artigo por artigo*. 3 ed. Salvador: JusPodivm, 2018, p. 28).

18. http://www.cnj.jus.br/images/pesquisas-judiciarias/pesquisa_100_maiores_litigantes.pdf (Acesso em 02.4.2011)

19. Dados extraídos do último relatório *Justiça em números* do CNJ: http://www.cnj.jus.br/files/conteudo/arquivo/2017/12/b60a659e5d5cb79337945c1dd137496c.pdf (Acesso em 11.6.2018)

exame e atitude daquele Poder para, no que toca ao processo, ser garantida a eficiência.

Nessa pegada, a flexibilização procedimental, cremos, é medida imperiosa.

3. A FLEXIBILIZAÇÃO PROCEDIMENTAL ENQUANTO MEIO DE VIABILIZAÇÃO E DE CONCRETIZAÇÃO DA EFETIVIDADE PROCESSUAL

Uma primeira premissa deve ser colocada a fim de que não seja interpretada nossa tese de maneira enviesada: procedimento é matéria de ordem pública que está regida por lei. A previsão legal de um rito para uma causa não é, em regra, disponível pelas partes e pelo juiz, que não podem, por ato de liberalidade e por mero capricho, substitui-lo rito por outro.[20]

Essa noção se mantém, mesmo sob as luzes do novo Código de Processo Civil.

Noticia a doutrina que o art. 151, § 1.º, do Projeto de Lei que originou o CPC atual, trazia expressa previsão de flexibilização: "quando o procedimento ou os atos a serem realizados se revelarem inadequados às peculiaridades da causa, deverá o juiz, ouvidas as partes e observados o contraditório e a ampla defesa, promover o necessário ajuste". Isso se justificaria pela complexidade do direito contemporâneo que, dependendo do tipo de demanda ajuizada, não pode ficar preso a modelos predeterminados de tramitação de processo, sob risco de engessamento das pretensões e duração irrazoável de seu curso. Respeitados o contraditório e a ampla defesa, poderia o Juiz adequar as fases do procedimento ao direito debatido, com o escopo de obter um melhor resultado final.[21]

Esse dispositivo, no entanto, não constou a redação final aprovada.

Perguntar-se-ia, então: pode haver flexibilização procedimental no Direito Processual Brasileiro?

---

20. THEODORO JR., Humberto. *Curso de Direito Processual Civil*. 56 ed. Rio de Janeiro: Forense, 2015, v. 1, p. 730.

21. ALMEIDA, Gregório Assagra de; GOMES JR., Luiz Manoel. *Um novo Código de Processo Civil para o Brasil – Análise teórica e prática da proposta apresentada ao Senado Federal*. Rio de Janeiro: GZ Editora, 2010, p. 165. O anteprojeto da Comissão de Juristas designada pelo Senado Federal também previa, em seu art. 107, V, a ampla possiblidade de adaptação judicial do procedimento, tal como ocorre no processo civil inglês, com os denominados "management powers". Contudo, o dispositivo proposto foi alvo de críticas contundentes tanto pela comunidade jurídica, quanto pelo próprio Senado, desde a versão aprovada do PLS 166/2010, a qual restringiu a previsão expressa de poderes do juiz para adaptar o procedimento à dilação de prazos processuais e à alteração da ordem de produção de provas, fato que se refletiu no texto finalmente aprovado, mais especificamente no inc. VI do art. 139. (SANTOS, Welder Queiroz. *Princípio do Contraditório e Vedação de Decisão Surpresa*. Rio de Janeiro: Forense, 2018, , p. 166).

A resposta não é singela e passa por algumas breves considerações.

Não se desconhece que o modelo legal predeterminado de um procedimento ao desenvolvimento da relação jurídica processual ainda parece ser um "calcanhar-de-aquiles para a Justiça". [22] Nesse aspecto, mesmo com o CPC/2015, ainda remanesce um grande salto a ser dado pelo Poder Judiciário em prol da agilização da entrega da prestação jurisdicional, sendo necessário adequar-se seus padrões à realidade social e tecnológica atual, trazendo, assim, para si a contemporaneidade.[23]

O ordenamento jurídico processual brasileiro, aponta Cândido Rangel Dinamarco, adere-se tradicionalmente ao sistema de procedimento rígido, caracterizado pela nítida distinção, preestabelecida por lei, entre os atos processuais e as fases processuais e pelo emprego acentuado do instituto da preclusão, voltada a evitar retrocessos. Contudo, em certas possibilidades, permitiu a adaptabilidade judicial ou convencional, "segundo as conveniências do caso."[24]

É sabido e consabido que o principal escopo da jurisdição no Estado moderno é a entrega ao jurisdicionado de uma tutela justa, efetiva e tempestiva, visando-se, com isso, à pacificação social.[25] O processo é *meio* de solução de problemas e não pode ser transformado em um problema em si. Deve ser focado na resolução dos conflitos e não ser causa para mais um conflito.

Nessa ordem de ideias, uma tutela justa, efetiva e tempestiva só pode ser obtida a partir de um processo de *resultados*, isto é, o processo e as atividades jurisdicionais devem ter sua eficiência medida pela perspectiva da utilidade que possam ter perante as pessoas que litigam e diante da população como um todo.[26] A busca atual pela efetividade guarda relação de direta proporção com a noção de que o processo vale pelos resultados que produz na vida das pessoas ou grupos. Logo, não se admite, na moderna ciência processual, insistir na utilização de conceitos processuais estéreis, exclusivamente teóricos, que sejam distanciados pragmaticamente do direito material, como se o processo fosse um instituto isolado da sociedade, enclausurado nas

---

22. ROCHA, Cesar Asfor. *A luta pela efetividade da jurisdição*. São Paulo: RT, 2007, p. 99.

23. Idem, ibidem.

24. *Instituições de Direito Processual Civil*. 7 ed. São Paulo: Malheiros, 2017, v. II, p. 526 e p. 536.

25. AMENDOEIRA JR., Sidnei. *Fungibilidade dos Meios*. São Paulo: Atlas, 2008, p. 57.

26. BRASIL JR., Samuel Meira. *Justiça, Direito e Processo – A Argumentação e o Direito Processual de Resultados Justos*. São Paulo: Atlas, 2007, p. 31.

paredes da academia, não permeável por uma série de fatores não-jurídicos e como um fim em si mesmo e não como um instrumento para a realização do direito substancial.[27]

Em meio ao sistema ritual da *legalidade* e de sua antítese (sistema ritual de *liberalidade*, segundo o qual seria livre à conveniência das partes e do juiz a escolha pelo procedimento), há um sistema *misto* ou eclético, em que a lei secunda o procedimento, traçando-lhe os caminhos gerais e que não podem ser afastados (garantias processuais), mas a forma aí estabelecida pode ser mitigada pelo órgão jurisdicional ou mesmo pelas partes, plasticizando-se às especificidades do caso posto. A respeito, valem as lições de Samuel Meira Brasil Jr.:

> O sistema ou eclético ampara-se na legalidade das formas, mas admite uma flexibilização, reconhecendo certa liberdade dos sujeitos processuais, por exemplo, quando o escopo do ato for atingido. Busca-se o equilíbrio entre a legalidade e a liberdade das formas. Este é o sistema vigente no CPC, sendo conhecido por instrumentalidade das formas. Ninguém nega a necessidade de estabelecer regras formais para o processo, para evitar incerteza e arbítrio. O que sempre se rejeitou é o rigor severo ou excessivo que, de forma injustificada, torna a forma do ato mais importante que seu escopo. A partir desse repúdio, foi instituído o temperamento da legalidade das formas, por intermédio do princípio da instrumentalidade. Assim, o equilíbrio entre a liberdade e a legalidade ocorre por intermédio de um princípio: o da instrumentalidade.[28]

O fato de propugnarmos um certo desprendimento da forma legal de procedimento, uma certa liberdade em sua modulação às peculiaridades da causa, não significa - bom que se frise - estejamos a defender uma ode à *libertinagem quanto à forma*[29]. Não é isso, mesmo porque temos a noção de que, ainda que sob a regência do atual CPC, a previsão legal de uma forma dos atos processuais e do procedimento objetiva resguardar a segurança jurídica para os participantes da relação processual, que precisam ter assegurado um mínimo de previsibilidade do que irá ocorrer no processo e, assim, possam exercer, com segurança, suas faculdades e seus direitos

---

27. Idem, p. 32.

28. Idem, pp. 10 e 11.

29. Isso, aliás, já foi por nós defendido ainda sob a égide do CPC/1973, conforme pode ser lido em *Pela máxima efetividade processual nos Juizados Especiais Cíveis*. Artigo disponível no *site* da Academia Brasileira de Direito Processual Civil (http://www.abdpc.org.br/abdpc/artigos/PELA%20MAXIMA%20EFETIVIDADE%20PROCESSUAL%20NOS%20JUIZADOS%20ESPECIAIS%20CIVEIS%20Augusto%20Vinicius%20Fonseca%20e%20Silva.pdf).

processuais[30], sem serem surpreendidas com atos inesperados praticados pelo adversário ou pelo próprio Estado-Juiz.[31]

No entanto, também temos a noção teórica e prática de que a mera identificação da segurança jurídica com o aspecto formal do procedimento tende a acarretar limitações à obtenção do resultado justo e efetivo que se espera de todo processo, o que faz ensejar uma redefinição do princípio da segurança jurídica.[32]

Isso nos leva à necessidade de pronta diferenciação entre a *forma* e *formalismo*, destacadamente o formalismo *excessivo*, que acaba sendo contraproducente ao desenvolvimento do processo, prejudicando seu regular andamento e efetiva distribuição da justiça, frustrando, ainda mais, as partes, que aguardam, ansiosas, pelo desfecho do mérito da causa.[33]

Calha, pois, falar numa *fungibilidade ritual*, à semelhança do que se dá no âmbito recursal.[34] Permite-se com isso seja dada plasticidade aos *procedimentos* de lei, os quais se permitem substituir-se entre si, sempre com escopo de atender às necessidade de fundo (de direito material) e alcançar o resultado de mérito do processo. É o que defende o citado Guilherme Freire de Barros Teixeira:

> Não obstante o Código de Processo Civil de 1973 não tenha reproduzido o dispositivo da lei revogada, o princípio da fungibilidade tem aplicação ainda hoje, tratando-se de um princípio implícito, decorrente da instrumentalidade das formas.
>
> Ocorre que o princípio da fungibilidade não se restringe à área dos recursos, possuindo uma feição muito mais ampla, abrangendo, também, segundo as regras atualmente existentes na legislação brasileira, as demandas possessórias e cautelares, as tutelas de urgência entre si, os provimentos decorrentes de tutela específica das obrigações de fazer, não fazer e de entrega de coisa, a conversão de processos e de procedimentos.[35]

---

30. BRASIL JR., Samuel Meira. Ob. cit., p. 13.

31. TEIXEIRA, Guilherme Freire de Barros. *Princípio da Fungibilidade: rumo à "deformalização do processo.* In *Bases Científicas para um renovado Direito Processual*. Athos Gusmão Carneiro e Petrônio Calmon (org.). Salvador: JusPodivm, 2009, p. 151

32. BRASIL JR., Samuel Meira. Ob. cit., pp. 15-16.

33. BARROS TEIXEIRA, Guilherme Freire de. Texto citado, p. 154.

34. Embora o CPC/2015 não traga uma cláusula expressa acerca da fungibilidade recursal, continua com ele compatível, consoante orienta o Enunciado 104 do Fórum Permanente de Processualistas Civis (FPPC).

35. Idem, p. 157.

A *fungibilidade dos meios* servirá, então, a canalizar a efetividade processual.

Se ao Estado é imposto o poder-dever de, através do processo, aplicar o direito ao caso concreto conforme previsto na Constituição e nas leis, deve fazê-lo da forma mais adequada possível, posto que igualmente interessado no resultado final do processo junto com as partes. Logo, deve agir de forma alcançar o julgamento do mérito da causa, entregando uma tutela efetiva, justa e tempestiva, que não se concerta com um formalismo estéril (art. 4.º do CPC). Para isso, o uso da fungibilidade controlada dos meios é, sem dúvida, um importante instrumento.

O procedimento não deve ser cegamente observado como um dado prévio, abstrato e inarredável para qualquer caso, mesmo porque, bem se observou, tal qual as normas de caráter geral do direito material, as de natureza processual também são previstas em sentido genérico e abstrato e, teoricamente, prestam-se a todas as situações, mas, nem sempre, de forma adequada.[36]

O procedimento, legal somente tem sentido ou razão de ser se, observadas garantias constitucionais e legais de processo, propicia um resultado de mérito. A não ser isso, será inócuo. Não basta ter sua fonte na lei para ser o procedimento válido Isso não basta! Deve ser capaz e eficaz à produção de efeitos na esfera jurídica das pessoas, que aguardam do Estado uma resposta, ainda que seja para dizer "não" ao seu pleito.[37]

Pode-se assim dizer, com efeito, que o procedimento, em si mesmo, não porta valor objetivo. Só o terá, quando, respaldado nas garantias processuais, der o direito a quem o tiver.

A legitimação "pelo procedimento" não deve decorrer de uma mera observância de atos encadeados previstos na lei. [38] Isso seria muito pouco se comparado ao fim a que realmente se destina. O fato de o rito regrar e

36. AMENDOEIRA JR., Sidnei. Obra citada, pp. 58-59.

37. "Com efeito, a moderna ênfase que se dá ao aspecto eficacial do processo (no seu aspecto material e temporal), sugestiona que se deve conferir ao procedimento o ritmo necessário à efetiva atuação jurisdicional. Se não se obtém isto por força de modelos legais aptos à tutela adequada e tempestiva do direito material, há que se conferir ao juiz condições de acelerar procedimentos, ou de freá-los, de acordo com a necessidade concreta, respeitadas as garantias do processo constitucional". (GAJARDONI, Fernando da Fonseca. *Teoria Geral do Processo - Comentários ao CPC de 2015 - Parte Geral*. São Paulo: Método, 2015, p. 460).

38. Idem, ibidem.

propiciar a participação das partes no processo e nele pode influir no seu resultado é o que o legitima plenamente, com a bênção da Constituição.

Dessarte, a permeabilidade ou porosidade do processo à Constituição permite sê-lo dúctil e viabilizador da razão a quem a efetivamente a tem. Aliás, isso não poderia ser diferente, dado seu caráter inexoravelmente instrumental. Falar em rigidez intransponível das formas ou dos procedimentos é alçá-las à categoria de barreiras processuais injustificáveis, é levar à negação da jurisdição, à ineficácia do processo e à anulação ou sacrifício dos direitos que deveriam ser garantidos, o que seria uma covardia para com as partes e um atentado indesculpável contra a eficiência e contra o devido processo legal, fulminando o direito e a esperança à solução da controvérsia. Ser dúctil – tanto na vida, quanto no processo – é permitir distender à vista das circunstâncias, mas sem romper com as premissas éticas e legais, é admitir a flexibilização para possibilitar possa o processo cumprir seu papel, que outro não é senão gerar resultado para as partes.[39]

Nesse passo de atingir as máximas eficiência e efetividade processuais, inclui-se a *flexibilização procedimental*, sempre conectada à citada ideia de processo como instrumento ou método de trabalho estatal de solução de conflitos, servindo o direito material das partes e pondo cabo ao estado de insatisfação que reina entre elas. Daí ter asseverado, com toda razão, Luiz Guilherme Marinoni:

> O processo, no Estado contemporâneo, tem de ser estruturado não apenas consoante as necessidades do direito material, mas também dando ao juiz e à parte a oportunidade de se ajustarem às particularidades do caso concreto. É nesse sentido que se diz que o direito fundamental à tutela jurisdicional, além de constituir uma garantia ao titular do direito à tutela do direito material, incide sobre o legislador e o juiz.
>
> De modo que o processo, atualmente, é o próprio procedimento. Mas não apenas, como quer Fazzalari, o procedimento realizado em contraditório – até porque essa exigência é óbvia e inegável -, mas igualmente um procedimento idôneo às tutelas prometidas pelo direito material e à proteção do caso concreto. Aliás, para que o processo seja capaz de atender ao caso concreto, o legislador deve dar à parte e ao juiz o poder de concretizá-lo ou de estruturá-lo.

---

39. Nesse sentido: VARGAS, Jorge de Oliveira. *Processo Civil: sua filtragem constitucional e ductilidade*. In *Bases Científicas para um renovado Direito Processual*. Athos Gusmão Carneiro e Petrônio Calmon (org). Salvador: JusPodivm, 2009, p. 173.

> Ou seja, o processo não apenas deve, como módulo geral atender às expectativas do direito material, mas também deve dar ao juiz e às partes o poder de utilizar as técnicas processuais necessárias para atender às peculiaridades do caso concreto.[40]

Nesta quadra é que se localiza a possibilidade de *adaptação do procedimento* às peculiaridades da causa.

Na Itália, há tempos, desde o Código de Processo Civil italiano de 1940, que entrou em vigor em 21/4/42, defendia-se tal possibilidade.

Em tópico denominado "o princípio da adaptabilidade do procedimento às exigência da causa", reconhece o Piero Calamandrei, em oposição a Carnelutti, que o CPC italiano não albergou o sistema da liberdade das formas; ao contrário, manteve-se vinculado ao sistema da legalidade, o qual também previa a adaptabilidade das formas, a qual não estava sob ato discricionário do Juiz. Aliás, é de Calamandrei a expressão "elasticidade processual", cuja ideia muito se próxima da *ductilidade*. Leiamos:

Ao contrário, a inovação realmente fundamental introduzida em matéria de formas pelo novo Código é outra: a que o Rel. Grandi, n. 16, denomina "princípio de adaptabilidade do procedimento às exigências da causa", ou, como também se diz, de "elasticidade processual". No mesmo relatório, o alcance deste princípio se acha assim ilustrado: "(...) porém, mesmo sem se afastar, a este respeito, do princípio da legalidade, o Código tratou de abrandar a excessiva rigidez, adotando, em vez de um tipo de procedimento único e invariável para todas as causas, um procedimento adaptável às circunstâncias, que pode ser, em caso de necessidade, abreviado ou modificado, podendo assumir múltiplas figuras, em correspondência com as exigências concretas de cada causa.

> A rigidez de um procedimento regulado de um modo uniforme para todas as causas possíveis, tem o grande inconveniente de não se prestar a satisfazer simultaneamente a exigência de cuidadosas e exaustivas investigações que se sente, especialmente, em certas causas mais complicadas e difíceis, e a exigência de uma rápida resolução, que predomina nas causas mais simples e urgentes. Para conciliar harmonicamente estas exigências antagônicas no sistema da legalidade, o Código se inspirou no princípio da *adaptabilidade* (ou, como também autorizadamente se diz, da *elasticidade*) do procedimento: a cada etapa de seu *iter* processual, as partes e o juiz

40. *Teoria Geral do Processo*. 2 ed. São Paulo: RT, 2007, v. 1, pp. 429-430.

> encontram diante de si, oferecidos pela lei para sua escolha, múltiplos caminhos e cabe a eles escolher, segundo as necessidades do caso, o mais largo ou atalhos.
>
> Assim, não se incorre nos perigos que derivariam do fato de deixar que o juiz se converta em árbitro absoluto do procedimento, porque o procedimento está fixado antecipadamente pela lei. Mas a lei – em vez de construí-lo todo como uma só peça – o construiu como um mecanismo composto de peças desmontáveis e combináveis entre si, de diferentes maneiras, para que caiba à sensibilidade das partes e à prudência do juiz montá-lo, a cada caso, de modo mais conforme aos fins da justiça.
>
> Desta adaptabilidade do procedimento à causa (...) não consiste somente na faculdade dada às partes, em certos casos de escolher inicialmente entre distintos tipos de procedimento (...), mas, também, no poder dado ao juiz ou às partes de seguir, no curso do procedimento escolhido, o itinerário que corresponda às dificuldades e ao ritmo da causa.[41]

Na mesma vereda, no Brasil, preconiza José Roberto dos Santos Bedaque:

> A principal missão do processualista moderno é buscar alternativas que favoreçam a resolução de conflitos. Não pode prescindir, evidentemente, da técnica. Embora necessária para a efetividade e eficiência da justiça, deve ela ocupar o seu devido lugar, como instrumento de trabalho, não como um fim em si mesmo. Não se trata de desprezar aspectos técnicos do processo, mas apenas de não se apegar ao tecnicismo. A técnica deve servir de meio para que o processo atinja seu resultado (...)"trata-se da concepção de um modelo procedimental flexível, passível de adaptação às circunstâncias apresentadas pela relação substancial. Não se admite mais o procedimento único, rígido, sem possibilidade de adaptação às exigências do caso concreto. Muitas vezes, a maior ou menor complexidade do litígio exigem sejam tomadas providências diferentes, a fim de se obter o resultado do processo. Exemplo claro do princípio da adaptabilidade consiste na possibilidade de julgamento antecipado, quando circunstâncias inerentes à relação substancial tornarem dispensável dilação probatória (CPC, 330, I). Verifica-se, aqui, a influência que o direito material acarreta no procedimento, o que reforça a ideia de necessidade de relativizar o binômio a fim de que sejam alcançados os objetivos do direito processual.[42]

---

41. *Instituições de Direito Processual Civil*. Douglas Dias Ferreira (trad.). 2 ed. Campinas: Bookseller, 2003, v. 1, pp. 313 a 315.

42. *Direito e Processo – Influência do Direito Material sobre o Processo*. 4 ed. São Paulo: Malheiros, 2006, pp. 50-51 e 60-61. Segundo Marcelo Pereira de Almeida, "o processo deve permitir a efetiva satisfação dos

Para Fredie Didier Jr., nada impede e tudo aconselha se possa conferir ao Juiz, como diretor do processo, poderes para "conformar o procedimento às peculiaridades do caso concreto, tudo como meio de mais bem tutelar o direito material", de modo que "a flexibilização do procedimento às exigências da causa é (...) fundamental para a melhor consecução dos seus fins, em uma perspectiva instrumentalista do processo".[43]

Conclui-se, pois, que a adequação procedimental às peculiaridades da situação concreta acarreta a melhora do desempenho estatal na prestação jurisdicional, pois o uso do instrumento certo, longe de dúvida, otimiza a qualidade do resultado".[44]

Insistimos em que a possibilidade de adequação do procedimento não tem por escopo relegar ao limbo a técnica processual, nem levantar a bandeira da ampla e irrestrita liberdade ritual ou, segundo dito acima, da libertinagem procedimental. Como bem advoga José Roberto dos Santos Bedaque, o princípio da adequação ou adaptação do procedimento é fundamental à correta aplicação da técnica processual. Os modelos procedimentais e os poderes, deveres e faculdades dos sujeitos do processo devem, na medida do possível, "adequar-se às peculiaridades do fenômeno jurídico material e ser compatíveis com a natureza da tutela jurisdicional pleiteada", afinal, "a forma não constitui valor em si mesma, o formalismo processual deve ser examinado à luz dos objetivos a serem alcançados".[45] Assegurada a participação e a influência dos interessados na formação do convencimento do julgador (processo dialogal ou policentrismo processo) e no resultado do processo, o problema da forma acaba passando para o segundo plano. A forma não pode querer aparecer mais do que o direito em si.

---

interesses, invocando-se a promessa constitucional de acesso à ordem jurídica justa. O processo voltado com os escopos a serem eficazmente produzidos, ou seja, para se transformar num instrumento da justiça material, deve romper com a dogmática antiga, permitindo a adaptabilidade dos procedimentos para proporcionar a satisfação dos interesses (...) Assim, surgindo a demanda social, ainda que não exista procedimento específico, deve a tutela jurisdicional ser prestada, cabendo ao juiz, dentro de seu poder de condução, adaptar o procedimento à realidade fática para proporcional a solução do conflito, sempre frisando que o processo não é um fim em si mesmo." (*A efetividade do processo coletivo como garantia à ordem jurídica justa*. In *Bases Científicas para um renovado Direito Processual*. Athos Gusmão Carneiro e Petrônio Calmon (org.). Salvador: JusPodivm, 2009, p. 85).

43. *Curso de Direito Processual Civil – Teoria Geral do Processo e Processo de Conhecimento*. 8 ed. Salvador: JusPodivm, 2007, v. 1, p. 51.

44. PORTO, Sérgio Gilberto. *A crise da eficiência do processo – A necessária adequação processual à natureza do direito posto em causa, como pressuposto de efetividade*. In *Processo e Constituição – Estudos em homenagem ao professor José Carlos Barbosa Moreira*. Luiz Fux *et al.* (coord.). São Paulo: RT, 2006, p. 181.

45. Obra citada, pp. 45 e 46.

Muitas vezes, o resultado do processo é obtido sem que a forma procedimental tenha sido seguida à risca, o que nos leva à confirmação de que, realmente, as regras relacionadas aos requisitos formais de tal método de trabalho devem ser interpretadas conforme o fim atingido, sendo imprescindível que operador do processo volte sua atenção para tal desiderato em função do qual deve ser aplicada a técnica processual.[46] Noutros termos, forma e técnica devem servir e se adequar ao direito de fundo (material), de modo a dissipar o estado de insatisfação. O que tem maior valorização não é a forma em si, mas, sim, o objetivo visado pela norma procedimental, que não pode ser pretensiosa a ponto de que ser destacar mais do que o direito a que há de servir. É da natureza da forma procedimental em si ser serviente ao direito material subjacente. Esse o objetivo a ser preservado dentro do escopo maior do processo (de ser instrumento destinado à pacificação) e segundos os ditames do contraditório e da ampla defesa. Ainda que porventura inobservado algum ritual, não haverá razão para se atribuir relevância ao vício formal, se o desiderato foi obtido. Isso ganha especial relevo nos Juizados Especiais, à vista do que dispõe expressamente o art. 13 da Lei n. 9099/95 c.c. art. 27 da Lei n. 12153/09. O interesse público na definição do rito está na garantia dos valores que o inspiram e não em si mesmo, está na sua aptidão de produzir resultados esperados pelas partes.[47]

Quando, pois, o Juiz facear, no caso concreto, um "déficit procedimental"[48] legal a comprometer o direito material e, também, a eficiência e a efetividade processuais, deverá valer-se do manancial legal processual para daí extrair uma forma procedimental que mais se adéque à situação e que menos comprometa a rápida e justa solução da lide.[49] Isso, claro, sem perder de vista

---

46. "No entanto, como o erro de forma não conduz necessariamente à nulidade do processo (NCPC, art. 283), o que incumbe ao juiz, diante da eventual irregularidade, é apenas ordenar a adaptação da causa ao procedimento adequado, qualquer que seja a fase em que se encontre, aproveitando-se sempre os atos já praticados, dos quais não tenha decorrido prejuízo para as partes ou para a jurisdição". (THEODORO JR., Humberto. *Curso...*, p. 730).

47. THEODORO JR., Humberto. *Curso de Direito Processual Civil - Teoria Geral do Direito Processual Civil e Processo de Conhecimento*. 50 ed. Rio de Janeiro: Forense, 2009, v. 1, p. 328.

48. A expressão é de Canotilho (*Apud* MEDINA, José Miguel Garcia. *Código de Processo Civil comentado*. 2 ed. São Paulo: RT, 2012, p. 281).

49. "Um sistema típico ou rígido de procedimentos tende a alcançar resultados satisfatórios na medida em que as situações de direito material e os problemas que emergem da sociedade sejam parecidos, sendo até mesmo conveniente a previsão de um procedimento uniforme para os casos em que problemas similares se reproduzem imensamente, a fim de que se assegure que todos aqueles que estejam em uma mesma situação de direito material recebam solução procedimental também igual. No entanto, na medida em que se refinam os pormenores da vida social e do direito material, o sistema típico acaba se revelando ineficiente, o que impõe ao órgão jurisdicional a realização de um *ajuste* tendente a *especificar*

todas as garantias processuais, notadamente a do contraditório das partes acerca da intenção judicial ductibilizatória e da necessidade de se motivar a decisão respectiva. Fernando da Fonseca Gajardoni, em obra específica dedicada ao estudo da flexibilização procedimental, ratifica nosso posicionamento:

> Obviamente, algum critério, ainda que mínimo, deve haver para que possa ser implementada a variação ritual, sob pena de tornarmos nosso sistema imprevisível e inseguro, com as partes e o juiz não sabendo para onde o processo vai nem quando ele vai acabar.
>
> Esse critério consiste na necessidade de existência de um motivo para que se implemente, no caso concreto, uma variação ritual (finalidade), na participação das partes da decisão flexibilizadora (contraditório) e na indispensabilidade de que sejam expostas as razões pelas quais a variação será útil para o processo (motivação).[50]

Com efeito, o contraditório não poderia deixar de ser exigido no ponto, a fim de que as partes possam se expressar a respeito do que pretende o Juiz com a adequação ritual (art. 6.º do CPC), para que não sejam surpreendidas (art. 10 do CPC) e para que não se sintam inseguras com a adequação. Sempre que o juiz entender que deva adaptar o procedimento, informará previamente às partes sobre sua intenção de fazê-lo, comunicando ainda quais atos processuais, cuja ordem de praticar e o motivo, pretende alterar, permitindo a interposição de recurso, caso a parte não concorde com tais motivos. E isso há de ocorrer tanto nos casos de adequações típicas (p. ex., arts. 437, § 2.º e 373, § 3.º, do CPC, e art. 6.º, VIII, do CDC), quanto nas adequações atípicas, como a que aqui advogamos.[51]

---

um procedimento para o problema trazido pelas partes. Este ajuste, caso a caso, é facilitado quando o sistema prevê expressa e textualmente um *modelo procedimental atípico* ou *flexível*. O direito ao procedimento adequado, portanto, não diz respeito apenas ao legislador. Diante dos modelos típicos, havendo *déficit* procedimental, deverá ser necessário que o juiz estabeleça o procedimento adequado ao caso. Um sistema rígido, temperado por modelos flexíveis de procedimentos, mostra-se, como regra, suficiente para abarcar parte expressiva das controvérsias submetidas ao processo. Problema maior que ocorre nos casos em que à situação de direito material não corresponde procedimento adequado (*déficit* procedimental). Neste caso, *inexistindo procedimento explicitamente previsto no sistema, o procedimento adequado deverá ser modelado pelo juiz, de acordo com os parâmetros oferecidos pelas partes,* já que a ausência de tal procedimento adequado á tutela do direito substantivo significaria a negativa de existência de tal direito. A este resultado se poderá chegar interpretando-se um procedimento previsto no Código de Processo Civil de modo conforme à Constituição Federal, p. ex., a fim de suprimir requisito procedimento injustificável, ou cuja exigência acabaria por eliminar o direito". (MEDINA, José Miguel Garcia. *Curso de Direito Processual Civil Moderno.* 4 ed. São Paulo: RT, 2017, p. 286).

50. *Flexibilização Procedimental – Um novo enfoque para o estudo do Procedimento em matéria processual.* São Paulo: Atlas, 2008, pp. 87-88.

51. Nesse sentido: SANTOS, Welder Queiroz dos. Ob. cit., p.168.

Qual seria a base legal para o Juiz adaptar o procedimento? Existe isso no CPC de 2015?

Navegando pelo texto positivado, deparamo-nos com o inciso VI do seu art. 139, que orienta o Juiz na direção do processo conforme as disposições legais ali positivadas, podendo, para adequá-lo às necessidades e peculiaridades do conflito, sempre com vista à máxima efetividade na tutela do direito discutido, dilatar prazos e alterar a ordem de produção de provas.[52]

Dá-se, no entanto, de a previsão insculpida em tal inciso não se consubstanciar num rol fechado de atos processuais que possam ter sua ordem alterada. Se o objetivo, conforme o caso, é adaptar o procedimento para que melhor proteja o direito material discutido, nada impede que o juiz determine, fundamentadamente, a inversão de outros atos processuais, desde que não deixe de prestar homenagem às garantias processuais.[53]

É por isso que tem apontado a doutrina estar aí, em tal dispositivo, aí a consagração do *princípio da adequação procedimental* ou da *adaptabilidade*[54], que é "uma das mais instigantes inovações do Código de Processo Civil de 2015" e que "consiste na possibilidade de flexibilizar o procedimento por ato do juiz para adequá-lo às necessidades do conflito".[55]

---

52. "Autoriza o art. 139, VI, do CPC/2015, a modificação procedimental quanto a prazos e meios de prova, 'adequando-os às necessidades do conflito de odo a conferir maior efetividade à tutela do direito'. O texto legal, como se percebe, é bastante restritivo. Há que se indagar, diante disso, se apenas quanto a esses aspectos pode o juiz atuar, com o intuito de ajustar o procedimento às necessidades do conflito, ou se há outras provas em que é possível, à luz da própria lei processual (...). Vê-se que o art. 139, VI, do CPC/2015, ao referir-se à hipótese de alteração da ordem de produção de provas ou ampliação de prazos, não exaure os casos em que a própria lei processual permite ao magistrado atuar, incisivamente, na fixação do procedimento a ser observado." (MEDINA, José Miguel Garcia. *Curso...*, p. 284).

53. ZUFELATO, Camilo. *Flexibilização procedimental e gestão processual no Direito brasileiro*. In *I Colóquio Brasil-Itália de Direito Processual Civil*. Camilo Zufelato *et al.* (coord.). Salvador: JusPodivm, 2016, p. 254.

54. FLEXA, Alexandre; MACEDO, Daniel; BASTOS, Fabrício. *Novo Código de Processo Civil – Temas inéditos, mudanças e supressões*. Salvador: JusPodivm, 2015, p. 262. Há quem distinga a *adequação*, que é dirigida ao legislador, por imposição sistemática, "para que construa modelos procedimentais aptos para a tutela especial de certas partes ou do direito material", da *adaptabilidade* (ou *flexibilização* ou, ainda, *elasticidade*), que serve para "designar a atividade do juiz de flexibilizar o procedimento inadequado ou de reduzida utilizada para melhor atendimento das peculiaridades da causa (mesmo à míngua de previsão legal específica)". (GAJARDONI, Fernando da Fonseca. *Teoria...*, p. 460). A despeito disso, é na intersecção das acepções que veremos que a meta é comum, qual seja, dar ao procedimento a aptidão plástica de se conformar ao direito material subjacente e dar ao processo a concreção para sua aptidão de ser meio factível de solução de controvérsias.

55. CUEVA, Ricardo Villas Bôas. *Flexibilização do procedimento e calendário processual no novo CPC*. In *Os Juízes e o novo CPC*. Antônio Carvalho Filho e Herval Sampaio Júnior (org.). Salvador: JusPodivm, 2017, p. 195. Segundo leciona Paulo Henrique dos Santos Lucon, "a necessidade de dotar o processo, enquanto instrumento da jurisdição, de melhores condições para o desempenho de sua função e dar atuação adequada às

Falamos há pouco sobre a imperiosa necessidade de o Juiz obedecer ao contraditório. Disso decorrente que pode haver discordância das partes a respeito da modulação, o que não impedirá que seja levada a cabo pelo Juiz, desde que fundamentadamente e adstrito às peculiaridades do caso (não é possível a adaptação de procedimento em massa). À dialética do processo corresponde o direito de discordar, mas desde que seja feito de boa-fé e não revele nítido propósito de resistência injustificada ao andamento do processo (art. 5.º). A propósito, o STJ, em julgado já proferido sob o fanal do CPC de 2015, teve a oportunidade de sublinhar:

> (...) Dentro da sistemática do processo civil moderno, as partes são livres para escolher os meios mais idôneos à consecução de seus objetivos, porém há clara diretriz no sentido de que tais procedimentos sejam eficazes e probos, na medida em que o próprio legislador ordinário, ao prever penas por litigância de má-fé tem o objetivo de impedir que as partes abusem do seu direito de petição. Apesar de ser garantia constitucional o pleno acesso ao Judiciário (art. 5.º, incisos XXXIV a XXXV e LV da Constituição Federal) não se afigura correta a banalização do princípio e da conduta das partes, porquanto devem agir com prudência, lealdade e boa-fé, sempre no espírito de cooperação, que inclusive fora expressamente encartado no novel Diploma Processual (art. 6.º do NCPC).[56]

Todavia, o contraditório é apenas *um* dos requisitos para a flexibilização procedimental. Os outros são: a existência de uma finalidade específica para a medida e a motivação judicial adequada para a modificação do rito.[57]

O excerto abaixo resume o que foi até aqui exposto:

> A adaptação do procedimento à causa revela o caráter democrático e plural da tutela jurisdicional, uma vez que os conflitos são de natureza variada e a prestação jurisdicional deve acompanhar esta diferenciação. Aliás, Francesco Carnelutti ensinava que "*as* litis são diferentes umas das outras, como as doenças, e nenhum médico pensaria em prescrever para todos os doentes o mesmo método de cura".

---

normas de direito material, implica a necessidade de se refletir a respeito do aprimoramento de técnicas que fujam à ordinarização procedimental e permitam, assim, uma maior adequação do processo às exigências do direito material". (*Flexibilização Procedimental no quadro da tutela jurisdicional diferenciada*. In *Tutela Provisória*. Eduardo José da Fonseca Costa *et al.* (Coord.). Salvador: JusPodivm, 2016, v. 6, p. 87).

56. REsp 1.197.824/RJ, 4.ª T., Rel. Min. Marco Buzzi, DJe 28.10.2016. *Apud* TARTUCE, Fernanda *et al. CPC na Jurisprudência*. Indaiatuba/SP: Foco, 2018, p. 25

57. LUCON, Paulo Henrique dos Santos. Artigo citado, p. 107.

Com efeito, não faz sentido, nem colabora com a concretização do direito fundamental à tutela jurisdicional adequada, submeter todas as causas a um procedimento único, que ignore suas especificidades.

(...)

O princípio da adaptabilidade do procedimento à causa não se confunde com o sistema da liberdade das formas procedimentais, nem redunda na anarquia procedimental, isto é, em um procedimento sem arcabouço jurídico mínimo de formas capazes de assegurar o conhecimento prévio das regras do jogo. Apenas não refuta a possibilidade de que os sujeitos processuais - seja o juiz ou as partes - procedam a alterações recomendáveis, que vão desde a inversão da ordem de produção de provas até a supressão de atos desnecessários ou inidôneos para o fim do processo. Tudo isso para a maior aderência entre o procedimento adotado e a natureza e as particularidades da demanda, a possibilitar o desenvolvimento e a criatividade dos sujeitos processuais sem prejudicar a efetivação da garantia constitucional de acesso à ordem jurídica justa.

(...)

Em que pese a timidez da redação do art. 139, inc. VI, do NCPC quanto à maior possibilidade de flexibilização procedimental, é certo que tal poder deve ser bem utilizado pelos juízes e, até mesmo, venha a ser mais bem instrumentalizado pela jurisprudência, que poderá, a partir da referida regra, extrair a máxima efetividade da garantia constitucional do acesso à ordem jurídica justa (art. 5.º, XXXV, CF) e atribuir contornos mais precisos ao direito fundamental à tutela jurisdicional adequada, célere e efetiva.

A flexibilização procedimental pode apresentar meios de consolidação de um processo justo, expressão que remete á regência do processo segundo o conteúdo principiológico da Constituição, o que se vincula ao neoprocessualismo brasileiro e a diretriz hermenêutica essencial do novo Código de Processo Civil (art. 1.º). A técnica processual deve promover a realização dos valores éticos para, então, viabilizar a melhoria da qualidade da atividade jurisdicional ofertada pelo Estado-Juiz.

(...)

A flexibilização procedimental não atenta contra a ordem jurídica, pois: a) não há violação à garantia do devido processo legal; b) não é o procedimento que legitima a decisão judicial, mas sim a participação das partes no procedimento adotado, c) nos moldes adotados no NCPC, não se fere a segurança jurídica e, tampouco,

> causa perda da previsibilidade dos atos processuais, posto que a flexibilização procedimental condiciona-se ao exercício do contraditório pleno, à existência de finalidade específica e à motivação da decisão judicial que a determina;
>
> (...)
>
> Ante à necessidade de interpretação dos institutos processuais em conformidade com a Constituição da República Federativa do Brasil (art. 1.º/NCPC), fixada a possibilidade de adaptar o procedimento ao caso concreto – e não enquadrar o caso concreto ao procedimento previsto legalmente –, a técnica da flexibilização é apta a ensejar: a) maior compatibilidade do procedimento adotado às especificidades da causa; b) economia processual; c) obtenção da solução integral do mérito em prazo razoável.[58]

Como consequência desse verdadeiro "imperativo de adaptabilidade" ritual e casuístico, está o "empoderamento do julgador, a quem é atribuída a missão de captar os matizes próprios do caso e, assim, proceder às alterações e adaptações que melhor promovam a tutela do direito, mas que sempre deverá ser equilibrada com a participação ativa das partes na condução do feito, num processo francamente colaborativo".[59]

Nessa passo, o enunciado n. 35 da ENFAM vem consignar o seguinte:

> Além das situações em que a flexibilização do procedimento é autorizada pelo art. 139, VI, do CPC/2015, pode o juiz, de ofício, preservada a previsibilidade do rito, adaptá-lo às especificidades da causa, observadas as garantias fundamentais do processo.

Face, então, ao destaque e à importância que vem ganhando paulatinamente, a adequação é alçada ao patamar de "princípio do Direito Processual" que atua "em três âmbitos", quais sejam, no *legislativo* (norteando o legislador a elaborar normas processuais abstratas que propiciem ao Juiz a possibilidade de flexibilizar o rito em atendimento do direito posto em processo), no *judicial* (permitindo ao juiz adaptar, *in concreto*, o procedimento, de modo a melhor moldá-lo às peculiaridades da causa e à realização do direito substancial envolvido) e no *negocial*, "ensejando que as partes promovam adaptações no procedimento e convencionem sobre seus ônus, poderes, faculdades e deveres processuais".[60]

---

58. CAMBI, Eduardo; NEVES, Aline Regina das. *Flexibilização procedimental no novo Código de Processo Civil*. In *Parte Geral*. Coleção *Novo CPC – Doutrina Selecionada*. Lucas Buril de Macêdo *et al.* (coordenação). Salvador: JusPodivm, 2015, v. 1, pp. 484, 485, 501, 512 e 517.

59. ZUFELATO, Camilo. Artigo citado, p. 246.

60. REDONDO, Bruno Garcia. *Adequação do procedimento pelo Juiz*. Salvador: JusPodivm, 2017, pp. 131-132.

Não obstante essas considerações em prol da adaptação do rito, há corrente que se posta contrariamente a tanto.

Partindo da premissa segundo a qual "da eficiência dos órgãos jurisdicionais não se pode derivar uma 'eficiência do processo'", que seria um "*non sense*", o processo será "tanto mais eficiente quanto mais contiver o arbítrio do Estado-juiz". Isso, porém, a pretexto de uma eficiência jurisdicional, não implica, para esta linha de pensamento, a maleabilidade procedimental *per officium iudicis*:

> Eficiência é tema de direito jurisdicional (que regula o poder), não de direito processual (que regula a respectiva garantia). Isso significa que, a pretexto de otimizar a sua produção decisória, o juiz não pode imprimir unilateralmente supressões ou modificações ao procedimento previsto em lei. Somente as partes podem fazê-lo mediante negócio processual (CPC, artigo 190), visto que a elas serve o processo e, portanto, o procedimento que o corporifica. Flexibilização procedimental pelo juiz caracteriza usurpação de competência legislativa: cabe ao juiz apenas seguir o procedimento definido in abstrato na lei, não criar in concreto procedimentos a seu talante.
>
> Procedimento é produto de fábrica legislativa, não manufatura de artesanato judicial. Compete ao legislador definir o proceder do juiz e das partes, não ao juiz definir, apesar das partes, o proceder dele e delas. O *iudicare* e o *procedere* se regem pela lei e só por ela. O contrajurisdicional não pode ser regulado pelo jurisdicional, sob pena de se tornar pró-jurisdicional. Na verdade, é regulado pelo legislativo, de onde emana *the general will of the people*. O poder emana do povo, não dos juízes. O povo, por meio dos seus representantes eleitos democraticamente, regula a contrajurisdicionalidade. Isso mostra que a flexibilização procedimental *ex officio* é, em última análise, um atentado à própria democracia. Por essa razão, é desacertado o Enunciado 35 da Enfam ("Além das situações em que a flexibilização do procedimento é autorizada pelo artigo 139, VI, do CPC/2015, pode o juiz, de ofício, preservada a previsibilidade do rito, adaptá-lo às especificidades da causa, observadas as garantias fundamentais do processo").
>
> Como se não bastasse, desestruturando-se o arranjo procedimental, pode-se prejudicar a função contrajurisdicional do processo. A força da macrogarantia constitucional processual depende da correta arrumação das microgarantias infraconstitucionais procedimentais. O vigor do constituído depende de uma disposição ótima entre os constituintes. Daí o risco de que, flexibilizando o procedimento, o juiz enfraqueça in causa sua a garantia contra ele instituída. Permitir que o juiz interfira no procedimento é permitir que o

limitado afrouxe o limitante. É fazer o poder jurisdicional um pouco mais incontrastável (e um pouco menos republicano, pois).

Inúmeras garantias individuais têm sido ultimamente "ressignificadas" [rectius: mutiladas] à luz do princípio da eficiência. É preciso barrar essa onda neo-autoritária, porém. Cânones de eficiência estatal não restringem garantias individuais; decididamente, são garantias individuais que restringem cânones de eficiência estatal. São as instituições de garantia que "ressignificam" as instituições de poder, não o contrário. É o procedimento que limita os arroubos da eficiência jurisdicional, não a eficiência jurisdicional que otimiza o procedimento como se fosse ele um lego desmontável no formato A e remontável no formato B. Imperativos de aproveitamento e rendimento no serviço público não justificam a debilitação dos cidadãos. Assim sendo, a eficiência da empresa jurisdicional não se pode fazer às custas da integridade procedimental, que escuda os jurisdicionados. Flexibilização procedimental oficiosa é sinônimo de lesão procedimental e, por conseguinte, de afronta à garantia individual contrajurisdicional primeira, que é o processo (o devido processo legal a que alude o artigo 5º, LIV, da CF). Que se logre a eficiência jurisdicional mediante, por exemplo, planejamento estratégico, governança judiciária, fixação e monitoração de metas de produtividade, capacitação gerencial de magistrados, implantação de boas práticas cartorárias, gestão computacional de feitos, calendarizações negociadas, despachos inteligentes, especialização de varas e turmas julgadoras. Contudo, que os juízes respeitem o procedimento arquitetado constitucionalmente na lei, salvo se as partes consentirem com a flexibilização. Isso porque, para as partes, o procedimento é plástico; para o juiz, rígido. Afinal, o processo é coisa para as partes (como quer o garantismo processual); não "das" partes (como quer uma teoria anárquico-esportiva do processo); tampouco "do" ou "para" o juiz (como quer o instrumentalismo processual).

É necessário desfazer a imagem eficientista do juiz como «agente regulador». As partes não atuam sob diretrizes fixadas pelo juiz. O procedimento não se regra por dupla normatividade, uma composta de leis [marco regulatório originário], outra de resoluções judiciais criativas [marco regulatório derivado]. Enfim, o procedimento não se arma segundo a lei [sub legem] e também à margem dela [præter legem]. Não é ejetado da dupla matriz legislativo-jurisdicional. Não há «devido processo legal+jurisdicional», mas apenas «devido processo legal». Só a lei disciplina o procedimento. Logo, o juiz não cria marcos regulatórios, mas garante às partes os já fixados em lei. Nesse sentido, o juiz não é um agente regulador,

> mas garantidor: garante a realização do procedimento legal nas diferentes ocorrências contingentes. Nada mais do que isso.[61]

Com todo respeito, não se pode ler a flexibilização procedimental dessa maneira.

Primeiro, porque não há como dissociar, no âmbito do processo enquanto instrumento de atuação da lei para a pacificação social, a eficiência do Juiz e a busca por resultados o que deve ser alcançado, inexoravelmente, com observância das garantias processuais.

Flexibilizar o procedimento não é manobra para o Juiz "otimizar a sua produção decisória", mesmo porque, vimos acima, não é esse o escopo da medida dúctil. O incremento quantitativo e qualitativo da produção decisória é fenômeno complexo que passa muito longe da mera flexibilização procedimental apenas. Fosse assim, tão simples, e bastaria que os Juízes adaptassem o rito para se livrar dos inúmeros processos em curso perante a justiça brasileira... Otimização de produção decisória envolve muito mais do que modular ritos. Abrange estrutura de Vara, assessores, estagiários, número suficiente de conciliadores, computadores, sistemas de lançamento de decisões, participação e cooperação das partes e dos advogados na consecução da decisão de mérito em tempo razoável, não utilização patológico-protelatória dos recursos, não-resistência injustificada ao cumprimento de sentença/execução, mudança de mentalidade focada na utilização primeira dos meios consensuais de solução de conflitos, enfim, muito mais que uma mera adaptação de rito.

Além disso, vimos acima que o juiz, ao modular o procedimento previsto em lei, não pode fazê-lo *sponte sua;* antes, para validar seu ato, deve consultar as partes a respeito, sem o que será nula sua decisão respectiva.[62]

---

61. COSTA, Eduardo José da Fonseca. É preciso desfazer imagem eficientista do juiz como agente regulador. Disponível em https://www.conjur.com.br/2018-jan-13/diario-classe-preciso-desfazer-imagem-eficientista-juiz-agente-regulador – Acesso em 14.1.2018.

62. O processo e o procedimento, aliás, "devem ser analisados e interpretados à luz do contexto da própria ordem constitucional e infraconstitucional brasileira e da realidade dominante, que é de democracia. Devem ser objeto desse olhar sistemático, que reclama a presença do contraditório. Desse modo, o que se pode concluir é que processo é procedimento. Que não há nada de processual que não seja essencialmente procedimental e vice-versa. Cada ato processual é também, em si, ato procedimental e integra essa cadeia dirigida à produção normativa visada. E não há nada do processo/procedimento, sobretudo o jurisdicional, que possa ser útil e legitimamente realizado sem atenção ao contraditório. De tudo devem estar as partes cientes, de tudo devem participar, sempre com oportunidade de se manifestar, com poder de influência e cooperativamente. Logo, todo ato processual é procedimental e deve ser concebido para ser praticado democraticamente. Ao menos, é assim no Direito brasileiro (...). Enfim, não há como cogitar

Ainda, não é somente as partes que podem adaptar o procedimento mediante negócio processual (CPC, artigo 190), mesmo porque não só a elas serve o processo. O processo não lhes pertence e elas não podem dele fazer o que quiser! O policentrismo processual não vai a tanto e nem poderia fazê-lo, haja vista que o processo nunca deixou de ser instrumento *estatal* de solução de controvérsias e, portanto, nunca deixará de ser guiado pelo Juiz, embora em diálogo com as partes parciais.

Sim, pode-se até dizer (sem o nosso voto) que flexibilização voluntária do procedimento seria "uma autêntica adaptação", pois são as partes que, juntas, definem certas regras procedimentais aplicáveis àquilo que debatem.[63] Nesse caso, ainda que não tenham sabido ou querido, estarão se valendo do que dispõe o art. 200 do NCPC, aqui aplicável por analogia e que se estende, também, àquilo que consta do art. 190 do mesmo Código (enunciado 261 do FPPC). Este dispositivo por último citado, aliás, é a matriz normativa da flexibilização voluntária (enunciado 257 do FPPC), que dispensa a homologação judicial respectiva (enunciado 133 do FPPC), mesmo porque não consta da lei tal necessidade. A lição de Bruno Garcia Redondo resume:

> A adequação negocial atípica é expressamente autorizada pelo art. 190 do CPC, claríssimo ao permitir que as partes tanto promovam adaptações no procedimento, quanto celebrem negócios jurídicos processuais (convenções sobre ônus, poderes, faculdades e deveres processuais).
>
> O art. 190 consagra verdadeira cláusula geral de atipicidade de negócios processuais, por ser ampla a liberdade das partes para convencionarem sobre o processo. A autorização legal é atípica, porque inexiste prévia estipulação das adequações que podem ser efetuadas no procedimento, como também não há específica identificação do objeto das convenções das partes em matéria processual (...), nem do alcance e dos limites desses negócios processuais (isto é, qual o espectro dessas disposições).
>
> (...)
>
> Quando falamos adequação negocial do procedimento (seja típica ou atípica), é essencial destacar o princípio do respeito ao

processo/procedimento que não abranja exercício de poder normativo (ou de decisão) ou não tenha como exigência (de validez), em um ordenamento democrático, o contraditório". (BRAGA, Paula Sarno. *Norma de Processo e Norma de Procedimento – O problema da repartição de competência legislativa no Direito Constitucional brasileiro – Integridade e coerência na jurisprudência do Supremo Tribunal Federal*. Salvador: JusPodivm, 2015, p.161).

63. ZUFELATO, Camilo. Artigo citado, p. 255.

> autorregramento da vontade das partes no processo (art. 200 do CPC). Dito princípio – que já constava do art. 158 do CPC/1973 – estabelece que a vontade das partes deve ser observada pelo juiz como regra geral, uma vez que a eficácia dos negócios processuais é imediata e independente de homologação judicial, sendo possível o controle judicial somente *a posteriori* e apenas para o reconhecimento de defeitos relacionados aos planos de existência ou da validade da convenção (parágrafo único do art. 190 do CPC).[64]

Apesar dessa possibilidade de convenção processual de modulação ritual, ela, como vimos, não é a única e, exatamente por isso, não tem base falar que a flexibilização procedimental judicial caracterizaria "usurpação de competência legislativa". Ora, consoante gizado secundadamente, uma das frentes de atuação da flexibilização é a judicial que, ao lado da legislativa (adequação) e da convencional, compõe a tríade principiológica correspondente.

Se se fosse exigir do Juiz, estrita e cegamente, apenas seguir o procedimento definido abstratamente em lei, estar-se-ia ignorando as especificadas do direito e da causa e inviabilizando flagrantemente a prestação jurisdicional em tempo razoável e, por conseguinte, o *direito das partes ao procedimento adequado*. Sim, esse é um *direito das partes* que tem seu contraponto no *dever do juiz* de moldar o rito àquilo sobre o que controvertem.

Se, por um lado, o caráter substitutivo da jurisdição, o acesso à ordem jurídica justa e o modelo cooperativo de processo exigem que a prestação jurisdicional seja eficiente e a tutela efetiva (entrega de resultados sem o que o processo perde sua razão de ser), por outro, nada mais natural e "absolutamente essencial que o procedimento (meio pelo qual se desenvolve a relação processual) seja capaz de garantir uma proteção inteiramente eficaz ao direito substancial", donde dimana, pois, o direito das partes ao procedimento adequado e o dever do Juiz a adequar o procedimento para atender o direito daquelas.[65]

Como bem afirma Humberto Ávila, "se onde há um direito, há um remédio, e remédio é aquilo que combate o mal" e, aqui, serve de "expressão metafórica ilustrativa do dever de adequação instrumental: onde há um direito, deve haver um instrumento adequado à sua proteção. O *direito a um*

64. Ob. cit., pp. 134-136.

65. REDONDO, Bruno Garcia. Ob. cit., pp. 126-128.

procedimento adequado nada mais é do que a consequência mediata da própria proteção de um direito".[66]

A síntese de José Miguel Garcia Medina é digna de transcrição:

> Devem as regras processuais 'guardar simetria com as regras de direito material', vale dizer, *os direitos materiais devem comportar uma dimensão processual adequada a garantir sua eficácia*, (*due process of law*, cf. art. 5.º, LIV, da CF), ao qual corresponde o dever do Estado de realizar eficazmente os direitos através do processo. Tem-se, assim, que a existência de um direito material implicar automática existência, no plano do processo, de procedimento adequado. Não sendo assim, se estaria diante de uma situação paradoxal: o direito material seria previsto abstratamente, mas seria irrealizável concretamente.
>
> Por isso, entendemos que a previsão de um direito subjetivo pelo ordenamento sem que haja procedimento adequado (*due process*) à concretização material de tal direito significar, quanto muito a previsão apenas de um direito "em potencial" ou abstrato, irrealizável concretamente e, em última análise, um direito inexistente, ou existente apenas teoricamente.[67] [itálicos no original]

Dessarte, vemos que a flexibilização procedimental pressupõe obediência a garantias processuais e, por isso, não é contrária à democracia. Em sendo corretamente utilizada, nada há de escolho a inviabilizar sua utilização.

Fixadas essas balizas, podemos seguir rumo ao trato do tema aplicado aos Juizados Especiais da Fazenda Pública.

4. FLEXIBILIZAÇÃO DO RITO SUMARÍSSIMO NOS JUIZADOS DA FAZENDA PÚBLICA

De pronto é preciso anotar, na trilha do que já asseverava Cândido Rangel Dinamarco quando da antiga Lei n. 7244/84[68], que a tônica na liberdade das formas do processo (expressa no binômio simplicidade-informalidade), não compromete a boa qualidade do serviço que mediante o processo de rito sumaríssimo será prestado. O "Estatuto dos Juizados Especiais"[69] traz as

66. *Apud* REDONDO, Bruno Garcia. Ob. cit., pp. 127-128.

67. *Curso...*, p. 285.

68. *Manual das Pequenas Causas*. São Paulo: RT, 1984, pp. 2-3.

69. Os Juizados Especiais formam um microssistema composto de três leis (a de n. 9099/95, que instituiu os Juizados Especiais Estaduais cíveis e criminais, a de n. 10259/2001, dos Juizados Especiais Federais, e a de

indispensáveis salvaguardas de segurança destinadas a evitar o arbítrio judicial e a assegurar a plena realização das exigências constitucionais relativas do devido processo legal. Em verdade, porque é a Constituição que preside o processo, não existe margem para qualquer insegurança (direito constitucional processual).

Dispõe o art. 8.º da lei nacional n. 12153/2009 que os "os representantes judiciais dos réus presentes à audiência poderão conciliar, transigir ou desistir nos processos da competência dos Juizados Especiais, nos termos e nas hipóteses previstas na lei do respectivo ente da Federação", vale dizer, desde que haja lei estadual ou municipal autorizando aqueles representantes a comporem amigavelmente acerca da lide, fato que deve ser por eles comprovado conforme determina o art. 376 do CPC, haverá razão de ser para tal ato.

A finalidade primordial da sessão de conciliação não poderia ser outra, senão *conciliar*. Isso é de clareza meridiana e beira o truísmo.

Ocorre, contudo, de, em boa parte das vezes, não possuir a Fazenda lei que permita seus representantes a conciliar e, assim, pergunta-se: pra quê designar uma tal audiência de "conciliação", se a Fazenda não poderá fazê-lo? Com que finalidade? Designá-la apenas com a meta de se atender ao procedimento, ainda que, repita-se, não haja possibilidade para tanto?

Sabemos que os Juizados de todo o país encontram-se, hoje, assoberbados com o número assustador de demandas, sobretudo envolvendo o Estado

---

n. 12153/2009, que instituiu os Juizados Especiais da Fazenda Pública), as quais compõem o que, doutrinariamente, se convencionou chamar de *Estatuto dos Juizados Especiais*: "essa percepção sustenta o diálogo constante entre os três diplomas legais versantes sobre a matéria – Lei ns. 9099/95, 10250/01 e 12153/09 -, que formariam assim o arcabouço normativo dos Juizados Especiais (...). Com a Teoria do Estatuto, galgada na técnica do diálogo das fontes, seria possível superar a visão clássica da hermenêutica jurídica, promovendo uma interpretação legal sistemática (entre as Leis ns. Lei ns. 9099/95, 10250/01 e 12153/09) e focada na efetividade dos institutos, à luz das normas constitucionais. No modelo tradicional de interpretação, a integração entre os modelos de Juizados se limita aos casos lacunosos e às remissões expressas na lei. Esta parece ser, claramente, a opção do legislador, que estabeleceu em diferentes passagens a aplicação subsidiária e pontual das normas relativas aos integrantes do sistema: arts. 1.º e 20 da Lei dos JEF e arts. 15, 26 e 27 da Lei dos JEFP". (ROCHA, Felippe Borring. *Manual dos Juizados Especiais Cíveis Estaduais – Teoria e Prática*. 8 ed. São Paulo: Atlas, 2016, p. 20. No mesmo sentido, defendendo a existência de um "Estatuto dos Juizados Especiais": CÂMARA, Alexandre Freitas. *Juizados Especiais Cíveis Estaduais e Federais – Uma abordagem crítica*. 2 ed. Rio de Janeiro: Lumen Juris, 2005, p. 8. Também: THEODORO JR., Humberto. *Os Juizados Especiais da Fazenda Pública (Lei n. 12153, de 22.12.2009)*. In *Juizados Especiais – Homenagem ao Desembargador José Fernandes Filho*. Augusto Vinícius Fonseca e Silva e Luís Fernando Nigro Corrêa (coord.). Belo Horizonte: Del Rey, 2011, pp. 197-198. Nessa linha, as disposições da Lei n. 9099/95 são aplicáveis, no que couber e em regime de complementação, à Lei n. 12153/2009, conforme, aliás, se pode depreender do art. 27 desta. Os enunciados cíveis do FONAJE também se aplicam aos Juizados da Fazenda Pública, nos moldes delineados pelo enunciado n. 01 da Fazenda Pública (FONAJE): "aplicam-se aos Juizados Especiais da Fazenda Pública, no que couber, os Enunciados dos Juizados Especiais Cíveis".

no polo passivo. As pautas de audiências já constam para mais de meses, quiçá mais de ano, e, então, designar uma audiência para conciliar, quando uma das partes não pode fazê-lo, seria uma supervalorização do procedimento sumaríssimo em detrimento da eficiência do Poder Judiciário e da efetividade do processo. Isso sem falar na frontal desconsideração pelos critérios reitores de tal rito, os quais também se estendem aos Juizados de Fazenda, conforme ressai dos arts. 2.º da Lei n. 9099/95 e 27 da Lei n. 12153/2009.

Sim, há situações pontuais e excepcionalíssimas - p. ex., em Minas Gerais, Procuradores da Fazenda Estadual vêm apresentando propostas de acordo para o caso de pagamento de honorários de advogados dativos, nos termos da Resolução 311/2012 da Advocacia-Geral do Estado -, em que vale a pena designar a primeira audiência do rito. Mesmo assim, contudo, é curial que o juízo seja comunicado da possibilidade de conciliação prevista em lei *lato sensu* (CPC, art. 376) e, também, que a Fazenda demonstre minimamente, em momento anterior a tal sessão, a intenção de fazê-lo, pois, do contrário, o ato será totalmente inútil. E nem se diga que a supressão da audiência de conciliação violaria a unicidade e a concentração dos atos (arts. 21, 23, e 27-29 da Lei n. 9099/95 c.c. art. 27 da Lei n. 12153/2009), posto que, do ponto de vista da informalidade, da economia, da simplicidade e da celeridade processuais (art. 2.º da Lei n. 9099/95 c.c. art. 27 da Lei n. 12153/2009), é muito mais barato e efetivo flexibilizar o rito do que marcar uma tal audiência apenas com o objetivo de o Juiz sanear o processo e deferir provas. Ora, o Juiz pode muito bem fazer isso numa decisão interlocutório ou quando da sentença! A designação de uma inócua sessão de conciliação é ato processual caro e que pesa nos cofres públicos, posto que envolve uma série de pessoas, materiais (papel, tinta etc.) e fatores (tempo, p. ex.) para que venha acontecer e, em se revelando bastante improvável ou impossível a conciliação, convém (e tudo indica) que, de fato, se ductibilize o rito, suprimindo-a. Todos ganham: as partes (que terão um julgamento mais célere), a população (que poderá ver o Poder Judiciário sendo mais eficiente na prestação do serviço jurisdicional), os serventuários da justiça (pois a burocracia da flexibilização é muito menor do que a de se designar uma audiência cuja razão de ser é inexistente em sede de Fazenda) e o Juiz (que poderá dedicar o tempo que seria focado na inexitosa audiência para prolatar sentenças, inclusive no processo em que o rito foi modulado), tudo isso sem que nenhuma das garantias do processo tenha sido violada.

Dessa forma, porque sem razão a marcação do ato, é dado ao Juiz, depois de ouvidas as partes, flexibilizar o procedimento sumaríssimo no âmbito dos Juizados Especiais Cíveis e da Fazenda Pública, em prol de um processo mais célere, informal, simples, de resultados.

A doutrina confirma isso:

> (...) os fundamentos centrais da flexibilização procedimental e da gestão processual estão postos, de maneira clara e positivada, nos Juizados Especiais. Simplicidade, informalidade e economia de atos processuais, visando a um processo mais célere, com apoio nos meios consensuais de solução de conflitos, são a pedra de toque da Lei n. 9099/95.[70]
>
> Tratando, especificamente, os Juizados Especiais, não devemos nos afastar dos conceitos de celeridade e informalidade como essenciais e norteadores de todo o procedimento, sendo fatores de operacionalização do acesso à ordem jurídica justa. Assim, resta claro que a flexibilização encontra uma estrada larga quando tratamos de Juizados Especiais, especialmente reforçada pelo novo código.[71]

Em mesmo tom:

> No procedimento sumaríssimo em juizado especial cível, diversas são as possibilidades de adaptação excepcional do rito pelo juiz: (...) dispensa de designação da audiência de conciliação ou mediação (art. 18, § 1.º e 21, Lei 9099/1995, com citação do réu diretamente para apresentar resposta (arts. 30 e 31, Lei 9099/1995) (...).[72]

Ainda:

> Outra questão que se coloca é a possibilidade de dispensa da audiência para questões que envolvam prova meramente documental ou matéria de direito, e em casos de reiterados casos nos quais não tenha havido disposição da Fazenda Pública para o acordo. Embora a lei não preveja, temos que há possibilidade nesses casos de dispensa da audiência, e será salutar que o magistrado assim proceda para que se possa controlar a pauta, em respeito ao princípio da duração razoável do processo.[73]

---

70. ZUFELATO, Camilo. Artigo citado, p. 256.

71. DUARTE, Antônio Aurélio Abi Ramia. *O novo Código de Processo Civil, negócios processuais e a adequação procedimental*. In *Juizados Especiais*. Coleção *Repercussões do novo CPC*. Fredie Didier Jr. (coordenador geral da coleção). Augusto Vinícius Fonseca e Silva *et. al.* (coordenadores da obra). Salvador: JusPodivm, 2017, v. 7, p. 242.

72. REDONDO, Bruno Garcia. Ob. cit., p. 192.

73. CARVALHO, Mônica Rodrigues Dias de. *Juizados Especiais da Fazenda Pública*. Jorge Tosta (coord.). Rio de Janeiro: Elsevier, 2012, p. 68.

Também é o que se retira, do enunciado 24, aprovado na I Jornada de Direito Processual Civil, realizada em Brasília/DF, entre os dias 24 e 25 de agosto de 2017:

> - Havendo a Fazenda Pública publicizado ampla e previamente as hipóteses em que está autorizada a transigir, pode o juiz dispensar a realização da audiência de mediação e conciliação, com base no art. 334, § 4º, II, do CPC, quando o direito discutido na ação não se enquadrar em tais situações.

Eis aí a flexibilização *judicial* do procedimento nos Juizados de Fazenda, que existe à ilharga da flexibilização *legal* (haja vista que o legislador ordinário, de antemão, preestabeleceu forma mais simples e apta a se amoldar à menor complexidade da causa), e da flexibilização *negocial* (através da qual as próprias partes, inclusive a Fazenda, podem entabular negócios processuais procedimentais[74], consoante resulta dos enunciados 16[75] e 17[76] do CJF e dos enunciados 256[77] e 257[78] do FPPC).

---

74. "O procedimento dos Juizados Especiais constitui uma forma de *flexibilização procedimental* para adequá-lo às peculiaridades da disputa, que é mais simples, menos complexa e de pequeno valor. A adaptação, nesse caso, é feita pelo legislador: a lei já elege algumas hipóteses mais simples, sobretudo em razão de o valor ser de pequena monta, simplificando e agilizando o procedimento, mediante a adoção de informalidade e de maior facilitação de acesso à justiça e aos instrumentos procedimentais. A opção legislativa pela adoção de um procedimento mais simples para causas de menor complexidade e de pequeno valor não impede que as partes façam outros ajustes convenientes ao caso concreto. Aliás, o art. 13 da Lei 9099/1995 dispõe que 'os atos processuais serão válidos sempre que preencherem as finalidades para as quais forem realizados, atendidos os critérios indicados no art. 2.º desta Lei'. Daí se percebe que é possível haver, no procedimento dos Juizados Especiais Cíveis, a celebração de negócios processuais, desde que não haja ofensa às normas orientadoras e norteadoras do seu regime jurídico (...). É possível, enfim, haver negócios processuais no âmbito dos Juizados Especiais, desde que não haja alteração da estrutura procedimental, nem contrarie a necessidade da oralidade, simplicidade, informalidade, nem acarrete dilação indevida que conspire contra a duração razoável do processo. Assim, é possível haver, nos Juizados, negócios processuais concernentes à redistribuição do ônus da prova, que permita ser a audiência de conciliação ou de mediação feita em dia diverso do da audiência de instrução e ou que optem por audiência única de conciliação, instrução e julgamento, que elejam o foro competente, que veiculem renúncia mútua ao direito de recorrer ou que simplifiquem a forma de intimação. Em outras palavras, é possível haver negócios jurídicos processuais no âmbito dos Juizados Especiais, desde que preservem as normas fundamentais do procedimento. O CPC reforça e estimula a celebração de tais negócios como forma de flexibilizar e adaptar o procedimento ao caso concreto". (CUNHA, Leonardo Carneiro da. *A Fazenda Pública em juízo*. 13 ed. Rio de Janeiro: Forense, 2016, pp. 776-777).

75. "As disposições previstas nos arts. 190 e 191 do CPC poderão aplicar-se aos procedimentos previstos nas leis que tratam dos Juizados Especiais, desde que não ofendam os princípios e regras previstos nas leis n. 9099/1995, 10259/2001 e 12153/2009", que compõem o Estatuto dos Juizados Especiais, consoante anotado na nota de rodapé de n. 63 acima.

76. "A Fazenda Pública pode celebrar convenção processual, nos termos do art. 190 do CPC".

77. "A Fazenda Pública pode celebrar negócio jurídico processual".

78. "O art. 190 autoriza que as partes tanto quanto estipulem mudanças do procedimento, quanto convencionais sobre os seus ônus, poderes, faculdades e deveres processuais". Em comentários a este enunciado,

A despeito disso, há balizado setor de doutrina que sinaliza em sentido oposto ao que advogamos aqui. Leiamos:

> No entanto, apesar de o artigo 8.º da Lei n. 12.153/09 atribuir aos representantes judiciais dos réus poderes para conciliar, transigir ou desistir, Estado e Município têm alegado que não há delegação legal para o exercício dos referidos poderes nos Juizados Especiais da Fazenda Pública.
>
> Em regra, os procuradores dos Estados e Municípios alegam não ter sido elaborada lei que os autorize a conciliar, transigir ou desistir, argumentando seja, portanto, inócua a realização da audiência de conciliação, muitas vezes, sequer comparecendo ao autor.
>
> (...)
>
> Inexiste determinação legal ou administrativa para que a audiência seja suprimida até que haja a implementação da possibilidade de acordo por parte dos entes públicos. Destarte, as sessões conciliatórias vêm sendo mantidas, normalmente realizadas como unas, realizando-se o saneamento dos processos e corrigindo-se pendências, já que um dos princípios norteadores do sistema dos Juizados Especiais é a busca da conciliação (art. 2.º da Lei n. 9099/95).
>
> (...)
>
> Destaque-se que a dispensa de audiência de conciliação de forma generalizada aos entes públicos descumpriria meta primordial dos

---

esclarece Pedro Henrique Nogueira: "o art. 190, *caput*, do NCPC representa uma grande novidade no direito brasileiro: conferiu-se faculdade às partes e aos sujeitos em geral de disciplinarem, por meio de acordos ou convenções, de maneira ampla, o próprio processo. Conquanto algumas figuras negociais típicas já existisse sob a égide da legislação anterior, nunca se teve tamanho espaço de participação aos litigantes no desenrolar da atividade jurisdicional, a ponto de possibilitar que as partes construam, negocialmente, o próprio procedimento. (...) A partir do artigo 190 do NCPC, é possível extrair a possibilidade de celebração de negócios jurídicos processuais atípicos, para além daqueles já expressamente previstos no sistema. Dentro dessa atipicidade negocial, as partes podem: a) convencionar sobre o procedimento, assim como b) negociar sobre quaisquer ônus, faculdades e direitos e também sobre seus deveres no processo. O enunciado põe em evidência essa dupla possibilidade de negociação processual atípica. Desse modo, as partes podem se limitar a convencionar sobre seus ônus, faculdades ou deveres processuais, sem que daí resulte qualquer modificação no desenrolar da marcha processual (...), assim como podem estabelecer acordos de procedimento, isto é, pactos que impliquem alterações na sucessão dos atos do processo a partir do modelo típico, previsto em lei (por exemplo, acordo para (...) eliminar a audiência preliminar de conciliação). É lícito também aos litigantes combinarem as duas modalidades de negócios processuais, celebrando acordos de procedimento, associados a pactos sobre ônus, faculdades e deveres". (*Enunciados do FPPC (Fórum Permanentes de Processualistas Civis) organizados por assunto, anotados e comentados.* Ravi Peixoto (coord.). Salvador: JusPodivm, 2018, pp. 205-206). Assim, não seria infundado asseverar, sobretudo se atento ao concerto entre este enunciado ora comentado e o enunciado 256, que, embora não possa a Fazenda conciliar nos Juizados, quando ausente lei nesse sentido, pode convencionar com o autor da ação a possibilidade de supressão da sessão de conciliação, isso se o próprio Juiz não o fizer por iniciativa próprio (*ex officio*), obviamente ouvindo as partes previamente a respeito.

> Juizados Especiais, que é a composição das partes, tornando-se em verdadeira Justiça Comum.
>
> Todavia, nos Juizados Especiais Federais, em função da constante inexistência de acordos pela Fazenda Pública, a fim de agilizar o trâmite processual, muitos juízes suprimiram a audiência de conciliação.[79]

Igualmente, já se decidiu pela imprescindibilidade do ato, embora o julgado não faça previsão à existência de lei autorizando representantes:

> JUIZADO ESPECIAL DA FAZENDA PÚBLICA. RECURSO INOMINADO. TRATAMENTO FORA DE DOMICÍLIO. RESSARCIMENTO DE VALORES. SUPRESSÃO DA AUDIÊNCIA DE CONCILIAÇÃO E INSTRUÇÃO E JULGAMENTO. VIOLAÇÃO AOS PRINCÍPIOS QUE REGEM OS JUIZADOS ESPECIAIS. DEVIDO PROCESSO LEGAL NÃO RESPEITADO. PREJUÍZO CARACTERIZADO. SENTENÇA DESCONSTITUÍDA PARA REABRIR O CONTRADITÓRIO. NULIDADE DA SENTENÇA RECONHECIDA. 1) Primordialmente, insta salientar que, pela condição humilde da parte autora, ao ajuizar ação sem advogado, devia ter em mente que teria oportunidade de dirigir-se pessoalmente ao juiz a fim de melhor dirimir e comprovar os fatos articulados na inicial. Esta oportunidade seria justamente na audiência de conciliação, instrução e julgamento. Todavia, o Juízo a quo entendeu pela não realização da referida audiência, julgando improcedente o pleito inicial. 2) Nesse sentido, não há como, nos Juizados Especiais da Fazenda Pública, abreviar o rito sumaríssimo a que se encontram estes submetidos, suprimindo a audiência de instrução, já que durante esta é que devem ser produzidas as provas, inclusive a juntada de documentos, sob pena de afrontar-se a garantia constitucional do devido processo legal. 3) Com base nisso, tenho que indevida a supressão da audiência de conciliação, pois como requisito da lei deve ser oportunizado às partes a tentativa de conciliação. Ademais, a intimação da parte reclamada para apresentação de contestação, sem que tenha sido designada audiência de conciliação e instrução e julgamento, se mostra ilegal, pois consoante orientação do FONAJE – ENUNCIADO 10: A contestação poderá ser apresentada até a audiência de Instrução e Julgamento. 4) Recurso conhecido e provido para desconstituir a Sentença e reabrir o contraditório.[80]

---

79. TANURE, Karina Veloso Gangana; PAULA, Lívia Teixeira de. *Juizados Especiais da Fazenda Pública – Particularidades em uma visão prática integrada*. Belo Horizonte: Del Rey, 2018, pp. 139-141.

80. TJAP, Turma Recursal dos Juizados Especiais, RI n. 00346127820158030001/AP, Rel. Juiz Eduardo Freire Contreras, j. 01/03/2016. O CNJ, a propósito, situação análoga, mas em caso relativo aos Juizado Especial Cível, deliberou: "PEDIDO DE PROVIDÊNCIAS. PORTARIA Nº 01/2008 – JUIZADO ESPECIAL CÍVEL E CRIMINAL DE MARACAJU/MS – RITO PROCESSUAL DA LEI 9.099/95 – SUPRESSÃO DE AUDIÊNCIA – CONCILIAÇÃO –IMPOSSIBILIDADE – PRINCÍPIO DA LEGALIDADE – DEVIDO PROCESSO LEGAL. I. Conquanto transborde das tarefas insculpidas no artigo 103-B,

Com a licença desse posicionamento e à vista de todos os fundamentos acima alinhavados, temos não fazer qualquer sentido designar o ato, quando a Fazenda não dispõe de lei que permita seus procuradores a transigir.

5. CONCLUSÃO

Por tudo o que foi exposto, procuramos demonstrar ser cabida e conveniente – e até mesmo devida – a flexibilização procedimental nos Juizados da Fazenda Pública, com a supressão da sessão conciliação, seguida do recebimento da petição inicial (se em termos, conforme dispõe o art. 334 do CPC, aplicável ao rito sumaríssimo, por força do seu art. 318), isso quando sabido que a Fazenda Pública não dispõe de lei autorizando seus procuradores a conciliar (CPC, art. 376).

Citada, a Fazenda, se o quiser, contesta e, se arguidas as matérias dos arts. 350 e/ou 351 do CPC, e/ou acostados documentos (arts. 29, parágrafo único, da Lei n. 9099/95 c.c. art. 27 da Lei n. 12.153/09), dá-se vista ao autor para impugnação respectiva.

É conveniente que as partes, se possível fazê-lo já em suas primeiras falas processuais, digam, fundamentadamente, sobre provas a serem produzidas em audiência de instrução e julgamento.

Segue-se a sentença.

A supressão da sessão conciliatória, vê-se, gerou aceleração do rito, quebra de formalidade (marcar tal audiência só por culto à forma legal, ainda

---

§ 4º, da Constituição de 1988 eventuais auditorias sobre a orientação filosófica, a correção técnica ou os critérios adotados quando da formação do convencimento de magistrados, os atos administrativos emanados do Poder Judiciário estão, inexoravelmente, sujeitos ao juízo de legalidade exercido pelo CNJ. II. A Portaria nº 01/2008, ao conferir disciplina autônoma às ações ajuizadas para dirimir controvérsias consumeristas, extrapolou os limites autorizados pela lei e violou o due process of law, ainda que o tenha feito sob inspiração dos princípios da simplicidade, informalidade, economia processual e celeridade, vetores que informam e iluminam a Lei 9.099/95. III. Tanto as Portarias, quanto as Instruções, Circulares, Ordens de Serviço, Provimentos e Avisos, são espécies de atos destinados, na Administração Pública, à organização dos serviços internos e à comunicação entre repartições, não se prestando a gerar obrigações imputáveis a particulares. IV. Como cediço, encontram os atos administrativos limites intransponíveis na lei, não possuindo, em tese, caráter inovador e, portanto, vocação para distinguir situações que a própria lei não distingue. V. Precedente deste Conselho: PCA 5722. VI. Pedido de Providências a que se defere". (Pedido de Providências n. 00031296220082000000, Relator: MAIRAN MAIA, Data de Julgamento: 31/03/2009). Nessa mesma linha, o TJPR: "RECURSO INOMINADO. AÇÃO INDENIZATÓRIA. TELEFONIA. INDISPONIBILIDADE DOS SERVIÇOS DE TELEFONIA MÓVEL. AUDIENCIA DE CONCILIAÇÃO NÃO DESIGNADA. SUPRESSÃO. VIOLAÇÃO AOS PRINCÍPIOS QUE REGEM OS JUIZADOS ESPECIAIS. DEVIDO PROCESSO LEGAL NÃO RESPEITADO. NULIDADE DA SENTENÇA PREMATURA. Recurso conhecido e prejudicado. Ante o exposto, esta 3ª Turma Recursal - DM92 resolve, por maioria dos votos, em relação ao recurso de TIM CELULAR (RI 0002902-95.2014.8.16.0168/0 (Acórdão), Rel. Juíza Fernanda de Quadros Jorgensen Geronasso, j. 08/02/2017, 3.ª Turma Recursal - Pub. 16/02/2017).

que não possa conciliar uma das partes, é exagero formalista que contraria a instrumentalidade do processo), economia de tempo e dinheiro, possibilitando, assim, um processo mais efetivo e um Poder Judiciário mais eficiente.

Preme sublinhar que a flexibilização do procedimento e atitudes, em geral, destinadas à efetividade do processo restarão inócuas, se não acompanhadas do reajustamento da conduta dos sujeitos processuais e da própria mentalidade dos operadores jurídicos. Os resultados que daí podem advir demandam adequado preparo científico dos operadores jurídicos, tanto nas Universidades (que devem deixar de ser ensimesmadas num mundo unicamente teórico, distante da prática), como no dia-a-dia forense. Igualmente, exige-se um grau de maturidade dos sujeitos processuais para a superação dos hábitos processuais enraizados, para que tal técnica processual possa contribuir para a concretização da garantia constitucional de acesso à ordem jurídica justa, à eficiência da prestação jurisdicional, à justiça da decisão e à pacificação social[81]

Cremos, enfim, que o tema é instigante e posições contrárias, não obstante respeitáveis, não têm demonstrado o condão de fustigar a conveniência de sua plena aplicação diária nas lides forenses, afinal o processo, enquanto método de trabalho por que as partes põem suas insatisfações, precisa terminar bem (mérito) e no tempo breve possível. Cada processo e "é a história individual de uma pessoa, sua vida, seus projetos, sonhos, esperança de conforto e êxito", ou seja, no fim das contas, "cada processo é uma pessoa e encerra nele os problemas de uma existência, hospeda uma vida".[82] Isso basta para que todos os operadores do processo procedam de forma a respeitá-la e a flexibilização proposta aqui é uma ótima forma de consecução de tal fim.

REFERÊNCIAS

ABBOUD, Georges. *Comentários ao Código de Processo Civil – Arts. 1.º a 317 – Parte Geral*. Cássio Scapinella Bueno (coord.). São Paulo: Saraiva, 2017, v. 1.

ALMEIDA, Gregório Assagra de; GOMES JR., Luiz Manoel. *Um novo Código de Processo Civil para o Brasil – Análise teórica e prática da proposta apresentada ao Senado Federal*. Rio de Janeiro: GZ Editora, 2010.

81. CAMBI, Eduardo; NEVES, Aline Regina das. Artigo citado, pp. 512 e 518.

82. ROCHA, Cesar Asfor. *Cartas a um jovem Juiz – Cada processo hospeda uma vida*. Rio de Janeiro: Elsevier, 2009, p. 68.

ALMEIDA, Marcelo Pereira. A *efetividade do processo coletivo como garantia à ordem jurídica justa.* In *Bases Científicas para um renovado Direito Processual.* Athos Gusmão Carneiro e Petrônio Calmon (org.). Salvador: JusPodivm, 2009.

AMENDOEIRA JR., Sidnei. *Fungibilidade dos Meios.* São Paulo: Atlas, 2008.

BEDAQUE, José Roberto dos Santos *Direito e Processo – Influência do Direito Material sobre o Processo.* 4 ed. São Paulo: Malheiros, 2006.

________. *Efetividade do Processo e Técnica Processual.* 2 ed. São Paulo: Malheiros, 2007.

BENEDUZI, Renato. *Introdução ao processo civil alemão.* Salvador: JusPodivm, 2015.

BRAGA, Paula Sarno. *Norma de Processo e Norma de Procedimento – O problema da repartição de competência legislativa no Direito Constitucional brasileiro – Integridade e coerência na jurisprudência do Supremo Tribunal Federal.* Salvador: JusPodivm, 2015.

BRASIL JR., Samuel Meira. *Justiça, Direito e Processo – A Argumentação e o Direito Processual de Resultados Justos.* São Paulo: Atlas, 2007.

CALAMANDREI, Piero. *Instituições de Direito Processual Civil.* Douglas Dias Ferreira (trad.). 2 ed. Campinas: Bookseller, 2003, v. 1

CÂMARA, Alexandre Freitas. *Juizados Especiais Cíveis Estaduais e Federais – Uma abordagem crítica.* 2 ed. Rio de Janeiro: Lumen Juris, 2005.

________. *Lições de Direito Processual Civil.* 16 ed. Rio de Janeiro: Lumen Juris, 2007, v. I.

________. *O Novo Processo Civil Brasileiro.* 2 ed. São Paulo: Atlas, 2016.

CAMBI, Eduardo; NEVES, Aline Regina das. *Flexibilização procedimental no novo Código de Processo Civil.* In *Parte Geral.* Coleção *Novo CPC – Doutrina Selecionada.* Lucas Buril de Macêdo *et al.* (coordenação). Salvador: JusPodivm, 2015, v. 1.

CANOTILHO, J.J. Gomes. *Direito Constitucional e Teoria da Constituição.* 7 ed. Coimbra: Almedina, 2003

CARNEIRO, Paulo Cezar Pinheiro. *Breves Comentários ao novo Código de Processo Civil.* Teresa Arruda Alvim Wambier *et al.* (coord.). São Paulo: RT, 2015

CARNELLUTTI, Francesco. *Como se faz um processo*. Jeremy Lugros (trad.). São Paulo: Nilobook, 2013.

CARVALHO, Mônica Rodrigues Dias de. *Juizados Especiais da Fazenda Pública*. Jorge Tosta (coord.). Rio de Janeiro: Elsevier, 2012.

COSTA, Eduardo José da Fonseca. É preciso desfazer imagem eficientista do juiz como agente regulador. Disponível em https://www.conjur.com.br/2018-jan-13/diario-classe-preciso-desfazer-imagem-eficientista-juiz-agente-regulador

CUEVA, Ricardo Villas Bôas. *Flexibilização do procedimento e calendário processual no novo CPC*. In *Os Juízes e o novo CPC*. Antônio Carvalho Filho e Herval Sampaio Júnior (org.). Salvador: JusPodivm, 2017.

CUNHA, Leonardo Carneiro da. *A Fazenda Pública em juízo*. 13 ed. Rio de Janeiro: Forense, 2016.

DIDIER JR., Fredie. *Curso de Direito Processual Civil – Teoria Geral do Processo e Processo de Conhecimento*. 8 ed. Salvador: JusPodivm, 2007

DINAMARCO, Cândido Rangel. *A Instrumentalidade do Processo*. 12 ed. São Paulo: Malheiros, 2005.

__________. *Instituições de Direito Processual Civil*. 7 ed. São Paulo: Malheiros, 2017, v. 2

__________. *Manual das Pequenas Causas*. São Paulo: RT, 1984

DUARTE, Antônio Aurélio Abi Ramia. *O novo Código de Processo Civil, negócios processuais e a adequação procedimental*. In *Juizados Especiais*. Coleção *Repercussões do novo CPC*. Fredie Didier Jr. (coordenador geral da coleção). Augusto Vinícius Fonseca e Silva *et. al*. (coordenadores da obra). Salvador: JusPodivm, 2017, v. 7.

FLEXA, Alexandre; MACEDO, Daniel; BASTOS, Fabrício. *Novo Código de Processo Civil – Temas inéditos, mudanças e supressões*. Salvador: JusPodivm, 2015

GAJARDONI, Fernando da Fonseca. *Flexibilização Procedimental – Um novo enfoque para o estudo do Procedimento em matéria processual*. São Paulo: Atlas, 2008.

__________. *Teoria Geral do Processo – Comentários ao CPC de 2015 – Parte Geral*. São Paulo: Método, 2015.

GUERRA, Marcelo Lima. *Enunciados do FPPC (Fórum Permanente de Processualistas Civis) organizados por assunto, anotados e comentados.* Ravi Peixoto (coord.). Salvador: JusPodivm, 2018.

LUCON, Paulo Henrique dos Santos. *Flexibilização Procedimental no quadro da tutela jurisdicional diferenciada.* In *Tutela Provisória.* Eduardo José da Fonseca Costa *et al.* (Coord.). Salvador: JusPodivm, 2016, v. 6.

MARINONI, Luiz Guilherme *et al. O Novo Processo Civil.* São Paulo: RT, 2015.

______________. *Teoria Geral do Processo.* 2 ed. São Paulo: RT, 2007, v. 1.

MÁRQUEZ, Gabriel García. *Cem anos de solidão.* Eliane Zagury (trad.) 60 ed. Rio de Janeiro: Record, 2006.

MEDINA, José Miguel Garcia. *Código de Processo Civil comentado.* 2 ed. São Paulo: RT, 2012.

________________. *Curso de Direito Processual Civil Moderno.* 4 ed. São Paulo: RT, 2017.

NEVES, Daniel Amorim Assumpção. *Novo Código de Processo Civil comentado artigo por artigo.* 3 ed. Salvador: JusPodivm, 2018.

NOGUEIRA, Pedro Henrique. *Enunciados do FPPC (Fórum Permanentes de Processualistas Civis) organizados por assunto, anotados e comentados.* Ravi Peixoto (coord.). Salvador: JusPodivm, 2018

OLIVEIRA JR., Zulmar Duarte de. *Teoria Geral do Processo – Comentários ao CPC de 2015 – Parte Geral.* São Paulo: Método, 2015.

PORTO, Sérgio Gilberto. *A crise da eficiência do processo – A necessária adequação processual à natureza do direito posto em causa, como pressuposto de efetividade.* In *Processo e Constituição – Estudos em homenagem ao professor José Carlos Barbosa Moreira.* Luiz Fux et al. (coord.). São Paulo: RT, 2006.

REDONDO, Bruno Garcia. *Adequação do procedimento pelo Juiz.* Salvador: JusPodivm, 2017.

ROCHA, Cesar Asfor. *A luta pela efetividade da jurisdição.* São Paulo: RT, 2007.

________________. *Cartas a um jovem Juiz – Cada processo hospeda uma vida.* Rio de Janeiro: Elsevier, 2009.

ROCHA, Felippe Borring. *Manual dos Juizados Especiais Cíveis Estaduais – Teoria e Prática.* 8 ed. São Paulo: Atlas, 2016.

SANTOS, Welder Queiroz dos. *Princípio do contraditório e Vedação de decisão surpresa.* Rio de Janeiro: Forense, 2018.

SILVA, Augusto Vinícius Fonseca e. *Pela máxima efetividade processual nos Juizados Especiais Cíveis*. Artigo disponível no *site* da Academia Brasileira de Direito Processual Civil (http://www.abdpc.org.br/abdpc/artigos/PELA%20MAXIMA%20EFETIVIDADE%20PROCESSUAL%20NOS%20JUIZADOS%20ESPECIAIS%20CIVEIS%20Augusto%20Vinicius%20Fonseca%20e%20Silva.pdf).

______________. *Princípios pamprocessuais: normas fundamentais do CPC/2015 que são princípios fundamentais de processo*. Salvador: JusPodivm, 2018.

TANURE, Karina Veloso Gangana; PAULA, Lívia Teixeira de. *Juizados Especiais da Fazenda Pública – Particularidades em uma visão prática integrada*. Belo Horizonte: Del Rey, 2018.

TEIXEIRA, Guilherme Freire de Barros. *Princípio da Fungibilidade: rumo à "deformalização do processo*. In *Bases Científicas para um renovado Direito Processual*. Athos Gusmão Carneiro e Petrônio Calmon (org.). Salvador: JusPodivm, 2009.

THEODORO JR. Humberto *et al*. *Novo CPC – Fundamentos e Sistematização*. Rio de Janeiro: Forense, 2015

THEODORO JR., Humberto. *Curso de Direito Processual Civil – Teoria Geral do Direito Processual Civil e Processo de Conhecimento*. 50 ed. Rio de Janeiro: Forense, 2009, v. 1.

___________. *Curso de Direito Processual Civil*. 56 ed. Rio de Janeiro: Forense, 2015, v. 1.

___________. *Os Juizados Especiais da Fazenda Pública (Lei n. 12153, de 22.12.2009)*. In *Juizados Especiais – Homenagem ao Desembargador José Fernandes Filho*. Augusto Vinícius Fonseca e Silva e Luís Fernando Nigro Corrêa (coord.). Belo Horizonte: Del Rey, 2011

VARGAS, Jorge de Oliveira. *Processo Civil: sua filtragem constitucional e ductilidade*. In *Bases Científicas para um renovado Direito Processual*. Athos Gusmão Carneiro e Petrônio Calmon (org). Salvador: JusPodivm, 2009.

ZANFERDINI, Flávia de Almeida Montingelli. *O processo civil no 3.º milênio e os principais obstáculos ao alcance de sua efetividade – Morosidade da justiça, insuficiência de poderes de imperium do Magistrado e as deficiências da execução civil*. Rio de Janeiro: Forense, 2004.

ZUFELATO, Camilo. *Flexibilização procedimental e gestão processual no Direito brasileiro*. In *I Colóquio Brasil-Itália de Direito Processual Civil*. Camilo Zufelato *et al*. (coord.). Salvador: JusPodivm, 2016.

CAPÍTULO 3

Sobre dois temas polêmicos: I) Pode mesmo o Ministério Público ser parte nos Juizados Especiais da Fazenda Pública?; II) Procuradores da Fazenda gozam da prerrogativa de intimação pessoal no rito sumaríssimo da Lei n. 12.153/2009?

Augusto Vinícius Fonseca e Silva

I. INTRODUÇÃO

O presente artigo buscará tratar de dois temas dos Juizados Especiais da Fazenda Pública que, embora corriqueiros nas lides forenses, não foram examinados sob a ótica que ora propomos aqui.

Sim, estamos cientes de que, quanto ao primeiro deles, o Superior Tribunal de Justiça já firmou entendimento, consoante será visto. Entretanto, com o devido respeito, temos uma visão diferente a tal respeito, inclusive do ponto de vista hermenêutico.

Por todo o trabalho, procuraremos sublinhar que os Juizados de Fazenda Pública – assim como os Juizados Especiais como um todo – vêm sendo, gradativamente, assoberbados de ações e processos provindos de Varas da Justiça Comum em declinações de competência, fazendo com que se desviem de seu escopo, que é a solução informal, célere e simples das controvérsias constantes de ações que sob tal rito são ajuizadas, fato lamentável e que precisa ser urgentemente estancado a fim de que não se concretize, de vez, a constatação outrora feita pelo Ministro Gilmar Mendes de que os Juizados seriam "o fracasso do sucesso".[1]

II. PODE MESMO O MINISTÉRIO PÚBLICO PROPOR AÇÕES NOS JUIZADOS ESPECIAIS DE FAZENDA PÚBLICA?

II.1. As duas posições acerca do tema

Antes de tudo, preme esclareçamos que o assunto, conquanto várias vezes assim analisado, não está na órbita das condições da ação[2], mais pre-

---

1. http://www.stf.jus.br/portal/cms/verNoticiaDetalhe.asp?idConteudo=193913. Na doutrina: ORSINI, Adriana Goulart de Sena; REIS, Lucas Silvani Veiga; MOREIRA, Luiza Berlini Dornas Ribeiro. *Os Juizados Especiais Cíveis no Século XXI: dificuldades, promessas e expectativas para a efetividade do acesso à Justiça enquanto Política Pública no território brasileiro*. Disponível em http://www.cnj.jus.br/files/conteudo/arquivo/2016/06/9d1e2ed6a0d7859f7684c715ea2526e8.pdf – Acesso em 31.5.2018.

2. No ponto, vale alertar que o novo Código de Processo Civil, diferentemente do CPC de 1973, não mais trata do tema sob a rubrica das "condições da ação" e, por conseguinte, também não mais fala em "carência de ação": "o CPC atual não mais menciona a categoria condição da ação. O inciso VI do art. 485 do CPC atual autoriza a extinção do processo sem resolução do mérito pela ausência de "legitimidade ou interesse processual". (...) O texto normativo não se vale da expressão "condição da ação". Apenas se determina que, reconhecida a ilegitimidade ou a falta de interesse, o órgão jurisdicional deve proferia decisão de inadmissibilidade. Retira-se a menção expressa à categoria "condição da ação" do único texto normativo do CPC que a previa e que, por isso, justifica a permanência de estudos doutrinários ao seu respeito. Também não há mais uso da expressão carência de ação. Não há mais razão para o uso, pela ciência do processo brasileira, do conceito "condição da ação". A legitimidade ad causam e o interesse de agir passarão a ser explicados com suporte no repertório teórico dos pressupostos processuais. A legitimidade e o interesse passarão, então, a constar da exposição sistemática dos pressupostos processuais de validade: o interesse, como pressuposto de validade objetivo extrínseco; a legitimidade, como pressuposto de validade subjetivo relativo às partes. (...) Enfim: a) o assunto "condição da ação" desaparece, tendo em vista a inexistência da única razão que o justificava: a consagração em texto legislativo dessa controvertida categoria; (...) c) legitimidade ad causam e interesse de agir passam a ser estudados no capítulo sobre os pressupostos processuais". (DIDIER JR., Fredie. *Curso de Direito Processual Civil – Introdução ao Direito Processual Civil, Parte Geral e Processo de Conhecimento*. 17 ed. Salvador: JusPodivm, 2015, v. 1, pp. 305-307. No mesmo sentido: MARINONI, Luiz Guilherme; ARENHART, Sérgio Cruz. *O novo Processo Civil*. São Paulo: RT, 2015, pp. 119-121. Para estes autores paranaenses, *"a teoria de Liebman foi absolutamente repelida pelo novo Código de Processo Civil"*.) A despeito disso – e até mesmo em respeito à nomenclatura consagrada há tempos no Direito Processual Pátrio, já disseminada por doutrina e jurisprudência – optamos por continuar a usá-las em nossas decisões, escorado em recente doutrina: "entretanto, não podemos deixar de justificar a nossa opção de continuar tratando o tema da categoria "condições da ação". É claro que é perfeitamente possível empregarmos a expressão genérica "requisitos de admissibilidade para o julgamento

cisamente da legitimidade para agir (art. 17 do CPC/2015), mas, sim, no da *capacidade processual* ou *para estar em juízo.*

À semelhança do que enuncia o art. 8.º da Lei n. 9099/95, o art. 5.º, I, da Lei n. 12153/2009 está a tratar de *capacidade processual* e não sobre quem pode ser parte ativa legítima para propor ações[3] nos Juizados da Fazenda Pública, demandando através do rito sumaríssimo".[4] Estamos, pois, em sede de pressupostos processuais.[5]

---

do mérito", mas, a nosso ver, isso não significa que a categoria "condições da ação" tenha desaparecido. Cremos ser útil tratar separadamente as condições da ação (agora apenas legitimidade e interesse) dos pressupostos processuais. Isso porque as condições da ação efetivamente possuem diferencial em relação aos demais requisitos de admissibilidade para julgamento do mérito". (ASSIS, Carlos Augusto de. *Teoria Geral do Processo Contemporâneo.* 2 ed. São Paulo: Atlas, 2017, p. 240).

3. Conforme noção consagrada na doutrina processual pátria e que persiste mesmo após a entrada em vigor do novo Código de Processo Civil, "a legitimidade para agir (*legitimatio ad causam*) é a pertinência subjetiva da demanda, em outras palavras, é a situação prevista em lei que permite a um determinado sujeito propor a demanda judicial e a um determinado sujeito formar o polo passivo dessa demanda. Tradicionalmente se afirma que serão legitimados ao processo os sujeitos descritos como titulares da relação jurídica de direito material deduzida pelo demandante". (NEVES, Daniel Amorim Assumpção. *Manual de Direito Processual Civil - Volume Único.* 8 ed. Salvador: JusPodivm, 2016, p. 76). No mesmo sentido, o Superior Tribunal de Justiça, que de há muito já sinalizava: "em nosso sistema, (...) só é parte legítima para a causa quem, em tese, figura como parte na relação de direito material nela deduzida". (STJ - REsp 617258/RJ - 1ª T. - Rel. Min. Teori Albino Zavascki - Ementa disponível no Informativo 306/STJ).

4. É o que ensinam Joel Dias Figueira Jr. e Fernando da Costa Tourinho Neto, quando, em comentários inaugurais ao art. 8.º da Lei n. 9099/95, escreveram: "não há que se confundir aqui legitimidade ativa ad causam com capacidade para estar em juízo. Esta corresponde a pressuposto processual de validade; aquela, a uma das condições da ação. (...) Trata-se de disciplina processual dirigida ao controle da capacidade para estar em juízo e não sobre a legitimidade para ser parte em juízo. Portanto, a matéria versada no art. 8.º da Lei objeto destes comentários dispõe, tão-somente, sobre pressupostos processuais de validade. Legitimidade para figurar no polo ativo ou no polo passivo das demandas cognitivas, qualquer uma das pessoas enumeradas no art. 8.º desta Lei a possui, posto que a legitimidade para agir diz respeito à pertinência subjetiva que deve vigorar entre o sujeito que formula a pretensão na qualidade de autor e aquele outro, que deverá suportar o ônus do sucumbimento na demanda. Portanto, legítimos para agir ou reagir nas relações jurídicas processuais são quaisquer daquelas pessoas. O que a Lei n. 9099/95 não admite é que integrem a relação do microssistema dos Juizados Especiais". (*Juizados Especiais Estaduais Cíveis e Criminais - Comentários à Lei 9099/95.* 4 ed. São Paulo: RT, 2005, pp. 163-164). Esse entendimento foi esposado pelo mesmo Joel Dias Figueira Jr. posteriormente, quando lançou obra específica sobre os Juizados Especiais da Fazenda Pública. Dissertou: "(...) a regra contida no art. 5.º da Lei n. 12153/2009 (a exemplo do que se verifica no art. 8.º da Lei 9099/1995 e no art. 6.º da Lei 10259/2001) versa sobre pressuposto processual de validade e não a respeito de umas condições da ação, em que pese discorrer a respeito das pessoas que 'podem ser partes no Juizado Especial da Fazenda Pública'". (*Juizados Especiais da Fazenda Pública - Comentários à lei 12153, de 22 de dezembro de 2009.* 2 ed. SP: RT, 2010, p. 105)

5. A respeito, dignas de nota as lições de Cândido Rangel Dinamarco e de Bruno Vasconcelos Carrilho Lopes: A ordem processual só outorga o efetivo direito ao julgamento de mérito a quem esteja amparado pelas condições da ação (...) e também seja capaz e se apresente adequadamente representado, dirija-se a juiz legitimamente investido e realize todos os atos processuais aptos a conduzir o dever judicial de prover sobre a demanda inicial. Estamos diante de um *conceito dinâmico de ação*, como um poder que só é uma realidade efetiva e útil quando concretamente estiverem presentes todos os chamados *pressupostos de admissibilidade do julgamento de mérito.* Mesmo aquele que tenha ação só terá o efetivo poder de exigir o

É plena a competência de juízo, quando inexiste causa de incompetência absoluta e isso é um dos pressupostos processuais de validade da relação jurídica processual.[6] Os critérios de fixação de competência jurisdicional são comumente divididos em *absolutos* ou *relativos*, sendo que aqueles – fixados em razão da matéria, *da pessoa* (logo, é aqui que se encaixa o tema do MP) e da função -, se descumpridos, levam à absoluta incompetência do juízo, o que é aferível de ofício pelo Juiz e alegável em qualquer tempo e grau de jurisdição, consoante ressai do art. 64, § 1.º, do CPC.[7]

Dimana do art. 2.º, § 1.º, inciso I, da Lei n. 12153/2009, que demandas sobre direitos ou interesses difusos e coletivos não são da competência dos Juizados Especiais de Fazenda Pública, embora haja julgados cujo entendimento sinalizadores de que somente não serão ali julgadas as ações *coletivas* destinadas à proteção de interesse difuso e coletivo, mantendo-se sob sua jurisdição aquelas que, mesmo ajuizadas pelo Ministério Público, são direcionadas a proteger direitos individuais.[8]

A mais recente doutrina especializada, analisando o tema, aponta:

> Fervilha em todo país a discussão acerca de o Ministério Público ser parte perante os Juizados Especiais da Fazenda Pública, em legitimidade extraordinária (segunda parte do artigo 18 e seu parágrafo único do CPC/2015).
>
> Grande divergência instaurou-se quanto ao ingresso pelo Ministério Público de ações relativas à saúde, especialmente concernentes aos menores, idosos e enfermos em demandas individuais, como substituto processual, uma vez que os artigos 127 a 129 da CRFB/88 dispõem que ao *parquet* incumbe a defesa dos direitos sociais e individuais disponíveis, possuindo legitimidade para ações civis (§ 1.º do art. 129 da CRFB/1988).[9]

---

provimento de mérito (e o juiz só terá o dever de pronunciá-lo) quando satisfeitos todos esses requisitos. (...) Essa premissa sistemática legitima a exigência de uma conduta regularmente deduzida como elemento indispensável à constituição de um processo viável. Essa exigência, qualificada como *pressuposto processual*, inclui a própria apresentação de uma demanda e a presença de certos requisitos nela, tal como a narração de fatos que em tese sejam suficientes para a outorga da tutela jurisdicional". (*Teoria Geral do Novo Processo Civil*. São Paulo: Malheiros, 2016, pp. 179-189)

6. NERY JR., Nelson; NERY, Rosa Maria Andrade. *Comentários ao Código de Processo Civil – Novo CPC – Lei 13105/2015*. São Paulo: RT, 2015, p. 357.

7. CÂMARA, Alexandre Freitas. *O Novo Processo Civil Brasileiro*. 2 ed. São Paulo: Atlas, 2016, p. 54.

8. STJ – AgRg no REsp 1354068/RS, Rel. Min. ASSUSETE MAGALHÃES, 2.ª T., j. 18/06/2015, DJe 01/07/2015. Também, enunciado 22 do FONAJEF.

9. TANURE, Karina Veloso Gangana; PAULA, Lívia Teixeira de. *Juizados Especiais da Fazenda Pública: particularidades em uma visão prática integrada*. Belo Horizonte: Del Rey, 2018, p. 84.

Duas correntes se formaram a respeito, sendo uma, defendendo a possibilidade de o Ministério Público ajuizar ações nos Juizados de Fazenda, na qualidade de substituto processual, e outra, negando essa possibilidade, porque taxativo o rol de pessoas autorizadas demandar por tal juízo (art. 5.º, I, da Lei n. 12.153/2009).

A primeira corrente tem no Superior Tribunal de Justiça seu maior defensor, consoante se depreende dos acórdãos infraementados:

> PROCESSUAL CIVIL. AGRAVO REGIMENTAL NO AGRAVO EM RECURSO ESPECIAL. ARGUMENTOS INSUFICIENTES PARA DESCONSTITUIR A DECISÃO ATACADA. FORNECIMENTO DE MEDICAMENTOS. VALOR DA CAUSA DE ATÉ 60 SALÁRIOS MÍNIMOS. RITO DOS JUIZADOS ESPECIAIS. INCIDÊNCIA DA SÚMULA N. 83/STJ. CÓDIGO DE PROCESSO CIVIL DE 1973. APLICABILIDADE.
>
> I – Consoante o decidido pelo Plenário desta Corte na sessão realizada em 09.03.2016, o regime recursal será determinado pela data da publicação do provimento jurisdicional impugnado. Assim sendo, in casu, aplica-se o Código de Processo Civil de 1973.
>
> II – É pacífico o entendimento no Superior Tribunal de Justiça segundo o qual é possível submeter ao rito dos Juizados Especiais, as causas que envolvem fornecimento de medicamentos, cujo valor seja de até 60 salários mínimos, ajuizadas pelo Ministério Público em favor de pessoa determinada.
>
> III - O recurso especial, interposto pelas alíneas a e/ou c do inciso III do art. 105 da Constituição da República, não merece prosperar quando o acórdão recorrido encontra-se em sintonia com a jurisprudência desta Corte, a teor da Súmula n. 83/STJ.
>
> IV – A Agravante não apresenta, no regimental, argumentos suficientes para desconstituir a decisão agravada.
>
> V – Agravo Regimental improvido.[10]
>
> ADMINISTRATIVO E PROCESSUAL CIVIL. RECURSO ESPECIAL. AÇÃO DE FORNECIMENTO DE MEDICAMENTOS/TRATAMENTO MÉDICO. DIREITO DIFUSO, DEFENDIDO INDIVIDUALMENTE. COMPETÊNCIA DOS JUIZADOS ESPECIAIS FEDERAIS.
>
> 1. Recurso especial no qual se discute se as ações de fornecimento de medicamentos/tratamento médico, ajuizadas pelo Ministério Público em substituição processual de cidadão idoso enfermo, podem ser julgadas pelos Juizados Especiais da Fazenda Pública.

10. AgRg no AREsp 374.299/MG, Rel. Ministra REGINA HELENA COSTA, PRIMEIRA TURMA, julgado em 27/10/2016, DJe 21/11/2016.

> 2. Não há óbice para que os Juizados Especiais procedam ao julgamento de ação que visa o fornecimento de medicamentos/tratamento médico, quando o Ministério Público atua como substituto processual de cidadão idoso enfermo.
>
> 3. Embora o direito à saúde se insira no gênero dos direitos difusos, sua defesa pode-se dar tanto por meio de ações coletivas, como individuais; e a intenção do legislador federal foi de excluir da competência dos Juizados Especiais a defesa coletiva do direito à saúde, e não a defesa individual.
>
> 4. Recurso especial não provido.[11]

Essa posição, aliás, vem sendo repetida no âmbito de tal Corte Federal, tanto que ganhou sede na edição de n. 89 de sua ferramenta *Jurisprudência em teses*. Vejamos:

> 4) É da competência dos Juizados Especiais Federais e dos Juizados Especiais da Fazenda Pública a defesa de direitos ou interesses difusos e coletivos exercida por meio de ações propostas individualmente pelos seus titulares ou substitutos processuais.
>
> 5) É possível submeter ao rito dos Juizados Especiais Federais as causas que envolvem fornecimento de medicamentos/tratamento médico, cujo valor seja de até 60 salários mínimos, ajuizadas pelo Ministério Público ou pela Defensoria Pública em favor de pessoa determinada.

A segunda corrente, por sua vez, segue sentido contrário, inadmitindo sejam propostas ações pelo MP nos Juizados de Fazenda.

Apoia-se essa linha de pensamento no fato de o art. 5.º da Lei n. 12153/2009 apresentar um rol taxativo de sujeitos que poderão figurar como autores, quais sejam as pessoas físicas e as microempresas e empresas de pequeno porte, assim definidas na Lei Complementar 123, de 14 de Dezembro de 2006 e, como demandadas (ou executadas), os Estados, o Distrito Federal, os Territórios e os Municípios, bem como autarquias, fundações e empresas públicas a eles vinculadas, segundo se infere do art. 5.º, I e II, respectivamente.[12] É o que advoga Humberto Theodoro Júnior:

> O fato de o inciso II se referir apenas às demandas sobre direitos "coletivos ou difusos" como excluídas da competência dos Juizados Especiais da Fazenda Pública não importa inclusão das ações

11. REsp 1409706/MG, Rel. Ministro BENEDITO GONÇALVES, PRIMEIRA TURMA, julgado em 07/11/2013, DJe 21/11/2013
12. FIGUEIRA JR., Joel Dias. Ob. cit., p. 106.

> coletivas sobre direitos individuais homogêneos na esfera de competência daqueles juizados. Em primeiro lugar, porque a ação exercitável perante o Juizado Especial em questão somente pode ter como autor *pessoa física, microempresa ou empresa de pequeno porte* (Lei n. 12153, art. 5.º, I), entidades que não se legitimam a propor ações coletivas em defesa de direitos individuais homogêneos (CDC, art. 82). Segundo, porque as ações coletivas, quaisquer que sejam elas, revestem-se de complexidade não compatível com o procedimento simples e célere dos Juizados Especiais, razão pela qual não se pode reconhecer como cabíveis naqueles juizados senão ações singulares.[13]

Karina Veloso Gangana Tanure e Lívia Teixeira de Paula endossam:

> Não se encontra o órgão ministerial elencado no rol taxativo do artigo 5.º, I, da Lei n. 12153/09, razão pela qual, para parte dos juristas, não poderá atuar como substituto processual no rito sumaríssimo fazendário, devendo figurar como legitimado ativo apenas perante a justiça comum.
>
> Assim, refuta-se, a nosso entender de maneira mais técnica e adstrita aos Juizados Especiais, a tese contrária, que defende que o Ministério Público pode ser parte autora os Juizados Especiais da Fazenda Pública, em virtude do silêncio na Lei n. 12153/09 a respeito do tema.
>
> Isto, pois a Lei dos Juizados da Fazenda Pública foi clara ao afastar por exclusão lógica, aqueles que não figurem como possibilidades expressas definidas para serem partes autoras no inciso I o seu artigo 5.º. Ademais, observe-se que, além de não ter sido o Ministério Público previsto com capacidade processual ativa e passiva nos Juizados Especiais da Fazenda Pública (artigo 5.º da Lei n. 1253/2009), somente houve previsão expressa de sua atuação como interveniente (art. 11 da Lei n. 9099/95), restando vedada a propositura, perante os Juizados fazendários, de ações civis públicas, seja para defesa de direitos difusos, dentre eles os individuais homogêneos, seja de direitos coletivos (artigo 2.º, § 1.º, inciso I, da Lei n. 12153/2009), ações estas que demandam ritos próprios.
>
> (...)
>
> Frise-se que não está o Ministério Público inserido no rol taxativo do inciso I do artigo 5.º da lei 12153/2009, sendo certo que não

13. *Os Juizados Especiais da Fazenda Pública* (*Lei n. 12153, de 22.12.2009*). In *Juizados Especiais – Homenagem ao Desembargador José Fernandes Filho*. Augusto Vinícius Fonseca e Silva e Luís Fernando Nigro Corrêa (coord.). Belo Horizonte: Del Rey, 2011, p. 202, nota de rodapé n. 9.

> possui capacidade processual ativa perante os Juizados Especiais da Fazenda Pública, devendo atuar apenas como fiscal da lei no rito sumaríssimo cível fazendário. Abrir a interpretação restritiva feita para o Ministério Público, poderia fragilizar o sistema sumaríssimo, a sugerir possibilidades de abertura, também, para pessoas até então não aceitas, por estarem fora do rol dos capacitados processuais previstos nas leis dos Juizados Especiais, seja como autores ou réus, tais como a sociedade de economia mista, já aceita pelos Juizados Cíveis, e os entes despersonalizados.[14]

Nessa linha, foi que se aprovou o enunciado cível n. 139 do FONAJE:

> A exclusão da competência do Sistema dos Juizados Especiais quanto às demandas sobre direitos ou interesses difusos ou coletivos, dentre eles os individuais homogêneos, aplica-se tanto para as demandas individuais de natureza multitudinária quanto para as ações coletivas. Se, no exercício de suas funções, os juízes e tribunais tiverem conhecimento de fatos que possam ensejar a propositura da ação civil coletiva, remeterão peças ao Ministério Público e/ou à Defensoria Pública para as providências cabíveis.

II.2. Análise do tema a partir de critérios hermenêuticos básicos

É princípio básico de hermenêutica: *ubi lex non distinguit, nec interpres distinguere debet* (onde a lei não distingue, não é dado ao intérprete fazê-lo). A respeito, dissertou classicamente Carlos Maximiliano:

> Quando o texto dispõe de modo amplo, é dever do intérprete aplicá-lo a todos os casos particulares que se possam enquadrar na hipótese geral prevista explicitamente; não tente distinguir entre as circunstâncias em questão e as outras; cumpra a norma tal qual é, sem acrescentar condições novas, nem dispensar nenhuma das expressas".[15]

Consoante assevera Umberto Eco, "todo discurso sobre a liberdade de interpretação deve começar por uma defesa do sentido literal".[16]

Sim, não se questiona que "a interpretação do direito é constitutiva e não simplesmente declaratória", isto é, "não se limita – a interpretação do direito – a uma mera compreensão dos textos e dos fatos; vai bem além disso".[17] No

---

14. Ob. cit., pp. 85-86 e 89-90.
15. *Hermenêutica e aplicação do Direito*. 9 ed. RJ: Forense, 1979, p. 247.
16. ECO, Umberto. *Os limites da interpretação*. Pérola de Carvalho (trad.) São Paulo: Perspectiva, 2015, p. 9.
17. GRAU, Eros Roberto. *Ensaio e discurso sobre a interpretação/aplicação do direito*. 2 ed. São Paulo: Malheiros, 2003, p. 71.

entanto, não podemos ignorar que "as palavras são um limite à interpretação. A interpretação não pode substituí-las".[18]

Tendo por lastro a própria definição de *interpretação* - que é "a exposição do verdadeiro sentido de uma leu obscura por defeitos de sua redação, ou duvidosa com relação aos fatos ocorrentes, ou silenciosa"[19] -, reforça-se a noção de que essa atividade não serve de sucedâneo à atividade legislativa ordinária, nem autoriza o intérprete/aplicador de seu sentido se distanciar.

Se, pois, a própria Lei dos Juizados da Fazenda Pública não fez distinção sobre quem poderia figurar como demandante em causas dessa natureza, não pode o intérprete/aplicador do Direito fazê-lo *sponte sua*, sob risco de subversão da própria vontade clara e expressa do legislador ordinário.

É preciso não só atentar para o silêncio do legislador no caso - silêncio, aliás, *eloquente* -, mas também respeitá-lo, vale dizer, não basta apenas reparar que não incluiu o Ministério Público no citado rol *numerus clausus*: deve-se respeitar sua opção por elencar quem pode demandar nos Juizados de Fazenda. Em não sendo assim, tornar-se-á exemplificativa uma lista que quis o legislador fosse fechada, o que não é admissível. Nessa pegada, Felippe Borring Rocha, em obra específica, foi peremptório:

> A atuação institucional do Ministério Público pode ser genericamente dividida em dois planos: de uma lado, como fiscal da lei *[ou da ordem jurídica, conforme passa a prever agora o novo CPC, em seu art. 176]* e parte da demanda e, de outro, apenas como fiscal da lei. Assim, tendo em vista as limitações presentes na Lei n. 9099/95 *[aplicável, a propósito, aos Juizados Especiais da Fazenda Pública, por força do art. 27 da Lei n. 12153/2009]*, especialmente aquelas previstas nos seus arts. 3.º e 8., podemos afirmar que não há espaço para a intervenção do Ministério Público nos Juizados Especiais, seja como fiscal da lei, seja como parte, apesar da norma contida no art. 11 da Lei n. 9099/95 assinalar, de forma vaga, que o "Ministério Público intervirá nos casos previstos em lei". (...) Assim, (...) entendemos ser incabível qualquer tipo de intervenção do Ministério Público em sede de Juizados Especiais.[20]

O MP, quando ajuíza ação civil nos Juizados Especiais, age como *legitimado extraordinário* ou *substituto processual*, e, assim, atua no processo na

---

18. LIMA, Hermes. *Introdução à Ciência do Direito*. 19 ed. Rio de Janeiro: Freitas Bastos, 1970, p. 152.

19. NERY, Rosa Maria Andrade; NERY JR., Nelson. *Instituições de Direito Civil - Teoria Geral do Direito Privado*. São Paulo: RT, 2014, v. I, t. I, p. 270.

20. *Manual dos Juizados Especiais Cíveis Estaduais - Teoria e Prática*. 8 ed. São Paulo: Atlas, 2016, p. 101.

qualidade de *parte* e não de representante. Na dicção sempre pertinente de Moacyr Amaral Santos, "o substituto processual é parte, no sentido processual. Quer na posição de autor, quer na de réu, o substituto processual é sujeito da relação processual, da qual participa em nome próprio, não em nome do substituído"[21], mas na defesa deste. Há "incoincidência" entre as partes da demanda e as partes do litígio e, por causa disso, será em relação ao substituto (o MP) que se examinará o preenchimento dos requisitos processuais subjetivos.[22]

Logo, porque não previsto em lei como parte apta a litigar perante os Juizados Especiais, o MP não pode ajuizar qualquer tipo de ação nos Juizados Especiais da Fazenda Pública. Falta ali a previsão de substituição processual e, portanto, estará o MP a agir ao arrepio do regime jurídico das partes dos Juizados. Daí Leonardo Carneiro da Cunha ser assertivo, ao destacar que "os Juizados são instituídos para atender aos chamados litigantes eventuais e não aos litigantes habituais, não sendo possível que o Ministério Público ou os entes integrantes da Administração Pública figurem como autores no âmbito de tais órgãos jurisdicionais".[23] A tal respeito, o Tribunal de Justiça de Minas Gerais pronunciou-se:

> CONFLITO DE COMPETÊNCIA. APELAÇÃO EM AÇÃO CIVIL PÚBLICA MOVIDA PELO MINISTÉRIO PÚBLICO CONTRA MUNICÍPIO. PEDIDO DE FORNECIMENTO DE REMÉDIO A IDOSO. INAPLICABILIDADE DAS NORMAS QUE DISPÕEM SOBRE OS JUIZADOS ESPECIAIS DA FAZENDA PÚBLICA. COMPETÊNCIA DE CÂMARA CÍVEL DA UNIDADE GOIÁS DO TRIBUNAL DE JUSTIÇA. O Ministério Público não foi incluído entre as pessoas e entidades que podem figurar como partes nas causas cíveis a que se aplicam as normas da Lei Federal nº 12.153/2009 e das Resoluções nº 641/2010 e 700/2012 da Corte Superior do Tribunal de Justiça. Compete a Câmara Cível da Unidade Goiás do Tribunal de Justiça o exame de recurso interposto contra decisão proferida em ação civil pública movida pelo Ministério Público contra ente público para, como substituto processual, requerer o fornecimento de medicamento a pessoa idosa. Por importar legitimação extraordinária, a substituição processual exercida pelo Ministério Público o situa como parte autora, uma vez que postula em nome próprio, na defesa de direito alheio, e determina a observância da regra do art. 5º, I, da Lei Federal nº 12.153/2009, que restringe às pessoas físicas, microempresas e

---

21. *Primeiras Linhas de Direito Processual Civil – Processo de Conhecimento.* 25 ed. São Paulo: Saraiva, 2007, v. 1, p. 359.

22. DIDIER JR., Fredie. *Curso de Direito Processual Civil.* 17 ed. Salvador: JusPodivm, 2015, V. 1, p. 347.

23. *A Fazenda Pública em juízo.* 13 ed. RJ: Forense, 2016, p. 832.

> empresas de pequeno porte a condição de autores em processos de competência dos Juizados Especiais da Fazenda Pública. Declara-se competente a suscitada.[24]

Em seu voto, seguido à unanimidade pelos demais Desembargadores componentes do Órgão Especial da Corte, foi preciso o Relator, arrimando-se em consagrado escólio doutrinário:

> No entanto, o Ministério Público não foi incluído entre as pessoas e entidades que podem figurar como partes nos processos de competência do Juizado Especial da Fazenda Pública, a teor do art. 5º da Lei Federal nº 12.153/2009:
>
> "Art. 5º- Podem ser partes no Juizado Especial da Fazenda Pública:
>
> I - como autores, as pessoas físicas e as microempresas e empresas de pequeno porte, assim definidas na Lei Complementar no 123, de 14 de dezembro de 2006;
>
> II - como réus, os Estados, o Distrito Federal, os Territórios e os Municípios, bem como autarquias, fundações e empresas públicas a eles vinculadas."
>
> A presença do Ministério Público no polo ativo deste processo se efetiva na qualidade de substituto processual, legitimado para a defesa de interesse individual de pessoa idosa, por força dos arts. 43, I e 74, III, da Lei Federal nº 10.741/2003 (Estatuto do Idoso), razão pela qual sua atuação não se confunde com a de simples representante, que postula em nome alheio na defesa de direito alheio.
>
> A substituição processual, quando legalmente autorizada, conforme prevê o art. 6º do Código de Processo Civil, confere ao substituto a atuação, em nome próprio, na defesa de direito alheio.
>
> Sobre o tema, esclarece a doutrina de José Frederico Marques:
>
> "Prevê-se, aí, a chamada substituição processual, a qual ocorre justamente quando alguém, em nome próprio, pleiteia direito alheio.
>
> Não coincidindo o sujeito da relação processual com o da relação substancial, verifica-se caso de legitimação ad causam extraordinária. Por esse motivo, a substituição processual depende sempre de previsão expressa da lei, como o preceitua, claramente, o citado art. 6º do Código de Processo Civil.
>
> O substituto processual é parte no processo, tendo, assim, o direito de ação ou o de defesa. Ele atua no próprio interesse, tanto que age em nome próprio, como diz a lei. E isto em virtude da

24. TJMG - CC 1.0000.12.099938-8/000 - Rel. Des. Almeida Melo - Órgão Especial - j. 23/01/2013 - Pub. 08/02/2013

> relação entre o direito alheio e o direito do substituto: por intermédio do direito do substituído é que o substituto satisfaz direito próprio."(Manual de direito processual civil, vol. 1, Campinas, Bookseller, 1997, pp. 342-343.)
>
> Portanto, por importar legitimação extraordinária, a substituição processual exercida pelo Ministério Público o situa como autor e determina, neste caso, a observância da regra do art. 5º, I, da Lei nº 12.153/2009, que restringe às pessoas físicas, microempresas e empresas de pequeno porte a condição de autores em processos de competência dos Juizados Especiais da Fazenda Pública.

Posteriormente, o mesmo Tribunal mineiro pontuou, por mais de uma vez, em mesmo sentido:

> CONFLITO DE COMPETÊNCIA - DEMANDA RELATIVA AO DIREITO À SAÚDE - JUIZADOS ESPECIAIS DA FAZENDA PÚBLICA - MINISTÉRIO PÚBLICO INTEGRANTE DO POLO ATIVO - EXCLUSÃO LEGAL - PRECEDENTE DO ÓRGÃO ESPECIAL DESSE TRIBUNAL - LEGITIMIDADE DO ÓRGÃO MINISTERIAL.
>
> - O Ministério Público, a par da expressa previsão legal (inciso I, do artigo 5º, da Lei nº 12.153/09), não se inclui no rol dos legitimados a demandarem nos Juizados Especiais da Fazenda Pública, mantendo, nesse caso, a competência residual da Justiça Comum para processamento e julgamento da respectiva ação.
>
> - O fato do Ministério Público atuar como substituto processual daquele que irá se beneficiar dos efeitos do provimento jurisdicional não lhe retira a característica de ser, para todos os fins, parte ativa no processo e, pois, titular da ação.[25]

II.3. Conclusão

Expostas essas razões e por elas filtrada a questão da presença do Ministério Público nos Juizados de Fazenda Pública, vemos que não há como

---

25. TJMG - Conflito de Competência n. 1.0000.17.026893-2/000 - Rel. Des. Ana Paula Caixeta - j. 16/11/2017 - DJe 21/11/2017. Igualmente: Conflito de Competência 1.0000.15.082051-2/000, Relator(a): Des.(a) Geraldo Augusto, 1ª CÂMARA CÍVEL, julgamento em 02/02/2016, publicação da súmula em 16/02/2016; Conflito de Competência 1.0000.15.100228-4/000, Relator(a): Des.(a) Marcelo Rodrigues, 2ª CÂMARA CÍVEL, julgamento em 23/02/2016, publicação da súmula em 02/03/2016; Conflito de Competência 1.0000.15.092495-9/000, Relator(a): Des.(a) Amauri Pinto Ferreira (JD CONVOCADO), 3ª CÂMARA CÍVEL, julgamento em 05/05/2016, publicação da súmula em 17/05/2016; Conflito de Competência 1.0000.15.092197-1/000, Relator(a): Des.(a) Vasconcelos Lins, 5ª CÂMARA CÍVEL, julgamento em 12/05/2016, publicação da súmula em 24/05/2016; Conflito de Competência 1.0000.16.041036-1/000, Relator(a): Des.(a) Heloisa Combat, 4ª CÂMARA CÍVEL, julgamento em 11/08/0016, publicação da súmula em 23/08/2016; Conflito de Competência 1.0000.15.079666-2/000, Relator(a): Des.(a) Moreira Diniz, 4ª CÂMARA CÍVEL, julgamento em 03/03/2016, publicação da súmula em 10/03/2016; Conflito de Competência n. 1.0000.15.076515-4/000 - 1.ª Câmara Cível - Rel. Des. Armando Freire - j. 23.2.2016 - DJe 29.2.2016.

admitir possa ele litigar pelo rito sumaríssimo respectivo, posto que não incluído expressa e taxativamente no art. 5.º da Lei n. 12153/2009. Se, mesmo assim, for ajuizada a ação sob tal rito, resta ser reconhecida a flagrante incompetência dos Juizados para o exame e julgamento da causa, com extinção do processo sem resolução de mérito (art. 51, II, da Lei n. 9099/95 c.c. art. 27 da Lei n. 12153/09).

Não esqueçamos, por fim, da orientação contida na Carta de Cuiabá, redigida no 71.º ENCOGE (Encontro do Colégio Permanente de Corregedores-Gerais dos Tribunais de Justiça do Brasil), realizada na capital mato-grossense, entre os dias 30/03/2016 a 01/04/2016, na qual, em seu item 1, propôs-se a todos os Tribunais de Justiça da Federação a expedição de normas clarificadoras da exclusão da competência nos Juizados Especiais das matérias afetas à Fazenda Pública, no que se pode incluir, sem dúvida, aquela relativa à impossibilidade de o Ministério Público ser parte aí.

III. PROCURADORES DA FAZENDA GOZAM MESMO DA PRERROGATIVA DE INTIMAÇÃO PESSOAL NO RITO SUMARÍSSIMO DA LEI N. 12.153/2009?

III.1. Delimitando o assunto

Mais um ponto em que se discute se há imbricação entre o CPC e a Lei dos Juizados de Fazenda Pública é o que se refere à prerrogativa de intimação pessoal dos procuradores públicos, à vista do que passou a prescrever o art. 183 daquele Diploma.

É ponto consolidado no FONAJE (Fórum Nacional dos Juizados Especiais) que, "considerado o princípio da especialidade, o CPC/2015 somente terá aplicação ao Sistema dos Juizados Especiais nos casos de expressa e específica remissão ou na hipótese de compatibilidade com os critérios previstos no art. 2º da Lei 9.099/95", os quais também regem os Juizados de Fazenda Pública, à vista do art. 27 da lei respectiva.

Igualmente, não se pode olvidar que os Juizados Especiais formam um microssistema composto de três leis (a de n. 9099/95, que instituiu os Juizados Especiais Estaduais cíveis e criminais, a de n. 10259/2001, dos Juizados Especiais Federais, e a de n. 12153/2009, que instituiu os Juizados Especiais da Fazenda Pública), as quais constituem o que, doutrinariamente, se convencionou chamar de *Estatuto dos Juizados Especiais:*

> Essa percepção sustenta o diálogo constante entre os três diplomas legais versantes sobre a matéria - Lei ns. 9099/95, 10250/01 e 12153/09 -, que formariam assim o arcabouço normativo dos Juizados Especiais (...).
>
> Com a Teoria do Estatuto, galgada na técnica do diálogo das fontes, seria possível superar a visão clássica da hermenêutica jurídica, promovendo uma interpretação legal sistemática (entre as Leis ns. Lei ns. 9099/95, 10250/01 e 12153/09) e focada na efetividade dos institutos, à luz das normas constitucionais. No modelo tradicional de interpretação, a integração entre os modelos de Juizados se limita aos casos lacunosos e às remissões expressas na lei. Esta parece ser, claramente, a opção do legislador, que estabeleceu em diferentes passagens a aplicação subsidiária e pontual das normas relativas aos integrantes do sistema: arts. 1.º e 20 da Lei dos JEF e arts. 15, 26 e 27 da Lei dos JEFP.[26]

Nessa ordem de ideias, informa-nos Frederico Augusto Leopoldino Koehler acerca da disceptação que vige relativa à aplicabilidade, ou não, do CPC ao rito sumaríssimo:

> Uma corrente doutrinária e jurisprudencial que vem se formando entende que a aplicação do CPC/2015 seria excepcionalíssima, ocorrendo basicamente quando o legislador tenha feito a respectiva remissão expressa. É o entendimento do Fórum Nacional de Juizados Especiais - FONAJE, de que "o legislador quis limitar, *numerus clausus*, àquelas hipóteses, as influências do CPC sobre o sistema dos juizados, ciente das implicações prejudiciais decorrente de uma maior ingerência legal que porventura houvesse, claramente contra os interesses do jurisdicionado que acorre aos juizados. *Inclusio unius est exclusio alterius*."[2]. Em suma, essa corrente tem como pilar a autossuficiência do microssistema dos juizados especiais, que poderiam viver sem interferência do CPC/2015.
>
> Outra corrente, a qual perfilhamos, entende pelo desacerto da tese da autossuficiência do microssistema dos juizados especiais, a qual olvida o disposto no art. 1.046, § 2º, do CPC/2015 ("Permanecem em vigor as disposições especiais dos procedimentos regulados em outras leis, aos quais se aplicará supletivamente este Código."). Há vários exemplos que demonstram sempre ter havido

---

26. ROCHA, Felippe Borring. *Manual dos Juizados Especiais Cíveis Estaduais - Teoria e Prática*. 8 ed. SP: Atlas, 2016, p. 20. No mesmo sentido, defendendo a existência de um "Estatuto dos Juizados Especiais": CÂMARA, Alexandre Freitas. *Juizados Especiais Cíveis Estaduais e Federais - Uma abordagem crítica*. 2 ed. RJ: Lumen Juris, 2005, p. 8. Também: THEODORO JR., Humberto. *Os Juizados Especiais da Fazenda Pública (Lei n. 12153, de 22.12.2009)*. In *Juizados Especiais - Homenagem ao Desembargador José Fernandes Filho*. Augusto Vinícius Fonseca e Silva e Luís Fernando Nigro Corrêa (coord.). BH: Del Rey, 2011, pp. 197-198.

aplicação do CPC e de leis esparsas no microssistema, dentre os quais: 1) a possibilidade de fixação de multa por litigância de má-fé ou por ato atentatório à dignidade da Justiça; 2) aplicação das normas que regulamentam o litisconsórcio; 3) cabimento de mandado de segurança contra decisão judicial nos juizados especiais; 4) cabimento de agravo do art. 544 do CPC/73 para destrancar recurso extraordinário; 5) a aplicação da teoria da causa madura (art. 1.013, § 3º do CPC/2015); 6) a impugnação ao valor da causa etc. Isto demonstra que o microssistema dos juizados especiais nunca foi autossuficiente, tendo sempre buscado complementar as lacunas normativas na lei adjetiva vigente. Na verdade, a não aplicação do CPC – seja o de 1973 ou o de 2015 – prejudicaria, em vários pontos, a boa prestação jurisdicional e os princípios ordenadores do microssistema.

Conclui-se com uma proposta de técnica de verificação da (in)aplicabilidade das normas do CPC/2015 no microssistema dos juizados especiais. Ao deparar-se com um caso concreto em trâmite nos juizados especiais, e na dúvida sobre a (in)aplicabilidade de norma específica do CPC/2015, o intérprete deverá trilhar os seguintes passos: 1) observar se há norma sobre o ponto controvertido na lei do juizado especial em que o processo esteja tramitando (Lei n.º 9.099/95, Lei n.º 10.259/01 ou Lei n.º 12.153/09, a depender do caso concreto). Em caso positivo, aplica-se a norma própria do juizado especial e encerra-se o processo de verificação; 2) em caso negativo, observar se há norma nas outras leis que compõem o microssistema. Se existir uma norma adequada no microssistema, deverá ser aplicada, encerrando-se o processo de verificação; 3) caso tal norma não exista no microssistema dos juizados especiais, observar se há norma sobre o tema no CPC/2015; 4) se a resposta for positiva, deve-se observar se a norma do CPC/2015 ofende os princípios positivados no art. 2º da Lei n.º 9.099/95, hipótese em que será inaplicável. Caso não haja a ofensa referida no tópico anterior, o CPC/2015 será aplicável na questão concreta em trâmite nos juizados especiais.[27]

Esse entendimento ponderado do eminente Magistrado Federal é o que nos parece a mais acertado, *data venia* das outras posições adotadas. Não se pode ter posições extremas quanto ao trato da incidência do CPC aos Juizados, nem pendendo para o lado do FONAJE, conforme exposto na passagem acima (enunciado cível 161), nem para o lado que advoga a tese de plena

27. *Como saber quando se aplicam as normas do cpc/2015 no microssistema dos juizados especiais?* Disponível em https://fontejur.com.br/como-saber-quando-se-aplicam-as-normas-do-cpc2015-no-microssistema-dos-juizados-especiais/ (Acesso em 08.8.2017)

aplicabilidade do CPC ao rito sumaríssimo[28], ao arrepio dos precitados critérios reitores.

Exposto isso, cremos que o tema da intimação pessoal de procuradores de fazenda há de ser interpretado, inexoravelmente, a partir do Estatuto dos Juizados Especiais, conforme exporemos a partir de agora.

III.2. Posições favoráveis à aplicação do art. 183 do CPC/2015 nos Juizados de Fazenda:

Uma vertente tem se posicionado favoravelmente a que sejam os procuradores de Fazenda intimados pessoalmente de atos processuais no âmbito do procedimento sumaríssimo.

Secunda-se essa corrente na necessidade de aplicação do CPC a tal rito, à vista do que dispõe seu art. 6.º:

> "Quanto às citações e intimações, aplicam-se as disposições contidas na Lei no 5.869, de 11 de janeiro de 1973 - Código de Processo Civil."

Num breve apanhado junto a Tribunais da Federação, pudemos colher que, em Minas Gerais, o Conselho da Magistratura do TJMG tem voz corrente nesse sentido. Vejamos:

> CORREIÇÃO PARCIAL - CITAÇÕES E INTIMAÇÕES NO ÂMBITO DO JUIZADO ESPECIAL DA FAZENDA PÚBLICA - ART. 6º, DA LEI N. 12.153/09 - EXPRESSA REMISSÃO AO MODELO DE CIENTIFICAÇÃO ESTABELECIDO NO CÓDIGO DE

---

28. Aliás, os enunciados do FONAJE já foram objeto de severas críticas levadas a cabo por Alexandre de Morais da Rosa, segundo quem "o FONAJE poderia melhorar a qualidade de seus enunciados se indicasse a motivação pela qual se pode ou não concordar com as deliberações. Do contrário, são nulos, por ausência de motivação adequada". (*Por ausência de motivação adequada, enunciados do FONAJE são nulos*. Disponível em http://www.conjur.com.br/2017-jun-03/diario-classe-ausencia-motivacao-adequada-enunciados-fonajesao-nulos - Acesso em 04.6.2017). De fato, há enunciados do FONAJE que carecem de densidade normativa, ou seja, o hiato que tiver sido verificado no Estatuto dos Juizados não pode ser preenchido por um enunciado, afinal, analogia pressupõe lacuna legal que deve ser preenchida por *lei*. Se não assim, os enunciados, de cunho meramente orientativo, aprovados por grupos de profissionais do Direito dos mais variados setores, tomariam uma dimensão "legal" que não possuem, a mais não terem sido aprovados pelo Poder Legislativo. Careceriam eles, então, não somente de densidade normativa, mas também de legitimidade democrática. E isso vale para qualquer enunciado provindo de qualquer fórum, sobretudo em tempos nos quais vivemos e faceamos uma torrente de enunciados vindos de todos os lados (FONAJE, FONAJEF, FPPC, ENFAM, Jornadas de Direito Processual etc.) e que, não raro, entram em constante rota de colisão entre si, tudo a revelar, portanto, seu caráter *meramente orientativo* e que jamais podem servir de razão de decidir. A motivação judicial, para ser constitucional e legalmente fundamentada, pode se *guiar* por um enunciado, mas *jamais nele se arrimar* para pretender respaldar a decisão a ser tomada.

PROCESSO CIVIL - ART. 183, DO ATUAL CPC - INTIMAÇÃO PESSOAL DAS FAZENDAS PÚBLICAS - IMPRESCINDIBILIDADE DE RESPEITO NO ÂMBITO DO JUIZADO ESPECIAL - QUEBRA DA ISONOMIA PROCESSUAL - NÃO CARACTERIZAÇÃO - MODELO DE CIENTIFICAÇÃO QUE NÃO REPERCUTE NOS PRAZOS ESTIPULADOS - CELERIDADE E SIMPLICIDADE - VALORES CONSTITUCIONAIS SALVAGUARDADOS - CORREIÇÃO PROVIDA.

- Nos estritos termos do artigo 6º, da Lei n. 12.153/09, "quanto às citações e intimações, aplicam-se as disposições contidas na Lei n. 5.869, de 11 de janeiro de 1973 - Código de Processo Civil".

- Na medida em que a atual codificação processual civil expressamente estabelece a necessidade de intimação pessoal da Fazenda Pública acerca de todos os atos do processo (art. 183), o respeito ao comentado modelo procedimental de cientificação também no âmbito dos Juizados Especiais da Fazenda Pública é medida que se impõe.

- Expressamente positivada pela aplicação conjunta das normas acima referidas, a intimação pessoal da Fazenda Pública não representa benefício odioso contrário os escopos constitucionais vigorantes (celeridade e simplicidade), pois somente implementa maior grau de certeza na cientificação das manifestações e tramitações judiciárias, sem alterar os equivalentes prazos processuais indistintamente estipulados às partes.

- Inexiste incompatibilidade formal ou material do disposto no artigo 6º, da Lei n. 12.153/09, com a realidade normativa constitucionalmente estabelecida, mesmo com a incidência conjunta com o novel artigo 183, do CPC.

- Correição parcial provida.[29]

O Tribunal de Justiça do Distrito Federal parece seguir o mesmo caminho:

EMBARGOS DE DECLARAÇÃO. JUIZADO ESPECIAL DA FAZENDA PÚBLICA. (...)

3. Conforme o artigo 183 do CPC, o Distrito Federal gozará de prazo em dobro a partir de sua intimação pessoal. Como não houve a devida intimação pessoal, o juízo de origem, em despacho de fl. 78, restituiu ao Distrito Federal prazo para a devida manifestação,

29. TJMG - Correição Parcial (Adm) 1.0000.18.006341-4/000, Relator(a): Des.(a) Corrêa Junior, CONSELHO DA MAGISTRATURA, julgamento em 07/05/2018, publicação da súmula em 25/05/2018. No mesmo sentido: Correição Parcial (Adm) n. 1.0000.18.003353-2/000, Relator(a): Des.(a) Eduardo Machado , CONSELHO DA MAGISTRATURA, julgamento em 07/05/2018, publicação da súmula em 18/05/2018; Correição Parcial n. 1.0000.17.090062-5/000, Relator(a): Des.(a) Eduardo Brum, CONSELHO DA MAGISTRATURA, julgamento em 07/05/2018, publicação da súmula em 11/05/2018.

> o que resultou na interposição de recurso inominado de fls. 82/87. (...)[30]

No Tribunal de Justiça de São Paulo, idem:

> AGRAVO DE INSTRUMENTO – CUMPRIMENTO DE SENTENÇA – MULTA – Insurgência contra decisão que reputou impugnação intempestiva – Alegação de nulidade da intimação do procurador da fazenda que não merece ser acolhida – Intimação que se deu de maneira regular em conformidade com as disposições do art. 183 do CPC/15 – Comunicado Conjunto TJSP nº 379/2016 – Decisão mantida – Recurso não provido.[31]

Respeitado esse posicionamento, há outro que segue caminho diametralmente oposto.

III.3. Posições desfavoráveis à aplicação do art. 183 do CPC/2015 nos Juizados de Fazenda:

Essa linha decisória pontua a inaplicabilidade do art. 183 do CPC aos Juizados de Fazenda, porque, a despeito do que consta em tal Diploma, há critérios balizadores que norteiam o rito sumaríssimo (art. 2.º da Lei n. 9099/95) que são inafastáveis pela regrativa geral lá constante e devem ser prestigiados pelo operador correspondente.

Essa corrente conta com a adesão de ninguém menos que o Supremo Tribunal Federal, consoante se lê do aresto abaixo:

> RECURSO EXTRAORDINÁRIO COM AGRAVO. REPERCUSSÃO GERAL RECONHECIDA. RITO DOS JUIZADOS ESPECIAIS FEDERAIS. PRERROGATIVA DE INTIMAÇÃO PESSOAL DOS OCUPANTES DE CARGO DE PROCURADOR FEDERAL (ART. 17 DA LEI Nº 10.910/2004). INAPLICABILIDADE. PRINCÍPIO DA PARIDADE DE ARMAS. CONTRADITÓRIO (ART. 5º, LV, DA CRFB). ACESSO À JUSTIÇA (ART. 5º, XXXV, DA CRFB). SIMPLICIDADE DO PROCEDIMENTO SUMARÍSSIMO (ART. 98, I, DA CRFB). ART. 9º DA LEI Nº 10.259/01. AGRAVO CONHECIDO E RECURSO EXTRAORDINÁRIO DESPROVIDO. 1. A isonomia é um elemento ínsito ao princípio constitucional do contraditório

30. Acórdão n.1095088, 20160110705715ACJ, Relator: ARNALDO CORRÊA SILVA 2ª TURMA RECURSAL, Data de Julgamento: 09/05/2018, Publicado no DJE: 11/05/2018. Pág.: 773/779. Na doutrina: SILVA, Fernando Salzer e. *A inaplicabilidade do enunciado 13 do FONAJE ao rito dos Juizados Especiais da Fazenda Pública – Lei Federal n. 12.153/2009*. Disponível em http://emporiododireito.com.br/leitura/a-inaplicabilidade-do-enunciado-13-do-fonaje-ao-rito-dos-juizados-especiais-da-fazenda-publica-lei-federal-n-12-153-2009 (Acesso em 01.6.2018)

31. Agravo de Instrumento n. 3000489-59.2018.8.26.0000Rel. Des. Rubens Rihl – 1.ª Câmara de Direito Público – j. 18/04/2018 – Pub. 18/04/2018

(art. 5º, LV, da CRFB), do qual se extrai a necessidade de assegurar que as partes gozem das mesmas oportunidades e faculdades processuais, atuando sempre com paridade de armas, a fim de garantir que o resultado final jurisdicional espelhe a justiça do processo em que prolatado. Doutrina (FERNANDES, Antônio Scarance. Processo penal constitucional. 4. ed. - São Paulo: RT, 2005. p. 66; DINAMARCO, Cândido Rangel. Fundamentos do Processo Civil Moderno. São Paulo: RT, 1986. p. 92; CINTRA, Antônio Carlos de Araújo. O princípio da igualdade processual. Revista da Procuradoria-Geral do Estado de São Paulo, São Paulo, v. 19; MOREIRA, José Carlos Barbosa. A garantia do contraditório na atividade de instrução. RePro 35/231). 2. As exceções ao princípio da paridade de armas apenas têm lugar quando houver fundamento razoável baseado na necessidade de remediar um desequilíbrio entre as partes, e devem ser interpretadas de modo restritivo, conforme a parêmia exceptiones sunt strictissimae interpretationis. 3. O rito dos Juizados Especiais é talhado para ampliar o acesso à justiça (art. 5º, XXXV, da CRFB) mediante redução das formalidades e aceleração da marcha processual, não sendo outra a exegese do art. 98, I, da Carta Magna, que determina sejam adotados nos aludidos Juizados "os procedimentos oral e sumariíssimo", devendo, portanto, ser apreciadas cum grano salis as interpretações que pugnem pela aplicação "subsidiária" de normas alheias ao microssistema dos Juizados Especiais que importem delongas ou incremento de solenidades. 4. O espírito da Lei nº 10.259/01, que rege o procedimento dos Juizados Especiais Federais, é inequivocamente o de afastar a incidência de normas que alberguem prerrogativas processuais para a Fazenda Pública, máxime em razão do que dispõe o seu art. 9º, verbis: "Não haverá prazo diferenciado para a prática de qualquer ato processual pelas pessoas jurídicas de direito público, inclusive a interposição de recursos". 5. Não se aplica aos Juizados Especiais Federais a prerrogativa de intimação pessoal dos ocupantes de cargo de Procurador Federal, prevista no art. 17 da Lei n.º 10.910/2004, na medida em que neste rito especial, ante a simplicidade das causas nele julgadas, particular e Fazenda Pública apresentam semelhante, se não idêntica, dificuldade para o adequado exercício do direito de informação dos atos do processo, de modo que não se revela razoável a incidência de norma que restringe a paridade de armas, além de comprometer a informalidade e a celeridade do procedimento. 6. Agravo conhecido para negar provimento ao Recurso Extraordinário.[32]

Também o Superior Tribunal de Justiça faz coro:

32. STF - ARE 648629, Rel. Min. Luiz Fux, Tribunal Pleno, j. 24/04/2013, DJe 07-04-2014.

PROCESSUAL CIVIL. AGRAVO REGIMENTAL NO AGRAVO EM RECURSO ESPECIAL. INTEMPESTIVIDADE DO RECURSO ESPECIAL. CONTAGEM DO PRAZO PARA PROCURADORES ESTADUAIS. AUSÊNCIA DA PRERROGATIVA DE INTIMAÇÃO PESSOAL. PRECEDENTES.

1. "A prerrogativa da intimação pessoal é conferida somente aos Procuradores Federais, Advogados da União, Procuradores da Fazenda Nacional, Defensores Públicos e membros do Ministério Público, não se aplicando aos Procuradores Estaduais, do Distrito Federal e dos Municípios, à exceção dos executivos fiscais, hipótese que não subsume a dos autos."

2. Agravo regimental não provido.[33]

PROCESSUAL CIVIL. RECLAMAÇÃO. ACÓRDÃO DE TURMA RECURSAL. INCIDÊNCIA DA RESOLUÇÃO N. 3/2016-STJ. RECLAMAÇÃO NÃO CONHECIDA.

DECISÃO.

Trata-se de reclamação, com pedido de liminar, ajuizada pelo ESTADO DE RONDÔNIA, com fundamento no artigo 105, I, "f", da CF, combinado com o art. 988, I, do CPC/2105 em face de acórdão da Turma Recursal de Rondônia, que não conheceu do agravo interno, porquanto interposto fora do prazo legal.

O acórdão reclamado está assim ementado (fls. 83-88):

AGRAVO INTERNO - DECISÃO MONOCRÁTICA. REDISCUSSÃO DE MATÉRIA. IMPOSSIBILIDADE. PRERROGATIVAS ESPECIAIS DE PROCURADOR ESTADUAL. INAPLICABILIDADE NOS JUIZADOS ESPECIAIS. DECISÃO DO STJ EM REPERCUSSÃO GERAL. PRECEDENTES DA TURMA RECURSAL. RECURSO IMPROVIDO.

- Mesmo após a edição do Novo Código de Processo Civil, decidiu o STF em caso de repercussão geral que se não se aplica aos Juizados Especiais a prerrogativa de intimação pessoal dos ocupantes de cargo de Procurador. (...).[34]

Colado nisso, veio o Tribunal de Justiça do Rio Grande do Sul:

RECURSO INOMINADO. RESPONSABILIDADE CIVIL. REPARAÇÃO DE DANOS MORAIS. DANOS MATERIAIS REJEITADOS POR INEXISTÊNCIA DE PROVAS. TRANSBORDAMENTO DO ARROIO FEIJÓ COM INUNDAÇÃO DE ÁREAS PRÓXIMAS E ALAGAMENTO DE RESIDÊNCIAS. LEGITIMIDADE PASSIVA DO MUNICÍPIO. RESPONSABILIDADE OBJETIVA CONFIGURADA. RECURSO DO MUNICÍPIO INTEMPESTIVO. INOBSERVÂNCIA DO DISPOSTO NO ARTIGO 42 DA LEI 9.099/95, QUE ESTABELECE O PRAZO DE DEZ DIAS PARA RECORRER.

---

33. STJ - AgRg no AResp 739.785 - BA, rel. min. Benedito Gonçalves, 1 T., DJe 24/3/2015.

34. STJ - RCL 34.462 - RO, rel. min. Benedito Gonçalves, 1 T., DJe. 29/11/2017. (Decisão Monocrática)

1. A legislação atinente ao sistema do Juizado Fazendário não dispõe sobre prerrogativa de intimação pessoal do procurador do Estado. Ao contrário, a lei é clara na primeira parte do artigo 7.º ao dispor: "Não haverá prazo diferenciado para a prática de qualquer ato processual pelas pessoas jurídicas de direito público, inclusive a interposição de recursos, devendo a citação para a audiência de conciliação ser efetuada com antecedência mínima de 30 (trinta) dias."

2. Reconhecida a intempestividade, não pode ser conhecido o recurso.

(...) RECURSO INOMINADO DO MUNICÍPIO NÃO CONHECIDO POR INTEMPESTIVO E RECURSO INOMINADO DA PARTE AUTORA DESPROVIDO, POR MAIORIA. VENCIDA A DRA. THAÍS COUTINHO DE OLIVEIRA.[35]

Igualmente, o Tribunal de Justiça de Rondônia:

JUIZADO ESPECIAL. PROCURADOR DA FAZENDA PÚBLICA. INTIMAÇÃO PESSOAL. DESNECESSIDADE. RECURSO INTEMPESTIVO. NÃO CONHECIMENTO. Descabe, no âmbito dos juizados especiais, a intimação pessoal para os procuradores da Fazenda Pública. Quando houver publicação da decisão no Diário da Justiça, é a partir dela que também deve ser contado o prazo recursal para a Fazenda Pública, não se conhecendo de recurso interposto fora desse prazo, ainda que outro tenha sido contado após eventual intimação pessoal. (Recurso Inominado, Processo nº 0002574-98.2014.822.0007, Tribunal de Justiça do Estado de Rondônia, Turma Recursal, Relator (a) do Acórdão: Juiz Jorge Luiz dos S. Leal, Data de julgamento: 19/07/2017)[36]

Em Minas Gerais, decidiu-se recentemente no sentido de faltar "necessidade de intimação pessoal de entidades revestidas por esta prerrogativa, sem que se configure cerceamento de defesa". O eminente Juiz-Relator, arrematando seu voto, que se sagrou vencedor, concluiu por aplicar tal entendimento ao caso, decidindo assim:

Ao cabo e todo o exposto, torna-se clarividente que, no âmbito do microssistema dos Juizados Especiais, sem embargo da posição contida no art. 6.º da Lei n. 12153/09, a intimação pessoal dos Estados, do Distrito Federal, dos Municípios e de suas respectivas autarquias e fundações de direito público não se aplica, por se

35. Recurso Cível n. 71006785141, Turma Recursal da Fazenda Pública, Turmas Recursais, Relator: Volnei dos Santos Coelho, Julgado em 20/07/2017, DJ 30/08/2017

36. RI: 00025749820148220007 RO 0002574-98.2014.822.0007, Relator: Juiz Jorge Luiz dos S. Leal, Data de Julgamento: 19/07/2017, Turma Recursal, Data de Publicação: Processo publicado no Diário Oficial em 21/07/2017

> tratar de instituto que não se ajusta com os critérios interpretativos ensanchados pelo art. 2.º da Lei dos Juizados Especiais Estaduais Cíveis, sobretudo a celeridade e a economia processual, que prevalecem sobre a aplicação do CPC/2015.
>
> Resolver de forma diversa, insistindo na aplicação de procedimento mais moroso, além de ofender os princípios reitores do microssistema, de modo reflexo implica em ofensa à própria Constituição que, como alhures mencionado, objetivou justamente a simplificação procedimental com a criação dos Juizados Especiais.
>
> Assim sendo, considerando que as Cortes Superiores, em casos similares, afastam a necessidade de intimação pessoal de entidades revestidas por esta prerrogativa, sem que se configure cerceamento de defesa, tenho por bem aplicar este entendimento no caso em tela para afastar a necessidade de intimação pessoal dos entes públicos, nas matérias discutidas pelo rito sumaríssimo.[37]

Nos Juizados Especiais Federais, há o enunciado n. 7 do FONAJEF:

> - Nos Juizados Especiais Federais o Procurador Federal não tem a prerrogativa de intimação pessoal.

Em comentários a isso, a doutrina é firme:

> O presente enunciado reflete a inviabilidade de se aplicar aos Juizados Especiais Federais a prerrogativa do procurador federal, integrante da carreira da Advocacia-Geral da União, de ser pessoalmente intimado dos atos decisórios proferidos sob o rito da Lei 10259/01, com aplicação de dispositivos da Lei n. 9099/95.
>
> (...)
>
> O procedimento no âmbito dos Juizados é pautado pelos princípios da oralidade, simplicidade, celeridade, informalidade e economia processual.
>
> (...)
>
> Como se observa das características acima, o Juizado Especial Federal foi pensado como forma de desburocratizar o acesso à justiça, sendo pautado fundamentalmente pelo princípio da informalidade, o que impõe uma maior simplificação de seus procedimentos quando comparados com as regras de procedimentos especiais ou mesmo comum estabelecido no CPC.

---

37. TJMG – Turma Recursal dos Juizados Especiais da Comarca de Barbacena – Processo n. 0056 18 002 793-2 – Rel. Juiz José Carlos dos Santos – j. 14.6.2018.

> (...)
>
> Em razão disso, se estabeleceu um aparente conflito entre a previsão da informalidade e simplicidade do procedimento dos juizados, com a dispensa de intimação pessoal, e a previsão legal de prerrogativa de intimação pessoal do procurador federal.
>
> (...)
>
> Devem ser vistas *cum granu salis* as interpretações que pugnem pela aplicação subsidiária de normas alheias ao microssistema dos Juizados Especiais que importem delongas ou incremento de solenidades (...). O espírito da lei, portanto, é inequivocamente o de afastar a incidência de normas que alberguem prerrogativas processuais para a Fazenda Pública.
>
> Fixadas tais premissas, há que se concluir pela inaplicabilidade da prerrogativa de intimação pessoal dos ocupantes de cargo de Procurador Federal prevista no art. 17 da Lei 10910/04.
>
> Portanto, a tese fixada no enunciado restou consolidada, de maneira que não há imposição da prerrogativa de intimação pessoal do procurador federal que atua perante os Juizados Especiais Federais.[38]

E para arrematar:

> Assim, em sede de Juizados Especiais da Fazenda Pública, onde em regra só haverá a militância de procuradores estaduais e municipais, autárquicos e fundacionais, em função do rol taxativo do polo passivo previsto na Lei n. 12153/09, nos termos do entendimento acima trazido, não haverá intimação pessoal para referidos procuradores da AGE e das procuradorias municipais.[39]

III.4. Conclusão

Expostos os argumentos acerca da aplicação ou não do art. 183 do CPC/2015 aos Juizados de Fazenda Pública, temos, com a licença da linha de pensamento oposta, que razão está com aquela que se posta contrariamente a tanto.

Os Juizados Especiais, desde quando idealizados na vetusta Lei n. 7244/84, nasceram imbuídos do espírito de simplicidade, de celeridade, de

38. ARAÚJO, Clécio Alves de. *Enunciados do Fórum Nacional dos Juizados Especiais Federais (FONAJEF) – organizados por assunto, anotados e comentados.* Antonio César Bochenek *et al.* (coord.). Salvador: JusPodivm, 2017, pp. 245-247.

39. TANURE, Karina Veloso Gangana; PAULA, Lívia Teixeira de. Ob. cit., pp. 128-129.

informalidade, visando a afastar a incidência de normas que alberguem privilégios ou prerrogativas processuais para a Fazenda Pública ou para quem quer que por ali litigue, conforme se depreende, por exemplo, do 9.º, da Lei n. 10259/2001, que é um dos pilares do Estatuto correspondente.[40]

O tripé estatutário legal está no ordenamento jurídico nacional, como bem o disse a ministra Nancy Andrighi, sob o "selo diferenciado de toda e qualquer outra lei que legisle sobre o sistema de justiça" e seus critérios, prossegue não têm "nenhuma semelhança com a Justiça Tradicional (...), tudo como uma forma contemporânea de prestar a jurisdição!" Suas normas regentes compõe um corpo de leis das "mais avançadas que integram o nosso ordenamento jurídico", de modo que, então, é proibido retroceder em seu alcance e em seus propósitos.[41]

---

40. Cândido Rangel Dinamarco, dissertando sob a égide dos antigos Juizados das Pequenas Causas instituídos pela Lei n. 7244/84, traz lição perene, que muito bem se encaixa àquilo que se refere à *mens legis* do Estatuto dos Juizados. Diz o ilustre processualista paulista que tal lei – e, porque a mesma *mens*, também a tríade estatutária -, é "portadora de uma proposta revolucionária muito mais profunda do que a de mera instituição de novo órgão no contexto do Poder Judiciário e traçado dos parâmetros do procedimento que ele observará. A Lei das Pequenas Causas pretende ser o marco legislativo inicial de um movimento muito ambicioso e consciente no sentido de rever integralmente velhos conceitos de direito processual e abalar pela estrutura antigos hábitos enraizados na mentalidade dos profissionais, práticas irracionais incompatíveis com a moderna concepção democrática do exercício do poder através da jurisdição. Dos escopos desta, o drama da vida contemporânea em sociedade põe em patético realce o de pacificação social, eliminação de conflitos através do processo e das medidas imperativas a que ele conduz (escopo social da jurisdição). A angústia da via cara e complicada de acesso aos órgãos do Poder Judiciário, mais as prolongadas esperas pelo produto acabado dos demorados processos que este celebra formalmente, constituem fatores que, se não os agravam, impedem que o Estado possa eficazmente eliminar s conflitos que, no convívio social, conduzem à infelicidade pessoal de cada um e a atitudes de perigosa desconfiança em face das instituições estatais e descrença dos valores da sociedade (...). Assim concebida a partir de seus objetivos autenticamente revolucionários, a Lei de Pequenas Causas é, então, portadora de um *conjunto de ideias* (palavras, ainda, de Kazuo Watanabe), através das quais não só inova no organismo judiciário e no seu procedimento, mas acima de tudo na própria essência do processo que perante ele tem lugar. O sistema processual da lei de 1984 é novo em si mesmo, na medida em que propõe, ao lado de formas simplificadas e informais no procedimento, também novas concepções no tocante ao modo como os sujeitos do processo se interrelacionam. (...). A tônica na *liberdade das formas do processo*, porém, (expressa no binômio simplicidade-informalidade: cf. art. 2.º)., não compromete a boa qualidade do serviço que mediante o novo processo será prestado", mesmo porque "a lei traz em si as indispensáveis salvaguardas de segurança destinadas a evitar o arbítrio judicial e assegurar a plena realização das exigências constitucionais relativas ao *due process of law*. Liberdade, igualdade das partes e participação em contraditório – a trilogia inspiradora do moderno processo de feições e compromissos democráticos – estão presentes no processo que perante o Juizado de Pequenas Causas terá lugar. O legislador de 1984 esteve consciente de que não se pode impunemente renegar os princípios de uma ciência, sem outra estrutura principiológica colocar em seu lugar, sob pena de desordem e insegurança; tratando-se de ciência normativa como é o direito processual, a falta de orientação em princípios conduziria fatalmente aos mais sérios riscos de injustiça no exercício da jurisdição". (*Manual das Pequenas Causas*. São Paulo: RT, 1984, pp. 2-3).

41. *Redescobrindo os Juizados Especiais*. In *Juizados Especiais*. Coleção *Repercussões do novo CPC*. Fredie Didier Jr. (coordenação geral). Augusto Vinicius Fonseca e Silva *et al*. (coordenação da obra). Salvador: JusPodivm, 2015, v. 7, p. 30.

Desejar, a fórceps, impor a sistemática geral do CPC ao rito sumaríssimo, visando a atender exclusivo interesse da classe de Procuradores em detrimento dos critérios reguladores de tal procedimento, é querer, com todo respeito, transformar uma prerrogativa própria do rito comum em *privilégio*, o que não pode ser admitido, sob pena de verdadeira subversão da finalidade dos Juizados, cujo sucesso não pode ser transformado em fracasso.

Os "privilégios do Estado no processo civil brasileiro" importam, mais que a quebra da "garantia constitucional da igualdade", um atentado ao Estatuto dos Juizados e, exatamente por isso, não podem ser fomentados pelo operador do Direito e muito menos chancelados, sobremodo pelo Juiz, à vista dos comandos insculpidos nos arts. 7.º e 139, I, do CPC/2015. Cândido Rangel Dinamarco, acerca disso, é contundente:

> Uma realidade preocupante no direito infraconstitucional brasileiro e em várias linhas de orientação constante dos tribunais, são os privilégios de que gozam os entes estatais e seus agentes quando são partes no processo civil. Às disposições legais que instituem situações de desequilibrada vantagem ao Estado e ao Ministério Público acrescem-se certas tendências dos juízes a privilegiá-los ainda mais, o que eles fazem ao conferir a essas entidades tratamentos incompatíveis com a garantia constitucional da isonomia processual. Compreende-se o zelo pelas coisas do Estado e do interesse público, sendo legítimas as medidas destinadas a evitar malversações ou omissões lesivas aos bens e interesses geridos pelo Estado, mas o que preocupa é o exagerado desequilíbrio anti-isonômico instituído em nome desse zelo e desse interesse geral, que vem conduzindo o sistema processual a deixar os adversários da Fazenda ou do Ministério Público em situação inferiorizada no processo, a dano dos pilares do processo justo e équo. Eis os mais destacados tratamentos diferenciados que o direito positivo e os tribunais vêm concedendo aos entes públicos:
>
> (...)
>
> II- ciência dos atos judiciais mediante vista dos autos (arts. 180; 183, § 1.º, e 186, § 1.º) e não mediante publicação, como se dá em relação aos litigantes comuns (art. 224, § 1.º)
>
> (...)
>
> Essa é uma postura de *defesa do Estado*, inerente à filosofia política do Estado totalitário, que a Constituição Federal de 1988 quis extirpar ao dar grande realce aos valores do ser humano, do trabalho, da cidadania e da liberdade. A manutenção de dispositivos anti-isonômicos no Código de Processo Civil de 1973 explicava-se pelo

> fato de ele ser mera continuação do estatuto de 1939, em relação ao qual muito pouco inovou substancialmente. Apoiados no falso dogma da *indisponibilidade dos bens do Estado*, os privilégios concedidos pela lei e pelos tribunais aos entes estatais alimentavam a litigiosidade irresponsável por eles praticadas mediante a propositura de demandas temerárias, oposição de resistências que da parte de um litigante seriam sancionadas como litigância de má-fé (CPC-73, arts. 16-18), excessiva interposição de recursos etc. - tudo concorrendo ainda para o congestionamento dos órgãos judiciários e retardamento da tutela jurisdicional aos membros da população. Esperemos que as severas recomendações do Código de Processo Civil de 2015, no sentido de observância dos princípios e garantias constitucionais, possam atual sobre os espíritos dos juízes, no sentido de rever essas posturas anti-isonômicas incompatíveis com o ideário político do Estado de Direito.[42]

Dessa maneira, não há base para se sustentar um *discrímen* que não se justifica à vista da isonomia processual, *sobretudo nos Juizados Especiais*, que são a "Corte dos Homens Pobres", segundo definiu Elpídio Donizetti Nunes, em feliz e rara expressão destinada a identificar o público consumidor dos serviços prestados por tal juízo.[43]

A discriminação, quando levada a cabo pelo legislador ou pelo Juiz, "não pode ser gratuita ou fortuita. Impende que exista uma adequação racional entre o tratamento diferenciado construído e a razão diferencial que lhe serviu de supedâneo. Segue-se que, se o fator diferencial não guardar conexão lógica com a disparidade de tratamentos jurídicos dispensados, a distinção estabelecida afronta o princípio da isonomia".[44]

A se ter em conta que a Fazenda Pública ocupa o topo dos maiores litigantes da justiça brasileira[45], cremos ser despropositada qualquer pretensão de se aplicar aos Juizados de Fazenda Pública a prerrogativa de intimação pessoal dos ocupantes de cargo de Procurador. Para este procedimento, que deve ser simples, informal, rápido e econômico, não combina a transposição cega do art. 183 do CPC, a impor dificuldade para o adequado exercício do

---

42. *Instituições de Direito Processual Civil*. 8 ed. São Paulo: Malheiros, 2016, v. 1, pp. 340, 341 e 343.

43. *A corte dos homens pobres e a principiologia do CPC/2015: o que serve ou não aos juizados especiais?* In *Juizados Especiais*. Coleção *Repercussões do novo CPC*. Fredie Didier Jr. (coord.-geral) Augusto Vinicius Fonseca e Silva *et al.* (coord. da obra). Salvador: JusPodivm, 2015, v. 7, pp. 83-100.

44. MELLO, Celso Antonio Bandeira de. *O conteúdo jurídico do princípio da igualdade*. 3 ed. São Paulo: Malheiros, 2005, p. 39.

45. http://www.cnj.jus.br/images/pesquisas-judiciarias/pesquisa_100_maiores_litigantes.pdf

direito de informação dos atos do processo, restrição à paridade de armas e atentado à informalidade e à celeridade do procedimento.

REFERÊNCIAS

ANDRIGHI, Fátima Nancy. *Redescobrindo os Juizados Especiais.* In *Juizados Especiais.* Coleção *Repercussões do novo CPC.* Fredie Didier Jr. (coordenação geral). Augusto Vinicius Fonseca e Silva *et al.* (coordenação da obra). Salvador: JusPodivm, 2015, v. 7.

ARAÚJO, Clécio Alves de. *Enunciados do Fórum Nacional dos Juizados Especiais Federais (FONAJEF) - organizados por assunto, anotados e comentados.* Antônio César Bochenek *et al.* (coord.). Salvador: JusPodivm, 2017.

ASSIS, Carlos Augusto de. *Teoria Geral do Processo Contemporâneo.* 2 ed. São Paulo: Atlas, 2017.

CÂMARA, Alexandre Freitas. *Juizados Especiais Cíveis Estaduais e Federais - Uma abordagem crítica.* 2 ed. RJ: Lumen Juris, 2005.

________. *O Novo Processo Civil Brasileiro.* 2 ed. São Paulo: Atlas, 2016.

CUNHA, Leonardo Carneiro da. *A Fazenda Pública em juízo.* 13 ed. RJ: Forense, 2016.

DIDIER JR., Fredie. *Curso de Direito Processual Civil - Introdução ao Direito Processual Civil, Parte Geral e Processo de Conhecimento.* 17 ed. Salvador: JusPodivm, 2015, v. 1.

DINAMARCO, Cândido Rangel. *Instituições de Direito Processual Civil.* 8 ed. São Paulo: Malheiros, 2016, v. 1.

DINAMARCO, Cândido Rangel; LOPES, Bruno Vasconcelos Carrilho. *Teoria Geral do Novo Processo Civil.* São Paulo: Malheiros, 2016.

ECO, Umberto. *Os limites da interpretação.* Pérola de Carvalho (trad.) São Paulo: Perspectiva, 2015.

FIGUEIRA JR., Joel Dias. *Juizados Especiais da Fazenda Pública - Comentários à lei 12153, de 22 de dezembro de 2009.* 2 ed. SP: RT, 2010.

FIGUEIRA JR., Joel Dias; TORINHO NETO, Fernando da Costa. *Juizados Especiais Estaduais Cíveis e Criminais - Comentários à Lei 9099/95.* 4 ed. São Paulo: RT, 2005

GRAU, Eros Roberto. *Ensaio e discurso sobre a interpretação/aplicação do direito.* 2 ed. São Paulo: Malheiros, 2003.

KOEHLER, Frederico Augusto Leopoldino. *Como saber quando se aplicam as normas do cpc/2015 no microssistema dos juizados especiais?* Disponível em https://fontejur.com.br/como-saber-quando-se-aplicam-as-normas-do-cp-c2015-no-microssistema-dos-juizados-especiais/ (Acesso em 08.8.2017)

LIMA, Hermes. *Introdução à Ciência do Direito.* 19 ed. Rio de Janeiro: Freitas Bastos, 1970.

MARINONI, Luiz Guilherme; ARENHART, Sérgio Cruz. *O novo Processo Civil.* São Paulo: RT, 2015

MAXIMILIANO, Carlos. *Hermenêutica e aplicação do Direito.* 9 ed. RJ: Forense, 1979.

MELLO, Celso Antônio Bandeira de. *O conteúdo jurídico do princípio da igualdade.* 3 ed. São Paulo: Malheiros, 2005.

NERY JR., Nelson; NERY, Rosa Maria Andrade. *Comentários ao Código de Processo Civil – Novo CPC – Lei 13105/2015.* São Paulo: RT, 2015.

__________ *Instituições de Direito Civil – Teoria Geral do Direito Privado.* São Paulo: RT, 2014, v. I, t. I.

NUNES, Elpídio Donizetti. *A corte dos homens pobres e a principiologia do CPC/2015: o que serve ou não aos juizados especiais?* In *Juizados Especiais.* Coleção *Repercussões do novo CPC.* Fredie Didier Jr. (coord.-geral) Augusto Vinicius Fonseca e Silva *et al.* (coord. da obra). Salvador: JusPodivm, 2015, v. 7.

ORSINI, Adriana Goulart de Sena; REIS, Lucas Silvani Veiga; MOREIRA, Luiza Berlini Dornas Ribeiro. *Os Juizados Especiais Cíveis no Século XXI: dificuldades, promessas e expectativas para a efetividade do acesso à Justiça enquanto Política Pública no território brasileiro.* Disponível em http://www.cnj.jus.br/files/conteudo/arquivo/2016/06/9d1e2ed6a0d7859f7684c715ea2526e8.pdf – Acesso em 31.5.2018.

ROCHA, Felippe Borring. *Manual dos Juizados Especiais Cíveis Estaduais – Teoria e Prática.* 8 ed. São Paulo: Atlas, 2016.

ROSA, Alexandre de Morais da. *Por ausência de motivação adequada, enunciados do FONAJE são nulos.* Disponível em http://www.conjur.com.br/2017-jun-03/diario-classe-ausencia-motivacao-adequada-enunciados-fonajesao-nulos

SANTOS, Moacyr Amaral. *Primeiras Linhas de Direito Processual Civil – Processo de Conhecimento*. 25 ed. São Paulo: Saraiva, 2007, v. 1.

SILVA, Fernando Salzer e. *A inaplicabilidade do enunciado 13 do FONAJE ao rito dos Juizados Especiais da Fazenda Pública – Lei Federal n. 12.153/2009*. Disponível em http://emporiododireito.com.br/leitura/a-inaplicabilidade-do--enunciado-13-do-fonaje-ao-rito-dos-juizados-especiais-da-fazenda-publica-lei-federal-n-12-153-2009

TANURE, Karina Veloso Gangana; PAULA, Lívia Teixeira de. *Juizados Especiais da Fazenda Pública: particularidades em uma visão prática integrada*. Belo Horizonte: Del Rey, 2018.

THEODORO JR., Humberto. *Os Juizados Especiais da Fazenda Pública (Lei n. 12153, de 22.12.2009)*. In *Juizados Especiais – Homenagem ao Desembargador José Fernandes Filho*. Augusto Vinícius Fonseca e Silva e Luís Fernando Nigro Corrêa (coord.). Belo Horizonte: Del Rey, 2011.

CAPÍTULO 4

Da inconstitucionalidade do Enunciado 153 do Fórum Nacional dos Juizados Especiais Federais e da necessidade de motivação das sentenças no âmbito dos Juizados: uma análise a partir da jurisprudência do Supremo Tribunal Federal

Bianca Mendes Pereira Richter

Bianca Lopes Rodrigues

Lucas Gabriel Rodrigues Alves

Luiza Maria Moraes Mello Santos

INTRODUÇÃO

Os Juizados Especiais seguem o rito sumaríssimo na seara cível, ou seja, o procedimento é mais abreviado de forma a observar o quanto disposto no artigo 2º da Lei n. 9.099 de 1995, que estabelece os princípios específicos que regem esse microssistema legislativo, quais sejam: a oralidade, a simplicidade, a informalidade, a economia processual e, por fim, a celeridade.

Entretanto, tais princípios específicos do rito sumaríssimo devem ser lidos a partir dos princípios constitucionais processuais previstos no texto da Constituição Federal de 1988 (CF) e, desde 2015, também no texto do Novo Código de Processo Civil (CPC)[1].

Em alguns momentos procedimentais específicos, o próprio legislador infraconstitucional determina previamente como se dará tal leitura, quando, por exemplo, determina a dispensa do relatório das sentenças dos Juizados no artigo 38 da Lei n. 9.009 de 1995.

Ocorre que se editou o enunciado n. 153 do Fórum Nacional dos Juizados Especiais Federais (FONAJEF), mitigando a regra do art. 489, § 1º, CPC, em razão dos princípios da simplicidade e informalidade que regem esse procedimento[2].

O princípio da motivação, materializado em uma regra no art. 489, § 1º, CPC, tem embasamento constitucional (art. 93, IX) em razão de a motivação garantir a imparcialidade no exercício da jurisdição, possibilitar o controle da atividade jurisdicional pela sociedade e pelas partes, que podem interpor recursos com base nos fundamentos lá lançados, e, ainda, funcionar como instrumento de efetivo acesso à justiça, vez que possibilitará o conhecimento das razões que levaram à determinada decisão pelo jurisdicionado, que, nos Juizados, não precisa estar acompanhado de advogado para lhe explicar direito material e processual.

Assim, pretende-se, neste trabalho, perquirir acerca da possível inconstitucionalidade de tal enunciado a partir da análise empírica das decisões do Supremo Tribunal Federal (STF) nesta temática. Para cumprir tal intento, estudar-se-ão os princípios processuais que regem o microssistema processual dos Juizados Especiais em confronto com a sistemática principiológica processual já consolidada, especialmente em relação ao princípio da motivação.

1. PRINCÍPIOS QUE REGEM OS JUIZADOS ESPECIAIS CÍVEIS

A CF garante proteção ao processo civil democrático mediante a enumeração de princípios e de garantias, na chamada tutela constitucional do processo, que define o modelo processual acusatório para o processo brasileiro,

1. Arts. 1º a 11, CPC.
2. FONAJEF, Enunciado 153: "A regra do art. 489, parágrafo primeiro, do NCPC deve ser mitigada nos juizados por força da primazia dos princípios da simplicidade e informalidade que regem o JEF.".

embora hoje já se fale no modelo cooperativo de processo civil[3]. Ao mesmo tempo, o processo funciona como meio de efetivação dos inúmeros preceitos constitucionais, dentre eles, direitos fundamentais de diferentes dimensões na conhecida classificação de Karel Vasak. A CF, assim, enumerou diversos princípios processuais que orientam a produção legislativa ordinária processual e a interpretação de todas as normas processuais que guarnecem o nosso sistema[4].

Dessa maneira, a Constituição define, através de princípios, qual será o modelo processual adotado pelo nosso ordenamento jurídico. Antes de se tratar sobre esses princípios e quais as suas funções no Direito Processual Civil e nos Juizados Especiais, cabe, brevemente, trazer o conceito de princípio que será adotado no presente trabalho, vez que há várias vertentes doutrinárias sobre o tema, pois a doutrina clássica contentava-se, durante muito tempo, com a noção de que os princípios serviriam como pilares de qualquer sistema jurídico[5]. A própria Lei de Introdução às Normas do Direito Brasileiro (LINDB) adotou esse conceito ao prever os princípios como mecanismo de preenchimento de lacunas legais (art. 4º). Entretanto, a doutrina mais moderna, encabeçada por Robert Alexy[6] e Ronald Dworkin[7], rechaça esse conceito, afirmando que princípios não são somente parâmetros abstratos a serem aplicados quando ausente uma previsão específica na norma. Segundo Humberto Ávila, em sua obra "Teoria dos Princípios"[8], o princípio, ao lado da regra, é uma espécie de norma. Ele estabelece um fim a ser buscado, para

---

3. Cf. MITIDIERO, Daniel. A colaboração como modelo e como princípio no processo civil. **Doutrinas Essenciais**: Novo Processo Civil. vol. 1. São Paulo: Revista dos Tribunais, 2018. Também, cf. DIDIER JR., Fredie. Os três modelos de direito processual: inquisitivo, dispositivo e cooperativo. In: AMADEO, Rodolfo da Costa Manso Real; CRUZ E TUCCI, José Rogério; RODRIGUES, Walter Piva. (Coord.). **Processo Civil**: Homenagem a José Ignacio Botelho de Mesquita. São Paulo: Quartier Latin, 2013.

4. Para Nelson Nery Jr., em sua obra "Princípios do processo civil na Constituição Federal", a Constituição é prolixa ao trazer a enumeração de tantos princípios aplicáveis ao processo civil, pois bastaria, segundo o autor, a previsão do devido processo legal, em sua dimensão substancial e formal, pois ele engloba os demais princípios. De qualquer maneira, não foi essa a opção do constituinte originário. Nesse sentido, cf. NERY JR., Nelson. **Princípios do processo civil na constituição federal**. 4.ed. rev. São Paulo: Ed. Revista dos Tribunais, 1997, *passim*.

5. ÁVILA, Humberto. **Teoria dos princípios**: da definição à aplicação dos princípios jurídicos. 11.ed. São Paulo: Malheiros, 2010. p.35.

6. ALEXY, Robert. **Teoria dos direitos fundamentais**. Trad. de SILVA, Virgílio Afonso da. São Paulo: Malheiros, 2008, *passim*.

7. DWORKIN, Ronald. **Levando os direitos a sério**. Tradução: BOEIRA, Nelson. São Paulo: Martins Fontes, 2002, *passim*.

8. ÁVILA, Humberto. **Teoria dos princípios**: da definição à aplicação dos princípios jurídicos. 11.ed. São Paulo: Malheiros, 2010, *passim*.

atingir um determinado "estado de coisas". Esse objetivo deve ser realizado de forma progressiva através de ações concretas.

Com essa valorização dos princípios, que saíram da base no ordenamento jurídico para integrar o seu centro como espécie do gênero *norma*, ocorreu ainda a sua inclusão no texto do NCPC em 2015 na sua parte geral, livro I. A aplicação dos princípios processuais nas cortes de pequenas causas se dá com base na análise do quanto previsto no texto constitucional e no CPC, adicionando-se a isso o filtro que o art. 2º da Lei n. 9.099 de 1995 traz, ao estabelecer quais são os princípios que as regem.

Assim, adotando-se como premissa o conceito mais moderno de princípio, apresentam-se, em seguida, os princípios que regem o microssistema dos Juizados Especiais,[9] quais sejam: oralidade, simplicidade, informalidade, economia processual e celeridade[10].

O *princípio da oralidade* indica uma justiça acessível, que propõe o diálogo e o contato com juiz e a parte contrária. Resume-se a uma dualidade de aspectos, sendo estes a manifestação oral e escrita, e estimula perante o juiz um diálogo sociável assegurado pela legislação. Dessa maneira, incorre a predominância da palavra oral como ponto adjacente ao trâmite processual, que se desburocratiza permitindo, assim, resultados pretensamente mais céleres.[11] É possível concluir que princípio da oralidade se concentra no predomínio da palavra falada sobre a escrita, sem que esta seja excluída.[12]

Por sua vez, o *princípio da simplicidade* demonstra a ideia de que o procedimento dos juizados deve elucidar clareza e objetividade, em uma série concentrada e seca de atos processuais rumo à sentença. Antonio do Passo Cabral, Fredie Didier Jr. e Leonardo Carneiro da Cunha apontam como uma das causas que levariam à criação de procedimentos especiais "[...] a

---

9. Esse microssistema é composto por três leis, quais sejam: a Lei n. 9.099 de 1995, que regulamenta os Juizados Especiais Cíveis e Criminais no âmbito estadual; a Lei n. 10.259 de 2001, que regulamenta os Juizados no âmbito federal; e, por fim, a Lei n. 12.153 de 2009, que regulamenta os Juizados Especiais da Fazenda Pública.

10. Lei n. 9.099 de 1995, Art. 2º *O processo orientar-se-á pelos critérios da oralidade, simplicidade, informalidade, economia processual e celeridade, buscando, sempre que possível, a conciliação ou a transação.*

11. OLIVEIRA, Humberto Santarosa; PELEJA JR., Antonio Veloso. O procedimento dos juizados especiais na perspectiva principiológica do Novo Código de Processo Civil: contraditório e motivação das decisões como alicerces do devido processo legal. DIDIER JR., Fredie; et al. (Org.). **Repercussões do Novo CPC**: Juizados Especiais. v. 7. Salvador: JusPodivm, 2016, p. 69/70.

12. PISKE, Oriana. **Princípios Orientadores dos Juizados Especiais.** Disponível em: <http://www.tjdft.jus.br/institucional/imprensa/artigos/2012/principios-orientadores-dos-juizados-especiais-juiza-oriana-piske>. Acesso em: 20 de maio de 2018.

complexidade excessiva do procedimento comum, que não responderia bem a causas simples ou de pequeno valor."[13].

A preocupação do legislador foi a de realizar um procedimento mais simples que o do rito ordinário, na época. Todavia, apesar de haver simplicidade, deve ser o bastante para garantir o devido processo legal e a observância da segurança jurídica.[14]

A *informalidade*, enquanto princípio, prestigia a mais rápida proteção do direito, propondo certa relativização ao formalismo[15], para que, em um processo mais simples, se revele um procedimento desburocratizado.[16] Por sua vez, o *princípio da economia processual* reproduz a ideia de atingir o resultado máximo com o mínimo possível. Dessa maneira, atos supérfluos devem ser evitados. Objetiva-se convergir à essência procedimental dos juizados através da combinação entre a oralidade, a informalidade e a simplicidade.[17]

O *princípio da celeridade*, por fim, busca uma atuação rápida do Poder Judiciário, nos termos do quanto previsto no texto constitucional, conforme inserção da Reforma do Poder Judiciário de 2004. O objetivo em questão está na prática potencializada dos atos processuais, afastando assim a morosidade processual, que costuma advir do procedimento comum. Molda-se o rito processual para que a entrega da tutela jurisdicional se dê em tempo adequado, nos termos do quanto preconiza o art. 5º, LXXVIII, do texto constitucional.[18]

---

13. CABRAL, Antonio do Passo; CUNHA, Leonardo Carneiro da; DIDIER JR., Fredie. **Por uma nova teoria dos procedimentos especiais:** dos procedimentos às técnicas. Salvador: JusPodivm, 2018, p. 26.

14. OLIVEIRA, Humberto Santarosa; PELEJA JR., Antonio Veloso. O procedimento dos juizados especiais na perspectiva principiológica do Novo Código de Processo Civil: contraditório e motivação das decisões como alicerces do devido processo legal. DIDIER JR., Fredie; et al. (Org.). **Repercussões do Novo CPC**: Juizados Especiais. v. 7. Salvador: JusPodivm, 2016, p. 70.

15. OLIVEIRA, Humberto Santarosa; PELEJA JR., Antonio Veloso. O procedimento dos juizados especiais na perspectiva principiológica do Novo Código de Processo Civil: contraditório e motivação das decisões como alicerces do devido processo legal. DIDIER JR., Fredie; et al. (Org.). **Repercussões do Novo CPC**: Juizados Especiais. v. 7. Salvador: JusPodivm, 2016, p. 70.

16. PISKE, Oriana. **Princípios Orientadores dos Juizados Especiais**. Disponível em: <http://www.tjdft.jus.br/institucional/imprensa/artigos/2012/principios-orientadores-dos-juizados-especiais-juiza-oriana-piske>. Acesso em: 20 maio 2018.

17. OLIVEIRA, Humberto Santarosa; PELEJA JR., Antonio Veloso. O procedimento dos juizados especiais na perspectiva principiológica do Novo Código de Processo Civil: contraditório e motivação das decisões como alicerces do devido processo legal. DIDIER JR., Fredie; et al. (Org.). **Repercussões do Novo CPC**: Juizados Especiais. v. 7. Salvador: JusPodivm, 2016, p. 71.

18. OLIVEIRA, Humberto Santarosa; PELEJA JR., Antonio Veloso. O procedimento dos juizados especiais na perspectiva principiológica do Novo Código de Processo Civil: contraditório e motivação das decisões como alicerces do devido processo legal. DIDIER JR., Fredie; et al. (Org.). **Repercussões do Novo CPC**: Juizados Especiais. v. 7. Salvador: JusPodivm, 2016, p. 71

1.1. Princípios que regem os Juizados em confronto com os demais princípios processuais constitucionais: a motivação

Esse combinado de princípios trazidos pelo legislador para reger os juizados especiais, conforme brevemente exposto acima, é o filtro de leitura para os princípios processuais expressos no texto constitucional e no CPC quando aplicados ao juizados, como já dito. Para se compreender a dinâmica entre princípios e regras constitucionais e legais, importante trazer, ainda que sucintamente, as diversas eficácias possíveis dos princípios.

Com base no conceito adotado de princípio, reconhece-se a *eficácia direta* destes, sendo possível cogitar de situações jurídicas processuais atípicas decorrentes dessa eficácia direta. Há, porém, normas que servem à concretização dos princípios processuais. Os meios para alcançar o "estado de coisas" almejado pelos princípios podem ser típicos, determinados por regras jurídicas, que servem para delimitar o exercício do poder, contendo a arbitrariedade da autoridade jurisdicional. Aqui, fala-se que os princípios teriam uma *eficácia indireta* apenas.

Ainda, os princípios exercem em relação às normas menos amplas, uma *função interpretativa* para alinhá-las ao modelo constitucional de processo.

Por fim, mas não menos relevante, há a *função bloqueadora* dos princípios, servindo para justificar a não-aplicação de textos expressamente previstos que sejam incompatíveis com o estado de coisas que se busca promover[19].

Dessa maneira, do quanto sucintamente exposto a respeito das funções dos princípios, eles podem ter eficácia direta sobre determinada situação, quando deverão ser aplicados na maior medida possível; e, eficácia indireta, quando tenham influenciado o legislador na elaboração de regras, que, posteriormente, são aplicadas para situações específicas. Além disso, os princípios também podem exercer função interpretativa ou bloqueadora de interpretações que lhes sejam contrárias[20].

Quanto à fundamentação da sentença, esta advém de uma garantia da justiça quando reproduz o itinerário lógico que o juiz percorreu para alcançar

---

19. Sobre o tema, escrevemos dissertação, cf. RICHTER, Bianca Mendes Pereira. **Princípios do processo civil tradicional aplicados ao processo coletivo.** 2013. Dissertação (Mestrado em Direito Processual) – Faculdade de Direito, Universidade de São Paulo, São Paulo, 2013. doi:10.11606/D.2.2013.tde-27032014-132520. Acesso em: 15 de março de 2017.

20. ÁVILA, Humberto. **Teoria dos princípios**: da definição à aplicação dos princípios jurídicos. 11.ed. São Paulo: Malheiros, 2010. p.98-99.

a devida conclusão para cada caso que lhe é submetido. Vale ressaltar que a CF exige a fundamentação das decisões proferidas, caso contrário são classificadas como nulas, nos termos do art. 93, IX. Motivar as decisões resulta em fundamentá-las, expor as razões fáticas e de mérito em face das partes e da sociedade.[21] Diante da dificuldade que é conceituar a fundamentação adequada, o legislador de 2015 trouxe a negativa, ou seja, o que não se considera fundamentação. Assim, com base na eficácia direta do princípio da motivação, as decisões devem ser fundamentadas. Indiretamente, aplica-se o quanto previsto no CPC, que também impõe essa exigência. Em seguida, analisar-se-á a base constitucional e legal da motivação com mais vagar.

2. MOTIVAÇÃO DAS DECISÕES JUDICIAIS: ANÁLISE CONSTITUCIONAL E LEGAL

Após o exame da principiologia que rege os Juizados Especiais, neste tópico discorre-se sobre a relação entre os dispositivos que tratam da fundamentação das decisões judiciais e o Juizado Especial Federal. A análise consiste na observação das normas fundamentais da CF em combinação com a legislação ordinária.

O alicerce da fundamentação está no texto constitucional, em seu dispositivo 93, IX, que dispõe que "todos os julgamentos dos órgãos do Poder Judiciário serão públicos, e fundamentadas todas as decisões, sob pena de nulidade, [...].".

A motivação das decisões judiciais é estruturada pelo devido processo legal, previsto no art. 5, LIV, CF, que é um direito fundamental de conteúdo complexo, pois ele deve ser observado na elaboração legislativa de novas normas processuais civis e na interpretação das normas já vigentes. Remanesce certa divergência a respeito da sua origem. Costuma-se atribuí-la à Magna Carta de João Sem Terra, na Inglaterra, em 1215, quando os lordes forçaram o rei a assinar tal documento que vedava a limitação a bens e a liberdade sem o devido processo legal ("due process of Law").

José Carlos Baptista Puoli[22], em sua dissertação de mestrado, conceitua o devido processo como verdadeiro "princípio síntese" de todos os demais

---

21. AMARAL, Júlio Ricardo de Paula. Princípios de Processo Civil na Constituição Federal. 2010. 101 p. **Revista Dat@venia** v.2, n. 2, p.85-108 (Revista Dat@venia) – Universidade Federal da Paraíba, Paraíba, 2010. Disponível em: ‹http://file:///C:/Users/Note/Downloads/1572-10050-1-PB%20(1).pdf Acesso em: 20 de maio de 2018.›.

22. PUOLI, José Carlos Baptista. **Os poderes do juiz e as reformas do processo civil**. São Paulo: Editora Juarez de Oliveira, 2001. p. 64.

princípios processuais. Além disso, o devido processo é tido como o responsável pela conquista de inúmeras garantias mínimas para o processo, tais como o contraditório, a isonomia, o dever de fundamentação e a duração razoável, que devem ser mantidos nos textos legais por existir a proibição do retrocesso em tema de direitos fundamentais[23].

Importante pontuar que Cândido Rangel Dinamarco afirma que a contínua redução dos conflitos não-jurisdicionalizáveis não teria significado social se não houvesse a garantia do devido processo, "[...] que por um de seus possíveis aspectos é a expressão particularizada do princípio constitucional da legalidade, enquanto voltado ao processo."[24].

Costuma-se dividir o devido processo em dois: substancial e formal. Substancialmente, o processo será devido quando gerar decisões judiciais substancialmente devidas. Por sua vez, o devido processo formal preconiza a observância estrita das normas processuais que garantem um processo à luz do contraditório.

Por ser o devido processo legal o princípio-síntese de nosso modelo processual civil, parte-se dele para a análise dos dispositivos legais que tratam das normas fundamentais no NCPC.

O art. 1º do NCPC preconiza que: "O processo civil será ordenado, disciplinado e interpretado conforme os valores e as normas fundamentais estabelecidos na Constituição da República Federativa do Brasil, observando-se as disposições deste Código.". Não era imprescindível dizer que se deve observar a CF para interpretar e aplicar as normas processuais civis. No entanto, quis o legislador indicar no primeiro CPC elaborado após o Constituição Cidadã de 1988 que essa deve ser efetivada ao máximo na aplicação de cada instituto do NCPC.

Vale adicionar à presente análise, que a LINDB foi recentemente alterada pela Lei n. 13.665 de 2018 para incluir, dentre outras previsões, duas relativas à motivação das decisões judiciais[25]. Essa mudança destaca a importância da motivação das decisões judiciais para o Estado Democrático de Direito, vez que a ideia da motivação é transparecer para todos, partes e sociedades, quais foram as razões que levaram o julgamento para um determinado

23. DIDIER JR., Fredie; ZANETI JR., Hermes. Princípio da adequação jurisdicional do processo coletivo – benfazeja proposta contida no projeto da nova lei de ação civil pública. In: GOZZOLI, Maria Clara et. alli. (Coord.). **Em defesa de um novo sistema de processos coletivos**: estudos em homenagem a Ada Pellegrini Grinover. São Paulo: Saraiva, 2010. p. 246.

24. DINAMARCO, Cândido Rangel. **A instrumentalidade do processo**. 12.ed. São Paulo: Malheiros, 2005. p.374.

25. Arts. 20 e 21, LINDB.

sentido. Assim, a fundamentação exerce função dupla: a função endoprocessual, permitindo que as partes interponham eventuais recursos contra a decisão exarada e, também, a função extraprocessual, possibilitando o controle dos atos do Poder Judiciário pela sociedade.

No entanto, tem-se a fundamentação "per relationem" que ocorre quando o juiz pode fazer referência a uma decisão anterior que ele tenha proferido naquele mesmo feito ou quando ele faça referência a uma manifestação do Ministério Público, por exemplo. Esse foi um instituto criado com a finalidade de se ganhar tempo quando o judiciário estava assoberbado de feitos. Nada mudou. O judiciário continua repleto de trabalho. Nos juizados especiais, o acórdão da Turma Recursal pode trazer no seu bojo a fundamentação "per relationem" por expressa autorização legal da Lei 9.099 de 1995, art. 46[26]. Entretanto, tal exceção não é feita ao juiz de primeira instância, que deve fundamentar a sua decisão devidamente, como se demonstrará.

Dispõe o CPC que a sentença é composta por relatório, fundamentação e dispositivo[27]. Como a determinação do que seja uma decisão devidamente fundamentada é por deveras dificultosa, optou o legislador de 2015 por trazer o que não se considera fundamentação. Portanto, nestes termos, *não se considera fundamentada qualquer decisão judicial, que*: (i) indicar ato normativo sem explicar sua relação com o caso; (ii) citar conceitos jurídicos indeterminados aleatoriamente; (iii) usar motivos que justificam qualquer decisão; (iv) não enfrentar todos os argumentos; (v) invocar precedente sem relacioná-lo com o caso; (vi) deixar de seguir precedente sem fazer a distinção ou a sua superação.

Como o enunciado sob análise, ou seja, o 153 do FONAJEF, mitiga tal regra que concretiza um princípio, qual seja, o da motivação, pretende-se analisar as previsões legais específicas para o microssistema dos juizados envolvendo a motivação das decisões.

2.1. Motivação nos Juizados Especiais Cíveis

O art. 1º, da Lei n. 10.259 de 2001, que regulamenta os Juizados Especiais Federais, determina a aplicação do quanto disposto na Lei n. 9.099 de 1995 quando não houver conflito normativo.

---

26. Lei n. 9.099, Art. 46. *O julgamento em segunda instância constará apenas da ata, com a indicação suficiente do processo, fundamentação sucinta e parte dispositiva. Se a sentença for confirmada pelos próprios fundamentos, a súmula do julgamento servirá de acórdão.*

27. CPC, art. 489.

Assim, o art. 38, da Lei n. 9.099 de 1995, determina que "A sentença mencionará os elementos de convicção do juiz, com breve resumo dos fatos relevantes ocorridos em audiência, dispensado o relatório.".

Tendo-se em vista os três elementos que compõem a sentença, dispensa-se apenas o relatório. A fundamentação é elemento que deve estar presente necessariamente, vez que não dispensada pelo legislador.

Questão que se coloca é no que consistiria os *elementos de convicção do juiz* e se essa fundamentação seria mais simples do que a exigida pelo CPC. Para este ponto, importante trazer à baila julgado do STF em que se afirma não ser necessária a manifestação sobre todos os argumentos de defesa apresentados, mas que se apresentem as razões do convencimento do magistrado na fundamentação[28]. Essa interpretação não afasta o quanto previsto no art. 489, § 1º, CPC, que, em inciso nenhum, exige o ataque a todos os argumentos deduzidos no processo, mas somente àqueles que poderiam infirmar a conclusão alcançada, nos termos no inciso IV do referido dispositivo.

De tudo o quanto já exposto acerca das garantias processuais, a fundamentação assume papel ainda mais relevante diante da dispensa do advogado em determinadas causas que tramitam perante os juizados especiais. Tal dispensa insere-se dentre o feixe de mudanças propostas no Projeto Florença de acesso à justiça[29], de forma a eliminar barreiras econômico-financeiras para a população de baixa renda ingressar em juízo. Entretanto, revela-se um enorme esvaziamento do acesso à justiça a concessão de tutela jurisdicional em tempo relativamente menor, sendo que o cidadão, sem advogado em muitos casos, não compreenderá o seu conteúdo.

Há efetiva mitigação da fundamentação, na seara do rito sumaríssimo, quando do julgamento do recurso inominado. Nos termos do art. 46, da Lei n. 9.099 de 1995: "O julgamento em segunda instância constará apenas da ata, com a indicação suficiente do processo, *fundamentação sucinta* e parte dispositiva. Se a sentença for confirmada pelos próprios fundamentos, a súmula do julgamento servirá de acórdão."[30]. Tal mitigação se faz possível pelo mesmo

---

28. "[...] O art. 93, inciso IX, da Constituição não determina que o órgão judicante se manifeste sobre todos os argumentos de defesa apresentados, mas, sim, que ele explicite as razões que entendeu suficientes à formação de seu convencimento. 6. Ao reconhecer a repercussão geral desse tema, o Plenário do Supremo Tribunal Federal reafirmou essa orientação." (STF, AI nº 791.292/PE-RG-QO, Relator o Ministro Gilmar Mendes, DJe de 13/8/10).

29. CAPPELLETTI, Mauro; GARTH, Bryant. **Acesso à justiça**. Tradução de Ellen Gracie Northfleet. Porto Alegre: Sergio Antonio Fabris Editor, 1988.

30. Grifo nosso.

argumento apresentado acima, qual seja, para interposição do recurso nos juizados, a parte precisa se fazer representar por advogado. Nesse caso, admite-se a fundamentação sucinta ou a súmula do julgamento como acórdão em razão da presença do profissional da advocacia que exerce importante função de acesso à justiça[31].

2.2. Análise empírica da motivação das decisões dos Juizados Especiais Cíveis Federais no Supremo Tribunal Federal

Diante da organização recursal dos Juizados Especiais[32] e com o objetivo de trazer uma análise empírica ao presente estudo, analisaram-se as decisões do STF que tratam da motivação no âmbito dos Juizados.

No julgamento do agravo regimental no agravo de instrumento n. 749.969/RJ, entendeu-se que a fundamentação sucinta, baseada nos arts. 46 e 82, § 5º, da Lei n. 9.099 de 1995, é suficiente, não havendo que se falar em contrariedade do quanto disposto no art. 93, IX, CF[33], pois os dispositivos legais são expressos em permitir a confirmação da sentença pelo acórdão com fundamentação sucinta. O mesmo entendimento foi reproduzido no Recurso Extraordinário n. 635.729[34], que foi julgado sob o regime dos recursos repetitivos e fixou-se a seguinte tese: "não afronta a exigência constitucional de motivação dos atos decisórios a decisão de Turma Recursal de Juizados Especiais que, em consonância com a Lei 9.099/95, adota como razões de decidir os fundamentos contidos na sentença recorrida".

No Agravo Regimental no Agravo de Instrumento n. 749.963 do Rio de Janeiro[35], além da ofensa à motivação, a parte ainda ventilou o desrespeito à legalidade e ao devido processo legal. Quanto a esse ponto, entendeu o Supremo que a ofensa à CF é meramente reflexa, negando-se provimento ao agravo.

---

31. CF, art. 133.

32. Sobre o tema, cf. DELLORE, Luiz. Da esquizofrenia do sistema recursal dos Juizados Especiais Cíveis: a profusão de decisões contrárias à jurisprudência do Superior Tribunal de Justiça. In: AMADEO, Rodolfo da Costa Manso Real; CRUZ E TUCCI, José Rogério; RODRIGUES, Walter Piva. (Coord.). **Processo Civil**: Homenagem a José Ignacio Botelho de Mesquita. São Paulo: Quartier Latin, 2013.

33. STF, AI 749969 AgR, Relator(a): Min. RICARDO LEWANDOWSKI, Primeira Turma, julgado em 15/09/2009, DJe-191 DIVULG 08-10-2009 PUBLIC 09-10-2009 EMENT VOL-02377-12 PP-02531.

34. STF, RE 635729 RG, Relator(a): Min. DIAS TOFFOLI, julgado em 30/06/2011, REPERCUSSÃO GERAL – MÉRITO DJe-162 DIVULG 23-08-2011 PUBLIC 24-08-2011 EMENT VOL-02572-03 PP-00436.

35. STF, AI 749963 AgR, Relator(a): Min. EROS GRAU, Segunda Turma, julgado em 08/09/2009, DJe-181 DIVULG 24-09-2009 PUBLIC 25-09-2009 EMENT VOL-02375-09 PP-02428 LEXSTF v. 31, n. 369, 2009, p. 169-172.

Em pesquisa à jurisprudência do STF, são dezenas de acórdãos sobre a temática e todos seguem a direção apontada no sentido de que a decisão da turma recursal que adota a fundamentação da sentença não ofende o art. 93, IX, CF.

A questão que se defende aqui não é a inconstitucionalidade dos dispositivos do microssistema processual dos juizados. Como demonstrado, a mitigação da fundamentação quando do julgamento do recurso inominado tem explicação jurídica. O que causa estranheza é a possibilidade de mitigação do dever de fundamentação quando da sentença de primeira instância, proposta essa do enunciado 153 do FONAJEF, sem autorização legal para tanto, o que se passa a analisar.

3. DA INCONSTITUCIONALIDADE DO ENUNCIADO 153 DO FONAJEF

Para a devida análise do quanto disposto pelo enunciado n. 153 do FONAJEF, necessária se faz uma breve análise desse fórum, seu conceito e sua função, o que se faz a seguir.

3.1. Fórum Nacional dos Juizados Especiais Federais – o FONAJEF: conceito e função

Fundado em 2004, o primeiro encontro do FONAJEF – Fórum Nacional do Juizados Especiais Federais – foi realizado no mês de outubro do citado ano na Capital Federal, Brasília/DF.

Trata-se de um evento anual, promovido pela AJUFE – Associação dos Juízes Federais do Brasil -, no intuito de fomentar discussões sobre as mais diversas situações vivenciadas nos Juizados Federais, buscando o aprimoramento e a uniformização do serviço jurisdicional prestado naqueles órgãos especiais da Justiça Federal.

As discussões são propostas e realizadas por juízes federais participantes de cada encontro a ser realizado em unidade federativa escolhida para o respectivo ano de acontecimento, cujo resultado, após aprovado por uma plenária final, é submetido por meio de enunciados ao CNJ – Conselho Nacional de Justiça, CJF – Conselho da Justiça Federal e aos Tribunais Regionais Federais, para controle e fiscalização da constitucionalidade e legalidade das orientações contidas nos referidos enunciados, ou como propostas de edição de enunciados de súmulas e outros elementos doutrinários de modo que sirvam de paradigma na atuação no âmbito dos Juizados Federais.[36]

O XIV Encontro realizado em São Luís, Maranhão, cuja temática foi "Independência para Justiça Social", em sua carta enviada aos órgãos de justiça competentes, trouxe, no seu bojo, ser o objetivo do fórum a busca da concretização da solução pacífica de conflitos como forma de exercício da democracia. Nesse contexto, há de se concluir que a finalidade do FONAJEF é auxiliar na atuação da Justiça Federal que, tem os Juizados como expressão máxima de participação do cidadão pelo acesso direto à justiça, sendo, portanto, uma reafirmação do Estado Democrático de Direito.[37]

Os enunciados editados pelo Fórum não têm eficácia vinculante, mas exercem grande carga persuasiva perante os juízes que atuam nos juizados federais. Posto isso, chama a atenção enunciado que mitigue princípio materializado em regra tão essencial à concretização do devido processo legal.

3.2. Enunciado 153 do FONAJEF e sua inconstitucionalidade

Ao editar o enunciado de n. 153, mitigando o disposto no art. 489, § 1º, CPC, criou-se um possível e inevitável permissivo ilegal e inconstitucional para desvirtuar o princípio da motivação dos atos decisórios, previsto no inciso IX, do art. 93, CF, que determina que "todos os julgamentos dos órgãos do Poder Judiciário serão públicos, e fundamentadas todas as decisões, sob pena de nulidade [...]".

Em evidente descompasso com o texto constitucional, bem como com a legislação infraconstitucional que regulamenta a matéria no âmbito dos Juizados Especiais Federais, como já demonstrado, flexibilizando, assim, de forma genérica e sem deixar critérios delineados de mitigação das regras orientadoras da materialização do princípio da motivação previstas no CPC.

A motivação das decisões judiciais como expressão do Estado Democrático, denota, portanto, tratar de algo que é exigência de transparência e reflexo da "justiça" executada pelo Estado na sociedade desde "[...] a vigência das

36. AJUFE. Fórum Nacional dos Juizados Especiais Federais – Fonajef. Disponível em: ‹https://www.ajufe.org.br/fonajef›. Acesso em: 29 de maio de 2018.

37. AJUFE. Fórum Nacional dos Juizados Especiais Federais – XIV Fonajef. Carta de São Luís, 1º de setembro de 2017. Disponível em: ‹ https://www.ajufe.org/fonajef/9934-xiv-fonajef›. Acesso em: 29 de maio de 2018.

Ordenações Filipinas, no livro III, Título LXVI, nº 7º"[38], que previa de forma expressa a necessidade de o juiz motivar suas decisões.

Como princípio constitucional deve ser analisado na sistemática de garantias fundamentais em harmonia com outros princípios também constitucionais e materializados na legislação processual em vigor, notadamente os princípios da legalidade, publicidade, livre convencimento motivado, dentre outros.[39]

Sendo norma basilar de nosso ordenamento jurídico, a CF inspira compatibilidade das normas infraconstitucionais para com àquela na medida em que "[...] o princípio da supremacia requer que todas as situações jurídicas se conformem com os princípios e preceitos da Constituição", sob pena de incorrer em inconstitucionalidade normativa, seja formal, seja material.[40]

A expressa previsão constitucional de que todas as decisões judiciais devem ser motivadas - Princípio da motivação das decisões judiciais, art. 93, IX, CF - vai de encontro à relativização do que é "motivação" enunciada pelo FONAJEF/nº 153, em evidente afronta à previsão constitucional.

O pleno exercício da Democracia e a verificação de sua materialização no processo judicial deve pautar-se pela observância sistêmica dos princípios fundamentais contidos na CF que legitimam o procedimento jurisdicional, notadamente os entrelaçados na motivação das decisões judiciais, como o contraditório, o livre convencimento motivado e o devido processo legal.

Não há como se admitir que, a despeito de alcançar um processo simplificado e informal, sob os ditames da principiologia que orienta o regramento dos Juizados, ocorra a supressão de direitos e garantias inerentes ao processo judicial constitucionalizado. Como se falar em exercício efetivo do contraditório se houver a relativização da motivação, impossibilitando a parte litigante de apresentar devidamente suas razões recursais?

Nessa esteira, Humberto Theodoro Júnior preleciona que, no Estado Democrático de Direito, para o processo ser considerado justo, deve-se observar quando do procedimento: i) o direito de acesso à justiça; ii) o direito de defesa; iii) o contraditório e a paridade de armas; iv) a independência e imparcialidade do juiz; v) a obrigatoriedade da motivação dos provimentos

---

38. NERY JR., Nelson. **Princípios do Processo Civil na Constituição Federal**. 12.ed. São Paulo: Revista dos Tribunais, 2016, p. 325.

39. NERY JR., Nelson. **Princípios do Processo Civil na Constituição Federal**. 12.ed. São Paulo: Revista dos Tribunais, 2016, p. 324-328.

40. SILVA, José Afonso da. **Curso de Direito Constitucional Positivo.** 38. ed. São Paulo: Malheiros, 2015, p.45-50.

judiciais decisórios; e vi) a garantia de uma duração razoável do processo que proporcione uma tempestiva tutela jurisdicional.[41]

Em suma, a essência do processo justo tem por finalidade o alcance da justiça devidamente amparado pelas garantias constitucionais materializadas na legislação processual, aplicada de acordo com os princípios fundamentais, sem os quais seria inviável sua efetivação, especialmente com a relativização de um dos principais preceitos fundamentais como é o caso da motivação das decisões judiciais

Os princípios da simplicidade e informalidade dever-se-ão ser aplicados nas decisões dos Juizados sem a necessidade de mitigação dos requisitos da motivação constantes no § 1º do art. 489 do CPC. Exigência normativa necessária por se tratar de única previsão legal aplicável aos Juizados Especiais Federais ante a falta de regulamentação objetiva que verse sobre tais requisitos nas Leis nº 9.099/95 e 10.259/01.

Faz-se menção ao princípio da motivação, ao estabelecer no art. 38, *caput*, da Lei 9.099/95, o dever do juiz mencionar os elementos de convicção adotados na sentença, sem entretanto fazer qualquer referência à mitigação da motivação das decisões. As peculiaridades dos Juizados Especiais, como a justiça gratuita com o não recolhimento de custas judiciais e honorários de sucumbência e desnecessidade da parte constituir advogado em primeira instância, bem como a observância dos princípios informadores dos Juizados, notadamente simplicidade e informalidade, compõem um arcabouço legal de benefícios inerentes à sistemática dos Juizados, a fim de facilitar o acesso à justiça aos que deles se socorrem para resolução de conflitos em causas de menor complexidade.[42]

A previsão constitucional de decisões proferidas pelo Poder Judiciário, devem ser motivadas, assim são consideradas todas as sentenças, decisões interlocutórias e demais atos judiciais capazes de causar benefício ou prejuízo a uma parte no processo em face de outra, bem como a eventual terceiro juridicamente interessado no pleito. [43]

---

41. THEODORO JR., Humberto. **Curso de Direito Processual Civil:** Teoria Geral do Direito Processual Civil e Processo de Conhecimento. 55. ed. Rio de Janeiro: Forense, 2014, p. 24-35.

42. OLIVEIRA, Humberto Santarosa; PELEJA JR., Antonio Veloso. O procedimento dos juizados especiais na perspectiva principiológica do Novo Código de Processo Civil: contraditório e motivação das decisões como alicerces do devido processo legal. DIDIER JR., Fredie; et al. (Org.). **Repercussões do Novo CPC**: Juizados Especiais. v. 7. Salvador: JusPodivm, 2016 p. 65-72.

43. NOJIRI, Sergio. **O dever de motivar as decisões judiciais**. São Paulo: Revista dos Tribunais, 1998, p. 32-36.

Nesse contexto, em acertada ponderação, José Rogério Cruz e Tucci preleciona que:"[...] dizer que um ato é justo, não é o mesmo que expor as razões que levaram à tal afirmação. Afirmação é um juízo, a motivação, uma demonstração". [44]

A implicação de nulidade pela falta de motivação em decisão judicial é medida que se impõe, pois estar o ato desprovido de motivação é estar desprovido de legitimidade que a lei confere seja por não alcançar o escopo da *decisum* que é a justiça no caso concreto, seja por descumprimento da norma. [45]

Premente será a falha no serviço jurisdicional prestado junto aos Juizados Federais, caso o enunciado n. 153 do FONAJEF subsista, dificultando ou impossibilitando a compreensão da parte litigante quanto ao teor decisório do ato proferido, que por vezes não é versada em Direito.

A busca do aprimoramento no funcionamento dos Juizados por meio dos debates de juízes federais no âmbito do FONAJEF não autoriza a edição de enunciados que mitiguem preceitos fundamentais do devido processo legal, como é o caso da motivação das decisões judiciais.[46]

4. CONCLUSÕES

Os princípios norteadores dos Juizados Especiais (oralidade, simplicidade, informalidade, economia processual e celeridade) não autorizam o juiz a tomar decisões sem apontar os fundamentos, mesmo que de forma sucinta. Nos Juizados Especiais, a linguagem a ser utilizada na fundamentação das decisões judiciais deve ser de fácil compreensão, acessível a todos, inclusive às pessoas de menor grau de instrução e de formação cultural. O juiz deve adotar uma terminologia jurídica compreensível àqueles que litigam sem advogado, dado o permissivo legal que autoriza essa prática (art. 9º da Lei n. 9.099/95 e art. 10 da Lei n. 10.259/2001) e em respeito ao princípio da simplicidade que consagra os Juizados Especiais como uma jurisdição social.

---

44. TUCCI, José Rogério Cruz e. **A motivação da sentença no processo civil**. São Paulo: Saraiva, 1987, p. 13-14 e 61-62.

45. TUCCI, José Rogério Cruz e. **A motivação da sentença no processo civil**. São Paulo: Saraiva, 1987, p. 13-14 e 61-62.

46. AJUFE. Fórum Nacional dos Juizados Especiais Federais – Fonajef. Disponível em: ‹https://www.ajufe.org.br/fonajef›. Acesso em: 15 de maio de 2018.

A falta de exposição das razões que levaram à sentença desvirtua o princípio do livre convencimento e viola o artigo 93, inciso IX, da CF. Deve-se interpretar com ponderação os princípios em colisão com atribuição de peso maior aos que priorizam a proteção social.[47]

Nesse sentido, pode-se afirmar que caminha também a jurisprudência do STF que admite a fundamentação sucinta apenas em decisões das Turmas Recursais, já que há plena previsão legal para tanto no microssistema processual dos Juizados e, necessariamente, as partes estarão assistidas por advogados.

Por fim, importa destacar que o rito especial dos Juizados existe para privilegiar o acesso à justiça de causas cíveis de menor complexidade, mas a garantia do devido processo legal não é relativizada e a fundamentação a acompanha.

REFERÊNCIAS

ALEXY, Robert. **Teoria dos direitos fundamentais**. Trad. de SILVA, Virgílio Afonso da. São Paulo: Malheiros, 2008.

ÁVILA, Humberto. **Teoria dos princípios**: da definição à aplicação dos princípios jurídicos. 11.ed. São Paulo: Malheiros, 2010.

CABRAL, Antonio do Passo; CUNHA, Leonardo Carneiro da; DIDIER JR., Fredie. **Por uma nova teoria dos procedimentos especiais:** dos procedimentos às técnicas. Salvador: JusPodivm, 2018.

CAPPELLETTI, Mauro; GARTH, Bryant. **Acesso à justiça**. Tradução de Ellen Gracie Northfleet. Porto Alegre: Sergio Antonio Fabris Editor, 1988.

DELLORE, Luiz. Da esquizofrenia do sistema recursal dos Juizados Especiais Cíveis: a profusão de decisões contrárias à jurisprudência do Superior Tribunal de Justiça. In: AMADEO, Rodolfo da Costa Manso Real; CRUZ E TUCCI, José Rogério; RODRIGUES, Walter Piva. (Coord.). **Processo Civil**: Homenagem a José Ignacio Botelho de Mesquita. São Paulo: Quartier Latin, 2013.

DIDIER JR., Fredie et al. (Org.). **Repercussões do Novo CPC**: Juizados Especiais. v. 7. Salvador: JusPodivm, 2015.

47. LAZZARI. João Batista. A argumentação jurídica e a fundamentação das decisões proferidas no âmbito dos juizados especiais. **Revista Jurídica - CCJ**, v. 18, nº. 35, p. 215 - 229, jan./abr. 2014. Disponível em: ‹http://proxy.furb.br/ojs/index.php/juridica/article/viewFile/4245/2690›. Acesso em: 21 de maio de 2018.

_________. Os três modelos de direito processual: inquisitivo, dispositivo e cooperativo. In: AMADEO, Rodolfo da Costa Manso Real; CRUZ E TUCCI, José Rogério; RODRIGUES, Walter Piva. (Coord.). **Processo Civil**: Homenagem a José Ignacio Botelho de Mesquita. São Paulo: Quartier Latin, 2013.

_________; ZANETI JR., Hermes. Princípio da adequação jurisdicional do processo coletivo – benfazeja proposta contida no projeto da nova lei de ação civil pública. In: GOZZOLI, Maria Clara et. alli. (Coord.). **Em defesa de um novo sistema de processos coletivos**: estudos em homenagem a Ada Pellegrini Grinover. São Paulo: Saraiva, 2010.

DINAMARCO, Cândido Rangel. **A instrumentalidade do processo**. 12.ed. São Paulo: Malheiros, 2005.

DWORKIN, Ronald. **Levando os direitos a sério**. Tradução: BOEIRA, Nelson. São Paulo: Martins Fontes, 2002.

MITIDIERO, Daniel. A colaboração como modelo e como princípio no processo civil. **Doutrinas Essenciais**: Novo Processo Civil. vol. 1. São Paulo: Revista dos Tribunais, 2018.

NERY JR., Nelson. **Princípios do processo civil na Constituição Federal.** 4.ed. São Paulo: Revista dos Tribunais, 1997.

_________. **Princípios do processo civil na Constituição Federal**. 12.ed. São Paulo: Revista dos Tribunais, 2016.

NOJIRI, Sergio. **O dever de motivar as decisões judiciais**. São Paulo: Editora Revista dos Tribunais, 1998.

OLIVEIRA, Humberto Santarosa; PELEJA JR., Antonio Veloso. O procedimento dos juizados especiais na perspectiva principiológica do Novo Código de Processo Civil: contraditório e motivação das decisões como alicerces do devido processo legal. DIDIER JR., Fredie et al. (Org.). **Repercussões do Novo CPC**: Juizados Especiais. v.7. Salvador: JusPodivm, 2016.

PUOLI, José Carlos Baptista. **Os poderes do juiz e as reformas do processo civil**. São Paulo: Editora Juarez de Oliveira, 2001.

SILVA, José Afonso da. **Curso de Direito Constitucional Positivo.** 38. ed. São Paulo: Malheiros, 2015.

THEODORO JR., Humberto. **Curso de Direito Processual Civil:** Teoria Geral do Direito Processual Civil e Processo de Conhecimento. 55. ed. Rio de Janeiro: Forense, 2014.

TUCCI, José Rogério Cruz e. **A motivação da sentença no processo civil**. São Paulo: Saraiva, 1987.

REFERÊNCIAS ELETRÔNICAS

AJUF. Fórum Nacional dos Juizados Especiais Federais – Fonajef. Disponível em: <https://www.ajufe.org.br/fonajef>. Acesso em: 15 de maio de 2018.

AMARAL, Júlio Ricardo de Paula . **Princípios de Processo Civil na Constituição Federal**. 2010. 101 p. Revista Dat@venia v.2, n. 2, p. 85-108 (Revista Dat@ venia)- Universidade Federal da Paraíba, Paraíba, 2010. Disponível em: <http://file:///C:/Users/Note/Downloads/1572-10050-1-PB%20(1).pdf>. Acesso em: 20 de maio de 2018.

LAZZARI. João Batista. A argumentação jurídica e a fundamentação das decisões proferidas no âmbito dos juizados especiais. **Revista Jurídica – CCJ**, v. 18, nº. 35, p. 215 – 229, jan./abr. 2014. Disponível em: <http://proxy.furb.br/ojs/index.php/juridica/article/viewFile/4245/2690>. Acesso em: 21 maio 2018.

PISKE, Oriana . **Princípios Orientadores dos Juizados Especiais.** Disponível em: <http://www.tjdft.jus.br/institucional/imprensa/artigos/2012/principios-orientadores-dos-juizados-especiais-juiza-oriana-piske>. Acesso em: 20 de maio de 2018.

RICHTER, Bianca Mendes Pereira. **Princípios do processo civil tradicional aplicados ao processo coletivo**. 2013. Dissertação (Mestrado em Direito Processual) – Faculdade de Direito, Universidade de São Paulo, São Paulo, 2013. doi:10.11606/D.2.2013.tde-27032014-132520. Acesso em: 15 de março de 2017.

CAPÍTULO 5

Da competência dos Juizados Especiais da Fazenda Pública nos foros em que não há Juizado Especial da Fazenda Pública instalado

Cecília Rodrigues Frutuoso Hildebrand

1. INTRODUÇÃO

Os Juizados Especiais da Fazenda Pública foram previstos pela Lei n. 12.153 de 22 de dezembro de 2009. O artigo 1º da referida lei diz que os juizados serão criados pela União, no Distrito Federal e nos Territórios, e pelos Estados, para conciliação, processo, julgamento e execução, nas causas de sua competência.

Os Juizados Especiais têm como finalidade a observância primordial dos princípios da celeridade, oralidade, informalidade, simplicidade, economia processual e são um aspecto do cumprimento do princípio do acesso à justiça, na medida em que permitem que a "litigiosidade contida" seja trazida ao Poder Judiciário.

A criação de Juizados de Pequenas Causas iniciou-se com a Lei 7.244/84, que facultava a criação de Juizados de Pequenas Causas pelos Estados e pelo Distrito Federal. A previsão dos Juizados, portanto, é anterior à Constituição Federal de 1988. Mas foi a Constituição cidadã que trouxe a previsão dos Juizados para o texto constitucional em seu art. 98, exigindo a edição de normas para sua regulamentação, e que foi alterado posteriormente pela Emenda Constitucional 22/99. A legislação ordinária regulamentou o assunto com as publicações das seguintes legislações: Lei n. 9.099/95 que trata dos Juizados Especiais Cíveis e Criminais; Lei n. 10.259/2001 que tratam dos Juizados Especiais Federais; e Lei n. 12.153/2009, que trata dos Juizados Especiais da Fazenda Pública, objeto do presente estudo.

2. DO MICROSSISTEMA DE JUIZADOS ESPECIAIS

O legislador determina que as disposições relativas ao Juizado Especial Federal e ao Juizado Especial da Fazenda Pública formam um sistema processual. Isso implica dizer que, em que pese à aplicação subsidiária do Código de Processo Civil, prevista no art. 27 da Lei 11.259/09, a interpretação e a integração dos dispositivos relativos aos Juizados da Fazenda Pública devem ter como norte o microssistema dos Juizados, com aplicação das normas do Juizado Especial Federal e também dos Juizados Especiais Cíveis e Criminais.

Nesse sentido, leciona Ricardo da Cunha Chimenti: "o legislador reconhece que estamos diante de um novo modelo de prestação do serviço jurisdicional, o qual possui princípios e regras próprias, prioriza a conciliação e tem por critérios a oralidade, a simplicidade, a informalidade, a economia processual e a celeridade".[1]

Esclarecendo o alcance do conceito do sistema, diz Fernando da Fonseca Gajardoni: "Trata-se de um sistema jurídico aberto ou integrativo (não subsidiário!), em que as várias normas regentes do tema se comunicam entre si, complementando-se e evitando-se, com isso, a ocorrência de omissões prejudiciais à tutela dos direitos".[2]

O enunciado 1 do FONAJEFP reforça a ideia de microssistema ao dispor que: "Aplicam-se aos Juizados Especiais da Fazenda Pública, no que couber, os Enunciados dos Juizados Especiais Cíveis"[3]

---

1. CHIMENTI, Ricardo Cunha. **Juizados Especiais da Fazenda Pública**: Lei n. 12.153/2009 comentada artigo por artigo. São Paulo: Saraiva, 2010, p. 28.

2. **Comentários à nova Lei dos Juizados Especiais da Fazenda Pública** (obra coletiva), São Paulo: Revista dos Tribunais, 2010, p. 207.

3. CNJ CONSELHO NACIONAL DE JUSTIÇA. Enunciados da Fazenda Pública. Disponível em: ‹http://www.cnj.jus.br/corregedoriacnj/redescobrindo-os-juizados-especiais/enunciados-fonaje/enunciados-da-fazenda-publica›. Acesso em: 19 abr. 2018, 20:01:58.

O mestre Humberto Theodoro Júnior explica que:

> Pela comunhão de princípios informativos, pela adoção de procedimento sumaríssimo basicamente igual e pela própria remissão legal feita entre os três diplomas normativos, deve-se reconhecer que todos eles formam uma unidade institucional, isto é, um só estatuto, qual seja o estatuto legal dos Juizados Especiais brasileiros. Não havendo, portanto, conflito entre regras explícitas, os dispositivos de qualquer das três leis podem ser aplicados nos procedimentos de qualquer um dos diferentes Juizados. Por exemplo: a Lei nº 9.099, ao disciplinar o procedimento dos Juizados Cíveis, não cuidou nem das medidas de urgência nem do recurso das decisões interlocutórias. As leis subsequentes, relativas aos Juizados da Fazenda Pública, regularam tanto a possibilidade das medidas cautelares e antecipatórias como previram a recorribilidade dos respectivos provimentos. Essa disciplina, portanto, pode ser aplicada também nos Juizados Especiais Cíveis, de modo a preencher as lacunas da Lei nº 9.099.[4]

Sendo assim, deve-se entender que os institutos previstos nas legislações dos Juizados Especiais se comunicam e se completam, apenas não se aplicando no caso concreto àquele que a lei específica excluir ou limitar.

3. DA COMPETÊNCIA DOS JUIZADOS ESPECIAIS DA FAZENDA PÚBLICA

As particularidades da Fazenda Pública é que ensejaram a criação dos Juizados Especiais para atuar especialmente nas causas em que essa seja parte e o artigo 2º da Lei 12.153/09 prevê *in verbis:* "Art. 2º É de competência dos Juizados Especiais da Fazenda Pública processar, conciliar e julgar causas cíveis de interesse dos Estados, do Distrito Federal, dos Territórios e dos Municípios, até o valor de 60 (sessenta) salários mínimos."

Uma particularidade dos Juizados da Fazenda Pública é que a Fazenda necessariamente será ré e que a competência em regra será na esfera estadual. Para a esfera federal, a competência será dos Juizados Especiais Federais.

Na mesma linha de outras legislações referentes aos Juizados Especiais o estabelecimento da competência aqui também é fixado de forma objetiva, tendo-se em vista o valor da causa. O parágrafo segundo do art. 2º determina

4. **Os Juizados Especiais da Fazenda Pública (Lei n. 12.153, de 22.12.2009).** Palestra proferida em 19.02.2010, no III Encontro de Juízes Especiais do Estado de Minas Gerais e em 2.02.2010, no I Seminário de Direito Processual Civil do Triângulo Mineiro: O Processo Civil no Século XXI. Disponível em: ‹https://bd.tjmg.jus.br/jspui/bitstream/tjmg/668/1/palTJ-OSJ.pdf›. Acesso em 15 mar. 2018, 07:45:26.

que havendo prestações vincendas e vencidas a soma de 12 (doze) prestações não poderá exceder tal valor.

Em seu parágrafo único, a norma prevê as hipóteses em que os Juizados Especiais não terão competência. São elas, *in verbis:*

> I - as ações de mandado de segurança, de desapropriação, de divisão e demarcação, populares, por improbidade administrativa, execuções fiscais e as demandas sobre direitos ou interesses difusos e coletivos;
>
> II - as causas sobre bens imóveis dos Estados, Distrito Federal, Territórios e Municípios, autarquias e fundações públicas a eles vinculadas;
>
> III - as causas que tenham como objeto a impugnação da pena de demissão imposta a servidores públicos civis ou sanções disciplinares aplicadas a militares.

Assim, diferentemente do que ocorre na Lei 9.099/95 dos Juizados Especiais Cíveis em que a competência é fixada com base em critério misto: valor e matéria, nos Juizados Especiais da Fazenda Pública a fixação tem como base apenas o critério de valor.

Com relação à competência territorial, a Lei 12.153/09 não faz previsão específica; dessa forma, deve-se adotar o critério previsto na Lei 9.099/95 em seu art. 4º. Assim, a competência em regra será a do domicílio do réu, ou, a critério do autor, do local onde aquele exerça atividades profissionais ou econômicas ou mantenha estabelecimento, filial, agência, sucursal ou escritório. Nas ações de reparação de danos, a competência pode ser determinada de acordo com o domicílio do autor; e, por fim, nas ações de obrigação de fazer, a competência será guiada pelo lugar onde a obrigação deve ser satisfeita.

No tocante às demandas que podem ser apresentadas perante o Juizado da Fazenda Pública, Fernando da Fonseca Gajardoni e Luiz Manoel Gomes Junior, em excelente artigo sobre o tema, relacionam as seguintes hipóteses:

> [...] a) responsabilidade civil do Estado; b) reclamações de diferenças salariais pelos servidores públicos; c) repetição de indébito tributário ou não tributário; d) anulação ou revisão de ato administrativo; e) anulação ou revisão de sanção disciplinar, exceto a de demissão; f) de acidentes de trabalho do servidor contra o Estado ou Município (direito comum, não infortunístico); g) relativas a condomínios e locação de imóveis alugados aos Estados e aos Municípios, às autarquias ou às empresas públicas estaduais e municipais; h) matrícula, reprovações e transferências em Ensino Fundamental, Médio e Superior, desde que mantida por ente público estadual

> ou municipal e não haja matéria de interesse federal; i) desapropriação indireta; j) fornecimento de remédios com valor de até 60 salários mínimos e prestação de serviços médicos até esse valor; k) multa de trânsito e de posturas municipais; l) problemas com bilhete único; m) cautelares preparatórias, aplicando-se a regra do Código de Processo Civil; n) embargos de terceiro contra atos de apreensão determinados no âmbito dos Juizados Especiais da Fazenda Pública, já que a competência para o julgamento deles é do Juízo competente para a análise da demanda principal (art. 676, CPC/2015 (LGL\2015\1656)); o) execução do pedido contraposto ou dos ônus da sucumbência contra o autor particular.[5]

Ainda no tocante à competência, é importante destacar que o legislador criou o § 3º do art. 2º, com a seguinte redação: "Nas hipóteses de litisconsórcio, os valores constantes do *caput* e do § 2º serão considerados por autor". Tal dispositivo foi vetado sob o argumento de que permitir que a limitação fosse por autor poderia inserir nos Juizados causas de maior complexidade incompatível com os princípios previstos na Lei n. 9.099/95.

Todavia, tal veto não tem sentido, uma vez que a ampliação subjetiva da demanda não tem o condão de modificar a complexidade de seu objeto. Sendo assim, em que pese o veto ao dispositivo, deve-se entender como competente o Juizado Especial da Fazenda Pública com base no limite de 60 (sessenta) salários mínimos por litisconsorte considerado de forma individual. Nesse sentido é o Enunciado n. 2 do FONAJEFP: "É cabível, nos Juizados Especiais da Fazenda Pública, o litisconsórcio ativo, ficando definido, para fins de fixação da competência, o valor individualmente considerado de até 60 salários mínimos".[6]

Verificadas as hipóteses de competência do Juizado Especial da Fazenda Pública, resta analisar a sua natureza jurídica.

3.1. Da natureza da competência dos Juizados Especiais Cíveis

A competência pode ser classificada em absoluta ou relativa, conforme se permita ou não a sua modificação ou opção. Tem-se que a competência é

---

5. Breves anotações sobre a competência nos Juizados da Fazenda Pública: a função social do sistema dos juizados. **Revista de Processo**, Doutrinas Essenciais: novo Processo Civil, v. 1/2018, Revista dos Tribunais, São Paulo, v. 273, p. 323-341, nov. 2017.

6. CNJ CONSELHO NACIONAL DE JUSTIÇA. Enunciados da Fazenda Pública. Disponível em: ‹http://www.cnj.jus.br/corregedoriacnj/redescobrindo-os-juizados-especiais/enunciados-fonaje/enunciados-da-fazenda-publica›. Acesso em: 19 abr. 2018, 20:01:58.

absoluta quando as partes devem cumprir a previsão legal sem opções para modificá-la através de foro de eleição ou por negócio jurídico processual. A competência absoluta também não comporta modificação ou prorrogação durante o andamento processual e permite ao juiz da causa seu reconhecimento *ex officio*. A competência absoluta, ainda, é tida como matéria de ordem pública podendo ser alegada ou reconhecida a qualquer momento, em qualquer grau de jurisdição, sendo causa de nulidade a decisão proferida por juiz incompetente, salvo para situações urgentes.

Diz-se que a competência é relativa quando, havendo mais de um juízo competente, a parte tem a possibilidade de optar por um deles. Nessas hipóteses há um impedimento de reconhecimento da incompetência relativa de ofício pelo juiz, há possibilidade de negócio jurídico processual para estipulação de foro de eleição ou modificação de foro. E a não insurgência da parte contrária em face de um juízo incompetente de forma relativa faz que ocorra a prorrogação da competência. Ou seja, aquele juízo inicialmente incompetente em razão da previsão legal torna-se competente em razão da inércia da parte requerida em apontar tal incompetência no prazo previsto pelo legislador.

O tema da possibilidade ou não de reconhecimento de ofício de incompetência é previsto pela Súmula 33 do STJ: "A incompetência absoluta pode ser declarada de ofício. A incompetência relativa, não".

Vale lembrar a propósito a lição clássica acerca da classificação da competência dos Professores Antonio Carlos de Araújo Cintra; Ada Pellegrini Grinover e Cândido Rangel Dinamarco:

> É o interesse público pela perfeita atuação da jurisdição (interesse da própria função jurisdicional, portanto) que prevalece na distribuição da competência entre Justiças diferentes (competência de jurisdição), entre juízes superiores e inferiores (competência hierárquica: original ou recursal), entre varas especializadas (competência de juízo) e entre juízes do mesmo órgão judiciário (competência interna). Em princípio prevalece o interesse das partes apenas quando se trata da distribuição territorial da competência (competência de foro).
>
> Nos casos de competência determinada segundo o interesse público (competência de jurisdição, hierárquica, de juízo, interna), em princípio o sistema jurídicoprocessual não tolera modificações nos critérios estabelecidos, e muito menos em virtude da vontade das partes em conflito. Trata-se, aí, da **competência absoluta**, isto é, **competência que não pode jamais ser modificada**. Iniciado o

> processo perante o juiz incompetente, este pronunciará a incompetência ainda que nada aleguem as partes (CPC, art. 113; CPP, art. 109), enviando os autos ao juiz competente; e todos os atos decisórios serão nulos pelo vício de incompetência, salvando-se os demais atos do processo, que serão aproveitados pelo juiz competente (CPC, art. 113, § 2º; CPP, art. 567).
>
> [...]
>
> Tratando-se de **competência de foro, o legislador pensa preponderantemente no interesse de uma das partes em defender-se melhor** (no processo civil, no interesse do réu; no trabalhista, do economicamente mais fraco - v. CPC, art. 94, e CLT, art. 651). Assim sendo, a intercorrência de certos fatores (entre os quais, a vontade das partes - v.g., a eleição de foro: CPC, art. 111) pode modificar as regras ordinárias de competência territorial. A competência, nesses casos, é então relativa. Também relativa é, no processo civil, a competência determinada pelo critério de valor [...]. (grifo nosso)[7]

A competência dos Juizados Especiais levanta debates no meio jurídico e acadêmico desde a Lei dos Juizados Especiais Cíveis e Criminais, Lei n. 9.099/95. Poderia a parte escolher entre juízo comum e juizados em um caso concreto? Ou estando diante de uma causa de pequeno valor estaria obrigada a submeter sua causa aos Juizados Especiais?

No âmbito dos Juizados Especiais Cíveis e Criminais, previstos pela Lei 9.099/95, a celeuma encontra-se solucionada, entendendo-se atualmente que a competência é relativa, podendo optar a parte pelo sistema do juizado ou juízo comum, ainda que a causa tenha valor inferior a 40 (quarenta salários mínimos). Nesse sentido é o Enunciado n. 1 do Fonaje: "ENUNCIADO 1 - O exercício do direito de ação no Juizado Especial Cível é facultativo para o autor".[8]

Todavia, o tratamento legal dado aos Juizados Especiais da Fazenda Pública é diverso. O legislador fez previsão expressa da natureza jurídica da competência como sendo absoluta no § 4º do Art. 2º da Lei 11.253/09: "No foro onde estiver instalado Juizado Especial da Fazenda Pública, a sua competência é absoluta".

Alexandre Freitas Câmara entende que tal dispositivo seria inconstitucional:

---

7. **Teoria Geral do Processo**. 26. ed. São Paulo: Malheiros, 2010, p. 262-263.

8. FONAJE Fórum Nacional de Juizados Especiais. Enunciado 1. Disponível em: <http://www.amb.com.br/fonaje/?p=32>. Acesso em: 19 abr. 2018, 10:54:16.

> Em primeiro lugar, a inconstitucionalidade decorre da possibilidade de o microssistema dos Juizados Especiais Cíveis Federais, assim como o dos Juizados Especiais da Fazenda Pública produzir resultados inaceitáveis: não são cabíveis todos os recursos existentes no sistema processual comum; não é cabível o ajuizamento de 'ação rescisória'; é limitada a possibilidade de produção de provas. Em segundo lugar, a tutela jurisdicional que através dele se presta é diferenciada, mas esse sistema é estabelecido por opção do legislador e não pela natureza do direito material, o que faz com que tenha o mesmo de ser opcional para o demandante [...]
>
> Tenho, pois, a convicção de que esse art. 3º, § 3º, da Lei nº 10.259/2001, bem como o art. 2º, § 4º, da Lei nº 12.153/2009, são inconstitucionais, e que o demandante pode, livremente, escolher entre ajuizar sua demanda perante um Juizado Especial ou perante uma Vara Federal Comum, ou escolher entre o Juizado Especial da Fazenda Pública e o juízo fazendário comum.[9]

De outra banda, Manoel José de Paula Filho entende que a previsão é constitucional quando se estiver diante de causa efetivamente de menor complexidade, mas que restará violada a Constituição Federal quando houver causa de maior complexidade afeta ao Juizado Especial da Fazenda Pública, ainda que o valor da causa esteja dentro da previsão legal (60 (sessenta) salários mínimos).[10]

Nessa toada, é o Enunciado nº 91 do FONAJEF: "Os Juizados Especiais Federais são incompetentes para julgar causas que demandem perícias complexas ou onerosas que não se enquadrem no conceito de exame técnico (art. 12 da lei n. 10.259/2001)".[11]

Já Leonardo Carneiro da Cunha entende ser possível a propositura da ação no juízo comum em razão da complexidade, ainda que o valor da causa seja inferior a 60 (sessenta) salários mínimos:

> Ainda que o valor seja inferior a 60 (sessenta) salários mínimos, a causa será excluída da competência do Juizado Estadual da Fazenda

---

9. **Juizados Especiais Cíveis Estaduais, Federais e da Fazenda Pública:** uma abordagem crítica. 6. ed. Rio de Janeiro: Lumen Juris, 2010, p. 203.

10. Da competência absoluta, relativa ou mista e a opcionalidade ou não dos juizados especiais fazendários. **Revista Jus Navigandi**, Teresina, ano 22, n. 5071, 20 maio 2017. Disponível em: ‹https://jus.com.br/artigos/57815›. Acesso em: 19 abr. 2018, 9:35:18.

11. FONAJEF Fórum Nacional Juizado Especial da Justiça Federal. Enunciado 91. Disponível em: ‹http://www.cjf.jus.br/cjf/corregedoria-da-justica-federal/corregedoria-geral-da-justica-federal/enunciados-fonajef/lista-completa-dos-enunciados-do-fonajef.pdf›. Acesso em: 19 abr. 2018, 15:51:14.

> Pública quando houver complexidade, ou melhor, quando houver uma prova técnica mais complexa ou demorada. Se a resolução do litígio depende de prova técnica de intensa investigação, **a competência deve ser da Justiça Comum Estadual, e não do Juizado da Fazenda Pública, mesmo que a causa ostente pequeno valor**. É importante observar ser aplicável aos Juizados da Fazenda Pública o disposto na Lei 9.099/1995, cujas regras estabelecem ser simplificada a produção probatória, não se admitindo a prova pericial da forma como está regulada no CPC; o que cabe, apenas, no âmbito dos juizados, é a inquirição de técnicos ou especialistas na própria audiência, ou uma inspeção sumária a ser realizada pelo juiz ou por pessoa de sua confiança, que lhe relatará informalmente o que for verificado.[12] (grifo nosso)

Seguindo essa linha interpretativa o Enunciado 11 do FONAJEFP conclui que as causas de maior complexidade probatória, por imporem dificuldades para assegurar o contraditório e a ampla defesa, afastam a competência do Juizado da Fazenda Pública.[13]

Verdade seja dita, a fixação da competência absoluta para os Juizados Especiais da Fazenda Pública teve como objetivo principal o desafogamento da Justiça Comum e por vezes ela acaba por ser mais vantajosa à parte em razão da celeridade e simplicidade. Todavia, tal previsão não pode ser interpretada como totalmente estática, uma vez que há hipóteses em que negar à parte a escolha do juízo irá causar-lhe imenso prejuízo, consistindo em verdadeiro óbice ao Poder Judiciário em alguns casos.

Pense-se, por exemplo, em um caso em que a prova do fato dependa de perícia complexa, e o exame técnico previsto no art. 10 da Lei 12.153/09 não seja suficiente para o deslinde da causa. Seguindo-se o sistema do Juizado Especial da Fazenda Pública, tal causa deveria ser extinta, uma vez que não se admite nessa hipótese a remessa dos autos ao juízo comum e a parte sairia sem a prestação jurisdicional, ofendendo-se o princípio da primazia da decisão de mérito, previsto expressamente no Código de Processo Civil de 2015.

Em razão dessas situações, alguns autores defendem a competência absoluta mista, permitindo em algumas situações que a parte opte pelo juízo comum, como nas situações de complexidade da causa ou pedido ilíquido

12. **A Fazenda Pública em juízo**. 14. ed. rev. atual. e ampl. Rio de Janeiro: Forense, 2017, p. 830.

13. CNJ CONSELHO NACIONAL DE JUSTIÇA. Enunciados da Fazenda Pública. Disponível em: ‹http://www.cnj.jus.br/corregedoriacnj/redescobrindo-os-juizados-especiais/enunciados-fonaje/enunciados-da-fazenda-publica›. Acesso em: 19 abr. 2018, 20:01:58.

citadas por Manoel José de Paula Filho.[14] Joel Dias Figueira Júnior também defende a competência absoluta mista nos seguintes termos:

> Diversas são as hipóteses em que, mesmo diante da instalação do Juizado Especial da Fazenda Pública, a competência dita 'absoluta' poderá ser modificada.
>
> Vejamos, então, em que circunstâncias essa alteração poderá ocorrer e, por conseguinte, a modificação da competência previamente estabelecida: a) durante o trâmite processual, verifica-se a prisão da parte, declaração da incapacidade, falência ou insolvência civil (art. 8º, caput, LJE c/c art. 27 LJEFP); b) formado o contraditório, verifica o julgador a complexidade da lide pendente ou a necessidade de produção de prova pericial, não sendo suficiente um simples exame técnico (art. 10, LJEFP); c) fundando-se a causa de pedir em obrigação de trato sucessivo, a soma das obrigações vencidas e doze parcelas vincendas ultrapassar o limite de sessenta salários mínimos e o autor não pretender renunciar ao crédito excedente (art. 2º, § 2º LJEFP); d) o somatório dos pedidos condenatórios em quantia certa formulado por litisconsortes ultrapassar o limite de sessenta salários mínimos e os autores não desejarem renunciar aos créditos excedentes; e) o pedido formulado por um único sujeito integrante do polo ativo da demanda (obrigação de pagar quantia certa) ultrapassa a sessenta salários-mínimos e o postulante não pretende renunciar ao crédito excedente ao limite de alçada.
>
> Por estas razões, podemos afirmar que dita 'competência absoluta', somente será efetivamente 'absoluta' se a hipótese em concreto não se enquadrar nas hipóteses acima elencadas; por conseguinte, a norma insculpida no art. 2º, § 4º, da LJEFP não traz em seu bojo verdadeira competência absoluta, mas sim uma espécie diferenciada de competência que, pelos motivos expostos denominamos de 'mista', na exata medida em que reveste de cabal ecletismo.[15]

Fernando da Fonseca Gajardoni e Luiz Manoel Gomes Juniro, trazem ainda questão interessantíssima:

> Questão interessante é a advinda do fato de o juiz que atua nos feitos dos Juizados da Fazenda Pública, concomitantemente,

---

14. Da competência absoluta, relativa ou mista e a opcionalidade ou não dos juizados especiais fazendários. **Revista Jus Navigandi**, Teresina, ano 22, n. 5071, 20 maio 2017. Disponível em: ‹https://jus.com.br/artigos/57815›. Acesso em: 19 abr. 2018, 9:35:18.

15. **Juizados Especiais da Fazenda Pública: comentários à Lei 12.153, de 22 de dezembro de 2009.** 3. ed. São Paulo: Revista dos Tribunais, 2017, p. 83.

> cuidar das causas da Justiça Comum. Eventual processamento de uma ação perante o JEFP que seria da Justiça Comum, e vice-versa, acarretaria a nulidade, em se tratando, de todo modo, do mesmo juiz (com competência para as causas da Justiça Comum e do JEFP)? Afinal, anulados o processo e a sentença, os autos tornarão ao mesmo prolator, que por evidente proferirá a mesma decisão.
>
> Entendemos que as regras de nulidade pela violação da competência absoluta dos JEFP não devem ser analisadas com tanto rigor em casos como o retrocitado. Desde que haja o encaminhamento adequado do recurso ao órgão competente (TJ ou Colégio Recursal), e que este não vislumbre prejuízo real pela ocorrência, a sentença será válida e deverá ser cumprida.[16]

O entendimento dos autores acerca do aproveitamento dos atos praticados pelo juízo absolutamente incompetente nessa hipótese está de acordo com a nova sistemática processual trazida pelo Código de Processo Civil que traz o princípio da primazia da decisão do mérito e uma aplicação ainda mais ampla do princípio da instrumentalidade das formas.

Como visto até o momento, a previsão da competência absoluta dos Juizados Especiais da Fazenda Pública é idêntica àquela prevista na Lei dos Juizados Especiais Federais, mas, tal previsão não pode ser interpretada sem uma análise concreta do caso, sob pena de ofensa a previsão constitucional.

Todavia, há uma particularidade no tocante aos Juizados Especiais da Fazenda Pública, o legislador vai além da previsão já existente no microssistema dos Juizados, e especifica no § 4º do Art. 2º que tal competência será absoluta no foro onde estiver instalado o Juizado Especial da Fazenda Pública e não dispõe expressamente acerca dos foros onde essa instalação não tiver ocorrido. Poder-se-ia concluir, *contrario sensu*, que não havendo Juizado Especial da Fazenda Pública a competência seria relativa? E interpretando-se ainda como absoluta quem irá exercer tal competência já que inexiste Juizado Especial da Fazenda Pública naquela localidade? É exatamente esse o ponto nevrálgico do tema. Mas para chegar-se a uma conclusão faz-se necessário analisar outros dispositivos da norma.

---

16. Breves anotações sobre a competência nos juizados da fazenda pública: a função social do sistema dos juizados. **Revista de Processo**, Doutrinas Essenciais: novo Processo Civil, v. 1/2018, Revista dos Tribunais, São Paulo, v. 273, p. 323-341, nov. 2017.

3.2. A instalação dos Juizados Especiais da Fazenda Pública e da competência nos foros em que a instalação ainda não ocorreu

A Lei 11.253/09 prevendo a dificuldade dos Tribunais de instalarem os Juizados Especiais da Fazenda Pública em todos os foros faz previsão de prazos e de como se dará o funcionamento dos Juizados de forma transitória.

Num primeiro momento o art. 22 prevê que o prazo para a instalação dos referidos Juizados é de 2 (dois) anos a contar da entrada em vigor da legislação, permitindo que os Tribunais se aproveitem total ou parcialmente das estruturas já existentes das Varas da Fazenda Pública.

De forma transitória, o art. 23 permite aos Tribunais limitar a competência dos Juizados Especiais da Fazenda Pública por até 5 (cinco) anos, a contar da entrada em vigor da legislação com vistas à necessidade da organização dos serviços judiciários e administrativos. Esse prazo já se esgotou, então o art. 23 não mais pode ser aplicado.

Durante sua vigência, vários Tribunais expediram provimentos limitando a competência dos Juizados da Fazenda Pública em determinados temas, por exemplo, o Tribunal do Estado de São Paulo que limitava em causas decorrentes de infrações de trânsito (CSM 1.769/2010; CSM 2.203/2014).[17]

E, por fim, o art. 24 determina que as ações que já estivessem em andamento quando da instalação dos Juizados não serão remetidas a ele. O mesmo ocorrendo com as ações interpostas fora do juizado por força da aplicação do art. 23 pelos Tribunais. Tal previsão é uma exceção à regra geral prevista no art. 43 do Código de Processo Civil que determina a aplicação imediata das normas que alterem competência absoluta. Na hipótese de instalação de Juizado Especial da Fazenda Pública apenas as novas ações lhe serão afetas, as que já se encontram em curso não sofrerão qualquer consequência.

---

17. Esse último repetia a redação do primeiro em seu art. ("Art. 9º. Para fins do art. 23 da Lei nº 2.153/2009, exceto quanto às Varas dos Juizados Especiais da Fazenda Pública da Comarca da Capital, ficam excluídas da competência dos Juizados Especiais da Fazenda Pública as ações que tenham como fundamento qualquer penalidade decorrente de infrações de trânsito (multas, pontuação, apreensão de veículo etc."). Tal artigo foi alterado pelo Provimento CSM nº 2.321/2016, datado de 18/01/2016, que passou a ter a seguinte redação: "Art. 9º. Em razão do decurso do prazo previsto pelo artigo 23 da Lei 12.153/2009, a competência dos Juizados da Vara da Fazenda é plena, nos termos do artigo 2º, § 4º, do referido diploma legal. Parágrafo único: A União e suas autarquias, inclusive o INSS, não poderão ser partes nos Juizados Especiais Estaduais ou nos Juizados Especiais da Fazenda Pública, em razão do que dispõem os artigos 8º, da Lei 9.099/95, e 5º, da Lei 12.153/2009, devendo as ações derivadas do § 3º do artigo 109 da Constituição Federal, assim como as ações acidentárias comuns, ser processadas e julgadas pelas Varas da Justiça Comum."

Ocorre que, apesar da Lei estar a tempo razoável em vigor, muitos foros não instalaram, ainda, os Juizados Especiais da Fazenda Pública. Tal situação atinge especialmente as Comarcas do interior. Nessas localidades a parte tem a sua disposição, em regra, o juízo comum e os Juizados Especiais Cíveis. A Lei 12.153/09 não faz previsão expressa de qual seria a competência nesses casos, também não prevê se seria absoluta ou relativa.

No Estado de São Paulo passou-se a entender, até mesmo em razão do microssistema dos Juizados Especiais, que os Juizados Especiais Cíveis seriam competentes para julgar as causas de competência do Juizado Especial da Fazenda Pública, nas Comarcas em que esse último não estivesse instalado.

O Conselho Superior da Magistratura (CSM) do Tribunal de Justiça de São Paulo editou o Provimento n. 1.768/2010, que atribuiu aos Juizados Especiais Cíveis das Comarcas do interior, de forma cumulativa, a competência para julgar as matérias dos Juizados Especiais Fazendários, enquanto estes não estiverem instalados na comarca, *in verbis:*

> Art. 2º- Ficam designadas em caráter exclusivo para o processamento e julgamento dos feitos previstos na Lei 12.153/2009 as seguintes unidades judiciárias:
>
> I na Comarca da Capital, as Varas de Juizado Especial da Fazenda Pública;
>
> II nas Comarcas do interior, enquanto não instalados os Juizados Especiais de Fazenda Pública:
>
> a) as Varas da Fazenda Pública, onde instaladas;
>
> b) **as Varas de Juizado Especial, com competência cível ou cumulativa, onde não haja Vara da Fazenda Pública instalada**;
>
> c) os Anexos de Juizado Especial, nas comarcas onde não haja Vara da Fazenda Pública e de Juizado Especial, designados os Juízes das Varas Cíveis ou Cumulativas para o julgamento; [...] (grifo nosso)

No mesmo sentido o Provimento nº 2.203/2014 do CSM, nos termos do artigo 8º, inciso II, que está em vigor até a presente data e é aplicado diuturnamente pelo Tribunal bandeirante nas Comarcas onde não há Juizado fazendário:

> Art. 8º. Nas Comarcas em que não foram instalados os Juizados Especiais de Fazenda Pública ficam designados para processamento das ações de competência do JEFAZ:
>
> I – as Varas da Fazenda Pública, onde instaladas;

> **II – as Varas de Juizado Especial, com competência cível ou cumulativa, onde não haja Vara da Fazenda Pública instalada;**
>
> III – os Anexos de Juizado Especial, nas comarcas onde não haja Vara da Fazenda Pública e de Juizado Especial, designados os Juízes das Varas Cíveis ou Cumulativas para o julgamento.

Todavia, essa não parece ser a melhor interpretação da norma. O § 4º do art. 2º da Lei 12.153/09 determina que a competência é absoluta apenas nos foros onde há Juizado Especial da Fazenda Pública instalado. E, mesmo nessas hipóteses, a aplicação da norma deve estar sujeita a algumas exceções como já explicitado anteriormente.

Fazer uma interpretação extensiva de modo a entender que, nos foros onde não há Juizado Especial da Fazenda Pública, a competência continuaria sendo absoluta, mas afeta aos Juizados Especiais Cíveis é ampliar de sobremaneira a letra da lei. Ainda que se entenda que os Juizados formam um microssistema e que suas normas devam se complementar, não há na legislação atual subsídio para embasar tal conclusão.

O art. 98, I, da Constituição Federal determina que a competência dos Juizados deve ser fixada na forma da Lei e a escolha da parte do foro competente apenas pode ocorrer nas hipóteses em que a lei assim o prevê. Se o § 4º do art. 2º da Lei 12.153/09 determina que a competência será absoluta nos foros onde há instalado o Juizado Especial da Fazenda Pública, não há como se concluir que naqueles em que o Juizado ainda não fora instalado a competência também é absoluta.

Sendo assim, nos foros onde não há Juizado Especial da Fazenda Pública instalado, a competência deve ser do juízo comum, garantindo-se às partes a utilização de todos os mecanismos e recursos processuais, além de contraditório amplo.

Nesse sentindo é o Enunciado 09 do FONAJEFP, *in verbis:*

> **Nas comarcas onde não houver Juizado Especial da Fazenda Pública ou juizados adjuntos instalados, as ações serão propostas perante as Varas comuns que detêm competência para processar os feitos de interesse da Fazenda Pública** ou perante aquelas designadas pelo Tribunal de Justiça, observando-se o procedimento previsto na Lei 12.153/09.[18] (grifo nosso)

18. CNJ CONSELHO NACIONAL DE JUSTIÇA. Enunciados da Fazenda Pública. Disponível em: ‹http://www.cnj.jus.br/corregedoriacnj/redescobrindo-os-juizados-especiais/enunciados-fonaje/enunciados-da-fazenda-publica›. Acesso em: 19 abr. 2018, 20:01:58.

Não se quer com essa conclusão dizer que os Juizados Especiais Cíveis não possam julgar causas relativas à Fazenda Pública. Em razão da legislação dos Juizados e do microssistema existente, os Juizados Especiais Cíveis detém competência para as causas fazendárias. Todavia, não se pode dizer que nessa hipótese a competência é absoluta, cabe ao autor escolher entre a justiça comum e o Juizado Especial Cível nas Comarcas onde não há Juizado Especial da Fazenda Pública instalado.

Analisando a questão de cumulação de pedidos, Joel Dias Figueira Júnior chega à conclusão de que a competência seria relativa nas Comarcas onde não tiver Juizado Especial da Fazenda Pública instalado:

> [...] b) Se a unidade dos Juizados Especiais não houver sido **instalada**, a **competência não será "absoluta", podendo o jurisdicionado fazer a opção no que concerne ao foro** (competência territorial) no momento da propositura da ação, além de indicar a norma procedimental a respeito da qual o processo seguirá os seus trâmites (ordinário ou especial).[19] (grifo nosso)

Em razão de todo o exposto, conclui-se que a competência para as causas fazendárias nas Comarcas onde não exista Juizado Especial da Fazenda Pública é relativa, podendo o autor optar pelo juízo comum ou pelo juizado especial cível, onde houver.

4. DOS REFLEXOS DO CÓDIGO DE PROCESSO CIVIL DE 2015 E DA COMPETÊNCIA ABSOLUTA/RELATIVA DO JUIZADO ESPECIAL DA FAZENDA PÚBLICA

Se o autor propuser a ação na justiça comum nas Comarcas em que já há Juizado da Fazenda Pública instalado, o juiz pode, de ofício, reconhecer a incompetência absoluta e remeter os autos ao Juizado.

A Lei 12.153/09 publicada antes da vigência do Código de Processo Civil de 2015 deve ser interpretada conforme esse novo diploma. Sendo assim, algumas considerações são necessárias com relação a essa decisão que reconhece o Juizado Especial da Fazenda Pública como competente absoluto para julgar tais causas.

É importante também verificar os reflexos no Código de Processo Civil de 2015 na forma de insurgência à escolha do juízo pelo autor na hipótese de o

---

19. **Juizados Especiais da Fazenda Pública: comentários à Lei 12.153, de 22 de dezembro de 2009.** 3. ed. São Paulo: Revista dos Tribunais, 2017, p.85.

juiz que atua no juízo comum não reconhecer de ofício sua incompetência e não remeter os autos ao Juizado Especial da Fazenda Pública.

E mais, entendendo que a competência é relativa nos foros onde não há instalado o Juizado Especial da Fazenda Pública, eventual decisão que remeta o julgamento da causa ao Juizado Especial de ofício é ilegal e pode ser passível de impugnação, o que se torna mais complicado em face do Código de Processo Civil de 2015.

Passa-se, então, a analisar tais aspectos, além de verificar qual seria a consequência do princípio da primazia da decisão do mérito na consequência dada pelo microssistema dos Juizados no tocante ao reconhecimento da incompetência.

4.1 Da vedação de decisão surpresa

O art. 10 do Código de Processo Civil estabelece que "o juiz não pode decidir, em grau algum de jurisdição, com base em fundamento a respeito do qual não se tenha dado às partes oportunidade de se manifestar, ainda que se trate de matéria sobre a qual deva decidir de ofício". O art. 9º, por sua vez, determina que "não se proferirá decisão contra uma das partes sem que ela seja previamente ouvida". Assim, a decisão surpresa está vedada pelo Código, que prevê um contraditório mais efetivo e um processo mais cooperativo.

Comentando referidos dispositivos, Arlete Inês Aurelli conclui que os mesmos são aspectos do contraditório participativo:

> Referidos dispositivos nada mais estabelecem do que o contraditório participativo. As partes têm o direito de influir na decisão judicial e tais normas deixam isso assente.
>
> O art. 10 **obstaculiza as chamadas decisões surpresa**, aquelas que são tomadas pelo juiz sem dar qualquer oportunidade de as partes se manifestarem e trazerem fundamentos capazes de influenciar na decisão que o juiz proferirá. Cria-se, assim, para o juiz, um dever de consulta.[20] (grifo nosso)

Assim, ainda que a Lei 12.153/09 permita ao juiz do juízo comum reconhecer de ofício a sua incompetência e remeter os autos ao Juizado Especial da Fazenda Pública, há necessidade de prévia intimação do autor para que esse

20. Normas Fundamentais no Código de Processo Civil Brasileiro. Doutrinas Essenciais - Novo Processo Civil, v. 1, 2018 *in* **Revista de Processo,** Revista dos Tribunais, São Paulo, v. 271, p. 19-47, set. 2017.

tenha ciência da possibilidade do reconhecimento de incompetência *ex officio* e possa se manifestar.

Se àquele foro não possui Juizado Especial da Fazenda Pública e o juiz do juízo comum pretende a remessa ao juizado especial cível a necessidade é ainda mais evidente, uma vez que, como se demonstrou acima, a questão é polêmica e o reconhecimento de ofício poderia estar contrário a letra da lei.

4.2. Da forma de impugnar a incompetência

Na vigência do Código de Processo de 1973, a forma para se insurgir nos casos de incompetência relativa ou absoluta demandava instrumentos diferenciados. A incompetência relativa deveria ser objeto de exceção e incompetência, e a incompetência absoluta poderia ser alegada por preliminar na contestação ou por simples petição a qualquer momento no processo.

Com a entrada em vigor do Código de Processo Civil de 2015, a alegação de incompetência tanto absoluta quanto relativa passa a ser, em regra, na preliminar da contestação.

Mas, em razão das conclusões anteriores, algumas ponderações devem ser realizadas nesse sentido.

Nas Comarcas onde há Juizado Especial da Fazenda Pública instalado, a alegação de incompetência absoluta, caso não seja reconhecida pelo juiz de ofício, pode ser feita em preliminar de contestação, como também pode ser realizada por simples petição a qualquer momento do processo por se tratar de matéria de ordem pública.

Todavia, em se tratando de foro onde não há Juizado Especial da Fazenda Pública instalado, eventual alegação de incompetência deve necessariamente ser feito em preliminar de contestação (e apenas com relação à competência territorial), sob pena de preclusão. Isso porque, conforme exposto no item 3.2, a competência de juízo é relativa e a opção cabe ao autor.

4.3. Do recurso cabível da decisão que reconhece de ofício a competência dos Juizados Especiais Cíveis nas comarcas onde não há Juizado Especial da Fazenda Pública instalado

A decisão que reconhece a incompetência do juízo comum tem natureza de decisão interlocutória, e o Código de Processo Civil de 2015, em seu artigo

1.015, traz um rol de situações em que o recurso de Agravo de Instrumento seria cabível. Através de uma simples leitura do disposto não se verifica a hipótese de cabimento nas hipóteses de decisões relativas à incompetência relativa.

O que é ilógico com todo o sistema, uma vez que deixar tal questão para ser revisitada pelo Tribunal apenas quando do recurso de apelação ou recurso inominado retira qualquer efetividade de uma eventual decisão que modifique o entendimento sobre competência.

Veja-se, quando não há na Comarca Juizado Especial da Fazenda Pública e a parte opta por ingressar com sua ação na Justiça Comum, reconhecendo o juiz a incompetência de ofício e remetendo o processo para o Juizado Especial Cível da localidade, o autor não teria como se insurgir de tal decisão nesse momento, podendo apenas impugná-la ao final da fase de conhecimento em recurso oposto em face da sentença, que na sistemática dos Juizados é o recurso inominado. Se o Colégio Recursal reconhece que o Juizado era efetivamente incompetente de forma absoluta não remeterá o processo ao juízo comum. Pela especialidade das normas do Juizado, a incompetência gera a extinção da ação.

Em crítica a essa consequência da extinção, Fernando da Fonseca Gajardoni e Luiz Manoel Gomes Junior, opinam por uma interpretação evolutiva dos dispositivos do Juizado que tratam da extinção do feito nos casos de reconhecimento de incompetência:

> Pensamos que deve ser adotada uma interpretação evolutiva da regra do art. 51, inciso III, da Lei 9.099/95 que determina a extinção do feito. Ela era justificável no passado, quando do início do Sistema dos Juizados. Atualmente, deve-se, sempre que possível, aproveitar os atos processuais até então praticados, especialmente em uma situação em que há tantas demandas em tramitação perante o Poder Judiciário. Não há qualquer sentido em extinguir o feito motivando novo ajuizamento, com perda de tempo e recursos para todos os envolvidos. Este parece, aliás, o mote do novel sistema processual, revelado pelas regras claras dos arts. 139, IX, e 488, ambos do CPC/2015 (LGL\2015\1656) (princípio da primazia do julgamento de mérito).[21]

Assim, o autor, mesmo diante de um cumprimento torto da legislação fica sem um mecanismo processual para impugná-lo tempestivamente. Somente

21. Breves anotações sobre a competência nos juizados da fazenda pública: a função social do sistema dos juizados. **Revista de Processo,** Doutrinas Essenciais: novo Processo Civil, v. 1/2018, Revista dos Tribunais, São Paulo, v. 273, p. 323-341, nov. 2017.

após todo o processamento e julgamento é que poderá alegar a ilegalidade e nesse momento não lhe será mais útil eventual reconhecimento de incompetência do Juizado Especial Cível. Mas, durante todo esse período, ele ficou sujeito a um procedimento que não lhe era adequado, muitas vezes com diminuição de cabimento de atos processuais e recursos.

Resta, então, avaliar se o rol de cabimento do agravo de instrumento, apesar de tratar-se de um rol taxativo, permite ou não interpretação extensiva em situações específicas.

A professora Teresa Arruda Alvim entende que a previsão legal não consegue abarcar todas as situações que a prática pode propiciar e que em razão disso deve-se permitir uma interpretação extensiva:

> [...] no entanto, apesar de se tratar de enumeração taxativa, nada impede que se dê interpretação extensiva aos incisos do art. 1015. Por isso, é que, muito provavelmente, **as exigências do dia a dia farão com que surjam outras hipóteses de cabimento de agravo**, que não estão previstas expressamente no art. 1015, mas podem-se considerar abrangidas pela via da interpretação extensiva. Um bom exemplo é o dado por Fredie Didier e Leonardo Carneiro da Cunha: **se a decisão que rejeita a convenção de arbitragem é recorrível de agravo (art. 1015, III), também deve ser agravável a que dispõe sobre a competência (relativa ou absoluta), pois são situações muito semelhantes.**[22] (grifo nosso)

Nesse mesmo sentido, é a conclusão de Luis Henrique Barbante Franzé:

> Com esta ordem de ideias, entendemos que deve ser dada interpretação conforme ao art. 1.015, do CPC/2015, para que seja cabível agravo de instrumento quando impugnar qualquer decisão interlocutória cujo reexame seja urgente e/ou relevante, independentemente de estar no rol do art. 1.015, do CPC/2015.[23]

Em artigo específico sobre o tema, argumentam Leonardo Carneiro da Cunha e Fredie Didier:

> Nos termos do art. 1.015, III, do CPC/2015, cabe agravo de instrumento contra as decisões interlocutórias que versarem sobre rejeição da alegação de convenção de arbitragem.

---

22. WAMBIER, Teresa Arruda Alvim; CONCEIÇÃO, Maria Lucia Lins; RIBEIRO; Leonardo Ferres da Silva; e MELLO, Rogério Licastro Torres de. **Primeiros Comentários ao Novo Código de Processo Civil**. São Paulo: RT, 2016. p. 1614.

23. **Agravo e o novo código de processo civil**. 8. ed. Curitiba: Juruá, 2016, p. 227-228.

A decisão que rejeita a alegação de convenção de arbitragem é uma situação singular em que se decide, na verdade, sobre competência. A decisão sobre a convenção de arbitragem contém características da decisão sobre competência.

Como se sabe, as partes interessadas podem submeter a solução de seus litígios ao juízo arbitral mediante convenção de arbitragem, assim entendida a cláusula compromissória ou o compromisso arbitral. Em outras palavras, a convenção de arbitragem é o gênero, do qual há duas espécies: a cláusula compromissória e o compromisso arbitral.

Em virtude da convenção de arbitragem, transfere-se o litígio para a competência do árbitro. É este quem deve examinar a disputa entre as partes. Se o juiz rejeita a alegação de convenção de arbitragem, está decidindo sobre sua competência para julgar o caso. Se a acolhe, entende que o árbitro é o competente. Trata-se, inegavelmente, de uma decisão sobre competência.

Qualquer decisão sobre alegação de convenção de arbitragem é impugnável, quer seja ela acolhida (apelação), quer tenha sido ela rejeitada (agravo de instrumento). A decisão que examina a alegação de incompetência é, em regra, decisão interlocutória acolhendo-a ou rejeitando-a; o processo não se extingue, no máximo sendo reencaminhado ao juízo competente, caso a alegação tenha sido acolhida.

A decisão relativa à convenção de arbitragem é uma decisão que trata de competência. Se a decisão que rejeita a alegação de convenção de arbitragem é agravável, também deve ser agravável a que trata de uma competência, relativa ou absoluta. O foro de eleição é um exemplo de negócio jurídico processual; a convenção de arbitragem, também. Ambos, à sua maneira, são negócios que dizem respeito à competência do órgão jurisdicional.

Embora taxativas as hipóteses de agravo de instrumento, aquela indicada no inc. III do art. 1.015 do CPC/2015 comporta intepretação extensiva para incluir a decisão que versa sobre competência.

Comparando-se as hipóteses, chega-se à conclusão que elas se equiparam.

Não há razão para que a alegação de incompetência tenha um tratamento não isonômico. A alegação de convenção de arbitragem e a alegação de incompetência são situações que se identificam e se assemelham. Por se assemelharem muito, devem ter o mesmo tratamento. Em razão do princípio da igualdade (CPC/2015, art. 7.º), ambas não podem, nesse ponto, ser tratadas diferentemente. A

> alegação de convenção de arbitragem e a alegação de incompetência têm por objetivo, substancialmente, afastar o juízo da causa. Ambas são formas de fazer valer em juízo o direito fundamental ao juiz natural juiz competente e imparcial, como se sabe.
>
> As hipóteses de cabimento de agravo de instrumento são taxativas, o que não impede a interpretação extensiva de algumas daquelas hipóteses. A decisão que rejeita a convenção de arbitragem é uma decisão sobre competência, não sendo razoável afastar qualquer decisão sobre competência do rol de decisões agraváveis, pois são hipóteses semelhantes, que se aproximam, devendo receber a devida graduação e submeter-se ao mesmo tratamento normativo.
>
> Pela mesma razão, é preciso interpretar o inc. III do art. 1.015 do CPC/2015 para abranger as decisões interlocutórias que versam sobre competência.[24]

A discussão acerca da interpretação extensiva do art. 1.015 é tormentosa e polêmica e possui muita relutância em ser aceita tanto na comunidade acadêmica como nos Tribunais.

O Tribunal de Justiça de São Paulo, de forma geral, não reconhece essa possibilidade e entende pelo não cabimento do Agravo de Instrumento. Mas há exceções: no julgamento do agravo de instrumento 2187603-32.2016.8.26.0000, ocorrido em 13 de dezembro de 2016, tendo sido relator o Desembargador Carlos Alberto Garbi, a 10ª Câmara de Direito Privado entendeu que:

> AGRAVO DE INSTRUMENTO CONTRA DECISÃO QUE VERSA SOBRE COMPETÊNCIA. ROL TAXATIVO. INTERPRETAÇÃO EXTENSIVA.
>
> 1. Com a revogação do Código de Processo Civil de 1973, promovida pela Lei nº 13.105/2015, o agravo de instrumento passou a ter cabimento apenas nas hipóteses expressamente elencadas pelo legislador. Portanto, não se enquadrando a decisão agravada nas hipóteses de decisões interlocutórias agraváveis previstas no art. 1.015 do NCPC, não deve ser, como regra, conhecida a pretensão da agravante.
>
> 2. Todavia, conquanto se reconheça a dificuldade do legislador na formulação de um rol taxativo das decisões imediatamente recorríveis mediante interposição de agravo, de modo a atender a celeridade e efetividade do processo, o diferimento da impugnação de outras interlocutórias não previstas, hoje, dentre as hipóteses do

24. Agravo de instrumento contra decisão que versa sobre competência e a decisão que nega eficácia a negócio jurídico processual na fase de conhecimento. **Revista de Processo**, Revista dos Tribunais, São Paulo, v. 242, p. 275 - 284, abr. 2015.

> art. 1.015 do CPC de 2015, pode resultar em verdadeira preclusão de determinadas matérias. Daí porque a doutrina tem defendido, com veemência, a compatibilidade entre a taxatividade legal das hipóteses de cabimento de agravo e sua interpretação extensiva para abarcar, por analogia, outras situações semelhantes àquelas idealizadas pelo legislador, permitindo, assim, a adequação sistêmica e a colmatação de determinadas lacunas do Novo Código nesse ponto.
>
> 3. Como se verifica, o art. 1.015 do CPC não prevê dentre as decisões recorríveis por agravo de instrumento aquelas que versam sobre competência. Sucede que, por motivos óbvios, não há proveito em se relegar ao momento do julgamento da apelação a apreciação de tal matéria pelo Tribunal. Não obstante o novo Código estabeleça a "possibilidade" de aproveitamento dos atos praticados por juízo incompetente, a necessidade de renovação daqueles porventura declarados nulos apenas na apelação caracterizará, à evidência, séria afronta aos princípios da economia e da celeridade processual.
>
> 4. Dessa forma, seja para assegurar a coerência do ordenamento, com o tratamento igual à situações semelhantes, seja para impedir o uso do mandado de segurança como sucedâneo recursal, justifica-se seja dada interpretação extensiva ao art. 1.015, inc. III, do CPC, para admitir a impugnação das decisões interlocutórias que versarem sobre competência pela via do agravo de instrumento, assim como outras que podem causar prejuízo irreversível no julgamento da apelação.
>
> 5. Recurso que deve ser conhecido.[25]

E tal decisão não é isolada, em 14/6/2016, a mesma interpretação extensiva foi adotada pela 31ª. Câmara de Direito Privado do Tribunal de Justiça de São Paulo, no julgamento do agravo de instrumento 20796163420168260000, tendo sido relator o desembargador Carlos Nunes:

> AGRAVO DE INSTRUMENTO – INTERPOSIÇÃO CONTRA DECISÃO QUE DECLINOU DA COMPETÊNCIA – Decisão interlocutória não prevista expressamente no rol do art. 1015 do novo CPC – Possibilidade de interpretação extensiva para enquadrar o caso no inciso III, do art. 1015 do CPC/2015, que dispõe sobre rejeição de convenção de arbitragem,

25. SÃO PAULO. Tribunal de Justiça de São Paulo. Agravo de instrumento 2187603-32.2016.8.26.0000. 10 Câmara Cível. Relator: Desembargador Carlos Alberto Garbi, j. 13 dez. 2016. In **JusBrasil**. Disponível em: <https://tj-sp.jusbrasil.com.br/jurisprudencia/416944353/agravo-de-instrumento-ai-21876033220168260000-sp-2187603-3220168260000>. Acesso em: 22 mar. 2018, 10:56:18.

> na medida em que tal inciso trata de competência, pois o juiz quando rejeita a arbitragem, na verdade declara a sua competência para julgar o feito – Cabimento do agravo de instrumento. ACIDENTE DE TRÂNSITO – SEGURO OBRIGATÓRIO (DPVAT) – Ação de cobrança de seguro obrigatório – Decisão de Primeiro Grau em que foi reconhecida a incompetência do Juízo, sob o fundamento de que o foro competente para o ajuizamento da ação é o do domicílio da sede da ré – Escolha pelo foro do domicílio da sucursal da ré – Faculdade atribuída ao autor – Possibilidade – Ação que pode ser proposta no foro do domicílio da sucursal da ré, de acordo com a regra do art. 53, III, 'b', do novo CPC – Recurso provido, na parte conhecida, para o fim de reconhecer a competência do juízo da 6ª Vara Cível de São José do Rio Preto para julgar a ação. JUSTIÇA GRATUITA – Pedido formulado em primeira instância e não apreciado pelo magistrado – Impossibilidade de apreciação em sede de agravo de instrumento, consoante disposto no art. 1015, V, do novo CPC – Recurso não conhecido nessa parte.[26]

Entendimento similar foi o adotado pela 15ª Câmara de Direito Privado do Tribunal de Justiça do Paraná no julgamento do agravo de instrumento 1575104-5, ocorrido em 26/10/2016, tendo sido relator o Desembargador Hamilton Mussi Correa:

> 1. DECISÃO: ACORDAM os Desembargadores da 15ª Câmara Cível do Tribunal de Justiça do Estado do Paraná, por unanimidade, em dar provimento ao recurso, a fim de acolher a exceção de incompetência proposta pela agravante e determinar a remessa dos autos à Comarca de Ivinhema/MS, de acordo com o voto do Relator. EMENTA: Agravo de instrumento. Exceção de incompetência. Cabimento. Interpretação extensiva do art. 1.015, do CPC/2015. Ação revisional proposta em foro diverso do domicílio do consumidor e do foro de eleição do contrato. Impossibilidade. Princípio do Juiz Natural. 1. É cabível recurso de agravo de instrumento que versa sobre competência, uma vez que o reconhecimento futuro de eventual incompetência do Juízo por ocasião do julgamento de apelação seria inócuo, pois o processo já teria tramitado perante Juízo incompetente. 2. A opção aleatória do foro da ação, não guardando relação com aquele da residência do consumidor ou com o foro de eleição, agride ao princípio do Juiz Natural estabelecido no art. 5º, inc. XXXVII da

---

26. SÃO PAULO. Tribunal de Justiça do Estado de São Paulo. Agravo de Instrumento n. 20796163420168260000 SP 2079616-34.2016.8.26.0000. Órgão Julgador: 31. Câmara de Direito Privado. Relator: Desembargador Carlos Nunes, j. 14 jun. 2016. In **JusBrasil**. Disponível em: ‹https://tj-sp.jusbrasil.com.br/jurisprudencia/351310049/agravo-de-instrumento-ai-20796163420168260000-sp-2079616-3420168260000›. Acesso em: 22 mar. 2018, 11:00:00.

> Constituição Federal. O fato de a Lei 8078/90 conferir ao consumidor a prerrogativa de optar, dentre as hipóteses que expressamente prevê, o juízo onde proporá a demanda, não lhe outorga liberdade absoluta para, sem observar critério algum de competência, ajuizar a ação em qualquer lugar do país. Recurso provido. Agravo de Instrumento nº 1.575.104-5 fl. 2.

Na mesma toada, a decisão 3ª Câmara Cível do Tribunal de Justiça da Bahia, no julgamento do agravo de instrumento 00154926120168050000, ocorrido em 25/10/2016, tendo sido relatora a Desembargadora Rosita Falcão de Almeida Maia:

> 2. EMENTA. AGRAVO DE INSTRUMENTO. CONCURSO PÚBLICO. SOCIEDADE ECONOMIA MISTA. DECISÃO INCOMPETÊNCIA JUSTIÇA ESTADUAL. CABIMENTO AGRAVO DE INSTRUMENTO. FASE PRÉ-CONTRATUAL COMPETÊNCIA JUSTIÇA TRABALHO. INCISO I DO ART. 114 DA CONSTITUIÇÃO FEDERAL. PRELIMINAR REJEITADA. A decisão que declara a incompetência desafia agravo de instrumento, diante da possibilidade de interpretação extensiva ao art. 1.015, III do CPC/2015. Preliminar rejeitada. O entendimento predominante dos Tribunais Superiores é de que a Justiça do Trabalho é competente para conhecer e julgar litígios referentes ao período pré-contratual de potencial empregado que presta concurso público para ingresso em entidade estatal. Isso porque, apesar de tratar de questões anteriores à efetivação da formalização do vínculo empregatício, no momento em que o candidato é aprovado no certame formaliza com o empregador um pré-contrato de trabalho, de modo a atrair a competência da Justiça Laboral. Agravo conhecido e improvido.[27]

A 4ª Turma Cível do Tribunal de Justiça do Distrito Federal, no Acórdão n. 978761 do Agravo de Instrumento 20160020344135, tendo como Relator o Desembargador SÉRGIO ROCHA e como Relator Designado o Desembargador JAMES EDUARDO OLIVEIRA decidiu em 19/10/2016:

> DIREITO PROCESSUAL CIVIL. AGRAVO INTERNO EM AGRAVO DE INSTRUMENTO. DECISÃO QUE ACOLHE PRELIMINAR DE INCOMPETÊNCIA. CABIMENTO. ART. 1.015 DO CPC. INTERPRETAÇÃO ANALÓGICA E EXTENSIVA. POSSIBILIDADE. CABIMENTO DO RECURSO. DECISÃO MONOCRÁTICA REFORMADA.
>
> I. O Código de Processo Civil de 2015 não contempla a decisão que acolhe a preliminar de incompetência no rol dos pronunciamentos

27. BAHIA. Tribunal de Justiça da Bahia. Agravo de Instrumento n. 00154926120168050000. Órgão Julgador: Terceira Câmara Cível. Relator: Desembargadora Rosita Falcão de Almeida Maia, p. 25 out. 2016. In **JusBrasil.** Disponível em: ‹https://tj-ba.jusbrasil.com.br/jurisprudencia/423005554/agravo-de-instrumento-ai-15492612016805000o?ref=juris-tabs›. Acesso em: 22 mar. 2018, 11:54:18.

que podem ser impugnados por meio de agravo de instrumento descrito em seu artigo 1.015.

II. Não obstante o caráter exaustivo do catálogo do artigo 1.015, não é vedado o recurso à interpretação extensiva ou analógica de alguma das hipóteses nele listadas, sobretudo com o propósito de favorecer a segurança jurídica e a razoável duração do processo.

III. Se, por um lado, as hipóteses de cabimento do agravo de instrumento são dispostas *numerus clausus*, de outro, mostra-se imperioso transigir quanto à possibilidade de extensão de alguma delas a situações dirimidas por decisões substancialmente similares.

IV. Se é agravável a decisão que rejeita a alegação de convenção de arbitragem e, por via de consequência, estabelece a competência do órgão jurisdicional, não há razão para excluir da abrangência recursal do agravo de instrumento a decisão que estabelece a competência interna, isto é, a competência de um órgão jurisdicional em face dos demais.

V. De acordo com a inteligência do parágrafo único do artigo 1.015 do Código de Processo Civil, no cumprimento de sentença a decisão sobre a competência do juízo da execução, arguida por meio de impugnação na forma do artigo 525, inciso VI, do mesmo diploma legal, pode ser impugnada mediante agravo de instrumento.

VI. O mesmo pode ocorrer até mesmo no processo de execução, tendo em vista que a incompetência absoluta, muito embora em regra deva ser suscitada por meio de embargos à execução, nos termos do artigo 917, inciso V, do Código de Processo Civil, por força do artigo 64, § 1º, do mesmo Estatuto Processual, "pode ser alegada em qualquer tempo e grau de jurisdição e deve ser declarada de ofício.

VII. A interpretação analógica, também em função desse quadro processual, parece inelutável: se é cabível agravo de instrumento contra decisão acerca de competência no cumprimento de sentença e no processo de execução, deve sê-lo também na fase cognitiva.

VIII. É o que também se verifica no inventário: o juiz considera que a questão que lhe foi submetida extravasa a cognoscibilidade do procedimento especial e remete as partes para as vias ordinárias, com arrimo no artigo 612 do Código de Processo Civil, essa decisão, que versa exatamente sobre competência, também desafia agravo de instrumento nos termos do parágrafo único do artigo 1.015.

IX. Recurso conhecido e provido.[28]

---

28. DISTRITO FEDERAL. Tribunal de Justiça do Distrito Federal. Agravo Regimental no Agravo de Instrumento n. 2016 00 2 034413-5. Agravo de Instrumento n. 0036662-35.2016.8.07.0000. Acórdão 978761. 4. Turma Cível.

Deve-se destacar que interpretar o inciso III do Art. 1.015 do Código de Processo Civil para as decisões acerca de competência é dar valor às normas fundamentais previstas no mesmo Código nos artigos. 4º a 8º. Entender tal decisão como só passível de impugnação quando do julgamento da apelação ou do recurso inominado é tornar a irresignação totalmente inútil para a parte, podendo fazer ressurgir a necessidade de ingresso de Mandado de Segurança sucedâneo de recurso, o que não parece ter sido a intenção do legislado quando se parte para uma análise sistemática da legislação.

A questão ainda não foi enfrentada de forma definitiva pelo Superior Tribunal de Justiça, mas a Corte Especial do Superior Tribunal de Justiça (STJ) afetou dois recursos especiais REsp 1.704.520 e REsp 1.696.396 para julgamento pelo sistema dos recursos repetitivos, sob relatoria da ministra Nancy Andrighi. A controvérsia tem por objeto a possibilidade de interpretação extensiva do artigo 1.015 do Código de Processo Civil de 2015 e foi cadastrada sob o número 988. O tema foi cadastrado com a seguinte redação:

> "Definir a natureza do rol do artigo 1.015 do CPC/2015 e verificar possibilidade de sua interpretação extensiva, para se admitir a interposição de agravo de instrumento contra decisão interlocutória que verse sobre hipóteses não expressamente versadas nos incisos do referido dispositivo do novo CPC."[29]

5. CONCLUSÕES

Diante de todo o exposto e debatido, pode-se concluir que a competência dos Juizados Especiais Cíveis é, em regra, absoluta ou mista nas Comarcas onde ele esteja instalado. Porém, é relativa nas Comarcas onde tal instalação ainda não ocorreu.

O autor, portanto, pode optar pelo juízo comum ou pelo juizado especial cível nas Comarcas onde não instalado o juizado fazendário, infringindo a legislação federal qualquer norma inferior em sentido contrário.

Conclui-se, ainda, que, na hipótese de não existência de Juizado Especial da Fazenda Pública instalado, o juiz do juízo comum não pode, *ex officio*,

---

Relator: Desembargador James Eduardo Oliveira, p. 17 nov. 2016. In **JusBrasil.** Disponível em: https://www.jusbrasil.com.br/diarios/130823033/djdf-17-11-2016-pg-529>. Acesso em: 22 mar. 2018, 10:59:56.

29. SUPERIOR TRIBUNAL DE JUSTIÇA. Notícias: Corte vai decidir sobre admissão de agravo de instrumento em hipóteses não previstas no CPC. 12 mar. 2018. Disponível em: <http://www.stj.jus.br/sites/STJ/default/pt_BR/Comunica%C3%A7%C3%A3o/noticias/Not%C3%ADcias/Corte-vai-decidir-sobre-admiss%C3%A3o-de-agravo-de-instrumento-em-hip%C3%B3teses-n%C3%A3o-previstas-no-CPC>. Acesso em: 13 mar. 2018, 08:45:13.

analisar eventual questão de competência. Nessa hipótese, eventual alegação de incompetência territorial (não de juízo) poderá ser realizada pela ré em preliminar de contestação, sob pena de preclusão.

De outro lado, existindo um reconhecimento de incompetência do juízo comum de ofício deve-se permitir ao autor a interposição do Recurso de Agravo de Instrumento, em interpretação extensiva do inciso III do art. 1.015 do Código de Processo Civil, sob pena de permitir-se convalidar uma ilegalidade.

6. REFERÊNCIAS BIBLIOGRÁFICAS

ARAÚJO CINTRA, Antonio Carlos de; GRINOVER, Ada Pellegrini; DINAMARCO, Cândido Rangel. **Teoria Geral do Processo**. 26. ed. São Paulo: Malheiros, 2010.

AURELLI, Arlete Inês. Normas Fundamentais no Código de Processo Civil Brasileiro. Doutrinas Essenciais - Novo Processo Civil, v. 1, 2018 *in* **Revista de Processo,** Revista dos Tribunais, São Paulo, v. 271, p. 19-47, set. 2017.

BAHIA. Tribunal de Justiça da Bahia. Agravo de Instrumento n. 00154926120168050000. Órgão Julgador: Terceira Câmara Cível. Relator: Desembargadora Rosita Falcão de Almeida Maia, p. 25 out. 2016. In **JusBrasil.** Disponível em: ‹ https://tj-ba.jusbrasil.com.br/jurisprudencia/423005554/agravo-de-instrumento-ai-154926120168050000?ref=juris-tabs›. Acesso em: 22 mar. 2018, 11:54:18.

CÂMARA, Alexandre Freitas. **Juizados Especiais Cíveis Estaduais, Federais e da Fazenda Pública:** uma abordagem crítica. 6. Ed. Rio de Janeiro: Lumen Juris, 2010, p. 203.

CHIMENTI, Ricardo Cunha. **Juizados Especiais da Fazenda Pública:** Lei n. 12.153/2009 comentada artigo por artigo. São Paulo: Saraiva, 2010.

CNJ CONSELHO NACIONAL DE JUSTIÇA. Enunciados da Fazenda Pública. Disponível em: ‹ http://www.cnj.jus.br/corregedoriacnj/redescobrindo-os-juizados-especiais/enunciados-fonaje/enunciados-da-fazenda-publica›. Acesso em: 19 abr. 2018, 20:01:58.

CUNHA, Leonardo Carneiro da. **A Fazenda Pública em juízo.** 14. ed. rev. atual. e ampl. Rio de Janeiro: Forense, 2017.

CUNHA, Leonardo Carneiro da; DIDIER JUNIOR, Fredie. Agravo de instrumento contra decisão que versa sobre competência e a decisão que nega eficácia a negócio jurídico processual na fase de conhecimento. **Revista de Processo,** Revista dos Tribunais, São Paulo, v. 242, p. 275 - 284, abr. 2015.

DISTRITO FEDERAL. Tribunal de Justiça do Distrito Federal. Agravo Regimental no Agravo de Instrumento n. 2016 00 2 034413-5. Agravo de Instrumento n. 0036662-35.2016.8.07.0000. Acórdão 978761. 4. Turma Cível. Relator: Desembargador James Eduardo Oliveira, p. 17 nov. 2016. In **JusBrasil.** Disponível em: https://www.jusbrasil.com.br/diarios/130823033/djdf-17-11-2016-pg-529›. Acesso em: 22 mar. 2018, 10:59:56.

FIGUEIRA JÚNIOR, Joel Dias. **Juizados Especiais da Fazenda Pública: comentários à Lei 12.153, de 22 de dezembro de 2009.** 3. ed. São Paulo: Revista dos Tribunais, 2017.

FONAJE Fórum Nacional de Juizados Especiais. Enunciado 1. Disponível em: ‹http://www.amb.com.br/fonaje/?p=32›. Acesso em: 19 abr. 2018, 10:54:16.

FONAJEF Fórum Nacional Juizado Especial da Justiça Federal. Enunciado 91. Disponível em: ‹ http://www.cjf.jus.br/cjf/corregedoria-da-justica-federal/corregedoria-geral-da-justica-federal/enunciados-fonajef/lista-completa-dos--enunciados-do-fonajef.pdf›. Acesso em: 19 abr. 2018, 15:51:14.

FRANZÉ, Luís Henrique Barbante. **Agravo e o novo código de processo civil**. 8. ed. Curitiba: Juruá, 2016.

GAJARDONI, Fernando da Fonseca. **Comentários à nova Lei dos Juizados Especiais da Fazenda Pública** (obra coletiva), São Paulo: Revista dos Tribunais, 2010.

GAJARDONI, Fernando da Fonseca; GOMES JUNIOR, Luiz Manoel. Breves anotações sobre a competência nos juizados da fazenda pública: a função social do sistema dos juizados. **Revista de Processo**, Doutrinas Essenciais: novo Processo Civil, v. 1/2018, Revista dos Tribunais, São Paulo, v. 273, p. 323-341, nov. 2017.

PAULA FILHO, Manoel José de. Da competência absoluta, relativa ou mista e a opcionalidade ou não dos juizados especiais fazendários. **Revista Jus Navigandi**, Teresina, ano 22, n. 5071, 20 maio 2017. Disponível em: ‹https://jus.com.br/artigos/57815›. Acesso em: 19 abr. 2018, 9:35:18.

THEODORO JÚNIOR, Humberto. **Os Juizados Especiais da Fazenda Pública (Lei n. 12.153, de 22.12.2009).** Palestra proferida em 19.02.2010, no III Encontro de Juízes Especiais do Estado de Minas Gerais e em 2.02.2010, no I Seminário de Direito Processual Civil do Triângulo Mineiro: O Processo Civil no Século XXI. Disponível em: ‹https://bd.tjmg.jus.br/jspui/bitstream/tjmg/668/1/palTJ-OSJ.pdf›. Acesso em 15 mar. 2018, 07:45:26.

WAMBIER, Teresa Arruda Alvim; CONCEIÇÃO, Maria Lucia Lins; RIBEIRO; Leonardo Ferres da Silva; e MELLO, Rogério Licastro Torres de. **Primeiros Comentários ao Novo Código de Processo Civil**. São Paulo: RT, 2016. p. 1614.

SÃO PAULO. Tribunal de Justiça do Estado de São Paulo. Agravo de Instrumento n. 20796163420168260000 SP 2079616-34.2016.8.26.0000. Órgão Julgador: 31. Câmara de Direito Privado. Relator: Desembargador Carlos Nunes, j. 14 jun. 2016. In **JusBrasil**. Disponível em: <https://tj-sp.jusbrasil.com.br/jurisprudencia/351310049/agravo-de-instrumento-ai-20796163420168260000-sp-2079616-3420168260000>. Acesso em: 22 mar. 2018, 11:00:00.

SÃO PAULO. Tribunal de Justiça de São Paulo. Agravo de instrumento 2187603-32.2016.8.26.0000. 10 Câmara Cível. Relator: Desembargador Carlos Alberto Garbi, j. 13 dez. 2016. In **JusBrasil**. Disponível em: <https://tj-sp.jusbrasil.com.br/jurisprudencia/416944353/agravo-de-instrumento-ai-21876033220168260000-sp-2187603-3220168260000>. Acesso em: 22 mar. 2018, 10:56:18.

SOUZA, Marcia Cristina Xavier de. Juizados especiais fazendários. Rio de Janeiro: Forense, 2010.

SUPERIOR TRIBUNAL DE JUSTIÇA. Notícias: Corte vai decidir sobre admissão de agravo de instrumento em hipóteses não previstas no CPC. 12 mar. 2018. Disponível em: <http://www.stj.jus.br/sites/STJ/default/pt_BR/Comunica%C3%A7%C3%A3o/noticias/Not%C3%ADcias/Corte-vai-decidir-sobre-admiss%C3%A3o-de-agravo-de-instrumento-em-hip%C3%B3teses-n%C3%A3o-previstas-no-CPC>. Acesso em: 13 mar. 2018, 08:45:13.

CAPÍTULO 6

O sistema de Juizados Especiais e o CPC/2015

Erick Cavalcanti Linhares Lima

SUMÁRIO: 1. O CPC/2015 E SUA INCIDÊNCIA RESTRITA AOS JUIZADOS ESPECIAIS; 2. SISTEMA DE JUIZADOS ESPECIAIS E CRITÉRIOS DE INTERPRETAÇÃO; 3. CONCLUSÕES; BIBLIOGRAFIA

1. O CPC/2015 E SUA INCIDÊNCIA RESTRITA AOS JUIZADOS ESPECIAIS

Dispõe o artigo 52 da Lei n.° 9.099/1995 que a legislação processual comum será aplicada aos Juizados Especiais, apenas na execução, e no que couber. Isso significa que, na fase de conhecimento, excetuada a hipótese do artigo 30 da mencionada lei[1], não há previsão de incidência subsidiária do Código de Processo Civil.

A expressão "*no que couber*", prevista no citado artigo 52, objetiva evitar a importação de normas do processo ordinário que contrariem os critérios informadores dos Juizados Especiais, contemplados no artigo 2.° da Lei n.° 9.099/1995. Ou seja, funciona como um filtro, uma cláusula de validação da legislação processual comum, com o claro objetivo de manter a integridade do Sistema dos Juizados Especiais.

Como lembra Chimenti, isso não impede a aplicação analógica do Código de Processo Civil (artigo 4.° da LINDB[2]) "*mas recomenda a superação das omissões do legislador com base nos princípios do novo sistema.*[3]"

Vale dizer, a importação de normas do Código de Processo Civil exige, além da omissão normativa, a necessidade de suprir lacuna no sistema dos Juizados Especiais. E isso ocorre quando a legislação processual ordinária der mais densidade aos princípios do artigo 2.° da Lei n.° 9.099/1995, para buscar

---

1. Suspeição ou impedimento do Juiz que se processará na forma da legislação processual em vigor.
2. Decreto-Lei n.° 4.657/1942, antiga Lei de Introdução ao Código Civil Brasileiro, redenominada, pela Lei n.° 12.376/2010, como Lei de Introdução às normas do Direito Brasileiro.
3. CHIMENTI, Ricardo Cunha. **Teoria e prática dos juizados especiais cíveis estaduais e federais.** 13.ª ed. - São Paulo:Saraiva, 2012, p. 31

resultados compatíveis com a efetividade, a oralidade, a simplicidade, a informalidade, a economia processual e a celeridade.

Seguramente, por isso, o novo Código de Processo Civil, que se funda no paradigma de um processo constitucional (artigo 1.° NCPC), dispõe, expressamente, que suas normas serão aplicadas supletiva e subsidiariamente aos processos eleitorais, trabalhistas e administrativos (artigo 15 NCPC). A omissão aos Juizados Especiais não foi acidental, buscou-se assegurar a autonomia processual desse sistema, conforme preconiza o artigo 98, inciso I, da Constituição da República.

Como se vê, quando o legislador quis aplicar o novo código aos Juizados, o fez expressamente nos artigos 985 (inciso I) e 1.062. Em nenhum momento se previu a incidência generalizada do novo CPC aos Juizados Especiais.

A importação de normas do procedimento ordinário para o especial ocorre na definição de institutos jurídicos, por exemplo: partes, juiz, suspeição, impedimento, coisa julgada, litigância de má-fé, dentre outros. Bem como, quando se tratar de dispositivo compatível com os princípios que animam os Juizados, por garantir maior celeridade ao sistema e mais efetividade na prestação jurisdicional, como ocorre com a antecipação da tutela.

Por conseguinte, não se aplica aos Juizados Especiais a regra do artigo 10 do novo CPC que estabelece a vedação à decisão-supresa; segundo a qual, todas as decisões definitivas têm que ser previamente debatidas entre as partes, inclusive aquelas que devem ser conhecidas de ofício. Ou seja, pelo novo CPC, o juiz não poderá extinguir uma ação, por ausência de pressupostos processuais, sem antes ouvir a parte a respeito.

Essa norma, embora democratize o processo no sentido de diálogo entre as partes e o magistrado, não tem aplicação nos Juizados Especiais, por atropelar o procedimento sumaríssimo que tem por pressuposto a concentração de fases, para a rápida solução da demanda.

Com efeito, a Lei n.° 9.099/1995 autoriza o julgamento por equidade (artigo 6.°) o que, por si só, é incompatível com a regra do novo CPC. E, seu artigo 38, preceitua que a sentença mencionará os elementos de convicção do juiz, com resumo dos fatos relevantes. Não há, portanto, necessidade, de prévio debate entre as partes e o órgão julgador sobre os fundamentos da decisão, ainda que não discutido expressamente nos autos.

Além disso, nos Juizados, a parte exerce diretamente o *jus postulandi*, podendo comparecer à unidade jurisdicional desacompanhada de advogado, nas causas especificadas em lei; logo, não se pode exigir que tenha conhecimento técnico para se manifestar sobre pressupostos da ação, hipóteses de extinção processual, dentre outras questões técnicas, peculiares ao procedimento ordinário.

O próprio legislador deixou claro que essa regra se volta exclusivamente ao rito comum, ao não contemplar sua extensão ao sistema dos Juizados Especiais (artigo 15, novo CPC).

Outro dispositivo que merece análise é o artigo 12 do novo CPC, segundo o qual os juízes e tribunais obedecerão à ordem cronológica de conclusão para sentenciar ou decidir.

A ideia dessa norma é assegurar tratamento isonômico. Mas, para evitar que a igualdade se transforme em fator de injustiça, o novo CPC abriu uma série de exceções, em casos de urgência, nas hipóteses de julgamento em bloco ou de recursos repetitivos, dentre outras elencadas no parágrafo segundo do mencionado artigo 12.

Contudo, essa regra da ordem cronológica não tem incidência no sistema dos Juizados, porque se deve evitar a ordinarização do rito da Lei n.° 9.099/1995. A importação fragmentada de regras do processo comum aos Juizados levará a descaracterização dos princípios que regulam o sistema e de seu delicado devido processo legal, comprometido com uma prestação jurisdicional mais célere e efetiva.

Também, o mecanismo de heterointegração no Sistema dos Juizados exige a concomitância de dois pressupostos, a omissão e a compatibilidade (refere-se ao "no que couber" do artigo 52 da Lei n.° 9.099/1995). Ambos ausentes no caso em análise.

Com efeito, embora não haja previsão expressa na Lei n.° 9.099/1995 de julgamento por ordem cronológica, não se pode afirmar que há omissão. Tampouco se pode dar uma interpretação extensiva ao conceito de lacuna a ponto de descaracterizar o sistema.

Aliás, o procedimento no rito dos Juizados Especiais é marcado pela oralidade e pela busca da simplicidade e da celeridade. Por isso, muitas das supostas lacunas das Leis 9.099/1995 e 12.153/2009 não são propriamente lacunas ou omissões do legislador, mas características de um sistema oral, em que as questões têm que ser resolvidas informalmente em audiência e que a sentença tem que ser dada na ponta da caneta.

Isso tem reflexo na metodologia procedimental de resolução de litígios nos Juizados Especiais que, por ser pautada na oralidade e pelo maior contato entre o juiz e as partes, é bastante diversa daquela do processo ordinário. Por exemplo, nos Juizados Especiais é possível a sentença oral, com o registro apenas do dispositivo em ata de audiência (Enunciado n.° 46 do FONAJE). Isso, infelizmente, ainda é inconcebível no Código de Processo Civil.

Assim, a ideia que permeia a estrutura dos Juizados é de um ordenamento jurídico autônomo, ancorado em princípios próprios e desenvolvido em teorias processuais distantes daquelas em que se fundamenta o Código de Processo Civil.

2. SISTEMA DE JUIZADOS ESPECIAIS E CRITÉRIOS DE INTERPRETAÇÃO

O processo, nos feitos sujeitos a rito sumaríssimo, é disciplinado pelas normas que lhe são peculiares, para os feitos cíveis (Lei n.° 9.099/1995), para os federais (Lei n.° 10.259/2001) e para os fazendários (Lei n.° 12.153/2009).

O que se busca é um diálogo entre esses diplomas normativos que seguem o mesmo rito, pois a subsidiariedade não se restringe ao texto do Código do Processo Civil, mas às normas processuais cíveis sumaríssimas.

Nessa linha, a Lei 12.153/2009 preceitua, no parágrafo único de seu artigo 1.º, que os Juizados Especiais Cíveis, Criminais e Fazendários formam um sistema. A questão do que seja esse sistema perpassa pela forma de interpretar as leis dos Juizados Especiais Cíveis e Criminais (9.099/1995), dos Juizados Federais (10.259/2001) e dos Juizados Fazendários (12.153/2009), com inegáveis efeitos práticos.

Sobre esse tema, duas correntes interpretativas surgiram. A primeira, que chamaremos de Teoria Estatutária, tem por expoente Humberto Theodoro Júnior e entende que quando a lei se refere a sistema quer dizer que "*os três diplomas normativos* [Leis 9.099, 10.259 e 12.153] *(...) formam uma unidade institucional, isto é, um só estatuto, qual seja o estatuto legal dos Juizados Especiais brasileiros*[4]".

Assim, sustenta que:

> "Não havendo, portanto, conflito entre regras explícitas, os dispositivos de qualquer das três leis podem ser aplicados nos

4. THEODORO JÚNIOR, Humberto. **Os juizados especiais da Fazenda Pública** Lei nº 12.153, de 22.12.2009. Revista Brasileira de Direito Processual (Impresso), v. 70, p. 13-30, 2010.

> procedimentos de qualquer um dos diferentes juizados. Por exemplo: a Lei n.° 9.099, ao disciplinar o procedimento dos Juizados Cíveis não cuidou nem das medidas de urgência, nem do recurso das decisões interlocutórias. As leis subseqüentes relativas aos Juizados da Fazenda Pública, regularam tanto a possibilidade das medidas cautelares e antecipatórias como previram a recorribilidade dos respectivos provimentos. Essa disciplina, portanto, pode ser aplicada também nos Juizados Especiais Cíveis, de modo a preencher as lacunas da Lei n.° 9.099".

Como efeitos práticos dessa forma de ver o sistema, a decisão que concedesse tutela em Juizado Cível (Lei 9.099) admitiria o recurso do artigo 4.º da Lei 12.153/2009. Nessa linha, os complexos pedidos de uniformização de jurisprudência do Juizado Fazendário também se aplicariam aos Juizados Cíveis.

A crítica a essa visão de Sistema de Juizados é que o artigo 1.º da Lei 12.153/2009 não criou um Estatuto dos Juizados, no qual haveria uma miscelânea das Leis 9.099/1995, 10.259/2001 e 12.153/2009; algo inclusive não contemplado pelo legislador, sobretudo por envolverem direitos materiais que não se conciliam.

A segunda corrente interpretativa, denominada de Teoria do Microssistema, entende que o legislador, ao falar em Sistema de Juizados, quer apenas estabelecer uma relação de subsidiariedade entre as leis que tratam de Juizados Especiais.

Na prática, a intenção foi até mais acanhada, o então deputado Flávio Dino, em seu parecer sobre o projeto de lei, ao incluir a referência a "Sistema dos Juizados Especiais" afirmou que: "*Ao art. 1.º do PL acrescentamos a expressão 'integrantes do Sistema dos Juizados Especiais' de forma a denotar que os Juizados existentes não restarão secundários na estrutura dos Tribunais*[5]".

Existem vários conceitos para sistema jurídico, para alguns é o conjunto de normas de determinada área do direito, para outros se confunde com o direito natural. No dispositivo em estudo, significa o conjunto de normas, relacionadas entre si e orientadas pelos mesmos princípios: oralidade, simplicidade, informalidade, economia processual e celeridade, inseridos nas Leis 9.099/1995, 10.259/2001 e 12.153/2009. Ou seja, essas leis formam o "*conjunto*

5. Parecer do Deputado Federal Flávio Dino no Projeto de Lei 7087, 2006. Disponível em *http://www.camara.gov.br/proposicoesWeb/prop_mostrarintegra;jsessionid=EA508F650276DFA732255A8C71C22E82.node2?-codteor=523262&filename=Tramitacao-PL+7087/2006* Acesso em 05. nov. 2012.

harmônico de normas coordenadas, em interdependência metódica, embora fixada cada uma no seu lugar próprio.[6]"

É da natureza dos sistemas jurídicos a incompletude. Daí a necessidade de leitura conjunta das mencionadas leis para extrair a unidade e coerência do sistema, ou seja, sua racionalidade, sua interpretação sistemática. No Sistema dos Juizados Especiais isso significa que existe relação de subsidiariedade direta entre suas leis, assim:

a) Juizados Especiais da Fazenda Pública: incide, inicialmente, a Lei 12.153/2009 (norma específica) e, no que couber, subsidiariamente, as Leis 9.099/1995 e 10.259/2001 (nessa ordem), normas subsidiárias diretas e, na omissão destas, o Código de Processo Civil, norma subsidiária indireta;

b) Juizados Especiais Federais: incide, inicialmente, a Lei 10.259/2001 (norma específica), em segundo lugar, a Lei 9.099/1995, norma subsidiária direta, e, na omissão desta, o Código de Processo Civil, norma subsidiária indireta;

c) Juizados Especiais Comuns ou não-fazendários: aplica-se a Lei 9.099/1995, norma específica, sem interferência das demais leis (10.259/2001 e 12.153/2009) e subsidiariamente o Código de Processo Civil, norma subsidiária indireta.

Vê-se, portanto, que nos Juizados da Fazenda Pública o aplicador da norma não poderá ficar em dúvida quanto à incidência, respectivamente, das Leis 9.099/1995 e 10.259/2001, normas subsidiárias diretas, em hipótese de omissão verificada na Lei 12.153/2009. Vale dizer, não poderá aplicar subsidiariamente o Código de Processo Civil, norma indireta, sem antes examinar de forma exaustiva todos os termos das normas subsidiárias diretas para solucionar questões processuais.

Na prática, isso significa que se aplicam aos Juizados da Fazenda Pública, dentre outras, as seguintes normas da Lei 9.099/1995:

- regras de competência em razão do lugar (Lei 9.099/1995, art. 4.°);
- admissibilidade de decisão por equidade (Lei 9.099/1995, art. 6.°);
- mandato verbal ao advogado (Lei 9.099/1995, art. 9.°, § 3.°);

6. MAXIMILIANO, Carlos. **Hermenêutica e Aplicação do Direito**, Forense, 14.ª Ed, Rio de Janeiro, 1994, p. 128.

- direito de postular diretamente (*jus postulandi*) até vinte salários mínimos e não no limite de 60 salários como consta na Lei 10.259/2001;

- admissibilidade de pedido contraposto (Lei 9.099/1995, art. 17, par. único);

- vedação à intervenção de terceiro (Lei 9.099/1995, art. 10);

- princípio da transcendência (Lei 9.099/1995, art. 13, § 3.º);

- admissibilidade de pedido genérico (Lei 9.099/1995, art. 14, § 2.º);

- os requisitos da inicial simplificados (Lei 9.099/1995, art. 14, § 1.º);

- vedação à citação por edital (Lei 9.099/1995, art. 18, § 2.º);

- regras de revelia (Lei 9.099/1995, art. 20);

- dispensa de relatório na sentença (Lei 9.099/1995, art. 38);

- vedação à sentença ilíquida (Lei 9.099/1995, art. 38, par. único);

- efeito devolutivo do recurso, salvo dano irreparável (Lei 9.099/1995, art. 43);

- obrigatoriedade de advogado para recorrer (Lei 9.099/1995, art. 41 § 2.º);

- prazo recursal de dez dias (Lei 9.099/1995, art. 42);

- inadmissibilidade de complementação do preparo (Lei 9.099/1995, art. 42, § 1.º);

- prazo recursal de dez dias (Lei 9.099/1995, art. 42);

- vedação à ação rescisória (Lei 9.099/1995, art. 59).

Nessa linha, impõe observar que, como dito acima, a subsidiariedade da Lei 9.099/1995 se dá diretamente com o Código de Processo Civil, sem qualquer incidência da Lei 12.153/2009. Vale dizer, a Lei 9099/1995 se aplica subsidiariamente aos Juizados Fazendários, mas a recíproca não é verdadeira.

Assim sendo, não se aplicam aos Juizados Cíveis os seguintes dispositivos, exclusivos dos Juizados Fazendários:

- pedido de uniformização de interpretação de lei (Lei 12.153/2009, art. 18);

- prazo de trinta dias, após a citação, para realizar a audiência de conciliação (Lei 12.153/2009, art. 7.º);

- recorribilidade da decisão que antecipa a tutela (Lei 12.153/2009, art. 4.º);

- competência absoluta (Lei 12.153/2009, art. 2.º, § 4.º);

- valor da causa de até sessenta salários mínimos (Lei 12.153/2009, art. 2.º).

A principal consequência dessa forma de interpretação é afastar a incidência, no âmbito da Lei 9.099/1995, do complexo procedimento de uniformização de jurisprudência dos artigos 18 e 19 da Lei 12.153/2009 e que, de certa forma, recria o recurso de divergência e desvirtua a operacionalidade processual do sistema, pautada pelos princípios da celeridade, informalidade, simplicidade, oralidade e economia processual (Lei 9.099/1995, artigo 2.º).

Tem mais, esse recurso de divergência da Lei 12.153/2009 (artigos 18 e 19) é de duvidosa constitucionalidade. Primeiro, porque cria competência recursal para o Superior Tribunal de Justiça por lei ordinária, além daquelas fixadas pelo artigo 105 da Constituição Federal. Segundo, porque a própria Carta da República, em seu artigo 98, I, com o objetivo de assegurar a celeridade, organizou os Juizados Especiais em apenas dois graus de jurisdição (Juizados e Turma Recursal) e o que a Lei dos Juizados Fazendários faz é criar mais dois graus:

1.º grau – Juizado Especial;

2.º grau – Turma Recursal;

3.º grau – Turma Estadual de Uniformização;

4.º grau – Uniformização de Jurisprudência de Turmas de Diferentes Estados pelo STJ.

Adicione-se a isso os outros dois grau de jurisdição, atualmente existente:

5.º grau – Reclamação para o TJ (Resolução STJ/GP n.° 03/2016), anteriormente a reclamação era para o próprio STJ (STF, Ed no RE 571.572, Rel. Min. Ellen Gracie);

6.º grau – Recurso Extraordinário.

Como se percebe, a leitura do que seja Sistema de Juizados Especiais é questão das mais complexas e envolve a sobrevivência daquilo que a Lei 9.099/1995 tem de mais importante, que é a simplicidade e a celeridade.

Diante do exposto, é importante deixar claro que hermenêutica sobre Juizados Especiais – quer seja sobre as citadas leis ou sobre qualquer outro instituto processual –, tem que ser lida pelas lentes dos princípios que informam todo o sistema (Lei 9.099/1995, art. 2.º).

Logo, a interpretação que crie ou amplie mecanismos obstaculizadores da oralidade, simplicidade, informalidade, economia processual e celeridade deve ser afastada. Como ocorre com essa tentativa de transplantar institutos da Lei 12.153/2009 para os Juizados Cíveis (Lei 9.099/1995), tornando-os disfuncionais e morosos.

Assim, pode-se concluir que o artigo 1.º da Lei 12.153/2009, ao falar em Sistema de Juizados Especiais, não criou um Estatuto dos Juizados, no qual haveria uma miscelânea das Leis 9.099/1995, 10.259/2001 e 12.153/2009, sobretudo porque elas envolvem direitos materiais que não se conciliam. A expressão sistema significa apenas que existe relação de subsidiariedade entre essas leis.

3. CONCLUSÕES

1. O Sistema dos Juizados Especiais tem eixo teórico diverso daquele em que se funda o Código de Processo Civil e goza de autonomia processual.

2. Nos Juizados Especiais há um processo de partes e de audiência. Assim, muitas das supostas lacunas das Leis 9.099/1995 e 12.153/2009 não são propriamente lacunas ou omissões do legislador, mas características de um sistema oral, em que as questões têm que ser resolvidas informalmente em audiência, com maior interação do juiz com as partes e essas entre si.

3. O legislador excluiu a incidência generalizada do novo CPC aos Juizados, como se vê no artigo 15 do CPC/2015. A integração deve ser buscada nos diplomas normativos que integram o Sistema dos Juizados Especiais (Leis 9.099/1995, 10.259/2001 e 12.153/2009).

BIBLIOGRAFIA

CHIMENTI, Ricardo Cunha. **Teoria e prática dos juizados especiais cíveis estaduais e federais.** 13.ª ed. – São Paulo:Saraiva, 2012, p. 31

MAXIMILIANO, Carlos. **Hermenêutica e Aplicação do Direito**, Forense, 14.ª Ed, Rio de Janeiro, 1994.

THEODORO JÚNIOR, Humberto. **Os juizados especiais da Fazenda Pública** Lei n.º 12.153, de 22.12.2009. Revista Brasileira de Direito Processual, v. 70, p. 13-30, 2010.

CAPÍTULO 7

Reflexos do Novo Código de Processo Civil de 2015 no sistema de recorribilidade das decisões interlocutórias e seu regime de preclusões no âmbito dos Juizados Especiais Federais e da Fazenda Pública

Esdras Silva Pinto

1. INTRODUÇÃO

Com a edição de lei da envergadura de um novo Código de Processo Civil – Lei 13.105/2015 –, várias são as repercussões no ordenamento jurídico nacional. No âmbito processual, seus efeitos transbordam a normatização do sistema básico de processo civil, denominado processo civil ordinário, atingindo também os demais sistemas processuais: administrativo, trabalhista e penal.

Dentre as inovações constantes no novo diploma processual civil, tem-se a inauguração de um novo sistema de recorribilidade das decisões interlocutórias, que não apenas ensejou a extinção do agravo retido e a restrição do cabimento do agravo de instrumento a hipóteses taxativamente previstas, como também expandiu o objeto do recurso de apelação e alterou estruturalmente o regime de preclusões das decisões interlocutórias.

O presente estudo pretende investigar se essas mudanças promovidas pelo Código de Processo Civil (CPC) são compatíveis com o Sistema dos Juizados Especiais Federais e Juizados Especiais da Fazenda Pública e, portanto, capazes de gerar efeitos neles.

2. O SISTEMA DOS JUIZADOS ESPECIAIS

Conforme lição de Vilian Bollmann[1], o Sistema dos Juizados Especiais teve seu início marcado pelo advento da Lei 7.244/1984, que criou os Juizados de Pequenas Causas, em repercussão ao sucesso das experiências havidas na Comarca de Rio Grande (RS) em 1982.

Nesse período, o país passava pela reabertura política e pela instauração da Assembleia Constituinte, o que culminou com a proclamação da Constituição Federal de 1988, prevendo em seu texto o programa de expansão nacional dos Juizados Especiais (CF, art. 98, I).

Naquele momento efervescente da República, foi editada a Lei 9.099/1995, regulamentando a nova estrutura dos Juizados Especiais Cíveis. Poucos anos depois, foi editada a Emenda Constitucional nº 22 de 1999, prevendo a criação também dos Juizados Especiais Federais, pouco tempo depois, regulamentados pela Lei 10.259/2001.

Com o êxito da experiência dos Juizados no âmbito da Fazenda Pública Federal, foram criados os Juizados Especiais da Fazenda Pública Estadual, pela Lei 12.153/2009, possibilitando o acesso democrático aos pleitos envolvendo também os Estados, o Distrito Federal e os Municípios.

Convém assinalar que os Juizados Especiais foram, portanto, criados no contexto das ondas renovatórias do processo civil cujo escopo foi a ampliação do acesso à justiça "mediante a criação de um sistema judicial diferenciado, que fosse mais informal, menos custoso e, principalmente, rápido e célere ao resolver os problemas que são trazidos pelo cidadão"[2].

Essa modernização voltada para a eficiência se deu justamente pela oportunização de absoluto acesso à jurisdição, na medida em que permitiu ao cidadão "uma estrutura e um rito com ênfase na composição, dedicados

1. BOLLMANN, Vilian. *O Novo Código de Processo Civil e os Juizados Especiais Federais*. Revista de Processo. Vol. 248. ano 40. São Paulo: Ed. RT, out. 2015, p. 290.

2. BOLLMANN, Vilian. *O Novo Código de Processo Civil e os Juizados Especiais Federais*. Revista de Processo. Vol. 248. ano 40. São Paulo: Ed. RT, out. 2015, p. 289.

à célere, fácil, desburocratizada solução dos litígios ditos de menor complexidade"[3].

Dada a magnitude das mudanças, Antonio Augusto Baggio e Ubaldo defende que "sua grande virtude não foi apenas a redução do rito, senão a quebra dos paradigmas processuais tradicionais, com o surgimento de um sistema novo, regido por princípios (celeridade, informalidade, simplicidade, entre outros) distintos do sistema processual de 1973 e com uma nova filosofia na forma de tratar os conflitos de interesses"[4].

Dentro do Sistema dos Juizados Especiais, especialmente quanto a aspectos próprios dos litígios envolvendo a Fazenda Pública, os Juizados Fazendários criaram interessantes possibilidades para além da facilidade de ingresso e simplicidade procedimental, haja vista que expressaram em lei tanto a possibilidade de pagamento por requisições de pequeno valor, como a realização de acordos envolvendo a Fazenda.

3. APLICABILIDADE DO CÓDIGO DE PROCESSO CIVIL AOS JUIZADOS ESPECIAIS FEDERAIS E DA FAZENDA PÚBLICA

Cumpre, diante disso tudo, analisar se se aplicam ao Sistema dos Juizados Especiais as normas dispostas no diploma processual geral do ordenamento jurídico brasileiro: o Código de Processo Civil.

Dada a previsão constitucional de critérios de estruturação e o funcionamento dos Juizados Especiais (CF, art. 98, I), considerando também o critério da especialidade, previsto no art. 2º, § 2º, da Lei de Introdução das Normas do Direito Brasileiro – LINDB (Decreto-lei 4.657/1942), "as leis que regularam os juizados estaduais e federais são específicas para dar conta dos critérios de oralidade, simplicidade e rapidez que devem ser observados"[5], em detrimento das normas gerais do Código de Processo Civil.

A própria Lei 10.259/2001, em seu art. 1º, prevê que se aplica, no que não conflitar com ela própria, o disposto na Lei n. 9.099, de 26 de setembro de 1995", ao passo em que esta, ao revés de prever norma genérica semelhante,

---

3. UBALDO, Antonio Augusto Baggio. *O Novo CPC e seus Impactos nos Recursos dos Juizados Especiais Cíveis*. In: LINHARES, Erick. (Org.). *Juizados Especiais Cíveis e o Novo CPC*. Curitiba: Editora Juruá, 2015, p. 185.

4. UBALDO, Antonio Augusto Baggio. *O Novo CPC e seus Impactos nos Recursos dos Juizados Especiais Cíveis*. In: LINHARES, Erick. (Org.). *Juizados Especiais Cíveis e o Novo CPC*. Curitiba: Editora Juruá, 2015, p. 186.

5. BOLLMANN, Vilian. *O Novo Código de Processo Civil e os Juizados Especiais Federais*. Revista de Processo. Vol. 248. ano 40. São Paulo: Ed. RT, out. 2015, p. 296.

expressando, por exemplo, a aplicação "no que couber" do Código de Processo Civil, optou exclusivamente por ressalvar a aplicação do código, "no que couber", apenas à execução da sentença no próprio juizado (art. 52, *caput*) e à execução do título extrajudicial (art. 53, *caput*).

Reforçando esse entendimento, convém assinalar que, quando o próprio Código de Processo Civil de 2015, em seu art. 15, previu expressamente a sua aplicação supletiva e subsidiária a outras esferas processuais, restringiu-se aos processos eleitorais, administrativos e trabalhistas, omitindo-se, portanto, quanto a eventual aplicação aos Juizados.

Contudo, por ocasião do advento da Lei 12.153/2009, o legislador entendeu por bem prever expressamente, em seu art. 27, que a aplicação subsidiária do Código de Processo Civil de 1973, da Lei 9.099/1995 e da Lei 10.259/2001, escancarando a possibilidade de integração especialmente pelas normas gerais previstas no *codex* processual civil e nas legislações regulamentadoras do Sistema dos Juizados Especiais.

Justamente pela necessidade de complementação de sentidos, Nóbrega esclarece que "entender os Juizados Especiais e o Código como campos estanques e incomunicáveis consiste em compreensão errônea do conceito de microssistemas, diante da necessidade de unidade do ordenamento jurídico"[6].

Assim, não é "possível o afastamento apriorístico da aplicação do CPC aos Juizados Especiais Cíveis"[7], especialmente porque "não há propriamente uma autonomia dos juizados, frente aos conceitos e institutos processuais erigidos e consagrados no CPC"[8], na medida em que vários conceitos processuais básicos e necessários não estão previstos no regramento dos Juizados (Leis 9.099/1995, 10.259/01 e 12.153/09), importando, por isso, que seja integrado pelo Código de Processo Civil.

De um lado, verifica-se uma série de princípios e institutos próprios do Sistema dos Juizados que não podem ser descaracterizados, sob o risco de ordinarização do procedimento sumaríssimo, por outro, há uma série de regramentos gerais e conceitos processuais básicos previstos no Código de Processo Civil com necessária aplicação ao Sistema dos Juizados.

---

6. NÓBREGA, Rafael Estrela. *O Novo Código de Processo Civil e os Juizados Especiais Cíveis: Aplicação subsidiária, supletiva e o diálogo das fontes*. Revista de Processo. Vol. 271. ano 42. São Paulo: Ed. RT, set. 2017, p. 344.

7. NÓBREGA, Rafael Estrela. *O Novo Código de Processo Civil e os Juizados Especiais Cíveis: Aplicação subsidiária, supletiva e o diálogo das fontes*. Revista de Processo. Vol. 271. ano 42. São Paulo: Ed. RT, set. 2017, p. 344.

8. NÓBREGA, Rafael Estrela. *O Novo Código de Processo Civil e os Juizados Especiais Cíveis: Aplicação subsidiária, supletiva e o diálogo das fontes*. Revista de Processo. Vol. 271. ano 42. São Paulo: Ed. RT, set. 2017, p. 344.

A partir desses parâmetros, a aplicação do Código de Processo Civil ao Sistema dos Juizados não pode se dar de forma automática e irrestrita, carecendo de verdadeira análise metodológica prévia para a sua aplicação com a finalidade de manutenção da identidade própria do Sistema dos Juizados.

Para Koehler e Siqueira, "o microssistema dos Juizados Especiais sempre foi específico, e como tal, também suas normas, cabendo tão somente a aplicação subsidiária da codificação processual" [9].

Essa metodologia de aplicação inicia-se a partir da verificação no regramento dos Juizados se há previsão normativa própria. Em seguida, constatada lacuna legislativa dentro da sistemática dos juizados, averigua-se se o regramento previsto no CPC é compatível com os ideais norteadores do microssistema. Caso compatível, resta possível a aplicação subsidiaria e integrativa do Código de Processo Civil.

Bollmann defende ser "possível utilizar, em certos casos, a sistemática prevista no CPC, especialmente quanto a aspectos de ordem geral (exemplo: conceito de litispendência, distribuição do ônus da prova, julgamento antecipado da lide etc.)"[10], desde que, simultaneamente, seja compatível com os princípios norteadores dos juizados e não colida com o regramento previsto nas Leis 9.099/1995, 10.259/2001 e 12.153/2009.

Especialmente quanto ao objeto do presente estudo, relativo aos impactos do Código de Processo Civil de 2015 ao sistema de recorribilidade dos Juizados Especiais Federais e da Fazenda Pública, Figueira Júnior sustenta que "em face da aplicação subsidiária do Código de Processo Civil à Lei 9.099/1995, na qualidade de macrossistema instrumental, as normas previstas para os recursos, em geral, aplicam-se também aos Juizados Especiais, desde que não conflitem com as suas regras próprias ou princípios norteadores"[11].

Rocha arremata no sentido de que "é equivocado pensar que o sistema recursal dos juizados poderia existir de forma autônoma em relação ao sistema recursal do CPC". Para ele, "ainda que a Lei 9.099/1995 tivesse feito

---

9. KOEHLER, Frederico Augusto Leopoldino. SIQUEIRA, Julio Pinheiro Faro Homem de. *A Contagem Dos Prazos Processuais em Dias Úteis e a Sua (In)Aplicabilidade no Microssistema dos Juizados Especiais*. In: TEIXEIRA, Sérgio Torres. (Coord./Org.). *Estudos Contemporâneos sobre o Novo CPC – Vol. III*. Recife: Editora Nossa Livraria, 2018, p. 317.

10. BOLLMANN, Vilian. *O Novo Código de Processo Civil e os Juizados Especiais Federais*. Revista de Processo. Vol. 248. ano 40. São Paulo: Ed. RT, out. 2015, p. 294 e 295.

11. TOURINHO NETO, Fernando da Costa; FIGUEIRA JÚNIOR, Joel Dias. *Juizados Especiais Estaduais Cíveis e Criminais*. 8ª Ed. São Paulo: Ed. Saraiva, 2017, p. 353.

extensa regulamentação sobre os recursos, o seu sistema recursal continuaria integrado aos mecanismos de controle das decisões judiciais brasileiro"[12].

4. RECORRIBILIDADE DAS DECISÕES INTERLOCUTÓRIAS NO CÓDIGO DE PROCESSO CIVIL DE 2015

O Código de Processo Civil de 2015 trouxe profundas alterações no sistema de recorribilidade em separado das decisões interlocutórias, em relação ao tratamento dado anteriormente pelo Código de Processo Civil de 1973 e suas sucessivas alterações pelas Leis 9.139/1995, 10.352/2001, 11.187/2005.

Heitor Vitor Mendonça Sica, em interessante tratado sobre a Recorribilidade das Interlocutórias e Sistema de Preclusões no Novo CPC, traça breve escorço histórico quanto ao tratamento legislativo à matéria:

> O CPC de 1939 optara pela indicação de um rol taxativo de decisões que desafiava agravo, sendo parte delas pela forma instrumental (art. 842) e parte sob a forma retida (*rectius*, no 'auto do processo', *ex vi* do art. 851).
>
> Já o CPC de 1973, em sua redação original, optou pela ampla recorribilidade imediata, outorgando ao recorrente a possibilidade de escolher a modalidade (de instrumento ou retido). As reformas processuais operadas no presente século mantiveram a ampla recorribilidade imediata, mas passaram a limitar o cabimento do agravo de instrumento e da preferência pelo agravo retido, a tal ponto que, após 2005, o agravo de instrumento passou a ser cabível apenas contra 'decisão suscetível de causar à parte lesão grave e de difícil reparação, bem como nos casos de inadmissão da apelação e nos relativos aos efeitos em que a apelação é recebida, quando será admitida a sua interposição por instrumento'.
>
> A solução dada pelo CPC de 2015 representa um parcial retorno à sistemática do CPC de 1939, pois contempla um rol taxativo de matérias passíveis de ataque exclusivamente por meio do agravo de instrumento (art. 1.015).[13]

Ao passo que o Código de Processo Civil de 2015 aboliu definitivamente a figura do agravo retido, manteve apenas o agravo de instrumento como meio

12. ROCHA, Felippe Borring. *Manual dos Juizados Especiais Cíveis Estaduais: Teoria e Prática*. 6ª Ed. São Paulo: Atlas, 2012, p. 227.

13. SICA, Heitor Vitor Mendonça. Recorribilidade das interlocutórias e sistema de preclusões no novo CPC – primeiras impressões. Disponível em: ‹http://genjuridico.com.br/2016/04/07/recorribilidade-das-interlocutorias-e-sistema-de-preclusoes-no-novo-cpc-primeiras-impressoes/› Acesso em 3 de março de 2018.

de impugnação das decisões interlocutórias, restringindo exclusivamente o seu cabimento às decisões interlocutórias expressamente arroladas em seu art. 1.015.

Para o fim de não malferir o princípio do duplo grau de jurisdição, mantendo a possibilidade de controle revisional, o *codex* de regência processual optou por uma sistemática de recorribilidade das decisões interlocutórias não agraváveis muito semelhante a que já vinha sendo adotada no âmbito do Sistema dos Juizados Especiais, "em que se admite apenas um recurso contra a decisão final, o qual pode levar o órgão recursal toda a matéria decidida em 1º grau"[14].

A marcha procedimental, em termos gerais, é acelerada, já que, ao se admitir exclusivamente a interposição de agravo de instrumento contra as decisões taxativamente arroladas no art. 1.015, todas as demais decisões proferidas no curso procedimental não ficam mais sujeitas ao adimplemento imediato de qualquer ônus, cabendo às partes simplesmente silenciarem-se sobre elas. Somente após a prolação da sentença, com a interposição da apelação ou o oferecimento das contrarrazões, deverá a matéria ser ventilada, agora sim sob pena de, não se fazendo, restar alcançadas pela preclusão, nos exatos termos do § 1º do art. 1.009, confira-se:

> "As questões resolvidas na fase de conhecimento, se a decisão a seu respeito não comportar agravo de instrumento, não são cobertas pela preclusão e devem ser suscitadas em preliminar de apelação, eventualmente interposta contra a decisão final, ou nas contrarrazões".

Para Marinoni, Arenhart e Mitidiero, essas alterações simplificaram o desenvolvimento do procedimento comum, preservando os poderes de condução do processo pelo juiz de primeiro grau:

> Com a postergação da impugnação das questões decididas no curso do processo para as razões de apelação ou para as suas contrarrazões e com a previsão de rol taxativo das hipóteses de cabimento do agravo de instrumento, o legislador procurou a um só tempo prestigiar a estruturação do procedimento comum a partir da oralidade (que exige, na maior medida possível, irrecorribilidade em separado das decisões interlocutórias), preservar os poderes de

14. SICA, Heitor Vitor Mendonça. Recorribilidade das interlocutórias e sistema de preclusões no novo CPC – primeiras impressões. Disponível em: <http://genjuridico.com.br/2016/04/07/recorribilidade-das-interlocutorias-e-sistema-de-preclusoes-no-novo-cpc-primeiras-impressoes/> Acesso em 3 de março de 2018.

condução do processo do juiz de primeiro grau e simplificar o desenvolvimento do procedimento comum.[15]

Dessa forma, em regra, toda decisão interlocutória agora é recorrível. Algumas recorríveis imediatamente em separado, por meio de agravo de instrumento. A maioria recorrível de forma postergada, seja pela apelação, seja pelas contrarrazões de apelação.

Por consequência disso, o objeto da apelação foi ligeiramente aumentado, na medida em não mais se limita a impugnar a sentença, mas também todas as decisões interlocutórias não agraváveis.

A possibilidade de impugnação de uma decisão interlocutória não agravável pelo recurso de apelação independe inclusive de interesse recursal quanto à impugnação da sentença, pois, pela análise do art. 1.009, § 1º, não há qualquer condicionamento da impugnação da interlocutora não agravável necessariamente à existência de impugnação da própria sentença. Isso se justifica diante da possibilidade de "o objeto da decisão interlocutória agravável poder ser completamente independentemente do desfecho da sentença, como, por exemplo, a condenação da parte, no curso do processo, a uma pena por litigância de má-fé"[16].

As contrarrazões também sofreram intensa alteração em sua natureza jurídica, já que deixaram de ser mero instrumento de resposta, tornando-se meio idôneo para impugnação das decisões interlocutórias. A autonomia da irresignação é tal que, mesmo na hipótese de a parte resignar-se com o conteúdo da apelação interposta, pode oferecer contrarrazões exclusivamente para impugnar uma decisão proferida anteriormente.

5. REGIME DE PRECLUSÕES NO CÓDIGO DE PROCESSO CIVIL DE 2015

O Código de Processo Civil de 2015, em virtude da alteração promovida no sistema de recorribilidade das decisões interlocutórias, alterou intensamente o regime de preclusões em relação ao que havia no sistema anterior previsto.

Para o razoável funcionamento de um sistema processual, é necessária a existência de institutos de acomodação. No ordenamento processual, há

15. MARINONI, Luiz Guilherme; ARENHART, Sérgio Cruz; MITIDIERO, Daniel. Novo Curso de Processo Civil: Tutela dos direitos mediante procedimento comum, v. 2. São Paulo: Editora Revista dos Tribunais, 2017, p. 543.

16. SICA, Heitor Vitor Mendonça. Recorribilidade das interlocutórias e sistema de preclusões no novo CPC – primeiras impressões. Disponível em: ‹http://genjuridico.com.br/2016/04/07/recorribilidade-das-interlocutorias-e-sistema-de-preclusoes-no-novo-cpc-primeiras-impressoes/› Acesso em 3 de março de 2018.

regulação minuciosa da ordem, sequência e tempo em que se devem realizar os diversos atos processuais. Tudo isso se dá com o objetivo de que os atos processuais transcorram em ordem, a fim de alcançar seu objetivo final, que é a prestação da tutela jurisdicional.

Dentre os institutos de acomodação, encontra-se o instituto da preclusão, que impede que questões já decididas sejam novamente suscitadas. Segundo Gisele Leite, "a preclusão acelera a marcha processual, moldando os julgamentos, preservando a sequência válida e lógica os atos processuais. A preclusão representa a maior limitação ao agir das partes no processo, impondo ordem e celeridade ao procedimento principalmente para se galgar com êxito a duração razoável do processo"[17].

Zulmar Duarte de Oliveira Júnior sustenta que "o Novo CPC repetiu a omissão do Código de Processo Civil, regulando a preclusão em dispositivos esparsos, sem conferir-lhe tratamento orgânico"[18].

O atual sistema manteve a fórmula anteriormente prescrita no Código de Processo Civil de 1973 em seu art. 507, segundo o qual "é vedado à parte discutir no curso do processo as questões já decididas a cujo respeito se operou a preclusão", bem como a atualmente prevista em seu art. 278, no sentido de que "a nulidade dos atos deve ser alegada na primeira oportunidade em que couber à parte falar nos autos, sob pena de preclusão".

Contudo, inovou ao dispor, no art. 1.009, § 1º, que "as questões resolvidas na fase de conhecimento, se a decisão a seu respeito não comportar agravo de instrumento, não são cobertas pela preclusão e devem ser suscitadas em preliminar de apelação, eventualmente interposta contra a decisão final, ou nas contrarrazões".

Oliveira Júnior defende que "a conjunção de tais dispositivos, aliada à ausência, via de regra, de recurso contra as decisões interlocutórias, opera uma mudança radical no sistema de preclusões"[19]. Para ele, o Código novo adotou um *sistema elástico de preclusão*, na medida em que "a preclusão no Novo CPC opera de duas maneiras, imediatamente para aquelas matérias

17. LEITE, Gisele. A Preclusão e o Novo CPC. Disponível em <https://professoragiseleleite.jusbrasil.com.br/artigos/198142428/a-preclusao-e-o-novo-cpc> Acesso em: 3 de março de 2018.

18. OLIVEIRA JUNIOR, Zulmar Duarte de. Preclusão elástica no Novo CPC (Org. Bruno Dantas). Revista de Informação Legislativa, Brasília, ano 48, n. 190, t. 2, p. 307, abr./jun., 2011.

19. OLIVEIRA JUNIOR, Zulmar Duarte de. Preclusão elástica no Novo CPC (Org. Bruno Dantas). Revista de Informação Legislativa, Brasília, ano 48, n. 190, t. 2, p. 307, abr./jun., 2011.

não suscitadas em momento oportuno (artigo 278) e elasticamente para as suscitadas"[20].

Dessa forma, caso determinada questão seja decida pelo juiz em decisão elencada no rol do art. 1.015, cabe à parte no prazo de 15 dias úteis interpor o competente agravo de instrumento, sob pena de preclusão. Lado outro, não se tratando de decisão impugnável pela via do agravo de instrumento, a questão pode ser ressuscitada na fase do recurso de apelação, nas razões ou contrarrazões recursais, ocasião em que a matéria restará definitivamente sepultada.

Em outras palavras, "a parte que sucumbiu diante de uma decisão interlocutória está autorizada a discuti-la em momento processual mais distante e, se não o fizer no tempo e forma adequada, via de regra, o tribunal não poderá examinar a questão quando do julgamento da apelação"[21].

6. IMPACTOS DO CÓDIGO DE PROCESSO CIVIL NA RECORRIBILIDADE DAS DECISÕES INTERLOCUTÓRIAS DOS JUIZADOS ESPECIAIS FEDERAIS E DA FAZENDA PÚBLICA

A Lei 9.099/1995 trouxe em seu texto a previsão de apenas duas espécies de recursos, nenhuma delas cabível contra decisão interlocutória.

Nos termos do art. 41 da mencionada lei, caberá recurso para o próprio Juizado, excetuando-se, ainda assim, a possibilidade de interposição desse recurso contra as sentenças meramente homologatórias de conciliação ou homologatórias de laudo arbitral.

Com a sistemática recursal própria dos Juizados Especiais, tendente a manter o sistema desburocrático, célere e o máximo possível oral, o legislador entendeu por bem não nominar o recurso, razão pela qual passou a ser conhecido pela doutrina e pela jurisprudência como *recurso inominado*, justamente para o fim de manter sua identidade própria em relação ao recurso de apelação previsto no Código de Processo Civil.

Consagrou-se, inicialmente, a tese de que a admissão da recorribilidade das decisões interlocutórias vulneraria princípios fundamentais do Sistema

20. OLIVEIRA JUNIOR, Zulmar Duarte de. Preclusão elástica no Novo CPC (Org. Bruno Dantas). Revista de Informação Legislativa, Brasília, ano 48, n. 190, t. 2, p. 307, abr./jun., 2011.

21. SICA, Heitor Vitor Mendonça. Recorribilidade das interlocutórias e sistema de preclusões no novo CPC – primeiras impressões. Disponível em: ‹http://genjuridico.com.br/2016/04/07/recorribilidade-das-interlocutorias-e-sistema-de-preclusoes-no-novo-cpc-primeiras-impressoes/› Acesso em 3 de março de 2018.

dos Juizados como a oralidade, a concentração dos atos em audiência e a identidade física do juiz. Isso porque sendo irrecorríveis as decisões interlocutórias, evitar-se-iam paralisações dos atos e eventual tumulto procedimental decorrente de eventual reforma da decisão ou pela paralisação ínsita ao aguardo do julgamento do recurso, mantendo-se a celeridade almejada do procedimento.

Nesse sentido, registre-se ensino de Figueira Júnior:

> Um dos subprincípios que exsurgem como decorrência do princípio maior da oralidade é o denominado princípio da irrecorribilidade das interlocutórias, em face de outro subprincípio que também incide neste tipo de procedimento (sumariíssimo) e dá ensejo à concentração dos atos processuais em prol da maior celeridade do instrumento colocado à disposição do jurisdicionado para satisfação de suas pretensões.
>
> Por conseguinte, concentrando-se, ao menos em tese, todos os atos em uma audiência única e indivisível - audiência de conciliação, instrução e julgamento -, nada obstante fracionável, na prática, por suspensão, não restaria qualquer interesse às partes para a interposição de recurso das decisões interlocutórias proferidas incidentalmente, à medida que o processo haveria de atingir o seu termo com brevidade [22].

Contudo, mesmo com todo o esforço despendido pelos Tribunais em criar variados Juizados Especiais, a estrutura estatal não conseguiu acompanhar a multiplicidade de ações, fazendo com que, muitas vezes, face a sobrecarga da pauta, a designação da audiência una somente somente ocorre após transcurso de considerável hiato temporal. Em algumas situações de urgência, aguardar o regular encerramento do procedimento sumaríssimo com a consequente prolação da sentença pode significar o perecimento do direito vindicado.

Em razão disso, mesmo antes do avento da Lei 10.259/2001 e da Lei 12.153/2009, por construção jurisprudencial, passou-se a admitir a prolação de decisão concessiva de medida cautelar ou antecipada, em aplicação integrativa do art. 273 do Código de Processo Civil de 1973.

Se, por um lado, proporcionou bons resultados para aqueles que postulavam uma tutela provisória de urgência, por outro lado, deixou a parte

---

22. FIGUEIRA JÚNIOR, Joel Dias. *Juizados Especiais da Fazenda Pública: Comentários à Lei 12.153*. São Paulo: Editora Revista dos Tribunais, 2010, p. 251.

contrária em situação processual desigual, na medida em que a legislação não previu nenhum expediente recursal correspondente capaz de permitir a impugnação da decisão concessiva com a mesma rapidez, não deixando outra alternativa senão a de submeter-se aos deveres impostos pela decisão até a ultimação da sentença, para somente então, caso confirmada a decisão liminar, ser possível o oferecimento de impugnação no bojo do recurso inominado.

A par desse cenário, considerando as distinções próprias das ações envolvendo a Fazenda Pública, o Legislador, ao editar a Lei 10.259/2001, tanto ressalvou expressa possibilidade de o juiz deferir medidas cautelares no curso do processo para evitar dano de difícil reparação, como excepcionou a regra da irrecorribilidade das decisões interlocutórias, ao possibilitar expressamente, em seu art. 5º, a interposição de recurso especificamente contra essas decisões interlocutórias de mérito.

Nessa toada, a Lei 12.153/2009 previu, em seu art. 3º, a possibilidade de o juiz, "de ofício ou a requerimento das partes, deferir quaisquer providências cautelares e antecipatórias no curso do processo, para evitar dano de difícil ou de incerta reparação". Assim, restou ressalvada inclusive a possibilidade de concessão de medida não apenas cautelar, mas efetivamente antecipada e, em termos idênticos, dispôs que, em regra, somente é admitido recurso contra sentença, ressalvando, contudo, a possibilidade de interposição de recurso contra a decisão interlocutória de mérito concessiva de providência cautelar ou antecipada.

Pelo fato de as Leis 10.259/2001 e 12.153/2009 serem omissas quanto ao regramento aplicável a esse recurso manejável contra a decisão interlocutória, passou-se a aplicar o regramento próprio do agravo de instrumento previsto no Código de Processo Civil de 1973, tornando possível a impugnação da interlocutória imediatamente junto a Turma Recursal correspondente, especialmente diante do art. 27 da Lei 12.153/2009, que possibilita expressamente a aplicação subsidiária do Código de Processo Civil de 1973 aos Juizados Especiais da Fazenda Pública.

Quanto às demais decisões, as leis não são apenas silentes, como excluem expressamente a possibilidade de impugnação imediata. Mesmo decisões revestidas de grande importância, incapazes de aguardar o final do processo, tais como a decisão que analisa a competência do Juizado Especial ou que indefere a petição inicial, não são impugnáveis imediatamente em separado.

Ora, diante disso tudo, resta manifestamente possível a aplicação do novo sistema de recorribilidade em separado das decisões interlocutórias previsto no Código de Processo Civil, na medida em que, tal qual previsto no art. 5° da Leis 10.259/2001 e no art. 4° 12.153/2009, o Código elencou em seu art. 1.015, as hipóteses taxativamente previstas em que é cabível recurso imediato e em separado contra decisões interlocutórias.

Mas mais do que simplesmente apresentar um rol de decisões interlocutórias recorríveis mediante a interposição de agravo de instrumento, esse sistema deve ser complementado pelo quanto disposto no art. 1.009, § 1º, quanto à regra expressa no sentido de que todas as questões resolvidas na fase de conhecimento atinentes a decisões não agraváveis podem ser posteriormente ressuscitadas após a prolação da sentença no bojo das razões ou contrarrazões do recurso inominado.

Assim, o Código de Processo Civil de 2015 altera estruturalmente o Sistema dos Juizados Especiais Fazendários e da Fazenda Pública quanto à recorribilidade de suas decisões interlocutórias. Não mais vigorando a irrecorribilidade total, tampouco a recorribilidade restrita, mas a recorribilidade geral das decisões, cabendo apenas identificar se a recorribilidade ocorrerá de forma imediata e em separado, mediante a interposição de agravo de instrumento, ou se a recorribilidade dar-se-á postergada e conjuntamente para a fase recursal pós sentença, por intermédio das razões ou nas contrarrazões do recurso inominado aviado diretamente na Turma Recursal.

Há aqui também a expansão do objeto do recurso inominado, que deixa de se limitar a impugnar as sentenças proferidas, passando a ser o meio legal idôneo para a impugnação de todas as demais decisões interlocutórias, a exceção das concessivas de medidas cautelares ou antecipadas.

Igualmente, as contrarrazões transmutam-se, ao apresentarem natureza jurídica de autônomo meio de impugnação de decisão.

7. IMPACTOS DO CÓDIGO DE PROCESSO CIVIL NO REGIME DE PRECLUSÕES DOS JUIZADOS ESPECIAIS FEDERAIS E DA FAZENDA PÚBLICA

Diante da ideia corrente de que as decisões interlocutórias no âmbito do Sistema dos Juizados Especiais eram, em regra, irrecorríveis, somado à total ausência de previsão especial quanto ao sistema de preclusão das decisões, consolidou-se o entendimento de que as decisões nos juizados não estariam, portanto, sujeitas a um regime de preclusão.

Para ilustrar esse entendimento, Figueira Júnior, ao comentar sobre a anterior integração havida entre o Código de Processo Civil de 1973, defendeu a incompatibilidade do agravo retido, sob o fundamento de "absoluta falta de interesse das partes em sua utilização, tendo em vista que as demais decisões interlocutórias, pelas técnicas empregadas pelo próprio sistema e seus princípios orientadores, são irrecorríveis e, por conseguinte, inexistindo preclusão"[23].

Com entendimento diverso, porque partindo da premissa de que todas as decisões eventualmente proferidas nos processos dos Juizados Especiais podem ser reapreciadas por ocasião da interposição do recurso inominado, Chimenti sustenta que "as decisões interlocutórias proferidas nos processos dos Juizados Especiais não precluem"[24].

Em obra escrita por Tourinho Neto e Figueira Júnior, os autores analisam que, "no que concerne ao sistema das preclusões, apesar de a Lei 9.099/1995 não ter sido explícita a respeito da sua exclusão ou manutenção, parece-nos que, diante da incidência do princípio da oralidade (em grau máximo), todas as interlocutórias que não causam alguma gravame imediato a parte são irrecorríveis, não se podendo falar em preclusão"[25]. Consideram que, "por ser o princípio da eventualidade (ou preclusão) norteador de todo o sistema processual civil, seria de boa técnica que o legislador tivesse tomado o cuidado de excepcioná-lo explicitamente"[26], contudo, arrematam no sentido de "não se cogitar de preclusão em sede de Juizados Especiais"[27].

As leis de regência do Sistema de Juizados Especiais até admitem a recorribilidade imediata em separado exclusivamente das decisões concessivas de medidas cautelares ou antecipadas, contudo, silenciaram-se completamente acerca de um regime de preclusão dessas decisões, ocasionando grave insegurança jurídica, que deve ser sanada pela integração feita a partir da transposição do regime de preclusão inaugurado pelo Código de Processo Civil de 2015 no art. 1.009, § 1º.

---

23. FIGUEIRA JÚNIOR, Joel Dias. *Juizados Especiais da Fazenda Pública: Comentários à Lei 12.153*. São Paulo: Editora Revista dos Tribunais, 2010, p. 254.

24. CHIMENTI, Ricardo Cunha. *Teoria e Prática dos Juizados Especiais Cíveis Estaduais e Federais*. 10ª Ed. São Paulo: Saraiva, 2008, p. 202.

25. TOURINHO NETO, Fernando da Costa; FIGUEIRA JÚNIOR, Joel Dias. *Juizados Especiais Estaduais Cíveis e Criminais*. 8ª Ed. São Paulo: Ed. Saraiva, 2017, p. 359.

26. TOURINHO NETO, Fernando da Costa; FIGUEIRA JÚNIOR, Joel Dias. *Juizados Especiais Estaduais Cíveis e Criminais*. 8ª Ed. São Paulo: Ed. Saraiva, 2017, p. 359.

27. TOURINHO NETO, Fernando da Costa; FIGUEIRA JÚNIOR, Joel Dias. *Juizados Especiais Estaduais Cíveis e Criminais*. 8ª Ed. São Paulo: Ed. Saraiva, 2017, p. 359.

A compatibilidade entre o novo regime de preclusão previsto no Código de Processo Civil, em seus arts. 507 e 1.009, § 1º, e o Sistema dos Juizados Especiais Federais e da Fazenda Pública é evidente, podendo-se afirmar que todas as decisões interlocutórias prolatadas no curso do procedimento dos Juizados estão, sim, submetidas à preclusão, justamente porque estão também elas sujeitas a recurso.

Desse modo, nesse novo regime, a preclusão dá-se de imediato exclusivamente nas hipóteses legalmente expressas de recorribilidade das decisões interlocutórias de forma imediata e em separado, que, no âmbito dos Juizados, restringem-se às decisões concessivas de medidas cautelares ou antecipadas (art. 4º da Lei 10.259/2001 e art. 3º da Lei 12.153/2009), importando o pronto e imediato manejo do recurso, sem o qual importa o total sepultamento da discussão da questão.

Por outro lado, em relação a todas as demais decisões interlocutórias, a regra é que a preclusão se opera de forma diferida, postergada ou elástica, porque transposta para o momento adequado para a interposição do recurso inominado contra a sentença proferida junto a Turma Recursal ou para o oferecimento das contrarrazões recursais, sem os quais, somente então, restará a questão impedida de ser reapreciada.

8. CONSIDERAÇÕES FINAIS

A omissão legislativa quanto à estruturação básica do sistema de recorribilidade de interlocutórias e, por conseguinte, de sua submissão a um minimamente definido regime de preclusões no âmbito dos Juizados Especiais ensejava verdadeira insegurança jurídica, prejudicando os princípios norteadores do Sistema.

Embora os Juizados Especiais Federais e da Fazenda Pública apresentem contornos, princípios e procedimentos próprios, representando verdadeira quebra de paradigmas processuais tradicionais, as alterações promovidas pelo Código de Processo de 2015 no regime de recorribilidade das decisões interlocutórias e em seu regime de preclusão são perfeitamente compatíveis ao Sistema dos Juizados Especiais Federais e da Fazenda Pública.

A democratização do acesso à jurisdição existente no Sistema dos Juizados tanto não pode vir desacompanhada pela noção de controle revisional das decisões judiciais, quanto não pode ser prejudicada em seus princípios fundantes de oralidade, simplicidade, informalidade, economia processual e celeridade.

Os impactos do novo Código de Processo Civil alcançam os Juizados Especiais Fazendários e da Fazenda Pública, sepultando de vez a noção de irrecorribilidade das decisões interlocutórias, contrária à garantia fundamental inserta na Constituição Federal.

A sistemática de recorribilidade inaugurada no Código de Processo Civil de 2015 consegue congregar todos esses aspectos, já que permite a impugnação de todas as decisões interlocutórias de forma procedimental simples e célere, tanto ao fixar as hipóteses taxativas de recorribilidade imediata e em separado, como ao oportunizar que todas as demais impugnações de decisões interlocutórias ocorram em apenas um momento recursal, simultaneamente à insurgência contra a sentença.

Do mesmo modo, o sistema passa a ter um regime de preclusões simples e previsível, capaz de proporcionar às partes os exatos momentos até quando é possível a rediscussão de determinada matéria, impedindo que as partes façam uso de sucedâneos recursais ou de protestos antipreclusivos, exclusivamente com o fim de assegurarem a possibilidade de reapreciação da matéria.

Por fim, promove segurança jurídica na medida em que o sistema deixa de simplesmente subsumido a partir de mera interpretação, já que passa a contar com norma legislada expressa (CPC, art. 1.009, § 1º), que tanto possibilita a reapreaciação das questões resolvidas por decisão que não comporta agravo de instrumento em razões ou contrarrazões do recurso inominado, como submete as decisões a um sistema preclusivo.

9. REFERÊNCIAS

BOLLMANN, Vilian. *O Novo Código de Processo Civil e os Juizados Especiais Federais.* Revista de Processo. Vol. 248. ano 40. São Paulo: Ed. RT, out. 2015.

CHIMENTI, Ricardo Cunha. *Teoria e Prática dos Juizados Especiais Cíveis Estaduais e Federais.* 10ª Ed. São Paulo: Saraiva, 2008.

FIGUEIRA JÚNIOR, Joel Dias. *Juizados Especiais da Fazenda Pública: Comentários à Lei 12.153.* São Paulo: Editora Revista dos Tribunais, 2010.

KOEHLER, Frederico Augusto Leopoldino. SIQUEIRA, Julio Pinheiro Faro Homem de. *A Contagem Dos Prazos Processuais em Dias Úteis e a Sua (In)Aplicabilidade no Microssistema dos Juizados Especiais.* In: TEIXEIRA, Sérgio Torres. (Coord./Org.). *Estudos Contemporâneos sobre o Novo CPC – Vol. III.* Recife: Editora Nossa Livraria, 2018.

LAZZARI, João Batista. *O Novo CPC e seus Reflexos nos Juizados Especiais Federais.* São Paulo: Revista de Previdência Social, nº 442, 2017.

LEITE, Gisele. A Preclusão e o Novo CPC. Disponível em <https://professoragise-leleite.jusbrasil.com.br/artigos/198142428/a-preclusao-e-o-novo-cpc> Acesso em: 3 de março de 2018.

MARINONI, Luiz Guilherme; ARENHART, Sérgio Cruz; MITIDIERO, Daniel. *Novo Curso de Processo Civil: Tutela dos direitos mediante procedimento comum,* v. 2. São Paulo: Editora Revista dos Tribunais, 2017.

NÓBREGA, Rafael Estrela. *O Novo Código de Processo Civil e os Juizados Especiais Cíveis: Aplicação subsidiária, supletiva e o diálogo das fontes.* Revista de Processo. Vol. 271. ano 42. São Paulo: Ed. RT, set. 2017.

OLIVEIRA JUNIOR, Zulmar Duarte de. *Preclusão elástica no Novo CPC* (Org. Bruno Dantas). Revista de Informação Legislativa, Brasília, ano 48, n. 190, t. 2, p. 307, abr./jun., 2011.

ROCHA, Felippe Borring. *Manual dos Juizados Especiais Cíveis Estaduais: Teoria e Prática.* 6ª Ed. São Paulo: Atlas, 2012.

SICA, Heitor Vitor Mendonça. *Recorribilidade das interlocutórias e sistema de preclusões no novo CPC* – primeiras impressões. Disponível em: <http://genjuridico.com.br/2016/04/07/recorribilidade-das-interlocutorias-e-sistema-de-preclusoes-no-novo-cpc-primeiras-impressoes/> Acesso em 3 de março de 2018.

TOURINHO NETO, Fernando da Costa; FIGUEIRA JÚNIOR, Joel Dias. *Juizados Especiais Estaduais Cíveis e Criminais.* 8ª Ed. São Paulo: Ed. Saraiva, 2017, p. 353.

UBALDO, Antonio Augusto Baggio. *O Novo CPC e seus Impactos nos Recursos dos Juizados Especiais Cíveis.* In: LINHARES, Erick. (Org.). *Juizados Especiais Cíveis e o Novo CPC.* Curitiba: Editora Juruá, 2015.

CAPÍTULO 8

Os problemas e os desafios decorrentes da aplicação do incidente de resolução de demandas repetitivas nos Juizados Especiais

Frederico Augusto Leopoldino Koehler

SUMÁRIO: 1. INTRODUÇÃO; 2. O INCIDENTE DE RESOLUÇÃO DE DEMANDAS REPETITIVAS VINCULA OS JUÍZES DOS JUIZADOS ESPECIAIS?; 3. PROBLEMAS DECORRENTES DA APLICAÇÃO DO INCIDENTE DE RESOLUÇÃO DE DEMANDAS REPETITIVAS NOS JUIZADOS ESPECIAIS; 4. CONCLUSÃO; 5. REFERÊNCIAS

1. INTRODUÇÃO

O IRDR[1], inédito no direito brasileiro, surge no projeto do NCPC como um dos pilares da ideologia do respeito aos precedentes, na tentativa de gerar-se um sistema judicial com maior grau de segurança jurídica e de isonomia, em que as demandas levadas à apreciação do Poder Judiciário sejam solucionadas em um prazo razoável.

Percebe-se que não se trata de mera importação acrítica de uma técnica processual, mas sim da tentativa de construção de uma nova cultura judiciária[2]. De fato, o instituto em estudo é assumidamente inspirado no *Musterverfahren*, o procedimento-modelo do direito alemão, mas adquiriu feições próprias na redação do projeto do NCPC[3], na tentativa de adequá-lo às peculiaridades do sistema pátrio.

---

1. Utilizaremos neste ensaio as seguintes abreviaturas: IRDR (incidente de resolução de demandas repetitivas), JEC (Juizado Especial Cível), JEF (Juizado Especial Federal), NCPC (novo Código de Processo Civil), TJ (Tribunal de Justiça), TR (Turma Recursal dos juizados), TRF (Tribunal Regional Federal), TRU (Turma Regional de Uniformização dos JEFs), TNU (Turma Nacional de Uniformização dos JEFs).

2. GONÇALVES, Marcelo Barbi. O incidente de resolução de demandas repetitivas e a magistratura deitada. *Revista de Processo*, a. 38, v. 222, ago. 2013, p. 227.

3. VIAFORE, Daniele. As semelhanças e as diferenças entre o procedimento-modelo alemão Musterverfahren e a proposta de um "incidente de resolução de demandas repetitivas". *Revista de Processo*, a. 38, v. 217,

O IRDR não chega ao Brasil imune a críticas da doutrina. É duramente atacado por Marcelo Barbi Gonçalves, que acusa o instituto de tornar o precedente mais forte do que a norma legal, violando o princípio da separação dos Poderes, e por criar uma subordinação hierárquica entre os juízes, em prejuízo do princípio da independência do julgador[4]. Além disso, o IRDR é tachado de inconstitucional por Júlio César Rossi, que diz que não há amparo constitucional para que a decisão proferida no incidente tenha a mesma força das súmulas vinculantes[5].

Entendemos que tais críticas não procedem, inexistindo a mácula de inconstitucionalidade citada, e esperamos que o instituto realmente possa melhorar a prestação jurisdicional no Brasil, favorecendo a resolução dos processos em tempo razoável[6]. De fato, o IRDR é um vigoroso instrumento para tentar-se alterar o cenário atual de respostas judiciárias díspares para problemas idênticos, e a consequente quebra do princípio da isonomia na distribuição da Justiça, que deixa perplexos e indignados os usuários do sistema judicial[7].

Tendo isso em mente, o objetivo do presente ensaio é examinar brevemente um aspecto bem específico do IRDR, qual seja, o surgimento de problemas decorrentes da sua aplicação no âmbito dos juizados especiais, máxime o aniquilamento do papel das turmas de uniformização como órgãos formadores dos precedentes dos juizados especiais.

Registre-se ser praticamente inexistente na doutrina qualquer análise do ponto que iremos abordar, quase não havendo menções a este aspecto tão importante deste novel instituto no Brasil[8], o que sobreleva a necessidade de um exame meticuloso sobre essa matéria.

---

mar. 2013, p. 259. No mesmo sentido: NUNES, Dierle e PATRUS, Rafael Dilly. Uma breve notícia sobre o procedimento-modelo alemão e sobre as tendências brasileiras de padronização decisória: um contributo para o estudo do incidente de resolução de demandas repetitivas brasileiro. *In*: FREIRE, Alexandre *et al* (org.). *Novas Tendências do Processo Civil*: estudos sobre o projeto do novo Código de Processo Civil. Vol. 1. Salvador: Juspodivm, 2013, p. 476.

4. GONÇALVES, Marcelo Barbi. *Op. Cit., passim.*

5. ROSSI, Júlio César. O precedente à brasileira: súmula vinculante e incidente de resolução de demandas repetitivas. *Revista de Processo*, a. 37, v. 208, jun. 2012, p. 234.

6. Já tivemos a oportunidade de aprofundar os estudos sobre o tema razoável duração do processo: KOEHLER, Frederico Augusto Leopoldino. *A razoável duração do processo*. 2. ed. Salvador: Juspodivm, 2013.

7. CAMARGO, Luiz Henrique Volpe. O incidente de resolução de demandas repetitivas no projeto do novo CPC: a comparação entre a versão do Senado Federal e a da Câmara dos Deputados. *In*: FREIRE, Alexandre *et al* (org.). *Novas Tendências do Processo Civil*: estudos sobre o projeto do novo Código de Processo Civil. Vol. 3. Salvador: Juspodivm, 2014, p. 309-310.

8. Exceção a isso é o artigo de Luiz Henrique Volpe Camargo, citado na nota anterior, p. 305 e seguintes.

2. O INCIDENTE DE RESOLUÇÃO DE DEMANDAS REPETITIVAS VINCULA OS JUÍZES DOS JUIZADOS ESPECIAIS?

A primeira questão que urge responder é a seguinte: a decisão proferida no IRDR vincula os julgados dos juizados especiais?

Para responder a esse questionamento, cabe realizar um histórico da evolução do texto no processo legislativo em que se discute o projeto do NCPC. Com esse escopo, registre-se que tanto o anteprojeto do NCPC, quanto a versão aprovada no Plenário do Senado Federal, e também a versão aprovada na Comissão Especial da Câmara dos Deputados, todos silenciavam quanto à vinculação dos juízes de juizados e turmas recursais à decisão proferida no IRDR. Apenas no momento de votação no Plenário da Câmara dos Deputados é que se incluiu, de forma expressa, a aplicação do IRDR aos juizados especiais, conforme redação final do novo Código de Processo Civil (Lei n.º 13.105/2015):

> Art. 985. Julgado o incidente, a tese jurídica será aplicada:
>
> I – a todos os processos individuais ou coletivos que versem sobre idêntica questão de direito e que tramitem na área de jurisdição do respectivo tribunal, *inclusive àqueles que tramitem nos juizados especiais do respectivo Estado ou região*; (grifou-se)

Portanto, não houve uma reflexão adequada sobre o tema, partindo-se diretamente – sem tempo de namoro ou noivado – para um casamento cujas consequências ainda são imprevisíveis, tendo em vista a falta de detalhamento do NCPC sobre o ponto em estudo, limitando-se a determinar a aplicação do IRDR no âmbito dos juizados especiais.

Nesse ponto, importante registrar o entendimento de Volpe Camargo, segundo o qual "*A despeito do silêncio tanto do texto do Senado quanto do texto da Câmara, acredita-se que as turmas recursais e juízes de juizados especiais também estarão vinculados ao resultado do incidente*"[9]. Reforçando esse entendimento, confira-se o Enunciado n.º 93 do Fórum Permanente de Processualistas Civis – FPPC[10] sobre o art. 982, inc. I: "Admitido o incidente de resolução de demandas repetitivas, também devem ficar suspensos os processos que versem sobre a mesma questão objeto do incidente e que tramitem perante os juizados especiais no mesmo estado ou região".

---

9. CAMARGO, Luiz Henrique Volpe. *Op. Cit.*, p. 305. O artigo referido foi escrito com base no texto aprovado pela Comissão Especial da Câmara dos Deputados, razão pela qual não podia prever que a vinculação das turmas recursais e juízes de juizados especiais ao resultado do incidente seria inserida de forma expressa no texto do NCPC aprovado no Plenário dessa Casa Legislativa.

10. Esse e os demais enunciados do Fórum Permanente de Processualistas Civis – FPPC estão disponíveis em: <http://portalprocessual.com/wp-content/uploads/2015/03/Carta-de-Belo-Horizonte.pdf>. Acesso em: 31 mar. 2015.

De fato, ficou clara a opção política do legislador de que os juizados especiais não sejam excluídos da aplicação do IRDR, o que se revela uma opção correta, a nosso ver, uma vez que é nesse microssistema que surge a imensa maioria dos casos repetitivos, sendo certo que os juizados - especialmente a partir da Lei n.º 10.259/2001, que criou os JEFs - sempre estiveram na vanguarda do estabelecimento de um tratamento diferenciado às demandas em massa[11]. No entanto, deveria o NCPC ter tratado do tema atentando para as peculiaridades do sistema dos juizados especiais. Não o tendo feito, surgirão problemas práticos cujo enfrentamento será inevitável na lide forense.

3. PROBLEMAS DECORRENTES DA APLICAÇÃO DO INCIDENTE DE RESOLUÇÃO DE DEMANDAS REPETITIVAS NOS JUIZADOS ESPECIAIS

Partindo da premissa estabelecida no tópico anterior, passemos a analisar os problemas que surgirão da aplicação do IRDR aos juizados especiais.

Segundo o art. 977 do NCPC "*O pedido de instauração do incidente será dirigido ao presidente de tribunal*", enquanto o art. 982 dispõe que "*Admitido o incidente, o relator: I - suspenderá os processos pendentes, individuais ou coletivos, que tramitam no Estado ou na região, conforme o caso*".

Ao admitir o IRDR, portanto, os tribunais suspenderão os processos que tramitam no respectivo estado ou região, inclusive nos juizados, como deflui de uma interpretação combinada com o art. 985, inc. I, adrede transcrito. O perigo subjacente nessa previsão é de que haja uma subversão de todo o microssistema dos juizados, em que não há a participação dos TJs e TRFs, sendo as turmas de uniformização as responsáveis pela formação dos precedentes.

Cabe registrar que houve uma mudança entre a versão do NCPC aprovada no Plenário da Câmara dos Deputados e a versão definitiva transformada na Lei n.º 13.105/2015, após revisão final do texto pelo Senado Federal. Na primeira versão referida, prescrevia o art. 988, § 1º que "*O incidente pode ser suscitado perante tribunal de justiça ou tribunal regional federal*"[12], enquanto o texto definitivo prevê, no art. 977, que "*O pedido de instauração do incidente será dirigido ao presidente de tribunal*".

---

11. No mesmo sentido: ATAÍDE JR., Jaldemiro Rodrigues de. As demandas de massa e o projeto de novo Código de Processo Civil. *In*: FREIRE, Alexandre *et al* (org.). *Novas Tendências do Processo Civil*: estudos sobre o projeto do novo Código de Processo Civil. Vol. 3. Salvador: Juspodivm, 2014, p. 50-54. Ver também, sobre o ponto: NOBRE JR., Edilson Pereira. Os Juizados Especiais Federais e o Pedido de Uniformização de Jurisprudência. *Revista Dialética de Direito Processual*, n. 122, maio 2013, *passim*.

12. Consulte-se a versão indigitada em: *Projeto do novo Código de Processo Civil*: versão Câmara dos Deputados - redação final aprovada em 26.03.2014. Salvador: Juspodivm, 2014.

A alteração textual teve o claro intuito de ampliar o sentido da norma, devendo-se compreender que o IRDR será suscitado não apenas perante os TJs e os TRFs, mas também perante qualquer Tribunal Regional[13], como os Tribunais Regionais do Trabalho[14] e os Tribunais Regionais Eleitorais. As TRs – e pode-se dizer o mesmo das TRUs e da TNU – por não serem consideradas tribunais, consoante entendimento consolidado nos tribunais superiores, não poderão julgar IRDR. Ficam alijadas, destarte, da participação na formação dos precedentes no âmbito dos juizados especiais.

De fato, a dificuldade maior que surge é como compatibilizar tal previsão com a existência de um sistema recursal diverso nos juizados, com TRs, TRUs e TNU. Uma solução possível seria prever-se que, no caso dos juizados, o IRDR deveria ser suscitado perante algum órgão que componha o microssistema, como a TRU ou a TNU. Tal hipótese, entretanto, como visto acima, é vedada pela expressa disposição do art. 977.

Cabe perguntar: se o IRDR é proposto e julgado pelos TJs e Tribunais Regionais e, em caso de recurso, pelo STF e STJ – consoante previsto no art. 987 –, qual o papel das TRs, TRUs e TNU na uniformização da jurisprudência dos juizados? Afinal de contas, prevalecerá o que for decidido pelo TJ ou TRF no IRDR em detrimento da jurisprudência da TNU ou TRU respectiva sobre o tema discutido? Sendo essa a interpretação, melhor seria extinguir de logo a TNU e a TRU, reformulando-se por completo o sistema recursal dos juizados especiais.

Com efeito, perceba-se que além dos TJs e Tribunais Regionais não comporem a estrutura recursal dos juizados, o mesmo ocorre com o STJ, uma vez que já está consolidado, inclusive no STF, o entendimento de que o recurso especial não é cabível contra decisões que não sejam oriundas de tribunais (caso das TRs, TRUs e TNU, órgãos que compõem o microssistema dos juizados)[15]. Nesse sentido, aliás, a Súmula n.º 203 do STJ: "*Não cabe recurso especial contra decisão proferida por órgão de segundo grau dos Juizados Especiais*".

Não se olvide a previsão do art. 14, § 4º, da Lei n.º 10.259/2001 (que regula os JEFs), segundo a qual: "*Quando a orientação acolhida pela Turma de*

---

13. Nesse sentido, o enunciado n.º 343 do Fórum Permanente de Processualistas Civis – FPPC: "*O incidente de resolução de demandas repetitivas compete a tribunal de justiça ou tribunal regional*".

14. No que tange especificamente ao TRT, leia-se o enunciado n.º 347 do Fórum Permanente de Processualistas Civis – FPPC: "*Aplica-se ao processo do trabalho o incidente de resolução de demandas repetitivas, devendo ser instaurado quando houver efetiva repetição de processos que contenham controvérsia sobre a mesma questão de direito*".

15. SANTOS JÚNIOR, Rosivaldo Toscano dos e STRECK, Lênio Luiz. Recurso Especial, macro-lides e o puxadinho hermenêutico. *In*: FREIRE, Alexandre *et al* (org.). *Novas Tendências do Processo Civil*: estudos sobre o projeto do novo Código de Processo Civil. Vol. 3. Salvador: Juspodivm, 2014, p. 188-189.

Uniformização, em questões de direito material, contrariar súmula ou jurisprudência dominante no Superior Tribunal de Justiça – STJ, a parte interessada poderá provocar a manifestação deste, que dirimirá a divergência". Tal incidente, cuja teleologia foi transplantada para os Juizados da Fazenda Pública Estadual (Lei n.º 12.153/2009), em seu art. 18 § 3º, está, em nossa opinião, eivado de inconstitucionalidade, pois se criou, sem previsão na Constituição Federal, recurso cujo julgamento foi atribuído ao STJ, indo de encontro ao princípio da tipicidade de competências[16]. De fato, segundo o desenho constitucional, ao STJ não caberia uniformizar a jurisprudência dos juizados especiais, sendo tal tarefa de incumbência de seus próprios órgãos de uniformização, como a TNU e as TRUs.

Ainda mais grave, neste ponto, é a situação dos Juizados Estaduais, já que neles não há, ainda, Turma Nacional de Uniformização[17]. Nesse sentido, Lênio Streck e Rosivaldo Toscano dos Santos Júnior chamam a atenção para a incongruência sistêmica de prever-se que a existência de recurso especial repetitivo no STJ suspende os processos em trâmite nos juizados. E tal incongruência ganha ainda mais relevo nos juizados estaduais, em que sequer existe a Turma Nacional de Uniformização, o que impede que a matéria *sub judice* chegue ao STJ por via transversa, o que é possível de ocorrer com a Turma Nacional de Uniformização dos JEFs, com base no art. 14, § 4º, da Lei n.º 10.259/2001[18]. O mesmo raciocínio e idêntica preocupação valem integralmente para o IRDR.

Avancemos em direção a outros pontos problemáticos.

Algumas matérias são tipicamente de competência dos juizados especiais e não chegam aos TRFs e TJs. A título exemplificativo, podemos citar as demandas de: 1) segurados especiais pleiteando aposentadoria ou salário-maternidade rural que costumeiramente são em valor inferior ao teto dos juizados; 2) pescadores artesanais pleiteando o seguro durante o período de defeso.

---

16. Leonardo da Cunha corrobora esse entendimento, informando que *"Em razão do princípio da tipicidade, as competências dos órgãos constitucionais são apenas as expressamente previstas na Constituição"*. CUNHA, Leonardo José Carneiro da. *Jurisdição e competência*. São Paulo: Revista dos Tribunais, 2008, p. 47.

17. Registre-se que a Comissão de Constituição e Justiça e de Cidadania da Câmara dos Deputados aprovou, no dia 04 de junho de 2014, o Projeto de Lei n.º 5741/2013, oriundo do Superior Tribunal de Justiça, que propõe alteração na Lei n.º 12.153/2009, para criar a Turma Nacional de Uniformização de Jurisprudência dos Juizados Especiais Estaduais e do Distrito Federal, que cria a Turma Nacional de Uniformização de Jurisprudência dos Juizados Especiais dos Estados e do Distrito Federal. A proposta teve requerimento de urgência aprovado, e estava na pauta do Plenário para votação desde maio de 2014, tendo sido, entretanto, retirado de pauta desde a sessão de 05/02/2015. *CCJ aprova turma nacional de uniformização de jurisprudência do STJ*. Disponível em: ‹http://www2.camara.leg.br/camaranoticias/noticias/DIREITO-E-JUSTICA/469673-CCJ-APROVA-TURMA-NACIONAL-DE-UNIFORMIZACAO-DE-JURISPRUDENCIA-DO-STJ.html›. Acesso em: 31 mar. 2015. Para acompanhamento do trâmite processual, confira-se: ‹http://www.camara.gov.br/proposicoesWeb/fichadetramitacao?idProposicao=580322›. Acesso em: 31 mar. 2015.

18. SANTOS JÚNIOR, Rosivaldo Toscano dos e STRECK, Lênio Luiz. *Op. Cit.*, p. 191-192.

Não custa lembrar que a competência dos JEFs, onde existirem, é absoluta, segundo prescreve o art. 3º da Lei n.º 10.259/2001. A propósito, se tais causas ainda chegam aos TRFs hoje em dia, isso se deve às apelações nos casos de competência delegada aos juízes de Direito que atuam em comarcas onde não há vara federal (art. 109, § 4º da CF)[19].

Portanto, constatando-se que apenas pouquíssimos processos de matérias típicas dos juizados especiais chegam aos TJs e TRFs, esses tribunais ficarão responsáveis pela uniformização de teses que não é de sua lida diária e que dificilmente apreciariam em outra hipótese, o que pode prejudicar a real compreensão das questões levadas à discussão no IRDR.

Prosseguindo-se com o exame do tema deste ensaio, encontra-se o problema a seguir descrito.

O art. 1.037 do NCPC, ao tratar do julgamento dos recursos extraordinário e especial repetitivos, dispõe:

> Art. 1.037. (...).
>
> § 9º Demonstrando distinção entre a questão a ser decidida no processo e aquela a ser julgada no recurso especial ou extraordinário afetado, a parte poderá requerer o prosseguimento do seu processo.
>
> § 10. O requerimento a que se refere o § 9º será dirigido:
>
> I - ao juiz, se o processo sobrestado estiver em primeiro grau;
>
> II - ao relator, se o processo sobrestado estiver no tribunal de origem;
>
> III - ao relator do acórdão recorrido, se for sobrestado recurso especial ou recurso extraordinário no tribunal de origem;
>
> IV - ao relator, no tribunal superior, de recurso especial ou de recurso extraordinário cujo processamento houver sido sobrestado.
>
> (...).
>
> § 13. Da decisão que resolver o requerimento a que se refere o § 9º caberá:

19. Observe-se que a PEC n.º 244/2013 propõe que o art. 109, § 4º, da CF, passe a ter o seguinte teor: *"Na hipótese do parágrafo anterior, o recurso cabível será para o Tribunal Regional Federal na correspondente área de jurisdição, que poderá delegar o seu julgamento, nas causas previdenciárias, a turma recursal de juizado especial federal"*. Como se vê, a PEC pretende transferir dos TRFs para as Turmas Recursais dos JEFs as apelações em casos de competência delegada, o que ainda tornará mais grave o problema referido, em caso de aprovação. A CCJ, em setembro de 2013, aprovou a PEC referida, que aguarda o restante do trâmite no Congresso Nacional. Disponível em: <http://www.camara.gov.br/proposicoesWeb/fichadetramitacao?idProposicao=566537>. Acesso em: 31 mar. 2015.

> I – agravo de instrumento, se o processo estiver em primeiro grau;
>
> II – agravo interno, se a decisão for de relator.

Nota-se que o referido dispositivo diz respeito ao julgamento dos recursos extraordinário e especial repetitivos, sendo claro que não constam expressamente no NCPC disposições similares para o IRDR[20]. Ainda assim, entendemos que a possibilidade de o interessado pedir o prosseguimento do seu processo sem se submeter ao sobrestamento aplica-se também ao IRDR, uma vez que esse instituto, ao lado dos recursos extraordinário e especial repetitivos, forma um microssistema de solução de casos repetitivos, cujas normas de regência são complementares e devem ser interpretadas em conjunto[21].

Corroborando a ideia de um microssistema de solução de casos repetitivos, o NCPC prescreve que:

> Art. 928. Para os fins deste Código, considera-se julgamento de casos repetitivos a decisão proferida em:
>
> I – incidente de resolução de demandas repetitivas;
>
> II – recursos especial e extraordinário repetitivos.
>
> Parágrafo único. O julgamento de casos repetitivos tem por objeto questão de direito material ou processual.

A conclusão atingida, a propósito, é ratificada pelo enunciado n.º 348 do Fórum Permanente de Processualistas Civis – FPPC, assim formulado: "*Os interessados serão intimados da suspensão de seus processos individuais, podendo requerer o prosseguimento ao juiz ou tribunal onde tramitarem, demonstrando a distinção entre a questão a ser decidida e aquela a ser julgada no incidente de resolução de demandas repetitivas, ou nos recursos repetitivos*".

Pois bem. Em caso de processo que tramite no juizado e esteja em primeira instância, ou aguardando julgamento de recurso por TR ou TRU, o interessado irá requerer o prosseguimento ou suspensão do feito ao respectivo juizado, TR ou TRU. Caso se entenda que não foi suficientemente demonstrado o *distinguishing* (a distinção) do seu caso em relação ao tema discutido no IRDR, o agravo de instrumento previsto no art. 1.037, § 13, inc. I, será dirigido ao respectivo TJ/TRF?

---

20. Como bem registram: THEODORO JÚNIOR, Humberto; NUNES, Dierle; BAHIA, Alexandre Melo Franco; PEDRON, Flávio Quinaud. *Novo CPC*: fundamentos e sistematização. Rio de Janeiro: Forense, 2015, p. 336-337, nota 113.
21. Nesse exato sentido, o enunciado n.º 345 do Fórum Permanente de Processualistas Civis – FPPC: "*O incidente de resolução de demandas repetitivas e o julgamento dos recursos extraordinários e especiais repetitivos formam um microssistema de solução de casos repetitivos, cujas normas de regência se complementam reciprocamente e devem ser interpretadas conjuntamente*".

Na verdade, o próprio cabimento do agravo nessa hipótese é duvidoso, uma vez que a Lei n.º 9.099/1995 (que regula os Juizados Estaduais) e a Lei n.º 10.259/2001 (que regula os Juizados Federais) não preveem o cabimento dessa espécie recursal para esse caso. Mais: o agravo cabível no microssistema dos juizados é sempre dirigido às TRs, e não aos TJs/TRFs. Trata-se, assim, da criação de uma incongruência sistêmica digna de nota.

Insiste-se no assunto para perquirir: caberá o agravo referido quando a causa estiver sobrestada na TNU? Em caso positivo, a qual tribunal será dirigido? São perguntas para as quais não há respostas claras, e que certamente ocasionarão confusão quando da entrada em vigor do NCPC.

Do mesmo modo, como poderá o demandante, cuja causa tramite perante os juizados especiais, provocar o TJ/TRF (tribunais que detêm competência para decidir o IRDR nesses casos) para fins de *overruling* (superação do precedente), se o recurso cabível contra a sentença proferida no referido microssistema é o recurso inominado dirigido às turmas recursais?

Por fim, importa examinar o seguinte problema.

O art. 988, inc. IV, e o § 1º do NCPC encontram-se assim dispostos:

> Art. 988. Caberá reclamação da parte interessada ou do Ministério Público para:
>
> (...).
>
> IV – garantir a observância de enunciado de súmula vinculante e de precedente proferido em julgamento de casos repetitivos ou em incidente de assunção de competência.
>
> § 1º A reclamação pode ser proposta perante qualquer tribunal, e seu julgamento compete ao órgão jurisdicional cuja competência se busca preservar ou cuja autoridade se pretenda garantir.

Destarte, inobservado o precedente fixado em IRDR nos juizados, caberá reclamação perante o TJ/Tribunal Regional ou STF/STJ – a depender de quem tenha julgado o IRDR –, para o controle da aplicação do precedente fixado, mesmo que, como adrede demonstrado, o iter recursal desse microssistema passe ao largo desses tribunais (com exceção do STF)[22]. É o que afirma o enunciado n.º 349 do Fórum Permanente de Processualistas Civis – FPPC: "*Cabe*

---

22. Manifestando-se pelo cabimento da reclamação, mas sem tratar especificamente do caso dos juizados especiais: CUNHA, Leonardo José Carneiro da. Anotações sobre o incidente de resolução de demandas repetitivas previsto no projeto do novo CPC. *In*: DIDIER JR., Fredie; KLIPPEL, Rodrigo; MOUTA, José Henrique (coord.). *O projeto do novo Código de Processo Civil*: estudos em homenagem ao Professor José de Albuquerque Rocha. 1ª série. Salvador: Juspodivm, 2011, p. 291.

reclamação para o tribunal que julgou o incidente de resolução de demandas repetitivas caso afrontada a autoridade dessa decisão".

Ou seja, se uma TR descumpre, por exemplo, entendimento fixado pelo TRF em IRDR, cabe, ao mesmo tempo, reclamação para o TRF e incidente de uniformização de jurisprudência para a TRU ou TNU (a depender do caso concreto). *Quid juris*, se o TRF julgar procedente a reclamação e a TNU entender em sentido diverso na apreciação do incidente de uniformização de jurisprudência? É mais uma grave incoerência sistêmica que merece registro. Tal incoerência ocorre porque, de regra, o tribunal competente para julgar o IRDR e para apreciar a respectiva reclamação também deve ser o tribunal competente para apreciar os recursos cabíveis contra os julgados proferidos nos casos concretos. Essa, contudo, não é a situação que ocorre nos juizados, como demonstramos.

4. CONCLUSÃO

O mundo jurídico brasileiro aguarda com ansiedade a entrada em vigor do NCPC, o que ocorrerá assim que finalizado o prazo de *vacatio legis* previsto no art. 1.045, isto é, um ano após a data de sua publicação, que se deu em 17/03/2015.

Como visto, é certa a aplicação do IRDR nos juizados especiais, havendo, entretanto, inúmeros problemas e incoerências sistêmicas decorrentes disso. Entendemos que tal aplicação será imprescindível para o bom funcionamento dos juizados especiais após o advento do NCPC, especialmente no que tange à obediência ao sistema de precedentes e à consequente estabilização de sua jurisprudência.

Contudo, um final feliz nessa história passa pela alteração do NCPC para uma regulamentação específica da aplicação do IRDR no sistema dos juizados especiais, de uma forma que não desconsidere a existência de um caminho recursal peculiar nesse sistema.

Ou bem as turmas de uniformização devem manter sua importante função de uniformizar a jurisprudência no âmbito dos juizados ou sua existência se torna absolutamente injustificada, sendo mais coerente propor-se a sua imediata extinção. O que não cabe é criar um sistema híbrido e confuso tal qual se vislumbra com a vigência do NCPC tal qual aprovado no Congresso Nacional. Tais modificações devem ocorrer o mais breve possível, de preferência ainda durante o período de *vacatio*, tal qual ocorreu com o CPC de 1973, alterado, dentre outras, pela Lei n.º 5.925/73, que modificou cerca de cem artigos do Código.

5. REFERÊNCIAS

ATAÍDE JR., Jaldemiro Rodrigues de. As demandas de massa e o projeto de novo Código de Processo Civil. *In*: FREIRE, Alexandre *et al* (org.). *Novas Tendências do Processo Civil*: estudos sobre o projeto do novo Código de Processo Civil. Vol. 3. Salvador: Juspodivm, 2014, p. 45-69.

BASTOS, Antônio Adonias A. A necessidade de compatibilização do interesse público com os direitos processuais individuais no julgamento das demandas repetitivas. *In*: BASTOS, Antônio Adonias A. e DIDIER JR., Fredie (coord.). *O projeto do novo Código de Processo Civil*: estudos em homenagem ao Professor José Joaquim Calmon de Passos. 2ª série. Salvador: Juspodivm, 2012, p. 109-130.

BRASIL. Câmara dos Deputados. *Proposta de Emenda à Constituição n.º 244/2013, que Altera o § 4º do art. 109 da Constituição Federal*. Disponível em: ‹http://www.camara.gov.br/proposicoesWeb/fichadetramitacao?idProposicao=566537›. Acesso em: 22 jun. 2014.

CAMARGO, Luiz Henrique Volpe. O incidente de resolução de demandas repetitivas no projeto do novo CPC: a comparação entre a versão do Senado Federal e a da Câmara dos Deputados. *In*: FREIRE, Alexandre *et al* (org.). *Novas Tendências do Processo Civil*: estudos sobre o projeto do novo Código de Processo Civil. Vol. 3. Salvador: Juspodivm, 2014, p. 279-311.

CCJ aprova turma nacional de uniformização de jurisprudência do STJ. Disponível em: ‹http://www2.camara.leg.br/camaranoticias/noticias/DIREITO-E-JUSTICA/469673-CCJ-APROVA-TURMA-NACIONAL-DE-UNIFORMIZACAO-DE-JURISPRUDENCIA-DO-STJ.html›. Acesso em: 31 mar. 2015.

CUNHA, Leonardo José Carneiro da. *Jurisdição e competência*. São Paulo: Revista dos Tribunais, 2008.

______. Anotações sobre o incidente de resolução de demandas repetitivas previsto no projeto do novo CPC. *In*: DIDIER JR., Fredie; KLIPPEL, Rodrigo; MOUTA, José Henrique (coord.). *O projeto do novo Código de Processo Civil*: estudos em homenagem ao Professor José de Albuquerque Rocha. 1ª série. Salvador: Juspodivm, 2011, p. 269-292.

Enunciados do Fórum Permanente de Processualistas Civis – FPPC. Disponível em: ‹http://portalprocessual.com/wp-content/uploads/2015/03/Carta-de-Belo-Horizonte.pdf›. Acesso em: 31 mar. 2015.

GONÇALVES, Marcelo Barbi. O incidente de resolução de demandas repetitivas e a magistratura deitada. *Revista de Processo*, a. 38, v. 222, p. 221-248, ago. 2013.

KOEHLER, Frederico Augusto Leopoldino. *A razoável duração do processo*. 2. ed. Salvador: Juspodivm, 2013.

NOBRE JR., Edilson Pereira. Os Juizados Especiais Federais e o Pedido de Uniformização de Jurisprudência. *Revista Dialética de Direito Processual*, n. 122, p. 16-28, maio 2013.

NUNES, Dierle e PATRUS, Rafael Dilly. Uma breve notícia sobre o procedimento-modelo alemão e sobre as tendências brasileiras de padronização decisória: um contributo para o estudo do incidente de resolução de demandas repetitivas brasileiro. *In*: FREIRE, Alexandre *et al* (org.). *Novas Tendências do Processo Civil*: estudos sobre o projeto do novo Código de Processo Civil. Vol. 1. Salvador: Juspodivm, 2013, p. 471-483.

OLIVEIRA, Guilherme Peres de. Incidente de resolução de demandas repetitivas – uma proposta de interpretação de seu procedimento. *In*: FREIRE, Alexandre *et al* (org.). *Novas Tendências do Processo Civil*: estudos sobre o projeto do novo Código de Processo Civil. Vol. 2. Salvador: Juspodivm, 2014, p. 663-670.

Projeto do novo Código de Processo Civil: versão Câmara dos Deputados – redação final aprovada em 26.03.2014. Salvador: Juspodivm, 2014.

ROSSI, Júlio César. O precedente à brasileira: súmula vinculante e incidente de resolução de demandas repetitivas. *Revista de Processo*, a. 37, v. 208, p. 203-240, jun. 2012.

SANTOS JÚNIOR, Rosivaldo Toscano dos e STRECK, Lênio Luiz. Recurso Especial, macro-lides e o puxadinho hermenêutico. *In*: FREIRE, Alexandre *et al* (org.). *Novas Tendências do Processo Civil*: estudos sobre o projeto do novo Código de Processo Civil. Vol. 3. Salvador: Juspodivm, 2014, p. 181-196.

THEODORO JÚNIOR, Humberto; NUNES, Dierle; BAHIA, Alexandre Melo Franco; PEDRON, Flávio Quinaud. *Novo CPC*: fundamentos e sistematização. Rio de Janeiro: Forense, 2015.

VIAFORE, Daniele. As semelhanças e as diferenças entre o procedimento-modelo alemão *Musterverfahren* e a proposta de um "incidente de resolução de demandas repetitivas". *Revista de Processo*, a. 38, v. 217, p. 257-308, mar. 2013.

CAPÍTULO 9

A contagem dos prazos processuais em dias úteis no microssistema dos Juizados Especiais: comentários ao artigo 12-A da Lei 9.099/1995

Frederico Augusto Leopoldino Koehler
Julio Pinheiro Faro Homem de Siqueira

SUMÁRIO: 1. INTRODUÇÃO; 2. CORRENTE RESTRITIVA (CONTAGEM DOS PRAZOS EM DIAS CORRIDOS); 3. CORRENTE AMPLIATIVA (CONTAGEM DOS PRAZOS EM DIAS ÚTEIS); 4. CONSIDERAÇÕES FINAIS; 5. REFERÊNCIAS BIBLIOGRÁFICAS

1. INTRODUÇÃO

O Código de Processo Civil, Lei n.º 13.105/15 (CPC/2015), trouxe em seu art. 219 uma inovação interessante: "Na contagem de prazo em dias, estabelecido por lei ou pelo juiz, computar-se-ão somente os dias úteis", e acrescenta seu parágrafo único que a disposição se aplica apenas a prazos processuais.

Antes mesmo da entrada em vigor do CPC/2015, duas correntes se formaram sobre a incidência da regra contida em seu art. 219 no procedimento dos Juizados Especiais. De um lado, os especialistas que entendem que a contagem dos prazos apenas com a inclusão dos dias úteis não viola as normas e princípios do microssistema dos Juizados; de outro lado, os que entendem pela inaplicabilidade do referido cômputo em dias úteis, pois haveria a referida violação.

A questão é grave porque não cabe recurso especial no sistema dos juizados especiais, e, no que tange especificamente aos Juizados Especiais Federais, não cabe pedido de uniformização para a Turma Nacional de Uniformização (TNU) ou para as Turmas Regionais de Uniformização para tratar de matéria processual (exatamente o caso da contagem dos prazos). Assim, antecipa-se a dificuldade de uma uniformização jurisprudencial acerca do tema. Uma alternativa seria a instauração de um incidente de resolução de demandas repetitivas – IRDR sobre a matéria, mas há doutrinadores que defendem a inconstitucionalidade da vinculação dos órgãos componentes dos juizados especiais ao IRDR julgado pelos TRFs/TJs.[1]

Em 21/09/2017, mais de um ano após o início da vigência do CPC/2015, o Conselho Federal da Ordem dos Advogados do Brasil (CFOAB) ajuizou, perante o STF, a arguição de descumprimento de preceito fundamental – ADPF nº 483 (Rel. Min. Luiz Fux), para questionar a aplicabilidade ou não da regra do art. 219 do CPC/2015 ao microssistema dos Juizados Especiais.[2] Todavia, a ação constitucional ainda não foi julgada e, imagina-se, que não será, em razão do art. 12-A da Lei 9.099/1995.

Em 07/02/2018, o Senador Elber Batalha (PSB/SE) apresentou o Projeto de Lei do Senado – PLS nº 36/2018, que propunha o acréscimo do art. 12-A à Lei 9.099/1995, com a seguinte redação: "na contagem do prazo em dias, estabelecido por lei ou pelo juiz, para a prática de qualquer ato processual, inclusive interposição de recursos, computar-se-ão somente os dias úteis".[3] Essa inclusão, aprovada pelo Senado, passou à Câmara dos Deputados, que também a aprovou (PL 10020/2018),[4] tendo sido encaminhada à Presidência da República para sanção, o que aconteceu em 31/10/2018, com a publicação da Lei 13.728.

No presente artigo, são apresentados os argumentos da corrente restritiva, a qual entende ser inaplicável o art. 219 do CPC/2015 aos juizados especiais. Cada um dos argumentos será enfrentado, de maneira a verificar se eles são adequados e consistentes. Em seguida, as conclusões parciais decorrentes da análise crítica feita anteriormente serão cotejadas com os argumentos da corrente ampliativa, a qual entende ser aplicável o art. 219 do CPC/2015 aos juizados especiais. Por fim, são apresentadas as últimas considerações e a conclusão.

---

1. KOEHLER, Frederico Augusto Leopoldino. Questões polêmicas da aplicação do incidente de resolução de demandas repetitivas (IRDR) no microssistema dos juizados especiais. In: DIDIER Jr., Fredie; CUNHA, Leonardo Carneiro da; ATAÍDE JR., Jaldemiro Rodrigues de; MACÊDO, Lucas Buril de. (Org.). *Precedentes* (Coleção Grandes Temas do Novo CPC, v. 3). 2. ed. Salvador: Juspodivm, 2016.

2. SUPREMO TRIBUNAL FEDERAL. *Arguição de descumprimento de preceito fundamental* – ADPF nº 483, Rel. Min. Luiz Fux (em julgamento). Disponível em: ‹http://www.stf.jus.br/portal/peticaoInicial/verPeticaoInicial.asp?base=ADPF&s1=483&processo=483›. Acesso: 1º nov. 2018.

3. SENADO DA REPÚBLICA. *Projeto de Lei do Senado nº 36/2018*. Disponível em: ‹https://www25.senado.leg.br/web/atividade/materias/-/materia/132194?o=t›. Acesso: 1º nov. 2018.

4. CÂMARA DOS DEPUTADOS. *Projeto de Lei 10.020/2018*. Disponível em: ‹http://www.camara.gov.br/proposicoesWeb/prop_mostrarintegra?codteor=1651183&filename=PL+10020/2018›. Acesso: 1º nov. 2018.

2. CORRENTE RESTRITIVA (CONTAGEM DOS PRAZOS EM DIAS CORRIDOS)

A corrente restritiva conta com aqueles especialistas que entendem que o art. 219 do CPC/2015 é *inaplicável* aos juizados especiais, fundamentando-se, principalmente, no argumento de que a adoção da nova regra de contagem de prazos processuais em dias úteis conflita com os princípios do microssistema.

Esse é o posicionamento do Fórum Nacional de Juizados Especiais (FONAJE), do Colégio Permanente de Corregedores-Gerais dos Tribunais de Justiça do Brasil (CCOGE), da Corregedoria do Conselho Nacional de Justiça (CNJ) e do Fórum dos Juizados Especiais do Estado de São Paulo (FOJESP). Além disso, podem ser apontados como defensores da corrente os Juizados Especiais nos Estados de Alagoas, Maranhão, Pernambuco, Paraná, Santa Catarina, Sergipe e São Paulo,[5] muito embora não haja enunciados ou resoluções específicas na maioria dos Estados, à exceção de São Paulo (FOJESP), que editou o Enunciado 74, e de Pernambuco, cujo Tribunal de Justiça editou a Instrução Normativa nº 14, de 04/07/2016.[6]

Em 04/03/2016, os magistrados membros da Diretoria e Comissões do FONAJE se reuniram em Florianópolis para debater alguns temas relativos ao CPC/2015, tendo como um de seus temas centrais a aplicabilidade do art. 219 aos Juizados Especiais. O encontro teve como fruto a Nota Técnica 01/2016,[7] em que se anuncia a orientação de não aplicar a contagem dos prazos em dias úteis nos juizados, à qual se seguiu conclusão idêntica, alcançada no encontro do FONAJE em Maceió, em junho de 2016, e que resultou no Enunciado 165: "Nos Juizados Especiais Cíveis, todos os prazos serão contados de forma contínua".[8]

Os argumentos são os seguintes.

O primeiro argumento que se pode indicar tem por base os princípios positivados no art. 2º da Lei n.º 9.099/95, que informam todo o microssistema dos

---

5. MIGALHAS. *Juizados Especiais se dividem entre aplicar ou não contagem de prazos do CPC/2015* (20/04/2016). Disponível em: ‹http://www.migalhas.com.br/Quentes/17,MI237194,101048-Juizados+Especiais+se+dividem+entre+aplicar+ou+nao+contagem+de+prazos›. Acesso em 11 maio 2016.

6. TRIBUNAL DE JUSTIÇA DE PERNAMBUCO. *Instrução Normativa nº 14, de 04/07/2016*. Disponível em: ‹http://www.tjpe.jus.br/documents/101861/102050/IN+14+-+Contagem+de+Prazos.pdf/7c67d086-d055-46a9-99f6-6cdad7474561›. Acesso em 22 jul. 2016.

7. FÓRUM NACIONAL DE JUIZADOS ESPECIAIS. *Nota Técnica 01/2016*. Disponível em: ‹http://www.migalhas.com.br/Quentes/17,MI236272,51045-Nancy+Andrighi+prazos+do+novo+CPC+nao+devem+valer+para+Juizados›. Acesso em 09 maio 2016b.

8. FÓRUM NACIONAL DE JUIZADOS ESPECIAIS. *Enunciados atualizados até o XXXIX Encontro*. Disponível em: ‹http://www.amb.com.br/fonaje/?p=32›. Acesso em 22 jul. 2016a.

juizados especiais[9], em especial o princípio da celeridade[10]. Para o FONAJE, a contagem de prazos legais e judiciais em dias úteis revela "inexplicável distanciamento e indisfarçável subversão ao princípio constitucional da razoável duração do processo".[11]

Entendemos, no entanto, que não é a mudança na forma da contagem dos prazos que gera esse distanciamento, e, sim, outros fatores, tais como o tempo excessivo de sobrestamento no aguardo de decisões dos tribunais superiores, a falta de estrutura humana e material de alguns órgãos que participam da prestação jurisdicional (Justiça, Ministério Público, Defensoria Pública etc.), bem como os chamados tempos mortos: entre a protocolização de petições e a confecção de atos judiciais; entre o ato judicial e o seu cumprimento; entre a remessa eletrônica e o efetivo acesso pelos órgãos públicos cadastrados, no caso dos processos eletrônicos; dentre outros casos. Em um estudo publicado em 2007 sobre a gestão e o funcionamento dos cartórios judiciais, a Secretaria de Reforma do Judiciário, do Ministério da Justiça, chegou à seguinte conclusão: o tempo em que o processo fica em cartório varia entre 80% e 95% do tempo total de processamento.[12] Conclusões parecidas foram alcançadas em outra pesquisa, realizada sob os auspícios da mesma Secretaria e publicada em 2011,[13] e também pelo CNJ, no relatório de Justiça em números de 2015.[14]

No encalço desse argumento, surge o segundo, que se liga à natureza da legislação dos Juizados Especiais, considerada especial diante da generalidade

---

9. O microssistema dos juizados especiais é composto pelos juizados especiais no âmbito estadual (Lei n.º 9.099/95), pelos juizados especiais federais (Lei n.º 10.259/01) e pelos juizados especiais da Fazenda Pública Estadual e Municipal (Lei n.º 12.153/09). As três leis aplicam-se de forma complementar, preenchendo lacunas entre si, quando houver compatibilidade.

10. Apesar de estar expresso no art. 2º da Lei n.º 9.099/95, entendemos inadequada a expressão "princípio da celeridade", uma vez que o termo mais adequado é "princípio da razoável duração do processo", consoante previsto no art. 5º, inc. LXXVIII, da CF/88. O ideal é que os julgamentos ocorram em tempo razoável, sem necessidade de açodamento, pois a celeridade desacompanhada da qualidade no julgamento e do respeito ao contraditório não é um valor a ser buscado *per se*. Sobre o tema: KOEHLER, Frederico Augusto Leopoldino. *A Razoável Duração do Processo*. 2. ed. Salvador: Juspodivm, 2013.

11. FÓRUM NACIONAL DE JUIZADOS ESPECIAIS. *Nota técnica...*

12. MINISTÉRIO DA JUSTIÇA. *Análise da gestão e funcionamento dos cartórios judiciais*. Brasília: Ideal, 2007, p. 23. Disponível em: ‹http://docplayer.com.br/8300579-Analise-da-gestao-e-funcionamento-dos-cartorios-judiciais.html›. Acesso em 11 maio 2016.

13. ESTEVES, Carolina Bonadiman (coord.). *O impacto da gestão e do funcionamento dos cartórios judiciais sobre a morosidade da justiça brasileira*: diagnóstico e possíveis soluções. Brasília: Ministério da Justiça, 2011. Disponível em: ‹https://www.justica.gov.br/sua-protecao/reforma-do-judiciario/cejus/publicacoes/publicacoes/funcionamento-dos-cartorios-judiciais-2011.pdf›. Acesso em 11 maio 2016.

14. CONSELHO NACIONAL DE JUSTIÇA. *Justiça em números 2015 (ano-base 2014)*. Disponível em: ‹http://www.cnj.jus.br/programas-e-acoes/pj-justica-em-numeros›. Acesso em 23 jun. 2016.

do CPC/2015, de modo que sobre esta prevalece, ainda que a ela seja anterior. Nesse sentido, para o FONAJE é necessário "ter em mente que a Lei 9.099 conserva íntegro o seu caráter de lei especial frente ao Novo CPC, desimportando, por óbvio, a superveniência deste em relação àquela".[15]

São razões que parecem ser plausíveis, pois, de fato, o microssistema dos Juizados Especiais sempre foi específico e, como tal, também suas normas, cabendo tão somente a aplicação supletiva e subsidiária da codificação processual, seja a de 1973, seja a de 2015. Todavia, a plausibilidade esbarra no seguinte motivo: a legislação dos Juizados carece, até o presente momento, de qualquer regulamentação sobre a contagem dos prazos processuais. Durante a vigência do CPC/1973, a contagem seguia, tranquilamente, as regras por ele trazidas, sem que se apresentasse qualquer óbice. Como o CPC/1973 foi revogado e substituído pelo CPC/2015, a conclusão deveria ser a seguinte: se na legislação dos juizados há omissão quanto à contagem de prazos e essa lacuna era preenchida pelo CPC/1973, então a legislação revogadora deveria, a partir de sua vigência, reger os juizados no ponto em tela.[16]

Importante demonstrar o desacerto da tese da autossuficiência do microssistema dos juizados especiais, que olvida o disposto no art. 1.046, § 2º, do CPC/2015 ("*Permanecem em vigor as disposições especiais dos procedimentos regulados em outras leis, aos quais se aplicará supletivamente este Código.*"). Há vários exemplos que demonstram sempre ter havido aplicação do CPC e de leis esparsas no microssistema, dentre os quais: 1) a possibilidade de fixação de astreintes; 2) a possibilidade de fixação de multa por litigância de má-fé; 3) aplicação das normas sobre o processo de execução; 4) normas que regulamentam o litisconsórcio; 5) cabimento de mandado de segurança contra decisão judicial nos juizados especiais; 6) cabimento de agravo do art. 544 do CPC/73 para destrancar recurso extraordinário; 7) a aplicação da teoria da causa madura; 8) a impugnação ao valor da causa *etc*. Em suma: o microssistema dos juizados especiais nunca foi autossuficiente, tendo sempre buscado complementar as lacunas normativas na lei adjetiva vigente. Na verdade, a não aplicação do CPC – seja o de 1973 ou o de 2015 – prejudicaria, em vários pontos, a boa prestação jurisdicional e os princípios ordenadores do microssistema.

---

15. FÓRUM NACIONAL DE JUIZADOS ESPECIAIS. *Enunciados*...

16. No mesmo sentido: MACHADO, Marcelo Pacheco. Prazos nos juizados especiais em dias corridos: não esperávamos por esta do FONAJE. *Jota* 21/06/2016. Disponível em: <http://jota.uol.com.br/prazos-nos-juizados-especiais-em-dias-corridos-nao-esperavamos-por-esta-fonaje>. Acesso em 23 jun. 2016.

Fortemente ligado à especialidade da legislação dos Juizados está o terceiro argumento: o fato de que quando pretendeu que o CPC/2015 fosse aplicado aos Juizados Especiais, o legislador fez a respectiva remissão expressa, o que conduziu à conclusão, do FONAJE, de que "o legislador quis limitar, *numerus clausus*, àquelas hipóteses, as influências do CPC sobre o sistema dos juizados, ciente das implicações prejudiciais decorrente de uma maior ingerência legal".[17]

Isso diverge, um pouco, do que fora registrado anteriormente, no final de 2015, no Encontro do FONAJE em Belo Horizonte, no Enunciado 161: "Considerando o princípio da especialidade, o CPC/2015 somente terá aplicação ao Sistema dos Juizados Especiais nos casos de expressa e específica remissão ou na hipótese de compatibilidade com os critérios previstos no art. 2º da Lei 9.099/95".

De toda forma, o entendimento do FONAJE parece ser o de que a aplicação obrigatória de normas do CPC/2015 aos Juizados Especiais restringe-se a um rol taxativo, que contém as situações expressamente previstas no novo diploma, mas há casos de aplicação subsidiária e supletiva compatível diante da falta de previsão na legislação do microssistema. Por exemplo, sob a vigência do CPC/73 o prazo de 10 dias para emendar a inicial no procedimento dos Juizados era extraída do art. 284, parágrafo único, com o CPC/2015 em vigor, aplica-se a mesma ideia, porém com base, agora, no art. 321, que prevê um prazo de 15 dias. No caso do exemplo, não há qualquer imposição, mas aplicação subsidiária.

E aí se coloca o seguinte questionamento: aplica-se, subsidiariamente, o art. 321 do CPC/2015, mas o prazo nela estabelecido será contado em dias úteis ou em dias corridos? Pela coerência, os defensores da corrente restritiva responderiam que o prazo será contado em dias corridos, já que o art. 219 do CPC/2015 não se aplica aos Juizados Especiais. Todavia, esse procedimento consiste na formulação de uma *lex tertia*, em que o intérprete, fazendo-se de legislador, e, portanto, violando o princípio da separação dos poderes, conjuga normas de diferentes textos legais ou extraídas da interpretação de diferentes textos legais para criar uma terceira norma que não existe no sistema.

Seria possível aos defensores da corrente restritiva objetar e argumentar que apenas os prazos colhidos diretamente no CPC/2015 sejam contados em dias úteis, mas não os prazos presentes em outras leis. É verdade que

17. FÓRUM NACIONAL DE JUIZADOS ESPECIAIS. *Enunciados...*

a aplicação subsidiária ou supletiva de normas do CPC/2015 aos processos eleitorais, trabalhistas ou administrativos, em cujas leis específicas houver lacuna legal (art. 15 do CPC/2015), não determina que todos os prazos previstos especificamente em tais leis passarão a ter apenas computados os dias úteis. Todavia, esse argumento cai por terra, quando se considera que se a norma aplicada subsidiária ou supletivamente se referir a prazo processual, não se poderá afastar o tipo de contagem previsto no CPC/2015, do contrário, se estaria criando lei nova.

Outro argumento (o quarto) utilizado pela corrente restritiva para justificar a não aplicação do art. 219 do CPC/2015 é o de que sob a vigência do CPC/73 as disposições codificadas não se aplicavam ao procedimento dos Juizados na fase cognitiva, tão somente na fase executiva e, mesmo assim, no que fosse cabível, ou seja, subsidiária ou supletivamente. Conforme o exemplo destacado acima, isso não tem procedência, já que o prazo de emenda da petição inicial é um prazo aplicável na fase de conhecimento. No entanto, suponha-se que esse argumento do FONAJE seja consistente, as normas de fase executiva previstas no CPC/2015 serão aplicadas aos Juizados Especiais sem que se aplique a contagem em dias úteis? Se a aplicação é subsidiária ou supletiva, o cômputo na fase de execução não deveria seguir a contagem em dias úteis? Não há, portanto, como se concordar com esse argumento do FONAJE.

Por fim, argui-se, ainda (quinto argumento), que "não há prazos legais previstos pela Lei n.º 9.099 para a fase de conhecimento, de modo que todos os prazos são judiciais". No entanto, isso não procede, já que as Leis n.º 9.099/95, 10.259/01 e 12.153/09 trazem alguns prazos específicos, mas que, como se afirma na Nota Técnica, "sempre foram contados em dias corridos, mesmo porque, até 2015, não se conhecia no ordenamento jurídico brasileiro nenhuma outra lei adjetiva que contemplasse algum método diverso de cômputo".

A propósito, interessante notar-se que sempre se aplicou no microssistema dos juizados especiais a regra do CPC/73 segundo a qual todos os prazos processuais cíveis somente começavam a correr e podiam ter vencimento em dia útil (art. 184, §§ 1º e 2º, do CPC/73). Ora, isso bem demonstra que o CPC sempre foi aplicado no tema contagem de prazos. Apenas agora se afigura da inadequação dessa contagem do prazo conforme o CPC/2015, sendo de registrar-se, no entanto, que dificilmente alguém sustentará que, sendo os prazos corridos nos juizados, possam ter vencimento em dia que não seja útil. Tal conclusão seria inescapável por questão de coerência.

Com uma técnica melhor na redação, o CCOGE, nos dias 30/03 e 01/04/2016, durante os trabalhos de seu 71º Encontro, em Cuiabá, endossou o entendimento tanto do FONAJE quanto da Corregedoria do CNJ, a respeito da inaplicabilidade do art. 219 do CPC/2015 aos Juizados Especiais, devendo permanecer a contagem dos prazos processuais em dias corridos.[18]

Todos os argumentos apresentados pela corrente restritiva confluem para uma mesma conclusão, qual seja, a contagem dos prazos nos juizados especiais deve se dar em dias corridos, não em dias úteis, afastando-se, assim, a aplicação do art. 219 do CPC/2015.

3. CORRENTE AMPLIATIVA (CONTAGEM DOS PRAZOS EM DIAS ÚTEIS)

A corrente ampliativa conta, ao contrário, com aqueles especialistas que entendem que o art. 219 do CPC/2015 é *aplicável*, fundamentando-se, principalmente, no argumento de que a adoção da nova regra de contagem de prazos processuais em dias úteis *não* conflita com os princípios do microssistema dos Juizados Especiais, mormente em razão de que não há regra especial na legislação específica para a contagem de prazos processuais e o CPC/73, e, agora, o CPC/2015 tem aplicação subsidiária e supletiva.[19]

Esse posicionamento é adotado pelo Fórum Permanente de Processualistas Civis (FPPC, Escola Nacional de Formação e Aperfeiçoamento de Magistrados (ENFAM), Fórum Nacional dos Juizados Especiais Federais (FONAJEF), pelo Regimento Interno da Turma Nacional de Uniformização dos Juizados Especiais Federais (TNU), pela Turma Regional de Uniformização de Jurisprudência dos Juizados Especiais do Distrito Federal (TRU/DF). Além disso, podem ser apontados como defensores desse entendimento, os Juizados Especiais nos Estados do Amazonas, Amapá, Ceará, Distrito Federal, Minas Gerais, Paraíba, Rio de Janeiro, Rio de Janeiro, Roraima e Tocantins,[20] muito embora não existam enunciados ou resoluções especí-

---

18. COLÉGIO PERMANENTE DOS CORREGEDORES-GERAIS DOS TRIBUNAIS DE JUSTIÇA DO BRASIL. *Carta de Cuiabá*, 2016. Disponível em: ‹http://s.conjur.com.br/dl/carta-cuiaba-encoge.pdf›. Acesso em 09 maio 2016; CORREGEDORIA DO CONSELHO NACIONAL DE JUSTIÇA. *Prazos do novo CPC não devem valer para os Juizados Especiais*, 18/03/2016. Disponível em: ‹http://www.cnj.jus.br/noticias/cnj/81833-corregedoria-prazos-do-novo-cpc-nao-valem-para-os-juizados-especiais›. Acesso em 10 maio 2016.

19. DELLORE, Luiz; ROQUE, Andre Vasconcelos; GAJARDONI, Fernando da Fonseca; DUARTE, Zaulmar; MACHADO, Marcelo Pacheco. Novo CPC e os prazos nos juizados, no processo penal e do trabalho. *Jota*, 28/03/2016. Disponível em: ‹http://jota.uol.com.br/novo-cpc-e-os-prazos-nos-juizados-no-processo-penal-e-no-processo-trabalho›. Acesso em 10 maio 2016.

20. MIGALHAS. *Juizados Especiais se dividem...*

ficas na maioria dos Estados, à exceção do Distrito Federal, que editou o Enunciado 04.[21]

Assim, para a corrente ampliativa, o alargamento dos prazos proporcionado pelo art. 219 do CPC/2015 não irá frear o ritmo processual nem violar a garantia constitucional da razoável duração do processo. De acordo com estudos publicados em 2007 e em 2011 pelo Ministério da Justiça, como já explicitado no tópico 2, a maior morosidade da atividade jurisdicional está na gestão e no funcionamento dos cartórios judiciais, nos quais os autos de um processo ficam ao menos 80% do tempo total de processamento.[22] Assim, a perda de celeridade é um argumento falacioso para justificar a não aplicação do art. 219 do CPC/2015 aos Juizados Especiais.

Além de não haver contribuição alguma para a morosidade processual, o cômputo dos prazos processuais em dias úteis revela uma política social e de saúde do trabalho. Isso porque ao se excluir da contagem dos prazos os dias não úteis (finais de semana, dias feriados e férias forenses), permite-se aos advogados usufruir dias de descanso a que todos os outros prestadores de serviços, inclusive servidores públicos e magistrados, têm direito.[23] O trabalho de todos os operadores do direito em dias não úteis deveria ser excepcional, limitado aos casos de urgência extrema ou perecimento do direito.

Por isso, há que se concordar com a ENFAM, que trouxe em seu Enunciado 45 a seguinte conclusão: "A contagem dos prazos em dias úteis (art. 219 do CPC/2015) aplica-se ao sistema de juizados especiais".[24] Também se concorda com o Enunciado 175 do XIII FONAJEF: "Por falta de previsão legal específica nas leis que tratam dos juizados especiais, aplica-se, nestes, a previsão da contagem dos prazos em dias úteis (CPC/2015, art. 219)".[25] Cabendo concordar,

---

21. "Enunciado 04: Nos Juizados Especiais Cíveis e de Fazenda Pública, na contagem de prazo em dias, estabelecido por lei ou pelo juiz, computar-se-ão somente os dias úteis, nos termos do art. 219, do Código de Processo Civil (Lei 13.105/15)".

22. MINISTÉRIO DA JUSTIÇA. *Análise da gestão...*; ESTEVES, Carolina Bonadiman (coord.). Obra citada, 2011.

23. NEVES, Daniel Amorim Assumpção. *Manual de direito processual civil*. 8. ed. Salvador: Juspodivm, 2016, p. 359; ROQUE, Andre Vasconcelos. *Novo CPC e processos em curso*: atenção às armadilhas processuais. *Jota*, 07/03/2016. Disponível em: ‹http://jota.uol.com.br/novo-cpc-e-processos-em-curso-atencao-as-armadilhas-processuais›. Acesso em 11 maio 2016.

24. ESCOLA NACIONAL DE FORMAÇÃO E APERFEIÇOAMENTO DE MAGISTRADOS. *O Poder Judiciário e o Novo Código de Processo Civil*: enunciados aprovados. Disponível em: ‹http://www.enfam.jus.br/wp-content/uploads/2015/09/ENUNCIADOS-VERS%C3%83O-DEFINITIVA-.pdf›. Acesso em 09 maio 2016.

25. FORUM NACIONAL DOS JUIZADOS ESPECIAIS FEDERAIS. *Enunciados compilados*. Disponível em: ‹http://www.ajufe.org/static/ajufe/arquivos/downloads/fonajef-enunciados-compilados-i-ao-xiii-definitivo-1151152.pdf›. Acesso em 23 jun. 2016.

ainda, com o CJF, que expediu a Resolução 392/2016, alteradora da Resolução 345/2015 (em seu art. 31, § 2º), e a Resolução 393/2016 (art. 6º-A), alteradora da Resolução 347/2015, para determinar a contagem dos prazos nas Turmas Recursais, Regionais e Nacional de Uniformização, em dias úteis. Conclusão também alcançada pelo FPPC, que foi além e firmou este entendimento: o cômputo dos prazos processuais em dias úteis aplica-se aos Juizados Especiais (Enunciados 415 e 416)[26], mas apenas quanto aos prazos iniciados a partir de 18/03/2016 (Enunciado 268)[27], admitindo-se realização de negócio processual que fixe a contagem dos prazos processuais dos negociantes em dias corridos (Enunciado 579)[28].[29]

Entretanto, ainda que se opte pela aplicação do art. 219 do CPC/2015 aos Juizados Especiais é necessário evitar aquilo que alguns especialistas têm chamado de armadilhas decorrentes da incidência da nova forma de cômputo.[30]

A primeira das armadilhas é a de que o art. 219 do CPC/2015 somente se aplica aos prazos contados em dias, conforme se pode observar na redação do dispositivo: "Na contagem de prazo *em dias*, estabelecido por lei ou pelo juiz, computar-se-ão somente os dias úteis". Assim, se a contagem for *em horas, em meses ou em anos*, os fins de semana e os dias feriados deverão ser computados, salvo para fins de início e de vencimento do prazo.

A segunda armadilha tem a ver com a observância de regras especiais, como a do art. 5º, § 3º, da Lei n.º 11.419/06, pelo qual a intimação por remessa eletrônica conta com um prazo para abertura do portal eletrônico e concretização da intimação, que é de até *10 dias corridos*, decorridos os quais ela se presume feita, o que se denomina, na prática, de intimação tácita. Ainda que seja uma previsão de duvidosa constitucionalidade, porque insere um tempo morto no processo, continua vigente e a determinação do art. 219 do CPC/2015 não se lhe aplica.

---

26. Enunciado 415: "Os prazos processuais no sistema dos Juizados Especiais são contados em dias úteis". Enunciado 416: "A contagem do prazo processual em dias úteis prevista no art. 219 aplica-se aos Juizados Especiais Cíveis, Federais e da Fazenda Pública"

27. Enunciado 268: "A regra de contagem de prazos em dias úteis só se aplica aos prazos iniciados após a vigência do Novo Código".

28. Enunciado 579: "Admite-se o negócio processual que estabeleça a contagem dos prazos processuais dos negociantes em dias corridos".

29. FÓRUM PERMANENTE DE PROCESSUALISTAS CIVIS. *Enunciados do Fórum Permanente de Processualistas Civis*. Atualizado até 18, 19 e 20 de março de 2016. Disponível em: <https://www.academia.edu/25163313/ENUNCIADOS_DO_F%C3%93RUM_PERMANENTE_DE_PROCESSUALISTAS_CIVIS_-_atualizados_at%C3%A9_SP-2016_inclusive>. Acesso: 10 maio 2016.

30. ROQUE, Andre Vasconcelos. As armadilhas dos prazos no novo CPC. *Jota*, 07/09/2015. Disponível em: <http://jota.uol.com.br/as-armadilhas-dos-prazos-no-novo-cpc>. Acesso em 10 maio 2016.

A terceira das armadilhas diz respeito ao direito intertemporal, especificamente no caso de o prazo processual ter início sob a vigência do CPC/73 e contar, em seu curso, com o início da vigência do CPC/2015. Muito embora o art. 1.046, *caput*, do CPC/2015 determine que, ao entrar em vigor, as disposições do CPC/2015 se aplicam desde logo aos processos pendentes,[31] podem surgir situações como a seguinte: foi aberta remessa a um órgão da Administração Pública em 01/03/2016, durante a vigência do CPC/73, para a prática de um determinado ato em 10 (dez) dias, tendo a intimação tácita ocorrido em 10/03/2016, iniciando-se o cômputo do prazo no dia seguinte, 11/03/2016, antes da entrada em vigor do CPC/2015. Observe-se que o prazo se iniciou sob a égide do CPC/2015, e seu término se daria no dia 20/03/2016, quando já em vigência o novo CPC. Nesse caso, tanto a corrente restritiva quanto a corrente ampliativa têm a mesma conclusão, embora os seus fundamentos sejam diversos, já que para a primeira o art. 219 do CPC/2015 é inaplicável, enquanto que para a segunda a regra só é válida para os prazos iniciados após a vigência do CPC/2015,[32] ou seja, apenas para os prazos processuais iniciados a partir de 18/03/2016.[33-34]

Pode-se perceber, facilmente, que a adoção da corrente restritiva permite que tais armadilhas sequer sejam enfrentadas e, por isso, não se constituam em problemas para aqueles que não apliquem o art. 219 do CPC/2015 aos Juizados Especiais. Todavia, como se pode perceber, as armadilhas são superadas com facilidade pela corrente ampliativa.

4. CONSIDERAÇÕES FINAIS

A corrente restritiva, como temos defendido desde 2016,[35] baseia-se em argumentos que não são consistentes, ao contrário da corrente ampliativa.

---

31. Sobre essa questão, ver também: Roque (2016).

32. Enunciado 268 do FPPC: "A regra de contagem de prazos em dias úteis só se aplica aos prazos iniciados após a vigência do Novo Código".

33. No mesmo sentido do texto, adotando a tese de que a contagem dos prazos em dias úteis apenas se aplica aos prazos iniciados após a vigência do CPC/2015, confira-se: CUNHA, Leonardo Carneiro da. *Direito intertemporal e o novo Código de Processo Civil*. Rio de Janeiro: Forense, 2016, p. 174.

34. Se o exemplo acima fosse um pouco diverso, a solução seria diferente. Caso a remessa à Administração Pública tivesse ocorrido em 14/03/2016, ainda sob a vigência do CPC/73, tendo a intimação tácita ocorrido em 23/03/2016, e o prazo se iniciado em 24/03/2016 (já na vigência do CPC/2015), a contagem dos prazos seria em dias úteis, consoante a tese defendida no texto.

35. KOEHLER, Frederico Augusto Leopoldino; SIQUEIRA, Julio Pinheiro Faro Homem de. A contagem dos prazos processuais em dias úteis e a sua (in)aplicabilidade no microssistema dos Juizados Especiais. *Revista CEJ*, n. 70, set./dez. 2016, p. 23-28.

Recentemente, em 31/10/2018, foi sancionada a Lei 13.728, que colocou, ao menos em âmbito legislativo, um ponto final às discussões sobre a aplicabilidade ou não do art. 219 do CPC/2015 aos Juizados Especiais. O novo art. 12-A da Lei 9.099/1995 passou, assim, a prever que: "na contagem de prazo em dias, estabelecido por lei ou pelo juiz, para a prática de qualquer ato processual, inclusive para a interposição de recursos, computar-se-ão somente os dias úteis".

A justificativa utilizada pelo Projeto da Lei 13.728 é exatamente aquela defendida por todos os que já entendiam pela aplicabilidade do art. 219 do CPC/2015: *uniformizar o sistema processual brasileiro*,[36] já que, embora a Lei 9.099/1995 seja omissa, já existia o entendimento, doutrinário e jurisprudencial, de que é possível a aplicação subsidiária do CPC/2015 aos juizados especiais, em matéria não penal, como, aliás, ficou registrado no art. 27 da Lei 12.153/2009 – Juizados Especiais da Fazenda Pública.

Apesar dessa adequação do procedimento dos juizados especiais à contagem em dias úteis de prazos processuais fixados em dias, outras questões no CPC/2015 ainda pendem de dúvida quanto à sua aplicabilidade. Assim, conclui-se com uma proposta de técnica de verificação da (in)aplicabilidade das normas do CPC/2015 no microssistema dos juizados especiais. Ao deparar-se com um caso concreto em trâmite nos juizados especiais, e na dúvida sobre a (in)aplicabilidade de norma específica do CPC/2015, o intérprete deverá trilhar os seguintes passos: 1) observar se há norma sobre o ponto controvertido na lei do juizado especial em que o processo esteja tramitando (Lei n.º 9.099/95, Lei n.º 10.259/01 ou Lei n.º 12.153/09, a depender do caso concreto). Em caso positivo, aplica-se a norma própria do juizado especial e encerra-se o processo de verificação; 2) em caso negativo, observar se há norma nas outras leis que compõem o microssistema. Se existir uma norma adequada no microssistema, deverá ser aplicada, encerrando-se o processo de verificação; 3) caso tal norma não exista no microssistema dos juizados especiais, observar se há norma sobre o tema no CPC/2015; 4) se a resposta for positiva, deve-se observar se a norma do CPC/2015 ofende os princípios positivados no art. 2º da Lei n.º 9.099/95, hipótese em que será inaplicável. Caso não haja a ofensa referida no tópico anterior, o CPC/2015 será aplicável na questão concreta em trâmite nos juizados especiais.

A título de demonstração, aplicando-se os quatro passos da técnica de verificação à regra do art. 219 do CPC/2015, temos: 1) não há norma que regule

36. SENADO DA REPÚBLICA. *Projeto de Lei do Senado nº 36/2018: justificativa*. Disponível em: ‹https://legis.senado.leg.br/sdleg-getter/documento?dm=7630615&ts=1541072927255&disposition=inline›. Acesso: 1º nov. 2018.

a contagem dos prazos na lei do juizado especial em que o processo esteja tramitando; 2) não há norma sobre o tema nas outras leis que compõem o microssistema; 3) existe norma no CPC/2015 sobre o ponto (o art. 219); 4) a referida norma não ofende os princípios positivados no art. 2º da Lei n.º 9.099/95. Portanto, conclui-se pela aplicação da norma contida no art. 219 do CPC/2015 ao microssistema dos juizados especiais.

5. REFERÊNCIAS BIBLIOGRÁFICAS

CÂMARA DOS DEPUTADOS. *Projeto de Lei 10.020/2018*. Disponível em: ‹http://www.camara.gov.br/proposicoesWeb/prop_mostrarintegra?codteor=1651183&filename=PL+10020/2018›. Acesso: 1º nov. 2018.

COLÉGIO PERMANENTE DOS CORREGEDORES-GERAIS DOS TRIBUNAIS DE JUSTIÇA DO BRASIL. *Carta de Cuiabá*, 2016. Disponível em: ‹http://s.conjur.com.br/dl/carta-cuiaba-encoge.pdf›. Acesso em 09 maio 2016

CONSELHO NACIONAL DE JUSTIÇA. *Justiça em números 2015 (ano-base 2014)*. Disponível em: ‹http://www.cnj.jus.br/programas-e-acoes/pj-justica-em-numeros›. Acesso em 23 jun. 2016.

CORREGEDORIA DO CONSELHO NACIONAL DE JUSTIÇA. *Prazos do novo CPC não devem valer para os Juizados Especiais*, 18/03/2016. Disponível em: ‹http://www.cnj.jus.br/noticias/cnj/81833-corregedoria-prazos-do-novo-cpc-nao-valem-para-os-juizados-especiais›. Acesso em 10 maio 2016.

CUNHA, Leonardo Carneiro da. *Direito intertemporal e o novo Código de Processo Civil*. Rio de Janeiro: Forense, 2016.

DELLORE, Luiz; ROQUE, Andre Vasconcelos; GAJARDONI, Fernando da Fonseca; DUARTE, Zaulmar; MACHADO, Marcelo Pacheco. Novo CPC e os prazos nos juizados, no processo penal e do trabalho. *Jota*, 28/03/2016. Disponível em: ‹http://jota.uol.com.br/novo-cpc-e-os-prazos-nos-juizados-no-processo-penal-e-no-processo-trabalho›. Acesso em 10 maio 2016.

ESCOLA NACIONAL DE FORMAÇÃO E APERFEIÇOAMENTO DE MAGISTRADOS. *O Poder Judiciário e o Novo Código de Processo Civil*: enunciados aprovados. Disponível em: ‹http://www.enfam.jus.br/wp-content/uploads/2015/09/ENUNCIADOS-VERS%C3%83O-DEFINITIVA-.pdf›. Acesso em 09 maio 2016.

ESTEVES, Carolina Bonadiman (coord.). *O impacto da gestão e do funcionamento dos cartórios judiciais sobre a morosidade da justiça brasileira*: diagnóstico e possíveis soluções. Brasília: Ministério da Justiça, 2011. Disponível em: ‹https://www.justica.gov.br/sua-protecao/reforma-do-judiciario/cejus/publicacoes/publicacoes/funcionamento-dos-cartorios-judiciais-2011.pdf›. Acesso em 11 maio 2016.

FÓRUM NACIONAL DE JUIZADOS ESPECIAIS. *Enunciados atualizados até o XXXIX Encontro*. Disponível em: ‹http://www.amb.com.br/fonaje/?p=32›. Acesso em 22 jul. 2016a.

______. *Nota Técnica 01/2016*. Disponível em: ‹http://www.migalhas.com.br/Quentes/17,MI236272,51045-Nancy+Andrighi+prazos+do+novo+CPC+nao+devem+valer+para+Juizados›. Acesso em 09 maio 2016b.

FORUM NACIONAL DOS JUIZADOS ESPECIAIS FEDERAIS. *Enunciados compilados*. Disponível em: ‹http://www.ajufe.org/static/ajufe/arquivos/downloads/fonajef-enunciados-compilados-i-ao-xiii-definitivo-1151152.pdf›. Acesso em 23 jun. 2016.

FÓRUM PERMANENTE DE PROCESSUALISTAS CIVIS. *Enunciados do Fórum Permanente de Processualistas Civis*. Atualizado até 18, 19 e 20 de março de 2016. Disponível em: ‹https://www.academia.edu/25163313/ENUNCIADOS_DO_F%C3%93RUM_PERMANENTE_DE_PROCESSUALISTAS_CIVIS_-_atualizados_at%C3%A9_SP-2016_inclusive›. Acesso: 10 maio 2016.

KOEHLER, Frederico Augusto Leopoldino. *A Razoável Duração do Processo*. 2. ed. Salvador: Juspodivm, 2013, *passim*.

______. Questões polêmicas da aplicação do incidente de resolução de demandas repetitivas (IRDR) no microssistema dos juizados especiais. In: DIDIER Jr., Fredie; CUNHA, Leonardo Carneiro da; ATAÍDE JR., Jaldemiro Rodrigues de; MACÊDO, Lucas Buril de. (Org.). *Precedentes* (Coleção Grandes Temas do Novo CPC, v. 3). 2. ed. Salvador: Juspodivm (no prelo).

KOEHLER, Frederico Augusto Leopoldino; SIQUEIRA, Julio Pinheiro Faro Homem de. A contagem dos prazos processuais em dias úteis e a sua (in)aplicabilidade no microssistema dos Juizados Especiais. *Revista CEJ*, n. 70, set./dez. 2016, p. 23-28.

MACHADO, Marcelo Pacheco. Prazos nos juizados especiais em dias corridos: não esperávamos por esta do FONAJE. *Jota* 21/06/2016. Disponível em: ‹http://jota.uol.com.br/prazos-nos-juizados-especiais-em-dias-corridos-nao-esperavamos-por-esta-fonaje›. Acesso em 23 jun. 2016.

MIGALHAS. *Juizados Especiais se dividem entre aplicar ou não contagem de prazos do CPC/2015* (20/04/2016). Disponível em: ‹http://www.

migalhas.com.br/Quentes/17,MI237194,101048-Juizados+Especiais+se+dividem+entre+aplicar+ou+nao+contagem+de+prazos›. Acesso em 11 maio 2016.

MINISTÉRIO DA JUSTIÇA. *Análise da gestão e funcionamento dos cartórios judiciais*. Brasília: Ideal, 2007, p. 23. Disponível em: ‹http://docplayer.com.br/8300579-Analise-da-gestao-e-funcionamento-dos-cartorios-judiciais.html›. Acesso em 11 maio 2016.

NEVES, Daniel Amorim Assumpção. *Manual de direito processual civil*. 8. ed. Salvador: Juspodivm, 2016.

ROQUE, Andre Vasconcelos. As armadilhas dos prazos no novo CPC. *Jota*, 07/09/2015. Disponível em: ‹http://jota.uol.com.br/as-armadilhas-dos-prazos-no-novo-cpc›. Acesso em 10 maio 2016.

______. *Novo CPC e processos em curso*: atenção às armadilhas processuais. *Jota*, 07/03/2016. Disponível em: ‹http://jota.uol.com.br/novo-cpc-e-processos-em-curso-atencao-as-armadilhas-processuais›. Acesso em 11 maio 2016.

SENADO DA REPÚBLICA. *Projeto de Lei do Senado nº 36/2018*. Disponível em: ‹https://www25.senado.leg.br/web/atividade/materias/-/materia/132194?o=t›. Acesso: 1º nov. 2018.

SENADO DA REPÚBLICA. *Projeto de Lei do Senado nº 36/2018: justificativa*. Disponível em: ‹https://legis.senado.leg.br/sdleg-getter/documento?dm=7630615&ts=1541072927255&disposition=inline›. Acesso: 1º nov. 2018.

SUPREMO TRIBUNAL FEDERAL. *Arguição de descumprimento de preceito fundamental* – ADPF nº 483, Rel. Min. Luiz Fux (em julgamento). Disponível em: ‹http://www.stf.jus.br/portal/peticaoInicial/verPeticaoInicial.asp?base=ADPF&s1=483&processo=483›. Acesso: 1º nov. 2018.

TRIBUNAL DE JUSTIÇA DE PERNAMBUCO. *Instrução Normativa nº 14, de 04/07/2016*. Disponível em: ‹http://www.tjpe.jus.br/documents/101861/102050/IN+14+-+-Contagem+de+Prazos.pdf/7c67d086-d055-46a9-99f6-6cdad7474561›. Acesso em 22 jul. 2016.

CAPÍTULO 10

A reforma processual e o convite ao uso da consensualidade pela Administração Pública

Geisa Rosignoli Neiva

SUMÁRIO: INTRODUÇÃO; 1. O USO DA CONCILIAÇÃO E DA MEDIAÇÃO PELA ADMINISTRAÇÃO PÚBLICA – UMA BREVE RETROSPECTIVA NO TEMPO; 2. A INDISPONIBILIDADE DO INTERESSE PÚBLICO NÃO É SINÔNIMO DE INTRANSIGIBILIDADE: A CONSENSUALIDADE COMO MEDIDA DE ATINGIMENTO DA EFICIÊNCIA ADMINISTRATIVA; 3. A NECESSÁRIA PRESERVAÇÃO DA IMPESSOALIDADE E MORALIDADE ADMINISTRATIVAS; 4. O CONVITE À CONSENSUALIDADE TRAZIDO PELO NCPC E PELA "LEI DA MEDIAÇÃO".; CONSIDERAÇÕES FINAIS; REFERÊNCIAS

INTRODUÇÃO

A garantia de acesso à justiça está fortemente ligada à ideia de admissão de um processo judicial, sendo a jurisdição estatal apontada como um importante mecanismo de exercício de direitos sociais, tendo por escopo dar cumprimento às normas assecuratórias de direitos.[1]

Theodoro Júnior[2] lembra que a partir da segunda metade do século XX, no período pós-guerra, houve uma grande aproximação entre o direito constitucional e o direito processual, decorrente da premente necessidade dos povos em tornar efetivo o cumprimento das garantias fundamentais, o que se daria através do processo judicial, tido como um importante instrumento à serviço da sociedade, que não mais aceitava a autotutela como forma de resolução de disputas.

1. GRINOVER, Ada Pelegrini. O minissistema brasileiro de justiça consensual: compatibilidade e incompatibilidades. *Publicações da Escola AGU*, Brasília, v. 8, n. jan./mar. 2016, p. 15-36, 2016. Disponível em: http://dirittoetutela.uniroma2.it/files/2013/03/Origens-e-evolução.pdf. Acesso em: 29 ago. 2017.

2. THEODORO JUNIOR, Humberto. Constituição e processo: desafios constitucionais da reforma do processo civil no Brasil. In: THEODORO JUNIOR, Humberto; CALMON, Petrônio; NUNES, Dierle (Coord.). *Processo e constituição:* os dilemas do processo constitucional e dos princípios processuais constitucionais. Rio de Janeiro: GZ, p. 33-62, 2008. Disponível em: https://www12.senado.leg.br/publicacoes/estudos-legislativos/tipos-de-estudos/outras-publicacoes/volume-iii-constituicao-de-1988-o-brasil-20-anos-depois.-a-consolidacao-das-instituicoes/poder-judiciario-e-acesso-a-justica-constituicao-e-processo-desafios-constitucionais-da-reforma-do-processo-civil-no-brasil. Acesso em: 12 jul. 2017.

Embora a leitura dos textos constitucionais, tanto da Carta de 1946 quanto da Constituição de 1988, permitissem inferir que o acesso à justiça não se limitaria ao uso da jurisdicional estatal, ao passo que o Poder Judiciário não é o único capaz de entregar a "justa" solução ao litígio, fortes nessa premissa, houve um movimento de facilitação do ingresso das pessoas ao Judiciário, que precedeu à Constituição de 1988.

Assim, sob a influência da Constituição de 1946 entrou em vigor em 05 de fevereiro de 1950, a Lei nº 1.060, de 5 de fevereiro de 1950, conhecida como Lei da Assistência Judiciária, norma ainda parcialmente vigente, que permitiu àqueles que se declarassem hipossuficientes, na forma da lei, o direito de acionar o Judiciário com isenção ao pagamento de custas e despesas processuais, bem como previu o dever de colaboração entre os poderes públicos para a concessão da assistência judiciária.

Facilitando, ainda mais o ingresso dos cidadãos ao Judiciário, o legislador constituinte de 1988, determinou a criação das defensorias públicas e dos juizados de pequenas causas, comando que somente veio a se concretizar em 1995, com a edição da Lei nº 9.099, de 26 de setembro de 1995.

Enquanto pelo mundo os mecanismos extrajudiciais de solução de conflitos foram ganhando força, o Brasil seguiu apostando no Judiciário como a melhor, ou pelo menos, a mais usual opção de resolução de conflitos, mormente em razão da forte cultura adversarial própria dos países adotaram o sistema do *civil law*.

A facilitação do acesso ao Judiciário acabou desencadeando na eclosão desenfreada de inúmeras ações judiciais. Com o excesso de judicialização sendo um fato público e notório na sociedade brasileira, iniciou-se em 2004 um movimento inverso na busca de equalizar a situação, pelo qual se tenta, através de barreiras processuais, impedir o acesso do cidadão ao Judiciário de forma individual.

E, assim, seguindo uma prática internacional, o legislador nacional deu-se conta que, embora o ingresso no Judiciário tenha sido largamente incentivado e facilitado, ele não é a única via de acesso à justiça, o que faz com que, nessa linha, cada vez mais ganhem força os mecanismos de exercício das tutelas coletivas e os meios consensuais de resolução de conflitos.

O novo Código de Processo Civil traz os meios extrajudiciais de solução de conflitos como uma importante ferramenta de acesso à justiça, que ao lado do processo tradicional, coloca-se como uma alternativa à disposição do jurisdicionado para a solução do conflito que lhe aflige. Inspirado no modelo americano, proposto por Frank Sander, o NCPC traz a possibilidade de gerenciamento dos conflitos, permitindo que eles sejam direcionados para uma forma mais adequada de resolução, seja através da conciliação, da mediação, da arbitragem ou da via judicial.[3]

Nesse contexto a conciliação e a mediação ganham relevo, especialmente porque apresentam-se como técnicas mais eficazes para a eliminação do conflito, pois através delas as próprias partes construirão conjuntamente uma solução pacífica que, em razão disso tende a ser cumprida voluntariamente de acordo com os parâmetros fixados pelos próprios interessados.

Apesar dessa onda consensual, quando a demanda envolve a Administração Pública, dúvidas pairam sobre a possibilidade do uso dos meios consensuais, principalmente levando-se em conta o primado da indisponibilidade do interesse público, o que, numa interpretação mais precipitada pode levar à afirmação de que o gestor público estaria impossibilitado de transigir, salvo nos casos expressamente autorizados por lei.

Sem qualquer pretensão de exaurimento do tema, objetivamos com esse ensaio demonstrar que, embora sendo o interesse público indisponível, este não reside no conflito, sendo dever do administrador a incessante busca da eficiência administrativa, que por vezes será melhor alcançada sobre o viés da consensualidade.

Pensamos que muitos dos litígios que atualmente assoberbam o Judiciário, poderiam ser evitados se a consensualidade fosse praticada de forma planejada, coerente, eficiente e impessoal. É essa a temática que se abordará com o intuito de realçar as vantagens de se aceitar o convite à consensualidade trazido pela Lei nº 13.140, de 26 de junho de 2015 e pelo novo Código de Processo Civil.

1. O USO DA CONCILIAÇÃO E DA MEDIAÇÃO PELA ADMINISTRAÇÃO PÚBLICA – UMA BREVE RETROSPECTIVA NO TEMPO

No âmbito da Administração Pública, embora os meios consensuais de resolução de conflitos ainda não sejam largamente utilizados, o uso desses mecanismos vem cada vez mais ganhando força no cenário nacional.

---

3. THEODORO JÚNIOR, Humberto; NUNES, Dierle; BAHIA, Alexandre Melo Franco; PEDRON, Flávio Quinaud. *Novo CPC: Fundamentos e Sistematização*. 2. ed. Rio de Janeiro: Forense, 2015. p. 253-255.

No que se refere à conciliação, o Código Tributário Nacional já previa, desde 1966, a possibilidade de utilização da transação em matéria fiscal, apontando-a como uma das formas de extinção do crédito tributário[4]. Exigia-se, para tanto, a prévia autorização legislativa para estabelecer a forma e a autoridade competente para realizá-lo[5].

Nas demandas envolvendo a União, desde a década de 80, a revogada Lei nº 6.825, de 22 de setembro de 1980, já estabelecia normas para maior celeridade dos feitos que tramitavam no extinto Tribunal Federal de Recursos e na Justiça Federal de primeira instância, e previa a possibilidade de transação, exceto em causas de natureza fiscal e relativas a patrimônio imobiliário, desde que o valor envolvido fosse igual ou inferior a 100 (cem) Obrigações Reajustáveis do Tesouro Nacional – ORTN.[6]

Também a Lei nº 8.197, de 27 de junho de 1991, que revogou expressamente a Lei nº 6.825, de 22 de setembro de 1980, permitiam a transação para causas envolvendo a União, Administração direta e indireta, independente de lei específica, até o valor de trezentos mil cruzeiros, mantendo-se a exclusão no que se referia às dívidas de natureza fiscal e relativas a patrimônio imobiliário. Esses valores foram majorados pela Lei nº 9.469, de 10 de julho de 1997 e, posteriormente, pela Medida Provisória nº 449, de 03 de dezembro de 2008, convertida na Lei nº 11.941, de 27 de maio de 2009.

Desde 1990, quando a Lei na Ação Civil Pública[7] foi alterada pelo Código de Defesa do Consumidor[8], passando a prever a possibilidade de assinatura de termos de ajustamento de conduta, tornou-se possível a transação envolvendo direitos de segunda e terceira geração, tais como, a saúde, a ordem

---

4. "Art. 156. Extinguem o crédito tributário: I – o pagamento; II – a compensação; III – a transação [...]". BRASIL. Lei nº 5.172, de 25 de outubro de 1966. *Dispõe sobre o Sistema Tributário Nacional e institui normas gerais de direito tributário aplicáveis à União, Estados e Municípios.* Disponível em: http://www.planalto.gov.br/ccivil_03/leis/L5172.htm. Acesso em: 12 out. 2017.

5. "Art. 171. A lei pode facultar, nas condições que estabeleça, aos sujeitos ativo e passivo da obrigação tributária celebrar transação que, mediante concessões mútuas, importe em determinação de litígio e conseqüente extinção de crédito tributário. Parágrafo único. A lei indicará a autoridade competente para autorizar a transação em cada caso". BRASIL. Lei nº 5.172, de 25 de outubro de 1966. *Dispõe sobre o Sistema Tributário Nacional e institui normas gerais de direito tributário aplicáveis à União, Estados e Municípios.* Disponível em: http://www.planalto.gov.br/ccivil_03/leis/L5172.htm. Acesso em: 12 out. 2017.

6. GUEDES, Jefferson Carús. *Transigibilidade de interesses públicos:* prevenção e abreviação de demandas da Fazenda Pública. *In:* GUEDES, Jefferson Carús; SOUZA, Luciane Moessa de. Advocacia de Estado. Questões institucionais para a construção de um estado de justiça. Belo Horizonte: Fórum, 2009. p. 256-260.

7. Lei nº 7.347, de 24 de julho de 1985.

8. Lei nº 8.078, de 11 de setembro de 1990.

econômica, consumidor, patrimônio histórico-cultural, meio ambiente, dentre outros.[9]

Ainda, no que se refere aos conflitos envolvendo a União, é de se ver que, de certa forma, aquele ente federado, através da Advocacia Geral, antecipou-se às reformas processuais e editou, em 27 de setembro de 2007, o Ato Regimental nº 5, instituindo em seu artigo 4º, a Câmara de Conciliação e Arbitragem da Administração Federal, no âmbito da Consultoria Geral[10].

Dentre as atribuições da Câmara de Conciliação e Arbitragem da Administração Federal – CCAF, inicialmente estavam a de identificar os litígios entre órgãos da administração direta, manifestando-se sobre a possibilidade de resolução dos mesmos através da conciliação, e praticando-a quando possível[11].

Em 2008, através da Portaria nº 1.099. de 28 de julho de 2008, essa forma de resolução consensual de conflitos foi ampliada, tendo a Advocacia Geral da União chamado para si também a atribuição de resolver, em sede administrativa, por meio de conciliação, as controvérsias de natureza jurídica entre a União e os demais entes federados.[12]

Tais práticas foram regulamentadas e ampliadas, através do Decreto nº 7.392 de 13 de dezembro de 2010, que atribuiu à Câmara de Conciliação e Arbitragem da Administração Federal competência para, dentre outras atribuições, dirimir os conflitos entre órgãos da Administração Direta e entre estes e a Administração indireta, podendo o Consultor-Geral da União resolver as controvérsias por meio de arbitragem, no caso de insucesso das medidas conciliatórias.

Prestigiando as práticas consensuais de resolução de conflitos envolvendo políticas públicas, o legislador nacional previu no artigo 174 do novo

9. SOUZA, Luciana Moessa de; OLIVEIRA, Igor Lima Goettnauer de (Org.). *Resolução consensual de conflitos coletivos envolvendo políticas públicas*. Brasília: Fundação Universidade de Brasília, 2014. p. 210-213. Disponível em: http://mediacao.fgv.br/wp-content/uploads/2015/11/Resolucao-Consensual-de-Politicas-Publicas.pdf. Acesso em: 11 set. 2017.

10. BRASIL. Advocacia Geral da União. Ato Regimental nº 5 de 27 de setembro de 2007. Disponível em: www.agu.gov.br/page/download/index/id/4107659. Acesso em: 15 out. 2017.

11. Redação original do artigo 17 do Ato Regimental nº 5 de 27 de setembro de 2007. Disponível em: www.agu.gov.br/page/download/index/id/4107659. Acesso em: 15 out. 2017.

12. VALENTE, Maria Jovita Wolney. Histórico e evolução da Advocacia-Geral da União. In: GUEDES, Jefferson Carús; SOUZA, Luciane Moessa de. *Advocacia de Estado*. Questões institucionais para a construção de um estado de justiça. Belo Horizonte: Fórum, 2009. p. 389.

Código de Processo Civil[13], publicado em 2015, mas com vigência a partir de 16 de março de 2016, a obrigação de que a Administração, nos três níveis de governo, institua câmaras de mediação e conciliação, destinadas à solução consensual de seus conflitos.

Dispôs, ainda, que tal obrigação não exclui a faculdade de a Administração se valer de outras formas de conciliação e mediação extrajudiciais, mantidas por instituições públicas ou privadas, o que poderá ser estabelecido por regramento próprio. Concomitantemente à publicação do novo Código de Processo Civil veio à lume a Lei nº 13.140, de 26 de junho de 2015, a qual embora publicada posteriormente ao CPC, tem vigência anterior.

Tais normas colidem em alguns aspectos e, ao que importa a esse estudo, conflitam no que se refere à obrigatoriedade ou não de instituição das câmaras extrajudiciais de conciliação e mediação, pois, enquanto o Código de Processo Civil vale-se da expressão "criarão", trazendo um comando positivo e imperativo, na redação do art. 32, da Lei da Mediação[14], a orientação vem de forma facultativa, representada pela expressão "poderão criar câmaras de prevenção e resolução administrativa de conflitos".

Tal situação está a indicar um conflito aparente de normas que Grinover[15] sinaliza ser resolvido pelo critério da especialidade, devendo em caso de colidência prevalecer a Lei nº 13.140, de 26 de junho de 2015, que, embora com vigência anterior ao novo Código de Processo Civil, é norma especial em relação a este.

Apesar desse entendimento não ser ainda prevalecente, dado ao recente surgimento do conflito aparente, tem-se que admitir que, seja como recomendação seja como obrigação, o legislador sinalizou nas duas oportunidades que é passada a hora de a Fazenda Pública, que é apontada por relatórios do Conselho Nacional de Justiça, como uma das maiores litigantes

---

13. BRASIL. Lei nº 13.105, de 16 de março de 2015. *Código de Processo Civil*. Disponível em: http://www.planalto.gov.br/ccivil_03/_ato2015-2018/2015/lei/l13105.htm. Acesso em: 12 ago. 2017.

14. "Art. 32. A União, os Estados, o Distrito Federal e os Municípios poderão criar câmaras de prevenção e resolução administrativa de conflitos, no âmbito dos respectivos órgãos da Advocacia Pública, onde houver, com competência para: I – dirimir conflitos entre órgãos e entidades da administração pública;

II – avaliar a admissibilidade dos pedidos de resolução de conflitos, por meio de composição, no caso de controvérsia entre particular e pessoa jurídica de direito público; III – promover, quando couber, a celebração de termo de ajustamento de conduta [...]". (Lei 13.140/2015, art. 32).

15. O minissistema brasileiro de justiça consensual: compatibilidade e incompatibilidades. *Publicações da Escola AGU*, Brasília, v. 8, n. jan./mar. 2016, p. 15-36, 2016. Disponível em: http://dirittoetutela.uniroma2.it/files/2013/03/Origens-e-evolução.pdf. Acesso em: 29 ago. 2017.

judiciais[16], valer-se dos meios consensuais de solução de conflitos a fim de dirimir as disputas surgidas não só entre órgãos ou entidades integrantes da própria pessoa jurídica de direito público, como, também, entre esta e os particulares.

O uso dos meios consensuais de solução de disputas no setor público é prática corrente em outros países, sendo os Estados Unidos pioneiros na sua utilização para resolução das mais variadas demandas. Como destaca Souza[17], apresentando resultados de sua pesquisa empírica realizada nos Estados Unidos no ano de 2010, aquele país também passou por um processo de judicialização de políticas públicas, à semelhança do que acontece no Brasil, no entanto, adotaram desde a década de 70 técnicas alternativas de resolução de conflitos. Na área ambiental, por exemplo, existem centros especializados na resolução de demandas envolvendo as políticas públicas, que atuam preventivamente na construção do consenso através da abertura do diálogo com todos os envolvidos, processo que se vale das técnicas de mediação que vão muito além, da mera realização de audiências públicas, como ocorre aqui no Brasil.

Também as agências públicas norte-americanas praticam mediação nas disputas envolvendo o Poder Público. Essas agências no âmbito federal são vinculadas ao *Federal Attorney General´s Office*, uma espécie de órgão que reúne as atribuições do Ministério Público Federal e da Advocacia-Geral da União. Na esfera estadual, a mediação envolvendo políticas públicas é realizada por centros encarregados da pesquisa, treinamento e fomento de processos de mediação, a maior parte deles situados em universidades estaduais que, inclusive, oferecem treinamentos nesses procedimentos.[18]

Conquanto o uso dos mecanismos extrajudiciais não tenha resolvido o problema da judicialização dos conflitos envolvendo o Poder Público nos Estados Unidos, é certo que muito contribuíram para a diminuição do número

16. BRASIL. Conselho Nacional de Justiça. Os 100 maiores litigantes. Brasília, 2011. Disponível em: www.cnj.jus.br/images/pesquisas-judiciarias/pesquisa_100_maiores_litigantes.pdf. Acesso em: 30 out. 2017.

17. SOUZA, Luciana Moessa de.; OLIVEIRA, Igor Lima Goettnauer de (Org.). Resolução consensual de conflitos coletivos envolvendo políticas públicas. Brasília: Fundação Universidade de Brasília, 2014. p. 237-260. Disponível em: http://mediacao.fgv.br/wp-content/uploads/2015/11/Resolucao-Consensual-de-Politicas-Publicas.pdf. Acesso em: 11 set. 2017.

18. Para maior detalhamento da pesquisa, consultar: SOUZA, Luciana Moessa de.; OLIVEIRA, Igor Lima Goettnauer de (Org.). Resolução consensual de conflitos coletivos envolvendo políticas públicas. Brasília: Fundação Universidade de Brasília, 2014. p. 237-260. Disponível em: http://mediacao.fgv.br/wp-content/uploads/2015/11/Resolucao-Consensual-de-Politicas-Publicas.pdf. Acesso em: 11 set. 2017.

de ações ajuizadas, ao permitir que a Administração construa conjuntamente com outros atores sociais uma solução negociada para cumprimento de políticas públicas.

2. A INDISPONIBILIDADE DO INTERESSE PÚBLICO NÃO É SINÔNIMO DE INTRANSIGIBILIDADE: A CONSENSUALIDADE COMO MEDIDA DE ATINGIMENTO DA EFICIÊNCIA ADMINISTRATIVA

Apesar de a conciliação na esfera pública já ser autorizada desde a década de 60, sempre que o assunto em pauta é a possibilidade de se firmar acordos envolvendo o Poder Público logo se vem em mente o princípio da indisponibilidade do interesse público, tido como um empecilho para tanto. Também o temor de uma responsabilização futura pelos órgãos de controle, é sensação comumente experimentada pelos advogados públicos e gestores, que muitas das vezes preferem não se "arriscarem" em um ajuste consensual, ainda que esse traga nítidas vantagens econômicas e sociais para o Estado e assegure o cumprimento de um direito constitucional do administrado.

Perante os Juizados Especiais da Fazenda Pública e no âmbito da justiça estadual, principalmente após a reforma processual que estabeleceu o início do procedimento comum com a citação do réu para comparecimento à audiência preliminar, são constantes os pedidos de dispensa de comparecimento à audiência, formulado por representantes do Estado, sob o argumento de que não podem transigir, o que pensamos, colide frontalmente com o primado da eficiência administrativa.

A dificuldade de identificação do que representa o interesse público acaba por inibir o uso das técnicas consensuais, embora não se possa confundir indisponibilidade com intransigibilidade.

Ao tempo da Revolução Francesa a noção de interesse público foi difundida com a finalidade de legitimar o poder do Estado que, na visão clássica, representava a vontade geral. Nessa época formou-se a concepção nominalista, para a qual interesse público era aquilo que a Administração ou a lei dizem ser.[19]

Essa concepção de que caberia ao Estado dizer o que representava o interesse público era justamente o que legitimava o princípio da supremacia dos interesses públicos sobre os particulares.

19. MEDAUAR, Odete. *Direito Administrativo em Evolução*. 3. ed. Brasília: Gazeta Jurídica, 2016. p 232-253.

No entanto, com a transição do Estado, antes liberal, depois social e, agora, Democrático de Direito, não se pode mais imaginar uma vontade estatal que seja divergente das aspirações da sociedade. A definição de interesse público passa "a depender de juízos de ponderação proporcional entre os direitos fundamentais e interesses metaindividuais constitucionalmente consagrados"[20].

Como anota Barroso[21], o interesse público cujo atendimento é o fim precípuo da Administração "consiste na melhor realização possível, à vista da situação concreta a ser apreciada, da vontade constitucional, dos valores fundamentais que ao intérprete cabe preservar ou promover".

Para Hachem[22], no Estado social "expressar e explicitar o que seja o interesse público na lei mostra-se mais complexo, pois este interesse se aproxima e se envolve com os interesses (ou necessidades) concretos, materiais, de parcelas do todo social", muitas vezes colocados em confronto.

O Estado pós-moderno não reserva à Administração apenas a tarefa de dirigir, mas, também, a de executar a vontade social, cabendo, assim, a identificação do interesse público ser compartilhada com a sociedade. É nessa interseção, entre Estado e sociedade, que se tem a complexidade corrente na identificação do conceito de interesse público.

Com o movimento pró consensualidade vivenciado pela sociedade moderna a realização de acordos pela Administração Pública tem se mostrado mais condizente com o atingimento da eficiência administrativa, já que possibilitam a participação dos administrados na tomada das decisões e a celeridade na resolução das disputas envolvendo o Estado.[23]

---

20. BINENBOJM, Gustavo. Da Supremacia do Interesse Público ao Dever de Proporcionalidade. Um Novo Paradigma para o Direito Administrativo. In: SARMENTO, Daniel (Org.). *Interesses Públicos versus Interesses Privados:* Desconstruindo o Princípio da Supremacia do Interesse Público. Rio de Janeiro: Lumen Juris, 2005. p. 128.

21. BARROSO, Luís Roberto. O Estado Contemporâneo, os Direitos Fundamentais e a Redefinição da Supremacia do Interesse Público. In: SARMENTO, Daniel (Org.). *Interesses Públicos versus Interesses Privados:* Desconstruindo o Princípio da Supremacia do Interesse Público. Rio de Janeiro: Lumen Juris, 2005, Prefácio. p. XVI.

22. HACHEM, Daniel Wunder. Princípio Constitucional da Supremacia do Interesse Público. Curitiba, 2011. Dissertação (Mestrado em Direito) – Pós-Graduação em Direito da Universidade Federal do Paraná. p. 81 Disponível em: https://acervodigital.ufpr.br/bitstream/handle/1884/26126/Dissertacao%20-%20Daniel%20Wunder%20Hachem%20-%20UFPR%20-%20Brasil.pdf?sequence=1. Acesso em: 25 fev. 2018.

23. SCHIRATO, Vitor Rhein; PALMA, Juliana Bonacorsi de. Consenso e legalidade: vinculação da atividade administrativa consensual ao Direito. *Revista Eletrônica sobre Reforma do Estado*, n. 24, Salvador, dez./jan./fev. 2011. Disponível em: http://www.direitodoestado.com.br/codrevista.asp?cod=485. Acesso em: 12 abr. 2018.

Na busca da identificação do que representa o interesse do corpo social deve a Administração prestigiar as decisões negociadas, em atendimento ao princípio da juridicidade, que é conceito mais amplo de legalidade, englobando, também, a legitimidade e a moralidade[24], vinculando suas decisões não a legalidade estrita, mas, ao bloco de legalidade, que alcança os princípios, os objetivos e os valores constitucionais.[25]

A pluralidade de garantias outorgadas aos cidadãos pela Constituição de 1988 não mais permite ao administrador identificar, de forma simples, qual a melhor conduta que irá atender ao interesse público com base apenas na interpretação literal da lei, pois, ao se confrontar diferentes direitos fundamentais, não há como concluir que a implementação de um deles é preferível a de outro.

Valle[26] defende que é preciso repensar o agir administrativo que se apoiava apenas no critério da legalidade estrita, pois, diante da pluralidade de interesses públicos e sendo o Estado entendido como garantidor da efetividade desses direitos, surgirão situações em que "o interesse público possa ser melhor atendido mediante o desenvolvimento de outra conduta – que não a ordinariamente prevista em instrumentos legislativos aplicáveis à espécie" –, devendo para tanto serem sopesados importantes elementos, tais como, o transcurso do tempo, a boa-fé, segurança jurídica, dentre outros.

E como exemplo dessa flexibilização, que permite a negociação de interesses públicos que antes eram considerados absolutamente indisponíveis, pode-se citar os variados tipos de acordos substitutivos tomados por intermédio de termos de ajustamentos de conduta visando a "harmonizar a satisfação de interesses públicos com interesses individuais, coletivos ou difusos valorizados pelo Direito"[27].

Também o elevado número de conceitos jurídicos indeterminados previsto na legislação que protege os chamados direitos de terceira e quarta

---

24. MOREIRA NETO, Diogo de Figueiredo. *Curso de Direito Administrativo:* parte introdutória, parte geral e parte especial. 16. ed. rev. e atual. Rio de Janeiro: Forense, 2014. p.148-149.

25. SARMENTO, Daniel. Interesses Públicos vs. Interesses Privados na Perspectiva da Teoria e da Filosofia Constitucional. In: SARMENTO, Daniel (Org.). *Interesses Públicos versus Interesses Privados:* Desconstruindo o Princípio da Supremacia do Interesse Público. Rio de Janeiro: Lumen Juris, 2005. p. 113.

26. VALLE, Vanice Regina Lírio de. Transigibilidade na Administração Pública: uma faceta da consensualidade no direito administrativo do século XXI. *Fórum Administrativo*, Belo Horizonte, v. Ano 11, 2011. p. 9-18.

27. MOREIRA NETO, Diogo de Figueiredo. *Curso de Direito Administrativo:* parte introdutória, parte geral e parte especial. 16. ed. rev. e atual. Rio de Janeiro: Forense, 2014. p.160.

geração, denominados por Chevallier[28] de "direito brando", que mais indicam objetivos, fixam diretrizes e trazem recomendações, favorecem a flexibilização das escolhas administrativas, na medida em que, quando dialogados com a sociedade tendem a obter uma maior adesão. É o caso, por exemplo, das políticas ambientais de prevenção a danos ao meio ambiente que se mostram muito mais eficazes quando contam com a adesão do corpo social.

Ao chancelar certas escolhas que melhor se amoldam a um determinado panorama social, não estará a Administração renunciando ao interesse público, mas, ao contrário, estará prestigiando-o.

O caminho da consensualidade permitirá ao Poder Público ceder em benefício do atingimento de um bem comum maior, desde que, obviamente, em tal procedimento seja assegurada a transparência e a motivação adequada a justificar a escolha, à semelhança do que acontece em relação aos atos discricionários.

As recentes alterações legislativas estão a sinalizar que o atendimento ao interesse público não reside no conflito, mas, sim, na identificação e garantia dos direitos fundamentais dos integrantes da sociedade, coincidentes com o objetivo maior do Estado, realizando assim a boa governança ou gestão administrativa eficiente.

No que diz respeito à possibilidade de negociação dos interesses patrimoniais do Estado, tidos como secundários, a doutrina e jurisprudência têm admitido com maior frequência a sua incidência, desde que respeitada a impessoalidade, a moralidade e demonstrado que a solução amigável representará vantagem econômica para o Estado, tais como um desconto sobre o valor devido, a não incidência de juros e correção monetária.

Mesmo no que se refere aos créditos tributários, irrenunciáveis por lei, é cada vez mais comum a negociação dos mesmos, cujo pagamento de débitos é facilitado, seja por meio de parcelamentos, seja através de anistia, total ou parcial, de multas e juros.

Se há pouca controvérsia no que refere à possibilidade de se transacionar direitos patrimoniais do Estado, a questão que se coloca, então, é saber se também essa consensualidade poderá ser buscada naquelas situações em que se estiver em discussão os chamados interesses primários do Estado,

---

28. CHEVALLIER, Jacques. *O Estado Pós-Moderno*. Trad. Marçal Justen Filho. Belo Horizonte: Fórum, 2009. p. 166-167.

tidos por indisponíveis e inalienáveis, tais como saúde, educação, moradia, meio ambiente equilibrado, dentre outros.

Para nós a resposta a tal questionamento é positiva, pois, como visto, hodiernamente cada vez mais não se tem aceitado um conceito engessado de interesse público, como aquele pré-estabelecido pela lei, sendo necessário um juízo de ponderação para que a reflexão sobre o seu atendimento seja aferida diante de um caso concreto.

De mais a mais, é inegável que os arranjos consensuais trazem grandes vantagens para a sociedade, já que, além de serem obtidos com maior celeridade, com menos custos para o Poder Público - se comparados com as infindáveis demandas judiciais que exigem grande movimentação estatal -, ainda serão mais eficientes, ao passo que as saídas as soluções tomadas por consenso tendem a ser cumpridas voluntariamente, ao contrários daqueles impostas por lei, que demandam maior grau de coercibilidade.[29]

3. A NECESSÁRIA PRESERVAÇÃO DA IMPESSOALIDADE E MORALIDADE ADMINISTRATIVAS

Embora perfeitamente possível, viável e adequado, o emprego dos meios consensuais de solução de disputas nas causas que envolvem o Poder Público dependerá da observância de algumas especificidades diferentes das praticadas nesses mesmos procedimentos quando os envolvidos sejam apenas particulares, pois, enquanto para esses existe um contentamento com as práticas da boa-fé, no âmbito administrativo exige-se muito mais, pois é sempre imperativo o respeito aos princípios que regem a Administração Pública.

Para que os mecanismos de solução extrajudicial não colidam com os princípios básicos que regem a Administração, é imprescindível que qualquer acordo seja acompanhado de motivação adequada a justificar a postura adotada. Assim, enquanto o particular tem disponibilidade plena para negociar, o ente público para fazê-lo terá de "deixar claro porque uma determinada solução é o caminho mais adequado para resolver o conflito, sob o ponto de vista da legalidade, da economicidade, e todos os demais parâmetros que devem reger a atuação dos entes públicos"[30].

---

29. MOREIRA NETO, Diogo de Figueiredo. *Legitimidade e discricionariedade*: novas reflexões sobre os limites do controle da discricionariedade. 4. ed. rev. e atual. Rio de Janeiro: Forense, 2002. p.6-7.

30. SOUZA, Luciana Moessa de. Mediação de Conflitos e Administração Pública. In: HALE, Durval; PINHO, Humberto Dalla Bernardina de; CABRAL, Trícia Navarro Xavier (Org.). *O marco legal da mediação no Brasil:* Comentários à Lei 13.140 de 26 de junho de 2015. São Paulo: Atlas, 2015. p. 213-219.

Quando se discute a possibilidade de a Administração Pública transacionar, os princípios da moralidade e da impessoalidade merecem maior ênfase, deles não podendo distanciar-se o gestor público.

A moralidade está diretamente relacionada aos princípios da lealdade e da boa-fé, sendo obrigação do agente público atuar com probidade, respeitando o que se chama de moral administrativa.[31]

A moral administrativa difere-se da comum à medida que não se baseia apenas na distinção entre o bem e o mal, sob o aspecto ético, devendo a sua aferição basear-se em critérios técnicos, donde deverá se averiguar o atendimento tanto da legitimidade política quanto da finalidade pública.[32] Com isso quer-se dizer que a conduta exigida do administrador da coisa pública vai muito além do chamado senso comum, pois, para ele é imperativo legal o respeito à juridicidade e a realização da boa-administração, devendo sempre optar pela melhor realização do interesse público, tecnicamente identificável.

É nesse ponto que perpassa a relevância do princípio da moralidade quando o assunto for o uso da consensualidade como forma de resolução de conflitos pela Administração Pública, pois, é a verificação *in concreto* do atendimento da finalidade pública que dirá se o ato atendeu ou não ao fim proposto.

Ao se firmar um acordo, mais do que demonstrar a vantagem econômica para a Administração, o que nem sempre será possível, pois nem todos os arranjos envolverão direitos patrimoniais, é preciso evidenciar que aquela escolha realizada se reveste de atendimento ao interesse público, na medida em que permitiu a efetivação de um direito fundamental.

E para tanto, é necessário que seja flexibilizado ao Estado poder escolher, através de procedimentos transparentes e abertos, aquilo de julgar como o mais eficiente do ponto de vista finalístico, perseguindo-se, sempre, "a busca da melhor orientação científica, a mais razoável e a menos conflituosa, jamais ditada por simpatias políticas ou inclinações emocionais". [33]

Também a escolha não poderá ser livre, como um cheque em branco para o gestor, é preciso que seja antecedida de um planejamento, que pode e

---

31. MELLO, Celso Antônio Bandeira de Mello. *Curso de Direito Administrativo*. 26. ed. São Paulo: Malheiros, 2009. p. 119-120.

32. MOREIRA NETO, Diogo de Figueiredo. *Curso de Direito Administrativo*: parte introdutória, parte geral e parte especial. 16. ed. rev. e atual. Rio de Janeiro: Forense, 2014, p.167.

33. MOREIRA NETO, Diogo de Figueiredo. *Quatro paradigmas do Direito Administrativo pós-moderno*. Legitimidade - finalidade - eficiência - resultado. Belo Horizonte: Fórum, 2008. p. 120-121.

deve ser compartilhado com a sociedade, que tenha a devida previsão orçamentária, que seja executada e, ainda, que produza os resultados esperados pela comunidade, concretizando-se, assim, a eficiência almejada.[34]

Da mesma forma, há de se atentar para a aplicabilidade do princípio da isonomia, ao passo que é dever do administrador garantir aos cidadãos que estejam em igualdade de condições, igual tratamento diante de uma mesma situação jurídica.

Não se pode olvidar que, em se tratando de Administração Pública, a isonomia está intimamente ligada ao princípio da impessoalidade, ao passo que "nele se traduz a ideia de que a Administração tem que tratar a todos os administrados sem discriminações, benéficas ou detrimentosas. Nem favoritismos nem perseguições são toleráveis"[35].

A consensualidade esperada da Administração não pode jamais desvirtuar-se da impessoalidade que é, em última análise, o que garantirá que a todos, em iguais condições, seja assegurado o direito de transigir com o Estado.

Para tanto, pensamos que a fixação de critérios objetivos para a celebração de acordos prestigia o princípio à medida em que permitirá que qualquer um do povo que atenda aos requisitos pré-estabelecidos, de forma transparente e condizente com o atendimento do interesse público, possa a ele aderir, evitando-se, assim, que apenas alguns poucos privilegiados possam se beneficiar de eventual complacência pública.

Por certo para que a extensão de um acordo individual possa abranger a coletividade, deverá o mesmo ser precedido de estudos de impactos, para que se saiba antecipadamente quais os riscos, o número de atingidos, os custos e a capacidade do ente público de suportá-los, pois, só assim, poderá a isonomia ser assegurada.

Outra importante distinção a ser observada nas soluções consensuais com o Poder Público, que igualmente prestigiará o atendimento aos princípios da moralidade e impessoalidade, refere-se à necessidade de se garantir a publicidade dos acordos e dos procedimentos, o que, de certa forma, se contrapõe à característica da confidencialidade, tida como uma das grandes vantagens da mediação.

---

34. MOREIRA NETO, Diogo de Figueiredo. *Quatro paradigmas do Direito Administrativo pós-moderno*. Legitimidade - finalidade - eficiência - resultado. Belo Horizonte: Fórum, 2008. p. 136-137.

35. MELLO, Celso Antônio Bandeira de Mello. *Curso de Direito Administrativo*. 26. ed. São Paulo: Malheiros, 2009. p. 114.

Quando o envolvido no conflito é a Fazenda Pública não há como se imaginar a inobservância do princípio da publicidade, até mesmo porque, é através dele que se poderá garantir o controle tanto interno como externo dos acordos alcançados e se aferir, *in concreto*, se a finalidade pública foi alcançada.

Na seara privada uma das razões a justificar a confidencialidade nos procedimentos de mediação é justamente permitir aos envolvidos uma maior tranquilidade e segurança para o debate dos assuntos afetados. Numa mediação empresarial ou familiar, por exemplo, é de fácil percepção entender como a confidencialidade da negociação mostra-se relevante para o sucesso do projeto. Em se tratando do Poder Público, contudo, o sigilo somente poderá ser importante durante as negociações, pois, é pouco crível se imaginar qual a vantagem ao interesse público de se manter sigilo sobre negociações concluídas, já que não se mostra presente nessas situações a pessoalidade das relações.

O próprio legislador previu de forma expressa que a confidencialidade dos arranjos consensuais é regra que comporta exceção quando o assunto envolver a Administração Pública, deixando claro o dever dos envolvidos em denunciar às autoridades o conhecimento sobre a prática de crimes, devendo, inclusive, ao final dos procedimentos, comunicar o Fisco sobre eventuais acordos patrimoniais que ensejem o recolhimento de tributos[36].

Sendo assim, para que a consensualidade na Administração Pública possa ser alcançada, respeitando-se a moralidade e a impessoalidade a fim de se alcançar a finalidade maior que é o atendimento ao coletivo, caberá a cada um dos entes federados, disciplinar os procedimentos de mediação e conciliação no que se refere aos seus conflitos, ressalvada a possibilidade do ente público valer-se de uma câmara mantida por outra instituição, seja pública ou privada, conforme autorizado pelo artigo 175 do Código de Processo Civil.

Além das peculiaridades mencionadas, é fundamental que cada ente federado, dentro de sua autonomia, institua as câmaras de conciliação e mediação, dispondo adequadamente sobre o procedimento a ser seguido e, especialmente, criando critérios objetivos para que a consensualidade possa ser atingida de forma condizente com os princípios que regem o direito público,

---

36. Art. 30, § 4°, da Lei nº 13.140 de 26 de junho de 2015: "A regra da confidencialidade não afasta o dever de as pessoas discriminadas no caput prestarem informações à administração tributária após o termo final da mediação, aplicando-se aos seus servidores a obrigação de manterem sigilo das informações compartilhadas nos termos do art. 198 da Lei no 5.172, de 25 de outubro de 1966 - Código Tributário Nacional".

estabelecendo, assim, os limites à discricionariedade dos representantes do Estado nesse processo.

4. O CONVITE À CONSENSUALIDADE TRAZIDO PELO NCPC E PELA "LEI DA MEDIAÇÃO".

A Lei nº 13,140, de 26 de junho de 2015, conhecida como Lei da Mediação, entrou em vigor antes do Novo Código de Processo Civil, e já trouxe com ela o convite à consensualidade no âmbito da Administração Pública.

Embora não se possa afirmar que a norma legal solucione a controvérsia que paira sobre o tema, estando sua conturbada redação sendo objeto de inúmeras críticas, é inegável que ela traz consigo algum avanço no que refere ao uso dos meios consensuais pelo Poder Público.

Referida norma "dispõe sobre a mediação como meio de solução de controvérsias entre particulares e sobre a autocomposição de conflitos no âmbito da administração pública", definindo a mediação como sendo uma atividade técnica, conduzida por um terceiro imparcial, que atuará como um facilitador, auxiliando as partes a encontrar uma solução consensual (parágrafo único, do art. 1º, da Lei nº 13.140/2015).

Ao tratar da solução de conflitos envolvendo a Administração Pública, dispôs sobre a possibilidade dos entes federados criarem câmaras de prevenção e resolução administrativa de conflitos, para dirimirem conflitos entre órgãos e entidades da própria Administração, avaliar a admissibilidade dos pedidos de resolução de conflitos, por meio de composição, no caso de controvérsia entre particular e pessoa jurídica de direito público e promover, quando couber, a celebração de termo de ajustamento de conduta[37].

Estabeleceu que caberá a cada ente federado estipular, por regulamento próprio, a composição, o funcionamento das câmaras e o tipo de conflitos que serão admitidos, excluindo de antemão as controvérsias que somente possam ser resolvidas por atos ou concessão de direitos sujeitos a autorização do Poder Legislativo.

Embora tendo reservado tal atributo ao regulamento, já previu o legislador que a competência das câmaras de conciliação e mediação abrange a prevenção e a resolução de conflitos que envolvam equilíbrio econômico-financeiro

37. Art. 32, da Lei nº 13.140, de 26 de junho de 2015.

de contratos celebrados com particulares, questões muito recorrentes no dia-a-dia da Administração.

Permitiu-se que, enquanto não forem criadas as câmaras de mediação, os conflitos possam ser dirimidos de acordo com os procedimentos gerais de mediação.

Como forma de incentivar a busca da consensualidade determinou-se a suspensão dos prazos prescricionais a partir da instauração do procedimento de mediação.

No que se refere à União, que já vem praticando soluções extrajudiciais desde 2007, através da Câmara de Conciliação e Arbitragem da Administração Federal - CCAF, criou-se a possibilidade de serem firmados acordos por adesão dos particulares quando autorizado por ato próprio do Advogado-Geral com base em jurisprudência pacífica do Supremo Tribunal Federal ou de Tribunal Superior, ou, ainda, mediante parecer do AGU aprovado pelo Presidente da República, com as condições estabelecidas em regulamento próprio da Entidade.

Tal medida parece destinada a composição referente as demandas de massa, permitindo que uma vez pacificada a jurisprudência dos Tribunais Superiores possa o interessado, comprovando se enquadrar na hipótese contemplada no acórdão, aderir à proposta da Administração.

Embora não haja efetivo diálogo em casos tais, é inegável que a adoção de tais medida impactarão positivamente na redução das demandas judiciais.

Nada impede, pelo contrário recomenda-se, que igual solução também possa ser praticada no âmbito estadual e municipal, mediante normatização própria, que, inclusive estabeleça quem poderá autorizar e quais as demandas abrangidas. Além disso, faculta-se aos Estados e Municípios estabelecerem por intermédio dessas câmaras procedimentos prévios que se não evitarem o conflito podem, pelo menos, amenizá-los.

Para se aferir se é possível ou não a resolução do conflito extrajudicialmente entendemos necessária uma prévia, imparcial e coerente avaliação técnica sobre os riscos jurídico da demanda judicial, pois, existindo fundadas chances de derrota do ente público, a solução consensual mostrar-se-á como a mais adequada, pois evitará que uma ação judicial se arraste por longos anos, trazendo elevados custos à Administração e também ao Judiciário, protelando indevidamente o exercício do direito fundamental pretendido pelo cidadão.

CONSIDERAÇÕES FINAIS

Se o princípio da legalidade também era apontado como um óbice ao uso da consensualidade pela Administração Pública, com a atual reforma processual, essa questão encontra-se superada.

Seguindo as experiências estrangeiras bem-sucedidas, a utilização dos meios consensuais deve ser vista como uma importante ferramenta para resolução de disputas públicas, vez que permitem o diálogo entre os diversos entes que integram a estrutura administrativa do Estado, que com base em estudos e entendimentos prévios, poderão encontrar a solução que melhor atenda ao interesse público.

O novo constitucionalismo preconiza a obrigação do Estado em dar efetividade aos direitos fundamentais, não podendo o Administrador quedar-se inerte diante deles. Mais do que respeitar as garantias do indivíduo é preciso assegurar-lhes o seu gozo e fruição.

Os recursos públicos são escassos, mas a falta de eficiência na gestão dos mesmos acaba por maximizar o problema. Tomemos como exemplo a comum situação de uma ação judicial cujo pedido seja a concessão de um medicamento não acobertado pela lista de referência do Sistema Único de Saúde. A Fazenda Pública afirma, via de regra em casos tais, estar impossibilitada de transigir por não haver autorização legal, não ter orçamento e que o atendimento do coletivo não pode ser prejudicado em benefício de um único cidadão. Se concedida a tutela jurisdicional – o que as estatísticas demonstram acontecer com certa frequência, haja vista à necessidade de garantia do direito fundamental à saúde –, a Administração necessitará envidar esforços para adquirir em curto espaço de tempo a medicação, o que levará a desembolsar mais recursos em procedimentos licitatórios de pouca competitividade.

Nessa hipótese, sob o viés da consensualidade representativa de uma gestão eficiente, a medicação poderia ser concedida administrativamente não só àquele litigante individual, mas a todos os outros que se encontrassem em igual situação, a custos menores para o Estado, se a medida fosse planejada, o que permitiria uma aquisição do produto em maiores quantidades, a preço menor em procedimentos licitatórios mais competitivos, o que, pensamos, acabará por impactar positivamente na redução das ações judiciais em casos semelhantes e, ainda, permitirá uma maior deferência do Judiciário para com as escolhas administrativas.

Os desafios são muitos e a solução não é mágica, mas se aceito o convite à consensualidade, cada ente federado poderá, dentro da sua autonomia e depois de uma planejada ação estratégica, criar as câmaras de mediação e arbitragem, estabelecendo de forma impessoal os tipos de conflitos que poderiam comportar a transação, quais autoridades estariam legitimadas a transigir e quais os requisitos necessários a tanto, sempre avaliando-se previamente o custo de implementação da medida e o alcance dos impactos dela decorrentes, de forma que todos naquela mesma situação possam ser contemplados.

REFERÊNCIAS

BARROSO, Luís Roberto. O Estado Contemporâneo, os Direitos Fundamentais e a Redefinição da Supremacia do Interesse Público. In: SARMENTO, Daniel (Org.). *Interesses Públicos versus Interesses Privados: Desconstruindo o Princípio da Supremacia do Interesse Público*. Rio de Janeiro: Lumen Juris, 2005, Prefácio.

BINENBOJM, Gustavo. Da Supremacia do Interesse Público ao Dever de Proporcionalidade. Um Novo Paradigma para o Direito Administrativo. In: SARMENTO, Daniel (Org.). *Interesses Públicos versus Interesses Privados: Desconstruindo o Princípio da Supremacia do Interesse Público*. Rio de Janeiro: Lumen Juris, 2005.

BRASIL. Advocacia Geral da União. Ato Regimental nº 5, de 27 de setembro de 2007. Disponível em: www.agu.gov.br/page/download/index/id/4107659. Acesso em: 15 out. 2017.

BRASIL. Advocacia Geral da União. Ementário de conciliação da Câmara de Conciliação e Arbitragem. Biênio 2007/2008. Disponível em: http://www.agu.gov.br/page/content/detail/id_conteudo/288534. Acesso em: 30 out. 2017.

BRASIL. Conselho Nacional de Justiça. Os 100 maiores litigantes. Brasília, 2011. Disponível em: www.cnj.jus.br/images/pesquisas-judiciarias/pesquisa_100_maiores_litigantes.pdf. Acesso em: 30 out. 2017.

BRASIL. *Constituição Politica do Imperio do Brazil (de 25 de março de 1824)*, Disponível em: http://www.planalto.gov.br/ccivil_03/constituicao/constituica024.htm. Acesso em: 21 out. 2017.

______. Constituição (1988). *Constituição da República Federativa do Brasil*: promulgada em 5 de outubro de 1988. Disponível em: http://www.planalto.

gov.br/ccivil_03/constituicao/constituicaocompilado.htm. Acesso em: 07 ago. 2017.

______. Lei nº 5.172, de 25 de outubro de 1966. *Dispõe sobre o Sistema Tributário Nacional e institui normas gerais de direito tributário aplicáveis à União, Estados e Municípios*. Disponível em: http://www.planalto.gov.br/ccivil_03/leis/L5172.htm. Acesso em: 12 out. 2017.

______. Lei nº 9.099, de 26 de setembro de 1995. *Dispõe sobre os Juizados Especiais Cíveis e Criminais e dá outras providências*. Disponível em: http://www.planalto.gov.br/ccivil_03/leis/L9099.htm. Acesso em: 12 ago. 2017.

______. Lei nº 12.153, de 22 de dezembro de 2009. *Dispõe sobre os Juizados Especiais da Fazenda Pública no âmbito dos Estados, do Distrito Federal, dos Territórios e dos Municípios*. Disponível em: http://www.planalto.gov.br/ccivil_03/_Ato2007-2010/2009/Lei/L12153.htm. Acesso em: 18 out. 2017.

______. Lei nº 13.105, de 16 de março de 2015. *Código de Processo Civil*. Disponível em: http://www.planalto.gov.br/ccivil_03/_ato2015-2018/2015/lei/l13105.htm. Acesso em: 12 ago. 2017.

______. Lei nº 13.140, de 26 de junho de 2015. *Dispõe sobre a mediação entre particulares como meio de solução de controvérsias e sobre a autocomposição de conflitos no âmbito da administração pública; altera a Lei nº 9.469, de 10 de julho de 1997, e o Decreto nº 70.235*, de 6 de março de 1972; e revoga o § 2º do art. 6º da Lei nº 9.469, de 10 de julho de 1997. Disponível em: http://www.planalto.gov.br/ccivil_03/_ato2015-2018/2015/Lei/L13140.htm. Acesso em: 12 jul. 2017.

CHEVALLIER, Jacques. *O Estado Pós-Moderno*. Trad. Marçal Justen Filho. Belo Horizonte: Fórum, 2009.

GRINOVER, Ada Pellegrini; CINTRA, Antônio Carlos de Araújo; DINAMARCO, Cândido Rangel. Teoria Geral do Processo. 14. ed. São Paulo: Malheiros, 1998.

______. O minissistema brasileiro de justiça consensual: compatibilidade e incompatibilidades. *Publicações da Escola AGU*, Brasília, v. 8, n. jan./mar. 2016, p. 15-36, 2016. Disponível em: http://dirittoetutela.uniroma2.it/files/2013/03/Origens-e-evolução.pdf. Acesso em: 29 ago. 2017.

GUEDES, Jefferson Carús. *Transigibilidade de interesses públicos:* prevenção e abreviação de demandas da Fazenda Pública. In: GUEDES, Jefferson Carús; SOUZA, Luciane Moessa de. Advocacia de Estado. Questões institucionais para a construção de um estado de justiça. Belo Horizonte: Fórum, 2009.

HACHEM, Daniel Wunder. Princípio Constitucional da Supremacia do Interesse Público. Curitiba, 2011. Dissertação (Mestrado em Direito) – Pós-Graduação em Direito da Universidade Federal do Paraná. Disponível em: https://acervodigital.ufpr.br/bitstream/handle/1884/26126/Dissertacao%20-%20Daniel%20Wunder%20Hachem%20-%20UFPR%20-%20Brasil.pdf?sequence=1. Acesso em: 25 fev. 2018.

MEDAUAR, Odete. *Direito Administrativo em Evolução*. **3. ed. Brasília: Gazeta Jurídica, 2016**.

MELLO, Celso Antônio Bandeira de Mello. *Curso de Direito Administrativo*. 26. ed. São Paulo: Malheiros, 2009.

MOREIRA NETO, Diogo de Figueiredo. *Legitimidade e discricionariedade*: novas reflexões sobre os limites do controle da discricionariedade. 4. ed. rev. e atual. Rio de Janeiro: Forense, 2002.

_____. *Quatro paradigmas do Direito Administrativo pós-moderno*. Legitimidade – finalidade – eficiência – resultado. Belo Horizonte: Fórum, 2008.

_____. *Curso de Direito Administrativo*: parte introdutória, parte geral e parte especial. 16. ed. rev. e atual. Rio de Janeiro: Forense, 2014.

SARMENTO, Daniel. Interesses Públicos vs. Interesses Privados na Perspectiva da Teoria e da Filosofia Constitucional. In: SARMENTO, Daniel (Org.). *Interesses Públicos versus Interesses Privados*: Desconstruindo o Princípio da Supremacia do Interesse Público. Rio de Janeiro: Lumen Juris, 2005.

SCHIRATO, Vitor Rhein; PALMA, Juliana Bonacorsi de. Consenso e legalidade: vinculação da atividade administrativa consensual ao Direito. *Revista Eletrônica sobre Reforma do Estado*, n. 24, Salvador, dez./jan./fev. 2011. Disponível em: http://www.direitodoestado.com.br/codrevista.asp?cod=485. Acesso em: 12 abr. 2018.

SOUZA, Luciana Moessa de. Mediação de Conflitos e Administração Pública. In: HALE, Durval; PINHO, Humberto Dalla Bernardina de; CABRAL, Trícia Navarro Xavier (Org.). *O marco legal da mediação no Brasil*: Comentários à Lei 13.140 de 26 de junho de 2015. São Paulo: Atlas, 2015.

_____; OLIVEIRA, Igor Lima Goettnauer de (Org.). *Resolução consensual de conflitos coletivos envolvendo políticas públicas*. Brasília: Fundação Universidade de Brasília, 2014. Disponível em: http://mediacao.fgv.br/wp-content/uploads/2015/11/Resolucao-Consensual-de-Politicas-Publicas.pdf. Acesso em: 11 set. 2017.

THEODORO JUNIOR, Humberto. Constituição e processo: desafios constitucionais da reforma do processo civil no Brasil. In: THEODORO JUNIOR, Humberto; CALMON, Petrônio; NUNES, Dierle (Coord.). *Processo e constituição:* os dilemas do processo constitucional e dos princípios processuais constitucionais. Rio de Janeiro: GZ, p. 33-62, 2008. Disponível em: https://www12.senado.leg.br/publicacoes/estudos-legislativos/tipos-de-estudos/outras-publicacoes/volume-iii-constituicao-de-1988-o-brasil-20-anos-depois.-a-consolidacao-das-instituicoes/poder-judiciario-e-acesso-a-justica-constituicao-e-processo-desafios-constitucionais-da-reforma-do-processo-civil-no-brasil. Acesso em: 12 jul. 2017.

______; NUNES, Dierle; BAHIA, Alexandre Melo Franco; PEDRON, Flávio Quinaud. *Novo CPC:* Fundamentos e Sistematização. 2. ed. Rio de Janeiro: Forense, 2015.

VALENTE, Maria Jovita Wolney. Histórico e evolução da Advocacia-Geral da União. In: GUEDES, Jefferson Carús; SOUZA, Luciane Moessa de. *Advocacia de Estado.* Questões institucionais para a construção de um estado de justiça. Belo Horizonte: Fórum, 2009.

VALLE, Vanice Regina Lírio de. Transigibilidade na Administração Pública: uma faceta da consensualidade no direito administrativo do século XXI. *Fórum Administrativo*, Belo Horizonte, v. Ano 11, 2011.

CAPÍTULO 11

O incidente de resolução de demandas repetitivas e a impossibilidade de seu julgamento pelos Juizados Especiais Estaduais, Federais e de Fazenda Pública

Humberto Santarosa de Oliveira

1. CONTEXTUALIZAÇÃO

Antes mesmo de o novo CPC entrar em vigor, vozes doutrinárias adiantavam-se para propagar as benesses que adviriam com o incidente de resolução de demandas repetitivas previsto na novel legislação. Estar-se-ia mais próximo das almejadas promessas constitucionais de duração razoável do processo, isonomia e segurança jurídica no enfrentamento das questões idênticas[1] (*like cases should be decided alike*[2]) – tudo em linha de princípio com a exposição de motivos do anteprojeto do Código[3].

---

1. Exemplificativamente, YOSHIKAWA, Eduardo Henrique de Oliveira. O incidente de resolução de demandas repetitivas no novo código de processo civil: comentários aos arts. 930 a 941 do PL 8.046/2010. In *Revista de Processo*. São Paulo: Revista dos Tribunais, vol. 206/2012, p. 243 – 270, versão eletrônica. E ainda CUNHA, Leonardo Carneiro da. Anotações sobre o incidente de resolução de demandas repetitivas previsto no projeto do novo código de processo civil. In *Revista de Processo*. São Paulo: Revista dos Tribunais, vol. 193/2011, p. 255 – 280, versão eletrônica.
2. CROSS, Rupert e HARRIS, J. W. *Precedent in english law*. Oxford: Clarendon Press, 2004, p.3.
3. A exposição de motivos do novo CPC pode ser acessada através do link https://www.senado.gov.br/senado/novocpc/pdf/Anteprojeto.pdf.

Notoriamente que a aplicação efetiva dos desígnios constitucionais referidos não poderia desconsiderar outras previsões relevantes do ordenamento jurídico, como o contraditório na sua acepção moderna[4].

A solução encontrada para equilibrar o déficit participativo das partes entre os processos dos quais o incidente se originou e aqueles afetados pela tese a ser fixada, foi a ampliação da discussão para fora das raias da subjetividade do litígio, possibilitando que *"pessoas, órgãos e entidades com interesse na controvérsia"* (art. 983, *caput*, CPC) apresentem manifestação, além de permitir a realização de audiências públicas para *"ouvir depoimentos de pessoas com experiência e conhecimento na matéria"* (art. 983, § 1º, CPC).

O aumento do número de partícipes, inclusive com a obrigação de intimar o Ministério Público para atuar no feito como *custos legis* (art. 982, III, CPC), isso quando não for o suscitante do incidente (art. 977, III, CPC), é fator justificativo da transcendência dos efeitos *extra muro* do julgamento do incidente (art. 985, CPC).

Desta breve explanação decorre, aliás, a razão pela qual a melhor doutrina classifica o IRDR como uma técnica de coletivização de teses jurídicas, afinal o objeto litigioso do incidente tem por base a definição de uma tese jurídica cuja aplicação se dará para todas as questões processuais ou materiais idênticas.[5]

A breve contextualização sobre o novo incidente é suficiente para revelar o propósito do presente escrito: a (im)possibilidade de julgamento do incidente de resolução de demandas repetitivas no microssistema dos juizados especiais (estaduais, federais e de fazenda pública). E diz-se julgamento de forma propositada, pois não se tem dúvidas que a suscitação do incidente

---

4. Por todos, GRECO, Leonardo. O princípio do contraditório. In: *Revista Dialética de Direito Processual*. Rio de Janeiro: Saraiva, n. 24, mar.2005.

5. Para Hermes Zaneti Júnior, o IRDR é uma técnica de processo coletivo, pois a tese firmada no julgamento do incidente *"irá construir a situação jurídica coletiva deduzida em juízo"*, vide Comentários aos arts. 926 a 928. In CABRAL, Antonio do Passo e CRAMER, Ronaldo. *Comentários ao Novo Código de Processo Civil*. Rio de Janeiro: Forense, 2015, p. 1.334. Ainda sobre o tema, ver DIDIER JR. Fredie, ZANETI JR. Hermes. Ações coletivas e o incidente de julgamento de casos repetitivos – espécies de processo coletivo no direito brasileiro: aproximações e distinções. In *Revista de Processo*. São Paulo: Revista dos Tribunais, vol. 256/2016, p. 209 – 218, versão eletrônica. Em acréscimo, e demonstrando o espectro coletivo que o uso do incidente pode atingir, inclusive com mais abrangência que as demandas coletivas que veiculam direitos individuais homogêneos, TALAMINI, Eduardo. Direitos individuais homogêneos e seu substrato coletivo: ação coletiva e os mecanismos previstos no código de processo civil de 2015. In *Revista de Processo*. São Paulo: Revista dos Tribunais, vol. 241/2015, p. 337 – 358, versão eletrônica. Entendendo que o IRDR não se trata de técnica de processo coletivo, TEMER, Sofia. *Incidente de Resolução de Demandas Repetitivas*. Salvador: JusPodivm, 2016. p. 91-99.

pode partir de causas oriundas dos juizados; a incerteza está em saber se o seu julgamento ocorreria na própria estrutura dos juizados ou se seria necessária sua remessa para o Tribunal Estadual ou Federal respectivo.[6]

A primeira e rápida leitura dos objetivos que motivaram a previsão do incidente – garantir a isonomia e a segurança, bem como assegurar uma duração razoável do processo – não deixaria margens para imprecisões quanto ao cabimento e julgamento do IRDR na própria estrutura dos juizados. Todavia, uma leitura teleológica-sistemática, aliada aos próprios efeitos do julgamento, além das limitações inerentes aos juizados especiais, colocam em xeque eventual resposta positiva ofertada.

É sobre referidas questões que este artigo se debruçará, trazendo não apenas o contraponto aos argumentos principiológicos utilizados para justificar o julgamento do incidente de resolução de demandas repetitivas pelos juizados especiais, mas também a demonstração de um fundamento pouco explorado, cujo cerne representa forte óbice ao enfrentamento do IRDR pelos juizados.

2. JUIZADOS ESPECIAIS E O INCIDENTE DE RESOLUÇÃO DE DEMANDAS REPETITIVAS

A suscitação do incidente de resolução de demandas repetitivas a partir de causas em tramitação nos juizados especiais parece não ser alvo de dúvidas. A lei processual, quando faz menção à possibilidade de o juiz suscitar o incidente, não restringe qual magistrado teria esse poder. Referida constatação também se corrobora em razão da superação de uma controvérsia existente quando da tramitação do projeto do novo Código de Processo Civil, qual seja, a vinculação das decisões proferidas em sede de IRDR para os juizados especiais.

---

6. Certamente que a premissa utilizada no presente artigo considera a possibilidade de suscitação do incidente com causas ainda em primeira instância, mesmo porque, a considerar a interpretação que vem sendo dada por parcela da doutrina, em razão da previsão do art. 978, parágrafo único, do CPC (necessidade de existir causa pendente no Tribunal para suscitação do incidente – por todos, ver DIDIER, Fredie e CUNHA, Leonardo Carneiro da. *Curso de Direito Processual Civil* – Meios de Impugnação às Decisões Judiciais e Processo nos Tribunais – vol. III, 13ª. ed. Salvador: Juspodivm, 2015, p. 594-595), restaria impossível suscitar incidente a partir de causas em trâmite nos juizados especiais, a não ser que o tema também fosse objeto de debates no Tribunal respectivo – fato este que poderia não ocorrer nas hipóteses de competência exclusiva dos juizados federais e fazenda pública. Lado outro, comungando com o entendimento que reconhece a suscitação do incidente em causas que tramitam na primeira instância, e por todos, MENDES, Aluisio Gonçalves de Castro. *Incidente de Resolução de Demandas Repetitivas*: sistematização, análise e interpretação do novo instituto processual. Rio de Janeiro: Forense. 2017, p. 116 a 124.

A discussão (e controvérsia) da vinculação ou não dos juizados especiais aos entendimentos exarados pelos tribunais de segundo grau e tribunais superiores deita suas raízes em interpretações aleatórias derivadas da estrutura e sistema dos juizados quando da edição da Lei 7.244/84. Esta polêmica (submissão dos juizados às decisões dos tribunais de segundo grau), ainda que não totalmente superada, acabou tornando-se mais fácil de ser ultrapassada com a edição da Constituição de 1988 e a previsão expressa de criação dos juizados especiais (e não mais juizados de pequenas causas) pela União e pelos Estados (art. 98, I, CRFB/88)[7], dentro, portanto, da estrutura de organização judiciária do Ordenamento Jurídico brasileiro.

Todavia, e com o objetivo de evitar eventuais questionamentos sobre a aplicação do IRDR nos juizados - em razão do retrógrado entendimento de que estas cortes de casos menos complexos não se encontrariam dentro da estrutura recursal dos Tribunais -, a AJUFE (Associação de Juízes Federais do Brasil) destacou, ainda na época da tramitação do projeto do novo Código de Processo Civil, a necessidade de se fazer expressa menção quanto à aplicação das teses julgadas por meio do IRDR aos juizados especiais. A redação foi, assim, inserida e mantida no texto aprovado.[8]

Assim, reitera-se, as decisões provenientes do julgamento de incidente de resolução de demandas repetitivas, por expressa dicção do art. 985, I, CPC, aplicam-se aos juizados especiais. Não há dúvidas sobre o ponto.

Mais complicado, todavia, é a compreensão do funcionamento dos juizados especiais e a sua atual realidade. No estado de beligerância instalada no país, é indene de dúvidas que estas cortes vivenciam uma desenfreada litigância, na qual o tratamento destas causas é pouco ou nada adequado.

É em decorrência deste panorama de insuficiente prestação da tutela jurisdicional que se parou para repensar sobre a discussão do cabimento e do julgamento do IRDR dentro do sistema dos juizados especiais. Seria prudente "importar" a previsão do novo CPC e estipular o julgamento do IRDR na estrutura atual dos juizados especiais? A complexidade inerente ao processamento do IRDR, que, conforme visto, se revela como uma técnica de coletivização,

7. A questão será abordada com mais detalhes no próximo tópico.

8. O assunto é apresentado com mais detalhes por MENDES, Aluisio Gonçalves de Castro; ROMANO NETO, Odilon. Análise da relação entre o novo incidente de resolução de demandas repetitivas e o microssistema dos juizados especiais. In *Revista de Processo*. São Paulo: Revista dos Tribunais, vol. 245/2015, p. 275 - 309, versão eletrônica.

seriam coaduna com os objetivos de criação dos juizados? Eis o que se pensa a respeito.

2.1. Os pontos e contrapontos sobre o julgamento do incidente de resolução de demandas repetitivas nos juizados especiais

Aluisio Gonçalves de Castro Mendes, em livro originado de seu concurso para professor titular na Universidade do Estado do Rio de Janeiro, entende pela admissão e julgamento do incidente de resolução de demandas repetitivas nos juizados especiais. Em sua visão, "*a extensão do incidente (...) aos juizados especiais, em conformidade com o disposto no art. 985, I, do novo CPC, vem de certa forma suprir as deficiências atualmente existentes no sistema de uniformização dos Juizados Especiais (...)*".[9]

As suscitadas deficiências seriam três: (a) a ausência de um sistema de uniformização de jurisprudência nos juizados especiais cíveis estaduais; (b) a limitação da matéria nos atualmente previstos sistemas de uniformização de entendimento dos juizados especiais federais e de fazenda pública (que não albergariam matéria processual); e (c) ausência de instrumentos para uniformizar a jurisprudência dos tribunais de segundo grau e dos juizados especiais.[10]

Em relação à primeira das deficiências (letra "a", *supra*), o entendimento seria de que o incidente teria o justo condão de fazer as vezes do mecanismo de uniformização de jurisprudência não previsto nos juizados especiais estaduais, suprindo, assim, a omissão da Lei 9.099/95. O contraponto ao argumento está no fato de não se compreender qual a razão de o IRDR ser o mecanismo adequado ao referido desiderato ao invés, e por exemplo, dos

---

9. MENDES, Aluisio Gonçalves de Castro. *Incidente de Resolução de Demandas Repetitivas*: sistematização, análise e interpretação do novo instituto processual. Rio de Janeiro: Forense. 2017, p. 152 a 167 (a citação respectiva encontra-se em p. 166-167). É preciso registrar, todavia, que antes do livro, havia enunciado da ENFAM permitindo-se o julgamento do IRDR nos juizados especiais, o qual seria de competência dos órgãos responsáveis pela unificação de sua jurisprudência (enunciados 21 e 44), sendo certo, ademais, que referidos pontos já haviam sido levantados em artigo anterior, escrito em coautoria com Odilon Romano Neto (Análise da relação entre o novo incidente de resolução de demandas repetitivas e o microssistema dos juizados especiais. In *Revista de Processo*. São Paulo: Revista dos Tribunais, vol. 245/2015, p. 275 - 309, versão eletrônica).

10. MENDES, Aluisio Gonçalves de Castro. *Incidente de Resolução de Demandas Repetitivas*: (...). Op. cit., p. 153. É preciso lembrar que o texto do professor Aluisio traz uma gama de importantíssimos argumentos sobre como se superar as três deficiências apontadas, cujas minúcias, infelizmente, não serão enfrentadas analiticamente neste trabalho. Preferiu-se pinçar o cerne de cada uma das deficiências e contrapô-las com os argumentos que parecem relevantes para amadurecimento e esclarecimento do debate.

próprios meios já existentes nas Leis 10.259/01[11] e 12.153/09[12], que possibilitam a veiculação de pedidos de uniformização no âmbito dos juizados especiais federais e de fazenda pública.

Ora, se o microssistema dos juizados já possui solução interna – e o próprio artigo 1º da Lei 12.153/09 faz menção à existência de um "sistema dos juizados especiais" –, ininteligível a razão pela qual não se tenta suprir referida deficiência dentro do próprio arcabouço legal pertinente. Não se ignora que a especialidade das leis dos juizados federais e de fazenda pública é o argumento que bloqueia a "importação" dos institutos,[13] entretanto, também há sérias e intransponíveis justificativas a impedir o cabimento e julgamento do incidente nos juizados. A amplitude do IRDR e as finalidades que o novel instituto possui não são elementos hábeis a chancelar o seu uso indiscriminado pelos juizados.

Não há, pois, que se prender à cega aplicação subsidiária da lei processual como solução viável para o ponto, mesmo porque, e a despeito de o CPC ser a norma geral de procedimentos do ordenamento jurídico brasileiro, é imperioso que se analise as disposições expressas do novel instituto para verificar sua compatibilidade com ritos diferentes. E aqui, o impedimento da transposição do IRDR para os juizados encontra óbice na previsão do art. 977[14] do Código, que determina o direcionamento do pleito de instauração do incidente para o "*presidente de tribunal*".

A impossibilidade decorre do necessário paralelismo a ser realizado quanto ao cabimento do recurso especial contra decisões de turmas recursais de juizados especiais. A posição consolidada que se tem hoje está estampada na súmula de nº 203 do Superior Tribunal de Justiça, que não admite o cabimento do recurso em razão da previsão constitucional que restringe sua admissibilidade às decisões oriundas de tribunais, e turma recursal não se enquadraria no conceito.

---

11. Art. 14, § 4º da Lei 10.259/01.

12. Art. 19, *caput* da Lei 12.153/09. Lembre-se, pois, que há quem considere referido entendimento inconstitucional, pois estaria criando atribuição de Tribunal Superior sem ser pela via adequada, qual seja, a Constituição. Neste sentido, CUNHA, Leonardo José Carneiro da. *Jurisdição e competência*. São Paulo: Ed. RT, 2008. p. 47.

13. É justamente por isso que existem projetos de lei visando a alteração tanto da Lei 9.099/95 (PL 4723/2004), como a Lei 12.153/09 (PL 5741/2013), para que se crie uma Turma de Uniformização no âmbito dos Juizados Especiais Estaduais, na forma como já existe na Lei 10.259/01.

14. "Art. 977. O pedido de instauração do incidente será dirigido ao presidente de tribunal: I – pelo juiz ou relator, por ofício; II – pelas partes, por petição; III – pelo Ministério Público ou pela Defensoria Pública, por petição.". Como se observa, a dicção do artigo é clara ao dispor que é o presidente do Tribunal quem receberá o pedido de instauração do incidente, independentemente de quem o suscite.

Neste sentido, a mesma lógica deve ser aplicada para o IRDR. Se a lei processual reserva ao referido órgão a competência para julgar o incidente, não se pode admitir o seu julgamento pelos juizados[15], mesmo porque, repita-se, não se admite cabimento de recurso especial derivado de decisões de turma recursal.

Em prosseguimento, a segunda deficiência propalada pelo professor Aluisio (letra "b", *supra*) refere-se à limitação material existente nos mecanismos de uniformização previstos nas legislações pertinentes. Neste sentido, como o IRDR não possui qualquer restrição de matéria quanto ao seu cabimento, entende-se que sua aplicabilidade seria útil ao microssistema dos juizados, permitindo, outrossim, que controvérsias processuais (as quais são muitas e variadas, ainda mais nos juizados que possuem procedimento diferenciado) possam ser resolvidas por este novo meio de unificação de entendimentos.

Definitivamente, a proposta é encantadora e não se visualiza qualquer objeção. Aliás, a restrição material dos mecanismos de uniformização de jurisprudência são ininteligíveis; não há razões plausíveis para obstar a possível solução de controvérsia processual por meio de decisões uniformizadoras. Repita-se, não é pelo fato de existir limitações ou impedimentos quanto à uniformização de entendimentos, os quais não existiriam no incidente previsto no novo CPC, que simplesmente se ignoraria todo o sistema e a procedimentalização do IRDR para permitir o seu processamento e julgamento pelos juizados especiais.

Assim, o foco de nossa argumentação é outro. Trata-se do já propalado impedimento de interposição de recursos especiais nos juizados especiais, fato que decorre de interpretação de dispositivo constitucional que impossibilita equiparar julgamento de turmas recursais com os julgados dos tribunais. E se assim o é para a Constituição, também deverá sê-lo para o CPC, cuja menção expressa a "presidente de tribunal" impõe a adoção do mesmo entendimento quanto ao julgamento do IRDR pelos juizados.

15. Essa incompatibilidade também é anotada por KOEHLER, Frederico Augusto Leopoldino. Os problemas e os desafios decorrentes da aplicação do incidente de resolução de demandas repetitivas nos juizados especiais. In *Juizados Especiais*. Coleção repercussões do Novo CPC. Coor. Fredie Didier Jr. *et ali*, Salvador: Juspodivm, 2015, p. 573-584, notadamente quando afirma em p. 577: "De fato, a dificuldade maior que surge é como compatibilizar tal previsão com a existência de um sistema recursal diverso nos juizados, com TRs, TRUs e TNU. Uma solução possível seria prever-se que, no caso dos juizados, o IRDR deveria ser interposto perante algum órgão que componha o microssistema, como a TRU ou a TNU. Tal hipótese, entretanto, como visto acima, é vedada pela expressa disposição do art. 977.".

Caminhando para a última das deficiências assinaladas (letra "c", *supra*), o que se verificaria seria a ausência de instrumentos de unificação de entendimento entre as decisões emanadas pelos juizados especiais e pelos tribunais (estaduais e federais). Este ponto, inclusive, possui sensibilidade ímpar, não pela resolução da deficiência em si, mas pelas consequências invencíveis que advêm da questão, as quais têm mais risco de ofender as garantias constitucionais que adornam o IRDR, do que concretizá-las.

É inegável que não existe um instrumento exclusivo de unificação de entendimentos entre as decisões dos juizados e dos tribunais, ou seja, não há um mecanismo próprio para este fim específico. Entretanto, o que se extrai do ordenamento jurídico é que não se visualiza uma necessidade imperiosa deste instituto, mesmo porque, se os juizados especiais são criados, segundo a Constituição, pela União e os Estados (art. 98, I), certamente que eles se submetem à jurisdição das cortes que "os criaram". Soa ilógico imaginar que a aplicação do Direito (material ou processual) seja diferente em razão do caso estar sendo enfrentado pelo procedimento expedito ou ordinário.

Neste sentido, parece muito mais fácil e natural combater o vetusto e retrógrado entendimento de que os juizados não se encontrariam na estrutura dos tribunais, o que se faz com arrimo na previsão constitucional e na organização judiciária presente no seu texto, do que tentar uma interpretação extensiva sobre um novo instituto, determinando sua aplicação para um microssistema cuja organização é simplificada.

Ademais, a jurisdição sendo una, e o Direito tendo a sua interpretação definida pelas cortes competentes (podendo ser estadual ou federal), não é isonômico, quiçá juridicamente seguro, permitir diferenças de entendimentos sobre um mesmo ponto.[16] Em suma, o Direito deve ser o mesmo para qualquer cidadão.

Não há dúvidas de que a estruturação e o conteúdo das decisões proferidas pelas cortes precisam ser observados pelos juizados especiais. Esse entendimento, resta corroborado com a previsão dos artigos 926 e 927, do novo CPC. Assim, não é necessário um mecanismo próprio de unificação entre os entendimentos dos juizados e dos Tribunais, ou mesmo não é necessário transpor o cabimento e julgamento de um novo instituto na seara dos juizados, basta, tão somente, bom senso e coerência na interpretação do

16. Por todos, MARINONI, Luiz Guilherme. *Precedentes Obrigatórios*. São Paulo, Ed. Revista dos Tribunais, 2010 e ainda *A ética dos precedentes:* justificativa do novo CPC. São Paulo: Revista dos Tribunais, 2014.

ordenamento jurídico e aplicar os entendimentos dos Tribunais (e seus precedentes) para os juizados especiais.

Todas as observações acima mostram-se corroboradas com a notória sobreposição de competências entre juizados e tribunais, argumento este exponencializado nos juizados especiais estaduais em razão da inexistência de competência exclusiva.

É a competência concorrente, aliás, o maior impedimento à suscitação do incidente nos juizados especiais estaduais, mesmo porque seria um desperdício de tempo e atividade, além de desarrazoado, admitir a suscitação do IRDR, cuja viabilidade e alcance restringir-se-ia, única e exclusivamente, ao próprio juizado que prolatasse a decisão – lembre-se que nos juizados especiais estaduais não há turma nacional de uniformização. Mais nefasto, todavia, seria a possível existência de entendimentos divergentes sobre a mesma matéria em diferentes juizados especiais de diferentes Estados, sem a possibilidade de unificação a nível nacional das matérias, afinal, também não seria cabível o recurso especial contra a decisão do órgão dos juizados especiais que julgaria o IRDR.[17]

Admitir o IRDR nos juizados revelar-se-ia, também, como um verdadeiro desperdício da prestação jurisdicional, ainda mais em razão da hipótese de sobreposição de teses advindas da competência concorrente. A exemplificar, imagine-se que seja possível suscitar e julgar o incidente nos juizados, no qual acabou sendo fixada uma tese determinada; posteriormente, o Tribunal do respectivo Estado ou Região[18] afeta a mesma tese para julgamento[19], mesmo

---

17. Não se desconhece o cabimento da reclamação, na esteira de entendimento jurisprudencial do STF (Tribunal Pleno, RE 571.572, Rel. Min. Ellen Gracie, Dje 27/11/2009) que acabou por impor a edição da Resolução 12/2009, direcionadas a hipóteses específicas. Todavia, até mesmo referida hipótese acabou desaparecendo, isto em razão de nova resolução editada pelo STJ, que "deslocou" a competência da reclamação para os próprios Tribunais de Justiça (Res. STJ nº 03/16). A matéria (julgamento da reclamação pelos tribunais e não pelo Superior Tribunal de Justiça) vem sendo alvo de candentes debates, já tendo batido as portas do Supremo Tribunal Federal por meio de Conflitos de Competência suscitados pelos Tribunais de Justiça (ex.: CC 7.983/MG e CC 7.663 /ES), mas o STF nega o cabimento do instrumento processual utilizado com base em jurisprudência firmada no sentido de que "(...) a regra que incumbe o STF de julgar conflitos de competência entre Tribunal Superior e qualquer outro Tribunal não desmente a verdade curial de que, onde haja hierarquia jurisdicional, não há conflito de jurisdição (CC 7094 QO, Tribunal Pleno, DJ 04-05-2001)".

18. A competência exclusiva em razão do valor da causa limita apenas a alçada do direito discutido, motivo pelo qual um mesmo direito pode ser debatido por juizado especial federal e Tribunal Regional Federal, tudo a depender do valor envolvido. Certamente que o valor da causa não pode sobrepor-se à resolução do direito em si.

19. Essa hipótese de afetação, concomitante ou não, de IRDR por juizado e tribunal é aventada pelo professor Aluisio, para quem prevaleceria a tese fixada pelo Tribunal. Cfr. MENDES, Aluisio Gonçalves de Castro. *Incidente de Resolução de Demandas Repetitivas: (...)*. Op. cit., p. 164-165.

porque, ele não se filia ao entendimento do incidente hipoteticamente julgado do juizado[20]. Agora, imagine que o Tribunal fixe uma tese oposta àquela firmada no juizado. Veja-se a total falta de sentido nesta situação, na qual todas as garantias processuais que se visa a resguardar com o IRDR restarão comprometidas.

Pior do que isso, fixado o entendimento pelo juizado e a tese não sendo aplicável – por óbvio – ao tribunal, há ainda a possibilidade de o tribunal recusar a admissão e o julgamento do mesmo incidente. Nesta hipótese, o que se observaria seria uma possível dualidade de entendimento sobre o mesmo fato, pois os casos isolados julgados pelo tribunal poderiam divergir da tese fixada pelo IRDR do juizado. Conclusão: a admissão do incidente pelos juizados especiais pode criar duas categorias de jurisdicionados, revelando uma quebra de isonomia sem precedentes.

Como se vê, por mais que o julgamento do incidente possa resultar em um almejado avanço que todos esperam, não se pode admitir uma interpretação extensiva de sua aplicabilidade para os juizados especiais em razão das ponderações destacadas. Os riscos destacados são muito mais nefastos do que seguir a lógica da previsão legislativa e permitir a suscitação do incidente pelos juízes (dicção que não exclui aqueles casos oriundos de juizados), e aguardar que, no fim das contas, o tribunal (como diz a lei), e apenas ele, resolva a questão.[21]

Por fim, um último ponto merece ser considerado. Conforme aventado por Frederico Koehler, há determinadas causas cuja matéria e, consequentemente, sua alçada, não seriam possíveis de alcançar o julgamento pelo respectivo Tribunal Regional, fato este que impediria suscitação do IRDR na hipótese de não se admitir o julgamento do incidente pelos juizados.[22] Para

---

20. Idem.

21. Apenas para registro, esta também parece ser a conclusão de TEMER, Sofia. Incidente de Resolução de Demandas Repetitivas. Salvador: Jus Podivm, 2016. p. 116-119.

22. KOEHLER, Frederico Augusto Leopoldino. Os problemas e os desafios decorrentes da aplicação do incidente de resolução de demandas repetitivas nos juizados especiais. Op. cit., que assim destaca em p. 579: "O problema central aqui é que algumas matérias são tipicamente de competência dos juizados especiais e não chegam aos TRFs e TJs. A título exemplificativo, podemos citar as demandas de: 1) segurados especiais pleiteando aposentadoria ou salário-maternidade rural que costumeiramente são em valor inferior ao teto dos juizados; 2) pescadores artesanais pleiteando o seguro durante o período de defeso. Não custa lembrar que a competência dos JEFs, onde existirem, é absoluta, segundo prescreve o art. 3.º da Lei 10.259/2001. A propósito, se tais causas ainda chegam aos TRFs hoje em dia, isso se deve às apelações nos casos de competência delegada aos juízes de direito que atuam em comarcas onde não há vara federal (art. 109, § 4.º, da CF)."

estas causas, a resposta possível é o próprio método de unificação da jurisprudência previsto na lei de regência (Lei 10.259/01), com todas as suas mazelas e restrições. Infelizmente, sem previsão legislativa, não se pode correr o risco de aceitar o IRDR com relação a referidos pontos, até mesmo porque eventual questão processual pode ser suscitada nestas demandas, fato este que criaria o risco de entendimento divergente por parte tribunal.[23]

2.2. Mais um argumento a se considerar: o incidente como técnica de processo coletivo e a incompetência dos juizados especiais para julgamento de referidas demandas

Os argumentos apontados acima representam contraposições à tentativa de utilizar uma interpretação extensiva para a admissão e o julgamento do IRDR pelos juizados especiais. Entretanto, conforme se observou, são fundamentos com bons argumentos para ambos os lados. A análise de riscos é inerente ao sistema, assim como o é a necessidade de avanço nas interpretações dos institutos processuais.

O que se afigura interessante no atual momento é observar um argumento que tem tido pouca atenção por parte da doutrina: trata-se da restrição contida no art. 3º, § 1º, da Lei 10.259/01, segundo a qual os juizados especiais federais não possuem competência para julgar as causas que versem "*sobre direitos ou interesses difusos, coletivos ou individuais homogêneos*". A mesma redação é verificada no art. 2º, § 1º, I, da Lei 12.153/09, ao dispor que "não se incluem na competência do Juizado Especial da Fazenda Pública" "(...) as demandas sobre direitos ou interesses difusos e coletivos".

23. Não se desconhece a existência de "pedido de providências" no CNJ que vinha discutindo a legalidade das resoluções editadas por alguns Tribunais (em especial TJES - estado de onde se origina o processo no referido órgão - autos nº 0002624-56.2017.2.00.0000) para permitir o julgamento de IRDR pelos juizados especiais. No referido processo restou deferida liminar para suspender os efeitos das resoluções de todos os tribunais do país que continham autorização para instauração e julgamento do IRDR nos juizados (a liminar, deferida em 19/04/2017 pelo Conselheiro Henrique Ávila, contém alguns dos argumentos ora debatidos); todavia, logo em sequência, quando da sessão para ratificação da liminar, datada de 16/05/2017 (disponível em https://www.youtube.com/watch?v=JPa7gkU_rR8), o relator acatou sugestão de cancelamento do pregão do processo e revogação da liminar para maior amadurecimento do ponto, haja vista que os Tribunais Superiores ainda estavam estudando o tema (segundo os debates na sessão, o fato de STJ e STF estarem se debruçando sobre a matéria poderia ser indicativo de não cabimento da solicitação, por se tratar de questão jurídica, e não administrativa). A discussão, entretanto, acabou se encerrado com a prolação de decisão que não conheceu do pedido no ponto referente ao cabimento de IRDR pelos juizados, por entender tratar-se de matéria que não se encontrava no espectro de competências do CNJ. A decisão, proferida em julho de 2018 pela conselheira Maria Tereza Uille Gomes, pode ser acessada através dos autos do processo, disponível no link http://www.cnj.jus.br/tecnologia-da-informacao/processo-judicial-eletronico-pje.

Na mesma linha de entendimento, o Fonaje (Fórum Nacional dos Juizados Especiais) discutiu e aprovou o enunciado de número 139[24], quando restou assentado que *"a exclusão da competência (...) quanto às demandas sobre direitos ou interesses difusos ou coletivos, dentre eles os individuais homogêneos, aplica-se tanto para as demandas individuais de natureza multitudinária quanto para as ações coletivas. (...)"*.

Veja-se, assim, que o intento da doutrina, e do próprio legislador, foi o de não permitir que os juizados especiais, justamente pela ideologia de sua formação (simplicidade e informalidade[25]), se debruçassem no julgamento de casos cuja relevância e abrangência pudessem ultrapassar as barreiras da lide subjetiva posta sob sua apreciação.

Ato contínuo, aponta-se que o enunciado do Fonaje é expresso ao destacar que dentre as demandas coletivas impassíveis de enfrentamento e julgamento pelos juizados estariam, também, "*as demandas individuais de natureza multitudinária*", ou seja, o leque de demandas fora da competência dos juizados foi ampliado para abarcar aqueles litígios de massa, cuja quantidade de processos tinha o intuito de inundar o Judiciário com milhares de processos sobre o mesmo tema – este argumento, rememore-se, foi o cerne da criação do IRDR, conforme exposição de motivos[26].

Mas não é só. Esse entendimento também já restou expresso, por diversas oportunidades, pelo Superior Tribunal de Justiça[27] – que apesar de não julgar recursos advindos das turmas recursais dos juizados especiais, sua jurisprudência incide e os vincula, nos termos das resoluções editadas pelo referido tribunal[28] –, o que se infere de decisões exaradas em

---

24. Os enunciados podem ser acessados em http://www.cnj.jus.br/corregedoriacnj/redescobrindo-os-juizados-especiais/enunciados-fonaje/enunciados-civeis.

25. Sobre os princípios informadores dos Juizados Especiais, ver PELEJA JÚNIOR, Antonio Veloso; OLIVEIRA, Humberto Santarosa de. O procedimento dos juizados especiais na perspectiva principiológica do Novo Código de Processo Civil: contraditório e motivação das decisões como alicerces do devido processo legal. In: *Juizados Especiais* – coleção Repercussões do novo CPC. Coord. REDONDO, Bruno Garcia, *et ali*. Salvador: Juspodivm, out./2015.p. 65-81.

26. "Com os mesmos objetivos, criou-se, com inspiração no direito alemão, o já referido incidente de Resolução de Demandas Repetitivas, que consiste na identificação de processos que contenham a mesma questão de direito, que estejam ainda no primeiro grau de jurisdição, para decisão conjunta.". A exposição de motivos do novo CPC pode ser encontrada em http://www.osconstitucionalistas.com.br/novo-codigo-de-processo-civil.

27. Exemplificativamente, CC 47.107/SC, Rel. Ministro Luiz Fux, Primeira Seção, julgado em 08/06/2005, DJ 01/08/2005, p. 303, e ainda CC 50.231/SC, Rel. Ministro Luiz Fux, Primeira Seção, julgado em 10.05.2006, DJ 29.05.2006 p. 144.

28. Vide nota 17, *supra*.

diversos conflitos de competência julgados pelo referido Tribunal Superior, com destaque para aquele relatado pelo Ministro Castro Meira, segundo quem, "*toda e qualquer causa que possa gerar resultados que gerem precedentes erga omnes devem ser evitados nos juizados, haja vista a natureza difusa da decisão, a merecer delongado processo de maturação de resultado judicial (...)*[29].".

Pois bem, partindo desse pressuposto, de que litígios coletivos ou multitudinários não podem ser julgados no âmbito dos juizados especiais, e resgatando a ideia destacada no primeiro capítulo deste artigo, de que o incidente de demandas repetitivas é técnica de processo coletivo, ou melhor, "*de que o novo Incidente de Resolução de Demandas Repetitivas está inserido no âmbito do Direito Processual Coletivo*",[30] é indene de dúvidas que não se pode admitir o julgamento de IRDR no âmbito dos juizados especiais.

Em sendo assim, e ratificando o que se disse, os princípios informadores dos juizados especiais deporiam contra, por exemplo, a ampliação do espectro participativo no incidente, além de existir óbices à bifurcação do julgamento em admissibilidade e mérito, entre outros. Mais do que isso, a despeito dos riscos denunciados no item anterior, um IRDR perante os juizados acabaria por tolher a própria seleção dos casos paradigmas para análise, impedindo a escolha daqueles com o maior leque de argumentos pró e contra, pois não poderia levar em consideração os casos discutidos nos tribunais, além de não ser possível eleger, como soa óbvio, as ações coletivas como as demandas paradigmas.[31]

Ante o exposto, não são apenas os riscos às garantias constitucionais que se busca proteger com o impedimento do julgamento do IRDR nos juizados especiais, é a própria lei dos juizados especiais federal e de fazenda pública que veda referida possibilidade, além do entendimento consolidado pela doutrina (enunciado do Fonaje) e pela jurisprudência dos Tribunais Superiores, que negam competência aos juizados para o julgamento de litígios coletivos ou multitudinários, de que é exemplo o incidente de resolução de demandas repetitivas.

---

29. CC 52.195/PR, Rel. Ministro Castro Meira, Primeira Seção, julgado em 14/02/2007, DJ 12/03/2007, p. 187.

30. MENDES, Aluisio Gonçalves de Castro. *Incidente de Resolução de Demandas Repetitivas*: (...). Op. cit., p. 4, bem como nota 6, *supra*.

31. Sobre o ponto, destaque-se o Enunciado n. 615, do Fórum Permanente de Processualistas Civis (FPPC), que assim assenta: "Na escolha dos casos paradigmas, devem ser preferidas, como representativas da controvérsia, demandas coletivas às individuais, observados os requisitos do art. 1.036, especialmente do respectivo § 6º. (Grupo: IRDR, Recursos Repetitivos e Assunção de competência).".

3. CONCLUSÃO

Pelo que se observou acima, o objetivo do artigo era apresentar alguns contrapontos à interpretação utilizada por parcela da doutrina para admitir o julgamento do incidente de resolução de demandas repetitivas na estrutura dos juizados especiais. Para isso, buscou-se sintonizar os objetivos do legislador com a previsão do IRDR, além de sua incidência para as causas em trâmite nos juizados, o que foi expressamente inserido no momento dos debates sobre o projeto do Código de Processo em vigor.

Estabelecidas as diretrizes, principalmente o fato de o novo incidente estar inserido no espectro de abrangência do Direito Processual Coletivo – também segundo parcela da doutrina –, o que se procurou demonstrar foi que, a despeito das deficiências enunciadas pelo Professor Aluisio Gonçalves de Castro Mendes quanto ao regime de unificação de entendimentos nos juizados especiais, e apesar de a admissão e o julgamento do IRDR no microssistema serem a solução dos problemas, observou-se que os riscos e os problemas advindos com esta admissão seriam verdadeiros ataques às próprias garantias que o incidente objetivou proteger e concretizar.

Indo além, e finalizando, verificou-se que, em razão da coletivização inerente ao incidente, cuja tese seria aplicável a todas as questões jurídicas idênticas, e tendo em vista que o microssistema dos juizados especiais, por zelar pela simplicidade e informalidade, não tem aptidão para julgar processos coletivos, conclui-se pela não adequação e pela falta de competência dos juizados especiais estaduais, federais e de fazenda pública para o julgamento, dentro de sua estrutura, do incidente de resolução de demandas repetitivas.

REFERÊNCIAS BIBLIOGRÁFICAS

CROSS, Rupert e HARRIS, J. W. *Precedent in english law*. Oxford: Clarendon Press, 2004.

CUNHA, Leonardo Carneiro da. Anotações sobre o incidente de resolução de demandas repetitivas previsto no projeto do novo código de processo civil. In *Revista de Processo*. São Paulo: Revista dos Tribunais, vol. 193/2011, p. 255 – 280, versão eletrônica.

__________. *Jurisdição e competência*. São Paulo: Ed. RT, 2008.

DIDIER, Fredie; CUNHA, Leonardo Carneiro da. *Curso de Direito Processual Civil* – Meios de Impugnação às Decisões Judiciais e Processo nos Tribunais – vol. III, 13ª. ed. Salvador: Juspodivm, 2015.

DIDIER JR. Fredie, ZANETI JR. Hermes. Ações coletivas e o incidente de julgamento de casos repetitivos - espécies de processo coletivo no direito brasileiro: aproximações e distinções. In *Revista de Processo*. São Paulo: Revista dos Tribunais, vol. 256/2016, p. 209 - 218, versão eletrônica.

GRECO, Leonardo. O princípio do contraditório. In: *Revista Dialética de Direito Processual*. Rio de Janeiro: Saraiva, n. 24, mar. 2005.

KOEHLER, Frederico Augusto Leopoldino. Os problemas e os desafios decorrentes da aplicação do incidente de resolução de demandas repetitivas nos juizados especiais. In *Juizados Especiais*. Coleção repercussões do Novo CPC. Coor. Fredie Didier Jr. *et ali*, Salvador: Juspodivm, 2015, p. 573-584.

MARINONI, Luiz Guilherme. *Precedentes Obrigatórios*. São Paulo, Ed. Revista dos Tribunais, 2010.

__________. *A ética dos precedentes:* justificativa do novo CPC. São Paulo: Revista dos Tribunais, 2014.

MENDES, Aluisio Gonçalves de Castro. *Incidente de Resolução de Demandas Repetitivas*: sistematização, análise e interpretação do novo instituto processual. Rio de Janeiro: Forense. 2017.

MENDES, Aluisio Gonçalves de Castro; ROMANO NETO, Odilon. Análise da relação entre o novo incidente de resolução de demandas repetitivas e o microssistema dos juizados especiais. In *Revista de Processo*. São Paulo: Revista dos Tribunais, vol. 245/2015, p. 275 - 309, versão eletrônica.

PELEJA JR., Antonio Veloso; OLIVEIRA, Humberto Santarosa de. O procedimento dos juizados especiais na perspectiva principiológica do Novo Código de Processo Civil: contraditório e motivação das decisões como alicerces do devido processo legal. In: *Juizados Especiais* - coleção Repercussões do novo CPC. Coordenadores REDONDO. Bruno Garcia *et ali*. Salvador: Juspodivm, out./2015.p. 65-81.

TALAMINI, Eduardo. Direitos individuais homogêneos e seu substrato coletivo: ação coletiva e os mecanismos previstos no código de processo civil de 2015. In *Revista de Processo*. São Paulo: Revista dos Tribunais, vol. 241/2015, p. 337 - 358, versão eletrônica.

TEMER, Sofia. *Incidente de Resolução de Demandas Repetitivas*. Salvador: Jus Podivm, 2016.

YOSHIKAWA, Eduardo Henrique de Oliveira. O incidente de resolução de demandas repetitivas no novo código de processo civil: comentários aos arts. 930 a 941 do PL 8.046/2010. In *Revista de Processo*. São Paulo: Revista dos Tribunais, vol. 206/2012, p. 243 - 270, versão eletrônica.

ZANETI JR. Hermes. Comentários aos arts. 926 a 928. In CABRAL, Antonio do Passo e CRAMER, Ronaldo. *Comentários ao Novo Código de Processo Civil*. Rio de Janeiro: Forense, 2015.

CAPÍTULO 12

O uso da prova emprestada como instrumento de efetivação de justiça nos Juizados Especiais Federais

Juliane Penteado Santana

1. INTRODUÇÃO

O Código de Processo Civil de 2016 traz uma importante inovação no campo dos meios de provas típicos e admitidos no ordenamento jurídico: a prova emprestada.

Muito embora já existisse no ordenamento processual civil antigo, na nova seara processual, a prova emprestada ganha requisitos que o definem mais claramente, vinculando o julgador para sua amplitude cognitiva, contudo funciona como importante meio de prova, que, em sendo utilizado, elimina a morosidade processual, em alguns casos, além de dar efetividade na aplicação da justiça do caso concreto.

Assim, o artigo 372 do novel CPC assim definiu: "O juiz poderá admitir a utilização de prova produzida em outro processo atribuindo-lhe o valor que considerar adequado, observado o contraditório."

Basicamente, o Novo Código, condiciona a prova emprestada ao princípio do contraditório, de modo que as partes devem ser ouvidas sobre a utilização da prova advinda de outro processo.

No presente trabalho, abordaremos especificamente a prova pericial, necessariamente utilizada para a prova da incapacidade em ações acidentárias, de competência da Justiça Estadual, e de concessão de benefícios por incapacidade, sendo esta última no âmbito dos juizados especiais federais, demonstrando os casos em que o uso da extensão da prova no primeiro caso, minimizaria o processo no segundo.

2. A PROVA EMPRESTADA E SUA EVOLUÇÃO PROCESSUAL

Prova emprestada é aquela que foi produzida em outro processo e é transferida para outro, a fim de produzir neste os efeitos de onde não é originária.

Assim leciona Fredie Didier Jr: "Prova emprestada é a prova de um fato, produzida em um processo, seja por documentos, testemunhas, confissão, depoimento pessoal ou exame pericial, que é trasladada para outro processo, por meio de certidão extraída daquele". [1]

Neste sentido Câmara: "A prova emprestada consiste no transporte de produção probatória de um processo para outro. É o aproveitamento da atividade probatória anteriormente desenvolvida, através do traslado dos documentos que a documentaram".[2]

É entendida como o material probatório produzido em um processo e conduzido a outro, situação esta que gerava infindáveis discussões no âmbito jurídico, eis que, segundo alguns doutrinadores, a utilização vulneraria os princípios do contraditório, devido processo legal, bem como feriria os princípios do juiz natural, da oralidade e imediação.

O Código Processual Civil de 1973, não incluindo a prova emprestada como um dos meios de prova deu ensejo a uma construção doutrinária e jurisprudencial no sentido de serem criados alguns requisitos para a sua aceitação: a) identidade de partes. B) identidade de objeto da lide; c) observância do contraditório na colheita da prova; e d) licitude da prova produzida.

Assim, é o entendimento de Camargo Aranha[6]:

> O princípio constitucional do contraditório (*audiatur et altera pars*) exige que a prova somente tenha valia se produzida diante de quem suportará seus efeitos, com a possibilidade de contrariá-la por todos os meios admissíveis. Daí porque a prova emprestada somente poderá surtir efeitos se originariamente colhida em

---

1. DIDIER JR., Fredie. Curso de Direito Processual Civil: Teoria geral do processo e processo de conhecimento. 6. ed. Salvador: JusPodivm, 2006, p.523.
2. CAMARA, Alexandre Freitas. Doenças Preexistentes e o ônus da prova: o problema da prova diabólica e uma possível solução. Revista Dialética de Direito Processual. São Paulo: Dialética, 2005, n. 31, p. 11.

> processo entre as mesmas partes ou no qual figura como parte quem por ela será atingido. Em hipótese algum, por violar o princípio constitucional do contraditório, gerará efeitos contra quem não tenha figurado com um a das partes no processo originário.[3]

Na mesma esteira de posição os julgados a seguir colacionados:

> "Vale, porém, a prova emprestada **'colhida em regular contraditório, com a participação da parte contra quem deve operar'** (JTA 111/360) ou **entre as mesmas partes e a propósito do tema sobre o qual houve contrariedade**. (RT 614/69, bem fundamentado, 719/166, JTA 106/207, RJTAMG 29/224)" grifou-se.

> "direito processual civil. prova emprestada. produção das provas. A prova emprestada, para que seja considerada, deve ter sido submetida, nos autos de origem, ao inarredável princípio do contraditório." (APC 32979/94, Reg. do Ac. 72731, 3ª Turma Cível, Relª Desª Nancy Andrigui, DJU 28/09/1994, pág. 11.881)

A Corte Superior de Justiça também vinha se posicionando, a respeito deste tema, como se vê em parte do seguinte aresto: "A doutrina e a jurisprudência se posicionam de forma favorável à prova emprestada, não havendo que suscitar qualquer nulidade (...). Constatado o exercício do contraditório e da ampla defesa" (STJ, Terceira Turma, MS 9850/DF, Rel. Min. José Arnaldo da Fonseca, DJ 09/05/2005).

Nesse sentido, todos os argumentos direcionavam para que a prova emprestada fosse admitida desde que tivesse o contraditório preservado, bem como que houvesse a identidade de partes e do objeto da lide, não obstante, a subjetividade na apreciação deste elemento probatório ficava a critério do julgador, dando-lhe a carga valorativa compatível com o caso concreto.

Já com o Novo CPC, a prova emprestada passou a ser considerada prova típica, possuindo previsão legal no artigo 372, que ensina que *o juiz poderá admitir a utilização de prova produzida em outro processo, atribuindo-lhe o valor que considerar adequado, observado o contraditório.*

Nota-se que o NCPC inclui apenas o requisito do contraditório para a utilização da prova emprestada em outro processo, contudo deixa a questão da valoração a critério do juiz, conforme o caso.

O dispositivo recente, nada mais fez, do que manter a linha de entendimento que vinha sendo construída pela doutrina e jurisprudência anterior,

---

3. ARANHA, Adalberto José Camargo. Da Prova no Processo Penal, São Paulo, Saraiva, 2ª ed., 1987, p. 189-190.

mas fornece importante condução na argumentação jurídica dos operadores do direito, sejam os procuradores das partes, sejam os julgadores.

Isso porque, quando o artigo 372 passa a exigir o contraditório, há que se entender na amplitude deste princípio, que se deve ater a ambas as partes, ou seja, a que pediu o uso da prova, assim como a que se opõe ao uso dela.

Os argumentos devem ser sempre no sentido de dar eficácia à aplicação da justiça no caso concreto, e especialmente, a celeridade e economia processuais.

A questão da identidade de partes não restou tipificada no artigo 372 do NCPC. A própria Corte Especial do Superior Tribunal de Justiça (STJ) já havia se posicionado:

> "(...) Em vista das reconhecidas vantagens da prova emprestada no processo civil, é recomendável que essa seja utilizada sempre que possível, desde que se mantenha hígida a garantia do contraditório. No entanto, a prova emprestada não pode se restringir a processos em que figurem partes idênticas, sob pena de se reduzir excessivamente sua aplicabilidade, sem justificativa razoável para tanto. Independentemente de haver identidade de partes, o contraditório é o requisito primordial para o aproveitamento da prova emprestada, de maneira que, assegurado às partes o contraditório sobre a prova, isto é, o direito de se insurgir contra a prova e de refutá-la adequadamente, afigura-se válido o empréstimo (...). (EREsp 617.428/SP, Rel. Ministra NANCY ANDRIGHI, CORTE ESPECIAL, julgado em 04/06/2014, DJe 17/06/2014)".

Já na vigência do artigo 372 do NCPC, o Superior Tribunal de Justiça editou o enunciado da Súmula de número 591, que diz o seguinte: "É permitida a "prova emprestada" no processo administrativo disciplinar, desde que devidamente autorizada pelo juízo competente e respeitados o contraditório e a ampla defesa."

Resta claro que o Superior Tribunal de Justiça permanece entendendo que, observado o contraditório no processo de destino da prova trasladada, não é imprescindível que haja identidade de partes entre ele e a demanda de origem da prova emprestada.

Dessa forma, verifica-se que com o Novo Código houve um avanço, uma positivação da possibilidade de se admitir a prova emprestada, dando amplitude na produção das provas, desde que o contraditório seja observado, também de forma ampla, a fim de que a efetividade do direito e da justiça sejam preservados.

2.1. Os princípios processuais relacionados à admissão da prova emprestada e sua correlação com o juizado especial federal

Além do princípio do contraditório que está expressamente descrito no artigo 372 do Código de Processo Civil, há que se debater acerca dos princípios da economia processual e celeridade, uma vez que estes implicam no argumento primordial na defesa da utilização da referida prova emprestada que se deseja ser incluída na instrução processual de outro processo.

O princípio da cooperação do juiz também figura aqui como um importante pressuposto para a validação da carga valorativa da prova, pois esta definição restou subjetiva no Novo Código de Processo Civil, deixando ao arbítrio do julgador.

2.1.1. Princípio do Contraditório

O princípio do contraditório é, antes de mais nada, comando constitucional que prima pela harmonia na comunicação das partes junto ao juiz, a fim de que haja perfeita disposição de argumentos, levando o julgador, ao fim, a o convencimento com motivações pertinentes ao caso concreto dos autos.

Muito antes do Novo Código de Processo Civil incluir o princípio do contraditório como requisito da prova emprestada, a jurisprudência já vinha assinalando este impositivo como forma de conduzir a produção das provas dentro do processo civil em geral.

Entende-se que a observância do princípio do contraditório nas duas esferas, tanto no processo de origem como no processo de destino, é importante para que a prova emprestada seja admitida no Direito Processual Civil pátrio; a fim de se respeitar o direito ao devido processo legal.

Neste sentido já se posicionou o Supremo Tribunal Federal, tendo-se rejeitado o uso da prova emprestada, quando o importante princípio do contraditório não foi observado:

> "A prova emprestada utilizada sem o devido contraditório, encartada nos acórdãos que deram origem à condenação do extraditando na Itália, no afã de agravar a sua situação jurídica, é vedada pelo art. 5º, LV e LVI, da Constituição, na medida em que, além de estar a matéria abrangida pela preclusão, isto importaria verdadeira utilização de prova emprestada sem a observância do contraditório, traduzindo-se em prova ilícita". (STF, Rcl n. 11243, Rel. Min. Gilmar Mendes, 08.06.2011, Tribunal Pleno).

O Superior Tribunal de Justiça também já prestigiou o posicionamento acima, enfatizando a importância do respeito ao princípio do contraditório no uso da prova emprestada:

> "Laudo pericial realizado em outro processo e anexado por cópia na fase recursal constitui prova emprestada, qualificada como prova ilícita, porque produzida com inobservância dos princípios do contraditório e do devido processo legal, não se prestando para embasar sentença de pronúncia". (STJ, HC n. 14216/ RS, Rel. Min. Vicente Leal, 16.10.2001, Sexta Turma).

Sendo assim, a preservação do contraditório, entre as partes, garante não somente a liberdade de argumentação expositiva, mas, essencialmente, a igualdade de direitos nessa exposição, para que o devido processo legal siga seu curso de forma harmônica, equânime, preservando a justiça nas decisões.

O Novo Código de Processo Civil, em seu artigo 372, portanto, seguiu a linha de orientação que já vinha sendo consolidada, nada mais fazendo, do que tipificar o requisito, direcionando as partes e o julgador, nessa exigência normativa.

2.1.2. Princípios da Celeridade e Economia Processual

Os princípios da celeridade e economia processual, muito embora estejam relacionados mais especificamente aos Juizados Especiais, não devem ser a estes exclusivos, principalmente com o comando constitucional da 'razoável duração do processo'

Isso porque tais princípios estão diretamente ligados para que o processo não seja mantido pela morosidade que permeia o Judiciário brasileiro, cujas causas incluem não só a falta de mão-de-obra humana suficiente, não facilitação de concursos públicos, mas ainda, a deficiência de aparato material físico e estrutural, entre tantos outros problemas atuais.

Referidos princípios, portanto, devem nortear o julgador para que o encaminhamento do processo atenda a congruência do contraditório e da ampla defesa, mas também dos princípios da celeridade e economia processual.

Mas essa conduta também deve ser observada pelas partes, conforme afirmado pelo ilustre professor José Antônio Savaris:

> "Deve-se abandonar a prática de sucessivas manifestações e impugnações das partes, sobretudo quando é dado ao magistrado decidir o melhor caminho processual a percorrer. Também não

> se pode admitir sejam produzidas provas desnecessárias, impertinentes ou protelatórias (Lei 9.099/95), art. 32 porque em nada contribuirão para o resultado da demanda, apenas retardando o andamento do feito." [4]

Os princípios da celeridade e economia processual encaminham o entendimento para uma rápida solução do litígio, o que não significa que essa agilidade deva ser ao ponto de interferir em uma boa avaliação do caso concreto, com a observância de todo o contexto fático e probatório que o juiz deve se pautar. A justiça pode ser rápida, mas não deve ser instantânea, sob pena de se cometerem injustiças processuais.

2.1.3. Princípio da Cooperação

O que antes também era implícito nas normas processuais, o princípio da cooperação foi inserido no Novo Código de Processo Civil em seu artigo 6º, que diz que *todos os sujeitos do processo devem cooperar entre si para que se obtenha, em tempo razoável, decisão de mérito justa e efetiva.*

O princípio da cooperação garante dentro do processo o ativismo judiciário, dando às partes e ao juiz um papel mais ativo na participação processual. O juiz deixa de ser um mero fiscal de normas, para atuar como um dos protagonistas da relação processual, a fim de garantir maior eficácia na resolução dos conflitos.

Nesse sentido, já assinalava Freddie Didier Jr

> Atualmente, prestigia-se no Direito estrangeiro mais precisamente na Alemanha, França e em Portugal e, já com algumas repercussões na doutrina brasileira o chamado princípio da cooperação, que orienta o magistrado a tomar uma posição de agente colaborador do processo, de participante ativo do contraditório e não mais a de um mero fiscal de regras.[5]

Essa participação efetiva do juiz não fere sua isonomia, pois na cooperação atuante, os deveres são concernentes a todos os agentes do processo, sendo estes os protagonistas. O que ocorreu foi a modificação da figura ultrapassada do juiz como um mero observador para uma figura que se torna manifestante e colaborador imediato para uma célere e razoável duração do processo, sem que se perca a eficácia de suas decisões.

---

4. Manuel dos Recursos nos Juizados Especiais Federais, 4ª edição - revista e atualizada, Ed. Juruá, 2013, p. 60

5. JUNIOR, Fredie Didier. Revista de Processo. 2006. P. 76

Na verdade o ativismo judicial entrelaçado com a cooperação processual alinha as partes e aproxima o julgador delas, promovendo um intercâmbio mais eficaz e efetivo ao delinear probatório e à garantia do contraditório e da ampla defesa.

Falando de proteção social, muito evidente, quando tratamos de benefícios relacionados com incapacidade, onde a vulnerabilidade assola a vida do cidadão em busca de um direito, o princípio da cooperação garante que o juiz possa atuar com maior aparato para uma visão abrangente do caso concreto que se opera um julgamento.

Portanto, se unido aos princípios do contraditório, celeridade e economia processual, o princípio da cooperação possibilita ao juiz que aplique com maior exatidão a ampliação e/ou a redução de provas, a fim de dar ao processo um resultado mais eficaz às partes, situação esta perfeitamente aplicável ao uso da prova emprestada oriunda de outros processos ou foros, objeto do nosso trabalho.

3. AS AÇÕES ACIDENTÁRIAS E DE BENEFÍCIOS POR INCAPACIDADE – QUESTÕES DE COMPETÊNCIA E SUA PROBLEMÁTICA

As ações de concessão de benefícios por incapacidade possuem duas naturezas: a previdenciária e a acidentária, sendo a diferença basilar que a última tem relação com acidente de trabalho ou de qualquer natureza (acidente de trânsito, por exemplo).

De fato, o resultado ao segurado é a busca da efetivação de seu benefício, uma vez que este tenha sido negado na via administrativa, por ocasião de inúmeras circunstâncias que não são nosso objeto de análise neste trabalho, mas que estão diretamente ligadas com a questão da prova pericial que conclui pela incapacidade ou não para o trabalho.

Nesse teor de esclarecimento, importante que a competência seja observada desde o início pelo procurador da causa, uma vez que as ações previdenciárias são de competência da Justiça Federal, por determinação do art. 109, I da Constituição Federal.

Dessa forma, as ações que visem a concessão de benefícios previdenciários, cuja origem não esteja ligada a acidente do trabalho ou equiparada, ações revisionais e ações que objetivam a comprovação de tempo de serviço devem ser propostas perante a Justiça Federal.

Não obstante, a Lei 10.259/2001 criou a figura do Juizado Especial Federal, com aplicação subsidiária da Lei 9.099/95 e do Código de Processo Civil, naquilo que não forem incompatíveis.

Também, por definição legal, a competência do Juizado Especial Federal é absoluta, no foro onde estiver instalada, estabelecendo um teto de alçada no equivalente a 60 (sessenta) salários mínimos (artigo 3º, parágrafo 3º da Lei 10.259/2001).

Já as ações de concessão de benefícios por incapacidade que tiverem relação com acidente de trabalho ou doença profissional equiparada, de acordo com os artigos 19 e 20 da Lei 8213/91, devem ser direcionados para uma vara da Justiça Estadual, também por definição normativa, em face da competência residual definida pela Constituição Federal (art. 109,I)

O Superior Tribunal de Justiça pacificou o entendimento da matéria editando a Súmula de número 15, a saber: *Compete à Justiça Estadual processar e julgar os litígios decorrentes de acidente do trabalho.*

Pois bem. Definidas as questões de competência, necessário explanar as questões que envolvem a definição da competência pela parte quando da busca pelo direito ao seu benefício.

Podemos dividir em duas situações distintas: 1- quando a parte possui CAT (comunicação de acidente de trabalho) que evidencia o típico acidente de trabalho; 2- quando a parte não possui a referida CAT, mas toda a indicação de sua patologia, orientada por atestados e laudos de exame, levam a crer ser a incapacidade oriunda de uma doença profissional, que é equiparada a acidente de trabalho.

No primeiro caso, estando evidenciado o acidente de trabalho típico, não há dúvidas quanto ao foro competente, devendo ser distribuída a ação perante a Justiça Estadual, conforme já esclarecido acima.

Já no segundo caso, é muito comum que a parte possuindo uma patologia que lhe desencadeie incapacidade, sendo relacionada com as doenças profissionais ou do trabalho, as quais são reconhecidas como acidente do trabalho, mas que o empregador não a reconhece e, portanto, não cumpre a comunicação de acidente de trabalho – CAT.

Nesse teor, a parte busca o serviço de um profissional do direito – advogado público ou privado – o qual precisa avaliar o nexo de causalidade da incapacidade com o trabalho, a fim de definir o foro competente para tanto.

Ocorre que, em muitos casos, essa definição por ser precária, não é raro acontecer de persuadir o profissional a ingressar com a demanda na Justiça Estadual, que detém a competência absoluta para as ações acidentárias.

Essa situação acaba por incorrer em um problema, quando ocorre que na ação acidentária, em sendo realizada a perícia médica judicial, importante meio de prova para a comprovação da incapacidade, há a não constatação de nexo de causalidade com o trabalho, entendendo o perito que a doença é degenerativa, muito embora reconheça a incapacidade do segurado.

Neste norte, o juiz da ação extingue o feito sem resolução de mérito, pela natural e absoluta incompetência do juízo, exatamente no momento em que o processo encontra-se plenamente instruído para uma cognição aprofundada e em fase de prolação de sentença.

Essa situação processual, muito embora seja técnica e adequada com o rito, poderia ser melhor resolvida, caso o juiz estadual, evidenciando a conclusão do laudo pericial que indica a ausência da relação de causalidade com o trabalho, declinasse de sua competência e encaminhasse os autos para uma vara federal ou juizado especial federal, este pela competência absoluta em razão do valor da causa., como está expresso no artigo 64, parágrafo § 3°, do Novo Código de Processo Civil.

Mas o fato é que ainda se observam, na prática, decisões em que há a sentença de extinção do feito, sem a remessa dos autos ao juízo federal, de modo que cabe a parte a redistribuição no foro competente, o que, quase sempre, será no Juizado Especial Federal, em razão do valor da causa.

Em ocorrendo esta redistribuição, o fato é que a demanda já está com toda a fase instrutória pronta para um julgamento, pois a questão da prova pericial que concluiu pela incapacidade está evidente e finalizada.

Outrossim, as partes são as mesmas, sendo o réu o INSS, que mantem a condição de parte legítima, independente do fato de ser ou não considerado o acidente do trabalho, uma vez que para a concessão do benefício não há diferença, havendo apenas relevância nas consequências de suspensão do contrato de trabalho, estabilidade no emprego e isenção carência como requisito.

Dessa forma, é certo que o mais adequado seria a conclusão dos autos para a prolação de sentença, ainda mais se tratando de um benefício de caráter eminentemente alimentar. Porém, a ritualística processual leva à designação de nova perícia, por considerar a prova pericial realizada nos autos originário, uma prova emprestada que depende de uma "aceitação" da parte contrária.

Nem há que se falar em inocorrência da observância ao contraditório, pois sendo as partes as mesmas, a manifestação já foi, em regra, realizada nos autos de origem, pois feita a perícia, o juiz abre prazo para a oitiva das partes quando a chegada do laudo pericial.

Neste ponto pondera-se que, no processo do juízo federal, cabe a este desfazer-se da rigidez processual e utilizar-se dos princípios norteadores da celeridade, economia processual e cooperação, para declarar desnecessária a realização de nova perícia, a fim de que o processo atenda a sua prerrogativa de efetividade para a consagração de uma proteção social que é a concessão de um benefício previdenciário, quando este preenche seus requisitos.

4. A PROVA EMPRESTADA E SUA EFETIVAÇÃO DE JUSTIÇA NOS JEF's NAS AÇÕES DE CONCESSÃO DE BENEFÍCIOS POR INCAPACIDADE

A rigidez processual e o engessamento dos ritos ainda existente em alguns julgadores acaba por dissipar oportunidades importantes de preservação de direitos e aplicação dos princípios que delineamos ao longo deste trabalho, a saber: celeridade e economia processual e de cooperação, e ainda o próprio contraditório.

Dando sequência ao raciocínio já delineado, a prova realizada em um processo e utilizada como meio de prova em outro (emprestada), se utilizada com observância ao contraditório, carrega em seu bojo forte instrumento de efetividade da justiça e aplicação do direito para atender ao chamado mais urgente da parte que é a celeridade processual, primando por uma duração razoável do processo.

A exigência de realização de perícia médica pericial, nos casos em que processos advindos de foros estaduais, onde restou comprovada a incompetência do juízo, e os autos foram remetidos, ou redistribuídos para um juizado especial federal não condiz com a garantia de efetividade da aplicação da justiça que possui clara correlação com um processo que possui uma duração razoável.

Um caso como este, há que se observar que a parte já está aguardando um resultado há algum tempo, possivelmente cerca de 2 (dois) anos, dependendo da região, e que anseia por uma definição para uma vida digna e em paz, já que a espera por um resolução processual causa angústia e ansiedade na grande maioria da população.

Com esse sentimento, nos diz o professor André Luiz Moro Bittencourt:

> Em atendimento a essa história de vida, laborativa e de saúde do trabalhador, e em homenagem à razoável duração do processo, ao aproveitamento das formas, da instrumentalidade, e por que não, do devido processo legal, nos casos em que a parte na inicial ou na contestação já trouxer elementos irrefutáveis em determinado sentido, contudo, não há motivos para realizar um gasto desnecessário com o pagamento da perícia, sem se falar no tempo em que o processo aguardará a realização de perícia desnecessária.[6]

Por esta razão, não é admissível entender que uma instrução probatória deva seguir um curso ritualístico, apenas para atender o ritmo processual. O intuito das provas deve ser o de garantir um instrumento cognitivo ao julgador para definir a lide em seus anseios.

A prova emprestada, portanto, quando vinda de uma ação acidentária para ser utilizada em uma ação previdenciária, onde o laudo pericial constata a incapacidade, delineando a lide nos pontos controvertidos, deve ser, neste ponto de vista, usada como meio inexorável de celeridade e economia processual. Portanto, nesta mesma linha de raciocínio, uma nova prova pericial nos autos do juizado especial federal, resta como uma prova inócua e desnecessária, causando tão-somente, tumulto processual e morosidade.

Ainda neste entendimento o professor Bittencourt faz esse diagnóstico :

> Não se defende aqui que o processo deva existir para que se busque uma verdade utópica. A realidade mostra muitas vezes a dificuldade de realização de determinada prova ou o surgimento efetivo da verdade real. O que se defende é a investigação efetiva daquilo que deve ser buscado para reconstruir os fatos e trazer ao jurisdicionado o seu direito, ou aquilo que mais se aproxime com o direito que se inseriu ao patrimônio jurídico da parte.
>
> De nada adianta assegurar o acesso amplo ao judiciário, politica representada na criação dos Juizados Especiais em que a parte pode ir diretamente buscar o seu direito sem a intermediação de advogado e independente de pagamento de taxas e custas, se o processo ali materializado for utilizado como barreira e não instrumento para efetivação dos direitos sociais buscados.[7]

6. Manual dos Benefícios por Incapacidade Laboral e Deficiência, Editora Alteridade, 2016. p. 366
7. Manual dos Benefícios por Incapacidade Laboral e Deficiência, Editora Alteridade, 2016, p. 314-315.

Pois bem! É neste aspecto que surge a questão a ser tratada neste trabalho: havendo nos autos prova pericial já realizada no processo anterior (vara estadual) que foi encaminhado para outro juízo (JEF) na casuística acima demonstrada, é necessária realização de nova perícia judicial apenas para garantir o rito processual do Juizado Especial Federal, que após a distribuição já faz o agendamento da data de comparecimento do autor, como praxe?

Nota-se que esta conduta rotineira atua frontalmente com os princípios delineados da celeridade processual e esbarra na possibilidade de duração razoável do processo, pois inclui no bojo do processo prova desnecessária que tão-somente viria a para fazer "o mais do mesmo", buscando provar uma incapacidade que já foi evidenciada no laudo pericial utilizado como prova emprestada.

A pergunta que fica ainda é: haveria necessidade da aplicação do contraditório em um caso como este?

Na verdade, não! Isso porque estamos falando de casos em que as partes são as mesmas nos dois processos (segurado X INSS), sendo certo dizer que no processo antecedente, após a vinda do laudo pericial, o juiz abre prazo para que as partes se manifestem, e eventualmente, promovam suas respectivas impugnações.

O contraditório no caso da prova emprestada já sendo utilizada em processo previdenciário no Juizado Especial Federal somente será necessário quando não houver sido realizado no processo anterior.

O princípio da cooperação também deve ser exaltado aqui neste aspecto, tendo o juiz condições de avaliar a extensão da prova emprestada, uma vez que já amparada pelo contraditório e em observância a economia processual.

Uma nova perícia demanda designação de perito e custos para o Poder Público, além da demora entre designação, realização, juntada do laudo, nova manifestação das partes, e por fim, a decisão judicial.

Sendo assim, vislumbra-se que, havendo a prova pericial emprestada em perfeitas condições de ser aplicada, e quando o laudo está em consonância com os questionamentos necessários para uma compreensão do direito alegado, não há motivos para a realização de uma nova perícia, que irá apenas postergar uma decisão que facilmente poderia ser definida de forma imediata.

E por fim, vislumbra-se que a prova emprestada, nos casos esposados, conduz fortemente a uma efetiva aplicação da justiça, quando bem utilizada, por se tornar a principal protagonista de integração das provas para o poder de decisão do juiz, avançando o processo para um deslinde adequado com uma razoável duração do processo.

5. CONSIDERAÇÕES FINAIS

De todo o contexto, o Novo Código de Processo Civil acertou em incluir a prova emprestada como um meio de prova típica e ao delinear os seus contornos para uma aplicação correta do devido processo legal.

A instrução probatória para a concessão de um benefício por incapacidade gira, quase sempre, em torno de uma prova pericial, que em sendo esta aplicável como prova emprestada deve ser admitida, em outro processo, sem a necessidade de uma nova perícia, a não ser que seja em caráter complementar.

Os princípios que norteiam os Juizados Especiais, especialmente da celeridade e economia processual são os elementos que dão guarida a admissão da prova emprestada para a efetividade da justiça dentro das decisões de sua lavra.

Não se discute a importância do contraditório, contudo não necessita este ato ser repetido no processo em que se recebe a prova emprestada, quando já realizado, por implicar em redundância e consequente inadequação dos outros princípios de celeridade e cooperação para uma razoável duração do processo.

A problemática que envolve os casos de competência dos benefícios por incapacidade, quando acidentários ou previdenciários dão ênfase a consequências que podem atrelar o processo e sua resolução, de modo que afronte a garantia de efetividade do uso da máquina judiciária pela parte.

Vale ressaltar que a parte que busca a justiça para a concessão de um benefício dessa conjectura está envolvida por tamanha vulnerabilidade que atinge não somente o quesito econômico, como também o social, pois impedida de trabalhar por conta de limitações, também sofre a recusa por parte do ente autárquico, o INSS.

Por essa situação é que toda a qualquer possibilidade de resolver o conflito permeado de forma justa, equânime e célere, atenderá com maior profundidade os anseios da parte- segurado.

Neste norte, deve o julgador, assim como as partes atuarem com dever de cooperação mútua para que não haja caminhos protelatórios que dificultem a decisão final, esta longe de ter que ser imediata, também deve ser eficaz no sentido do tempo e de sua aplicação, já que não raro, a parte se encontra com saúde debilitada e nem sempre terá possiblidade de espera de um resultado.

Todos os mecanismos, portanto, devem se voltar para uma ideal aplicação da justiça, garantindo a proteção social almejada com o manuseio da ação para concessão de um benefício por incapacidade.

Os Juizados Especiais, muito embora tenham sido criados para causas de menor complexidade, no âmbito da Justiça Federal admite-se a prova pericial, mantendo-se a limitação pelo valor da alçada. Ocorre que a maioria dos casos são levados ao JEF, uma vez que grande percentual da população é detentora de contribuições com base no salário mínimo, o que repercute em seus benefícios.

Sendo assim, os JEF´s se encontram abarrotados de processos, sem merecer ainda uma estrutura de pessoal mais ampliada para o atendimento das demandas que só vem a crescer, em especial para os casos de incapacidade.

Por isso, quando a prova emprestada tem os fatores indispensáveis para sua aplicação, servirá sempre com fator desencadeante para uma finalização da fase instrutória, dando possibilidade de uma boa aplicação da justiça, no sentido da celeridade e economia processual.

6. REFERÊNCIAS

ARANHA, Adalberto José Camargo. *Da Prova no Processo Penal*, São Paulo, Saraiva, 2ª ed., 1987.

BITTENCOURT, André Luiz Moro. *Manual dos Benefícios por Incapacidade Laboral e Deficiência*, Editora Alteridade, 2016.

CASTRO, Carlos Alberto Pereira de, e LAZZARI, João Batista. *Manual de Direito Previdenciário*, Editora Forense, 20ª edição revista, atualizada e ampliada. 2017

DIDIER JR., Fredie. *Curso de Direito Processual Civil: Teoria geral do processo e processo de conhecimento*. 6. ed. Salvador: JusPodivm, 2006.

DINAMARCO, Cândido Rangel. *Instituições de Direito Processual Civil*. São Paulo: Malheiros, 2004, v. 4.

GRINOVER, Ada Pellegrini. *O Processo em Evolução. São Paulo: Forense Universitária, 1996.*

JÚNIOR, Humberto Theodoro. *Curso de Direito Processual Civil.* vol. I. 47 ed. Rio de Janeiro: Forense, 2007. p. 481.

SANTOS, Moacyr Amaral. *Prova Judiciária no Cível e Comercial.* 2 ed. São Paulo: Max Limonad, 1952. p. 293.

SAVARIS, José Antonio. *Direito Processual Previdenciário,* 7ª edição revista e atualizada. Editora Alteridade. 2018

CAPÍTULO 13

Execução nos Juizados Especiais da Fazenda Pública e o Novo CPC/2015: aplicação prática e integrada das normas

Karina Veloso Gangana Tanure

I. INTRODUÇÃO E SINCRETISMO PROCESSUAL

A Lei nº 9.099/95 acolheu para o sistema dos Juizados Especiais tanto as execuções de título judiciais (artigo 52), quanto as execuções de títulos executivos judiciais (artigo 53).

Relembre-se que o processo sincrético, que une os processos de conhecimento, cautelar e executivo em únicos autos, em nome do princípio da celeridade processual, foi adotado no sistema processualista comum após as reformas do CPC de 1973, pela Lei 11.232/2005. Antes disso, porém, teve como uma de suas materializações iniciais no Direito Processual Civil Brasileiro a fase de execução da sentença prevista pelo artigo 52, IV da Lei nº 9.099/95. A Lei dos Juizados Especiais Cíveis (Lei nº 9.900/95) dispensou nova citação ao devedor já condenado por sentença transitada em julgado, deixando de exigir a inauguração de novo processo executivo, em autos apartados, quando solicitada a execução do título executivo judicial pelo credor.

A processualística sincrética, em um primeiro momento, permaneceu restrita aos Juizados Especiais Cíveis estaduais.

Alguns anos depois, houve alterações no artigo 475 e seguintes do antigo CPC/1973 então vigente, introduzidas pela Lei nº 11.232/2005, que previu a fase de cumprimento de sentença para os processos em trâmite pelo rito ordinário da Justiça Comuns, com ressalvas, já que não abarcou as execuções em face da Fazenda Pública e as Execuções de Alimentos.

Relativamente às ações em face das Fazendas Públicas, pouco antes das primeiras alterações no CPC/73 acima mencionadas, foi prevista a fase de execução de sentença, em sistema sincrético, também para os Juizados Especiais Federais, tal como se extrai da leitura do artigo 16 da Lei nº 10.259/2001.

Na mesma linha, a Lei nº 12.153/2009, que instituiu os Juizados Especiais da Fazenda Pública no âmbito do Poder Judiciário Estadual, introduziu em sua seara fazendária de abrangência o sincretismo processual, viabilizando que as execuções contra as Fazendas Pública Estaduais, do Distrito Federal e Municipais tramitassem nos mesmos autos do processo de conhecimento, como se pode concluir de leitura dos artigos 12 e 13 da referida lei.

Todavia, somente agora, com o novo CPC do ano de 2015, as causas em rito comum ordinário em face da Fazenda Pública foram, enfim, contempladas pelo o sincretismo processual. Na atual normatização do Código de Processo Civil de 2015 houve a extensão completa da unificação de autos para as fases de conhecimento, cautelar e de cumprimento da sentença fazendária e de execuções de alimentos já sentenciados (vide artigos 294 e ss e 513 e ss do CPC/2015).

Observe-se, de análise atenta das leis que corroboraram o sincretismo processual entre as fases cognitivas e as fases executivas dos processos cíveis judiciais, que não houve modificação na Lei nº 9.099/95 a respeito do procedimento executivo, ainda hoje denominado de fase de execução de sentença e não de cumprimento de sentença, embora nos mesmos autos, assim como os embargos à execução, cuja nomenclatura não foi alterada para impugnação ao cumprimento da sentença.

Trata-se de uma particularidade para os processos em trâmite perante o rito sumaríssimo do sistema dos Juizados Especiais, a facilitar o desenrolar do processo e evitar entraves jurídicos e doutrinários desnecessários, incompatíveis com os critérios previstos no artigo 2º da Lei 9.099/95, tais como celeridade, economia processual, simplicidade, informalidade, principalmente quando se analisa sob o prisma dos embargos à execução e recursos, o que será visto com mais vagar adiante.

II. LEGISLAÇÃO INTEGRADA APLICÁVEL ÀS EXECUÇÕES PERANTE OS JUIZADOS ESPECIAIS DA FAZENDA PÚBLICA

Importante observar haver na Lei nº 12.153/2009 apenas três artigos disciplinando as execuções perante os Juizados Especiais da Fazenda Pública, sendo eles os artigos 1º, 12 e 13.

Estas poucas disposições legislativa fizeram abrir um leque de questionamentos, que levaram a interpretações não menos diversificadas, notadamente sobre cabimento ou não das execuções judiciais e extrajudiciais, suas formas, ritos e embargos do devedor perante os Juizados Especiais fazendários.

Os artigos 12 e 13 da Lei nº 12.153/2009 apenas informam que o cumprimento da sentença de obrigação de fazer, não fazer ou entregar coisa certa será feito mediante expedição de ofício à autoridade citada para a causa (artigo 12) e, para a execução das sentenças de obrigação de pagar quantia certa, via expedição de mandado requisitório de pequeno valor – RPV ou por meio de precatório (artigo 13), mencionando ainda os parágrafos deste último artigo, algumas regras sobre limites e pagamentos.

Assim, percebe-se a necessidade de complementação legislativa, para fins de se definir qual seria a ritualística das execuções perante os Juizados Especiais Fazendários.

Buscaremos as soluções jurídicas, diante do silêncio da Lei especial nº 12.153/2009, na Lei nº 9.099/95, que é a norma especial, mas de regras gerais para todo o sistema dos Juizados Especiais.

Conjugar-se-ão, portanto, os artigos 1º c/c 12, ambos da Lei 12.153/2009 com o artigo 52 da Lei nº 9.099/95 e o CPC, no que couber, para as fases de execução de títulos judiciais. Para as ações executivas, a integração se fará entre os artigos 1º c/c 13, ambos da Lei 12.153/2009 com o artigo 53 da Lei nº 9.099/95 e o CPC, no que não conflitar.

Neste ponto, necessário ressaltar o equívoco do legislador ao colocar no artigo 27 da Lei dos Juizados Especiais da Fazenda Pública o CPC em primeiro lugar quando mencionou a aplicação subsidiária das normas, notadamente porque se deverá respeitar o princípio da especialidade. Isto, pois a Lei especial 12.153/2009 conta com apenas 28 artigos, tendo deixado expresso por seu legislador que os juizados fazendários integram o Sistema dos Juizados Especiais, regidos também pelas Leis nº 9.099/95 e 10.259/2001, como bem posto pelo artigo 1º e seu parágrafo único:

> Art. 1º Os Juizados Especiais da Fazenda Pública, órgãos da justiça comum **e integrantes do Sistema dos Juizados Especiais**, serão criados pela União, no Distrito Federal e nos Territórios, e pelos Estados, para conciliação, processo, julgamento **e execução, nas causas de sua competência**.
>
> Parágrafo único. **O sistema dos Juizados Especiais dos Estados e do Distrito Federal é formado pelos Juizados Especiais Cíveis, Juizados Especiais Criminais e Juizados Especiais da Fazenda Pública. (negrito nosso)**

O Livro Complementar do CPC/2015, em suas Disposições Finais e Transitórias, ratifica este entendimento no seu artigo 1.046, § 2º, do CPC de 2015, ao explicitar que a norma geral deverá ter aplicação apenas suplementar aos Juizados Especiais, de procedimentos especiais, senão vejamos:

> Art. 1.046. Ao entrar em vigor este Código, suas disposições se aplicarão desde logo aos processos pendentes, ficando revogada a Lei nº 5.869, de 11 de janeiro de 1973.
>
> § 2º Permanecem em vigor as disposições especiais dos procedimentos regulados em outras leis, **aos quais se aplicará supletivamente este Código.**

Assim, as soluções jurídicas apresentadas pelas lacunas legislativas na Lei dos Juizados Especiais fazendários deverão ser dirimidas buscando-se, inicialmente, as normas do Sistema dos Juizados Especiais, contidas na Lei nº 9.099/95 e na Lei dos Juizados Especiais Federais (Lei nº 10.259/2001), para somente depois se valer do Código de Processo Civil, subsidiariamente, integrando eventuais lacunas, mas apenas no que não divergir com o sistema de rito sumaríssimo.

Foi neste sentido editado o Enunciado 161 do Fórum Nacional de Juízes dos Juizados Especiais – FONAJE, aplicável aos Juizados Fazendários (Enunciado 01):

> ENUNCIADO 161 – Considerado o princípio da especialidade, o CPC/2015 **somente** terá aplicação ao Sistema dos Juizados Especiais

> nos casos de expressa e específica remissão ou na hipótese de **compatibilidade com os critérios previstos no art. 2º da Lei 9.099/95** (XXXVIII Encontro - Belo Horizonte-MG- 2015).

Feita esta pequena introdução, passa-se ao estudo das formas de execução perante os Juizados Especiais Fazendários Estaduais, com as implicações trazidas pelo novo Código de Processo Civil de 2015.

III. EXECUÇÕES DE TÍTULOS JUDICIAIS – "CUMPRIMENTO DE SENTENÇA"

A – Introdução

A fase de execução de sentença está prevista para os Juizados fazendários somente no artigo 12 da Lei nº 12.153/2009.

Consoante explicitado no subtítulo anterior, na lacuna da lei, iremos primeiramente, às regras previstas na lei especial de normas gerais, a saber, a Lei nº 9.099/95 e, por fim, o Código de Processo Civil - CPC, no que couber, tudo nos termos do artigo 1º da Lei nº 12.153/2009.

Iniciando-se pelas regras especiais dos Juizados Especiais Cíveis, observe-se que a fase de execução de sentença para o rito sumaríssimo está prevista pelo artigo 52 da Lei nº 9.099/95, que assim dispõe:

> Art. 52. A **execução da sentença** processar-se-á **no próprio** Juizado, **aplicando-se, no que couber, o disposto no Código de Processo Civil, com as seguintes alterações:**
>
> I - as sentenças serão necessariamente líquidas, contendo a conversão em Bônus do Tesouro Nacional - BTN ou índice equivalente;
>
> II - os cálculos de conversão de índices, de honorários, de juros e de outras parcelas serão efetuados por servidor judicial;
>
> III - a intimação da sentença será feita, sempre que possível, na própria audiência em que for proferida. Nessa intimação, o vencido será instado a cumprir a sentença tão logo ocorra seu trânsito em julgado, e advertido dos efeitos do seu descumprimento (inciso V);
>
> IV - não cumprida voluntariamente a sentença transitada em julgado, e tendo havido solicitação do interessado, que poderá ser verbal, proceder-se-á desde logo à execução, dispensada nova citação;
>
> V - nos casos de obrigação de entregar, de fazer, ou de não fazer, o Juiz, na sentença ou na fase de execução, cominará multa diária,

> arbitrada de acordo com as condições econômicas do devedor, para a hipótese de inadimplemento. Não cumprida a obrigação, o credor poderá requerer a elevação da multa ou a transformação da condenação em perdas e danos, que o Juiz de imediato arbitrará, seguindo-se a execução por quantia certa, incluída a multa vencida de obrigação de dar, quando evidenciada a malícia do devedor na execução do julgado;
>
> VI – na obrigação de fazer, o Juiz pode determinar o cumprimento por outrem, fixado o valor que o devedor deve depositar para as despesas, sob pena de multa diária;
>
> (....)
>
> IX – o devedor poderá oferecer embargos, nos autos da execução, versando sobre:
>
> a) falta ou nulidade da citação no processo, se ele correu à revelia;
>
> b) manifesto excesso de execução;
>
> c) erro de cálculo;
>
> d) causa impeditiva, modificativa ou extintiva da obrigação, superveniente à sentença.

B – Competência e Processamento

O § 1º do artigo 3º da Lei nº 9.099/95 delimita que *"Compete ao Juizado Especial promover a execução: I – **dos seus** julgados"*.

O artigo 52 da Lei nº 9.099/95 orienta que a execução processar-se-á no **próprio** Juizado, e, conforme inciso III do mesmo artigo, deverá haver intimação ao vencido, quando da ciência da sentença, para que já seja instado a cumpri-la tão logo ocorra seu trânsito em julgado, advertindo-o dos efeitos do seu descumprimento.

Importante neste momento pontuar uma divergência sobre competência do Juizado em relação ao CPC/2015. O parágrafo único do artigo 516 do novel códex processualista geral[1] apresenta foro optativo ao credor para o cumprimento da sentença. Contudo, nos Juizados Especiais esta norma não se aplicará, seja à míngua de artigo semelhante no sistema dos Juizados, seja

1. Art. 516 CPC/2015 – Parágrafo único. Nas hipóteses dos incisos II e III, o exequente poderá optar pelo juízo do atual domicílio do executado, pelo juízo do local onde se encontrem os bens sujeitos à execução ou pelo juízo do local onde deva ser executada a obrigação de fazer ou de não fazer, casos em que a remessa dos autos do processo será solicitada ao juízo de origem.

por se tratar de expressa afronta às regras especiais no sentido de que serão processadas as execuções perante o próprio Juizado que proferiu a sentença (art. 3º, § 1º c/c artigo 52, caput, ambos da Lei nº 9.099/95).

Não cumprida voluntariamente a sentença transitada em julgado, frise-se, proferida no mesmo Juizado, mediante requerimento do credor, proceder-se-á desde logo à execução nos próprios autos da ação de conhecimento, dispensada nova citação (artigo 52, III e IV da Lei nº 9.099/95).

Nos Juizados Especiais da Fazenda Pública, inaugurada pelo credor a execução de sentença de obrigação de fazer, não fazer e entregar, será a autoridade pública competente oficiada para cumprir a obrigação. Esta autoridade, em regra Governadores e Prefeitos, poderão ser, na prática e para fins de maior agilidade e efetividade, substituídas pelos Secretários estaduais e municipais responsáveis pela área de atendimento à determinação judicial, tais como Secretário de Saúde, Secretário de Ação Social e Obras, Secretário da Fazenda, dentre outras representatividades (artigo 12 da Lei nº 12.153/2009).

Na execução de obrigação de pagar em face da fazenda municipal, estadual ou do distrito federal, será de imediato ao trânsito em julgado, mediante solicitação pelo credor da inauguração da fase de execução, expedida a requisição de pequeno valor -RPV, nos limites de valores previstos em lei para cada ente federado, intimando-se o ente público a pagar o valor correspondente dentro do prazo de 60 dias. Será expedido precatório, caso superado o limite legal da RPV para cada ente (artigo 13 da Lei nº 12.153/2009)

III.1 – Embargos a Execução nos Juizados Especiais da Fazenda Pública

A – Nomenclatura Adequada

Antes de prosseguir, salienta-se que, embora semelhantes as fases de impugnação ao cumprimento de sentença e os embargos executivos, dever-se-á dar valoração à manutenção, pela Lei especial nº 9.099/95, mesmo após diversas alterações, da nomenclatura utilizada nos Juizados Especiais para a impugnação à fase de execução, a saber, embargos do devedor, em respeito ao princípio da especialidade.

Não houve revogação tácita pelo novo CPC do inciso IX do artigo 52 da Lei nº 9.099/95, eis que a norma geral não revoga e nem modifica regra especial, sendo que as regras gerais do CPC somente serão aplicadas aos Juizados Especiais subsidiariamente, e no que couber.

Esta singela distinção feita entre os embargos à execução de sentença nos Juizados Especiais e a impugnação ao cumprimento de sentença prevista pelo CPC, tem a função de nos reportar às particularidades deste tipo de defesa processual - embargos do devedor - que mais se ajustam aos princípios e demais normas do rito sumaríssimo, notadamente em virtude dos efeitos práticos gerados, havendo maior facilidade para o seu processamento e recurso, permanecendo-se em harmonia com todo o sistema.

Assim, em que pese parecidos, não se pode confundir o rito da fase de execução de sentença nos Juizados, que desafia embargos do devedor, com o rito da fase de cumprimento de sentença do CPC, defendida por meio da impugnação respectiva.

Neste sentido, leciona Fellipe Borring Rocha, quando expõe que:

> Apesar da referência aos embargos no CPC, com a entrada em vigor da Lei nº 11.232/95, passar a ser feito pelo artigo 745, entendemos que a regulamentação dos "embargos" nos Juizados Especiais deve ser conduzida pelo art.475-L. **Em primeiro lugar, como já salientado, o procedimento do CPC é subordinante às normas da Lei n.º9.099/95. Neste sentido, o caput do art.52 da Lei n.º9.099/95 é claro ao dispor que a execução da sentença segue o disposto no CPC, com as alterações que a própria Lei prevê naquele artigo. Assim, a impugnação prevista no artigo 475-L, nos Juizados Especiais, tem o nome de "embargos" e segue a estrutura introduzida pela Lei n.º11.232/05, no que couber.** [2]

Os embargos à execução inauguram um incidente cognitivo de defesa à execução pelo devedor, com uma petição inicial defensiva, exigindo-se intimação para a impugnação pelo credor e encerrando-se por sentença, passível de recurso inominado nos Juizados, embora tudo seja processado dentro dos mesmos autos do processo sincrético.

Se fosse aceita como fase de cumprimento de sentença e a defesa como impugnação, nos moldes do CPC, os prazo seriam diferenciados, com finalização, em muitas hipóteses por meio de decisão interlocutória, a desafiar agravo de instrumento, recurso este não cabível na sistemática dos Juizados Especiais Cíveis em geral, salvo em face das liminares (artigo 3º da Lei nº 12.153/2009).

Outra diferença entre a impugnação ao cumprimento de sentença e os embargos à execução nos Juizados Cíveis está na exigibilidade de garantia do

---

2. ROCHA, Felippe Borring. *Nova Sistemática do CPC e os juizados especiais cíveis*. Jus Navegandi. Teresina, ano 11, n.1.199, Disponível em - http//jus.uol.br/revista/texto/9026/novasistemática-executiva-di-cpc-e-os-juizados-especiais-civeis) Acesso em 10.02.2014.

juízo prévio. Contudo, por certo que não haverá exigência de garantia para nenhuma das formas de execução (judicial ou extrajudicial) em face da Fazenda Pública, à míngua de previsão legal em quaisquer leis processuais.

Além disto, há ainda a distinção no tocante à amplitude das matérias a serem apresentadas via embargos executivos nas fases de execução de sentença, que estão limitadas no inciso IX do art. 52 da Lei nº 9.099/95, a prestigiar o princípio da celeridade.

Embora nos Juizados Especais da Fazenda Pública se refira expressamente ao cumprimento de sentença no artigo 12 da Lei nº 12.153/2009, o sistema dos Juizados Especiais previu apenas os embargos do devedor como formas de impugnação ao cumprimento da sentença nos Juizados.

Para os Juizados Fazendários haveria ainda uma incompatibilidade legislativa, com maior morosidade, se aplicados os artigos 534 e 535 do CPC/2015, uma vez que antes da expedição direta da RPV deveria intimar a Fazenda para impugnar, em 30 dias, e após, o credor poderia apresentar defesa, devendo ainda ser proferida a decisão interlocutória. O juiz terá que decidir se caberá ou não agravo de instrumento nesta fase, para somente após a preclusão determinar a expedição da RPV, o que não se coaduna com o que quis trazer de inovação o artigo 13 da Lei nº 12.153/2009, que determinou a expedição da RPV imediatamente ao pleito executivo de título judicial.

Destaque-se que o posicionamento acima adotado revela-se crucial para que não haja a desnaturação dos preceitos estabelecidos pelo Sistema dos Juizados Especiais, uma vez que trocar os embargos à execução pela impugnação ao cumprimento de sentença significa trazer maior morosidade à fase executiva de título judicial nos Juizados.

Erick Cavalcanti Linhares Lima, com muita precisão, comentou, em artigo jurídico publicado na internet, em janeiro de 2008, que:

> A Lei 11.232 alterou profundamente a execução por título judicial no processo civil comum. Dentre outras medidas, aboliu os embargos executivos, substituindo-os pela impugnação (CPC, art. 475-J, § 1º). **Entretanto, não se podem compatibilizar essas normas com os Juizados Especiais. A Lei 9.099 tem menção expressa aos embargos à execução de sentença (art. 52, IX), e, por isso, não há como transformá-los em impugnação, ou seja, não se pode aplicar subsidiariamente o Código de Processo Civil.**[3]

3. https://jus.com.br/artigos/9040/a-execucao-nos-juizados-especiais-e-as-alteracoes-do-codigo-de-processo-civil

B – Cabimento e Processamento dos Embargos Executivos nos Juizados Especiais da Fazenda Pública – Leitura Constitucional

As Leis dos Juizados Especiais da Fazenda Pública Federal (Lei nº 10.259/2001) e Estadual (nº 12.153/2009) não versaram em seus artigos sobre os Embargos à Execução.

O rito das ações executivas propostas nos Juizados Especiais da Fazenda Pública será, portanto, composto de pelo menos 3 normas distintas, as quais deverão ser harmonizadas para que atinjam a finalidade específica, respeitando-se os princípios regedores dos Juizados Especiais, com interpretação à luz da Constituição da República Federativa do Brasil de 1988.

Mediante a oportunização do devedor de embargar a execução, garante-se à Fazenda Pública, o direito constitucional à ampla defesa e ao duplo grau recursal.

Os embargos à execução de título judicial ou extrajudicial, em quaisquer Juizados Especiais, Cíveis ou da Fazenda Pública, serão processados por petição própria, nos mesmos autos da fase executiva ou da execução de título executivo extrajudicial, sem que sejam necessários autos apartados, afastando-se, portanto, o § 1º do artigo 914 do CPC/2015, que é incompatível com os critérios do artigo 2º da Lei nº 9.099/95.

C – Embargos à Execução de Sentença

Os embargos à execução para o sistema dos Juizados Especiais em geral estão previstos no inciso IX do artigo 52 da Lei nº 9.099/95 e poderão ser apresentados nos próprios autos do processo sincrético, à semelhança da impugnação ao cumprimento de sentença, embora com ressalvas.

> Art. 52. IX – o devedor poderá oferecer embargos, nos autos da execução, versando sobre:
>
> a) falta ou nulidade da citação no processo, se ele correu à revelia;
>
> b) manifesto excesso de execução;
>
> c) erro de cálculo;
>
> d) causa impeditiva, modificativa ou extintiva da obrigação, superveniente à sentença.

O CPC deverá ser aplicado à execução de sentença nos Juizados Especiais, mas apenas no que couber, devendo haver, portanto, uma interpretação teleológica e sistêmica das leis que serão observadas no processamento dos embargos executivos.

Nas execuções de sentenças, considerando que os únicos artigos da Lei nº 12.153/2009 a respeito da execução nos Juizados da Fazenda Pública (artigos 12 e 13) determinaram a expedição direta de ofício para cumprimento de obrigações de fazer ou de expedição de RPV para obrigações de pagar, imediatamente após o trânsito em julgado da decisão, surgiu uma primeira corrente, no sentido de não aceitar a oposição de embargos executivos perante os Juizados fazendários, à míngua de espaço na lei para este tipo de defesa. Para esta primeira tese, as matérias sobre excesso e erro de cálculo, por exemplo, deveriam ser objetos de recurso inominado, há que a sentença era líquida. Se a matéria de impugnação surgisse após a decisão final de mérito, já na fase executiva, deveria ser proferida mera decisão, independentemente de embargos, sem desafiar recurso.

Este foi o entendimento adotado pelos Juizados Especiais Federais, conforme Enunciado nº 13 do FONAJEF, que assim dispõe: ***"Não são admissíveis embargos de execução nos Juizados Especiais Federais,*** *devendo as impugnações do devedor ser examinadas independentemente de qualquer incidente.*

Contudo, no meu modesto entender, possui razão a segunda corrente, que vem ganhando corpo principalmente após a instalação dos Juizados Especiais da Fazenda Pública de âmbito Estadual, que apresenta interpretação constitucional acerca do tema, no sentido de que *"aos litigantes, em processo judicial ou administrativo, e aos acusados em geral são assegurados o contraditório e ampla defesa, com os meios e recursos a ela inerentes"* (artigo 5º, LV da CRFB/88).

Some-se a isto o fato de que a Lei nº 9.099/95, de regência ao sistema dos Juizados Especiais, do qual os Juizados da Fazenda Pública fazem parte (artigo 1º da Lei nº 12.153/2009), será aplicada em complemento aos artigos 12 e 13 da Lei dos Juizados da Fazenda Pública o que, deste modo, justifica a possibilidade de oposição de embargos à execução prevista expressamente no inc. IX do artigo 52 da Lei nº 9.099/95.

Há, atente-se, uma particularidade para o rito dos embargos executivos de títulos judiciais nos Juizados da Fazenda Pública.

Como harmonizar os momentos processuais previstos pelos artigos 12 e 13 da Lei nº 12.153/2009, que determinam a imediata expedição de ofício para cumprimento da obrigação de fazer, não fazer e dar ou de RPV, com a possibilidade de embargos do devedor?

Para a introdução dos embargos executivos na fase de execução de sentença nos Juizados fazendários, sem que signifique desrespeito à celeridade e economia processual estampadas nos artigos 12 e 13 da Lei 12.153/2009, os embargos do devedor não poderão afastarar a aplicação destas normas cogentes. Assim, no mesmo momento em que for expedido o ofício ou a RPV, deverá haver a intimação do Estado, Município ou Distrito Federal para, se desejarem, apresentarem os embargos á execução da sentença, dentro do prazo de 30 dias (art. 910 e 535 do CPC), intimando-se o credor para respectiva impugnação, caso sejam opostos, no prazo de 15 dias (artigo 917, § 1 º do CPC/2015).

Portanto, nas execuções de sentenças de obrigação de pagar, com expedição de RPV, os prazos de 60 dias para seu pagamento e de 30 dias para a oposição dos embargos do devedor deverão correr simultaneamente, a fim de não ensejar protelações desnecessárias, se nada for oposto e, outrossim, respeitar o direito de defesa, se o for. O mesmo raciocínio se dará para o cumprimento das obrigações de fazer, por exemplo.

Não opostos os embargos ou julgados improcedentes, o cumprimento do ofício ou da RPV deverão ser feitos de imediato, sem novo prazo. Julgados procedentes, será expedida nova RPV e concedido novo prazo para efetuar o pagamento ou o cumprimento da obrigação, após a sentença dos embargos.

D – Embargos do Devedor nas Execuções Extrajudiciais

Para o rito das execuções extrajudiciais perante os Juizados Especiais da Fazenda Pública, incidirá em complemento ao artigo 13 da Lei nº 12.153/2009, o artigo 53 da Lei nº 9.099/95, que remete à aplicação direta do procedimento do CPC (artigo 910), respeitadas as modificações especiais previstas no sistema sumaríssimo.

Partindo-se da premissa de que as execuções de títulos extrajudiciais são possíveis em face da Fazenda Pública, por consequência lógica deverão ser aceitas as oposições de embargos do devedor, eis que são instrumentos hábeis para a defesa na ação executiva.

Não houve, nestes casos de execuções extrajudiciais, anterior direito de manifestação do devedor em fase judicial, seja porque o título decorre de documentos ou créditos sem discussão prévia perante o Poder Judiciário, seja porque não foi a Fazenda Pública parte no processo de conhecimento anterior em que foram constituídos os seus débitos por decisão judicial preclusa.

O artigo 53 da Lei 9.099/95 c/c artigo 910 do CPC/2015 determinam conjuntamente que, ajuizada a ação, *"a Fazenda Pública será citada para opor embargos em 30 dias"*. As demais regras seguirão aquelas contidas nos parágrafos deste artigo 910 e, por remissão deste, àquelas previstas pelos artigos 534 e 535, todos do mesmo CPC/2015. Ou seja, não será exigida prévia penhora à Fazenda Pública e, apresentados os embargos, terá o credor o prazo de 15 dias para impugná-los (artigo 917, § 1 º do CPC/2015). Nos casos de execuções extrajudiciais, como será a primeira vez que o devedor falará nos autos, somente após o julgamento dos embargos será expedido o precatório ou a RPV em favor do exequente, se assim for definido.

Acerca das ações de execução contra a Fazenda Pública, de causas inferiores a 60 salários mínimos, por expressa determinação legal, serão aplicáveis, para a formação do rito sumaríssimo executivo fazendário, em total harmonia, os artigos 910 do Código de Processo Civil c/c os artigos 100 da CRFB/88 e artigos 534 e 535 também do CPC/2015, no que não conflitar com os princípios do rito sumaríssimo.

No mesmo sentido de economia processual e de interpretação teleológica entre as leis, os embargos do devedor nas ações de execução de títulos executivos extrajudiciais serão processados nos próprios autos da ação principal.

Nos Juizados Especiais da Fazenda Pública, o artigo 53, *caput* da Lei nº 9.099/95 determina a aplicação do CPC/2015 (art. 910), que não prevê autos próprios para os embargos executivos e ressalva a aplicação dos artigos 534 e 535 do mesmo CPC/2015, que também não preveem autos apartados para processamento dos embargos opostos pela Fazenda Pública. Observe-se que o § 1º do artigo 53, embora não aplicável integralmente aos Juizados Especiais da Fazenda Pública, à míngua de necessidade de prévia penhora, indica que o devedor poderá oferecer os embargos à execução nos próprios autos, eis que permitiu que o faça até mesmo verbalmente.

III.2 – Ritos das ações executivas de títulos judiciais em resumos

A – Resumo do rito da fase de execução de título executivo judicial de obrigação de pagar nos Juizados Especiais da Fazenda Pública

1º - **Advertência na sentença** - a sentença, que será líquida, deverá ao final advertir de que o devedor poderá cumprir voluntariamente a obrigação tão logo ocorra o trânsito em julgado, sob as penas da lei e expedição de RPV para pagamento em 60 dias, caso requerida a instauração da execução – Art. 52, IV da Lei 9.099/95.

Obs: Em face da Fazenda Pública, não se aplicará o acréscimo de 10% a título de multa se não houver o pagamento voluntário, nos termos do § 2º do artigo 534 do CPC/2015.

2º – **Requerimento para início da fase de execução da sentença**: não cumprida voluntariamente a sentença, a fase de execução deverá ser inaugurada pelo interessado (artigos 3º, § 1º, I c/c 52, IV da Lei nº 9099/95)

3º – **Expedição imediata do mandado para requisição de pequeno valor – RPV ou do Precatório**:

3.1 – **Expedição de RPV** – apenas se o crédito estiver dentro do limite da lei do ente federado: dispensa-se nova citação, devendo intimar no mesmo ato a autoridade para que pague a RPV em até 60 dias, a contar da data do recebimento (artigo 13, I da Lei 12.153/2009)

Na ausência de leis que estabeleçam estes limites, quanto aos Estados, o limite para pagamento via RPV será de 40 salários mínimos e para os Municípios, de 30 salários mínimos (§ 3º do artigo 13 da Lei nº 12.153/2009).

Em caso de execução de valor superior, o pagamento deverá ser efetuado através de precatório, não sendo possível cindir parte do valor para RPV e o restante para precatório, senão vejamos:

São **vedados** o fracionamento, a repartição ou a quebra do valor da execução, de modo que o pagamento se faça, em parte, na forma estabelecida no inciso I do caput e, em parte, mediante expedição de precatório, bem como a expedição de precatório complementar ou suplementar do valor pago." (§ 4º do art.13 da Lei 12.153/2009)

*"O **saque** do valor depositado poderá ser feito pela parte autora, pessoalmente, em qualquer agência do banco depositário, independentemente de alvará. O saque por meio de procurador somente poderá ser feito na agência destinatária do depósito, mediante procuração específica, com firma reconhecida, da qual constem o valor originalmente depositado e sua procedência."* (§§ 6º e 7º do *artigo 13 da Lei 12.153/2009*)

3.2 – **Expedição de Precatório** – para créditos que superem os limites da lei do ente federado para expedição de RPVs (artigo 13, II da Lei 12.153/2009): dispensa-se nova citação, devendo-se no despacho de expedição do precatório identificar se se refere a credor idoso ou deficiente, portador de doenças graves elencadas no rol do artigo 13 da Resolução n° 119/2010 do CNJ e se se trata de verba alimentar, dentre outras preferências legais, considerando o disposto na Resolução n° 115, do CNJ e nas Portarias n° 2440/2010, 2448/2010 e 3008/2014.

Não há necessidade de intimar a Fazenda Pública para informar se há débitos inscritos em dívida ativa ou não para fins de compensação, conforme julgamento pelo STF nas ADI's 4357 e 4425, que declarou a inconstitucionalidade dos §9° e § 10° do artigo 100 da CF/88.

"*Se o valor da execução ultrapassar o estabelecido para pagamento independentemente do precatório, o pagamento far-se-á, sempre, por meio do precatório, sendo facultada à parte exequente a renúncia ao crédito do valor excedente, para que possa optar pelo pagamento do saldo sem o precatório.*"(art. 13, § 5º da Lei 12.153/2009)

3.3 - Intimação para opor Embargos à Execução: Para a corrente constitucionalista que aceita a interposição de Embargos à Execução nos Juizados Especiais da Fazenda Pública, em semelhança ao previsto no artigo 52, IX da Lei 9.099/95 (vide item anterior).

A intimação para embargar será feita da seguinte maneira:

- Hipótese de RPV - A intimação para pagar o RPV já expedido deverá vir acompanhada também da intimação para oposição dos embargos do devedor, caso pertinentes, dentro do prazo de 30 dias, conforme aplicação subsidiária do artigo 535 do CPC/2015.

- Hipótese de Precatório: Para a hipótese de precatórios, a intimação para os embargos executivos deverá vir antes da respectiva expedição, para fins de se definir com precisão anterior se de fato o crédito será maior do que os valores limites para RPV (art. 13, II, in fine da Lei 12.153/2009). (vide capítulo).

- Havendo a oposição dos Embargos do Devedor, será o credor intimado para a respectiva impugnação, dentro do prazo de 15 dias.

- O juiz decidirá os Embargos Executivos por meio de sentença, recorrível via recurso inominado.

4º - Sequestro imediato do numerário correspondente, apenas se não houver o pagamento da RPV (§ 1º do artigo 13 da Lei 12.153/2009) - o magistrado deverá efetuar o bloqueio BACENJUD da verba não paga voluntariamente dentro do prazo legal de 60 dias, dispensada a prévia oitiva da Fazenda Pública.

Obs1: Não há inconstitucionalidade na medida sub-rogatória adotada pela lei para sequestro da verba, uma vez que o § 6º do artigo 100 da CRFB/88, que restringe as hipóteses de sequestro apenas quando desobedecida a ordem de pagamentos dos precatórios, não se aplicará ao RPV, eis que este sequer exige o respeito à ordem de pagamento de precatórios, consoante § 3º do mesmo artigo.

Obs2: **Julgados os embargos executivos**, o sequestro do valor do RPV será imediatamente realizado na hipótese de improcedência, para fins de se evitar incentivo aos embargos protelatórios. Em sendo procedentes, será cancelada a RPV e expedido novo mandado requisitório, contendo agora os valores corretos, conferindo-se à Fazenda Pública novo prazo de 60 dias para o pagamento, sob pena de imediato sequestro.

5º - Sentença de extinção da execução - feito o pagamento ou procedentes os embargos do devedor para fins de extinção da dívida, será proferida sentença extintiva da fase executiva, com arquivamento definitivo dos autos, após o trânsito em julgado.

B – Resumo do rito da fase de execução de título executivo judicial de obrigação de fazer, não fazer e entregar coisa certa nos Juizados Especiais da Fazenda Pública

1º - Advertência na sentença - no dispositivo da sentença, em regra, o magistrado define um prazo para cumprimento após o trânsito em julgado e já arbitra a penalidade de multa para a hipótese de inadimplemento da obrigação. Não tendo havido esta cominação, deverá ser feita quando da intimação da Fazenda para cumprir, após inaugurada a execução. Deverá ao final advertir de que o devedor poderá cumprir voluntariamente a obrigação tão logo ocorra o trânsito em julgado, sob as penas da lei (*in casu*, incidência da multa arbitrada) - Art. 52, IV da Lei 9.099/95.

2º - Requerimento para início da fase de execução da sentença: não cumprida voluntariamente a sentença após o trânsito em julgado, a fase de execução deverá ser inaugurada pelo interessado (artigos 3º, § 1º, I c/c 52, IV da Lei nº 9099/95)

3º - Expedição de ofício à autoridade competente - para comprovar o cumprimento da obrigação dentro do prazo concedido em sentença, quando já foi instado a cumpri-la desde logo ocorresse o trânsito em julgado (artigo 12 da Lei nº 12.153 c/c Artigo 52, IV da Lei nº 9.099/95)

4º - **Intimação para opor Embargos à Execução:** Para a corrente constitucionalista que aceita a interposição de Embargos à Execução nos Juizados Especiais da Fazenda Pública, em semelhança ao previsto no artigo 52, IX da Lei 9.099/95, a intimação para comprovar o cumprimento da obrigação deverá vir acompanhada também da intimação para oposição dos embargos do devedor, caso pertinentes, dentro do prazo de 30 dias, conforme aplicação subsidiária do artigo 535 do CPC/2015.

4.1 - Havendo a oposição dos Embargos do Devedor, será o credor intimado para a respectiva impugnação, dentro do prazo de 15 dias (art.920, I e III do CPC/2015).

4.2 - O juiz decidirá os Embargos Executivos, proferindo sentença, que desafia recurso inominado.

5º - **Não cumprida a obrigação de fazer, não fazer e dar coisa certa definida em sentença ou nos embargos, o credor poderá requerer:** a elevação da multa com nova oportunidade ao réu e/ou a transformação da condenação em perdas e danos, caso possível (artigo 52, V da Lei nº 9.099/95), o que também poderá ser feito de imediato pelo magistrado, passando-se, adiante, à execução por quantia certa, com expedição de RPV e prazo para pagamento em 60 dias.

5.1 - Evidenciada a malícia do devedor na execução do julgado, o juiz incluirá a multa vencida da obrigação de dar e iniciará a execução por quantia certa do valor da multa elevada ou da conversão em perdas e danos (artigo 52, V da Lei nº 9.099/95);

5.2 - Não sendo viável a conversão em perdas e danos da obrigação, poderá prosseguir com a execução da multa cominatória arbitrada e, pendente a obrigação a ser cumprida, poderá o magistrado se valer de outros meios subrogatórios previstos no CPC para a busca da efetivação da tutela específica ou do resultado prático equivalente (artigo 536 a 538), tendo, como exemplos:

a) cumprimento em subrogação - o juiz poderá determinar que outrem a cumpra, às custas do devedor (art. 52, VI da Lei nº 9.099/95)

b) busca e apreensão, remoção de pessoas ou coisas, desfazimento de obras, impedimento de atividade nociva (art. 536, § 1º do CPC/2015), o que poderá incluir imissão na posse em favor do credor (art. 538 do CPC/15) e sequestro de verbas via Bancejud.

5.3 - Havendo litigância de má-fé, quando injustificadamente descumprir a ordem judicial, poderá haver a condenação nas penas respectivas, sem prejuízo da responsabilização pessoal por crime de desobediência. (artigo 536, § 3º do CPC/2015);

6º - **Sentença de extinção da execução (artigo 924 do CPC)** - feito o pagamento ou procedentes os embargos do devedor para fins de extinção da dívida, será proferida sentença extintiva da fase executiva, com arquivamento definitivo dos autos, após o trânsito em julgado.

IV – Execuções de títulos extrajudiciais

A – Competência

As Leis dos Juizados Especiais da Fazenda Pública Federal (Lei nº 10.259/2001) e Estadual (nº 12.153/2009) não dispuseram em nenhum artigo sobre as ações de execuções de títulos extrajudiciais.

Assim, nasceu a divergência acerca do cabimento ou não de processamento destas ações executivas em sede de rito sumaríssimo fazendário.

A primeira corrente, que não aceita a execução de título extrajudicial contra a Fazenda Pública perante os Juizados Especiais, se fundamenta, além da mencionada ausência de amparo legal especial, também na incompatibilidade do rito previsto no CPC com o sumaríssimo. Sustenta-se ainda no fato de que as Leis dos Juizados Especiais teriam previsto a expedição de RPV, com possibilidade imediata de sequestro se não pago em 60 dias, apenas para o débito decorrente de sentença judicial transitada em julgado (art.100 CRFB/88 e art. 13, caput da Lei 12.153/2009) - *Vide julgado TJ-DF - Ação Cível do Juizado Especial : ACJ 17195984201180700001 DF 0171959-84.2011.807.0001*

Entretanto, não nos parece seja este o entendimento mais acertado.

A linha de pensamento que aceita o ajuizamento de ação de execução de título extrajudicial contra a Fazenda Pública, em sede de Juizados Especiais Estaduais, se baseia, inicialmente, no artigo 1º da Lei nº 12.153/2009, que previu expressamente a possibilidade de processamento de execuções nas causas de sua competência, sem restringir estas execuções apenas às de títulos executivos judiciais.

> Art. 1º Os Juizados Especiais da Fazenda Pública, órgãos da justiça comum e integrantes do Sistema dos Juizados Especiais, **serão criados** pela União, no Distrito Federal e nos Territórios, e **pelos Estados,** para conciliação, processo, julgamento e **execução, nas causas de sua competência**.

Observe-se, por outro lado, que o § 1º do artigo 2º da Lei 12.153/2009, que apresentou vedações à competência dos Juizados Especiais da Fazenda Pública, não excluiu as ações de execução em face das fazendas municipais, do distrito federal e estaduais.

Ademais, como a lei dos Juizados fazendários, que possui poucos artigos, deverá também, para as ações executivas, socorrer-se às normas especiais integrantes do mesmo sistema, notadamente na Lei 9.099/95.

A Lei nº 9.099/95 dispõe, em seu artigo 53, sobre a possibilidade de processamento de ações de execução de títulos extrajudiciais no âmbito dos Juizados Especiais e remete à aplicação do CPC, respeitando-se, todavia, as alterações nela previstas, ao prever que: "Art. 53. *A **execução de título executivo extrajudicial**, no valor de até quarenta salários mínimos, obedecerá ao disposto no Código de Processo Civil, **com as modificações introduzidas por esta Lei.**"*

Por certo que as normas do CPC trazidas para as execuções extrajudiciais perante os Juizados Especiais não poderão simplesmente desconsiderar as orientações gerais do sistema sumaríssimo, as quais deverão ser aplicadas harmonicamente.

Veja-se que o legislador estava ciente de que este tipo de ação executiva seria processada em procedimento sumaríssimo quando elaborou o artigo 53 da Lei 9.099/95, não sendo possível, portanto, sustentar a tese da incompatibilidade de ritos.

Trata-se, em verdade, de causa de menor complexidade, abrangida pela lei de regência do sistema dos Juizados Especiais, a atrair a competência das ações executivas para os Juizados Especiais da Fazenda Pública.

Diante de todo este contexto, considerando que as leis especiais não apresentaram vedações expressas, não será possível restringir o direito do exequente de pretender perante o juízo especial fazendário, mais célere, simples e informal, o pagamento de dívida que a Fazenda Pública tenha consigo em valor inferior a 60 salários mínimos.

O STJ já se manifestou em certa oportunidade neste sentido:

> PROCESSUAL CIVIL. RECLAMAÇÃO. JUIZADOS ESPECIAIS CÍVEIS. AUSÊNCIA DE SIMILARIDADE ENTRE OS CASOS CONFRONTADOS.
>
> 1. (....)
>
> 2. (.....) **Entretanto, tanto a Súmula 249/STJ (É cabível execução por título extrajudicial contra a Fazenda Pública), como os precedentes invocados como paradigmas são todos no sentido do cabimento da execução de título extrajudicial contra a Fazenda Pública,** e não apreciam especificamente a controvérsia decidida pela Turma Recursal atinente ao enquadramento do processo administrativo que garante o abono de permanência ao servidor público no disposto no art. 585, inciso II do CPC.
>
> 3. (...)
>
> 5. Reclamação extinta, sem resolução de mérito. (STJ - Rcl 7982 / DF RECLAMAÇÃO 2012/0032900-0 Relator Ministro MAURO CAMPBELL MARQUES (1141)- S1 - PRIMEIRA SEÇÃO - julgado em 22/08/2012 e publicado em DJe 29/08/2012)

A ação de execução de título executivo extrajudicial perante o Juizado Especial da Fazenda Pública deverá ser limitada a 60 salários mínimos (artigo 2º da Lei nº 12.153/2009), devendo ser observadas, ainda, a competência em razão da pessoa (artigo 5º da Lei nº 12.153/2009), a competência territorial diante da leitura constitucional do artigo 4º, I da Lei nº 9.099/95, além da demais regras de competência estabelecidas nas leis especiais.

B – Procedimento – Aplicabilidade das Leis e RPVs

O artigo 1º da Lei nº 12.153 prevê a possibilidade de execução perante os Juizados Especiais da Fazenda Pública. O *caput* do artigo 53 da Lei nº 9.099/95 determina que a execução de título executivo extrajudicial nos Juizados Especiais *"... obedecerá ao disposto no Código de Processo Civil,* ***com as modificações introduzidas por esta Lei****"*.

Estas modificações previstas na Lei 9.099/95 deverão estar em plena compatibilidade com o sistema de rito sumaríssimo trazido para as ações em face da Fazenda Pública e, para isto, também deverão observar as inovações da Lei nº 12.153/2009 a respeito.

Assim, de simples leitura, observa-se que o § 1º do artigo 53 da Lei nº 9.099/95 não se aplicará em todos os seus termos à execução em face da Fazenda Pública, o que nos leva às modificações introduzidas pelos artigos 12 e 13 da Lei nº 12.153/2009. Não há razoabilidade, por exemplo, de se proceder à realização de penhora de bens públicos para garantia do juízo, não prevista em nenhuma legislação para a Fazenda Pública que, em regra, presume-se possuir verbas e possui bens impenhoráveis.

Portanto, conclui-se que o rito da execução de título judicial em face da Fazenda Pública assim se fundamentará: artigo 1º da Lei 12.153/2009, que remeterá ao artigo 53 da Lei nº 9.099/95, o qual será complementado diretamente pelo artigo 910 do CPC/2015, no que for compatível. Este, para sua completude total, terá sua aplicabilidade norteada pelas normas previstas tanto pela Lei 12.153/2009, quanto pela Lei nº 90.99/95, notadamente em respeito à isonomia com as execuções de sentença.

Com fulcro neste parâmetro de aplicabilidade legislativa integrada, verifica-se a possibilidade de pagamento de débitos fazendários em execuções de títulos executivos extrajudiciais, através de precatório ou RPV.

Verifica-se que tanto o artigo 910 do CPC/ 2015 quanto a Lei nº 12.153/2009, ambos relativos a débitos fazendários, previram a RPV e o precatório como formas de pagamento.

> CAPÍTULO V
>
> DA EXECUÇÃO CONTRA A FAZENDA PÚBLICA
>
> Art. 910. Na execução fundada em **título extrajudicial, a Fazenda Pública** será citada para opor embargos em 30 (trinta) dias.
>
> § 1º Não opostos embargos ou transitada em julgado **a decisão que os rejeitar, expedir-se-á precatório ou requisição de pequeno valor em favor do exequente, observando-se o disposto no art. 100 da Constituição Federal.**

Assim, cai por terra o argumento de que não caberia o processamento das execuções extrajudiciais com a expedição de RPV, por estar este vinculado aos cumprimentos de sentenças transitadas em julgado. A norma cogente aplicável para as execuções extrajudiciais ao sistema dos Juizados Especiais é o artigo 910 do CPC/2015, que previu, em seu § 1º, a possibilidade de expedição de RPV ou precatório para pagamento da quantia.

Neste espeque, restando possível a expedição de RPV durante o rito da ação executiva em face da Fazenda Pública, deverão ser observadas as modificações trazidas pelo artigo 13 e seus parágrafos da Lei 12.153/2009, no tocante à sistemática de seu processamento.

Humberto Theodoro Júnior, em sua obra *"Novo Código de Processo Civil Anotado"*, 20 ed.- 2015 acrescenta que:

> No caso de execução de título extrajudicial, entendia a jurisprudência na vigência do Código anterior que o juiz teria, mesmo na ausência dos embargos da Fazenda Pública, de proferir sentença para autorizar a expedição de precatório. Argumentava-se que, pela sistemática dos precatórios, a execução teria de fundar-se sempre em "sentença judiciária", à luz do artigo 100 da CF. **A orientação seguida pelo novo Código é bem diferente e muito mais singela: " não opostos embargos (....), expedir-se-á precatório ou requisição de pequeno valor em favor do exequente (art. 910, p. 1). Só exige o dispositivo legal decisão transitada em julgado antes da expedição do precatório, quando os embargos opostos pela executada tiverem sido rejeitados. Logo, inexistindo embargos a julgar, o juiz simplesmente verificará a exequibilidade do título extrajudicial e, por meio de decisão interlocutória determinará a expedição do precatório.** Não haverá, portanto, sentença de mérito quanto ao crédito acobertado por título extrajudicial, segundo o regime implantado pela nova legislação processual civil" [4]

Por fim, em nosso modesto entender, de uma interpretação constitucional à luz do princípio da isonomia, não haveria sentido em se aceitar a expedição de RPV para pagamento de honorários de dativos, advogados ou peritos, arbitrados em sentença judicial proferida no próprio Juizado Fazendário, em valor menor do que o limite legal previsto pelo ente estatal (artigo 13 §§ 2º e 3º da Lei 12.153/2009) , por exemplo, mas não concordar com esta forma de pagamento do arbitramento judicial ocorrer no mesmo valor, durante o curso de processo que tramitou em vara comum cível ou criminal, diferente do Juizado fazendário, em que a Fazenda Pública não figurou como parte.

O sequestro de verbas quando não quitada a RPV está expressamente permitido nos Juizados Especiais da Fazenda Pública (§ 1º do artigo 13 da Lei nº 12.153/2009), o que não viola o § 6º do artigo 100 da CRFB/88. Este artigo coloca a medida constritiva como possível quando descumprida a ordem de pagamento de precatórios, não se referindo a limitação, pois, às requisições de pequeno valor previstas na lei dos Juizados Especiais Fazendários (§ 3º do artigo 100 da CRFB/88).

C – Cumulação Objetiva na Ação Executiva perante os Juizados Especiais Fazendários

Considerando a competência em razão do valor da causa, indaga-se:

---

4. JÚNIOR, Humberto Theodoro – *Código de Processo Civil Anotado / colaboradores*: Humberto Theodoro Neto, Adriana Mandim Theodoro de Mello, Ana Vitória Mandim Theodor. 20 ed. – Revista e atualizada – Rio de Janeiro: Forense, 2016, p.974

Um mesmo credor de diversos títulos executivos (ex.:*perito ou advogado*), relativos a créditos decorrentes de decisões distintas de arbitramentos de honorários de dativos em processos também diferentes, proferidas em ações em que a Fazenda Pública não tenha figurado como parte, deverá propor várias ações executivas perante os Juizados Especiais da Fazenda Pública, um para cada título executivo, ou poderá aglomerar diversas certidões creditícias e propor uma demanda judicial ou várias demandas judiciais, abrangendo, neste último caso, em cada ação executiva, todos os créditos que permaneçam dentro do limite teto do valor da causa para os Juizados Especiais ou dentro do limite de valores permitidos por lei para a expedição de RPV pelo ente público federado???

Poderia se pensar, prematuramente, que o credor teria um crédito total perante o Estado e que, no caso concreto apresentado, a cisão dos créditos se amoldariam a uma fragmentação entre os pedidos decorrentes de um fato apresentado em juízo, o que seria vedado, já que violaria os tetos limites legais tanto no tocante aos valores de causas de competência dos Juizados Especiais fazendários (60 S.M), quanto também relativos à expedição de RPV pelo ente federado, burlando-se a regra da competência em razão do valor da causa.

Contudo, inquinando-se aqui respeito aos judiciosos argumentos neste sentido, não há como, tecnicamente, haver sustentação a este tese, notadamente porque cada crédito obtido pelo dativo é uno e possui suas particularidades vinculadas às certidões que os lastrearam e que poderão ou não ser contestadas, além de prazos prescricionais, valores arbitrados, dentre tantas outras tantas características executivas específicas.

Observe-se que, de leitura atenta do artigo 780 do CPC/2015, aplicável aos Juizados Especiais por harmonia no tocante às execuções, forçoso concluir que o exequente, em verdade, possui o direito de optar entre propor uma ação judicial para cada título executivo ou, por autorização legislativa, cumular várias execuções em uma única ação.

Para o exercício desta faculdade, deverá o credor observar as condições estabelecidas no mencionado artigo: *"Art. 780. O exequente pode cumular várias execuções, ainda que fundadas em títulos diferentes, quando o* ***executado for o mesmo*** *e desde que para todas elas seja* ***competente o mesmo juízo*** *e* ***idêntico o procedimento.****"*

Trata-se, em verdade, de uma faculdade ao credor a propositura de uma única ação para a cobrança de títulos distintos, desde que seja o mesmo credor e que para todas as execuções seja competente o mesmo Juizado Especial Fazendário, com idêntico procedimento de rito sumaríssimo, limitando-se ao teto de 60 salários mínimos.

Não há, lado outro, qualquer norma que vede o exercício desta faculdade perante os Juizados Especiais da Fazenda Pública, principalmente porque o teto limite foi previsto em lei para cada ação judicial executiva. Também não se trata aqui de violação às regras constitucionalmente previstas para os Precatórios e RPV´s, uma vez que, repita-se, cada certidão equivale a um valor creditório, a gerar RPV´s desde que menores do que o teto de valor de expedição para o ente público, podendo a parte ter hoje uma única certidão e nunca mais ou ter diversas, executando-se apenas as que desejarem.

Não poderá então ser aqui compreendida a cumulação do exercício dos diversos direitos de ações executivas em uma única pretensão, limitada aos tetos legais de valores de causas e de expedição de RPVs, como qualquer violação ao ordenamento jurídico, pelo contrário, são medidas que, ao nosso modesto entender, vão ao encontro dos princípios da celeridade, economia processual, simplicidade prestigiados pelo processo civil constitucional. Relembre-se, aqui, que, o feito não ultrapassará 60 salários mínimos e não haverá outros tumultos procedimentais, uma vez que envolvem as mesmas partes autoras e rés, além do mesmo rito e competência judicial.

Além do mais, pedindo vênia aos nobres posicionamentos contrários, a mera conexão entre as execuções não tem o condão de tornar obrigatória a propositura conjunta em uma única ação de todos os títulos executivos nem a junção obrigatória durante o curso dos feitos, com a exclusiva finalidade de elevar propositadamente a somatória do valor da causa e excluir a competência dos Juizados, o qual foi pensado exatamente para causas simples desta natureza.

A propósito, apenas a título de discussão intelectiva, conexão não se trata de regra que modifica a competência absoluta de qualquer juízo, sendo certo que a solução jurídica para as demandas sobre fatos conexos que tramitem perante juízos distintos absolutamente competentes, prevista pelo CPC, reside na suspensão do feito pelo magistrado, quando a solução de uma das causas influenciar na outra (vide art.313, V, a e b do CPC/2015), evitando-se, desta maneira, decisões conflitantes.

Observe-se que, na situação hipotética ora em estudo, sequer há conexão pela causa de pedir ou pelos pedidos, eis que apresentam certidões distintas, por atuações diferentes pelo dativo em ações diversificadas (desde as criminais às cíveis de família, interdição e infância), possuindo pedidos finais também em valores diferentes. Aqui, a conexão se limita ao fato de se tratarem de ações executivas, sendo importante considerar as mesmas partes em litígio.

Vimos com bons olhos, portanto, no contexto apresentado pelo legislador do artigo 780 do CPC/2015, que permitiu a união de diversas execuções relacionadas às mesmas partes litigiosas, harmonizando-se com os fins sociais céleres e simples que o Sistema dos Juizados Especiais visa buscar (artigo 6º c/c artigo 2º, ambos da Lei nº 9.099/95).

A escolha pelo devedor da quantidade de títulos não pode ser rechaçada, seja porque já será de bom alvitre optar ele pela redução ao máximo do número de demandas em trâmite perante os Juizados Especiais, aos olhos do Princípio da Cooperação entre as partes e o Judiciário, seja porque nenhum outro efeito que traga morosidade e tumulo será gerado à defesa e ao magistrado, que, diante da semelhança entre as partes e rito, se resumirá a observar a qualidade da certidão, o valor arbitrado e a forma de pagamento, o que, por certo, deverá ser feito também em separado, se, vedado, o devedor for compelido a propor uma demanda para executar cada título.

A aplicabilidade deste artigo 780 do CPC/2015 está, a nosso modesto entender, em plena consonância com os critérios norteadores do sistema dos Juizados Especiais, notadamente os da celeridade e economia processual, sendo possível que o credor opte por juntar em uma única ação a execução de tantos títulos extrajudiciais que venha possuir até, por exemplo, o limite de valor de RPV do ente público devedor ou no máximo até o valor do teto de 60 salários mínimos.

Evita-se, assim, a propositura de uma ação para cada título, deixando de abarrotar o Judiciário e colaborando para a celeridade e o bom trabalho jurisdicional.

IV.1 – Ritos das ações executivas de títulos extrajudiciais, em resumos

A – Resumo do rito da fase de execução de título executivo extrajudicial de obrigação de pagar nos Juizados Especiais da Fazenda Pública

1º – Propositura da ação executiva – possibilidade (artigo 1º da Lei nº 12.153/2009 c/c Art. 53, caput da Lei 9.099/95)

2º - **Citação da Fazenda Pública** - a parte devedora deverá ser imediatamente citada para opor embargos à execução, no prazo de 30 dias, independentemente de prévia garantia do juízo (artigo 910, caput do CPC/2015)

3º - **Embargos à execução** - Se houver a interposição dos embargos, abarcarão todas as matérias defensivas possíveis (§ 2º do artigo 910 do CPC/2-15) - vide item c do Capítulo anterior.

O artigo 52, IX da Lei nº 9.099/95, atinente à execução de título judicial e que traz matérias restritas para os embargos executivos para a fase de cumprimento de sentença não será aqui aplicado, sendo mister relembrar que o § 1º do artigo 53 da Lei nº 9.099/95 que se refere à execução extrajudicial remete ao CPC, não havendo em seus incisos restrições em matérias de embargos.

Quanto aos embargos do devedor para os títulos executivos extrajudiciais, o § 3º do artigo 910 do CPC /2015 remete à aplicação dos artigos 534 e 535 do mesmo diploma legal, mas apenas no que couber.

Cabíveis, entretanto, propostas de acordos para a quitação do débito fazendário, a fim de se ajustar o valor pretendido, ou mesmo de se definir prazo distinto para o pagamento do RPV, bem como a incidência de índices de correção monetária e de juros de mora, nos termos dos §§ 2º e 3º do artigo 53 da Lei nº 9.099/95.

4º - **Impugnação pelo credor** - a parte exequente será intimada para impugnar os embargos, no prazo de 15 dias (art.920, I e III do CPC/2015)

5º - **Sentença dos Embargos à Execução** - desafia Recurso Inominado

6º - **Expedição imediata do mandado para requisição de pequeno valor - RPV ou do Precatório (art. 910, § 1º do CPC/2015 c/c artigo 13 da Lei nº 12.153/2009):**

Obs: Se os embargos julgados ensejarem a extinção da dívida, não haverá expedição de RPV. Vide observações nos Capítulos anteriores

7º - **Sequestro imediato do numerário correspondente, apenas se não houver o pagamento da RPV (§ 1º do artigo 13 da Lei 12.153/2009)** - o magistrado deverá efetuar o bloqueio BACENJUD da verba não paga voluntariamente dentro do prazo legal de 60 dias, dispensada a prévia oitiva da Fazenda Pública.

8º - **Sentença de extinção da execução (artigo 924 do CPC)** - feito o pagamento ou procedentes os embargos do devedor para fins de extinção da dívida, será proferida sentença extintiva da fase executiva, com arquivamento definitivo dos autos, após o trânsito em julgado.

Obs: Não há inconstitucionalidade na medida sub-rogatória adotada pela lei para sequestro da verba, uma vez que o § 6º do artigo 100 da CRFB/88, que restringe as hipóteses de sequestro apenas quando desobedecida a ordem de pagamentos dos precatórios, não se aplicará ao RPV, eis que este sequer exige o respeito à ordem de pagamento de precatórios, consoante § 3º do mesmo artigo.

IV.2 – Natureza e execução de decisão judicial proferida em juízo distinto do juizado especial fazendário – Ação de Cumprimento de Sentença contra o Estado x Ação Executiva em face do Estado

O artigo 784 do novo CPC/2015 elencou um rol de títulos executivos extrajudiciais, mas não repetiu o inciso VI do antigo artigo 585 do CPC/73, que previa os honorários do perito como título executivo extrajudicial, quando arbitrados em juízo. Pelo contrário, foram agora definindos como títulos executivos judiciais, pelo artigo 515, V do CPC/2015.

Nos termos do dispositivo legal, torna-se indene de dúvidas que os honorários do auxiliar da Justiça, dentre eles o perito e o advogado dativo, poderão ser executados nos mesmos autos dos processos de conhecimento em face da Fazenda Pública.

Entretanto, dúvidas exsurgiram, perante os Juizados Especiais da Fazenda Pública, no tocante às formas de execução dos créditos do auxiliar da justiça que atuou em processo em que a Fazenda Pública não figurou como parte: deveria ele propor ação de impugnação ao cumprimento de sentença ou continuar a propor ações de execução de título extrajudicial?

Defende-se, aqui, que a execução como título executivo extrajudicial seja a mais adequada para a hipótese, já que a intelecção constitucional das normas processualistas, com aplicação ao artigo 515 do CPC/2015, levam a crer tenha este se destinado às hipóteses em que a Fazenda Pública já foi parte na fase cognitiva da ação judicial, apenas para dar maior concretude à aceitação, pelo novel código processualista de 2015, o sincretismo processual, para as causas em face da Fazenda Pública, até então não normatizado.

Inicialmente, destacam-se os princípios do contraditório e da ampla defesa, que juntamente com o princípio da isonomia, indicam que, como nos demais processos em face de partes pessoas físicas, deverá ser garantido à parte executada que tenha conhecimento sobre as fundamentações decisórias para definição de sua responsabilidade, conferindo-lhe amplo direito de defesa, antes mesmo da formação do título executivo.

Assim, para as ações judiciais em que a Fazenda Pública foi parte, havendo decisão judicial que aprove o crédito do auxiliar da justiça, será executada por meio de simples fase de cumprimento de sentença.

Vejamos este raciocínio: No § 1º do artigo 515 do CPC foi prevista uma ação judicial própria para cumprimento da sentença, mas limitou-se apenas às execuções da sentença penal condenatória, da sentença arbitral e da sentença estrangeira homologada pelo STF, sendo certo que o devedor, nestes casos, figurou como parte na ação cognitiva anterior, cujo título executivo judicial será cumprido. O artigo 516 do CPC estabelece, em seu inciso III, que a competência para o processamento destas ações será a do juízo cível.

Assim, este artigo que, repita-se, previu ação própria para cumprimento da sentença, com a citação do devedor, não abrangeu o inciso V, referente ao crédito do auxiliar da justiça que, portanto, ficou fora desta modalidade de ação judicial.

Forçoso compreender, portanto, que os demais incisos artigo 515, não abarcados pela ação própria prevista no § 1º do mesmo artigo, deverão ser processadas nos mesmos autos da ação de conhecimento em que o juiz proferiu a decisão exequenda, já que aos incisos I a V do artigo 515 deverá ser aplicada a única forma de competência possível para eles prevista pelo artigo 516, no seu inciso II do CPC/2015, o qual especificou que o cumprimento da sentença efetuar-se-á perante *"o juízo que decidiu a causa no primeiro grau de jurisdição"*.

Diante de tais análises, observa-se que, embora tenham sido excluídos do novo CPC expressamente os créditos dos serventuários da justiça das hipóteses de títulos executivos extrajudiciais, foram previstos no CPC/2015 como títulos executivos judiciais, mas somente para fins de cumprimento de sentença perante o mesmo juízo que proferiu a decisão, ou seja, para as causas em que a Fazenda Pública tenha figurado como parte no feito cognitivo anterior. Apura-se a mera intenção do legislador de evidenciar a inserção do sincretismo processual às execuções de decisões judiciais em face da Fazenda Pública, em rito comum ordinário.

Restou falho o CPC ao não deixar clara a forma e competência para a execução dos títulos executivos que sejam decorrentes de decisão judicial, mas cujo juízo competente não possa ser aquele que proferiu a decisão. É o que ocorre, por exemplo, quando o magistrado que arbitra honorários de advogado dativo ou periciais em processo penal ou processo civil em que eram partes apenas pessoas naturais ou jurídicas privadas, mas não possuem competência fazendária para a execução da decisão em face da Fazenda Pública.

Por todo o exposto, de interpretação sistemática entre os artigos do CPC/2015 e do sistema dos Juizados Especiais leva à conclusão de que a execução dos honorários do auxiliar da Justiça deverá ser processada por meio de ação de execução de título executivo extrajudicial em face da Fazenda Pública estadual, perante juízo distinto do prolator da sentença - fazendário.

V. EXECUÇÃO PROVISÓRIA NOS JUIZADOS ESPECIAIS DA FAZENDA PÚBLICA

Apesar da possibilidade de execução provisória existente nos Juizados Especiais Cíveis, decorrentes da ausência de efeito suspensivo aos recursos inominados interpostos (artigo 43 da Lei nº 9.099/95), para os Juizados Especiais da Fazenda Pública, trata-se de tema melindroso.

A respeito do tema, Ricardo Cunha Chimenti[5], com acerto cirúrgico, defende a impossibilidade de execução provisória nos Juizados Especiais da Fazenda Pública.

É a mesma conclusão que se extrai do artigo 2º-B da Lei nº 9.494/97, que é norma especial para a Fazenda Pública e compatível com os Juizados Especiais:

> Art. 2º-B. A sentença que tenha por objeto a liberação de recurso, inclusão em folha de pagamento, reclassificação, equiparação, concessão de aumento ou extensão de vantagens a servidores da União, dos Estados, do Distrito Federal e dos Municípios, inclusive de suas autarquias e fundações, somente poderá ser executada após seu trânsito em julgado. (Incluído pela Medida provisória nº 2.180-35, de 2001)

Não haverá em sede de Juizados Especiais fazendários, em regra, a nosso ver de maneira acertada, a possibilidade de execução provisória, em virtude da legislação especial aplicável às matérias fazendárias, seja porque não há

5. CHIMENTI, Ricardo Cunha. Juizados Especiais da Fazenda Pública: Lei 12.153/2009 comentada artigo por artigo. São Paulo: Saraiva, 2010, p. 94.

previsão expressa pela Lei 12.153/2009, seja porque dever-se-á respeitar a preservação do interesse coletivo e do dinheiro público envolvido que, muitas vezes, se liberado ao credor, poderá não retornar aos cofres públicos. Ressalvam-se as urgências e concessões de tutelas antecipadas.

Além disso, há outras maneiras de se garantir a execução em face da Fazenda Pública quem, via de regra, dispõe de recursos financeiros suficientes a saldar os débitos.

No âmbito do Juizado Especial da Fazenda Pública Federal, foi esse o entendimento:

> *Enunciado 35 do FONAJEF: A execução provisória para pagar quantia certa é inviável em sede de juizado, considerando outros meios jurídicos para assegurar o direito da parte.*

Há tese minoritária que aceita a execução provisória contra a Fazenda Pública. Em se tratando de obrigação de pagar, poderia haver o bloqueio da verba, sendo que a liberação do valor bloqueado ficaria condicionada ou ao julgamento do processo principal ou mediante caução idônea, sob pena de graves prejuízos ao erário.

VI. CUSTAS E HONORÁRIOS NAS EXECUÇÕES PERANTE OS JUIZADOS

O artigo 54 da Lei nº 9.099/95 dispõe, como regra geral para o sistema dos Juizados Especiais, o acesso em primeiro grau de jurisdição sem o pagamento das custas, taxas e despesas, sendo que o caput do artigo 55 da mesma lei também dispensa a parte vencida do pagamento de honorários sucumbenciais.

O parágrafo único do artigo 55 da Lei nº 9.099/95 prevê ainda a cobrança das custas quando os embargos do devedor restarem improcedentes e quando se tratar de execução de sentença que tenha sido objeto de recurso improvido do devedor, sendo esta uma forma de evitar atos protelatórios perante os Juizados Especiais.

Há exceções para ambas as dispensas, quando ocorrer litigância de má-fé.

As Fazendas Públicas possuem isenções legais ao pagamento das custas, mas deverão arcar com eventuais multas aplicadas quando litigar temerariamente, além dos honorários sucumbenciais.

VII. ENCERRAMENTO

As linhas destinadas à escrita deste artigo foram deveras pequenas para abraçar meu anseio de tentar contribuir com o avanço ao encontro de uma ritualística harmonizada entre os magistrados sobre as ações executivas propostas em face da Fazenda Pública, que venham a ser processadas e julgadas nos Juizados Especiais federais e estaduais.

São diversas as atuais interpretações sobre as aplicações das leis que conformam o sistema dos Juizados Especiais com competência para as causas da Fazenda Pública e, já ciente das ressalvas constitucionais e legais, as ponderações feitas neste espaço trazem a mim a sensação de que foi possível contribuir, ao menos um pouco, para este intento.

Urge no Brasil neste momento a necessidade de se estabelecer um rito célere e simples para estas demandas, diante das lacunas de suas leis de regências, valendo-se de paradigmas constitucionais, para não se descurar das particularidades afetas às naturezas das causas que envolvem as Fazendas Públicas Federais, Estaduais e Municipais, antes acolhidas pelos rigores apenas do rito comum.

São estas demandas (ações executivas contra a Fazenda) muito bem-vindas hoje ao sistema sumaríssimo dos Juizados Especiais, mas deveremos ter cautela na junção do direito material com o processual e, dentro deste, dos rito ordinário e especial sumaríssimo, de modo que tenhamos um resultado positivo na prática, viabilizando que se estabeleça definitivamente uma segurança jurídica às partes e demais interessados, além de facilitar um trabalho regular cotidiano pelos servidores.

Não poderemos ter ritos truncados para as execuções contra a Fazenda Pública, para que não sejam violados os critérios do Sistema dos Juizados Especiais. Devermos, para evitar tais mazelas, nos atentarmos para os efeitos práticos que venham a ser produzidos pelas decisões judiciais proferidas desde o início do caminho procedimental, incansavelmente, saneando sempre que possível. Foi tentando operar sob este enfoque, entre 2015 e 2017, durante período de abertura de competências para os Juizados Especiais fazendários no âmbito do Poder Judiciário Mineiro, que acabamos alinhando entre os demais magistrados, escrivã, servidores e demais atuantes, os ritos e as teses desenvolvidas neste caderno, na intenção primeva de simplicidade e praticidade, o que, para nossa grata satisfação, até o momento vem sendo seguido sem percalços relevantes.

REFERÊNCIAS BIBLIOGRÁFICAS

BRASIL. Constituição da República Federativa do Brasil (http://www4.planalto.gov.br/legislação)

BRASIL. Lei 5.869, de 11 de janeiro de 1973. Código de Processo Civil. Disponível em (http://www4.planalto.gov.br/legislação).

BRASIL. Lei 13.105 de 16 de janeiro de 2015. Código de Processo Civil. Disponível em (http://www4.planalto.gov.br/legislação).

BRASIL. Lei 12.153 de 22 de dezembro de 2009. Dispõe sobre os Juizados Especiais da Fazenda Pública (http://www4.planalto.gov.br/legislação).

BRASIL. Lei 10.259, de 12 de julho de 2001. Dispõe sobre a instituição dos Juizados Especiais Cíveis e Criminais no âmbito da Justiça Federal (http://www4.planalto.gov.br/legislação).

BRASIL. Lei 13.105 de 16 de janeiro de 2015. Código de Processo Civil. Disponível em (http://www4.planalto.gov.br/legislação).

BRASIL. Supremo Tribunal Federal (http://www.stf.jus.br). BRASIL. Superior Tribunal de Justiça (http://www.stj.jus.br). BRASIL. Tribunal de Justiça do Estado de Minas Gerais (http://www.tjmg.jus.br). BRASIL. Lei 9.099 de 26 de setembro de 1995. Dispõe sobre Juizados Especiais Cíveis e Criminais. Disponível em (http://www4.planalto.gov.br/legislação).

BRASIL. Superior Tribunal de Justiça (http://www.stj.jus.br).

BRASIL. Tribunal de Justiça do Estado de Minas Gerais (http://www.tjmg.jus.br).

CHIMENTI, Ricardo Cunha. Juizados Especiais da Fazenda Pública: Lei 12.153/2009 comentada artigo por artigo. São Paulo: Saraiva, 2010, p. 94.

JÚNIOR, Humberto Theodoro – *Código de Processo Civil Anotado / colaboradores*: Humberto Theodoro Neto, Adriana Mandim Theodoro de Mello, Ana Vitória Mandim Theodor. 20 ed. – Revista e atualizada – Rio de Janeiro: Forense, 2016, p.974

https://jus.com.br/artigos/9040/a-execucao-nos-juizados-especiais-e-as-alteracoes-do-codigo-de-processo-civil

ROCHA, Felippe Borring. *Nova Sistemática do CPC e os juizados especiais cíveis.* Jus Navegandi. Teresina, ano 11, n.1.199, Disponível em – http//jus.uol.br/revista/texto/9026/novasistemática-executiva-di-cpc-e-os-juizados-especiais-civeis) Acesso em 10.02.2014.

FÓRUM NACIONAL DOS JUIZADOS ESPECIAIS – FONAJE. (http://www. amb. com.br/fonaje/?p=32)

CAPÍTULO 14

A História do "Soldado Joãozinho do Passo Certo" sob a ótica da competência absoluta dos Juizados Especiais da Fazenda Pública

Lilian Maciel Santos

SUMÁRIO: 1. INTRODUÇÃO; 2. A VISÃO SOCIOLÓGICA DOS JUIZADOS ESPECIAIS; 3. DA COMPETENCIA NOS JUIZADOS ESPECIAIS DA FAZENDA PÚBLICA:; 4. DA PROVA TÉCNICA E A NECESSÁRIA DEFINIÇÃO CONCEITUAL DESSE INSTITUTO; 5. OUTRAS QUESTÕES DECORRENTES DA COMPETENCIA DOS JUIZADOS ESPECIAIS FAZENDÁRIOS: A ILIQUDEZ DAS SENTENÇAS; 6. ENTENDIMENTO MAJORITÁRIO NA JURISPRUDÊNCIA LOCAL E O IMPACTO NOS JUIZADOS ESPECIAIS DA FAZENDA PÚBLICA; 7. CONCLUSÃO; BIBLIOGRAFIA

1. INTRODUÇÃO

O presente artigo objetiva trazer à reflexão a questão referente à análise da competência no âmbito dos juizados especiais da Fazenda Pública, instituídos pela Lei 12.153/09 e as consequências daí advindas, propondo uma crítica aos entendimentos existentes sobre o tema. Verifica-se uma forte jurisprudência primando por um critério único de fixação de competência absoluta nesse microssistema fazendário, afastando-se da principiologia que deve reger o sistema dos juizados.

Por conta disso, a importância de despertar um questionamento sobre essa escolha feita e o quão pode ser perniciosa para os juizados especiais. Daí a escolha do tema e mesmo do título do soldado que marcha de forma descompassada de todos os demais quando certo é que, se atentarmos bem, pode ser que a desarmonia esteja ocorrendo com os demais soldados e não com aquele de marcha isolada e solitária.

2. A VISÃO SOCIOLÓGICA DOS JUIZADOS ESPECIAIS

Nunca é demais lembrar que a nossa Lei Maior tendo por objetivos uma sociedade mais justa e solidária e que perpassa por um Poder Judiciário que seja aquele que efetiva esses escopos. Daí, dentro das normas estabelecidas, o art. 98, I contemplou a criação dos juizados especiais que cuidaria das causas de menor complexidade , mediante procedimento oral e sumaríssimo.

Observa-se que nossa Constituição Cidadã com os olhos voltados para a terceira onde renovatória do acesso à justiça idealizada por Cappelletti[1], buscou a melhora e a adequação dos instrumentos processuais do sistema judiciário, o que se faria através de um sistema simplificado idealizado para o sistema dos juizados especiais.

Vislumbrou-se que o caminho para essa sociedade mais equânime, com um processo igualmente justo, perpassaria por inovações que tivessem a finalidade de proporcionar um "sistema processual eficiente e capaz de atender o trinômio qualidade-tempestividade-efetividade", como assevera Cândido Rangel Dinamarco[2].

Essa necessidade tornou-se uma urgência, considerando os problemas recorrentes do acesso à justiça, no que concerne à demora na solução dos conflitos de interesses submetidos à apreciação do Poder Judiciário. A morosidade traz como consequência a falta de credibilidade e a insegurança jurídica quanto à atividade judiciária.

Daí porque, nos juizados especiais foi depositada uma grande esperança de melhoria desse quadro, ao utilizar de um procedimento ágil, capaz de atender aos direitos e interesses de forma satisfatória e em tempo razoável, sem risco de perecimento do bem ou do Direito desejado.

Acresce-se a tudo isso que, com a EC 45/04 inseriu-se o inciso LXXVIII, no art. 5º da Constituição Federal, como direito fundamental e assegurado a todos a duração razoável do processo e os meios que garantam a celeridade de sua tramitação.

Ciente de que a morosidade processual estrangula os direitos fundamentais do cidadão, em 13 de abril de 2009 celebrou-se o II Pacto Republicano de Estado por um sistema de Justiça mais acessível, ágil e efetivo, que previu dentre outros objetivos o *"- aprimoramento da prestação jurisdicional, mormente pela efetividade do princípio constitucional da razoável duração do processo e pela prevenção de conflitos;"*

---

1. CAPPELLETTI, Mauro; GARTH, Bryan. **Acesso à Justiça.** Tradução Ellen Gracie Northfleet. Porto Alegre: Fabris Editora, 1988, p. 13.

2. DINAMARCO, Cândido Rangel. *Instituições de direito processual civil.* São Paulo: Malheiros, 2005,p. 133.

Para tanto, o mesmo documento dispôs no tópico 2 - *Agilidade e efetividade da prestação* jurisdicional - item 2.6 : "*- Revisão de normas processuais, visando a agilizar e a simplificar o processamento e julgamento das ações, coibir os atos protelatórios, restringir as hipóteses de reexame necessário e reduzir recursos.* E, no tópico **3** – *Acesso universal à Justiça,* previu no tópico 3.3 : " *- Instituição dos Juizados Especiais da Fazenda Pública no âmbito dos Estados e do Distrito Federal, com competência para processar, conciliar e julgar causas cíveis, de pequeno valor, de interesse dos Estados, do Distrito Federal e dos Municípios."*

Ou seja, dever-se-ia fomentar uma especialização dos juizados especiais , para a área do Poder Público com o intuito de melhorar a prestação jurisdicional, com um procedimento mais célere, nos termos do que estatuiu o art. 5º, inciso LXXVIII.

Sob essa ótica, o aparato estatal deveria concentrar esforços em efetivar direitos dos cidadãos, através de um tipo ideal de informalização da justiça com estrutura menos burocrática e relativamente mais próxima do meio social em que atua. Assim, apostou-se na capacidade dos disputantes de promover sua própria defesa, diminuindo a necessidade de profissionais e o uso da linguagem legal formal; preferência por normas substantivas e procedimentais mais flexíveis; mediação e conciliação entre as partes mais do que a espera por uma solução através da sentença; ambiente mais humano e cuidadoso, com uma justiça resolutiva rápida.

Esse é, portanto, o plano do *dever ser* e não propriamente, o que de fato se concretizou, a partir da criação dos juizados especiais da Fazenda Pública pela Lei 12.153/09.

3. DA COMPETENCIA NOS JUIZADOS ESPECIAIS DA FAZENDA PÚBLICA:

A meu aviso, o maior problema quanto à efetivação da justiça com a criação dos juizados especiais da fazenda pública, foi a previsão relativa á competência. Nesse aspecto, a Lei 12.153/09 dispôs em seu artigo 2º, § 4º que, *"no foro onde estiver instalado Juizado Especial da Fazenda Pública, a sua competência é **absoluta.**"* (destacamos)

Com isso, diferentemente da Lei 9.099/95, cujo ajuizamento da ação perante os juizados especiais cíveis é opção do autor, aquela lei determinou que a competência seja absoluta aonde já houvesse os juizados da fazenda pública instalados, não facultando a parte a possibilidade de aquilatar qual o melhor caminho de buscar seu direito junto ao Poder Judiciário.

Pelo art. 23 do mesmo regramento, os Tribunais de Justiça pelo período de cinco anos puderam limitar a competência dos juizados especiais da fazenda pública até a plena estruturação.

Contudo, o referido prazo findou-se em 22 de junho de 2015, e a competência absoluta emergiu com toda sua força nos juizados especiais da fazenda pública para todas as matérias que não excedam 60 (sessenta) salários mínimos e não estejam nas exceções elencadas no § 1º, do art. 2º da lei em comento.

Importante salientar que, no âmbito do Tribunal de Justiça de Minas Gerais, por força da Resolução n. 700/2012 houve a determinação, no sentido de que, as causas dos Juizados Especiais da Fazenda Pública tramitassem nas unidades do sistema dos juizados comuns já instalados. Não havendo unidade dos juizados, os feitos tramitariam perante a Justiça Comum, obviamente sob a ritualística da Lei 12.153/09 c/c a Lei 9.099/95.

Com a competência absoluta emergindo com toda sua força, desde o término do prazo quinquenal de limitação da competência do Jesp-Fazenda Pública, deparou-se com o aporte de vários e vários conflitos negativos de competência entre a Justiça Comum e os Juizados Especiais, em razão da forma de interpretação da competência desse microssistema fazendário.

A justiça comum justifica sua incompetência absoluta, no fato de que a exegese a ser dada à Lei 12.153/09 para fixação de competência dá-se com base exclusivamente em razão do valor da causa, do proveito econômico que se pretende, não sendo o caso de se perquirir sobre a questão referente à complexidade da causa.

Joel Dias Figueira[3] Junior discorrendo sobre esse tema, quando ainda só existia a Lei 10.251/91, posicionou-se inicialmente no sentido favorável à competência dos juizados especiais pouco importando a questão referente à complexidade probatória.

Assim, para o doutrinador bastaria que o valor da causa fosse inferior a 60 salários mínimos, para a hipótese ser necessariamente de competência absoluta:

> "Diferentemente, a Lei 10.259/01 admite expressamente a possibilidade de realização de prova técnica (e não apenas a inquirição de técnicos ou inspeções) através de laudos periciais (art. 12), o

3. Manual dos Juizados Especiais cíveis Estaduais e Federais. São Paulo: RT , 2006. p. 86.

> que por si só representa a existência de lides de maior complexidade probatória, diferentemente do que se verifica nos Juizados Estaduais, sobretudo em face da competência relativa norteadora daquele microssistema. Todavia, conforme já assinalamos alhures, não será diverso o resultado em sede de competência (absoluta ou relativa) no que concerne à complexidade da matéria se e quando a circunscrição judiciária estiver dotada de vara com competência específica . Significa dizer que pouco importa se a matéria objeto do conflito instaurado se apresenta com grande ou pequena complexidade probatória (diga-se o mesmo a respeito do valor da causa –cf. item 3.3 supra), tendo em vista que estamos diante de competência absoluta (art. 3º, § 3º). Nas demais hipóteses, a competência (de foro) será relativa."

Com isso, observa-se que a justificativa para manter nos juizados fazendários matérias complexas sob a ótica probatória, ocorre muito em função do fato da Lei 10.259/2001 prevê em seu art. 12 que: *"para efetuar o exame técnico necessário à conciliação ou ao julgamento da causa, o Juiz nomeará pessoa habilitadas que apresentará o laudo até cinco dias antes da audiência, independentemente de intimação das partes."*

Desta feita, nessa linha de entendimento, se é possível a realização de prova técnica nos juizados fazendários, prescinde-se de perquirir a questão da complexidade probatória, ante o permissivo legal que se possa realizar esse tipo de prova.

A jurisprudência do STJ , no voto paradigma de Relatoria do Min Teori Zavascki, no CC 96.353/SC, consignou o mesmo posicionamento quanto à desnecessidade desse requisito da complexidade para fixar a competência absoluta dos juizados especiais fazendários.

Confira-se :

> "É certo que a Constituição limitou a competência dos Juizados Federais em matéria cível , a causa de "menor complexidade" (CF, art.98, p único). Mas, não se pode ter por inconstitucional o critério para esse fim adotado pelo legislador, baseado no menor valor da causa, com as exceções enunciadas. A necessidade de produção de prova pericial, além de não ser critério próprio para definir a competência, não é sequer incompatível com o rito dos juizados federais, que prevê expressamente a produção dessa espécie de prova (art. 12 da Lei 10.259/01)."

Nos vários julgados a partir de então, verifica-se que se tornou desinfluente o grau de complexidade da demanda ou o fato de ser necessária a realização de perícia técnica, pois o valor de alçada tornou-se o marco regulatório para fixar a competência absoluta.

Esse entendimento pode-se afirmar ser o majoritário no âmbito do Tribunal de Justiça do Estado de Minas Gerais, como se infere de vários conflitos de competência, à exemplo: 1.0000.16.074.205-2/000, 1.0000.16.024.582-5/000, 1.0000.16.022.629-6/000, 1.0000.16.018.7084/000, 1.0000.16.038.640-5/000 à guisa de consulta , que trata de matérias as mais variadas, como exclusão de candidato na fase psicotécnica do concurso público, aposentadoria de servidor por invalidez, inabilitação em exame admissional de servidor público, dentre outros.

Diante desse cenário caótico em que se passou a admitir prova técnica no âmbito dos juizados desvirtuando, por completo, a essência do que a Constituição Republicana objetivava, veio à memória a estória que o soldado Joãozinho do Passo Certo que marchava num compasso diferente dos outros 999 soldadinhos. Ao ser questionado pelo Sargento daquela conduta, ele afirmou que o compasso dele estava correto: *"os outros é que estavam marchando errado!"*. Assim, modestamente, proponho uma marcha diferente sobre o tema.

Pois bem. Não podemos nos afastar da fonte primeira e criadora dos juizados especiais, que é a nossa Lei Maior, no art. 98, I, que dispõe que a competência do microssistema repousa nas causas de menor complexidade, mediante os procedimentos oral e sumariíssimo.

Essa é a pedra de toque fundamental, a partir do qual todo ordenamento jurídico infraconstitucional deve manter fiel observância. Por conta disso, a exegese jurídica das Leis 9.099/95, 10.259/01 e 12.153/09 deve se voltar sempre para a principiologia dos juizados que é a efetividade da jurisdição, através da simplicidade, da celeridade e da informalidade.

Por conta disso, toda a interpretação das regras positivadas naquelas leis, deve se voltar para uma interpretação sistêmica e finalística. Como sabido, essa primeira forma de exegese, analisa normas jurídicas entre si. Pressupondo que o ordenamento é um todo unitário, sem incompatibilidades, permite escolher o significado da norma que seja coerente com o conjunto.

Com isso, busca-se uma interpretação que não colida com as normas superiores e com os princípios. Exatamente por isso que, o método sistemático impede que as normas jurídicas sejam interpretadas de modo isolado, exigindo que todo o conjunto seja analisado simultaneamente à interpretação de qualquer texto normativo. Assim, não podemos buscar o significado de um artigo, de uma lei ou de um código.

A interpretação deve buscar o significado da norma, considerando seu contexto normativo em que ela foi inserida e a relacionando diretamente com todo o sistema. Nas palavras de Eros Grau[4], *"não se interpreta o direito em tiras"*. Tudo deve ser analisado em sintonia com a Constituição e as demais normas jurídicas. Da mesma forma, a interpretação do microssistema também não deve olvidar a finalidade da norma, isto é, a exegese teleológica.

O Jurista Carlos Maximiliano[5] ensinava que ***"a norma enfeixa um conjunto de providências, protetoras, julgadas necessárias para satisfazer a certas exigências econômicas e sociais; será interpretada de modo que melhor corresponda àquela finalidade e assegure plenamente a tutela de interesse para a qual foi regida."***

Pontuava, ainda, o mestre Carlos Maximiliano[6] 81:

> "I - Com base na técnica de interpretação teleológica a legislação deve ser interpretada de modo que abranja, não só o bem econômico e materializado, mas também outros valores, de ordem psíquica. Protege-se o patrimônio físico e moral do indivíduo, a princípio; da coletividade, acima de tudo.
>
> II -Inspira-se a Hermenêutica nos mesmos princípios da ciência de que é auxiliar; atende, sobretudo, ao fim social, "elemento especificamente jurídico"; substância, realidade do Direito"; grande fator, portanto, um dos mais eficientes da exegese moderna. O dogma tradicional da vontade foi substituído pelo dogma histórico-evolutivo do escopo, o arbítrio indomável do indivíduo, pelo fim eminentemente humano do instituto".

Desta forma, as normas infralegais devem ser aplicadas atendendo ao previsto pelo ordenamento jurídico constitucional, mantendo fiel observância. Por conta disso, a exegese jurídica das Leis 9.099/95, 10.259/01 e 12.153/09 deve se voltar sempre e sempre para os axiomas dos juizados que é a efetividade da jurisdição, através da simplicidade, da celeridade e da informalidade. Qualquer interpretação em sentido contrário, deve ser rejeitada pois *contra a Constituição* .

Conjugando, portanto, a hermenêutica finalística e sistêmica, concluiu-se que não é possível cogitar da aplicação de um rito ordinarizado no âmbito dos juizados especiais da Fazenda Pública, introduzindo questões

---

4. Ensaio e Discurso sobre a Interpretação /Aplicação do Direito - 2ª ed. São Paulo, Malheiros, 2003, p. 40
5. Hermenêutica e Aplicação do Direito, São Paulo, Saraiva, 20 edição, 2011, p. 34-35.
6. Ob. Cit,, p. 65.

técnico-probatórias complexas, ainda que haja previsão da realização do laudo técnico (art. 12 da Lei 10.259/01) .

Com a devida vênia ao entendimento do STJ e as decisões do Tribunal de Justiça de Minas Gerais, verifica-se que o entendimento autorizando desconsiderar a complexidade probatória, a permitir a realização de provas técnicas periciais no âmbito dos juizados fazendários se aparta totalmente da lógica do sistema.

Está havendo, por sem dúvida, a introdução de um procedimento ordinário aonde a Lei Maior determinou que fosse ele oral e sumariíssimo . Indo além, o vocábulo empregado não foi simplesmente de procedimento *sumário*. A previsão constitucional foi no *superlativo - sumaríssimo*. Quis a Constituição que as questões simples sejam rapidamente solucionadas, para que se propicie um efetivo acesso à justiça. O escopo foi a rápida solução do litigio e, ao se possibilitar provas técnicas no âmbito dos juizados especiais da fazenda pública, estar-se-á inarredavelmente ordinarizando o procedimento e afastando da principiologia regente.

Portanto, o critério que determina a competência dos juizados especiais cíveis é o *constitucional* previsto no art. 98, I. Não pode a lei infraconstitucional impor como único critério o valor da causa, sem atentar para o sistema e finalidade dos juizados especiais. Verifica-se que a Constituição Federal foi quem definiu o requisito como sendo "as causas cíveis de menor complexidade" e o rito simplificado. Esses são os critérios do qual o legislador infraconstitucional e o interprete nunca podem se afastar.

A própria conceituação de "menor complexidade" é vaga e indeterminado, como bem assentou a ilustríssima Ministra Nancy Andrighi, no CC 83.130:

> "A correta percepção do problema ajuda a visualizar que a 'causa cível de menor complexidade' é expressão que revela um conceito vago, indeterminado, que, à princípio, poderia ter tantos significados quantos fossem os seu intérpretes. A complexidade é, sem dúvidas, conceito que naturalmente varia de acordo com a experiência do observador, com o universo amostral tomado em consideração e, evidentemente, de acordo com as condições históricas, econômicas e sociais do pais. [...] Tal diversidade de significados revela um juízo político, de conveniência e oportunidade, sobre o que vem a ser as causas cíveis de menor complexidade. Por isso, a ampliação ou a restrição de tal conceito deve ser visto com reservas. Ao fixar a abrangência do Juizado Especial, o legislador leva em conta critérios de economia, para atender da melhor forma possível um universo infinito de necessidades com recursos financeiros

> limitados. Dessa forma, a ampliação indevida da competência dos juizados especiais pode os levar a enfrentar um excesso de demanda, com efeitos nefastos para a duração razoável do processo, do mesmo modo que a redução dessa competência pode levar à ociosidade de uma estrutura que consome recursos caros ao contribuinte. A integração da norma constitucional de eficácia limitada pelo legislador ordinário leva em conta, portanto, a reserva do possível."

Há ainda outro aspecto relevante. Adotar indiscriminadamente o critério do valor da causa para fixar a competência absoluta dos Juizados Especiais Fazendários, afronta também o contraditório e à ampla defesa. Isto porque se o procedimento deve ser o sumariíssimo e, portanto, célere, há uma total incompatibilidade de se abrigar questões de maior complexidade, nessa via processual estreita e curta.

Assim, o próprio interesse público pode estar sendo lesado, já que não se autorizará a ampla fase instrutória e probatória. Interessante a menção feita por Alexandre Freitas Câmara[7]:

> "Dizer que os Juizados Especiais Cíveis Federais e os Juizados Especiais da Fazenda Pública são, na verdade, Juizados de Pequenas Causas não significa dizer, porém, que causas complexas de pequeno valor possam ser submetidas a esses Juizados. A competência dos Juizados Especiais Cíveis Federais e dos Juizados Especiais da Fazenda Pública é determinada "ratione valoris" mas, como se dá em sede estadual cível, há pequenas causas de grande complexidade, as quais não poderão ser submetidas aos Juizados Federais, nem aos Juizados Especiais da Fazenda Pública.
>
> Entre essas pequenas causas de grande complexidade, algumas já que são expressamente enumeradas na Lei nº 10.259/2001 e na Lei nº 12.153/2009 (e das quais se tratará no próximo tópico), enquanto outras terão sua complexidade verificada no caso concreto, incidindo, assim, o disposto no art. 51, II , da Lei nº 9.099/1995 (cf., supra, nº 18.2)".

Se conjugarmos a fala da Ministra Nancy Andrighi com a do doutrinador

Alexandre Freitas Câmara, percebemos que se trata de uma opção mais política e discricionária a conceituação e dimensão do que se deva entender por matérias de menor complexidade. Justamente por isso, restringir a competência dos juizados não é um caminho equivocado, uma marcha incorreta.

---

7. "Juizados Especiais Cíveis Estaduais, Federais e da Fazenda Pública: uma abordagem crítica, p. 198-199.

Isto porque, se imaginarmos que a principiologia é a da celeridade e eficácia, tudo que se apartar desse escopo deve ser tolhido.

Igualmente, Joel Dias Figueira Júnior[8] parece também ter modificado em certa medida seu entendimento, em cotejo com a manifestação anteriormente transcrita, quando faz a seguinte menção em outra obra:

> "Em que pese o art. 2º da Lei 12.153 2009 não fazer menção expressa ao critério da menor complexidade da matéria objeto do litígio para fixar a competência originária dos Juizados Especiais da Fazenda Pública, trata-se de preceito implícito que decorre do próprio texto constitucional(CF , art. 98 , I, c/c § 1º). [...] É bom que se diga não ter o legislador acolhido a melhor forma de expressar os critérios fixadores da competência dos Juizados Especiais da Fazenda Pública, sobretudo porque induz o leitor mais afoito e o operador do Direito menos afeito com o tema à supressão da menor complexidade da matéria conflituosa para a fixação da competência."

A complexidade, portanto, é o critério balizador da competência e não o valor da causa. Mesmo que haja a possibilidade da realização de prova técnica nos juizados fazendários, essa opção acaba por impor um rito ordinário que, igualmente foge do ditame constitucional do artigo 98, I que determina que o rito seja sumariíssimo.

4. DA PROVA TÉCNICA E A NECESSÁRIA DEFINIÇÃO CONCEITUAL DESSE INSTITUTO:

Outra importante questão e que pode aclarar a celeuma em torno da fixação da competência no âmbito dos juizados especiais da fazenda pública, é dar uma correta definição do que vem a ser a prova simplificada preconizada no art. 12 da Lei 10.259/01 e que vem sendo utilizada como âncora para permitir que seja realizada a prova técnica no âmbito dos juizados da fazenda pública regulados pela Lei 12.153/09.

Para tanto, primeiramente deve-se buscar compreender a diferença entre a prova técnica e a pericial. A distinção entre as figuras repousa na complexidade e justamente, por conta disso, essa última não é admitida nos juizados.

Ora, e a razão é muito simples. Se o microssistema dos Juizados tem suas premissas pautadas na simplicidade, na informalidade e na celeridade, não há

8. Juizados Especiais da Fazenda Pública: comentários à Lei 12.153 , de 22 de dezembro de 2009, p. 67-68.

espaço processual para que seja inserida uma prova pericial que é, ao contrário do que aqueles princípios preconizam, é complexa, formal e demorada.

É importante situar corretamente as figuras e suas distinções, pois é exatamente a incompreensão delas que vem gerando a atribuição de competência aos juizados especiais da Fazenda Pública, quando não seria o caso .

Pois bem. O Novo Código de Processo Civil passou a prever uma subespécie de prova técnica, que é a prova técnica simplificada, em seu artigo 464, § 3º. Por meio dela o juiz pode inquirir, em substituição à confecção do laudo pericial, um especialista embora, neste caso, o § 4º do artigo 464 estabeleça que tal especialista terá que ter "formação acadêmica específica" na área objeto de seu conhecimento.

Assim, pode-se dizer que o principal diferenciador das duas modalidades de prova técnica, está no grau de conhecimento envolvido e a extensão ao objeto da demanda. A própria quesitação elaborada pelas partes, é tarefa que exige domínio do conhecimento o que, um especialista pode não ter como fazê-lo.

Figure-se o exemplo da prova pericial contábil que, é por sem dúvida, complexa, na medida em que exige cálculos matemáticos, enfim, toda uma série de técnicas específicas.

Então, sempre que a natureza da prova exigir um grau de complexidade técnica, que traz em si a introdução de um rito muito similar para não dizer idêntico ao ordinário, conclui-se que o caso exige a realização de perícia técnica e não da prova técnica simplificada.

Podemos estabelecer que, a prova pericial pressupõe um "expert", isto é, aquele que tem formação técnica na área demandada. Já a prova técnica simplificada pode ser realizada por qualquer um que tenha conhecimentos fundados na experiência, a partir de uma profissão ou ofício que exerce.

Assim, a prova pericial demandará todo um procedimento de formulação de quesitos, indicação de assistentes se for o caso, marcação do dia e hora de sua realização, esclarecimentos etc. A prova simplificada, ao contrário, bastará a inquirição do técnico nomeado em audiência , como dispõe a lei.

É importante esclarecer que do ponto de vista do esgotamento da análise da matéria objeto da prova, não há nenhuma diferença entre a cognição do técnico e a do "expert". A distinção encontra-se na qualificação deste último, como condição para elucidar temas que fogem ao domínio do técnico.

Contudo, verifica-se que, na prática, se está abrindo mão dessa necessária distinção para equiparar a prova técnica simplificada com a prova pericial e, optando pelo rito procedimental dessa última, que é infinitamente mais complexo. Exatamente por conta disso há a crítica relativa à "ordinarização", pois o que se vivencia é a opção pelo rito mais complexo, mais formal e menos célere.

É mister destacar que, por conta da regra do art. 12 da Lei 10.259/01, que se instalou toda a celeuma, a partir de uma equivocada interpretação do que vem a ser a prova técnica simplificada: «Art. 12. Para efetuar o exame técnico necessário à conciliação ou ao julgamento da causa, o Juiz nomeará pessoa habilitada, que apresentará o laudo até cinco dias antes da audiência, independentemente de intimação das partes."

Houve, por sem dúvida, uma incorreta interpretação da dimensão do referido dispositivo, pois a meu aviso, ele nada mais fez do que repetir o artigo 35, *caput*, e seu parágrafo único da lei 9.099/95 que dispõe:

> "Art. 35 Quando a prova do fato exigir, o Juiz poderá inquirir técnicos de sua confiança, permitida às partes a apresentação de parecer técnico.
>
> Parágrafo único. No curso da audiência, poderá o Juiz, de ofício ou a requerimento das partes, realizar inspeção em pessoas ou coisas, ou determinar que o faça pessoa de sua confiança, que lhe relatará informalmente o verificado."

Observa-se que o artigo 12 faz referência ao **"exame técnico"**, tal qual o art. 35 que prevê a figura do **"parecer técnico"**. O art. 12 menciona a figura da **"pessoa habilitada"** e o art. 35 do **"técnico de sua confiança"**. Ou seja, os termos se equivalem quanto ao seu conceito e alcance. O que se verifica, na verdade, foi que se deu uma interpretação ao art. 12 da Lei 10.259/01, como se houvesse inaugurado uma nova possibilidade instrutória para os juizados especiais, autorizando prova periciais quando, na verdade, a intenção é a mesma que já continha a Lei 9.099/95, não autorizando provas complexas e formais que burocratizem o procedimento.

Vislumbra-se claramente que a *mens legis* não foi a de possibilitar provas técnicas complexas nos juizados e que a prova simplificada é aquela que se realiza em audiência, com a inquirição de um técnico ou especialista, sem que haja qualquer alongamento do processo para sua realização, com a formulação de quesitos, indicação de assistentes, marcação de perícia etc.

Reforça esse entendimento a redação do § 3º do artigo 464 do CPC/15 que dispõe *verbis:*"A prova técnica simplificada consistirá **apenas na inquirição de**

especialistas, pelo juiz, sobre ponto controvertido da causa que demande especial conhecimento científico ou técnico." – destacamos.

Dessa forma, nota-se que a prova técnica é permitida, desde que seja esta conceitualmente informal, limitada à inquirição do especialista, podendo ser colhida através de esclarecimentos prestados por experto, em audiência. Esse foi o intento da lei 9.099/95 é também o da Lei 10.254/01. Não houve nenhuma alteração ontológica introduzida pela Lei 10.254/01. A Lei 10.254/01 reitera a concepção idealizada pela Lei 9.099/95 e que o Novo Código de Processo Civil vem agora reforçando.

Denota-se, portanto, que a prova pericial, nos moldes do Código de Processo Civil não é admissível na esfera dos Juizados Especiais da Fazenda Pública a não ser que seja nos exatos moldes e dimensões estatuídas pelo art. 35 da Lei 9.099/95 e art. 12 da Lei 10.254/01 e agora § 3º do art. 464 do CPC/15.

Nesse sentido, afirma HUMBERTO THEODORO JÚNIOR[1] que:

"A prova técnica é admissível no Juizado Especial, quando o exame do fato controvertido a exigir. Não assumirá, porém, a forma de uma perícia, nos moldes habituais do Código de Processo Civil. O perito escolhido pelo Juiz será convocado para a audiência, onde prestará as informações solicitadas pelo instrutor da causa (art. 35, caput). ***Se não for possível solucionar a lide à base de simples esclarecimentos do técnico em audiência, a causa deverá ser considerada complexa.*** *O feito será encerrado no âmbito do Juizado Especial, sem julgamento do mérito, e as partes serão remetidas à justiça comum. Isto porque os Juizados Especiais, por mandamento constitucional, são destinados apenas a compor 'causas cíveis de menor complexidade' (CF, art. 98, inc. I -)". - destacamos.*

Por isso que J. Carreira Alvim[9] nomina o exame técnico, de uma "microperícia", que dispensa a apresentação das partes e a apresentação de quesitos, sendo um exame determinado pelo juiz a ser realizado por pessoa habilitada a fazer o exame, com a apresentação do laudo. Apenas nas ações previdenciárias e relativas à assistência social, as partes participam da perícia, apresentando quesitos e indicando assistentes que são, sem dúvida, os assistentes técnicos (art. 12, § 2º, Lei nº 10.259/01).

Por prova simplificada ensina o doutrinador Elpídio Donizetti[10]:

> "O CPC/2015 traz, nos §§ 2º a 4º do art. 464, novidades em relação à sistemática anterior. Tais dispositivos regulam a possibilidade de

9. Alvim, José Eduardo Carreira. Juizados Especiais Federais, 1ª ed. Rio de Janeiro, Forense, 2002, p.37.

10. Donizetti, Elpídio. Novo Código de Processo Civil Comentado . Ed. Atlas, São Paulo, 2ª ed, 2017, p. 364.

> ser utilizado o recurso de prova técnica simplificada, de ofício ou a requerimento das partes, quando o ponto controvertido for menos complexo. Nesse caso, a perícia será substituída pela inquirição de especialista, com formação acadêmica específica na área objeto do assunto.
>
> A realização de prova técnica simplificada independerá da confecção de laudo pericial. Caberá ao juiz apenas inquirir o perito na audiência de instrução e julgamento, sobre os fatos que demandem conhecimento especializado. Os assistentes também podem ser admitidos, assim como a formulação de quesitos orais, que serão esclarecidos na própria audiência. Note que esta simplificação já podia ser vista pela Lei dos Juizados especiais (Lei n. 9.099/95, mais precisamente no art. 35)." – destacamos.

Por conta do exposto, o que se tem verificado é um nivelamento do laudo técnico simplificado ao patamar de perícia técnica dando a ambas um tratamento idêntico e institucionalizou-se o mesmo *iter procedimental* com que se realizam a prova pericial complexa, o que é um ledo e rotundo engano.

A lei não contém palavras inúteis, já dizia Carlos Maximiliano[11]. Ora se o § 3ª do art. 464 do CPC/15 utiliza o adverbio **"apenas"** para indicar que a prova técnica simplificada consiste tão somente na inquirição de especialista sobre ponto controvertido da causa, é indicativo que teve a intenção clara de demonstrar que esse auxiliar da justiça tem a função de esclarecer uma questão técnica ao julgador e não de realizar uma pericia e, além de tudo, sem criar qualquer embaraço no andamento processual, pois esse especialista será ouvido em audiência.

Essa distinção se mostra importantíssima, pois na medida em que se visualiza a diferenciação entre a prova técnica simplificada e a prova pericial, infere-se que, na prática, não se está fazendo o uso correto da prova técnica simplificada. Isto porque, há inúmeras ações paralisadas no âmbito dos juizados especiais da fazenda pública especial aguardando que seja nomeado um perito que aceita realizar a prova técnica gratuitamente , sendo que o que será feito, é sem dúvida , uma genuína prova pericial.

Usar de fachada o *nomen juris* "prova técnica simplificada" tão somente para manter a competência dos juizados especiais da Fazenda Pública, mostra-se, extremamente temerário e uma *opção jurisprudencial* que não se coaduna com a unidade exegética que se pretende conferir ao sistema dos juizados especiais.

11. Ob. Cit, p. 51.

Em suma, nessa celeuma, observa-se que o os tribunais superiores vêm tentando efetivar o princípio da celeridade na Justiça Especial, fazendo interpretação extensiva do artigo 35 da Lei 9099/95 que não faz referência expressa quanto a possibilidade desse tipo de prova, limitando-se a fazer menção quanto a possibilidade de inquirição de técnicos se a matéria assim exigir.

5. OUTRAS QUESTÕES DECORRENTES DA COMPETÊNCIA DOS JUIZADOS ESPECIAIS FAZENDÁRIOS: A ILIQUDEZ DAS SENTENÇAS

Não afastando muito do tema abordado neste artigo, não podemos deixar passar desapercebida uma outra relevante questão decorrente dessa discussão.

Trata-se da necessidade de liquidez das sentenças no âmbito dos juizados especiais. Há uma outra dificuldade surgida em decorrência da fixação de competência nos juizados especiais fazendários, que vem a ser o fato de que, a exigência da prova técnica pericial pode ser necessária, não em razão da matéria de direito propriamente, mas por conta da extensão do objeto da lide que tem que ser apurado.

Figuremos a hipótese de uma ação em que o autor, servidor público, objetiva o pagamento de adicional noturno. Na justiça comum sendo a ação instruída com uma singela certidão da autoridade competente indicando a jornada laboral do servidor realizada entre 22:00 horas até as 05:00 horas do dia seguinte e por qual período houve o labor, é o tanto quanto basta para que haja o julgamento antecipado da lide, postergando a apuração do *quantum debeantur*, para a fase de liquidação.

No entanto, essa mesma matéria de simples análise no âmbito dos juizados especiais da Fazenda Pública, para que tenhamos uma sentença líquida, demandaria uma prova pericial que não é seria a prova técnica simplificada. Isto porque, como visto, essa forma a não exige complexidade de conhecimentos técnicos. Ou seja, o caso demandaria a clássica prova pericial, aonde, com base nos espelhos de ponto, analisando todos os dias de efetivo trabalho, durante todo o período imprescrito de nada menos que cinco anos, se for o caso, chegar-se-á ao valor devido.

A se autorizar que essa ação tramite nos juizados, com a interpretação equivocada de que a prova técnica simplificada pode ser realizada nos moldes de prova pericial estar-se-á invertendo toda a sistemática dos juizados. Com isso, depararemos com a situação de que os processos na justiça comum tramitarão numa velocidade muito maior que nos juizados. Um verdadeiro *nonsense* !

Essa situação não é hipotética, pois há um risco real de que venha a ocorrer. Na justiça comum há várias demandas referentes a servidores públicos que pleiteiam o pagamento do adicional noturno. O ente estatal de forma reiterada não acosta aos autos a prova documental necessária para a aferição da jornada de trabalho. Na tentativa de exibir a documentação, são realizadas várias intimações, inclusive sob as cominações do art.400, I do CPC que se refere à presunção de veracidade dos fatos que se objetivava demonstrar a partir dos documentos não exibidos.

Pois bem. Mesmo sob aquela sanção, ainda assim o ente estatal não raro queda-se inerte e há o julgamento de procedência da ação sem estipular qualquer valor, que será apurado em liquidação, na forma do art. 509, § 2º do CPC. Tudo muito simples no âmbito da justiça comum. É de se indagar, contudo, como nos juizados especiais poder-se-ia aplicar o mesmo art. 400, I do CPC sem a existência de qualquer cálculo realizado para aferir o *quantum debeantur?*

Nem se argumente que compete ao autor realizar pedido certo. Ora, se o servidor não tem acesso a espelhos de ponto como exigir-lhe que já com a inicial venham os cálculos aritméticos referentes aos valores que entende devidos?

Esse é mais um problema que grassa nos juizados especiais da fazenda pública e que pode gerar um verdadeiro entrave na solução da lide.

6. ENTENDIMENTO MAJORITÁRIO NA JURISPRUDÊNCIA LOCAL E O IMPACTO NOS JUIZADOS ESPECIAIS DA FAZENDA PÚBLICA:

Trazemos à colação o Acórdão junto à 5.ª Câmara Cível do TJMG em que são feitas considerações sobre o tema, assim como dos votos vencedores e o voto minoritário vencido, para verificarmos os argumentos :

> "EMENTA: CONFLITO DE COMPETÊNCIA – AÇÃO ORDINÁRIA – ADICIONAL DE INSALUBRIDADE -AJUIZAMENTO APÓS 23 DE JUNHO DE 2015 – LEI 12.153/09 – PLENA APLICABILIDADE – VALOR DA CAUSA INFERIOR A 60 SALÁRIOS MÍNIMOS – PROCESSAMENTO POR UMA DAS UNIDADES JURISDICIONAIS DO SISTEMA DOS JUIZADOS ESPECIAIS DA FAZENDA PÚBLICA
>
> 1. Para as ações propostas a partir de 23 de junho de 2015, a competência dos Juizados Especiais da Fazenda Pública deve ser

definida com base unicamente nos requisitos estabelecidos na Lei 12.153/09, porquanto findo o período de limitação de competência previsto no art. 23 do mesmo diploma legal.

2. Ajuizada, em agosto de 2015, ação ordinária postulando o recebimento de adicional de insalubridade, cujo valor da causa é inferior a 60 salários mínimos, o feito deve ser considerado de baixa complexidade, para fins de definição de competência dos Juizados Especiais da Fazenda Pública, não cabendo qualquer análise subjetiva por parte do magistrado acerca de outras circunstâncias, não previstas em lei, que supostamente poderiam tornar a demanda mais complexa.

VOTO VENCIDO: O valor da causa não é referência absoluta para a fixação da competência dos juizados especiais, apesar de sua previsão como um dos critérios objetivos do art. 3º da Lei Federal 9.099/95. – Litígios existem como de menor complexidade fático-probatória, mas de expressiva dimensão patrimonial, como causas existem em sentido inverso: de simplificada demonstração quanto à sua base empírica, mas de grande vulto económico, a revelar que o critério da complexidade da causa deve ser levado em conta para fixação da respectiva competência.

- No caso 'sub examine', demonstrada a necessidade de realização de prova pericial para o deslinde da demanda, a evidenciar a complexidade da causa, deve ser fixada a competência da Justiça Comum para processar e julgar o feito. CONFLITO DE COMPETÊNCIA Nº 1.0000.16.015620-4/000 – COMARCA DE BARBACENA – SUSCITANTE: JUIZ DE DIREITO DA 1ª UN JURISDICIONAL JUIZADO ESPECIAL DA COMARCA DE BARBACENA – SUSCITADO(A): JUIZ DE DIREITO DA 3ª VARA CÍVEL DA COMARCA DE BARBACENA – INTERESSADO(A)S: ANSELMO DAMAZIO BERNARDO, ESTADO DE MINAS GERAIS

A C Ó R D Ã O Vistos etc., acorda, em Turma, a 5ª CÂMARA CÍVEL do Tribunal de Justiça do Estado de Minas Gerais, na conformidade da ata dos julgamentos, em DECLARAR O SUSCITANTE COMO COMPETENTE PARA PROCESSAR E JULGAR O FEITO, VENCIDA A RELATORA. JD. CONVOCADA LÍLIAN MACIEL SANTOS (RELATORA)

V O T O

Trata-se de CONFLITO NEGATIVO DE COMPETÊNCIA suscitado pelo Juiz de Direito da 1ª Unidade Jurisdicional do Juizado Especial da Comarca de Barbacena, magistrado Alanir José Hauck Rabeca, (fls. 12/15-TJ), motivado pela declinação de competência promovida pela Juíza de Direito da 3ª Vara Cível de Barbacena, magistrada Liliane Rossi dos Santos Oliveira (fls. 08v/09-TJ), nos autos da Ação Ordinária proposta por Anselmo Damázio Bernardo em desfavor do Estado de Minas

Gerais. Com vista dos autos, a d. Procuradoria- Geral de Justiça manifestou-se pela competência do Juízo suscitado, fls. 24/25-TJ. Informações do Juízo suscitado, fls. 33/33v-TJ. o relatório. Conheço do conflito de competência. No caso específico, constata-se que a ação ordinária de concessão de adicional de insalubridade, originária do presente recurso, visa ao reconhecimento do direito a referido adicional, bem como recebimento dos valores devidos a este título. De início, importante salientar que, até a instalação do Jesp-Fazenda Pública, onde não houver Vara da Fazenda Pública Estadual ou Municipal, a competência seria do Juízo Cível de Jurisdição Comum da Comarca. Veio então a Resolução 700/2012 e determinou, em seu art. 2º, que as causas dos Juizados Especiais da Fazenda Pública tramitassem na Justiça Comum, onde não existisse ou não tivesse sido instalada unidade jurisdicional do Sistema dos Juizados.

Observa-se, diante dessa explanação, que é perfeitamente possível que haja uma cumulação de competências perante o mesmo julgador, nas Comarcas onde não houver o juizado especial cível instaurado. Feito esse breve histórico normativo do tema, numa análise isolada da competência pelo valor da causa, deveria o d. juiz da jurisdição comum ter recebido o feito como de competência do Juizado Especial. Contudo, entendo que não é essa análise correta que se deva fazer em sede de competências entre a justiça comum e a dos juizados especiais cíveis e da Fazenda Pública.

No caso em comento, observa-se que a Juíza da 3ª Vara Cível não permitiu que a ação tramitasse perante sua jurisdição, ao argumento de que o valor atribuído à causa é aquém de 60 (sessenta) salários mínimos. Além disso, consignou que, eventual reconhecimento de incompetência, por ser absoluta, poderia ser declarada de ofício, implicando em nulidade de pleno direito.

A meu aviso, contudo, a necessidade de realização de prova pericial, no presente caso, representa claro indicativo de que a matéria não comporta análise e julgamento sob a disciplina das Leis n. 9.099/95 e 12.153/2009. Explica-se. É importante ressaltar que a competência dos juizados especiais não se limita à questão referente à matéria elencada no artigo 2º da Lei n. 12.153/2009 e ao valor da causa.

Há de se dar uma interpretação sistêmica à Lei n. 12.153/2009 em consonância com o art. 98, I, da Constituição da República, que estatui, verbis:

"Art. 98 – A União, o Distrito Federal, os Territórios e os Estados criarão: I- juizados especiais, providos por juízes togados ou togados e leigos, competentes para a conciliação, o julgamento e a execução de causas cíveis de menor complexidade e infrações penais de menor potencial ofensivo, mediante os procedimentos oral e sumaríssimo, permitidos, nas hipóteses previstas em lei, a transação e o julgamento de recursos por turmas de juízes de primeiro grau". Noutros dizeres, é possível verificar que o principal critério orientador da competência dos juizados Especiais Cíveis e da Fazenda Pública não é o limite valorativo dos bens jurídicos que estão "sub judice". Mas antes e, principalmente, a menor complexidade em termos probatórios da matéria envolvida na controvérsia.

À toda evidência, não é o maior ou menor valor dado à causa que necessariamente deve ser analisado e sim o grau de sua complexidade. Desta forma, se o d. juízo de primeiro grau recebeu uma ação ordinária objetivando o reconhecimento do direito ao adicional de insalubridade, em caso concreto no qual se evidencia a necessidade de realização de prova técnica, chega-se à conclusão de que não seria o caso de processar e julgar o feito pelo sistema dos juizados especiais.

Nesse aspecto, tratando-se de matéria que envolve a necessidade de produção prova pericial para verificar o direito ao adicional, ou seja, a exposição à atividade insalubre e o grau de referida exposição, não é de se concluir que a causa deve ser processada e julgada perante os Juizados Especiais.

Em recente decisão publicada em 30.09.2016, o Órgão Especial desse Eg. Tribunal deu contornos ao tema, analisando a questão sob a ótica do rito imprimido pelo julgador. Se foi o procedimento comum o adotado, a competência é da justiça comum e a competência recursal do Tribunal de Justiça. Se, ao contrário, o rito estabelecido foi do procedimento especial dos Juizados Especiais, nessa situação, a instância revisora seria a Turma Recursal. Neste sentido decidiu o Órgão Especial do TJMG:

"CONFLITO NEGATIVO DE COMPETÊNCIA. APELAÇÃO CÍVEL - AÇÃO ORDINÁRIA - ANULAÇÃO DE MULTA DECORRENTE DE INFRAÇÃO DE TRÂNSITO - RESOLUÇÕES 641/2010 E 700/2012, AMBAS DO TJMG - DEMANDA QUE TRAMITOU PERANTE JUIZ DE DIREITO COM JURISDIÇÃO COMUM E COM OBSERVÂNCIA DO PROCEDIMENTO COMUM ORDINÁRIO - COMPETÊNCIA RECURSAL - CÂMARA CÍVEL DO TRIBUNAL DE JUSTIÇA. Em se tratando de sentença proferida por Juiz de Direito com jurisdição comum, em demanda que tramitou sob o procedimento comum ordinário, a competência para apreciar o recurso de apelação é da 1ª a 8ª Câmaras Cíveis do TJMG, e não da Turma Recursal do Juizado Especial. Com efeito, no caso dos autos, a despeito da matéria, da data de ajuizamento, do valor da causa, e do fato de ter sido apreciada por Juiz de Direito com jurisdição comum investido da competência prevista na Lei 12.153/19, não se observou o disposto na Resolução nº641/10, pois a demanda não tramitou conforme o rito previsto nesta Lei Federal. Assim, não há sentença proferida no âmbito dos Juizados Especiais da Fazenda Pública, conforme a Lei de regência destes e, como consequência, o recurso ora em apreço não se trata de recurso inominado, mas sim de recurso de apelação, a ser julgado por Câmara Cível do TJMG." (TJMG - Conflito de Competência 1.0000.16.027602-8/000, Relator(a): Des.(a) Geraldo Augusto , ÓRGÃO ESPECIAL, julgamento em 14/09/2016, publicação da súmula em 30/09/2016).

Assim, é possível extrair-se do julgamento acima que a questão deve ser analisada sob a ótica da complexidade da causa, e, se há necessidade de produção de prova pericial, inclusive com vistoria 'in loco', tal fato sugere que, em sua análise, que a questão deve ser discutida na Justiça Comum, e não no âmbito dos Juizados Especiais.

A diretriz sobre a questão da complexidade foi, inclusive, tema do RE 537.427, em que se destaca a ementa: "COMPETENCIA - JUIZADOS ESPECIAIS - CAUSAS CÍVEIS. A excludente da competência dos juizados especiais - complexidade da controvérsia (artigo 98 da Constituição Federal) - há de ser sopesada em face das causa de pedir constantes da inicial, observando-se em passo seguinte, a defesa apresentada pela parte acionada."

Destaca-se, nesse aspecto, os argumentos do voto-vista do i. Min. Ayres Britto: "Daqui se segue que o valor da causa não parece uma boa referência para a fixação da competência dos juizados especiais, apesar de sua previsão como um dos critérios objetivos do art. 3º da Lei 9.099/95. É que litígios existem como de menor complexidade fático-probatória, mas de expressiva dimensão patrimonial, como causas existem em sentido inverso: de simplificada demonstração quanto à sua base empírica, mas de grande vulto econômico".

Não se desconhece o entendimento recente explanado pelo colendo STJ, que não exime a competência do Juizado Especial apenas a necessidade de produção de provas, 'in verbis':

"PROCESSUAL CIVIL. AÇÃO PROPOSTA CONTRA O ESTADO DO RIO DE JANEIRO. JUIZADO ESPECIAL DA FAZENDA PÚBLICA. ARTIGO 2º DA LEI 12.153/2009. NECESSIDADE DE PROVA PERICIAL COMPLEXA. VALOR DA CAUSA INFERIOR A 60 SALÁRIOS MÍNIMOS. COMPETÊNCIA ABSOLUTA. 1. O art. 2º da Lei 12.153/2009 possui dois parâmetros - valor e matéria - para que uma ação possa ser considerada de menor complexidade e, consequentemente, sujeita à competência do Juizado Especial da Fazenda Pública. 2. A necessidade de produção de prova pericial complexa não influi na definição da competência dos juizados especiais

> da Fazenda Pública. Precedente: REsp 1.205.956/SC, Rel. Ministro Castro Meira, Segunda Turma, DJe 01.12.2010; AgRg na Rcl 2.939/SC, Rel. Ministro Hamilton Carvalhido, Primeira Seção, DJe 18.09.2009; RMS 29.163/RJ, Rel. Ministro João Otávio de Noronha, Quarta Turma, DJe 28.04.2010. 3. Agravo Regimental não provido. (AgRg no AREsp 753.444/RJ, Rel.Ministro HERMAN BENJAMIN, SEGUNDA TURMA, julgado em 13/10/2015, DJe 18/11/2015).
>
> Com a devida vênia, discordo do referido posicionamento do STJ, considerando que a complexidade no âmbito dos juizados especiais a firmar ou não sua competência revela-se justamente no contexto probatório. Não se pode jamais afastar da principiologia que rege a Lei Federal 9.099/95, destacando-se o princípio da celeridade e da informalidade. Ao se autorizar a realização de prova pericial, com todo o arcabouço que rege esse tipo de prova, estar-se-á, por sem dúvida, ordinarizando o rito da lei especial, em afronta a suas premissas principiológicas.
>
> Além do que, o Excelso Pretório, na qualidade de intérprete maior da norma constitucional, assevera que o critério que "decola diretamente da Carta do texto constitucional e que, por isso mesmo vincula", nos dizeres do Min. Aytes Britto, é "o do baixo teor de complexidade empírica da causa".
>
> Com a leitura do artigo 98, I, da Constituição Federal, percebe-se que o principal critério orientador da competência da Justiça Especial não é o limite valorativo imposto pelo inciso I do artigo 3º da Lei Federal n. 9099/95, mas antes, e principalmente, a menor complexidade da causa, possibilitando uma maior efetivação da tutela jurisdicional do Estado às demandas de fácil e simples solução sem a necessidade de as partes recorrerem à Justiça Comum.
>
> A posição majoritária na doutrina e jurisprudência é a de que causas de menor complexidade são aquelas que não necessitam de prova pericial, ou qualquer outro instituto que necessite da paralisação do processo, justamente com o escopo do alcance de um processo célere e econômico. Assim, o próprio legislador constitucional trata da harmonia entre o conflito e a adequada necessidade de produção de provas de que ele necessita; se o conflito exigir produção de prova pericial, é porque apresenta grande ou considerável grau de complexidade. Enfim, se a prova a ser produzida para fins de ônus probatório conflitar com os princípios informadores do microssistema, não será possível que a causa se processe nos juizados especiais.

Com estas considerações, ACOLHO o Conflito Negativo de Competência e, em consequência, declaro o juízo suscitado o competente para o processamento e julgamento do feito.

DESA. ÁUREA BRASIL(RELATORA PARA O ACORDAO)

Peço vênia para divergir do voto da i. Relatora, porquanto entendo ser o caso de conhecer do conflito, para declarar a competência do juízo suscitante. O art. 2º da Lei 12.153/2009 prevê que compete aos Juizados Especiais da Fazenda Pública processar, conciliar e julgar causas cíveis de interesse dos Estados, do Distrito Federal, dos Territórios e dos Municípios, até o valor de 60 (sessenta) salários mínimos, excluídas as hipóteses previstas no seu § 1º.

Não se desconhece que o art. 98, inciso I da Constituição Federal estabelece como requisito para a definição da competência dos juizados, a menor complexidade. E, embora o texto constitucional esteja se referindo aos Juizados Especiais Federais, não há dúvidas quanto à sua aplicabilidade aos JESP's da Fazenda Pública, notadamente considerando que aplicam a eles subsidiariamente as normas que regem os Juizados Federais (art. 27 da Lei 12.153/2009).

No entanto, a Lei 12.153/2009 dispõe expressamente acerca dos parâmetros a serem adotados para a aferição da baixa complexidade das ações a serem processados sob o rito do Juizado Especial da Fazenda Pública, quais sejam, valor da causa - de até 60 salários mínimos) - e matéria - que envolva o interesse dos Estados, do Distrito Federal, dos Territórios e dos Municípios, desde que não conste das hipóteses do seu art. 2º, § 1º. Nesse sentindo, além da necessidade de prova pericial não ser critério definidor da competência dos Juizados Especiais da Fazenda Pública, não há duvidas quanto à possibilidade de sua realização no âmbito dos juizados, tendo em vista o disposto no art. 10 da Lei 12.153/2009. A propósito, cito precedentes do Superior Tribunal de Justiça: PROCESSUAL CIVIL. AÇÃO PROPOSTA CONTRA O ESTADO DO RIO DE JANEIRO. JUIZADO ESPECIAL DA FAZENDA PÚBLICA. ARTIGO 2º DA LEI 12.153/2009. NECESSIDADE DE PROVA PERICIAL COMPLEXA. VALOR DA CAUSA INFERIOR A 60 SALÁRIOS MÍNIMOS. COMPETÊNCIA ABSOLUTA.

1. O art. 2º da Lei 12.153/2009 possui dois parâmetros - valor e matéria - para que uma ação possa ser considerada de menor complexidade e, consequentemente, sujeita à competência do Juizado Especial da Fazenda Pública.

2. A necessidade de produção de prova pericial complexa não influi na definição da competência dos juizados especiais da Fazenda Pública. Precedente: REsp 1.205.956/SC, Rel. Ministro Castro Meira, Segunda Turma, DJe 01.12.2010; AgRg na Rcl 2.939/SC, Rel. Ministro Hamilton Carvalho, Primeira Seção, DJe 18.09.2009; RMS 29.163/RJ, Rel. Ministro João Otávio de Noronha, Quarta Turma, DJe 28.04.2010.

3. Agravo Regimental não provido. (AgRg no AREsp 753.444/RJ, Rel. Ministro HERMAN BENJAMIN, SEGUNDA TURMA, julgado em 13/10/2015,

DJe 18/11/2015) CONFLITO DE COMPETÊNCIA. JUÍZO FEDERAL DE JUIZADO ESPECIAL E JUÍZO FEDERAL DE JUIZADO COMUM. FORNECIMENTO DE MEDICAMENTO. CAUSA DE VALOR INFERIOR A SESSENTA SALÁRIOS MÍNIMOS. UNIÃO E ESTADO MEMBRO NO PÓLO PASSIVO. ART. 6º, II, DA LEI 10.259/2001. INTERPRETAÇÃO AMPLA. COMPETÊNCIA DOS JUIZADOS ESPECIAIS.

1. A Lei 10.259/01, que instituiu os Juizados Cíveis e Criminais no âmbito da Justiça Federal, estabeleceu que a competência desses Juizados tem natureza absoluta e que, em matéria cível, obedece como regra geral a do valor da causa: são da sua competência as causas com valor de até sessenta salários

mínimos (art. 3º). A essa regra foram estabelecidas exceções ditadas (a) pela natureza da demanda ou do pedido (critério material), (b) pelo tipo de procedimento (critério processual) e (c) pelos figurantes da relação processual (critério subjetivo).

2. É certo que a Constituição limitou a competência dos Juizados Federais, em matéria cível, a causas de "menor complexidade" (CF, art 98, § único). Mas, não se pode ter por inconstitucional o critério para esse fim adotado pelo legislador, baseado no menor valor da causa, com as exceções enunciadas. A necessidade de produção de prova pericial, além de não ser o critério próprio para definir a competência, não é sequer incompatível com o rito dos Juizados Federais, que prevê expressamente a produção dessa espécie de prova (art. 12 da Lei 10.259/01).

3. A presença, como litisconsorte passivo da União, de entidade não sujeita a juizado especial federal (no caso, o Estado de Santa Catarina), não altera a competência do Juizado. Aplica-se à situação o do princípio federativo (que dá supremacia à posição da União em face de outras entidades) e o da especialidade (que confere preferência ao juízo especial sobre o comum). Precedentes.

4. Conflito conhecido, declarando-se a competência do Juízo Federal da Vara do Juizado Especial Cível da Subseção Judiciária de Florianópolis - SC, o suscitado. (CC 93.448/SC, Rel. Ministro TEORI ALBINO ZAVASCKI, PRIMEIRA SEÇÃO, julgado em 28/05/2008, DJe 09/06/2008)

No mesmo sentido, vem decidindo este e. Tribunal de Justiça: CONFLITO DE COMPETÊNCIA. AÇÃO ORDINÁRIA AJUIZADA EM FACE DO MUNICÍPIO DE NOVO ORIENTE DE MINAS. VALOR DA CAUSA INFERIOR A 60 (SESSENTA) SALÁRIOS MÍNIMOS. DESNECESSIDADE DE LIQUIDAÇÃO DE SENTENÇA. COMPETÊNCIA DO JUIZADO ESPECIAL. A Lei nº 12.153/09 estabeleceu que o valor (sessenta salários mínimos) e a matéria (aquelas que não constem no § 1º do seu artigo 2º) são os pressupostos para que a ação seja considerada de menor complexidade, nos termos do artigo 98 da CR/88, cuja competência é do Juizado Especial da Fazenda Pública, sendo que, no caso concreto, não se verifica a necessidade de liquidação de sentença, restando mantida a competência do Sistema dos Juizados Especiais. (TJMG - Conflito de Competência 1.0000.16.074205-2/000, Relator(a): Des.(a) Edilson Fernandes, 6ª CÂMARA CÍVEL, julgamento em 08/11/0016, publicação da súmula em17/11/2016)\ CONFLITO DE COMPETÊNCIA. AÇÃO ORDINÁRIA. TRANSFERÊNCIA DE HOSPITAL E TRATAMENTO. JUIZADO ESPECIAL DA FAZENDA PÚBLICA. COMPETÊNCIA DETERMINADA PELO VALOR DA CAUSA. COMPARECIMENTO PESSOAL DO AUTOR DA AÇÃO. IRRELEVÂNCIA. DESNECESSIDADE. São dois os critérios para que uma ação seja qualificada como de menor complexidade e se sujeite à competência do Juizado Especial da Fazenda Pública: o valor e a matéria. Se o valor dado à ação é inferior a sessenta salários mínimos, deve ser processada perante o Juizado Especial da Fazenda Pública, independente da possibilidade de comparecimento pessoal do autor da ação. Conflito conhecido e acolhido. (TJMG - Conflito de Competência 1.0000.16.024582- 5/000, Relator(a): Des.(a) Albergaria Costa ,3ª CÂMARA CÍVEL, julgamento em 04/11/0016, publicação da súmula em 16/11/2016) CONFLITO NEGATIVO DE COMPETÊNCIA - UNIDADE JURISDICIONAL DO JUIZADO ESPECIAL DA FAZENDA PÚBLICA - VARA DE FAZENDA PÚBLICA E AUTARQUIAS - AÇÃO ANULATÓRIA DE ATO ADMINISTRATIVO E OBRIGAÇÃO DE FAZER - PERÍCIA MÉDICA - BAIXA COMPLEXIDADE - COMPETÊNCIA DA UNIDADE JURISDICIONAL DO JUIZADO ESPECIAL DA FAZENDA PÚBLICA.

1 - Nos termos da Lei nº 12.153/09, a partir de 23/06/2015, é da competência da Unidade Jurisdicional do Juizado Especial processar e julgar as ações de interesse da Fazenda Pública cujo valor atribuído à causa não ultrapasse 60 salários mínimos; 2- O microssistema dos Juizados Especiais se orienta "pelos critérios da oralidade, simplicidade, informalidade, economia processual e celeridade" (Lei nº 9.099/95, art. 2º), de modo que o valor da causa não é o único critério que orienta sua competência; 3- Conforme jurisprudência do STJ, o art. 2º da Lei nº 12.153/09 fixa como parâmetros para que uma demanda seja considerada de menor complexidade, a se sujeitar à competência do Juizado Especial da Fazenda Pública, somente o valor e a matéria, de modo que a necessidade ou não de realização de perícia não altera a competência absoluta; 4- As demandas de baixa complexidade atraem a competência do Juizado Especial, afastando, assim, a competência da Vara de Fazenda Pública. (TJMG - Conflito de Competência 1.0000.16.022629-6/000, Relator(a): Des.(a) Renato Dresch , 4ª CÂMARA CÍVEL, julgamento em 13/10/2016, publicação da súmula em 18/10/2016) Portanto, sendo o valor da causa inferior a 60 (sessenta) salários mínimos, e não se inserindo a matéria em nenhuma das hipóteses de vedação do art. 2º, § 1º, da Lei 12.153/09, o feito deve ser considerado de baixa complexidade,

para fins de definição de competência dos Juizados Especiais da Fazenda Pública, não cabendo qualquer análise subjetiva por parte do magistrado acerca de outras circunstâncias, não previstas em lei, que supostamente poderiam tornar a demanda mais complexa. Com tais considerações, CONHEÇO DO CONFLITO, DECLARANDO A COMPETÊNCIA DO JUÍZO SUSCITANTE. DES. MOACYR LOBATO :Pedindo vênia à especialidade à Eminente Relatora, acompanho a divergência apresentada pela não menos Eminente Desembargadora Primeira Vogal, no sentido de declarar a competência do Juízo Suscitante. Isso porque, a necessidade de realização de prova pericial não afasta, por si só, a competência absoluta dos Juizados Especiais da Fazenda Pública, sendo autorizada, pelo artigo 10 da Lei 12.153,09, a realização dos exames técnicos, valendo sua transcrição: Art. 10. Para efetuar o exame técnico necessário à conciliação ou ao julgamento da causa, o juiz nomeará pessoa habilitada, que apresentará o laudo até 5 (cinco) dias antes da audiência. Sobre o tema, já se manifestou este eg. Tribunal de Justiça EMENTA: CONFLITO DE COMPETÊNCIA SUSCITADO PELA PARTE - AÇÃO ORDINÁRIA - CURSO DE FORMAÇÃO DE SOLDADOS - CANDIDATO CONTRAINDICADO - VALOR DA CAUSA INFERIOR A SESSENTA SALÁRIOS MÍNIMOS - NECESSIDADE DE REALIZAÇÃO DE PERÍCIA - POSSIBILIDADE - BAIXA COMPLEXIDADE - COMPETÊNCIA DO JUIZADO ESPECIAL DA FAZENDA PÚBLICA RECONHECIDA. - A Lei Federal n. 12.153/2009 estabelece a competência absoluta dos Juizados Especiais da Fazenda Pública para processar e julgar feitos cujo valor da causa é inferior a 60 (sessenta) salários mínimos. - A eventual necessidade de realização de prova pericial, por si só, não possibilita o afastamento de referida competência, notadamente quando a perícia não é de grande complexidade, como é o caso. (TJMG - Conflito de Competência 1.0000.16.018708-4/000, Relator(a): Des.(a) VersianiPenna , 5ª CÂMARA CÍVEL, julgamento em 15/07/2016, publicação da súmula em 26/07/2016) EMENTA: CONFLITO DE COMPETÊNCIA. JUIZADO ESPECIALDA FAZENDA PÚBLICA E VARA DA FAZENDA PÚBLICA. AÇÃO NA QUAL É OBJETIVADA A APOSENTADORIA POR INVALIDEZ. TÉRMINO DA VIGÊNCIA DA RESOLUÇÃO Nº 700/2012 QUE LIMITAVA A COMPETÊNCIA MATERIAL DO JUIZADO ESPECIAL DA FAZENDA PÚBLICA. HIPÓTESE QUE NÃO SE ENQUADRA NAS EXCEÇÕES À COMPETÊNCIA DOS JUIZADOS PREVISTA NO ART. 2º, § 1º, DA LEI 12.153/09. PRODUÇÃO DE PROVA PERICIAL. COMPETÊNCIA DO SUSCITADO. - A competência limitada do Juizado Especial da Fazenda Pública instituída pela Resolução nº 700/2012, em face de autorização da Lei nº 12.153/2009, expirou em 23 de junho de 2015, e, a partir desta data, as causas cujo valor econômico seja igual ou inferior a 60 salários mínimos não mais integram a competência da justiça estadual, excetuadas as ações mencionadas no art. 2º, § 1º, da referida lei. - São dois os critérios para fixação de competência do Juizado Especial da Fazenda Pública: o valor da

> causa e a matéria; sendo certo que a dilação probatória no âmbito dos Juizados Especiais é admitida por expressa previsão legal e não pode ser utilizada como mais um critério para definição de competência. (TJMG - Conflito de Competência 1.0000.16.038640-5/000, Relator(a): Des.(a) Alberto Vilas Boas, 1ª CÂMARA CÍVEL, julgamento em 28/06/0016, publicação da súmula em 04/07/2016) Na espécie, vê-se que pretende a parte autora a realização de perícia técnica para comprovar o direito ao recebimento de adicional de insalubridade, perícia esta que se revela de baixa complexidade, incluída na hipótese do artigo 10 supratranscrito. Nesse sentido, no caso em tela, considerando a elaboração da prova em questão, a fixação da competência do Juizado Especial da Fazenda Pública não afronta os princípios da oralidade, simplicidade, informalidade economia processual e celeridade, inexistindo óbice para a tramitação da demanda em seu âmbito.
>
> Com efeito, deve ser reconhecida a competência do Juizado Especial da Fazenda Pública para julgamento da presente demanda, eis que inserida no rol de competência absoluta previsto pelo art. 2º da Lei Federal 12.153/09, não afastada pela necessidade de produção de prova técnica. Por tais razões, renovando vênia à Eminente Relatora, CONHEÇO DO CONFLITO, DECLARANDO A COMPETÊNCIA DO JUÍZO SUSCITANTE SÚMULA: "DECLARARAM O SUSCITANTE COMPETENTE PARA PROCESSAR E JULGAR O FEITO, VENCIDA A RELATORA"

Esclareça-se, por oportuno, que o entendimento majoritário refere-se a todas as câmaras de Direito Público do Tribunal de Justiça e que interpretam que o critério único de fixação de competência dos juizados especiais estaduais é o valor da causa, considerando que admitem que seja realizada a prova técnica simplificada nos juizados que tem, na verdade, todo contorno de verdadeira prova pericial.

Acrescente-se a tudo isso que, a prática tem demonstrado o desacerto da fixação do valor da causa como único requisito para aferição da competência.

O aumento das demandas nas unidades judiciárias da fazenda pública revela essa situação preocupante. Desde a vigência plena da lei 12.153/09 em junho de 2015 até janeiro de 2018, segundo dados da SEPLAG/TJMG, a distribuição nos Juizados Especiais da Fazenda Pública foi de 33.364 feitos.

Observou-se um aumento contínuo da distribuição nos juizados especiais fazendários. Como exemplo, a 1ª Unidade do Jesp-Fazenda Pública da Capital possuía em junho de 2015, 4.411 (quatro mil, quatrocentos e onze) processos, sendo que em janeiro de 2018 já contava com 12.246 (doze mil, duzentos e quarenta e seis) processos .

Além disso, esse quantitativo não só evolui de forma vertiginosa como superou o acervo das Varas de Fazenda Pública da Justiça Comum.

À guisa de amostragem, segundo dados do mesmo setor do TJMG, na 2ª Vara da Fazenda Pública Estadual e Autarquias de Belo Horizonte, há um total de processos ativos de 7.426 (sete mil quatrocentos e vinte e seis reais), sendo deles 3.906 (três mil novecentos e seis) físicos e 3.520 (três mil quinhentos e vinte) eletrônicos, sendo que a distribuição muito mais baixa que dos juizados.

Ou seja: uma vara fazendária da justiça comum, tem pouco mais que a metade de processos da unidade jurisdicional do Jesp-Fazenda Pública.

Por sem dúvida que essa comparação em números quantitativos absolutos revela o desacerto da fixação de competência no microssistema tendo em conta tão somente o critério do valor da causa e das matérias que são expressamente excluídas pela Lei 12.135/09.

Fácil percebemos que está havendo um congestionamento dos feitos em tramitação nos juizados especiais fazendários, em detrimento da prestação jurisdicional diferenciada que sempre foi a proposta do legislador constitucional.

O simples aumento de unidades de juizados especiais não é a solução, assim como não é a de buscar verbas orçamentárias para que as perícias, ainda que nominadas de laudo técnico simplificado, sejam realizados no âmbito dos juizados.

O principal ponto é que a essência dos juizados está se esvaindo como areia que o mar carrega. O problema surge, assim, quando analisamos os princípios processuais abarcados pela Carta Magna que, são suprimidos ou reduzidos no sistema da Lei Especial, para fins de garantir a efetividade da jurisdição no microssistema. A partir do momento em que potencializamos esses princípios como ocorre na justiça comum, estamos nos afastando daquela da pureza idealizada para aquela justiça especializada.. Como explica Bedaque[12]:

"Como condutor do processo, o juiz tem o dever de, sem sacrificar o contraditório e a ampla defesa, procurar a solução mais rápida possível para o litígio. Para tanto, é dotado de inúmeros poderes, especialmente aqueles

---

12. Bedaque, José Roberto dos Santos. **Efetividade do Processo e Técnica Processual.** São Paulo: Malheiros. 2006, p. 56.

destinados a evitar a litigância de má-fé [...] A busca da rápida solução do litígio não deve transformar-se, todavia, no objetivo maior do julgador. Ao lado do valor celeridade, encontra-se a segurança, proporcionada pelo devido processo legal. Ambos devem ser levados em consideração pelo juiz, na condução do processo".

> Nessa celeuma temos que, ao analisarmos na prática a atuação dos Juizados Especiais Cíveis, observamos que alguns princípios constitucionais podem ser suprimidos em prol de uma justiça célere, como por exemplo, a igualdade entre as partes, o contraditório e ampla defesa, e o duplo grau de jurisdição, todos elencados no artigo 5º da Lei Maior.
>
> A prestação jurisdicional justa é aquela que se encontra cercada de todos os princípios constitucionais, proporcionando às partes iguais meios de defesa, além de total igualdade de tratamento entre elas."

A meu aviso, portanto, não caberia ao magistrado sacrificar o procedimento sumaríssimo concebido para o microssistema , em prol de uma alargamento de sua competência, através de uma interpretação equivocada do que vem a ser a prova técnica simplificada. Os reflexos dessa interpretação mostram-se nefastos para o jurisdicionado.

7. CONCLUSÃO

Diante de todo o exposto, a proposta deste breve trabalho é fazer uma reflexão sobre o tema da competência absoluta no âmbito dos Juizados Especiais da Fazenda Pública, diante da situação preocupante do distanciamento da jurisprudência dos tribunais com os princípios constitucionais que regem o sistema dos juizados. Se buscamos dar acesso à justiça através dos juizados especiais, o sistema precisa continuar sendo célere e eficaz, sob pena de não cumprir sua missão constitucional.

Importante que as causas realmente singelas aportem ao microssistema e aquelas que, efetivamente demandarão uma instrução técnico-probatória fiquem reservadas à Justiça Comum. Não se está com isso, desvalorizando a importância dos Juizados Especiais. Muito ao contrário, o objetivo é que continue sendo uma justiça que os cidadãos creem, porque rapidamente proporciona a solução do litigio. O que se tem visto hoje, com a expansão da competência, é que o procedimento que deveria ser curto, tornou-se um procedimento ordinário , tal qual da Justiça Comum. Ou seja, da forma como a jurisprudência se consolidou atualmente nada, absolutamente nada mais distingue uma ação que tramita em uma Vara Cível, daquela que é processada pelos Juizados Especiais da Fazenda Pública.

Nivelou-se e equiparou-se o microssistema ao procedimento comum ordinário, o que traz um grande risco dos juizados especiais tornarem-se desacreditados. Esse é o receio dessas exegeses que se afastam da Constituição Republicana de 1988 e que podem aniquilar todos os esforços de anos buscando a verdadeira justiça ao alcance do cidadão.

A legislação infraconstitucional está em harmonia com o ordenamento constitucional. A jurisprudência é que tem que se aperceber, - principalmente em razão da força dos precedentes que foi dada pelo novo Código de Processo Civil e da função nomofilácica dos tribunais - , da necessidade de visualizar o sistema como um todo e de qual foi o verdadeiro escopo da Constituição Federal ao conceber uma justiça que fosse célere e efetiva.

Um dos fatores que influenciam a morosidade e a ineficácia é a sobrecarga do Poder Judiciário, resultado também da cultura da sociedade brasileira que o tem como fonte primária de resolução de conflitos. O que se busca, é a efetividade processual! E, para tanto, é necessário que a jurisprudência deixe com que os juizados especiais continuem sendo o nicho aonde se realizam os direitos dos cidadãos.

Enfim, esperamos que o *Joãozinho* do passo certo tenha outros adeptos à sua marcha, atualmente, solitária.

BIBLIOGRAFIA

ALVIM, José Eduardo Carreira. Juizados Especiais Federais, 1ª ed. Rio de Janeiro, Forense, 2002.

BEDAQUE, José Roberto dos Santos. Efetividade do Processo e Técnica Processual. São Paulo: Malheiros. 2006.

CÂMARA, Alexandre Freitas.Juizados Especiais Cíveis Estaduais, Federais e da Fazenda Pública: uma abordagem crítica . Lumen Juris, 2012

DONIZETTI Elpidio (in Novo Código de Processo Civil Comentado o Ed. Atras, São Paulo, 2ª ed, 2017, p. 364);

CAPPELLETTI, Mauro; GARTH, Bryan. Acesso à Justiça. Tradução Ellen Gracie Northfleet. Porto Alegre: Fabris Editora, 1988;

DINAMARCO, Cândido Rangel. *Instituições de direito processual civil.* São Paulo: Malheiros, 2005..

DONIZETTI, Elpídio. Novo Código de Processo Civil Comentado . Ed. Atlas, São Paulo, 2ª ed, 2017;

FIGUEIRA JUNIOR,. Joel Dias. Manual dos Juizados Especiais cíveis Estaduais e Federais. São Paulo: RT , 2006.

_______, Juizados Especiais da Fazenda Pública: comentários à Lei 12.153, de 22 de dezembro de 2009 .

GRAU, EROS. Ensaio e Discurso sobre a Interpretação /Aplicação do Direito – 2ª ed. São Paulo, Malheiros, 2003.

JUNIOR, HUMBERTO THEODORO (ALVIM, José Eduardo Carreira. **Juizados Especiais Federais.**1ª ed. Rio de janeiro: Forense, 2002.)

MAXIMILIANO, Carlos. Hermenêutica e Aplicação do Direito. São Paulo, Saraiva, 20 edição, 2011.

CAPÍTULO 15

Colheita de depoimento de testemunhas durante a audiência de conciliação, no âmbito do Juizado Especial Federal

Luiz Bispo da Silva Neto

1. INTRODUÇÃO

A audiência de conciliação prévia é uma realidade constante nos fóruns federais, ato esse, inclusive, estimulado pelo próprio CPC de 2015, que estabeleceu ser esse o primeiro procedimento do processo, inclusive antecipado à própria apresentação de defesa pela parte adversária, ressalvadas as hipóteses de exclusão do referenciado ato.

Busca-se, por meio da conciliação ou mediação, a resolução dos conflitos valendo-se da autocomposição, oportunidade em que as partes poderão construir uma solução para a lide, com lastro no mútuo entendimento sobre o caso.

É uma ferramenta alinhada a barrar a incômoda duração do processo, permeado que é de variados atos e recursos, cuja duração, não raro, pode-se se estender por anos a fio. Em havendo a composição entre as partes, o acordo é homologado, dando-se cabo do processo.

Com vistas em um melhor aproveitamento da audiência de conciliação, o legislador, nos termos do art. 16, § 1.º, da Lei n.º 12.153/2009 (dispõe sobre os Juizados Especiais da Fazenda Pública no âmbito dos Estados, do Distrito Federal, dos Territórios e dos Municípios) entendeu que o conciliador, visando a uma maior exposição dos elementos de prova, e uma consequente maior chance de êxito de conciliação, já poderia ouvir as partes e eventuais testemunhas.

Eis a dicção legal:

> Lei n.º 12.153/2009
>
> Art. 16. Cabe ao conciliador, sob a supervisão do juiz, conduzir a audiência de conciliação.
>
> § 1o Poderá o conciliador, para fins de encaminhamento da composição amigável, ouvir as partes e testemunhas sobre os contornos fáticos da controvérsia.
>
> § 2o Não obtida a conciliação, caberá ao juiz presidir a instrução do processo, podendo dispensar novos depoimentos, se entender suficientes para o julgamento da causa os esclarecimentos já constantes dos autos, e não houver impugnação das partes.

Não obstante, o avanço legislativo não parou por aí, pois que franqueou ao magistrado a dispensa de novos depoimentos, caso entender suficientes para o julgamento da causa os esclarecimentos já constantes dos autos, e não houver impugnação das partes.

Em arremate, a Lei n.º 12.153/2009 ainda dispôs que a previsão normativa prevista no já mencionado art. 16 é igualmente aplicável ao Juizado Especial Federal: *Art. 26. O disposto no art. 16 aplica-se aos Juizados Especiais Federais instituídos pela Lei no 10.259, de 12 de julho de 2001.*

Há quem sustente a inconstitucionalidade do dispositivo em liça, ao argumento de que a colheita de prova testemunhal seria atividade privativa do Juiz, enquanto "presentante" do Poder Judiciário.

Esse aspecto será analisado, confrontando os meandros constitucionais sobre o Juizado Especial e função jurisdicional, no que pertine à colheita da prova.

Outro ponto que merece ser destacado é justamente eventual distorção da verdade, pelas partes e testemunhas, e as respectivas repercussões processuais e até mesmo criminais.

Por fim, será examinado o que se trata da impugnação das partes e da eventual disponibilidade das partes sobre os elementos de prova já colhidos.

2. AUDIÊNCIA DE CONCILIAÇÃO

A audiência de conciliação, prévia a própria instrução processual, constitui instrumento processual válido, destinado a imprimir maior celeridade na resolução de conflitos submetidos ao Juizado Especial Federal.

As principais instituições que comumente acatam a viabilidade de acordo, em processos da competência do juizado especial federal são a Caixa Econômica Federal e o INSS, a exemplo de processos previdenciários rurais (aposentadoria, salário-maternidade, pensão por morte e auxílio-doença).

A depender da estrutura da vara federal, não raro, carente de juízes substitutos, servidores e com larga distribuição processual, a audiência de conciliação é uma ótima estratégia de resolução rápida de demandas, mormente em feitos que necessitam de audiência e há espaço aberto para acordos.

Dar uma maior qualificação à audiência de conciliação, permitindo uma substancial interação entre as partes, bem como a escuta de eventuais testemunhas, sem sombras de dúvidas, é um avanço que deve ser utilizado.

Veja-se, outrossim, que a discussão não é nova.

Desde o ano de 2005 (II FONAJEF), já houve a aprovação do Enunciado n.º 45, que tratou da matéria, ainda que de maneira tímida, pois que limitou – de maneira vaga – possibilidade de colheita de prova pelo conciliador a determinadas matérias (as quais não esclarece).

Eis o teor do dito Enunciado:

> *Enunciado nº. 45*
>
> *Havendo contínua e permanente fiscalização do juiz togado, conciliadores criteriosamente escolhidos pelo Juiz, poderão, para certas matérias, realizar atos instrutórios previamente determinados, como redução a termo de depoimentos, não se admitindo, contudo, prolação de sentença a ser homologada.*

Vale notar que o CPC de 2015 trouxe notório destaque para a temática da conciliação, reservando percuciente espaço para tratar do tema (arts. 165/175), traçando minucias sobre a formação e condução do conciliador e mediador.

Outrossim, calha notar que o CNJ tentou aprimorar o processo de conciliação e mediação, com o advento da Resolução CNJ n.º 125/2010, a qual já previu uma série de cursos e etapas para a formação do conciliador.

Sobre o tema, trago as notas da Juíza Federal Cristiane Conde Chmatalik, *in* Enunciados Fonajef Comentados, Editora Juspodivm, 2017, pág.123:

> A conciliação, contudo, após a edição da Resolução 125/10 do Conselho Nacional de Justiça, que dispôs sobre a Política Nacional de

Treinamento Adequado dos Conflitos de Interesses no âmbito do Poder Judiciário, ganhou contornos totalmente diferentes, exigindo uma especialização do conciliador e do mediador: O papel do conciliador e do magistrado ficou mais definido, do magistrado passou-se a se exigir uma posição de condução, organização e supervisão das audiências/mutirões de conciliação, e de homologação dos acordos. Aos conciliadores, para atuarem, ficou estabelecida a necessidade de realização de cursos de mediação e conciliação com número de horas teóricas e práticas.

3. VALIDADE DA PROVA

Marinoni[1], em breves palavras, sintetiza os limites da prova, dentre elas, a testemunhal, que não se confunde com a verdade sobre os fatos, intuito filosoficamente impossível de ser alcançar:

Não seria impossível, em uma primeira interpretação, pensar que se não é possível encontrar a verdade não há motivo para subordinar a coisa julgada material à possibilidade de plena participação dos interessados na formação do iudicium. Assim, é importante esclarecer a distinção entre busca da verdade e convicção de verdade. Quando se afirma que a prova não pode traduzir a verdade, alude-se a uma ideia que há muito tempo está presente na filosofia. O que se quer dizer, mais precisamente, é que a essência da verdade é inatingível. E não apenas pelo processo, mas por qualquer mecanismo que se preste a verificar um fato passado. Apesar disso ser absolutamente óbvio em outros setores do conhecimento, o direito não consegue se livrar do peso da ideia de que o juiz, para aplicar a lei ao caso concreto, deve estar "iluminado pela verdade".

A influência desse dogma sobre o direito processual civil acaba gerando problemas para a compreensão da própria coisa julgada material. É costume dizer, por exemplo, que a coisa julgada material encontra respaldo no encontro da verdade. Ou ainda: que a coisa julgada material deve ser a expressão da verdade dos fatos. Acontece que a coisa julgada material não tem - nem pode ter - fundamento no encontro da verdade, uma vez que essa é inatingível pelo processo.

A coisa julgada material tem a ver com a necessidade da definição dos casos conflitivos. Como é lógico, uma decisão definitiva somente é legítima

1. Marinoni, Luiz Guilherme, acesso em 20/1/2018, http://www.egov.ufsc.br/portal/sites/default/files/anexos/17743-17744-1-PB.htm

quando resulta de um processo que confere às partes a devida oportunidade de participação. É essa participação que legitima a coisa julgada material, e não o encontro da verdade dos fatos.

Seguindo essa linha de raciocínio, tem-se que a prova é voltada ao convencimento sobre os fatos alegado, tanto das partes (uma vez que as partes podem aquiescer com a decisão judicial, de acordo com a prova presente nos autos), quanto do magistrado. A forma da coleta da prova, a seu turno, deve exibir supedâneo legal, bem como conformidade com os princípios constitucionais que regem a atividade probatória (devido processo legal, contraditório, ampla defesa, entre outros).

Os tribunais demandam, inclusive, a presença física da testemunha em Juízo, não se substituindo o mero documento escrito:

> PREVIDENCIÁRIO E CONSTITUCIONAL. APOSENTADORIA POR IDADE. TRABALHADOR RURAL. PROVA TESTEMUNHAL ESCRITA. INADMISSIBILIDADE. INÍCIO DE PROVA MATERIAL. INEXISTÊNCIA. 1. A natureza de prova testemunhal reduzida a termo em documento extrajudicial não se presta para atender a regra inserida no art. 55 da Lei nº 8.213/91. 2. A debilidade das provas apresentadas impede a concessão do benefício requestado, mantendo-se, pois, a sentença recorrida. 3. Apelação desprovida.
>
> (TRF-1 - AC: 44881 MG 2004.01.99.044881-5, Relator: DESEMBARGADORA FEDERAL NEUZA MARIA ALVES DA SILVA, Data de Julgamento: 29/11/2006, SEGUNDA TURMA, Data de Publicação: 14/12/2006 DJ p.35)
>
> PREVIDENCIÁRIO. APOSENTADORIA POR TEMPO DE SERVIÇO. REVISIONAL. RECONHECIMENTO DE TEMPO DE SERVIÇO RURAL. AUSÊNCIA DE PROVA MATERIAL. DECLARAÇÕES ESCRITAS NÃO CONSTITUEM PROVA MATERIAL E SIM TESTEMUNHO REDUZIDO A TERMO. 1. O tempo de serviço rural que a parte autora pretende ver reconhecido pode ser comprovado mediante a produção de prova material suficiente, ainda que inicial, complementada por prova testemunhal idônea. 2. As duas declarações juntadas, emitidas por pessoas que atestam terem adquirido uvas do autor, só podem ser consideradas como equivalentes à prova testemunhal uma vez que mais não são do que depoimentos reduzidos a termo escrito sem o crivo do contraditório não se prestando para fazerem as vezes de prova documental. 3. Este o entendimento prevalente na 3ª do STJ quanto às declarações de ex-empregador sobre o exercício de atividade laboral, que igualmente, pode ser aplicado à espécie, no sentido de que não guardando as declarações contemporaneidade com o fato declarado, não podem ser aceitas como prova material, equiparando-se a um mero testemunho escrito. 4. Não havendo início razoável de

> prova material do labor campesino no período controverso, resta inviabilizado o êxito da pretensão deduzida.
>
> (TRF-4 - AC: 6466 RS 2000.71.07.006466-4, Relator: Relatora, Data de Julgamento: 01/02/2006, SEGUNDA TURMA SUPLEMENTAR, Data de Publicação: DJ 22/02/2006 PÁGINA: 704)

Sobre a audiência de conciliação, em havendo o conciliador ouvido as partes e as testemunhas, deve-se sindicar os requisitos próprios para que o ato ostente a devida validade, ou seja, se será possível extrair o convencimento judicial da prova colhida e se houve a obediência às regras e princípios que regem a atividade probatória.

Primeiro, as partes devem ter liberdade de perguntar e reperguntar às testemunhas presentes, possibilitando a formação material do contraditório e da ampla defesa. Finalizada essa etapa, ainda é possível às partes impugnar a validade da prova colhida.

Quais os meandros dessa impugnação?

A parte/advogado deve declinar justo motivo para impugnar a prova colhida, como impossibilidade de a pessoa ouvida ser testemunha no caso (impedimento ou suspeição de testemunha), a conta de amizade ou parentesco, falseamento da verdade, cerceamento do direito de perguntar às testemunhas, imprestabilidade da prova testemunhal, a exemplo de fatos já provados por documento ou confissão da parte, ou que só por documento ou por exame pericial puderem ser provados (art. 443, incs. I e II, do CPC).

Não cabe aqui impugnação genérica da invalidade da prova, sob pena de caracterizar, inclusive, má-fé processual. Deve restar presente na ata da audiência de conciliação os motivos pelos quais as partes/advogados presentes impugnam a audiência de conciliação ou as testemunhas ouvidas, que serão examinados pelo magistrado, que poderá acatar, ou não, a impugnação.

O recurso, após a sentença, equivale a uma impugnação?

Em absoluto. A dinâmica do recurso demonstra inconformidade com o julgamento da causa, e não sobre a eventual insatisfação da prova testemunhal colhida pelo conciliador.

Em verdade, caso as partes/advogados presentes na audiência expressamente legitimarem o ato, entendo que haverá preclusão consumativa sobre a impugnação, pois o direito de produção de prova é renunciável, pelo que, com muito mais razão também o é o da ouvida da testemunha em audiência de conciliação. A janela de impugnação é curta, pois que deve ser manejada justamente na duração do ato da audiência de conciliação.

O conciliador deve oportunizar, inclusive, expressamente, às partes a impugnação do ato, reduzindo em termo as razões da declinadas pelas partes.

De fato, a dialética travada já no início da audiência de conciliação, com a oportunidade de as partes serem ouvidas, bem como as testemunhas que eventualmente possam esclarecer os meandros próprios da causa, possibilitando, inclusive, que as partes atinjam uma maior probabilidade de acordo, pois a causa será melhor exposta, esclarecendo os contornos da lide.

Tal fato, todavia, não sonegará do Juízo a supervisão sobre a necessidade de uma nova audiência, agora de instrução e julgamento, ocasião em que poderá, caso entenda necessário, reinquirir as testemunhas, antes ouvidas na audiência de conciliação, podendo alcançar uma complementação de sua visão sobre o acervo probatório presente nos autos.

As partes, obrigatoriamente, deveram trazer as mesmas testemunhas que foram ouvidas na audiência de conciliação?

Preferencialmente sim, pois proporcionará uma harmonia no conjunto da prova, permitindo que o magistrado complemente o depoimento já exibido na audiência de conciliação, imprimindo, portanto, maior celeridade no ato. Todavia, não há proibitivo de agregar novos atores ao processo, desde que respeitado o limite legal de 3 testemunhas para cada parte (art. 34, *caput*, da Lei n.º 9.099/95).

Saliente-se que, via de regra, há registro audiovisual das audiências realizadas no Juizado Especial Federal, fato esse que proporciona ao magistrado maior controle de todo o ato realizado na audiência de conciliação, podendo, com maior segurança, determinar, caso entenda necessário, a retomada da instrução probatória, em nova audiência.

Ainda sobre o tema, o CNJ já foi chamado a se pronunciar sobre a validade do procedimento de colheita de prova testemunhal por meio da figura do conciliador:

> PEDIDO DE Providências – CONSELHEIRO 0000073-50.2010.2.00.0000 – Conselheiro Marcelo Neves.
>
> EMENTA
>
> PEDIDO DE PROVIDÊNCIAS. Audiências de instrução. Conciliadores. Juizados Especiais. Princípio da informalidade. Art. 2º. Lei nº

> 9.099/95. Admissibilidade. PCA nº 453. Entendimento superado. Lei nº 12.153/2009. Prevalência. Pedido improvido. Admite-se a condução de audiências de instrução por conciliadores no âmbito dos Juizados Especiais, por força do princípio da informalidade que rege os atos jungidos pela Lei nº 9.099/95, conforme seu art. 2º. Também, a Lei nº 12.153/2009 superou o entendimento proferido no julgamento do PCA nº 453, por autorizar, expressamente, a realização de oitivas de partes e testemunhas por conciliadores, no âmbito dos Juizados Especiais. Pedido conhecido, mas que se nega provimento.

Interessante reproduzir o seguinte excerto do voto:

> Ora, se a informalidade é a mola-mestra dos procedimentos afetos aos feitos de menor complexidade, e se as nulidades somente serão reconhecidas mediante prova de efetivo prejuízo, a interpretação lógico-sistemática aponta, inexoravelmente, para a legitimidade da realização de oitivas de testemunhas e partes pelos conciliadores e, posteriormente, aproveitadas pelo magistrado em sua sentença. Não há lugar, no âmbito dos Juizados, para preciosismos e aplicação de padrões tradicionais do processo civil.

3.1. Mito da reserva jurisdicionar da tomada de testemunha no âmbito dos juizados especiais

Mostra-se falaciosa a argumentação de que há reserva jurisdicional para escutar a testemunha, isso ao menos no que concerne ao microssistema dos juizados especiais (aqui incluído o Juizado Especial Federal).

Com efeito, o art. 98, inc. I, da CF/88, confere ao juiz togado e leigo (e por extensão legal, o conciliador) a competência para conciliação, julgamento e execução das causas cíveis de menor complexidade.

A Lei n.º 9.099/95 esclarece a definição do que venha a ser juiz leigo, auxiliar da justiça, recrutado entre advogados com mais de 5 anos de experiência (art. 7.º da Lei n.º 9.099/95).

Seguindo os rumos traçados na constituição de 1988, a Lei n.º 9.099/95 determinou que o juiz leigo poderá conduzir a audiência de instrução, podendo, nessa etapa, ouvir as partes e as testemunhas, desde que atuante sob a supervisão do juiz togado (art. 37 da Lei n.º 9.099/95).

De fato, a figura do juiz leigo não está presente (expressamente) na Lei n.º 10.259/2001, que regula o Juizado Especial Federal.

Nela há a presença do conciliador, com poucas diretrizes sobre os limites de suas funções, destacando, tão somente, que a designação será pelo período de dois anos, admitida a recondução, com exercício das funções gratuitas, assegurados os direitos e prerrogativas de jurados.

Melhor sorte sobre os limites de atuação do conciliador, durante a audiência de conciliação, não é retirada na Resolução CNJ n.º 125/2010, que cuida da sobre a Política Judiciária Nacional de tratamento adequado dos conflitos de interesses no âmbito do Poder Judiciário, pois traz uma disciplina geral sobre a temática, dispondo sobre a criação de centros de conciliação e mediação, bem como sobre a formação de conciliadores e mediadores.

Diferente foi o tratamento dado pelo art. 16, § 1.º, da Lei n.º 12.153/2009, que, como já dito, possibilita ao conciliador a ouvida das partes e testemunhas, com a possibilidade de dispensa de nova audiência, caso o magistrado entenda dispensável o ato e não houver impugnação.

Resta saber se a previsão legal guarda consonância com o trato constitucional sobre o tema.

A constituição não trata expressamente da figura do conciliador. Poderia entender que idêntica disposição prevista no art. 98, inc. I, do CF/88, que confere poderes instrutórios ao juiz leigo seria estendida ao conciliador?

A resposta positiva ao questionamento encontra consonância com todo o colorido normativo próprio ao Juizado Especial, que tem como norte a celeridade do processual, a simplicidade e a informalidade.

Vê-se que as ressalvas tratadas pelo legislador, que previu a necessária concordância do magistrado, que tem o dever legal de perscrutar a prova colhida, bem como a possibilidade de as partes e respectivos advogados, em apurando alguma ilegalidade, impugnar o ato, são razões que bastam a legitimar a ação do conciliador.

A modernidade, outrossim, permite o registro audiovisual das audiências, o que confere maior grau de possibilidades de o magistrado sindicar os meandros do ato conduzido pelo conciliador, avaliando a necessidade de uma nova assentada.

Ganha-se, portanto, em tempo e produtividade, já que há uma maior racionalização das pautas de audiência de instrução, essas sim, conduzidas, necessariamente, pelo magistrado.

É possível concluir, portanto, que há consonância com os princípios do devido processo legal, do juiz natural e da reserva de jurisdição (art. 93, XIV, da CF/88).

Ainda sobre o tema, vale citar excerto do artigo produzido pelo Juiz Federal Oscar Valente Cardoso, Poderes instrutórios do Conciliador e Lei n.º 12.153/2009, *In* Revista Dialética Processual, 87, jun/2010:

> Acerca da constitucionalidade do art. 16 da Lei n.º 12.153/2009, questiona-se sua consonância com os princípios constitucionais do juiz natural (art. 5.º, XXXVII e LII, da Constituição), do devido processo legal (art. 5.º, LIV) e da indelegabilidade da jurisdição (que tem, como exceção, a possibilidade de delegação, para servidores, da prática de atos de administração e atos de mero expediente sem caráter decisório - art. 93, XIV). Contudo, a possibilidade de nomeação de juízes leigos (e, por expansão legal, de conciliadores) para conciliar e julgar causas cíveis de menor complexidade igualmente têm fundamento constitucional (art. 98, I), e tal discussão já foi superada após a entrada em vigor da Lei n.º 9.099/95, privilegiando-se a busca não só da conciliação, mas também a celeridade e da razoável duração do processo (que também são princípios constitucionais, previstos no art. 5.º, LXXVII).

4. QUESTÃO DA FALTA DE VERDADE DO TESTEMUNHO DURANTE A AUDIÊNCIA DE CONCILIAÇÃO

Esse aspecto é importante, pois põe em xeque a própria utilidade da prova trazida aos autos, quando da audiência de conciliação.

O tipo penal que descreve o crime de falso testemunho está contido no art. 342 do Código Penal brasileiro, cujo teor reproduzo:

> Art. 342. Fazer afirmação falsa, ou negar ou calar a verdade como testemunha, perito, contador, tradutor ou intérprete em processo judicial, ou administrativo, inquérito policial, ou em juízo arbitral:
>
> Pena - reclusão, de 2 (dois) a 4 (quatro) anos, e multa.
>
> § 10 As penas aumentam-se de um sexto a um terço, se o crime é praticado mediante suborno ou se cometido com o fim de obter prova destinada a produzir efeito em processo penal, ou em processo civil em que for parte entidade da administração pública direta ou indireta.
>
> § 20 O fato deixa de ser punível se, antes da sentença no processo em que ocorreu o ilícito, o agente se retrata ou declara a verdade.

Veja-se que o tipo penal contempla a figura da testemunha de forma ampla, tanto em processo judicial, administrativo, inquérito policial ou mesmo em juízo arbitral.

O bem jurídico tutelado é a administração da justiça, haja vista a seriedade exigida para a coleta da prova, em que o indivíduo é chamado a depor sobre fatos juridicamente relevantes para o deslinde da causa. Tutela-se, igualmente, o interesse das pessoas em litígio, que submeteram a resolução do feito ao Estado-Juiz.

Exige-se como elemento subjetivo o dolo, não se admitindo a figura culposa.

De logo, percebe-se que para a existência do crime, não se faz necessário que o testemunho prestado seja perante a figura do magistrado. O tipo requer que a ação seja praticada no curso de um processo judicial, seja no âmbito da jurisdição contenciosa ou voluntária.

Resta, portanto, viável a tipificação da conduta do falso testemunho prestado durante a audiência de conciliação, ainda que perante o conciliador.

Detectada a falsidade da testemunha, ainda que no seio da audiência de conciliação, conduzida por conciliador, o crime restará consumado.

E as partes, caso venham a faltar com a verdade?

Nesse caso, será possível penalizar a parte faltante com multa, haja vista a conduta atentatória à dignidade da justiça e a prática de má-fé processual.

5. CONCLUSÃO

O modelo tradicional do processo, em que o magistrado conduz a tramitação do feito do limiar da lide até o seu cabo mostrou-se insuficiente ante o cenário de massificação das lides, até mesmo na caracterização dos Juizados Especiais Federais.

A conciliação exibe-se como solução plausível para desafogar as crescentes pautas de audiências, isso em função da difusão da cultura do acordo, mormente nas causas em que litigam o INSS ou a Caixa Econômica.

Todavia, essa estratégia não se mostra bastante, haja vista a solução albergada pelo art. 16, e §§, da Lei n.º 12.153/2009, que franqueou a possibilidade de qualificar a audiência de conciliação, permitindo que o conciliador, visando a uma maior probabilidade de acordo, de logo ouvir as partes e testemunhas do processo, podendo o magistrado, caso não obtida a conciliação, aproveitar as provas já colhidas e de logo sentenciar, se entender adequado o *standard* de prova presente no processo e não houver impugnação.

Sobre os percalços para validade da prova, examinou-se as hipóteses previstas na lei, bem como debruçou-se no que se venha a entender sobre a dita impugnação das partes sobre a utilização da prova disposta na audiência de conciliação.

Viu-se que a franquia tem resguardo constitucional (art. 98, inc. I, da CF/88) e tem sintonia com a principiologia que compõe o Juizado Especial. Outrossim, viu-se que a colheita da prova testemunhal, ao menos no âmbito do Juizado Especial, não é atividade privativa do magistrado, haja vista que a pode ser delegada ao juiz leigo (e ao conciliador, por extensão legal).

Por fim, foi objeto de estudo as eventuais implicações penais em havendo falta da verdade das testemunhas, durante a audiência de conciliação.

BIBLIOGRAFIA

BORRING Rocha, Felippe, Manual Dos Juizados Especiais Cíveis Estaduais – Teoria e Prática, Editora Gen-Atlas, 2016.

CARDOSO, Oscar Valente, Poderes instrutórios do Conciliador e Lei n.º 12.153/2009, *In* Revista Dialética Processual, 87, jun/2010.

CHMATALIK, Cristiane Conde, *in* Enunciados Fonajef Comentados, Editora Juspodivm, 2017.

DIDIER Jr, Fredie, *et al*, Curso de Direito Processual Civil, vol. III, Editora Juspodivm, 2015.

MARINONI, Luiz, A questão do convencimento judicial, artigo, acesso em 20/1/2018, http://www.egov.ufsc.br/portal/sites/default/files/anexos/17743-17744-1-PB.htm

NEGRÃO, Theotônio, Novo Código de Processo Civil, Editora Saraiva, 2016.

NERY, Nelson, *et al*, Comentários ao Código de Processo Civil, Revista dos Tribunais, 2015.

CAPÍTULO 16

A natureza jurídica do Incidente de Resolução de Demandas Repetitivas oriundo de processos dos Juizados Especiais

Marco Aurélio Ventura Peixoto
Renata Cortez Vieira Peixoto
Rodrigo Frantz Becker

1. INTRODUÇÃO

O incidente de resolução de demandas repetitivas (IRDR), previsto no Código de Processo Civil de 2015, e tido uma de suas maiores inovações, tem por escopo conter a denominada litigiosidade de massa, evidenciada pela repetição de demandas relativas a uma mesma questão de direito material ou processual. Ao lado dos recursos especial e extraordinário repetitivos, o IRDR compõe o que a doutrina tem denominado de "microssistema de resolução de casos repetitivos", cujos instrumentos buscam conferir solução uniforme a demandas que versem sobre as mesmas questões de direito.

Assim é que, nos termos do art. 976, do CPC, "é cabível a instauração do incidente de resolução de demandas repetitivas quando houver, simultaneamente: I – efetiva repetição de processos que contenham controvérsia sobre a mesma questão unicamente de direito; II – risco de ofensa à isonomia e à segurança jurídica".

Em primeiro lugar, é preciso que haja uma *efetiva* repetição de processos. Disso evidencia-se o descabimento do incidente com a finalidade de *prevenir* a multiplicidade de demandas, na medida em que a palavra "efetiva" pressupõe contemporaneidade e não uma futura multiplicação dessas demandas.

Ademais é necessário que haja controvérsia sobre a mesma questão unicamente de direito, material ou processual, segundo o art. 928, parágrafo único, de modo que não cabe o IRDR quando o dissenso a ser dirimido disser respeito à matéria fática.

O incidente de resolução de demandas repetitivas tramitará num tribunal, que fixará a tese jurídica hábil a solucionar a questão de direito controvertida e, nos termos do art. 985 do CPC, julgado o incidente, a referida tese será aplicada a todos os processos individuais ou coletivos, pendentes e futuros, que tratem da mesma questão de direito e que tramitem na área de jurisdição do respectivo tribunal, inclusive no tocante àqueles que tramitem nos juizados especiais do respectivo Estado ou região. Ademais, havendo recurso especial ou extraordinário, a tese estabelecida pelo tribunal superior respectivo terá aplicabilidade em todo o território nacional (art. 987, § 2º).

Em caso de inobservância da tese fixada no IRDR, caberá reclamação, o que já evidencia a sua obrigatoriedade (art. 988, IV). Mas tal eficácia também decorre dos arts. 927, inciso III, e 985, ambos do CPC.

Diante de tais regras, que impõem a observância obrigatória da tese fixada no IRDR, surgem as questões objeto do presente ensaio, a saber: 1. É possível o IRDR originado de causas que tramitem nos Juizados Especiais? 2. Qual o sistema deve ser usado para os IRDR's originários de causas em trâmite nos Juizados Especiais? 3. Qual o órgão jurisdicional competente para julgamento do IRDR originado de processos em trâmite nos Juizados Especiais?

2. INCIDENTE DE RESOLUÇÃO DE DEMANDAS REPETITIVAS NO DIREITO BRASILEIRO: ADOÇÃO DO SISTEMA DA CAUSA-PILOTO OU DA PROCEDIMENTO-MODELO?

Quando se fala em sistemas de resolução de demandas repetitivas, de modo geral, a distinção entre os sistemas da causa-piloto e do procedimento-modelo relaciona-se à seleção, ou não, de uma causa determinada para julgamento e fixação da tese a ser seguida pelas demais, que se evidenciem semelhantes; no primeiro (causa-piloto), há escolha de um caso concreto, de modo que há duas etapas decisórias: uma destinada à fixação da tese e outra dirigida ao julgamento da causa (de acordo com a tese vinculante fixada); no segundo (procedimento-modelo), não se trata do julgamento de um caso, havendo tão somente a fixação da tese através de um incidente – originado desse caso- , que será aplicável às demandas que versarem sobre a mesma questão de direito[1].

No parágrafo único do art. 978 está a regra que fundamenta a tese de que o direito processual brasileiro adotou o sistema da causa-piloto para o IRDR. Nos termos do referido dispositivo, o órgão colegiado, além de fixar a tese, julgará o recurso, a remessa necessária ou o processo de competência originária de onde se originou o incidente. Assim, seria imprescindível haver pelo menos uma causa pendente de julgamento no tribunal para a admissibilidade do IRDR. Não bastaria, portanto, restar evidenciada a multiplicidade de demandas sobre a mesma questão de direito nos juízos de primeiro grau. Seria indispensável que pelo menos uma delas chegasse ao tribunal por meio de recurso ou de reexame necessário, ou que fosse proposta demanda de competência originária.

ara Fredie Didier Júnior e Leonardo Carneiro da Cunha[2], mesmo que não houvesse a norma constante do parágrafo único do art. 978, o sistema adotado seria o da causa-piloto, porquanto se evidencia indispensável que haja uma causa pendente no tribunal, porque "sendo o IRDR um incidente, é preciso que haja um caso tramitando no tribunal"[3].

Há, no entanto, quem defenda a desnecessidade de causa pendente no tribunal, por diversas razões, dentre as quais se podem mencionar a inconstitucionalidade formal do parágrafo único do art. 978, que foi modificado após a aprovação do texto do novo CPC pelo Senado, na fase de correção do texto e a legitimidade do juiz de primeiro grau para suscitar o incidente[4].

---

1. Nesse sentido, lecionam Fredie Didier Júnior e Leonardo Carneiro da Cunha (In: Curso de Direito Processual Civil: meios de impugnação às decisões judiciais e processo nos tribunais. Salvador: Ed. JusPodivm, 2016, p. 593): "Há dois sistemas de resolução de causas repetitivas: a) o da causa-piloto e b) o da causa-modelo. No sistema da causa-piloto, o órgão jurisdicional seleciona um caso para julgar, fixando a tese a ser seguida nos demais. Já na causa-modelo, instaura-se um incidente apenas para fixar a tese a ser seguida, não havendo a escolha de uma causa a ser julgada".

2. *Op. cit.*, p. 595.

3. Explicam, ainda, que, sem causa pendente, não poderia se falar em incidente, mas em causa de competência originária, não sendo possível ao legislador ordinário criar competências originárias para os tribunais, as quais estão estabelecidas na Constituição (*Idem ibidem*).

4. É o que defende Cássio Scarpinella Bueno (In: Novo Código de Processo Civil anotado. São Paulo: Saraiva, 2015, p. 618: "O que ocorre, no entanto, é que o parágrafo único do art. 978, ao fazer escolha *expressa* sobre a controvérsia - e não há razão para colocar em dúvida as boas razões que a justificaram - violou o devido processo legislativo. Trata-se de regra que, por não ter correspondência com o Projeto aprovado pelo Senado Federal nem com o Projeto aprovado pela Câmara dos Deputados, viola o parágrafo único do art. 65 da CF". O autor entende que há também inconstitucionalidade material no dispositivo, visto que não cabe à lei federal estabelecer a competência dos tribunais, o que violaria os arts. 108 e 125, § 1º, da Constituição.

Aluísio Gonçalves de Castro Mendes e Sofia Temer[5] **vão além dessas questões de cunho constitucional. Os autores, após análise de diversos aspectos atinentes ao IRDR tal como previsto no CPC**[6], concluem que o sistema adotado é o do procedimento-modelo. Para eles, o IRDR trata-se de procedimento incidental autônomo, "de julgamento abstrato – ou objetivo – das questões de direito controvertidas, comuns às demandas seriadas, a partir da criação de um procedimento-modelo", de modo que não haveria julgamento da causa pelo tribunal, mas apenas a "definição da questão jurídica controvertida, que será posteriormente adotada para o julgamento da(s) causa(s) de onde este se originar, bem como nas demais demandas repetitivas fundadas em igual questão" [7].

Importante destacar que, embora Fredie Didier Júnior e Leonardo Carneiro da Cunha defendam que o sistema adotado é o da causa-piloto, referidos autores reconhecem que, em caso de desistência ou abandono do caso-piloto, transformar-se-ia em hipótese de procedimento-modelo no direito brasileiro, o que se revelaria como uma exceção à regra geral[8].

A divergência doutrinária é tanta que há enunciados interpretativos em sentidos absolutamente contrários sobre a questão. Nesses termos, tem-se o

---

Por isso, conclui que: "(...) a inconstitucionalidade formal e substancial do parágrafo único do art. 978 acaba conduzindo o intérprete à compreensão de que a aplicação da tese jurídica deve ser feita pelos juízos de origem, perante os quais tramitam os 'casos repetitivos' que ensejaram a instauração do Incidente. Somente quando os pressupostos do art. 976 surgirem no âmbito do próprio Tribunal ao julgar um recurso, um processo de competência originária ou, até mesmo, a remessa necessária é que ele terá competência para, desde logo, aplica-la ao caso concreto e, mesmo assim, se o Regimento Interno assim permitir".

5. MENDES, Aluísio Gonçalves de Castro; TEMER, Sofia. O Incidente de Resolução de Demandas Repetitivas do Novo Código de Processo Civil. Disponível em: https://www.academia.edu/15300046/O_incidente_de_resolu%C3%A7%C3%A3o_de_demandas_repetitivas_do_novo_C%C3%B3digo_de_Processo_Civil, capturado em 07.08.2018.

6. Em suma, os argumentos dos autores (*Idem ibidem*) para compreender o IRDR no CPC brasileiro como hipótese de adoção do sistema da causa-modelo são os seguintes: a) a nomenclatura adotada (incidente) levaria à conclusão de que não se trata de julgamento da demanda propriamente dita, mas da criação de um "espaço coletivo de resolução da questão controvertida"; b) a limitação de solução, através do incidente, apenas das questões jurídicas homogêneas controvertidas, não podendo haver análise de fatos e de questões jurídicas heterogêneas relativas ao processo de onde se originou o incidente confirmaria a tese de cisão cognitiva e de julgamento abstrato defendida pelos autores; c) tese esta que também restaria confirmada pela autonomia do procedimento incidental em caso de desistência ou abandono da causa (art. 976, § 1º, do CPC); d) a possibilidade do IRDR ser instaurado pelo Ministério Público e pela Defensoria Pública, ainda que não tenham formulado pretensão no processo originário também reforça a tese de separação entre o julgamento da tese, em controle abstrato e o posterior julgamento da causa.

7. MENDES, Aluísio Gonçalves de Castro; TEMER, Sofia. O Incidente de Resolução de Demandas Repetitivas do Novo Código de Processo Civil. Disponível em: https://www.academia.edu/15300046/O_incidente_de_resolu%C3%A7%C3%A3o_de_demandas_repetitivas_do_novo_C%C3%B3digo_de_Processo_Civil, capturado em 07.08.2018.

8. *Op. cit.*, p. 595-597.

Enunciado 22 do ENFAM: "A instauração do IRDR não pressupõe a existência de processo pendente no respectivo tribunal"; e os Enunciados 342 e 344 do FPPC: "O incidente de resolução de demandas repetitivas aplica-se a recurso, a remessa necessária ou a qualquer causa de competência originária"; e "A instauração do incidente pressupõe a existência de processo pendente no respectivo tribunal".

Também não tem havido uniformidade nos tribunais a respeito da questão, na medida em que há incidentes admitidos **com** e **sem** a exigência de causa pendente, embora a maioria das decisões seja no sentido da indispensabilidade da existência de causa pendente para a admissibilidade do IRDR[9],

9. Nesse sentido, vejam-se, exemplificativamente, os seguintes acórdãos **no sentido da indispensabilidade de causa pendente para admissibilidade do incidente: a) da Corte Especial do Tribunal de Justiça de Goiás:** "INCIDENTE DE RESOLUÇÃO DE DEMANDAS REPETITIVAS. JUÍZO DE ADMISSIBILIDADE. AUSÊNCIA DE CAUSA RECURSAL OU ORIGINÁRIA PENDENTE DE JULGAMENTO NO TRIBUNAL. IMPOSSIBILIDADE DE INSTAURAÇÃO AUTÔNOMA. INCIDENTE NÃO ADMITIDO. 1. O incidente de resolução de demandas repetitivas (IRDR) consiste numa moderna técnica processual cuja finalidade é a proteção do direito objetivo, mediante uma tutela individual de repercussão coletiva, que se expressa pela uniformização da interpretação sobre uma questão controvertida de direito que emerge de uma causa recursal ou originária ainda pendente de julgamento no tribunal. 2. A proteção do direito objetivo ocorre à medida que evita a desigualdade de tratamento judicial em casos análogos, com o incremento da segurança jurídica e, por conseguinte, da confiança e da credibilidade do Poder Judiciário pela sociedade. 3. Para que possa cumprir esse importante desiderato, exige a lei processual que sejam preenchidos cumulativamente os seguintes requisitos de admissibilidade: a) efetiva repetição de processos sobre a mesma questão unicamente de direito; b) risco de ofensa à isonomia e à segurança jurídica; c) houver causa recursal ou originária pendente no tribunal; d) não houver recurso afetado, em tribunal superior, para definição de tese sobre questão de direito material ou processual repetitiva. 4. Dada a sua natureza jurídica de incidente processual e, por isso, não goza de existência autônoma, para que possa ser validamente instaurado o IRDR, é imprescindível a existência de recurso, reexame necessário ou ação originária ainda em curso no Tribunal. Essa exigência se explica na medida em que a norma processual impele o órgão colegiado competente a não só fixar a tese jurídica sobre a questão controvertida, mas também a julgar o recurso, a remessa necessária ou o processo de competência originária de onde se originou o incidente, de conformidade como parágrafo único do art. 978 do Código de Processo Civil de 2015. 5. Se não há recurso, reexame necessário ou ação originária pendente de julgamento neste egrégio Tribunal, para no seu âmbito/bojo viabilizar a instauração do incidente de resolução de demandas repetitivas (IRDR), impende proceder o juízo negativo de admissibilidade. 6. INCIDENTE DE RESOLUÇÃO DE DEMANDAS REPETITIVAS NÃO ADMITIDO". (TJGO, Incidente de Resolução de Demandas Repetitivas 5041176-18.2018.8.09.0000, Rel. ELIZABETH MARIA DA SILVA, Corte Especial, julgado em 14/08/2018, DJe de 14/08/2018); **b) do Tribunal de Justiça do Rio Grande do Sul:** INCIDENTE DE RESOLUÇÃO DE DEMANDAS REPETITIVAS. INADMISSIBILIDADE. PROCESSO JÁ JULGADO. SUCEDÂNEO RECURSAL. NÃO ATENDIMENTO DOS REQUISITOS LEGAIS. AUSÊNCIA DE CAUSA PENDENTE. PRECEDENTES. Detectado que a propositura deste incidente está desgarrada da necessária pendência de análise da questão jurídica, impossível admiti-lo, sob pena de sacramentar a subversão da própria sistemática processual, no sentido de que se viabilizaria, pelo IRDR (Incidente de Resolução de Demandas Repetitivas), nova espécie recursal a possibilitar a reversão da decisão de mérito previamente proferida pelo órgão julgador, o que não está previsto na novel legislação. Aplicação da Súmula nº 46 deste Tribunal que enuncia que Não se admite incidente de resolução de demandas repetitivas em feito cujo recurso já tenha sido julgado pelo Tribunal de Justiça. INCIDENTE DE RESOLUÇÃO DE DEMANDAS REPETITIVAS REJEITADO, DE PLANO. (Incidente de Resolução de Demandas Repetitiva Nº 70077173565, Sexto Grupo de Câmaras Cíveis, Tribunal de Justiça do RS, Relator: Guinther Spode, Julgado em 28/03/2018); **c) Do Tribunal Regional Federal da 4ª Região:** PROCESSUAL CIVIL E PREVIDENCIÁRIO. INCIDENTE

ou seja, a maioria dos tribunais brasileiros considera que nosso sistema é o da causa-piloto.

Pensamos que todos os argumentos – tanto os relacionados à inconstitucionalidade do parágrafo único do art. 978 do CPC como os de natureza processual – levam à conclusão de que mais adequada seria a aplicação no processo civil brasileiro do sistema do procedimento-modelo, o que, inclusive, facilitaria a resolução de algumas questões práticas, notadamente o problema da vinculação da tese fixada pelo tribunal relativamente aos juizados especiais, conforme se verá adiante.

3. A COMPETÊNCIA PARA JULGAMENTO DO IRDR ORIUNDO DE CAUSAS EM TRAMITAÇÃO NOS JUIZADOS ESPECIAIS E A NECESSIDADE DE ADOÇÃO DO SISTEMA DO PROCEDIMENTO-MODELO

Segundo o art. 985, inciso I, do CPC, julgado o incidente, a tese jurídica será aplicada obrigatoriamente a todos os processos individuais ou coletivos

---

DE RESOLUÇÃO DE DEMANDAS REPETITIVAS (IRDR). AUSÊNCIA DE REQUISITO DE ADMISSIBILIDADE. RISCO DE OFENSA À SEGURANÇA JURÍDICA E À ISONOMIA NÃO CONFIGURADO. 1. Conquanto o Código de Processo Civil não estabeleça número mínimo de processos repetitivos como requisito de admissibilidade, é preciso demonstrar a pendência de recursos no Tribunal ou a existência de decisões conflitantes sobre a mesma questão de direito, em quantidade significativa, que justifique a padronização da matéria. 2. Justifica-se a instauração do incidente somente quando houver ameaça à isonomia e à segurança jurídica de forma disseminada, e não no caso em que uma decisão isolada contraria significativa corrente de jurisprudência deste Tribunal e do Superior Tribunal de Justiça. 3. Caso em que a repercuss?o da matéria na ordem de julgamento de processos no Tribunal n?o assume a dimens?o que faça por merecer o objeto da pretendida instauraç?o do IRDR, a menos que se possa conceber este instituto processual como vertente recursal última a resguardar o interesse da parte. (TRF4 5031159-91.2018.4.04.0000, TERCEIRA SEÇÃO, Relator OSNI CARDOSO FILHO, juntado aos autos em 26/10/2018). **Por outro lado, vejam-se os seguintes julgados, no sentido da dispensa de causa pendente: a) Do Tribunal de Justiça do Pará:** INCIDENTE DE RESOLUÇÃO DE DEMANDAS REPETITIVAS. IRDR. GRATIFICAÇÃO DE NÍVEL SUPERIOR. PROFESSORES DO MUNICÍPIO DE ANANINDEUA. ?DIFERENÇA DE ENQUADRAMENTO?. PRESSUPOSTOS DE ADMISSIBILIDADE. REQUISITOS CUMULATIVOS. NCPC, ART. 976. REPETIÇÃO DE PROCESSOS DEMONSTRADA. QUESTÃO UNICAMENTE DE DIREITO. CAUSA PENDENTE DE JULGAMENTO NO TRIBUNAL. INEXIGIBILIDADE. TODAVIA, INEXISTE DEMONSTRAÇÃO DA DIVERGÊNCIA SOBRE O TEMA. NÃO ADMISSÃO DO INCIDENTE. UNÂNIME. 1. O incidente de resolução de demandas repetitivas, nos termos do artigo 976 do CPC/15, pode ser instaurado se houver, simultaneamente, efetiva repetição de processos que contenham controvérsia sobre a mesma questão unicamente de direito e risco de ofensa à isonomia e à segurança jurídica. 2. Não se admite o incidente quando inexiste demonstração da divergência sobre o tema em que deu origem ao pedido para instaurar o incidente. 4. Inexistente entendimento dissonante sobre a questão de direito formulada como hábil a ensejar a instauração de incidente de resolução de demandas repetitivas, deve-lhe ser negado trânsito como forma de ser resguardada sua gênese e privilegiada sua destinação (NCPC, art. 981). 5. Acréscimo feito em voto divergente, pelo Exmo. Des. Luiz Gonzaga da Costa Neto, que considerou inexistente a necessidade de haver processo em trâmite no Tribunal, como requisito para a instauração do IRDR. 6. IRDR não admitido. (2016.04839867-98, 168.564, Rel. MARIA DO CEO MACIEL COUTINHO, Órgão Julgador TRIBUNAL PLENO, Julgado em 2016-11-30, Publicado em 2016-12-02).

que versem sobre idêntica questão de direito e que tramitem na área de jurisdição do respectivo tribunal, inclusive àqueles que tramitem nos juizados especiais do respectivo Estado ou região; e, ainda, aos casos futuros que versem idêntica questão de direito e que venham a tramitar no território de competência do tribunal, ressalvada apenas a possibilidade de revisão da tese (superação do precedente).

Como se vê, o CPC menciona expressamente os juizados especiais na disciplina atinente ao IRDR e não poderia ser diferente, pois essa regra tem o condão de evitar tratamentos diversos para temas de direito por parte dos juizados especiais e da justiça ordinária, não havendo razão para que se exclua a possibilidade de instauração de IRDR a partir de processos que tramitam nos juizados especiais.

Nessa linha, Frederico Koehler[10] sustenta que, apesar da omissão nas versões do CPC aprovadas inicialmente no Senado Federal e na Comissão Especial da Câmara dos Deputados, a inclusão de forma expressa no Plenário da Câmara dos Deputados faz com que não se possa excluir a aplicação do IRDR aos juizados especiais, inclusive porque é nesse microssistema que surge a imensa maioria dos casos repetitivos, bem como pelo fato de que os juizados sempre estiveram na vanguarda de tratamentos diferenciados para as demandas de massa.

No mesmo sentido Ana Karenina Ramalho Andrade, para quem "a estruturação e natureza peculiares dos juizados não lhe conferem imunidade a ponto de não serem alcançadas pelas soluções processuais de uniformização, de que o IRDR é um dos exemplos mais férteis"[11].

Como visto anteriormente, no que diz respeito aos sistemas ou padrões para o julgamento de demandas repetitivas, temos a dicotomia entre o procedimento-modelo e a causa-piloto. No sistema da causa-piloto, por muitos defendida como a opção feita pelo legislador brasileiro, uma ou algumas causas são selecionadas para julgamento, havendo unidade cognitiva, isto é, o mesmo órgão que aprecia a questão comum julga o processo originário. Já no padrão do procedimento-modelo, são apreciadas questões comuns a todos os casos similares, ficando a decisão de cada caso concreto para o juízo do

10. KOEHLER, Frederico Augusto Leopoldino. O incidente de resolução de demandas repetitivas e os juizados especiais. In Revista de Processo, ano 39, v. 237, novembro/2014, Editora Revista dos Tribunais, p. 500.

11. ANDRADE, Ana Karenina Silva Ramalho. O IRDR e o juizado especial: são conciliáveis? In: Código de Processo Civil no STF e no STJ: estudos sobre os impactos e interpretações. Salvador: editora Jus Podivm, 2018, p. 63.

processo originário, de modo que há divisão de competências entre o órgão que julga a questão comum e o que decide o processo originário[12].

A questão é que, em se considerando como sistema brasileiro de resolução de demandas repetitivas o da causa-piloto, ter-se-ia a sua incompatibilidade com a vinculação da tese estabelecida pelo Tribunal de Justiça ou pelo Tribunal Regional Federal aos juizados especiais, pois não poderia o tribunal fixar a tese e também julgar o recurso advindo dos juizados especiais no processo em que foi suscitado e admitido o IRDR, principalmente porque prevalece em nossos tribunais superiores o entendimento de que "os juizados especiais e os colegiados recursais respectivos não têm relação de subordinação recursal com os Tribunais de Justiça"[13].. Destarte, seria inviável o Tribunal julgar um recurso oriundo dos Juizados, porque não existe essa competência prevista em lei, e por consequência, inviável julgar o IRDR.

Por isso, Frederico Koehler entende que a previsão do art. 985, I, do CPC é inconstitucional. Segundo o autor, os Tribunais de Justiça e os Tribunais Regionais Federais não exercem competência jurisdicional sobre os juizados em razão do disposto no art. 98, inciso I, da Constituição, "não podendo uma norma infraconstitucional alterar essa sistemática"[14].

Para Fredie Didier Jr. e Leonardo Carneiro da Cunha[15], entrementes, a previsão contida no art. 985, inciso I, do CPC/2015, quanto à aplicação das teses jurídicas firmadas em IRDR aos juizados especiais, não ofende a Constituição, na medida em que, apesar de não haver hierarquia jurisdicional entre os juízes dos juizados e os tribunais, não é inusitado haver medidas judiciais em tribunais que controlam atos de juízos a eles vinculados, como ocorre, por exemplo, na atuação do STJ ao julgar conflito de competência entre juízos comuns e juízos trabalhistas, ou mesmo na atuação do TRF ao julgar conflitos de competência que envolvam juízes de juizados federais.

Ocorre que, admitindo-se a competência dos Tribunais de Justiça e dos Tribunais Regionais Federais para julgar os IRDR's oriundos de causas em

---

12. CABRAL, Antonio do Passo. A escolha da causa-piloto nos incidentes de resolução de processos repetitivos. In DIDIER JR., Fredie; CUNHA, Leonardo Carneiro da. Julgamento de casos repetitivos – Coleção Grandes Temas do Novo CPC, v. 10. Salvador: Jus Podivm, 2016, p. 39.

13. CC 104.476/SP, Rel. Ministro Fernando Gonçalves, Segunda Seção, DJe 12/06/2009.

14. Questões polêmicas da aplicação do IRDR nos juizados especiais. Disponível em: https://www.academia.edu/28104936/Questoes_polemicas_da_aplicacao_do_IRDR_nos_juizados_especiais, capturado em 07.11.2018.

15. Curso de Direito Processual Civil: o processo civil nos tribunais, recursos, ações de competência originária de tribunal e querela nullitatis, incidentes de competência originária de tribunal. Salvador: Jus Podivm, 2016, p. 643.

tramitação nos juizados, inúmeros problemas práticos surgiriam, como bem indica Frederico Koehler[16]: a) o STJ, os TJ's e os TRF's não compõem a estrutura recursal dos juizados, mas teriam o condão de definir teses vinculantes aplicáveis a tais órgãos jurisdicionais, o que ensejaria o esvaziamento da função de uniformização da jurisprudência das turmas recursais, das turmas regionais e nacionais de uniformização; b) algumas matérias tramitam exclusivamente nos juizados, não chegando aos TJ's e aos TRF's, de modo que esses tribunais se responsabilizariam pela uniformização de temas que não lhes são afetos, o que poderia "prejudicar a real compreensão das questões levadas à discussão no IRDR"; c) aplicando-se, por analogia, o disposto no art. 1.037, §9º e seguintes ao IRDR, no tocante à distinção e pedido de prosseguimento do processo, o pedido seria dirigido ao juiz da causa nos juizados, mas qual seria o órgão competente para julgamento do agravo, em caso de indeferimento do pedido? Os TJ's e os TRF's? Mas como, se não têm jurisdição sobre os Juizados? Ademais, o próprio cabimento desse agravo seria duvidoso, por falta de expressa previsão legal; d) em caso de descumprimento de uma tese fixada em IRDR pelo tribunal, por uma turma recursal, caberia reclamação para o Tribunal e incidente de uniformização para a TRU ou para a TNU; como solucionar eventual conflito entre as decisões do Tribunal e das Turmas de Uniformização?

Por isso, há quem defenda a inaplicabilidade do art. 985, inciso I e o cabimento do IRDR no âmbito dos próprios juizados, que seria decidido pelas Turmas de Uniformização.

Nesse sentido, para Marcos Cavalcanti e Georges Abboud[17], melhor saída teria sido o CPC ter estabelecido, nas disposições finais e transitórias, que o IRDR se aplica aos juizados especiais, cabendo o julgamento às Turmas de Uniformização, não se podendo aceitar que uma tese jurídica fixada em incidente processado e julgado em órgão jurisdicional estranho ao microssistema dos juizados especiais alcance vinculativamente os processos ali em tramitação.

Há enunciado do ENFAM (nº 44) com esse conteúdo, inclusive: Admite-se o IRDR nos juizados especiais, que deverá ser julgado por órgão colegiado de uniformização do próprio sistema".

---

16. Questões polêmicas da aplicação do IRDR nos juizados especiais. Disponível em: https://www.academia.edu/28104936/Questoes_polemicas_da_aplicacao_do_IRDR_nos_juizados_especiais, capturado em 07.11.2018.

17. ABBOUD, Georges; CAVALCANTI, Marcos de Araújo. Inconstitucionalidades do incidente de resolução de demandas repetitivas e riscos ao sistema decisório. http://www.bvr.com.br/abdpro/wp-content/uploads/2016/03/Inconstitucionalidades-do-IRDR-e-riscos-ao-sistema-decisorio-.pdf, acesso em 04 de setembro de 2018.

Essa orientação deu ensejo à edição de regras regimentais prevendo a competência das Turmas de Uniformização para processamento e julgamento de IRDR's originados de causas em andamento nos juizados. É o caso da Resolução nº 023/2016 da Presidência do TJES, que aprovou o Regimento Interno do Colégio Recursal e da Turma de Uniformização dos Juizados Especiais do Espírito Santo. O referido instrumento normativo previu, expressamente, a competência da Turma de Uniformização para processar e julgar incidentes de resolução de demandas repetitivas e assunção de competência afetas ao sistema dos Juizados Especiais.

Provocado o Conselho Nacional de Justiça a respeito da sobredita norma, o Conselheiro Henrique Ávila, no Pedido de Providências 0002624-56.2017.2.00.0000, concedeu liminar determinando a suspensão do funcionamento de tais órgãos, no entanto, posteriormente, tal decisão foi revogada pela Conselheira Maria Tereza Uille[18].

Embora se reconheça que seria mais adequada a previsão de processamento e julgamento de IRDR's relativos a causas originadas dos juizados pelas Turmas de Uniformização[19], é certo que a legislação processual fixou a competência dos Tribunais de Justiça e dos Tribunais Regionais Federais para julgamento de tais IRDR's, restando, portanto, vedada a possibilidade de instauração do incidente junto às Turmas ou Colégios Recursais dos Juizados. Dessa forma, não cabendo a sua instauração nesses órgãos, que são competentes para uniformizar entendimentos no âmbito dos juizados, mas sendo obrigatória a adoção das teses também pelos referidos órgãos jurisdicionais, restou subentendido que os juizados deveriam se curvar às teses que eventualmente vierem a ser consolidar nos TJ´s ou TRF´s respectivos.

Além da ausência de previsão legal, corre-se ainda o risco de haver decisões conflitantes entre os tribunais e as turmas de uniformização em caso

---

18. Notícia veiculada no site da AMB. Disponível em http://www.amb.com.br/amb-e-fonaje-obtem-vitoria-no-cnj-em-relacao-competencia-para-julgamento-de-irdr/?doing_wp_cron=1541672950.4021589756011962890625, capturado em 07.10.2018.

19. Gabriela Arruda de Assunção fez interessante estudo jurisprudencial sobre a aplicabilidade do IRDR no microssistema dos juizados especiais federais (JEFs) (In: Da (in)aplicabilidade do Incidente de Resolução de Demandas Repetitivas (IRDR) no Juizado Especial Federal: análise jurisprudencial. Disponível em: https://revista.jfpe.jus.br/index.php/RJSJPE/article/view/168, capturado em 08.11.2018). No estudo, realizado até o dia 15.06.2017, a autora identificou que nos TRF's da 1ª, 2º e 3ª Regiões, nos IRDR's admitidos não houve expressa determinação de suspensão dos processos em trâmite nos Juizados Especiais. No TRF da 4ª Região há diversos IRDR's instaurados em que se determinou a suspensão dos processos em tramitação nos Juizados. Há, inclusive, IRDR's com o mérito julgado e com definição de teses aplicáveis especificamente aos Juizados.

de apreciação das mesmas questões de direito, não havendo instrumento processual para solucionar a divergência, dado o não cabimento de recurso especial em face de decisões proferidas pelos órgãos recursais dos juizados especiais.

Caberia, tão somente, nesses casos, o pedido de uniformização, dirigido ao Superior Tribunal de Justiça, previsto no art. 14, § 4º da Lei 10.259/2001[20], quando a orientação acolhida pela Turma de Uniformização contrariasse súmula ou jurisprudência dominante do STJ. A mesma regra está prevista no art. 19, *caput*, da Lei 12.153/2009[21], em relação à orientação das Turmas de Uniformização estaduais, que contrarie súmula do STJ. Também se deve fazer referência ao art. 18, § 3º[22], segundo o qual "quando as Turmas de diferentes Estados derem a lei federal interpretações divergentes, ou quando a decisão proferida estiver em contrariedade com súmula do Superior Tribunal de Justiça, o pedido será por este julgado".

Ocorre que a admissibilidade de tais pedidos de uniformização ao STJ é bastante restrita, porquanto só têm cabimento em caso de violação de súmula ou jurisprudência dominante do referido Tribunal Superior sobre questões de direito material; mesmo na hipótese do art. 18, § 3º, em caso de divergência na interpretação de lei federal por Turmas de diferentes Estados, o pedido

---

20. "Quando a orientação acolhida pela Turma de Uniformização, em questões de direito material, contrariar súmula ou jurisprudência dominante no Superior Tribunal de Justiça -STJ, a parte interessada poderá provocar a manifestação deste, que dirimirá a divergência". No TRF da 5ª Região, há divergência. Em um IRDR, admitido pelo sistema da causa-modelo, determinou-se a suspensão das causas em andamento nos Juizados. Em outro IRDR, contudo, posterior, mas relativo ao mesmo tema, decidiu-se que "O Incidente de Resolução de Demandas Repetitivas - IRDR criado pelo Novo Código de Processo Civil é incompatível com o sistema processual dos Juizados Especiais Federais, ao menos no que diz respeito à sua instauração por Corte Regional, pois isso levaria à vinculação dos JEF aos Tribunais Regionais Federais - TRF em questões de direito material, o que violaria o disposto no art. 98, inciso I, da CF/88, já que somente seriam admissíveis julgamentos de recursos por juízes de primeiro grau". Consignou-se, ainda, que "(...)a admissão de IRDR regional com efeitos sobre os JEF criaria uma situação de perplexidade na aplicação dos precedentes, especialmente quando houver divergência entre o que decide a Turma Nacional de Uniformização - TNU e os Trubunais Regionais, pois se uma Turma Recursal vier a decidir de acordo com o precedente da primeira, caberia Reclamação para o segundo e vice-versa. Assim, a interpretação mais conforme do Capitulo VIII, do Título I, do Livro III, do Novo Código de Processo Civil (Lei n.º 13/105/2015) é aquela que determina a vinculação dos JEF apenas a IRDR relativo a questões de direito material instaurado no âmbito das Turmas Regionais de Uniformização, da Turma Nacional de Uniformização, do Superior Tribunal de Justiça - STJ ou do Supremo Tribunal Federal -STF, nunca a IRDR instaurado por TRF".

21. "Quando a orientação acolhida pelas Turmas de Uniformização de que trata o § 1o do art. 18 contrariar súmula do Superior Tribunal de Justiça, a parte interessada poderá provocar a manifestação deste, que dirimirá a divergência".

22. "Quando as Turmas de diferentes Estados derem a lei federal interpretações divergentes, ou quando a decisão proferida estiver em contrariedade com súmula do Superior Tribunal de Justiça, o pedido [de uniformização] será por este julgado".

de uniformização somente se revela cabível em caso de divergência sobre questões de direito material. Na verdade, a própria competência das Turmas de Uniformização é restrita a controvérsias de direito material, não havendo instrumento, na estrutura dos juizados, para uniformização de questões de direito processual.

Desse modo, ainda que se admita a tramitação do IRDR nas Turmas de Uniformização, somente seria possível a solução de controvérsias de direito material, posto que não há previsão legal para conhecimento de divergências sobre questões de direito processual pelas Turmas de Uniformização, levando à existência de uma norma (aquela que prevê a possibilidade de IRDR material ou processual) parcialmente sem aplicabilidade.

A nosso ver, a questão somente seria definitivamente resolvida, com a alteração do texto constitucional para que seja cabível recurso especial das decisões proferidas pelos órgãos colegiados dos juizados especiais, com a posterior regulamentação, por meio de lei, do cabimento do IRDR no âmbito dos juizados. Todavia, é sabido que essa alteração esbarraria em diversos outros óbices, que certamente inviabilizam essa mudança.

Até lá, para solucionar a celeuma, deve-se aplicar o art. 985, inciso I do CPC, com a competência dos Tribunais de Justiça e dos Tribunais Regionais Federais para processar e julgar os IRDR's oriundos de causas em andamento nos juizados, sugerindo-se, no entanto, a adoção do sistema do procedimento-modelo.

Naturalmente, a admissão do IRDR nesta seara demanda a adoção da tese segundo a qual o incidente, quando originado de processos nos juizados, é fundado na ideia de que caberá ao tribunal apenas o julgamento da tese, ficando o caso concreto sob a competência do juízo de onde se originou o caso (juizado especial), que tem competência para suscitá-lo, nos termos do art. 977, I.

Nessa hipótese, todas as questões relativas à fixação e revisão da tese teriam que ser solucionadas no âmbito do Tribunal respectivo, inclusive eventuais reclamações e recursos em caso de indeferimento de pedidos de distinção.

Havendo decisão das Turmas de Uniformização contrariando decisões proferidas em IRDR's, entendemos que, em razão do art. 985, I, do CPC, deve prevalecer a tese fixada no IRDR, cabendo reclamação ao Tribunal respectivo, se mantida a divergência da Turma de Uniformização após o julgamento do IRDR pelo Tribunal.

Não se pode olvidar finalmente que, contra a decisão de mérito proferida no IRDR, são cabíveis os recursos extraordinário e especial e, nos termos do art. 987, § 2º, "Apreciado o mérito do recurso, a tese jurídica adotada pelo Supremo Tribunal Federal ou pelo Superior Tribunal de Justiça será aplicada no território nacional a todos os processos individuais ou coletivos que versem sobre idêntica questão de direito".

Ou seja, a tese fixada no IRDR, em caso de recurso especial e extraordinário com apreciação de mérito, terá validade em todo o território nacional, o que evidentemente abrange os Juizados Especiais, de modo a prevalecer sobre eventuais teses divergentes estabelecidas pelas Turmas Nacionais de Uniformização.

4. A SUSPENSÃO EM INCIDENTE DE RESOLUÇÃO DE DEMANDAS REPETITIVAS N. 09 – SC2 E A PROBABILIDADE DE ACEITAÇÃO PELO STJ DO SISTEMA DO PROCEDIMENTO-MODELO

Em decisão publicada no dia 17 de agosto de 2018, o ministro Paulo de Tarso Sanseverino, Presidente da Comissão Gestora de Precedentes do Superior Tribunal de Justiça, nos autos do agravo interno interposto pela União, na Suspensão em Incidente de Resolução de Demandas Repetitivas n. 09 – SC2, reconsiderou decisão publicada em 02 de outubro de 2017, em que havia indeferido pedido de suspensão de todos os processos em tramitação no país, que veiculassem a mesma controvérsia debatida no IRDR n. 5033207-91.2016.4.04.0000/SC, admitido pela Corte Especial do Tribunal Regional Federal da Quarta Região.

A suspensão havia sido postulada ainda em abril de 2017, pela União, em função de IRDR admitido no TRF/4, que discute se, na definição do valor a ser considerado para deliberação sobre a competência dos Juizados Especiais Federais, inclusive para efeito de renúncia, o montante representado pelas parcelas vencidas deve ser somado ao valor correspondente às parcelas vincendas.

Ocorre que o pedido de suspensão nacional em questão gerou polêmica mais por uma questão de cunho processual do que propriamente pelo mérito do IRDR. Isso porque se reacendeu o debate entre a adoção do sistema "causa-piloto" ou do sistema "procedimento-modelo" pelo ordenamento jurídico brasileiro, no que tange à sistemática de suscitação, admissão e julgamento dos Incidentes de Resolução de Demandas Repetitivas.

Na decisão inicial, em que se houve por indeferir o pedido de suspensão, o ministro havia concluído que o eventual e futuro recurso especial a ser interposto contra o acórdão proferido pela Corte Especial do TRF/4 poderia ser considerado inadmissível, já que o IRDR fora admitido com base em requerimento que se deu em processo em trâmite no âmbito dos Juizados Especiais Federais. Assim, segundo dita decisão, estar-se-ia violando o art. 978, parágrafo único, do CPC, que determina ao órgão colegiado incumbido de julgar o incidente o julgamento também do recurso, da remessa necessária ou do processo de competência originária de onde se originou o incidente. Para tanto, em seu entendimento, eventual recurso especial poderia não ser admitido no STJ porque se pressupõe que haja causa decidida pelos Tribunais Regionais Federais ou Tribunais de Justiça, em única ou última instância. E assim, o futuro recurso especial, que seria imprescindível para justificar a suspensão nacional dos processos, devolveria ao STJ apenas a matéria de direito decidida em tese pelo TRF/4, já que a causa não teria chegado àquela Corte Regional.

No agravo interno a União sustentou ser perfeitamente viável a instauração do IRDR a partir de processo dos juizados especiais, sem que isso implique em violação às regras de competência estabelecidas no ordenamento jurídico. Defendeu-se que o fato de o TRF não possuir competência recursal para o exame de eventual recurso manifestado em processo de juizado não impede a análise, em abstrato, da questão jurídica lá travada. Ademais, atacou-se aquilo que se chamou de "exercício simplório de futurologia" quanto à admissibilidade ou não de eventual recurso especial interposto em face da decisão proferida pelo TRF no julgamento do IRDR, que viesse a prejudicar o pedido de suspensão nacional. Aduziu-se que, a partir da instauração do incidente, passam a existir dois processos distintos, tanto que a desistência ou o abandono do processo do qual se originou o incidente não tem o condão de impedir o exame do mérito do IRDR.

Parecem-nos bastante consistentes os argumentos utilizados pela União no aludido recurso. De fato, de algum modo, o mérito contido no acórdão em que se julgou a tese haverá de chegar, via recurso especial, para que se firme um entendimento válido para todo o território nacional. Imaginar o contrário representaria o absurdo de, numa situação em que dois tribunais estaduais firmassem entendimentos distintos, em IRDR´s instaurados a partir de seus juizados, persistirem indefinidamente tais entendimentos sem que a Corte Superior responsável pela uniformização da lei federal pudesse atuar[23].

---

23. PEIXOTO, Marco Aurélio; BECKER, Rodrigo. IRDR originado de processo em curso no âmbito dos Juizados Especiais. Disponível em https://www.jota.info/opiniao-e-analise/colunas/coluna-cpc-nos-tribunais/

Ainda no agravo, a União reforçou o cabimento e a viabilidade do pedido de suspensão prevista no art. 982, § 3°, do CPC/15, em nome da segurança jurídica e da necessidade de uniformização de jurisprudência. De fato, presentes estão, no pedido formulado pela União, dos requisitos necessários ao deferimento da suspensão nacional, quais sejam, a admissibilidade do incidente no âmbito do TRF/4, a legitimidade de quem requer – indiscutível o interesse da União na hipótese -, e o risco de violação à segurança jurídica – há clara multiplicidade de processos, em todo o território nacional, em que se discute a tese constante no IRDR em curso no TRF/49.

Na decisão proferida pelo ministro Paulo de Tarso Sanseverino, em que se reconsiderou a decisão proferida em 2017, pareceu clara a inclinação do referido ministro, que preside a Comissão Gestora de Precedentes no STJ, em acatar os argumentos da União. Em tal manifestação, o ministro não houve por deferir a suspensão, optando por mandar ouvir o Ministério Público Federal antes de decidir.

Nas razões expostas em sua reconsideração, aduziu que, em julgamento ocorrido em outubro de 2017, a Primeira Seção daquela Corte Superior, – competente para eventual recurso especial a ser interposto no TRF/4 contra o aludido acórdão firmado no IRDR – , pronunciou que "não pressupõe a adoção de casos-piloto, tratando-se simplesmente de procedimento modelar", de sorte a reconhecer, dessa maneira, a possibilidade de o IRDR ser admitido de forma desvinculada do processo subjetivo que ensejou a sua instauração[24].

Além disso, levou em conta também, ao reanalisar o argumento da inviabilidade de recurso especial contra acórdão que se limite a definir tese jurídica, que o Pleno do Supremo Tribunal Federal teria concluído como possível o julgamento de recurso extraordinário, mesmo diante da perda superveniente do interesse de agir[25], de modo a justificar o julgamento da tese, por transcender ao interesse das partes, razão pela qual poder-se-ia aplicar o mesmo raciocínio para superar a impossibilidade de o STJ julgar recursos especiais contra acórdãos em que se houve apenas por firmar a tese no IRDR.

O Ministério Público Federal, em parecer, sustentou que discorda da competência do TRF/4 para o julgamento do IRDR, visto que não lhe incumbe o

---

irdr-originado-de-processo-em-curso-no-ambito-dos-juizados-especiais-13092018, acesso em 08 de novembro de 2018.

24. AgInt no CC n. 147.784/PR, relator para acórdão Ministro Napoleão Nunes Maia Filho, Primeira Seção, DJe de 2/2/2018.

25. RE 647.827/PR (Tema n. 571/RG), Relator Ministro Gilmar Mendes, Pleno do STF, DJe de 1/2/2018.

julgamento de recurso contra as decisões tomadas nos Juizados Especiais. De todo modo, curvou-se ao fato de que agir de forma diversa representaria inviabilizar a fixação nacional de teses jurídicas sobre matérias infraconstitucionais a serem aplicadas no âmbito dos juizados, razão pela qual opinou no sentido do deferimento do pedido de suspensão nacional, por entender, na linha de raciocínio defendida pela União no agravo interno, como presentes os pressupostos exigidos em lei.

Até o fechamento deste artigo, o Ministro Paulo de Tarso Sanseverino não havia proferido a nova decisão, deferindo a suspensão ou levando matéria ao exame colegiado. A considerar as razões que o próprio Ministro expôs, ao reconsiderar aquela decisão proferida em 2017 e mandar a questão ao exame do MPF, a tendência é de deferimento do pedido de suspensão nacional, visto que já levou em conta o fato de que a Primeira Seção do STJ teria esposado o acolhimento do sistema do procedimento-modelo, bem como que o STF, por sua composição plenária, teria admitido a possibilidade de julgar recursos excepcionais para análise e definição de tese, sem que se julgue o caso em concreto.

5. CONCLUSÃO

É certa a vinculação das teses fixadas nos IRDR's relativamente aos juizados especiais, cuja fixação cabe aos Tribunais de Justiça e aos Tribunais Regionais Federais, nos termos do que dispõe o art. 985, I, do CPC.

Além de não haver previsão legal, também não se revela adequado o julgamento do IRDR oriundo de causas em tramitação nos juizados pelas Turmas de Uniformização, notadamente por não haver instrumento processual adequado para solucionar os eventuais conflitos entre decisões dos tribunais e das turmas de uniformização, dado o não cabimento de recurso especial em face de decisões proferidas pelos órgãos recursais dos juizados especiais.

Também é preciso chamar a atenção para o fato de que as Turmas de Uniformização somente podem apreciar divergências sobre questões de direito material, não havendo instrumento processual, na estrutura dos juizados, hábil a promover a uniformização da jurisprudência no que concerne a questões de direito processual.

Por outro lado, a adoção do sistema da causa-piloto afigura-se incompatível com tal previsão normativa, visto que não há subordinação jurisdicional dos juizados relativamente aos Tribunais de Justiça e aos Tribunais Regionais Federais.

Destarte, a solução definitiva para a problemática perpassaria pela alteração do texto constitucional, para que seja cabível recurso especial das decisões proferidas pelos órgãos colegiados dos juizados especiais, com a posterior regulamentação, por meio de lei, do cabimento do IRDR no âmbito dos juizados.

Como alternativa, consideramos necessária a adoção, ainda que de forma excepcional (para quem entende que no processo civil brasileiro vigora o sistema da causa-piloto), do sistema do procedimento-modelo, relativamente às demandas oriundas dos Juizados Especiais.

É provável que a decisão do Ministro Presidente da Comissão Gestora de Precedentes na Suspensão em Incidente de Resolução de Demandas Repetitivas n. 09 – SC2 seja no sentido de adoção do sistema acima referido relativamente aos IRDR's originários das causas em trâmite nos juizados.

Através de tal decisão, a ser proferida monocraticamente, deferindo-se a suspensão, não será, por evidente, formado um precedente obrigatório, que represente por inteiro o posicionamento do Superior Tribunal de Justiça sobre a admissão do sistema de causa-modelo, ao menos quando a suscitação do IRDR decorrer de feitos em curso nos juizados especiais. Mas será, sem qualquer sombra de dúvidas, algo emblemático e muito significativo, visto que o ministro está por presidir, como já dito, a comissão que é responsável exatamente pela gestão dos precedentes, servindo, quem sabe, como prenúncio do posicionamento final do STJ sobre o tema.

Tomara que assim o seja. Pensar diferente, por mais razoáveis que sejam as razões, representaria praticamente aniquilar a possibilidade de serem suscitados IRDR´s relativos a matérias que tramitam no âmbito dos juizados especiais, jogando por terra a chance de se pacificarem em definitivo questões que se multiplicam estritamente em tais juízos.

6. REFERÊNCIAS BIBLIOGRÁFICAS

ABBOUD, Georges; CAVALCANTI, Marcos de Araújo. *Inconstitucionalidades do incidente de resolução de demandas repetitivas e riscos ao sistema decisório.* http://www.bvr.com.br/abdpro/wp-content/uploads/2016/03/Inconstitucionalidades-do-IRDR-e-riscos-ao-sistema-decisorio-.pdf, acesso em 04 de setembro de 2018.

ANDRADE, Ana Karenina Silva Ramalho. *O IRDR e o juizado especial: são conciliáveis?* In: Código de Processo Civil no STF e no STJ: estudos sobre os impactos e interpretações. Salvador: Editora Jus Podivm, 2018, p. 63.

ASSUNÇÃO, Gabriela Arruda de. *Da (in)aplicabilidade do Incidente de Resolução de Demandas Repetitivas (IRDR) no Juizado Especial Federal: análise jurisprudencial.* Disponível em: https://revista.jfpe.jus.br/index.php/RJSJPE/article/view/168, capturado em 08.11.2018).

BUENO, Cássio Scarpinella. *Novo Código de Processo Civil Anotado.* São Paulo: Saraiva, 2015.

CABRAL, Antonio do Passo. *A escolha da causa-piloto nos incidentes de resolução de processos repetitivos.* In DIDIER JR., Fredie; CUNHA, Leonardo Carneiro da. *Julgamento de casos repetitivos - Coleção Grandes Temas do Novo CPC,* v. 10. Salvador: Jus Podivm, 2016.

DIDIER JR., Fredie; CUNHA, Leonardo Carneiro da. *Curso de Direito Processual Civil: meios de impugnação às decisões judiciais e processo nos tribunais.* Salvador: Ed. JusPodivm, 2016.

KOEHLER, Frederico Augusto Leopoldino. *O incidente de resolução de demandas repetitivas e os juizados especiais.* In Revista de Processo, ano 39, v. 237, novembro/2014, Editora Revista dos Tribunais.

KOEHLER, Frederico Augusto Leopoldino. *Questões polêmicas da aplicação do IRDR nos juizados especiais.* Disponível em: https://www.academia.edu/28104936/Questoes_polemicas_da_aplicacao_do_IRDR_nos_juizados_especiais, capturado em 07.11.2018.

MENDES, Aluísio Gonçalves de Castro; TEMER, Sofia. *O Incidente de Resolução de Demandas Repetitivas do Novo Código de Processo Civil.* Disponível em: https://www.academia.edu/15300046/O_incidente_de_resolu%C3%A7%C3%A3o_de_demandas_repetitivas_do_novo_C%C3%B3digo_de_Processo_Civil, acesso em 07 de agosto de 2018.

PEIXOTO, Marco Aurélio; BECKER, Rodrigo. *IRDR originado de processo em curso no âmbito dos Juizados Especiais.* Disponível em https://www.jota.info/opiniao-e-analise/colunas/coluna-cpc-nos-tribunais/irdr-originado-de-processo-em-curso-no-ambito-dos-juizados-especiais-13092018, acesso em 08 de novembro de 2018.

CAPÍTULO 17

A dinamização do ônus da prova e seus reflexos no procedimento dos Juizados Especiais Federais e da Fazenda Pública

Maurício Ferreira Cunha

INTRODUÇÃO

Há tempos que o menoscabo ao teor do ordenamento constitucional vem se caracterizando como algo aparentemente normal na comunidade jurídica, situação que somente reforça a desestabilização dos ideais da essência democrática. Desprezam-se conquistas históricas e relega-se ao plano secundário a base principiológica de interpretação e de aplicação da lei.

Proliferam, assim, as sensações de comodismo e de aceitação dos padrões de ilegalidade e de insurgência, como se um direito fundamental pudesse ser desrespeitado impunemente, sem consequências nefastas à viabilidade das relações jurídicas.

Urge, portanto, a construção de uma nova ordem que esteja assentada, acima de tudo, no acatamento irrestrito da principiologia constitucional democrática.

Sob tal perspectiva, a fruição do direito fundamental à prova como verdadeira forma de participação das partes, dentro de um contraditório efetivo e equilibrado (realizando plenamente a cognição processual, e afastando o protagonismo judicial), possibilita que se alcance a almejada legitimidade dos provimentos. E o texto do CPC vigente, não obstante alguns necessários ajustes que virão com o passar do tempo, merece aplausos neste sentido.

É momento de reforçarmos o entendimento de que o trabalho cognitivo probatório deve ser estruturado através da atividade processualizada de análise, de exame, mas, antes de mais nada, de "valoração", consistente na percepção da existência do elemento de prova nos autos, e de "valorização", esta refletida na demonstração do conteúdo de importância daquele elemento de prova para a formação da cognição processual, aí se incluindo o convencimento discursivo dos sujeitos do processo (partes e Estado-juiz).

Porém, insista-se, para que tal cognição se realize de forma absoluta, afigura-se como elemento primordial a colaboração dos sujeitos processuais nela envolvidos, é dizer, a participação concreta das partes no exercício do contraditório, bem como a participação do responsável pela prolação do provimento ao proporcionar a implementação da postura argumentativa que tanto se busca, o que somente reforça a relevância do papel desempenhado pelo órgão jurisdicional[1].

Revela-se imperioso fazer compreender, definitivamente, que o direito fundamental à prova encontra-se arrimado nos princípios do devido processo legal, da ação, da ampla defesa e do contraditório, todos enaltecidos na nova legislação (notadamente nos seus dispositivos iniciais), responsáveis por proporcionar o exercício dos direitos processuais adequados à solução dos conflitos trazidos a Juízo e, também, possibilitar resultados eficazes para todos aqueles que buscam a mediação da função jurisdicional.

É fato que o advento da Constituição Federal vigente contribuiu sobremaneira para que se alcançasse uma visão interpretativa do Direito totalmente apartada daquela prevalente quando da vigência do Estado Liberal e do Estado Social, mas não se pode pactuar com a ideia de aplicação do Direito sem a participação e fiscalização incessantes (intersubjetivas), consequência direta de um incontestável retrocesso temporal ofensivo ao próprio conceito de democracia.

Em termos propositivos, vem bem calhar a necessidade de implementação concreta do direito à prova (não somente em termos legislativos), de natureza fundamental que é, dentro do contexto do Estado Democrático de Direito, como um instituto jurídico que, numa concepção sistemática, deve demonstrar a compreensão de que, resultante da lei escrita "são constituídos

1. Lúcio Antônio Chamon Júnior (*Teoria da argumentação jurídica: constitucionalismo e democracia e uma reconstrução das fontes do direito moderno*. Rio de Janeiro: Lumen Juris. 2008, p. 176) expõe que o juiz não pode ser considerado autoridade que não participa da construção do processo, motivo pelo qual, dentro da postura argumentativa que se quer, seu papel jamais pode ser taxado como "esvaziado".

juízos lógicos compatíveis dentro dos quais há de se operar o raciocínio do intérprete do direito, como esquema de incidência e aplicação da lei"[2].

Assim, como estruturadora do procedimento, a oportunidade probatória conferida quando da fixação dos fatos alegados pelas partes - ou, sob outra perspectiva, a apuração da "verdade material" ou fática - repercutirá, de forma incisiva, no momento processual de prolação do provimento, legitimando-o, desde que o órgão judicial guarde estrita obediência, insista-se, à linha principiológica constitucional e à legislação infraconstitucional estruturadora do procedimento, enfrentando todas as argumentações trazidas à baila pelas partes, mesmo porque não se concebe, há tempos, o pensamento de que o papel do julgador estaria atrelado a uma hercúlea missão de buscar os valores compartilhados em sociedade e insculpidos no texto constitucional.

A atuação do Estado-juiz deve, acima de tudo, por força da incidência do princípio fundamental estruturador do Estado e do Direito Democrático (Título I, da Constituição Brasileira), estar conectada ao papel de cogarantidora da eficácia do ordenamento e dos direitos fundamentais que embasarão o provimento, evidentemente, em conjunto com os participantes sujeitos do processo.

O protótipo jurídico-constitucional do Estado Democrático de Direito, a seu turno, deve ser moldado e entendido como a possibilidade (concreta) de que os jurisdicionados se reconheçam como coautores do provimento, tendo participado e fiscalizado (permanentemente) da construção deste último. Se assim se procedeu, inquestionável que o direito à prova restou confirmado como direito fundamental assegurado em bases constitucionais, reflexo democrático do devido processo constitucional. Se as garantias constitucionais não forem observadas, evidente que ainda não se solidificou a mudança de paradigma instaurada a partir da Constituição Brasileira de 1988.

De qualquer forma, fato é que o reconhecimento da distribuição dinâmica do ônus da prova no processo civil brasileiro, tema do presente estudo, é medida a ser enaltecida, porque inovadora em relação ao texto revogado, e, notadamente, por fornecer a todos os jurisdicionados o efetivo acesso à justiça.

A propósito, a redação constante do texto processual civil, em seu art. 373, assim dispõe:

§ 1º Nos casos previstos em lei ou diante de peculiaridades da causa relacionadas à impossibilidade ou à excessiva dificuldade de cumprir o encargo

---

2. LEAL, Rosemiro. *Teoria geral do processo – Primeiros estudos*. 8ª edição. Rio de Janeiro: Forense, 2009, p. 200.

nos termos do *caput* ou à maior facilidade de obtenção da prova do fato contrário, poderá o juiz atribuir o ônus da prova de modo diverso, desde que o faça por decisão fundamentada, caso em que deverá dar à parte a oportunidade de se desincumbir do ônus que lhe foi atribuído.

§ 2º A decisão prevista no § 1º deste artigo não pode gerar situação em que a desincumbência do encargo pela parte seja impossível ou excessivamente difícil.

§ 3º A distribuição diversa do ônus da prova também pode ocorrer por convenção das partes, salvo quando:

I - recair sobre direito indisponível da parte;

II - tornar excessivamente difícil a uma parte o exercício do direito.

§ 4º A convenção de que trata o § 3º pode ser celebrada antes ou durante o processo.

Adotando-se um novo modelo processual, como, de fato, se procedeu desde o início dos trabalhos legislativos, principalmente em razão do expresso reconhecimento do princípio da cooperação em vários dispositivos legais, a dinamização do ônus da prova, em contraponto à distribuição estática, também prevista no art. 373, incisos I e II, ganha força e permite uma nova visão do operador do direito, ratificando o pensamento de Giuseppe Chiovenda no sentido de que, sem sombra de dúvidas, estamos diante de um dos "problemas vitais do processo".

O sistema brasileiro, é possível afirmar, passa a ser misto, permitindo a aplicação, ao caso concreto, de ambas as teorias de distribuição da prova, cuja iniciativa, por certo, dependerá do juiz.

1. ÔNUS DA PROVA

É sabido que o ônus da prova foi, e ainda é, objeto de vários estudos nas doutrinas brasileira e estrangeira, importando, porém, no que concerne ao objeto do presente artigo, tratar da forma como se dá sua distribuição no contexto atual do processo civil brasileiro e no que virá exposto na nova legislação.

O tema é de induvidosa relevância, tanto que parte considerável da doutrina concorda com a ideia de que a repartição do ônus da prova se insere dentre os problemas vitais do processo[3].

---

3. CHIOVENDA, Giuseppe. *Instituições de Direito Processual Civil*. V. 1/3. Campinas: Bookseller, 1998, p. 443.

O Código de Processo Civil revogado disciplinava a distribuição do ônus da prova em seu art. 333, norma já prevista na anterior legislação processual de 1939, também com suporte semelhante no art. 2.697 do Código Civil da Itália, no art. 377 do Código Processual Civil e Comercial da Nação Argentina e no art. 342° do Código Civil Português[4]. Evidencia-se, nos breves exemplos, a opção legislativa de alguns países pela inserção da regra de repartição no direito material e outros no direito processual.

O novo texto processual civil, por sua vez, mantém a regra da distribuição estática do ônus da prova (como afirmado anteriormente), albergando, ainda, a possibilidade da distribuição dinâmica, desde que observados os requisitos então estabelecidos para tanto (art. 373, § 1º), inserindo, também, um dispositivo que limita, procedimentalmente, o momento para que se proceda à dinamização (art. 357, III).

Pois bem. Apenas para uma melhor compreensão das linhas seguintes, convém assinalar que ônus tem significado distinto de *dever*, este último pressupondo a aplicação de uma sanção quando não obedecido. A propósito, quando a norma jurídica impõe um dever, como, por exemplo, não causar qualquer dano material a outrem, ainda que sob a forma culposa, quer dizer que o responsável pelo infortúnio ficará obrigado a repará-lo (arts. 186 e 927, do Código Civil).

Relativamente ao ônus, porém, caso haja o seu descumprimento, a sanção será, tão-somente, de natureza processual. Evidentemente que o sujeito processual que busca a satisfação de sua pretensão tem total interesse no cumprimento do ônus da prova, pois sua atividade positiva implicará em trazer consequências favoráveis ao seu desiderato. Via reflexa, caso opte por se manter inativo, tem total conhecimento das implicações que isto lhe trará.

A referida distinção, ainda que pareça simples, se mostra necessária na medida em que o ônus probatório se apresenta como uma obrigação do sujeito processual que pode resultar em benefício próprio, sendo possível concluir que, embora não haja sanção no ônus, decorre, sim, um encargo.

O ônus da prova, portanto, pode ser conceituado como a necessidade de provar para vencer a causa.

---

4. Segundo Jorge Augusto Pais do Amaral, jurista português, o ônus da prova "traduz-se, para a parte a quem compete, no encargo de fornecer a prova do facto visado, incorrendo nas desvantajosas consequências de se ter como líquido o facto contrário, quando omitiu ou não logrou realizar essa prova; ou na necessidade de, em todo o caso, sofrer tais consequências se os autos não contiverem prova bastante desse facto (trazida ou não pela mesma parte)" (*Direito Processual Civil*. 10 ª edição. Lisboa: Almedina, 2011, p. 271).

Relevância, ainda, deve ser conferida ao Processo Penal, uma vez que é sabido que a distribuição do ônus da prova há que se fazer, sempre, em parâmetros constitucionais da presunção de inocência (art. 5º, inc. LVII).

Assim, cabe à parte acusadora a função de demonstrar e provar a culpa do acusado com lastro na certeza, impondo-se uma interpretação mais apropriada do teor do art. 156, do Código de Processo Penal, após as reformas proporcionadas pelas Leis nº 11.690/08 e 11.719/08, inclusive, e se o caso, com o decreto de absolvição mesmo que haja fundada dúvida sobre a existência de uma causa de exclusão da ilicitude ou da culpabilidade[5].

1.1. A razão de ser do ônus da prova

A prova, como ensina a doutrina contemporânea, pertence ao processo, pois, uma vez produzida, servirá aos sujeitos processuais sem distinção. O que não se admite é obrigar o sujeito processual a produzir prova contra si mesmo, prova contrária ao seu interesse, o que só faria reduzir a nada o princípio dispositivo.

A regra inserida no art. 373 e incisos, do Código de Processo Civil, distribuindo o ônus da prova entre os sujeitos processuais, traz como embasamento lógico o tratamento isonômico constitucionalmente previsto, igualmente racional, cabendo à parte autora provar os fatos que constituem o direito por ela afirmado, enquanto à parte ré impõe-se demonstrar situações impeditivas, modificativas ou extintivas do pleito inicialmente formulado.

Seria ilógico exigir que alguém que afirma determinado direito seja obrigado a fazer referência a fatos que impeçam o seu reconhecimento pelo órgão judicial[6].

---

5. Em posicionamento crítico e fundamentado acerca das reformas processuais então mencionadas, BARROS, Flaviane de Magalhães, ensina que "a distribuição do ônus da prova deve se manter com base nos parâmetros constitucionais da presunção de inocência. Nessa seara, não se pode dizer que o acusado é quem tem de provar sua inocência, mas sim que cabe à parte que acusa provar a culpa do acusado" (*(Re)forma do Processo Penal: comentários críticos dos artigos modificados pelas Leis nº 11.690/08 e nº 11.719/08*. Belo Horizonte: Del Rey, 2009, p. 29).

6. Exemplificando com o direito alemão, em que não há norma similar ao teor do art. 333, do Código Processo Civil, Luiz Guilherme Marinoni e Sérgio Arenhart traduzem que o direito tedesco segue lógica idêntica. Argumenta-se que aquele que pretende se ver beneficiado pelos efeitos de uma determinada norma fica jungido a provar os pressupostos fáticos para a sua aplicação. E complementam: "Se para a aplicação de uma norma são relevantes os fatos constitutivos, impeditivos, modificativos e extintivos, aquele que deseja a produção dos seus efeitos deve provar somente os fatos que são exigidos para a sua aplicação, e não os que impedem a sua aplicação, ou modificam ou extinguem o direito. Na ausência de regra expressa sobre a divisão do ônus da prova, a doutrina alemã, desenvolvendo a ideia de que a discussão em

Mais do que representar um encargo para as partes, parcela da doutrina considera que a norma processual revogada seria, relativamente ao órgão judicial, uma mera regra de decisão a ser adotada quando em estado de dúvida.

Entendemos, no entanto, que a atividade de produção probatória alcança o órgão judicial, mas não o vincula somente em estado de dúvida, mesmo porque, na fase de convicção (antes da dúvida), deve ser levada em consideração, além da natureza dos fatos em discussão e a quem seria impingido o ônus da prova, a situação concreta discutida nos autos.

Se o objetivo da repartição do ônus probatório é o de possibilitar que se chegue ao convencimento diante de um caso concreto, é preciso que também se entenda que a exigência para tanto irá variar conforme as peculiaridades de cada situação levada em juízo. Como o convencimento precede a prolação do provimento, fica inviável admitir que a regra do ônus da prova somente teria importância para possibilitar a emissão daquele mesmo provimento em caso de dúvida.

O que se quer dizer, de forma sintetizada, é que o órgão judicial pode, até mesmo, decidir favoravelmente àquela parte que não cumpriu seu encargo probatório, tomando por lastro, na dialética processual, o conjunto probatório como um todo, no que se inclui a prova produzida pela parte contrária.

E mais, sendo a atividade probatória elemento fundamental para a compreensão da exata dimensão do processo civil contemporâneo, não se pode olvidar do seu vínculo em relação à participação dos sujeitos processuais, através da garantia do contraditório, já que configura condição de legitimidade do provimento (democracia participativa).

A produção da prova, não obstante o comando inserto no texto processual civil, não se reveste de conduta imprescindível para a prolação de um provimento favorável. O ônus da prova, e aqui entra a questão do "risco", somente aponta que a parte que não cumprir o encargo estará sujeita ao risco de uma decisão que lhe seja desfavorável. É preciso que se compreenda que a ideia de se repartir o encargo probatório não traz como consequência imediata o fato de que, produzida a prova, o resultado será favorável, mas

torno da aplicação de uma norma pode girar em torno dos fatos constitutivos, impeditivos, modificativos e extintivos, chegou à conclusão lógica de que o autor somente deveria provar os fatos pressupostos para a aplicação da norma, e o réu os fatos impeditivos, modificativos ou extintivos" (MARINONI, Luiz Guilherme. ARENHART, Sérgio. *Prova*. São Paulo: Revista dos Tribunais, 2009, p 160).

sim o de relacionar a produção probatória a uma possibilidade maior de convencimento do órgão judicial.

O rigorismo da lei está sobreposto pela norma constitucional do direito fundamental à prova e, nesse sentido, não se pode supor que todo o conjunto probatório seja deixado em segundo plano se restou cumprida, ou não, a regra do ônus da prova.

1.2. Ônus da prova subjetivo e objetivo

Bem se observou, diante do exposto no subitem anterior, que a repartição do ônus probatório, mais do que poder se traduzir como uma regra de decisão[7], constitui-se, também, em norma organizacional da atividade probatória a ser desenvolvida pelos sujeitos processuais[8].

Nesse contexto, a distribuição do ônus da prova acaba por desempenhar dupla função: estrutura a atividade probatória, dimensionando-a entre os sujeitos processuais (subjetiva); atua como possibilidade de contribuir para o convencimento do órgão judicial (objetiva), até porque é incabível pronunciamento pelo *non liquet*[9].

Fica claro, a partir do advento do Estado Democrático de Direito e do real significado de um procedimento compartilhado, que se apresenta como totalmente equivocado o pensamento doutrinário, e até mesmo jurisprudencial, de conferir maior relevância à função objetiva, desprezando, sem qualquer razão de ser, a função subjetiva.

---

7. Sob tal perspectiva, o jurista italiano Gian Antônio Micheli, que tão bem se debruçou sobre a questão do ônus da prova em obra específica, mas em tom diverso do que ora defendemos, prefere considerá-lo de forma unitária, tão-somente com o caráter de regra de decisão, proporcionando ao juiz a possibilidade de se pronunciar em qualquer caso, inclusive quando forem ignorados fatos relevantes da controvérsia. Acrescenta que é preciso superar as contraposições entre aspecto objeto e aspecto subjetivo e que é preciso deslocar a importância para a atividade de julgamento. (MICHELI, Gian Antônio. *L'onere dela prova*. 2ª edição. Padova: Cedam, 1966, p. 112). Pontes de Miranda também foi adepto da ideia de existência, tão-somente, do ônus objetivo da prova: "O ônus da prova é objetivo, não subjetivo (...) Uma vez que todos têm de provas, não há discriminação subjetiva do ônus da prova. O ônus da prova objetivo, regula a consequência de se não haver produzido prova (...) O problema da carga ou do ônus da prova é, portanto, o de determinar-se a quem vão as consequências de se não haver provado" (PONTES DE MIRANDA, Francisco Cavalcante. *Comentários ao Código de Processo Civil*. 3ª edição. V.6, 1997, p. 270/271).

8. ECHANDÍA, Hernando Devis. *Teoría general de la prueba judicial*. V. 1. Buenos Aires: Victor P. Zavallia, 1988, p. 424/425.

9. "As normas pressupõem-se conhecidas do juiz, mas a instrução pode não esclarecer (ou esclarecer insuficientemente) os fatos relevantes e controvertidos do processo. Ainda assim, o juiz tem o dever (poder-dever) de julgar, sendo-lhe vedado pronunciar *non liquet*" (PACÍFICO, Luiz Eduardo Boaventura. *O ônus da prova*. 2ª edição. São Paulo: Revista dos Tribunais, 2011, p. 154).

Minimizar a importância do ônus da prova enquanto regra de estruturação da atividade probatória significa ignorar o caráter dialético do processo decorrente da cooperação mútua. A democracia participativa e o exercício ativo da cidadania, em questões processuais, é algo que, mais do que ser estimulado, necessita ser respeitado.

No Estado Constitucional, a democracia se molda num procedimento permeado pela observância e garantia do contraditório, através da qual os sujeitos processuais desempenham suas respectivas atividades, não apenas alegando, mas também requerendo e produzindo provas.

Entendemos como condição essencial, sob a égide democrática, que devem ser destacadas a importância e também o significado de representação da função subjetiva do ônus probatório. Não se aceita, por óbvio, que as regras legais somente interessem diante da ausência de uma prova eficaz que resulte em certeza do juízo, tampouco que as ditas regras somente devem ser aplicadas caso uma determinada circunstância de fato não tenha sido demonstrada, como, infelizmente, boa parte da doutrina ainda se posiciona[10].

Com Artur Carpes, convém transcrever: "Ora, se a repartição do ônus da prova possui influência na participação das partes - na medida em que vai servir à estruturação da sua respectiva atividade probatória -, e tal participação constitui elemento fundamental para a construção da decisão justa, não se pode mais minimizar a importância da função subjetiva"[11].

A partir do instante, finalizando nosso raciocínio, em que se confere a devida observância aos aspectos objetivo e subjetivo do ônus da prova, quer-se crer que estaremos afastando a ideia antidemocrática de formalização da decisão judicial.

1.3. A distribuição estática do ônus da prova e a teoria da carga dinâmica da prova

A teoria da carga dinâmica da prova é atribuída a Jorge W. Peyrano, jurista argentino, deitando suas raízes na concepção de Bentham, no século XIX, que já

10. Hermes Zaneti Júnior, descrevendo o Estado Democrático de Direito e o papel do contraditório como elemento de participação dos destinatários finais nos atos decisórios, acrescenta, com Fazzalari, tratar-se de situação que inverte o conceito de processo, o qual passa a ser compreendido como 'procedimento em contraditório', abandonando a teoria da 'relação jurídica processual' que servia "a qualquer facção ideológica" (*O processo constitucional: o modelo constitucional do Processo Civil Brasileiro*. Rio de Janeiro: Lumen Juris, 2007. p 62/63).

11. CARPES, Artur. Ônus dinâmico da prova. Porto Alegre. Livraria do Advogado. 2010, p. 54.

defendia a atribuição do ônus da prova à parte que pudesse dele desincumbir-se com menos inconvenientes, menor perda de tempo e de despesas[12].

Como já consignado, o texto processual civil vigente tem, na redação do já citado art. 373, o reflexo da chamada "teoria das normas", determinando que o ônus da prova sobre uma alegação do fato recaia sobre aquele que pretenda a aplicação da norma invocada, cabendo ao réu o mesmo ônus de desconstituir as alegações que ensejem a aplicação de tais normas, através de uma defesa indireta.

Infere-se, a despeito de se observar o caráter estático da regra, haver, inclusive, autorização para que as partes convencionem em torno do ônus probatório, somente não sendo possível quando recair sobre direito indisponível e quando tornar demasiadamente difícil o exercício de um direito (art. 373, § 3º, I e II, do Código de Processo Civil).

Percebe-se que o objetivo do legislador foi o de fazer vincular a distribuição do ônus da prova à lei material, fixando-o, de forma genérica, sob a responsabilidade da parte que pretende ver reconhecido determinado direito. A preocupação mais se assentou em respaldar a segurança jurídica e a igualdade formal entre as partes, o que, de plano, nos remete a uma visão liberal do tema.

Evidencia-se, portanto, o caráter hermético da regra, uma vez que deixa o órgão judicial sem qualquer possibilidade de modificação, acreditando que a lei tivesse a capacidade de prever toda e qualquer situação conflituosa levada em juízo.

Por certo, não se pensava, quando da elaboração do texto processual civil revogado, que tanto o direito de ação quanto o direito de defesa não pudessem prescindir de um processo que estivesse adaptado às circunstâncias do caso concreto. A norma, acima de tudo, e de todos, disporia de respostas para toda e qualquer situação conflituosa, imaginando, o legislador, repita-se, com ideias liberais, que conseguiria dar vazão ao procedimento probatório na sua inteireza. Ficou claro que a pretensão era a de garantir que as partes fossem tratadas de forma imparcial, sem qualquer tipo de discriminação, e que a segurança jurídica pudesse prevalecer.

---

12. A teoria dos "ônus probatórios dinâmicos" teria sido inicialmente manifestada por ocasião das Quintas Jornadas Bonaerenses de Direito Civil, Comercial, Processual e Informático, realizadas em Júnin, na Argentina, em outubro do ano de 1992 (PEYRANO, Jorge W. Nuevos lineamentos de las cargas probatorias dinámicas. In: PEYRANO, Jorge W. LÉPORI WHITE, Inés (Org.). *Cargas probatorias dinámicas*. Santa Fé: Rubinzal Culzoni, 2004, p. 19/20).

Obviamente, o resultado de tal pensamento, no contexto de um Estado Democrático de Direito que entende a prova como um direito fundamental, possibilitando o amplo acesso à jurisdição (art. 5°, inc. XXXV, da Constituição Federal), não é o mais adequado, tampouco o mais desejado. A distribuição do ônus da prova, tal qual hoje prevista, se apresenta alheia à realidade de igualdade substancial dos sujeitos processuais, situação que apenas poderá ser visualizada diante da peculiaridade de cada caso concreto.

Clamava-se por mudanças legislativas há tempos.

Ora, uma coisa é clara: a lei, genérica e abstrata, passível de abarcar uma sociedade formada por iguais (utopia que não pode ser relevada), em momento algum pode ser aplicada a todo e qualquer caso, como se imaginava, pois as características da sociedade em que vivemos, com distintos grupos e classes sociais, fazem surgir inúmeros fenômenos e diferentes situações conflituosas que exigem uma normatividade diversa e que corresponda às necessidades, bem como tenham a aptidão de serem substituídas quando do surgimento de novas necessidades.

Não foi por outro motivo, aliás, que surgiram teorias tentando modificar ou conferir outra visão ao *status quo*, dentre elas a teoria da dinamização do ônus probatório, que ganhou muito espaço na seara doutrinária, legislativa e jurisprudencial, muito mais condizente com aquilo que se espera de um ordenamento direcionado a dar respaldo aos conflitos levados ao conhecimento do órgão judicial.

A conclusão inarredável a que se chega é no sentido de que a distribuição do ônus da prova se constitui em técnica processual que tem o objetivo de estruturar a atividade probatória e que não pode deixar de se ajustar ao sistema de normas em que está inserida.

Há que se deixar de lado, como fez o novo legislador, a influência recebida de uma necessidade de estrita obediência à legalidade, como se fosse a solução para todas as mazelas, a fim de que possamos compreender o direito como uma ciência que se constrói na dialética. Há tempos que o juiz deixou de ser "a boca da lei", devendo ser respeitada a legalidade substancial que, sob o paradigma democrático, impõe a "correção da lei às diretrizes constitucionais"[13].

O ajustamento da ciência jurídica, especialmente do direito processual, engloba a construção participada para a prolação do provimento, tudo em

13. CARPES, Artur. Ônus dinâmico da prova. Porto Alegre. Livraria do Advogado. 2010, p. 72.

conformidade com as circunstâncias concretas do caso levado ao conhecimento do órgão judicial. A conquista dos novos direitos fundamentais, no século XX, principalmente, acabou sendo reforçada após a Segunda Guerra Mundial, ganhando espaço em nosso território a partir da Constituição de 1988, responsável por inserir a prova no seu ideário e o acesso à jurisdição. Cabe, assim, ao ordenamento processual, possibilitar a plena realização de tais direitos fundamentais, dando a sua resposta, não apenas de forma abstrata, mas à luz de cada caso concreto.

Com certeza, já pensando na disposição do texto constitucional, foi promulgada a Lei n° 8.078/90, nosso Código de Defesa do Consumidor, trazendo diversos artigos que melhor traduziram a participação, em juízo, daquele que ela definiu como "consumidor". A tessitura realizada por meio de provas abertas possibilitou, dentre outras situações, a chamada "inversão do ônus da prova" (art. 6º, inc. VIII), através da qual o órgão judicial, constatando que as alegações do consumidor são dotadas de verossimilhança e que este último é hipossuficiente, pode flexibilizar, melhor dizendo, relativizar a norma prevista no já mencionado art. 373, do Código de Processo Civil, adaptando-a a uma situação concreta.

A teoria da carga dinâmica da prova teve seu fundamento primário em doutrinas abalizadas para, somente depois, ser erigida à legalidade, não permitindo que o órgão judicial, diante da presença dos requisitos autorizadores, como ocorre na legislação consumerista, não a considere[14].

É importante, até porque agora há previsão legal no novo texto processual civil, que sejam constantemente buscadas as verdadeiras bases teóricas para uma adequada dinamização do ônus probatório, em consonância com a essência do Estado Democrático de Direito, a fim de que possamos fixá-las e adequá-las ao processo civil brasileiro, ainda que, futuramente, venham a ser modificadas, dentro do raciocínio popperiano de falibilidade.

Em nossa compreensão, mais do que simplesmente se pretender rechaçar a *ratio* da distribuição estática, é preciso ter em mente, antes de qualquer outro item, o respeito ao direito fundamental de acesso à jurisdição e o respeito à ampla produção probatória, mandamentos constitucionais, quando da

14. Ainda que se mencione que a manifestação mais remota da doutrina data do Século XIX, através de Jeremy Bentham, fato é que quem mais atuou de forma dogmática a desenvolver a temática da carga dinâmica da prova foi o jurista argentino Jorge W. Peyrano, notadamente a partir da década de 80 do século passado (GARCÍA GRANDE, Maximiliano. *Las cargas probatórias dinámicas: inaplicabilidade*. Rosario: Juris, 2005, p. 45).

elaboração da técnica de dinamização que será aplicada ao caso concreto, não deixando de lado, também, a questão inerente a um outro direito fundamental, não menos importante, a da igualdade substancial das partes. É que a igualdade constitui a base para que o órgão judicial operacionalize referida técnica toda vez que observar desequilíbrio nos esforços de prova.

Em linhas gerais, o que a possibilidade de dinamização do ônus probatório trará é o fato de poder conformar, constitucionalmente, a atividade probatória, fundamentalmente nas oportunidades em que o modelo legal, diante de um caso concreto, não se adapte a esses preceitos constitucionais de acesso a jurisdição, de igualdade substancial e de direito fundamental à prova.

Caso uma das partes apresente melhores condições de prova, segundo o caso concreto trazido aos autos, a dinamização tem o condão de ajustar o exercício do direito fundamental à prova, naquela situação exata, impedindo tratamento diferenciado a um ou outro sujeito processual. Há uma evidência de desigualdade em relação à produção probatória que necessita ser corrigida, e assim o será, no momento certo.

Ao fim, a propósito do momento em que deve ser proferida a decisão que determina que se opere a dinamização do ônus da prova, sabemos que há opiniões doutrinárias no sentido de que aquela deve ter lugar quando da sentença, outros entendem que a decisão deve se dar na fase postulatória (logo após o recebimento da inicial), além de uma terceira corrente sustentando que o provimento deve ocorrer quando do saneamento do processo.

Uma quarta corrente, porém, entendia que não haveria momento processual para que o juiz fixasse o ônus da prova ou sua dinamização, posicionamento calcado na ideia de que não se estaria tratando de uma regra de procedimento, tornando-se desnecessário, nas relações de consumo avisar a parte contrária[15].

O Superior Tribunal de Justiça, por sua vez, e dentro do raciocínio que comungamos neste artigo, consignou, depois de vários outros entendimentos em sentido contrário, que a técnica de dinamização do ônus probatório deve se dar, preferencialmente, até o momento processual em que proferido o despacho saneador ou, pelo menos, assegurando-se à parte a quem não incumbia inicialmente o encargo, a reabertura de oportunidade, raciocínio que foi adotado pelo novo Código de Processo Civil em seu art. 357, III:

---

15. Superior Tribunal de Justiça. REsp nº 203.225/MG. Rel: Ministro Sálvio de Figueiredo Teixeira, j. 2.4.2002, p. 344; REsp nº 422.788/SP. Rel: Ministro Castro Filho, j. 19.6.2007, p. 220 (BRASIL, 2007).

> "PROCESSUAL CIVIL. FORNECIMENTO DE ENERGIA ELÉTRICA. INVERSÃO DO ÔNUS DA PROVA. REGRA DE INSTRUÇÃO. EXAME ANTERIOR À PROLAÇÃO DA SENTENÇA. PRECEDENTES DO STJ.
>
> 1. A jurisprudência desta Corte é no sentido de que a inversão do ônus da prova prevista no art. 6º, VIII, do CDC, é regra de instrução e não regra de julgamento, sendo que a decisão que a determinar deve - preferencialmente - ocorrer durante o saneamento do processo ou - quando proferida em momento posterior - garantir a parte a quem incumbia esse ônus a oportunidade de apresentar suas provas. Precedentes: REsp 1395254/SC, Rel. Ministra NANCY ANDRIGHI, TERCEIRA TURMA, julgado em 15/10/2013, DJe 29/11/2013; EREsp 422.778/SP, Rel. Ministro JOÃO OTÁVIO DE NORONHA, Rel. p/ Acórdão Ministra MARIA ISABEL GALLOTTI, SEGUNDA SEÇÃO, julgado em 29/02/2012, DJe 21/06/2012.
>
> 2. Agravo regimental não provido" (AgRg no REsp 1.450.473/SC, rel. Min. Mauro Campbell Marques, Segunda Turma, j. 23.9.2014, p. 30.9.2014).

2. A DINAMIZAÇÃO DO ÔNUS DA PROVA E SEUS REFLEXOS NO PROCEDIMENTO DOS JUIZADOS ESPECIAIS FEDERAIS E DA FAZENDA PÚBLICA

A Constituição Federal previu a necessidade de instituição dos Juizados Especiais nos Estados, Distrito Federal e Territórios, como mecanismo tendente a assegurar a máxima efetividade do postulado do acesso à justiça. Com esse espírito, o inciso I do art. 98 prescreveu:

Art. 98. A União, no Distrito Federal e nos Territórios, e os Estados criarão:

I - juizados especiais, providos por juízes togados, ou togados e leigos, competentes para a conciliação, o julgamento e a execução de causas cíveis de menor complexidade e infrações penais de menor potencial ofensivo, mediante os procedimentos oral e sumariíssimo, permitidos, nas hipóteses previstas em lei, a transação e o julgamento de recursos por turmas de juízes de primeiro grau

O comando constitucional, entretanto, somente veio a ser regulamentado 7 (sete) anos depois de seu advento, com a edição da Lei 9.099, de 26 de setembro de 1995, que instituiu os Juizados Especiais Cíveis e Criminais como órgãos da Justiça Ordinária no âmbito dos Estados, Distrito Federal e Territórios.

Destarte, "com a entrada em vigor da Lei 9.099/95, de 26 de setembro de 1995 (DOU 27.09.1995, p. 15.034-15.037), que dispõe sobre os Juizados Especiais

Cíveis e Criminais, introduziu-se no mundo jurídico um novo sistema ou, ainda melhor, um microssistema de natureza instrumental e de instituição constitucionalmente obrigatória (o que não se confunde com a competência relativa e a opção procedimental) destinado à rápida e efetiva atuação do direito, estando a exigir dos estudiosos da ciência do processo uma atenção toda particular, seja a respeito de sua aplicabilidade no mundo empírico como do seu fundamento técnico-procedimental"[16].

A Lei 9.099/95, seguindo os ditames constitucionais, estabeleceu um procedimento simplificado, informado por uma principiologia própria. Nesse sentido, o art. 2º daquele diploma legal anuncia que o processo nos Juizados Especiais orienta-se pelos princípios da oralidade, informalidade, economia processual e celeridade, privilegiando, sempre que possível, a solução consensual do litígio.

Os mencionados princípios, é intuitivo, estruturam um procedimento diferenciado, dotado de inúmeras peculiaridades, muitas delas incompatíveis com institutos do processo civil tradicional, a exemplo das intervenções de terceiros, da reconvenção e da ação rescisória, que, adianta-se, não têm guarida nos Juizados Especiais.

Por isso, os atos processuais no procedimento sumaríssimo são concentrados, realizando-se sempre que possível sob a forma oral, sendo reduzidas as hipóteses em que é necessário o registro escrito do ato. A propósito, reza o § 3º, do art. 13, da Lei 9.099/95, que "apenas os atos considerados essenciais serão registrados resumidamente, em notas manuscritas, datilografadas, taquigrafadas ou estenotipadas. Os demais atos poderão ser gravados em fita magnética ou equivalente, que será inutilizada após o trânsito em julgado da decisão". Inspirado na mesma sistemática, o art. 36 dispõe que a prova oral não será reduzida a escrito, devendo a sentença referir, no essencial, os informes trazidos nos depoimentos.

Portanto, "a concentração no juizado especial é intensa, pois na audiência praticam-se quase todos os atos processuais, seja na audiência de conciliação ou na de instrução e julgamento"[17].

Outrossim, predominam nos Juizados Especiais a simplicidade e a informalidade, realçando-se a importância do princípio da instrumentalidade das

---

16. TOURINHO NETO, Fernando; FIGUEIRA JÚNIOR, Joel Dias. *Juizados Especiais Estaduais Cíveis e Criminais*. 7ª ed. São Paulo: Revista dos Tribunais, 2011, p. 41.

17. MEDINA, José Miguel Garcia; ARAÚJO, Fábio Caldas de; GAJARDONI, Fernando da Fonseca. *Processo Civil Moderno*. Vol.: 4: Procedimentos Cautelares e Especiais. 3ª ed. São Paulo: 2012. p. 476.

formas, expressamente previsto no § 1º, do art. 13, segundo o qual não se pronunciará qualquer nulidade sem que tenha havido prejuízo.

À luz desta principiologia, o procedimento probatório foi regulado pelos arts. 32 a 37, da Lei 9.099/95, que prestigia o princípio da oralidade e seus consectários, especialmente a imediatidade, a concentração dos atos processuais e a irrecorribilidade das decisões interlocutórias.

Para além da atipicidade dos meios de prova delineada no art. 32, a Lei 9.099/95 estabeleceu regras relativas ao momento em que são produzidas as provas, especificou aspectos referentes à prova testemunhal e pericial, além de permitir que a instrução seja conduzida por juiz leigo, sob a supervisão do juiz togado. Não obstante, a Lei 9.099/95 não traça regras específicas sobre o ônus da prova, de modo que, nesse particular, aplicam-se as normas da legislação processual civil pertinente, desde que compatíveis com o modelo procedimental estabelecido.

Por conseguinte, o ônus da prova no microssistema dos Juizados Especiais (abrangendo, portanto, as searas estadual, federal e da Fazenda Pública) é extraído da aplicação subsidiária do Código de Processo Civil, impondo-se que seja evidenciada sua compatibilidade com o ordenamento especializado. Antes de enfrentar o referido tema, é indispensável tecer algumas breves notas sobre a inversão do ônus da prova e o momento adequado para tanto.

Já foi mencionado que o CPC de 1.973 adotou a técnica de distribuição estática do ônus da prova, não fazendo qualquer ressalva, de modo que, ao autor, incumbe o ônus de provar o fato constitutivo de seu direito e ao réu, o fato modificativo, impeditivo ou extintivo do direito do autor (art. 333). Diz-se distribuição estática ou "a priori", porque a legislação fixa, antecipada e abstratamente, quem tem o ônus de provar determinada alegação[18].

Por sua vez, e também como já indicado, o Código de Defesa do Consumidor rompeu com a tradição processual da distribuição do ônus da prova ao consagrar como direito básico do consumidor a inversão do ônus da prova quando, a critério do juiz, for verossímil a alegação ou quando for ele hipossuficiente, segundo as regras ordinárias de experiência (art. 6º, inciso VIII). Cuida-se, a bem da verdade, de norma que consagra a dinamização do ônus da prova nas relações de consumo, situação que constitui, frente à nova

18. MARINONI, Luiz Guilherme; ARENHART, Sérgio Cruz; MITIDIERO, Daniel. *Novo Código de Processo Civil Comentado*. São Paulo: Revista dos Tribunais, 2015, p. 395.

Codificação, um dos "casos previstos em lei" a que faz alusão o § 1º, do art. 373, do texto processual civil vigente.

Positivada a nova orientação, a jurisprudência passou a admitir, excepcionalmente, a distribuição dinâmica do ônus da prova, que é aquela em que o magistrado, à luz das peculiaridades do caso concreto, atribui responsabilidade pela produção da prova à parte que tenha melhores condições de fazê-lo. Em outros termos, o que se quis dizer foi que "a dinamização importa na atribuição do ônus de provar àquela parte que tem maior facilidade probatória"[19].

A prática, contudo, desencadeou discussões relativas ao momento adequado para a dinamização do ônus da prova. Isso porque a dinamização importa, na maioria das vezes, em modificação da regra previamente fixada em lei, transferindo o ônus para a parte que, originariamente, não era onerada. Entendendo que se trata de regra de julgamento, a parte poderia ser surpreendida com a transferência do encargo probatório na sentença, quando não mais teria oportunidade de produzi-la. O Superior Tribunal de Justiça chegou a adotar a referida tese, mas, no julgamento do EREsp 422.778/SP, antes indicado, a 2ª Seção daquele Sodalício firmou orientação em sentido oposto, entendendo tratar-se de regra de instrução.

A referida concepção, sem embargo da divergência, alberga tanto o direito à efetividade da tutela jurisdicional quanto o princípio do contraditório, conciliando-os. Até porque "se fosse lícito ao magistrado operar a inversão do ônus da prova no exato momento da sentença, ocorreria a peculiar situação de, simultaneamente, se atribuir um ônus ao réu, e negar-lhe a possibilidade de desincumbir-se do encargo que antes inexistia" (DIDIER JR., 2015, p. 125).

Não foi por outro motivo que a nova Codificação manteve a regra da distribuição estática do ônus da prova, mas fez concessões excepcionais à dinamização, dispondo no § 1º do art. 373 que

> Nos casos previstos em lei ou diante de peculiaridades da causa relacionadas à impossibilidade ou à excessiva dificuldade de cumprir o encargo nos termos do caput ou à maior facilidade de obtenção da prova do fato contrário, poderá o juiz atribuir o ônus da prova de modo diverso, desde que o faça por decisão fundamentada, caso em que deverá dar à parte a oportunidade de se desincumbir do ônus que lhe foi atribuído.

---

19. MARINONI, Luiz Guilherme; ARENHART, Sérgio Cruz; MITIDIERO, Daniel. *Novo Código de Processo Civil Comentado*. São Paulo: Revista dos Tribunais, 2015, p. 396.

Comentando o sobredito dispositivo legal, Luiz Guilherme Marinoni, Sérgio Cruz Arenhart e Daniel Mitidiero lecionam: "O desiderato que se assinala ao ônus da prova, nessa perspectiva, está em possibilitar que se alcance a justiça do caso concreto. Eis aí a sua razão motivadora. E, evidentemente, não se pode imaginar que se chegará a uma solução justa atribuindo-se a produção de prova diabólica a uma das partes, ainda mais quando a outra parte, dadas as contingências do caso, teria melhores condições de provar [...] A partir daí, deve-se aferir se a outra parte, a princípio desincumbida do encargo probatório, encontra-se em uma posição privilegiada diante das alegações de fato a provar. Vale dizer: se terá maior facilidade em produzir a prova. Tendo, legitimada está a dinamização do ônus da prova"[20].

O legislador do novo Estatuto Processual foi mais além e, adotando a posição consolidada na jurisprudência do STJ, determinou que a dinamização do ônus da prova não pode gerar situação em que a desincumbência do encargo pela parte seja impossível ou excessivamente difícil (art. 373, § 2º), situação conhecida na doutrina como "prova diabólica". Vale dizer, positivou-se o entendimento de que o ônus da prova é regra de instrução e como tal deve ser definido no momento oportuno, que, a teor do art. 357, inciso III, do ordenamento processual civil atual, é a decisão de saneamento.

Pois bem. Fixadas tais premissas, e adentrando, especificamente, na possibilidade de dinamização nos Juizados Especiais Federais e da Fazenda Pública, tem-se que, confrontando as disposições específicas das Leis 10.259/01 e 12.153/09, e o procedimento regulado pelo CPC, as regras de dinamização do ônus da prova, especialmente aquela relativa ao momento adequado para sua definição, foram projetadas para um modelo procedimental amplo, cujas fases encontram-se bem definidas, tanto que as provas são requeridas nos atos de postulação e admitidas na decisão de saneamento, considerado o momento adequado para a distribuição do ônus da prova. De fato, o art. 357, inciso III, Código de Processo Civil, prescreve que, não sendo caso de julgamento antecipado do mérito ou de extinção do processo, o juiz deverá proceder ao saneamento e à organização do processo, oportunidade em que definirá a regra de distribuição do ônus da prova.

A referida sistemática se revela distante do procedimento delineado pelo sistema dos Juizados Especiais, que é predominantemente oral, concentrando a realização dos atos processuais na audiência de conciliação, instrução

20. MARINONI, Luiz Guilherme; ARENHART, Sérgio Cruz; MITIDIERO, Daniel. *Novo Código de Processo Civil Comentado*. São Paulo: Revista dos Tribunais, 2015, p. 396.

e julgamento, incluindo a admissão e a produção de provas. Logo, a adoção pura e simples da dinamização do ônus da prova pode ensejar distorções e, consequentemente, malferir os princípios constitucionais aplicáveis à espécie.

Como, então, compatibilizar a dinamização do ônus da prova com as peculiaridades procedimentais dos Juizados Especiais, notadamente dos Federais e da Fazenda Pública?

Interpretando literalmente a legislação especializada, a resposta seria no sentido da impossibilidade de dinamização do ônus da prova. No entanto, não se pode olvidar que, na prática, o procedimento vem sendo relativizado com a cisão da audiência una em: i) audiência inaugural de conciliação, em que, não obtida a resolução amigável do conflito, deve ser apresentada a resposta do réu; ii) e audiência de instrução e julgamento, em que são admitidas e produzidas as provas orais.

Consigne-se, também, que os arts. 11 e 9º, respectivamente, das Leis 10.259/01 (Juizados Especiais Federais) e 12.153/09 (Juizados Especiais da Fazenda Pública), estabelecem que a entidade pública ré deverá fornecer ao Juizado a documentação de que disponha para o esclarecimento da causa, apresentando-a até a instalação da audiência de conciliação, o que possibilita ao julgador, se o caso, avaliar, desde então, os elementos probatórios que, eventualmente, impliquem numa redistribuição do ônus da prova.

Atente-se, a propósito do disposto no parágrafo anterior, para a existência do Enunciado 116 do FONAJEF, que atesta que o dever processual, previsto no art. 11 da Lei 10.259/2001, não implica automaticamente a inversão do ônus da prova.

Bem sopesado tudo o que fora exposto, é possível a adoção da dinamização do ônus da prova, desde que seja assegurada, à parte sobre a qual recairá o ônus da prova, oportunidade para dele se desincumbir.

Para isso, será recomendável que a distribuição dinâmica do ônus da prova se dê na audiência inaugural de conciliação, hipótese em que as partes já sairiam cientes dos encargos probatórios. E não se argumente com o fato de, nos termos do parágrafo único, do art. 27, da Lei 9.099/95, a audiência de instrução e julgamento, tendo lugar, em regra, imediatamente após a audiência de conciliação, ser um obstáculo para que se implemente a dinamização, uma vez que, antevendo tal situação, por certo que as audiências podem e devem ser cindidas (o que já ocorre com certa frequência, diga-se de passagem). Muito menos se afirme que, como as audiências conciliatórias são, normalmente, realizadas por conciliadores ou juízes leigos (art. 22, da Lei 9.099/95, e art. 13, da Lei 12.153/09), estaríamos diante de outro obstáculo intransponível, uma vez que nada impede seja providenciada a imediata conclusão do feito para que o juiz togado se pronuncie a respeito, sem que isso, com a devida vênia, implique em ofensa ao princípio da celeridade.

Por outro lado, parece insuficiente o critério adotado pelo Enunciado 53 do FONAJE, segundo o qual "deverá constar da citação a advertência, em termos claros, da possibilidade de inversão do ônus da prova". Isso porque, a prevalecer o mencionado posicionamento, a parte ré teria contra si a atribuição de situação desvantajosa sem qualquer provimento jurisdicional nesse sentido.

Também, não é viável ao magistrado dinamizar o ônus da prova ao despachar a inicial, pois somente com a apresentação da defesa é que será possível fixar os pontos controvertidos, sobre os quais recairá o encargo probatório, muito menos por ocasião da sentença, mesmo porque já reconhecido, pelo próprio STJ, tratar-se de regra de instrução, e não regra de julgamento.

Mário Cesar Portinho Vianna, em artigo publicado na Revista dos Juizados Especiais do Tribunal de Justiça do Rio Grande do Sul (bem antes que se pensasse no novo Código de Processo Civil) defende que, diante das características e de seus princípios, existe um único momento para a inversão do ônus da prova nos Juizados Especiais, qual seja, o início da audiência de instrução e julgamento[21]. Tal entendimento, todavia, e respeitosamente, não se coaduna com a nova metodologia processual instaurada, tampouco se harmoniza com a principiologia constitucional do Processo Civil.

A atribuição do ônus da prova à parte na audiência de instrução e julgamento cerceia direito fundamental que deriva do devido processo legal e seus consectários, especialmente o direito de ação e defesa. De fato "O direito à prova se apresenta como manifestação estruturadora das garantias constitucionais da ação e da defesa. E por assim ser, conclui-se que o devido processo constitucional se torna efetivo quando, observado o exposto no tópico anterior, ação e defesa possam ser plenamente exercidas no tramitar de uma demanda, tendo e respeitando, de um lado, a plena afirmação da pretensão pelo autor e, do outro, a plena possibilidade de resistência pela parte ré. Qualquer limitação indevida, ou censura, manifestada pelo Estado,

21. VIANNA, Mário César Portinho. *A Inversão do Ônus da Prova Prevista no Art. 6º, VIII, do CDC e o Juizado Especial Cível*. Revistas dos Juizados Especiais: doutrina - jurisprudência, v. 3, nº 15, ago. 2005. Disponível em ‹ http://www.tjrs.jus.br/site/publicacoes/revista_dos_juizados_especiais/#›, p 30.

evidencia, em tal situação, a abusividade da função jurisdicional, com as consequências previstas na ordem legal, deixando de prevalecer a oportunidade de argumentação para aqueles que se encontram em litígio, fazendo-se ouvidos moucos, então, das garantias processuais"[22].

É possível ir além para afirmar que a dinamização do ônus probatório em sede de audiência de instrução e julgamento implicaria num incompatível (e inesperado) adiamento do referido ato, a fim de que fosse oportunizada a produção, em evidente prejuízo em termos de celeridade procedimental.

Em suma, a dinamização do ônus da prova se apresenta como importante ferramenta colocada à disposição do magistrado para garantir o efetivo acesso à justiça, ajustando a tutela jurisdicional às peculiaridades do caso em julgamento, não podendo, assim, ser afastada do âmbito dos Juizados Especiais (em todo o microssistema), ainda que para tanto sejam necessárias adaptações procedimentais, notadamente diante da nova redação processual civil, é dizer, trate-se, ou não, de relação de consumo, temática constantemente abordada na justiça especializada.

CONCLUSÃO

O ordenamento jurídico processual, hodiernamente, convive com as teorias da distribuição estática e dinâmica do ônus da prova. Aliás, antes mesmo do advento de qualquer reforma legislativa, a jurisprudência já vinha adotando a dinamização do ônus da prova como técnica jurídica tendente a evitar injustiças decorrentes do engessamento da distribuição estática.

Isso é fruto da nova concepção de processo, influenciada pela principiologia constitucional, que, para além do conflito litigioso, enxerga, nas partes, sujeitos capazes de dialogarem para o alcance do escopo da jurisdição, que é a pacificação social. Sem dúvida, a nova Codificação abraçou esta concepção e idealizou um procedimento em que o provimento jurisdicional é resultado de uma atividade cooperativa entre as partes.

Fazendo um paralelo com o Direito Civil, a cooperação está para o processo assim como a boa-fé objetiva e os seus consectários estão para o contrato. Enfim, aproxima-se o processo dos vetores axiológicos que informam o direito material, a saber: socialidade, operabilidade e eticidade.

---

22. TAVARES, Fernando Horta; CUNHA, Maurício Ferreira. *O Direito Fundamental à Prova e a Legitimidade dos Provimentos sob a Perspectiva do Direito Democrático*. Revista de Processo, v. 36, nº 195, maio 2011, p. 123.

Por isso, o novo diploma processual confiou ao magistrado a tarefa de, à luz das peculiaridades do caso concreto, afastar o ônus estático da prova, atribuindo-o à parte que tenha melhores condições dele se desincumbir, sistemática compatível com o procedimento dos Juizados Especiais.

Entretanto, em sede especializada predomina a oralidade e a concentração dos atos processuais em audiência, não havendo um momento procedimental específico para o saneamento do processo. Logo, não se pode simplesmente transportar a regra do procedimento comum previsto pelo texto processual civil vigente para o procedimento sumaríssimo, sendo imprescindível que a dinamização seja determinada, ao menos, na audiência inaugural de conciliação, antes de se realizar a instrução.

Em suma, a dinamização do ônus da prova contribui para a prestação de uma tutela jurisdicional legítima e efetiva, evitando que o acesso à justiça se torne letra morta no texto constitucional, não podendo jamais ser desprezada. Afinal, os provimentos jurisdicionais são frutos da convergência de vontades das partes (ainda que antagônicas), somente se legitimando quando assegurado o direito fundamental à prova.

BIBLIOGRAFIA

BARROS, Flaviane de Magalhães. **(Re)forma do Processo Penal: comentários críticos dos artigos modificados pelas Leis nº 11.690/08 e nº 11.719/08.** Belo Horizonte: Del Rey. 2009.

CARPES, Artur. Ônus dinâmico da prova. Porto Alegre. Livraria do Advogado. 2010.

CHAMON JÚNIOR, Lúcio Antônio. **Teoria da argumentação jurídica: constitucionalismo e democracia e uma reconstrução das fontes do direito moderno.** Rio de Janeiro: Lumen Juris. 2008.

CHIOVENDA, Giuseppe. **Instituições de Direito Processual Civil.** V. 1/3. Campinas: Bookseller. 1998.

DIDIER JR., Fredie; BRAGA, Paula Sarno; OLIVEIRA, Rafael Alexandria de. **Curso de Direito Processual Civil. Vol. 02: Teoria da Prova, Direito Probatório, Ações Probatórias, Decisão, Precedente, Coisa Julgada e Antecipação de Tutela.** 10ª ed. Salvador: Juspodivm, 2015.

ECHANDÍA, Hernando Devis. **Teoría general de la prueba judicial.** V. 1. Buenos Aires: Victor P. Zavallia. 1988.

GARCÍA GRANDE, Maximiliano. **Las cargas probatórias dinámicas: inaplicabilidade**. Rosario: Juris, 2005.

LEAL, Rosemiro Pereira. **Teoria geral do processo – Primeiros estudos**. 8ª edição. Rio de Janeiro: Forense. 2009.

MARINONI, Luiz Guilherme; Arenhart, Sérgio Cruz. **Prova**. São Paulo: Revista dos Tribunais. 2009.

MARINONI, Luiz Guilherme; ARENHART, Sérgio Cruz; MITIDIERO, Daniel. **Novo Código de Processo Civil Comentado.** São Paulo: Revista dos Tribunais, 2015.

MEDINA, José Miguel Garcia; ARAÚJO, Fábio Caldas de; GAJARDONI, Fernando da Fonseca. **Processo Civil Moderno. Vol.: 4: Procedimentos Cautelares e Especiais.** 3ª ed. São Paulo: 2012.

MICHELI, Gian Antônio. **L'onere dela prova**. 2ª edição. Padova: Cedam. 1966.

PACÍFICO, Luiz Eduardo Boaventura. **O ônus da prova**. 2ª edição. São Paulo: Revista dos Tribunais, 2011.

PAIS DO AMARAL, Jorge Augusto. **Direito Processual Civil**. 10 ª edição. Lisboa: Almedina. 2011.

PEYRANO, Jorge W. **Nuevos lineamentos de las cargas probatorias dinámicas.** In: PEYRANO, Jorge W. LÉPORI WHITE, Inés (Org.). Cargas probatorias dinámicas. Santa Fé: Rubinzal Culzoni, 2004.

PONTES DE MIRANDA, Francisco Cavalcanti. **Comentários ao Código de Processo Civil**. V. 4 e 6. 1997.

TAVARES, Fernando Horta; CUNHA, Maurício Ferreira. **O Direito Fundamental à Prova e a Legitimidade dos Provimentos sob a Perspectiva do Direito Democrático**. Revista de Processo, v. 36, nº 195, maio 2011.

TOURINHO NETO, Fernando da Costa; FIGUEIRA JÚNIOR, Joel Dias. **Juizados Especiais Estaduais Cíveis e Criminais.** 7ª ed. São Paulo: Revista dos Tribunais, 2011.

VIANNA, Mario Cesar Portinho. **A Inversão do Ônus da Prova Prevista no Art. 6º, VIII, do CDC e o Juizado Especial Cível.** Revistas dos Juizados Especiais: doutrina – jurisprudência, v. 3, nº 15, ago. 2005. Disponível em < http://www.tjrs.jus.br/site/publicacoes/revista_dos_juizados_especiais/#>.

ZANETI JÚNIOR, Hermes. **O processo constitucional: o modelo constitucional do Processo Civil Brasileiro**. Rio de Janeiro: Lumen Juris, 2007.

CAPÍTULO 18

Das consequências processuais geradas à administração pública dentro do contexto da Lei 12.153/09 em face de suas omissões

Neanderson Martins Ramos

SUMÁRIO: INTRODUÇÃO; 1. DOS PRINCÍPIOS INERENTES AO JUIZADO ESPECIAL; 2. DA (IN)DISPONIBILIDADE DOS DIREITOS DA FAZENDA PÚBLICA JUNTO À LEI 12.153/09; 3. DA NÃO APRESENTAÇÃO DOS DOCUMENTOS INDISPENSÁVEIS AO ESCLARECIMENTO DA CAUSA; 4. DA AUSÊNCIA DA FAZENDA PÚBLICA ÀS AUDIÊNCIAS; CONSIDERAÇÕES FINAIS; BIBLIOGRAFIA

INTRODUÇÃO

Com o advento da Lei 12.153/09 foi instituído em nosso ordenamento jurídico o Juizado Especial da Fazenda Pública, Juizado este que tem competência para julgar as ações envolvendo, como réus, os Estados, o Distrito Federal e os Municípios, além de autarquias, fundações e empresas públicas.

Excetuando-se algumas hipóteses previstas em tal lei, seja no que diz respeito à matéria (art. 2º, § 1º, Lei 12.153/09), seja no que diz respeito aos sujeitos (art. 5º, Lei 12.153/09), o Juizado Especial tem competência absoluta para julgar as questões envolvendo os entes públicos supracitados em causas de até 60 (sessenta) salários-mínimos.

Por sua vez, considerando-se o fato de que a competência plena dos Juizados Especiais da Fazenda Pública somente começou a vigorar a partir de 23/06/15 em face da limitação prevista no artigo 23 da lei em questão, podemos afirmar que dita lei é extremamente recente em nosso ordenamento jurídico, trazendo algumas dúvidas que ainda não se encontram devidamente solucionadas no que diz respeito às omissões da Administração Pública, tais como qual seria a consequência se o ente público não apresentasse, em juízo, os documentos indispensáveis ao esclarecimento da causa, conforme preceitua o artigo 9º da lei em questão, bem como qual seria a consequência da ausência da parte ré quando da realização das audiências.

É de se ver que a Lei do Juizado Especial da Fazenda Pública dispõe, em seu artigo 27 que se aplica subsidiariamente tanto o Código de Processo Civil, como a Lei 9.099/95, e daí, surge outra dúvida, em se aplicando a lei 9.099/95, aplicaríamos a revelia e seus efeitos, ao passo que, em se aplicando o Código de Processo Civil, seria uma hipótese de se reconhecer a revelia, mas não os seus efeitos, questão esta que necessita ser enfrentada à luz dos princípios que regem o Juizado Especial.

1. DOS PRINCÍPIOS INERENTES AO JUIZADO ESPECIAL

O artigo 2º, da lei 9.099/95 enumera os princípios inerentes aos Juizados Especiais, asseverando que *o processo orientar-se-á pelos critérios da oralidade, simplicidade, informalidade, economia processual e celeridade, buscando, sempre que possível, a conciliação ou a transação*. Há ainda uma gama de outros princípios processuais a serem aplicados aos Juizados Especiais, tais como a lealdade processual, efetividade, contraditório e ampla defesa.

Não constitui objetivo deste trabalho analisar todos os princípios em questão e sim apenas tecer algumas considerações acerca de alguns princípios processuais que guardam relação com o presente trabalho e, no segundo momento, buscar-se-á analisar quais devem ser as consequências processuais a serem aplicadas à Fazenda diante de sua omissão.

O princípio da informalidade se encontra previsto no artigo 2º, da lei 9.099/95 e é a qualidade daquilo que não tem forma, padrão ou estrutura (LOPES, 2012) e permite que o Juiz conduza o processo com uma maior liberdade para a prática dos atos processuais, bem como possibilita que as partes, dentro dos limites da própria lei, formulem suas pretensões e resistam às alheias sem a presença de advogado (art. 9º).[1]

Por sua vez, a cultura jurídica é, em várias oportunidades, extremamente formal, o que poderia, no primeiro momento, afastar a aplicação do princípio da informalidade.

Buscando um equilíbrio entre ditos princípios, especificamente no que diz respeito aos Juizados Especiais, assim se manifesta a melhor doutrina:

1. VICENTE, Fernanda Baeta. CORRÊA, Luís Fernando Nigro. Lei dos Juizados Especiais Cíveis Estaduais Comentada. Belo Horizonte: Del Rey, 2007

> O princípio da informalidade defende que os atos processuais devem ser praticados com o mínimo de formalidade possível. Despido de formalidades, o ato se torna mais simples, econômico e efetivo. É preciso lembrar que, entretanto, que existem formas que são essenciais (integrantes do conteúdo do ato) e formas não essenciais (circunstanciais ao conteúdo do ato). Afastar formas essenciais do ato, na maioria das vezes, pode comprometer o seu conteúdo e, em decorrência, a sua validade. Portanto, o princípio da informalidade pode ser definido como a busca pela eliminação das formas não essenciais do ato para que ele possa ser mais bem praticado.[2]

Outro princípio que merece destaque neste trabalho é o princípio da celeridade e deve ser analisado sobre dois valores: rapidez e segurança. Enquanto a demora de um procedimento permite uma análise mais profunda, permitindo às partes uma maior intervenção na construção da decisão final, dita demora pode vir a colocar em risco o bem jurídico pleiteado em juízo[3].

Acerca do tema, cabe transcrever a análise realizada por Fredie Didier Júnior acerca do binômio rapidez e segurança, onde se demonstra que é necessário buscar o devido equilíbrio:

> É preciso, porém, fazer uma reflexão como contraponto. Bem pensadas as coisas, conquistou-se, ao longo da história, um direito à demora na solução dos conflitos. A partir do momento em que se reconhece a existência de um direito fundamental ao processo, está-se reconhecendo, implicitamente, o direito de que a solução do conflito deve cumprir, necessariamente, uma série de atos obrigatórios, que compõem o conteúdo mínimo do devido processo legal. A exigência do contraditório, o direito à produção de provas e aos recursos, certamente, atravancam a celeridade, mas são garantias que não podem ser desconsideradas ou minimizadas. É preciso fazer o alerta, para evitar discursos autoritários, que pregam a celeridade como valor insuperável. Os processos da Inquisição poderiam ser rápidos. Não parece, porém, que se sente saudade deles.[4]

O último princípio a ser analisado é o da lealdade processual e se consubstancia na obrigação que as partes e todos os demais sujeitos do processo tem no sentido de agirem em conformidade com os princípios da moralidade e probidade.

---

2. ROCHA, Felippe Borring. Manual dos Juizados Especiais Cíveis Estaduais. São Paulo: Atlas, 2014, p. 34
3. ROCHA, Felippe Borring. Manual dos Juizados Especiais Cíveis Estaduais. São Paulo: Atlas, 2014, p. 35
4. DIDIER JR., Fredie. Curso de direito processual Civil: introdução ao direito processual civil, parte geral e processo de conhecimento. 17 ed. Salvador: Jud Podivm, 2015, p. 41

Partindo-se da premissa de que o Estado e as partes devem somar esforços para a solução do conflito, posturas tidas como contrárias à boa-fé por comprometerem o bom andamento do procedimento, não podem ser toleradas.

Neste diapasão, cabe ao juiz velar por este princípio, coibindo a má-fé e agindo com poderes inquisitoriais, e assim, o Magistrado, de ofício ou a requerimento do prejudicado, tem o dever de reprimir os atos contrários à moralidade e probidade do processo[5].

Por fim, um princípio que merece a devida atenção neste trabalho é o da especialidade. Trata-se de um princípio hermenêutico e que prevê que uma norma especial deverá prevalecer em face de uma norma geral.

Por serem tidos como um microssistema, aos Juizados Especiais devem ser aplicados as normas a este inerente, sendo que o Enunciado 161 do FONAJE (Fórum Nacional de Juizados Especiais) estabelece que *considerado o princípio da especialidade, o CPC/2015 somente terá aplicação ao Sistema dos Juizados Especiais nos casos de expressa e específica remissão ou na hipótese de compatibilidade com os critérios previstos no art. 2º da Lei 9.099/95.*

Já a Lei 12.153/09 prevê, em seu artigo 27, a possibilidade de aplicação subsidiária do Código de Processo Civil, mas dito normativo será aplicado conjuntamente com as 9.099/95 e 10.259/01.

Desta forma, têm-se que o Código de Processo Civil somente terá aplicação junto aos Juizados Especiais da Fazenda Pública de forma subsidiária e quando for compatível com os princípios que regem os Juizados Especiais.

2. DA (IN)DISPONIBILIDADE DOS DIREITOS DA FAZENDA PÚBLICA JUNTO À LEI 12.153/09

Tanto o artigo 20, da Lei 9.099/95, como o artigo 344, do Código de Processo Civil preveem o instituto da revelia, estabelecendo que, ocorrida a ausência da parte ré à audiência ou não ofertada contestação, presumir-se-ão como verdadeiros os fatos alegados pela parte autora.

Cabe aqui estabelecer uma diferença substancial entre revelia e efeitos da revelia, qual seja, enquanto a revelia é a simples ausência da parte ao ato

5. THEODORO JÚNIOR, Humberto. Curso de direito processual Civil: teoria geral do direito processual civil, processo de conhecimento e procedimento comum. Vol. 1. 56 ed. rev., atual. e ampl. Rio de Janeiro: Forense, 2015

que deveria realizar, tal como audiência ou contestação, os seus efeitos são a presunção de veracidade dos fatos alegados pela parte autora.

Acerca da revelia e seus efeitos:

> Intuitivamente, a primeira atitude que o réu pode adotar, quando da fase de sua resposta, é permanecer silente, sem nenhuma reação esboçar à pretensão do autor. Sua inação, então, pode determinar a incidência do instituto revelia, figura tendente a punir a parte requerida que se recusa a colaborar com o Estado no papel de conduzir o processo e compor os conflitos que lhe são trazidos. Utilizada pela doutrina brasileira como sinônimo de contumácia, a revelia se constitui, precisamente, na ausência de participação do requerido no processo, o que acarretará a esse sujeito severas consequências a seus direitos processuais.[6]

Entretanto, a jurisprudência pátria vem se manifestando, de forma reiterada, no sentido de que não há como se aplicar os efeitos da revelia à Fazenda Pública porque os seus direitos são indisponíveis, sendo esta uma forma de garantir uma proteção maior ao patrimônio público.

Tal posição dos Tribunais superiores se baseia no artigo 345, II, do Código de Processo Civil (antigo artigo 320, II, do CPC/73) que estabelece que não há que se falar em efeitos da revelia quando *o litígio versar sobre direitos indisponíveis*.

O Superior Tribunal de Justiça possui vários acórdãos no sentido de que *não se aplica à Fazenda Pública o efeito material da revelia, nem é admissível, quanto aos fatos que lhe dizem respeito, a confissão, pois os bens e direitos são considerados indisponíveis*. (AgRg no REsp 1170170 / RJ)

Entretanto, a impossibilidade de se reconhecer os efeitos da revelia em face da Fazenda Pública não é uma questão absoluta, já que, em situações específicas, há acórdãos junto ao Superior Tribunal de Justiça no sentido diametralmente oposto.

Inicialmente, o Superior Tribunal de Justiça já se manifestou no sentido de que é cabível a revelia e os seus respectivos efeitos em detrimento da Fazenda Pública quando se discute um contrato de direito privado:

> DIREITO CIVIL, ADMINISTRATIVO E PROCESSUAL CIVIL. RECURSO ESPECIAL. AÇÃO DE COBRANÇA AJUIZADA EM FACE DE MUNICÍPIO. CONTRATO DE

6. MARINONI, Luiz Guilherme. ARENHART, Sérgio Cruz. MITIDIERO, Daniel. Novo Curso de Processo Civil. São Paulo: Revista dos Tribunais, 2016. 3.v.

DIREITO PRIVADO (LOCAÇÃO DE EQUIPAMENTOS COM OPÇÃO DE COMPRA). AUSÊNCIA DE CONTESTAÇÃO. EFEITOS MATERIAIS DA REVELIA. POSSIBILIDADE. DIREITOS INDISPONÍVEIS. INEXISTÊNCIA. PROVA DA EXISTÊNCIA DA OBRIGAÇÃO. DOCUMENTAÇÃO EXIBIDA PELO AUTOR. PROVA DO PAGAMENTO. NÃO OCORRÊNCIA. ÔNUS QUE CABIA AO RÉU. PROCEDÊNCIA DO PEDIDO. CONCLUSÃO A QUE SE CHEGA INDEPENDENTEMENTE DA REVELIA.

1. Os efeitos materiais da revelia não são afastados quando, regularmente citado, deixa o Município de contestar o pedido do autor, sempre que não estiver em litígio contrato genuinamente administrativo, mas sim uma obrigação de direito privado firmada pela Administração Pública.

2. Não fosse por isso, muito embora tanto a sentença quanto o acórdão tenham feito alusão à regra da revelia para a solução do litígio, o fato é que nem seria necessário o apelo ao art. 319 do Código de Processo Civil. No caso, o magistrado sentenciante entendeu que, mediante a documentação apresentada pelo autor, a relação contratual e os valores estavam provados e que, pela ausência de contestação, a inadimplência do réu também.

3. A contestação é ônus processual cujo descumprimento acarreta diversas consequências, das quais a revelia é apenas uma delas. Na verdade, a ausência de contestação, para além de desencadear os efeitos materiais da revelia, interdita a possibilidade de o réu manifestar-se sobre o que a ele cabia ordinariamente, como a prova dos fatos impeditivos, modificativos ou extintivos do direito do autor (art. 333, inciso II, CPC), salvo aqueles relativos a direito superveniente, ou a respeito dos quais possa o juiz conhecer de ofício, ou, ainda, aqueles que, por expressa autorização legal, possam ser apresentados em qualquer tempo e Juízo (art. 303, CPC).

4. Nessa linha de raciocínio, há nítida diferença entre os efeitos materiais da revelia - que incidem sobre fatos alegados pelo autor, cuja prova a ele mesmo competia - e a não alegação de fato cuja prova competia ao réu. Isso por uma razão singela: os efeitos materiais da revelia dispensam o autor da prova que lhe incumbia relativamente aos fatos constitutivos de seu direito, não dizendo respeito aos fatos modificativos, extintivos ou impeditivos do direito alegado, cujo ônus da prova pesa sobre o réu. Assim, no que concerne aos fatos cuja alegação era incumbência do réu, a ausência de contestação não conduz exatamente à revelia, mas à preclusão quanto à produção da prova que lhe competia relativamente a esses fatos.

5. A prova do pagamento é ônus do devedor, seja porque consubstancia fato extintivo do direito do autor (art. 333, inciso II, do CPC), seja em razão de comezinha regra de direito das obrigações,

> segundo a qual cabe ao devedor provar o pagamento, podendo até mesmo haver recusa ao adimplemento da obrigação à falta de quitação oferecida pelo credor (arts. 319 e 320 do Código Civil de 2002). Doutrina.
>
> 6. Recurso especial não provido. (REsp n.º 1.084.745/MG, Quarta Turma, Rel. Min. Luis Felipe Salomão, DJ de 30/11/2012)

O Superior Tribunal de Justiça também já admitiu, em detrimento da Fazenda Pública, a revelia e seus efeitos, quando se discute a correção monetária sobre os salários de funcionários pagos com atraso:

> Processual Civil. Funcionário Público. Vencimentos. Correção monetária. Estado. Revelia. Bens indisponíveis. Consequências.
>
> Não se pode colocar no conceito de bens indisponíveis (Art. 320, II, do CPC), de sorte a afastar os efeitos do art. 319, do mesmo Código, a dívida resultante de correção monetária incidente sobre os salários de funcionários pagos com atraso.
>
> Recurso Especial não conhecido. (REsp n.º 116.793/MS, Sexta Turma, Rel. Min. William Patterson, DJ de 05/05/1997)

Assim, em face dos acórdãos supracitados, podemos afirmar que a assertiva de que não é cabível os efeitos da revelia em detrimento da Fazenda Pública não é um dogma, já que é necessário examinar se há ou não direito indisponível em discussão.

Por direitos indisponíveis se deve entender como aqueles em relação aos quais os seus titulares não têm qualquer poder de disposição, pois nascem, desenvolvem-se e extinguem-se independentemente da vontade dos titulares.[7]

Assim, têm-se que o direito indisponível é aquele que não pode ser objeto de disposição pelo seu titular, ao passo que, em consequência, segundo a jurisprudência do Superior Tribunal de Justiça, direito disponível é aquele que:

> Com efeito, direito disponível refere-se à espécie de direito subjetivo que pode ser abdicado pelo respectivo titular e contrapõe-se

---

7. MARTINS, Ives Gandra da Silva. Ação Civil Pública para defesa de direitos individuais disponíveis e divisíveis - Inadequação do veículo processual - Constitucionalidade de taxas para prestação de serviços públicos específicos e divisíveis da Prefeitura de Taubaté. Disponível em ‹http://http://www.google.com.br/url?sa=t&rct=j&q=&esrc=s&source=web&cd=10&ved=0ahUKEwiiirDi7p7QAhUCS5AKHUtTC_YQFghPMAk&url=http%3A%2F%2Fwww.gandramartins.com%2Fproject%2Fives-gandra%2Fpublic%2Fuploads%2Fimagens_gandra%2Fdoc%2Fparecer%2Fpubli%2F0254-94.doc&usg=AFQjCNGhlpkBgiqc5RpKDpnRCM3gwgZDEg&sig2=cm23Y-IdTQJiepQTrCsAKzQ›. Acesso em: 07 nov. 2017

> ao direito indisponível, que é insuscetível de disposição por parte do seu titular (AgRg no REsp n.º 547.704, Sexta Turma, Rel. Min. Paulo Medina, DJ de 13/06/05)
>
> O benefício previdenciário traduz direito disponível. Refere-se à espécie de direito subjetivo, ou seja, pode ser abdicado pelo respectivo titular, contrapondo-se ao direito indisponível, que é insuscetível de disposição ou transação por parte do seu detentor. Precedentes. (RESP 369822/PR, Quinta Turma, Rel. Min. Gilson Dipp, DJ de 22/04/03)

O acórdão supracitado assevera que o direito indisponível *é insuscetível de disposição ou transação por parte do seu detentor*, e assim, a partir desta premissa, será examinada a questão envolvendo o sistema dos Juizados Especiais.

Os Juizados Especiais foram criados pela Carta Constitucional vigente, sendo que os seus princípios inerentes se encontram previstos no artigo 98, I:

> Artigo 98. A União, no Distrito Federal e nos Territórios, e os Estados criarão:
>
> I – juizados especiais, providos por juízes togados, ou togados e leigos, competentes para a conciliação, o julgamento e a execução de causas cíveis de menor complexidade e infrações penais de menor potencial ofensivo, mediante os procedimentos oral e sumariíssimo, permitidos, nas hipóteses previstas em lei, a transação e o julgamento de recursos por turmas de juízes de primeiro grau;

Assim, pela simples leitura do dispositivo supracitado, têm-se que um dos princípios constitucionais inerentes ao Juizado Especial é a conciliação.

Dito princípio também foi repetido junto à Lei que regulamenta o Juizado Especial da Fazenda Pública (Lei 12.153/09):

> Art. 1º Os Juizados Especiais da Fazenda Pública, órgãos da justiça comum e integrantes do Sistema dos Juizados Especiais, serão criados pela União, no Distrito Federal e nos Territórios, e pelos Estados, para conciliação, processo, julgamento e execução, nas causas de sua competência.

Se não bastasse a legislação pátria incluir a conciliação como um dos pilares dos Juizados Especiais, seja à nível constitucional, seja à nível infraconstitucional, o artigo 8º, da Lei 12.153/09 previu, de forma expressa, a possibilidade dos representantes dos entes públicos poderem conciliar: Art. 8º Os representantes judiciais dos réus presentes à audiência poderão conciliar, transigir ou desistir nos processos da competência dos Juizados Especiais, nos termos e nas hipóteses previstas na lei do respectivo ente da Federação.

A nível federal, a Lei n.º 9.469/97, ao regulamentar a intervenção da União nas causas em que figurarem, como autores ou réus, entes da administração indireta, regulamentou os pagamentos devidos pela Fazenda Pública, prevendo inclusive os limites de alçada para fins de acordos ou transações, inclusive judiciais.

Assim, diante da previsão, seja constitucional, seja infraconstitucional, no sentido de que a conciliação é um dos pilares dos Juizados Especiais, havendo inclusive, à nível federal, uma lei que regulamenta os limites de alçada para fins de acordo, inclusive judicial, dos entes públicos, não há como se falar que os direitos ali discutidos seriam indisponíveis já que estes assim se caracterizam por serem insuscetíveis de disposição ou transação por parte do seu detentor.

Desta forma, partindo destas premissas, serão analisadas as duas questões propostas, quais sejam, quais seriam as consequências processuais a serem aplicadas à Fazenda Pública quando esta deixa de apresentar os documentos de que disponha para o esclarecimento da causa (art. 9º, lei 12.153/09), bem como se os efeitos da revelia se aplicam à Fazenda Pública em face da Lei 12.153/09.

3. DA NÃO APRESENTAÇÃO DOS DOCUMENTOS INDISPENSÁVEIS AO ESCLARECIMENTO DA CAUSA

A lei 12.153/09 estabelece em seu artigo 9º que *a entidade ré deverá fornecer ao Juizado a documentação de que disponha para o esclarecimento da causa, apresentando-a até a instalação da audiência de conciliação.*

No que pese dito artigo estabelecer uma obrigação à Fazenda Pública, não há, junto ao sistema dos Juizados Especiais, uma penalidade a ser aplicada na hipótese do seu descumprimento.

Em se entendendo que não há qualquer sanção ao desrespeito a dita regra, ter-se-á uma norma inócua, o que não pode ser admitido em nosso ordenamento jurídico.

Assim, com amparo no artigo 27, da Lei 12.153/09, buscando amparo no Código de Processo Civil, têm-se o artigo 400, II: Art. 400. Ao decidir o pedido, o juiz admitirá como verdadeiros os fatos que, por meio do documento ou da coisa, a parte pretendia provar se: (...) II – a recusa for havida por ilegítima.

Em se aplicando o artigo 400, II, do Código de Processo Civil, poder-se-ia presumir como verdadeiros os fatos alegados pela parte autora e que estariam inseridos em dita documentação.

Entretanto, a jurisprudência pátria vem entendendo que não há como aplicar a sanção de presunção de veracidade ora prevista no artigo 400, II, do Código de Processo Civil (antigo art. 359, II, do CPC/73) aos entes públicos:

> PROCESSUAL CIVIL. EXECUÇÃO FISCAL. EMBARGOS. FAZENDA PÚBLICA. EXIBIÇÃO DE DOCUMENTOS. DIREITOS INDISPONÍVEIS. CONFISSÃO. ART. 359 DO CPC . SENTENÇA ANULADA. 1. "A regra do art. 359 do CPC estabelece que se o requerido não exibir o documento nem fizer qualquer declaração, o Juiz admitirá como verdadeiros os fatos, que, por meio de documento, a parte pretendia provar. Tal dispositivo, contudo, é inaplicável à Fazenda Nacional, uma vez que seus direitos são indisponíveis" (AG nº 90.01.12603-0-GO, Rel. Juiz Adhemar Maciel, DJU/II de 04.02.91). 2. Na hipótese vertente, o decreto sentencial impugnado reconheceu como verdadeiros os fatos alegados pelo contribuinte, sem qualquer elemento de prova, aplicando, em consequência, a pena de confissão à Fazenda Pública. Merece, portanto, reforma a referida decisão, nos termos da diretriz pretoriana invocada. 3. Ademais, se a requisição judicial não permitiu a perfeita identificação, por parte da União Federal, do procedimento administrativo solicitado (CPC , art. 356 , I), não há que se falar, na verdade, em recusa do aludido ente público. 4. Remessa oficial provida. Sentença anulada, afastando-se, in casu, os efeitos da confissão, para que outra seja proferida em seu lugar. (TRF – 1ª Região, Remessa ex officio 96.01.36898-1, 3ª Turma, Rel. Juiz Conv. Reynaldo Soares da Fonseca, DJ de 07/12/2000)

Analisando-se o acórdão supracitado, têm-se que este parte da premissa de que a Fazenda Pública não pode ser apenada com as consequências previstas no atual artigo 400, do Código de Processo Civil, já que a Administração Pública atua na defesa de direitos indisponíveis.

Entretanto, conforme já demonstrado anteriormente, não há que se falar em direitos indisponíveis em sede de Juizados Especiais da Fazenda Pública, já que estes são passíveis de conciliação.

Ademais, pelo princípio da lealdade processual, a Fazenda Pública deve, assim como os demais sujeitos processuais, agir de forma a somar esforços para a solução do conflito, e assim, a postura de inércia da Fazenda Pública, o que certamente comprometerá o bom andamento do procedimento, não pode ser tolerada.

No mais, a melhor doutrina vem entendendo como possível a aplicação do artigo 359, do CPC/73, atual artigo 400, do CPC/05, já que no Juizado Especial da Fazenda Pública, os direitos são disponíveis:

> Por fim, se mesmo com as medidas coercitivas adotadas o documento ou coisa disponível não for apresentado, o juiz admitirá como verdadeiros os fatos que, por meio do documento ou coisa, a parte poderá provar (art. 359, I e II, do CPC). Isso porque no Juizado Especial o direito da Fazenda é disponível, nos termos e nos limites da lei. (Chimenti, 2010, p. 86)

Desta forma, o artigo 27, da Lei 12.153/09 deverá ser interpretado em consonância com o artigo 400, II, do Código de Processo Civil, e assim, em a Fazenda Pública deixando de apresentar, até a audiência de conciliação, os documentos de que disponha para o esclarecimento da causa, deverão ser admitidos como verdadeiros os fatos alegados pela parte autora que se relacionarem aos documentos, salvo se do contexto probatório for obtida outra conclusão.

4. DA AUSÊNCIA DA FAZENDA PÚBLICA ÀS AUDIÊNCIAS

Outra questão que também merece a especial atenção é analisar quais seriam as consequências a serem aplicadas à Fazenda Pública quando esta vem a se ausentar das audiências designadas perante o Juizado Especial da Fazenda Pública.

Inicialmente, a Lei 12.153/09 não prevê como seriam realizadas as audiências, devendo, desta forma, se buscar a orientação normativa em outros dispositivos, em especial aqueles indicados no artigo 27 da lei em questão, quais sejam, o Código de Processo Civil, a Lei 9.099/95 e a Lei 10.259/01.

No que diz respeito à Lei dos Juizados Especiais Federais (Lei 10.259/01), é de se ver que esta não trata acerca da realização das audiências, restando, desta forma, a Lei 9.099/95 e o Código de Processo Civil.

Realizando-se o confronto entre os dois sistemas supracitados, entendo que a Lei 9.099/95 deverá preferir ao Código de Processo Civil, seja pelo fato de se tratar do microssistema dos Juizados Especiais, seja pelo fato de regular a questão de maneira mais informal, simples e célere, o que coaduna com os princípios inerentes aos Juizados Especiais.

Assim, em se aplicando o artigo 20, da Lei 9.099/95, têm-se que a ausência da parte ré às audiências gera, como consequência, a reputação de serem *verdadeiros os fatos alegados no pedido inicial, salvo se o contrário resultar da convicção do Juiz.*

Por sua vez, considerando-se o fato de que os direitos discutidos junto aos Juizados Especiais da Fazenda Pública são disponíveis, conforme já demonstrado anteriormente, não há que se falar na aplicação do artigo 345, II, do Código de Processo Civil, razão pela qual, a ausência da Fazenda Pública às audiências gera a revelia e seus efeitos, presumindo-se a veracidade dos fatos alegados pela parte autora, salvo se o contrário resultar da convicção do Juiz.

CONSIDERAÇÕES FINAIS

Em face do microssistema dos Juizados Especiais, em especial a natureza conciliatória dos direitos ali discutidos, natureza esta que possui amparo constitucional, têm-se que não há que se falar em indisponibilidade dos direitos da Fazenda Pública e, em consequência, em a Fazenda Pública deixando de atender ao mandamento do artigo 9º da Lei 12.153/09, qual seja, *fornecer ao Juizado a documentação de que disponha para o esclarecimento da causa, apresentando-a até a instalação da audiência de conciliação*, deverão ser admitidos como verdadeiros os fatos alegados pela parte autora que se relacionarem aos documentos, salvo se do contexto probatório for obtida outra conclusão.

Da mesma forma, considerando-se o fato de que os direitos discutidos junto aos Juizados Especiais da Fazenda Pública são disponíveis, a ausência da parte ré à audiência de conciliação e/ou instrução e julgamento leva o magistrado a aplicar a revelia e seus efeitos, nos termos do artigo 20, da Lei 9.099/95.

BIBLIOGRAFIA

CÂMARA, Alexandre Freitas. O Novo Processo Civil Brasileiro. 2.ed. São Paulo: Atlas, 2015.

CARDOSO, Oscar Valente. Juizados Especiais da Fazenda Pública (Comentários à Lei 12.153/2009. Dialética, 2015

CHIMENTI, Ricardo Cunha. Juizados Especiais da Fazenda Pública – Comentada artigo por artigo. Saraiva, 2015.

DIDIER JR., Fredie. Curso de direito processual Civil: introdução ao direito processual civil, parte geral e processo de conhecimento. 17 ed. Salvador: Jud Podivm, 2015.

DONIZETTI, Elpídio. Curso Didático de Direito Processual Civil. São Paulo: Atlas, 2016.

FUX, Luiz, NEVES, Daniel Amorim Assumpção. Novo CPC Comparado - Código de Processo Civil Lei 13.105/2015. 3.ed. São Paulo: Método, 2016.

GABLIANO, Pablo Stolze. Novo curso de direito civil, volume 1: parte geral. 17. ed. rev. e atual. São Paulo: Saraiva, 2015.

LOPES, Willian Cláudio. Princípios Norteadores dos Juizados Especiais Cíveis Estaduais e Federais: Uma análise sobre sua efetiva observância. Conteúdo Jurídico, Brasília-DF: 13 jan. 2012. Disponível em ‹http://www.conteudojuridico.com.br/artigo,principios-norteadores-dos-juizados-especiais-civeis--estaduais-e-federais-uma-analise-sobre-sua-efetiva-observ,35509.html›. Acesso em: 07 nov. 2017

MARINONI, Luiz Guilherme. ARENHART, Sérgio Cruz. MITIDIERO, Daniel. Novo Curso de Processo Civil. São Paulo: Revista dos Tribunais, 2016. 3.v.

MARTINS, Ives Gandra da Silva. Ação Civil Pública para defesa de direitos individuais disponíveis e divisíveis - Inadequação do veículo processual - Constitucionalidade de taxas para prestação de serviços públicos específicos e divisíveis da Prefeitura de Taubaté. Disponível em ‹http://http://www.google.com.br/url?sa=t&rct=j&q=&esrc=s&source=web&cd=10&ved=0ahUKEwiiirDi7p7QAhUCS5AKHUtTC_YQFghPMAk&url=http%3A%2F%2Fwww.gandramartins.com%2Fproject%2Fives-gandra%2Fpublic%2Fuploads%2Fimagens_gandra%2Fdoc%2Fparecer%2Fpubli%2F0254-94.doc&usg=AFQjCNGhlpkBgiqc5RpKDpnRCM3gwgZDEg&sig2=cm23YIdTQJiepQTrCsAKzQ›. Acesso em: 07 nov. 2017

ROCHA, Felippe Borring. Manual dos Juizados Especiais Cíveis Estaduais. São Paulo: Atlas, 2014

TARTUCE, Flávio. Manual de Direito Civil: volume único. 2ª ed. São Paulo: Método, 2012.

THEODORO JÚNIOR, Humberto. Curso de direito processual Civil: teoria geral do direito processual civil, processo de conhecimento e procedimento comum. Vol. 1. 56 ed. rev., atual. e ampl. Rio de Janeiro: Forense, 2015.

THEODORO JUNIOR, Humberto, NUNES, Dierle, BAHIA, Alexandre Melo Franco. Novo CPC - Fundamentos e Sistematização. São Paulo: Forense, 2015.

VICENTE, Fernanda Baeta. CORRÊA, Luís Fernando Nigro. Lei dos Juizados Especiais Cíveis Estaduais Comentada. Belo Horizonte: Del Rey, 2007

CAPÍTULO 19

A Execução invertida nos Juizados Especiais Federais

Paulo Mitsuru Shiokawa Neto

INTRODUÇÃO

O presente texto tem como objetivo oferecer ao leitor noções básicas acerca da satisfação das obrigações de pagar pela Fazenda Pública à luz do novo Código de Processo Civil (CPC), aplicado subsidiariamente ao rito dos Juizados Especiais Federais (JEF).

A pesquisa busca delimitar a atividade jurisdicional e os limites do juiz no cumprimento de sentenças em face da Fazenda Pública nos Juizados Especiais Federais, considerando as normas expressas no diploma processual civil e a lacuna da lei nº. 10.259/01.

Instiga-se o leitor a conhecer as normas jurídicas aplicadas ao cumprimento de sentença no CPC e no JEF, aplicando os princípios históricos e ordenadores dessa importante ferramenta procedimental, na busca de efetividade ao processo, com a entrega do bem da vida ao credor de forma isonômica, econômica e célere, como determina a Constituição Federal no artigo 5º, LXXVIII.

1. DA EXECUÇÃO CONTRA A FAZENDA PÚBLICA

De início, considerando os princípios norteadores do Direito Administrativo – indisponibilidade do interesse público e supremacia do interesse público – a Constituição Federal prevê que a satisfação do crédito devido pela Fazenda Pública, segue normativa distinta da cobrança dos créditos entre particulares.

Importante salientar que o Supremo Tribunal Federal já firmou entendimento que tal sistemática não fere o Princípio da Isonomia, esculpido no artigo 5º, *caput*, da Constituição Federal.

Em regra, os bens públicos são impenhoráveis, indisponíveis e inalienáveis (artigo 98 e ss do Código Civil) e não poderiam ser simplesmente expropriados pelas ferramentas disponíveis às partes no Processo Civil comum, com a respectiva penhora, avaliação e alienação judicial. Assim, conferindo eficácia à execução do devedor e sopesando os direitos públicos e privados envolvidos, o legislador constituinte traçou regras para o particular ter seu crédito satisfeito quando a parte executada for a Fazenda Pública.

Reza o artigo 100 da Carta Magna:

> "Art.100. Os pagamentos devidos pelas Fazendas Públicas Federal, Estaduais, Distrital e Municipais, em virtude de sentença judiciária, far-se-ão exclusivamente na ordem cronológica de apresentação dos precatórios e à conta dos créditos respectivos, proibida a designação de casos ou de pessoas nas dotações orçamentárias e nos créditos adicionais abertos para este fim. (Redação dada pela Emenda Constitucional nº 62, de 2009). (Vide Emenda Constitucional nº 62, de 2009)
>
> § 3º O disposto no caput deste artigo relativamente à expedição de precatórios não se aplica aos pagamentos de obrigações definidas em leis como de pequeno valor que as Fazendas referidas devam fazer em virtude de sentença judicial transitada em julgado. (Redação dada pela Emenda Constitucional nº 62, de 2009).
>
> § 4º Para os fins do disposto no § 3º, poderão ser fixados, por leis próprias, valores distintos às entidades de direito público, segundo as diferentes capacidades econômicas, sendo o mínimo igual ao valor do maior benefício do regime geral de previdência social. (Redação dada pela Emenda Constitucional nº 62, de 2009).

Afora as demais regras previstas nos parágrafos do artigo 100, da CF, extrai-se que há duas formas de se receber os créditos devidos pelas Fazendas Públicas, quais sejam: i) Precatórios; ii) Requisição de Pequeno Valor (RPV).

Segundo o Conselho Nacional de Justiça (CNJ): "Precatórios são requisições de pagamento expedidas pelo Judiciário para cobrar de Municípios, Estados ou da União, assim como de autarquias e fundações, o pagamento de valores devidos após condenação judicial definitiva"[1]

Já a RPV, é uma forma de requisição de pagamento, expedida pelo Poder Judiciário, para cobrar os entes públicos pelos pagamentos devidos após a condenação definitiva em pequeno valor.

1. http://www.cnj.jus.br/noticias/cnj/77269-o-que-sao-os-precatorios

Ao que nos interessa, ensina o artigo 17, da lei nº. 10.259/01:

> "Art. 17. Tratando-se de obrigação de pagar quantia certa, após o trânsito em julgado da decisão, o pagamento será efetuado no prazo de sessenta dias, contados da entrega da requisição, por ordem do Juiz, à autoridade citada para a causa, na agência mais próxima da Caixa Econômica Federal ou do Banco do Brasil, independentemente de precatório.
>
> § 1º Para os efeitos do § 3º do art. 100 da Constituição Federal, as obrigações ali definidas como de pequeno valor, a serem pagas independentemente de precatório, terão como limite o mesmo valor estabelecido nesta Lei para a competência do Juizado Especial Federal Cível (art. 3º, caput)."

Portanto, para fins de Juizado Especial Federal, o pagamento de quantia certa que não exceda ao teto de 60 salários mínimos será realizado por meio de Requisição de Pequeno Valor, e não Precatório, salvo quando a parte não renunciar ao crédito que exceder, ainda que no ingresso da ação tenha se observado o disposto no artigo 3º, *caput*, da lei nº. 10.259/01.

A adoção da sistemática de requisição de pequeno valor surgiu com a Emenda Constitucional nº. 30, sob a promessa de trazer celeridade, economicidade e facilidade no acesso ao Poder Judiciário, mitigando as formalidades do precatório, quando o crédito for de pequeno valor.

Na prática, após a condenação da Fazenda Pública Federal - União e autarquias federais - em obrigação de pagar quantia certa transitada em julgado, o juiz expedirá uma Requisição de Pequeno Valor, a qual passará pelo Presidente do Tribunal Regional Federal respectivo, que fará um breve juízo de admissibilidade dos requisitos formais, observando as ordens de preferências, na forma da Resolução nº. 559/2007 do Conselho da Justiça Federal (CJF).

Em suma, ainda que o crédito seja decorrente de condenação nos Juizados Especiais Federais, o devedor deve receber os valores devidos através de Requisição de Pequeno Valor ou Precatório.

2. DO CUMPRIMENTO DE SENTENÇA CONTRA A FAZENDA PÚBLICA

O novo Código de Processo Civil (CPC), prestigiando o sincretismo processual, eliminou o processo autônomo de execução, com a citação da Fazenda Pública para oposição de embargos.

A novel legislação é aplicada desde logo aos processos pendentes (artigo 1.046, CPC), ainda que a propositura da ação e a prolação da sentença tenham sido realizadas sob a égide do CPC/73. Tal desiderato é fruto da Teoria do Isolamento dos Atos Processuais, corolário da garantia prevista no artigo 5º, XXXVI, CF.

Pois bem, segundo dicção do artigo 534, do CPC, o credor não terá que instaurar um novo processo de execução com a citação da Fazenda Pública para embargar, mas sim, deverá requerer o cumprimento de sentença, com a intimação da parte devedora para, se quiser, apresentar sua impugnação.

Caberá ao exequente apresentar o demonstrativo discriminado e atualizado do débito, aplicando os índices de correção monetária e juros ao caso concreto, delineando os termos iniciais e finais, com eventuais descontos obrigatórios.

Novidade no CPC/15 é que foi extinta a liquidação de sentença por meros cálculos aritméticos. Assim, quando a apuração do valor depender apenas de cálculos, o credor promoverá, desde logo, o cumprimento de sentença (artigo 509, § 2º, CPC).

A partir do requerimento, a Fazenda Pública será intimada na pessoa de seu representante judicial, para, querendo, apresentar impugnação (artigo 535, CPC).

Quando o executado optar por impugnar, com base no excesso de execução, deverá declarar de imediato o valor que entende correto, sob pena de não conhecimento da arguição.

Após, resolvida à impugnação, o tramite será o previsto no tópico anterior, ou seja, o juiz expedirá o Precatório ou RPV, encaminhará ao Presidente do Tribunal, que fará a análise das formalidades e determinará ao Poder Público o pagamento do crédito, com observância da ordem cronológica de apresentação.

Não obstante, é facultado ao devedor apresentar os cálculos dos valores que entende devido, na chamada execução invertida - prática procedimental que surgiu no Rio Grande do Sul - que vem sendo adotada pela União e INSS.

Nesse caso, apresentada a planilha de cálculos com o valor que é devido, caso o credor concorde, haverá o pagamento voluntário da obrigação, não incidindo sequer honorários advocatícios da fase de cumprimento de sentença. Vide julgado recente do Superior Tribunal de Justiça:

DIREITO PROCESSUAL CIVIL. DESCABIMENTO DE FIXAÇÃO DE HONORÁRIOS ADVOCATÍCIOS EM EXECUÇÃO INVERTIDA.

Não cabe a condenação da Fazenda Pública em honorários advocatícios no caso em que o credor simplesmente anui com os cálculos apresentados em "execução invertida", ainda que se trate de hipótese de pagamento mediante Requisição de Pequeno Valor (RPV). É certo que o STJ possui entendimento de ser cabível a fixação de verba honorária nas execuções contra a Fazenda Pública, ainda que não embargadas, quando o pagamento da obrigação for feito mediante RPV. Entretanto, a jurisprudência ressalvou que, nos casos de "execução invertida", a apresentação espontânea dos cálculos após o trânsito em julgado do processo de conhecimento, na fase de liquidação, com o reconhecimento da dívida, afasta a condenação em honorários advocatícios. Precedentes citados: AgRg no AREsp 641.596-RS, Segunda Turma, DJe 23/3/2015; e AgRg nos EDcl no AREsp 527.295-RS, Primeira Turma, DJe 13/4/2015. **AgRg no AREsp 630.235-RS, Rel. Min. Sérgio Kukina, julgado em 19/5/2015, DJe 5/6/2015.**

Vale lembrar que nas ações dos Juizados Especiais Federais, em regra, não cabem honorários advocatícios no primeiro grau de jurisdição, conforme mandamento inserto no artigo 55, da lei nº. 9.099/95, aplicado subsidiariamente ao rito da lei nº. 10.259/01.

Assim, com base no CPC/15, cabe ao exequente apresentar os cálculos aritméticos para o cumprimento de sentença, sendo facultada à Fazenda a apresentação da chamada "execução invertida".

3. DO CUMPRIMENTO DE SENTENÇA NOS JUIZADOS ESPECIAIS FEDERAIS

Os Juizados Especiais Federais foram instituídos pela Lei nº. 10.259/01, imprimindo uma nova sistemática processual e procedimental à ordem jurídica, com o intuito de atender aos ditames constitucionais da eficácia e celeridade, especialmente quando as questões são de pequena repercussão econômica.

Com essa lei, os prazos foram reduzidos, a citação e intimação foram simplificadas, o reexame necessário foi eliminado, o cumprimento de sentença deixou de exigir precatório, a Fazenda Pública tem tratamento igualitário em relação aos demais atores do processo, entre outras nuances. Além disso, são plenamente aplicáveis ao microssistema, os princípios da oralidade, simplicidade, informalidade, celeridade e economia processual.

Diferentemente dos Juizados Especiais Estaduais – onde há faculdade para o autor da ação – nos JEF´s, a competência é absoluta (artigo 3º, § 3º, lei nº. 10.259/01). Tal conclusão foi referendada pelo Superior Tribunal de Justiça:

> PROCESSUAL CIVIL. CONFLITO NEGATIVO DE COMPETÊNCIA. JUÍZO FEDERAL COMUM E JUIZADO ESPECIAL FEDERAL. CAUSAS CÍVEIS DE MENOR COMPLEXIDADE. POSSIBILIDADE DE REALIZAÇÃO DE PERÍCIA. COMPETÊNCIA DEFINIDA PELO VALOR DA CAUSA. CONHECIMENTO DO CONFLITO, NO CASO, PARA DECLARAR A COMPETÊNCIA DO JUIZADO ESPECIAL FEDERAL.
>
> 1. De acordo com o disposto no art. 105, I, d, da Constituição Federal, cabe ao Superior Tribunal de Justiça o exame de conflito de competência existente entre Juízo de Juizado Especial Federal e de Vara da Justiça Federal, na medida em que os Juizados Especiais Federais vinculam-se apenas administrativamente ao respectivo Tribunal Regional Federal, enquanto que os seus provimentos jurisdicionais estão sujeitos à revisão da Turma Recursal.
>
> 2. (...). Em se tratando de cobrança inferior a 60 salários mínimos deve-se reconhecer a competência absoluta dos Juizados Federais". No mesmo sentido, a Primeira Seção, ao apreciar o CC 92.612/SC (Rel. Min. Eliana Calmon, DJe de 12.5.2008), fez consignar na ementa do respectivo acórdão: "Diferentemente do que ocorre no âmbito dos Juizados Especiais Estaduais, admite-se, em sede de Juizado Especial Federal, a produção de prova pericial, fato que demonstra a viabilidade de que questões de maior complexidade sejam discutidas nos feitos de que trata a Lei 10.259/01." 4. Conflito conhecido para declarar a competência do Juízo Federal do Juizado Especial.
>
> (CC 96.254/RJ, Rel. Ministra DENISE ARRUDA, PRIMEIRA SEÇÃO, julgado em 10/09/2008, DJe 29/09/2008)

Dito isso, dispõe o artigo 17, da lei nº. 10.259/07:

> Art. 17. Tratando-se de obrigação de pagar quantia certa, após o trânsito em julgado da decisão, o pagamento será efetuado no prazo de sessenta dias, contados da entrega da requisição, por ordem do Juiz, à autoridade citada para a causa, na agência mais próxima da Caixa Econômica Federal ou do Banco do Brasil, independentemente de precatório.
>
> § 1º Para os efeitos do § 3º do art. 100 da Constituição Federal, as obrigações ali definidas como de pequeno valor, a serem pagas independentemente de precatório, terão como limite o mesmo valor estabelecido nesta Lei para a competência do Juizado Especial Federal Cível (art. 3º, caput).
>
> § 2º Desatendida a requisição judicial, o Juiz determinará o seqüestro do numerário suficiente ao cumprimento da decisão.

> § 3º São vedados o fracionamento, repartição ou quebra do valor da execução, de modo que o pagamento se faça, em parte, na forma estabelecida no § 1º deste artigo, e, em parte, mediante expedição do precatório, e a expedição de precatório complementar ou suplementar do valor pago.
>
> § 4º Se o valor da execução ultrapassar o estabelecido no § 1º, o pagamento far-se-á, sempre, por meio do precatório, sendo facultado à parte exeqüente a renúncia ao crédito do valor excedente, para que possa optar pelo pagamento do saldo sem o precatório, da forma lá prevista.

Para concretizar a efetividade e celeridade, exige-se do magistrado a prolação de sentença condenatória definindo a extensão da obrigação, o índice de correção monetária, a taxa de juros, o termo inicial de ambos e a periodicidade da capitalização dos juros, ainda que formulado pedido genérico pelo autor (artigo 491, CPC).

Assim, cabe ao interessado realizar os meros cálculos aritméticos e os apresentar em juízo, requerendo o cumprimento de sentença, sem necessidade de apresentar processo de execução ou requerer a citação da Fazenda Pública.

A Fazenda será intimada para querendo, apresentar impugnação, que seguirá os mesmos moldes do digesto processual ordinário, seguido de decisão judicial enfrentando a irresignação e ocasionalmente determinando a expedição de RPV, também nos ensinamentos da Resolução 263, do CJF.

Ao fim e ao cabo, como se pode ver, o que se aplica ao processo pelo novo CPC, se aplicaria ao rito dos Juizados Especiais Federais.

Ocorre que os Princípios norteadores dos Juizados não se contentam com o disposto no processo civil comum, que só é aplicado subsidiariamente ao microssistema.

Por isso, como veremos a seguir, a "execução invertida" vem ganhando força e adeptos nas causas que envolvam a Fazenda Pública.

4. DA EXECUÇÃO INVERTIDA

Como explicado alhures, a execução invertida é uma modalidade de cumprimento de sentença amplamente aplicada pela União e INSS, com reflexos inclusive nos honorários advocatícios devidos pelo devedor.

Ocorre que, nos Juizados Especiais Federais, em primeiro grau de jurisdição, não há condenação em honorários advocatícios, não trazendo qualquer bônus à Fazenda Pública em antecipar-se no pagamento de seu débito.

Tendo em vista a omissão das Leis nº. 9.099/95 e da lei nº. 10.259/07 alguns questionamentos são pertinentes:

i) A execução invertida pode ser aplicada no âmbito dos Juizados Especiais Federais?

ii) Poderia o juiz, de ofício, determinar ao devedor que apresentasse os cálculos ou seria uma mera faculdade da Fazenda Pública?

iii) Se possível, qual o meio de coerção à disposição do juiz?

Vamos às respostas!

Sendo válida a utilização da execução invertida no procedimento comum – formalista na essência – não há que se negar sua aplicabilidade dos Juizados Especiais Federais, ainda mais quando o próprio devedor buscar se ver livre de eventual cumprimento forçado de sentença.

O problema surge quando a mera faculdade do devedor se transforma em ônus por determinação judicial.

Há entendimento doutrinário que defende sua ilegalidade e inconstitucionalidade, fundamentando que obrigar o devedor a calcular seu débito fere a legalidade, pois cria deveres processuais sem previsão legal e também afronta a separação dos poderes, porque cabe a União legislar sobre direito processual civil.

Por outro lado, majoritariamente, a doutrina e a jurisprudência encampam a tese de que cabe ao juiz aplicar, com discricionariedade moderada, meios eficazes de cumprimento de sentença. Vejamos.

Os grandes litigantes, como no caso do INSS e União, têm grandes estruturas de cálculos aptas a dar efetividade ao dispositivo condenatório da sentença, seja por que eles já têm todos os elementos para este fim, seja por que não se pode exigir da parte hipossuficiente – em regra beneficiários da previdência – cálculos de extrema complexidade, como valor da RMI, aplicação dos juros e correções monetárias mês a mês, descontos de parcelas recebidas administrativamente, atualização dos salários benefícios, entre outros.

Além do conhecimento prévio, os grandes litigantes têm expertise e pronto acesso aos especialistas em cálculos, desfrutando de contadores, economistas, programas e programadores, além do baixo custo de manutenção, *ex vi*, o INSS, autarquia federal que tem setor próprio e prefacialmente enumera e concede benefícios administrativamente, tendo que notoriamente realizar os cálculos para tanto.

Ademais, após toda a condenação em obrigação de pagar, necessariamente a Fazenda Pública faz o cálculo do valor devido para fins de impugnação. Então, qual seria o prejuízo, em apresentar seu cálculo antecipadamente, evitando uma impugnação e procrastinação processual.

Nesse sentido, decidiu o Superior Tribunal de Justiça:

> PROCESSUAL CIVIL. EXECUÇÃO DE SENTENÇA. APRESENTAÇÃO DE ELEMENTOS DE CÁLCULO. ÔNUS DO CREDOR. AÇÕES PREVIDENCIÁRIAS. ARTIGO 604, DO CPC. ALCANCE. DIVERGÊNCIA JURISPRUDENCIAL. SÚMULA 83/STJ. - Ao Juiz da causa, no exercício de seu poder discricionário de direção formal e material do processo, sempre com os olhos elevados em assegurar a eficácia da prestação jurisdicional, é facultado ordenar as providências que assegurem a conjugação da celeridade processual com o fim social contido na legislação previdenciária. - Embora a reforma instituída pela Lei nº 8.898/94 tenha modificado o sistema de liquidação de sentença**, atribuindo ao credor a obrigação de apresentar a memória discriminada do quantum debeatur, é de se reconhecer a validade, nas ações previdenciárias, da decisão que impõe ao INSS** a apresentação dos elementos necessários à elaboração do cálculo. - Estando o acórdão recorrido em consonância com o entendimento proclamado por esta Casa, incide o óbice da Súmula 83 do Superior Tribunal de Justiça ao conhecimento do recurso especial pela divergência. - Recurso especial não conhecido. (STJ, Resp 369240).

No mesmo sentido, o enunciado nº. 129 do FONAJEF: "Nos Juizados Especiais Federais, é possível que o juiz determine que o executado apresente os cálculos de liquidação."

Os princípios dos juizados especiais, em especial, a simplicidade, a economia, a celeridade processual e a informalidade são aptos por si sós a afastarem os rigores dos princípios da legalidade e da separação dos poderes.

No JEF, onde se busca extirpar o formalismo exacerbado, podendo os atos ser praticados inclusive de forma oral (Princípio da Oralidade), não é crível que se exija uma lei formal para regulamentar o procedimento, sendo que sequer há dispositivo específico no CPC/15.

Nesse ínterim, é proporcional e producente determinar que o devedor apresente os cálculos, pois em situação de normalidade, sem a intervenção do Poder Judiciário, seria ele quem calcularia, por exemplo, o valor da RMI de uma aposentadoria e não o beneficiário.

As vantagens não são só endoprocessuais. É correto destacar que, para o Judiciário, diminui-se sensivelmente a quantidade de atos processuais e tempo de processo, além de sua utilização suprir a falta de servidor habilitado na contadoria dos juízos para a realização dos cálculos.

Segundo pesquisa do Instituto Innovare (2012), a execução invertida reduz em quase 18 meses o tramite dos feitos.[2]

Apesar disso, a Advocacia Geral da União ingressou com ação de descumprimento de preceito fundamental (ADPF 219) que até o fechamento desta edição não havia julgamento definitivo. Porém, o relator Ministro Marco Aurélio asseverou:

> "os Juizados Especiais Federais (JEFs) foram criados com o objetivo de ampliar o acesso à Justiça e desburocratizar o processo, reduzindo os custos da litigância e o tempo de entrega da prestação jurisdicional. Entre os princípios que regem o microssistema processual dos JEFs, constantes das Leis 9.099/95 e 10.259/01, estão os da simplicidade, da economia processual e da celeridade. (...) A regra geral a ser observada nas execuções cíveis é a de que a iniciativa é do credor, a quem cabe instruir a execução com os cálculos da obrigação materializada no título judicial. Apesar disso, não há vedação legal a que seja exigida a colaboração do executado, principalmente quando se trata de ente da administração pública federal. (...) o Poder Público possui servidores altamente especializados, enquanto o particular, às vezes, nem de advogado dispõe. (...) mesmo que o cálculo seja efetuado por perito judicial, a administração fazendária também terá que fazê-lo, para confirmar sua exatidão. Assim, haverá duplo custo para o Erário."[3]

Com o voto elucidativo do Ministro, o julgamento foi suspenso pelo pedido de vista do Ministro Luiz Fux em 23/06/2016.

Em relação ao último questionamento, uma vez reconhecida à possibilidade de o magistrado determinar a apresentação dos cálculos, todos os meios coercitivos aptos ao cumprimento do mandamento são aplicáveis, inclusive os previstos no artigo 536, § 1º, CPC.

---

2. http://www.premioinnovare.com.br/proposta/implantacao-da-execucao-invertida-nas-acoes-contra-a-fazenda-publica/print

3. http://www.stf.jus.br/portal/cms/verNoticiaDetalhe.asp?idConteudo=319643

5. CONCLUSÃO

A execução invertida é tema que merece estudo acurado por parte das instituições e atores do processo civil, especialmente os atuantes no âmbito dos Juizados Especiais Federais.

A coordenação e colaboração entre as partes (artigo 6º, CPC) é norma fundamental na teoria do processo e tendo o grande litigante expertise e estrutura para apresentar os cálculos, sem qualquer ônus desproporcional, deve fazê-lo em nome da boa-fé processual.

O processo há muito tempo deixou de ser formalista, centralizado e estanque, dando espaço a intercomunicação e alteração de ritos e procedimentos, tão evidentes no processo civil constitucional, especialmente no microssistema dos Juizados Especiais, onde prevalece a simplicidade, economia e celeridade.

Cabe ao juiz, mas também aos litigantes do processo, a concretização do excerto esculpido no artigo 5º, LXXVIII, nos exatos moldes da eficácia horizontal dos direitos fundamentais. O Estado, como litigante em massa, deve demonstrar uma atuação ainda mais concretizadora da norma constitucional, não só visando o interesse público secundário, como também contribuindo para uma Justiça mais célere aos cidadãos.

6. REFERÊNCIAS BIBLIOGRÁFICAS

BONAVIDES, Paulo. Curso de Direito Constitucional. 7 ed. São Paulo: Malheiros, 1997.

CANOTILHO, J.J.G. Direito Constitucional e teoria da Constituição, 6. Ed. Coimbra: Almedina, 1993.

NEVES, Daniel Amorim Assumpção. Manual de Direito Processual Civil, 10. Ed. Salvador: Ed. JusPodivm, 2018.

SANTOS, Marisa Ferreira dos. Direito Previdenciário Esquematizado, 7. Ed. São Paulo: Saraiva, 2017.

CAPÍTULO 20

O Ministério Público nos Juizados Especiais da Fazenda Pública

Robson Renault Godinho

SUMÁRIO: 1. OS JUIZADOS ESPECIAIS DA FAZENDA PÚBLICA E DESVIOS PROCEDIMENTAIS; 2. A INTERVENÇÃO DO MINISTÉRIO PÚBLICO NOS JUIZADOS ESPECIAIS DA FAZENDA PÚBLICA; 2.1. O MINISTÉRIO PÚBLICO COMO FISCAL DA ORDEM JURÍDICA: GENERALIDADES; 2.2. ESPECIFICAMENTE O FISCAL DA ORDEM JURÍDICA NOS JUIZADOS ESPECIAIS DA FAZENDA PÚBLICA; 2.3. O MINISTÉRIO PÚBLICO COMO AUTOR; 3. CONSEQUÊNCIAS PROCEDIMENTAIS; 4. SÍNTESE

1. OS JUIZADOS ESPECIAIS DA FAZENDA PÚBLICA E DESVIOS PROCEDIMENTAIS

Os Juizados Especiais da Fazenda Pública mais se prestam a uma política de gestão de processos do que efetivamente ao acesso do jurisdicionado a um procedimento especial que, sem dispensar as garantias fundamentais do processo, seja capaz de lhe proporcionar efetiva tutela de direitos.

Com efeito, na medida em que se trata de competência absoluta, a menor ou maior amplitude dos casos submetidos aos Juizados Especiais da Fazenda Pública podem ensejar significativos impactos nos acervos reconhecidamente assoberbados dos Juízos com competência em matéria fazendária.

Essa ilação decorre de duas questões específicas e que, além do impacto em si no alargamento de casos sujeitos à competência absoluta dos Juizados Especiais da Fazenda Pública, faz com que o tema da atuação do Ministério Público receba enfoque diverso da indiferença com que vem sendo tratada na doutrina: 1) a admissão de pessoas incapazes como legitimados ativos nos Juizados da Fazenda Pública[1]; 2) a competência dos Juizados especiais da

1. "Processual civil. Recurso especial. Ação de indenização por dano moral. Juizado Especial da Fazenda Pública. Menor incapaz. Legitimidade ativa. Interpretação do artigo 5º da lei 12.153/2009. Inaplicabilidade subsidiária do art. 8º da lei 9.099/1995. 1. A controvérsia gira em torno da possibilidade de menor incapaz demandar como autor em causa que tramita no Juizado Especial da Fazenda Pública, tendo em vista que o artigo 27 da Lei 12.153/2009, que regula aqueles juizados, determina a aplicação subsidiária da Lei 9.099/95, a qual expressamente proíbe a atuação do incapaz no âmbito dos Juizados Especiais Cíveis. 2. A Lei dos Juizados Especiais da Fazenda Pública, ao tratar da legitimidade ativa das demandas que lhe são

Fazenda Pública para o julgamento de causas envolvendo o fornecimento de medicamentos e de tratamentos variados de saúde[2], independentemente do valor da causa[477].

---

submetidas (art. 5º), faz alusão, tão somente, às pessoas físicas, não fazendo restrição quanto aos incapazes, nem mesmo por ocasião das disposições acerca das causas que excepcionam a sua competência (art. 2º). 3. Tendo havido regulação clara e suficiente acerca do tema na Lei 12.153/2009, não há o que se falar em omissão normativa a ensejar a incidência do art. 8º da Lei 9.099/95, visto ser este dispositivo legal de cunho subsidiário e que conflita com aquele regramento específico do Juizado Fazendário. 4. Assim, não há razões para se alterar o entendimento externado no acórdão de origem, corroborado, inclusive, pelo Ministério Público Federal, porquanto, não havendo óbice legal, apresenta-se viável a participação de menor, devidamente representado, no polo ativo de demanda ajuizada no Juizado Especial da Fazenda Pública. 5. Recurso especial não provido" (REsp 1372034/RO, Rel. Ministro Benedito Gonçalves, Primeira Turma, julgado em 14/11/2017, DJe 21/11/2017).

2. É difícil conciliar a desejada simplicidade procedimental dos Juizados com a complexidade das ações envolvendo o direito à saúde, com a multiplicação das demandas envolvendo o fornecimento de medicamentos, motivadas por razões tão variadas quanto complexas, evidenciando a quebra de isonomia com os demais administrados, bem como o ensejando impacto político-financeiro em área sensível e escassa, o que vem motivando novos debates sobre o tema, como cristalizado em recente julgado do STJ, fixando-se a seguinte tese: "A concessão dos medicamentos não incorporados em atos normativos do SUS exige a presença cumulativa dos seguintes requisitos: (i) Comprovação, por meio de laudo médico fundamentado e circunstanciado expedido por médico que assiste o paciente, da imprescindibilidade ou necessidade do medicamento, assim como da ineficácia, para o tratamento da moléstia, dos fármacos fornecidos pelo SUS; (ii) incapacidade financeira de arcar com o custo do medicamento prescrito; (iii) existência de registro na ANVISA do medicamento. 5. Recurso especial do Estado do Rio de Janeiro não provido. Acórdão submetido à sistemática do art. 1.036 do CPC/2015" (REsp 1657156/RJ, Rel. Ministro Benedito Gonçalves, Primeira Seção, julgado em 25/04/2018, DJe 04/05/2018). Já no Supremo Tribunal Federal, ainda não foram concluídos os julgamentos dos recursos que foram afetados para fixação de tese (Recursos Extraordinários 566.471 e 657.718), mas há sinalizações nos votos já proferidos: Min. Marco Aurélio: "o reconhecimento do direito individual ao fornecimento, pelo Estado, de medicamento de alto custo, não incluído em política nacional de medicamentos ou em programa de medicamentos de dispensação em caráter excepcional, constante de rol dos aprovados, depende da demonstração da imprescindibilidade – adequação e necessidade –, da impossibilidade de substituição, da incapacidade financeira do enfermo e da falta de espontaneidade dos membros da família solidária em custeá-lo, respeitadas as disposições sobre alimentos dos artigos 1.649 a 1.710 do Código Civil e assegurado o direito de regresso". Min. Roberto Barroso: "O Estado não pode ser obrigado por decisão judicial a fornecer medicamento não incorporado pelo SUS, independentemente de custo, salvo hipóteses excepcionais, em que preenchidos cinco requisitos: (i) a incapacidade financeira do requerente para arcar com o custo correspondente; (ii) a demonstração de que a não incorporação do medicamento não resultou de decisão expressa dos órgãos competentes; (iii) a inexistência de substituto terapêutico incorporado pelo SUS; (iv) a comprovação de eficácia do medicamento pleiteado à luz da medicina baseada em evidências; e (v) a propositura da demanda necessariamente em face da União, que é a entidade estatal competente para a incorporação de novos medicamentos ao sistema. Ademais, deve-se observar um parâmetro procedimental: a realização de diálogo interinstitucional entre o Poder Judiciário e entes ou pessoas com expertise técnica na área da saúde tanto para aferir a presença dos requisitos de dispensação do medicamento, quanto, no caso de deferimento judicial do fármaco, para determinar que os órgãos competentes avaliem a possibilidade de sua incorporação no âmbito do SUS". Min. Edson Fachin: "Há direito subjetivo às políticas públicas de assistência à saúde, configurando-se violação a direito individual líquido e certo a sua omissão ou falha na prestação, quando injustificada a demora em sua implementação. As tutelas de implementação (condenatórias) de dispensa de medicamento ou tratamento ainda não incorporado à rede pública devem ser – preferencialmente – pleiteadas em ações coletivas ou coletivizáveis, de forma a se conferir máxima eficácia ao comando de universalidade que rege o direito à saúde. A tutela prestacional individual não coletivizável deve ser

Essas duas situações revelam muito mais do que apenas uma singela acomodação de um microssistema a questões práticas que se impuseram ao desenho normativo originalmente pensado pelo legislador. Na realidade, a discussão passa necessariamente por uma consciente apropriação pelos Tribunais de uma disciplina de política judiciária a partir da manipulação casuística de soluções procedimentais, que não raro caminham contra a facilitação do acesso à justiça e à celeridade dos julgamentos[4]. É interessante

---

excepcional; para a respectiva implementação devem concorrer ampla produção probatória, em que se demonstre que a opção diversa (à disponibilizada pela rede pública) destinada ao paciente decorre de comprovada ineficácia ou impropriedade da política de saúde existente para o seu caso e que, de outro lado, haja medicamento ou tratamento eficaz e seguro, com base nos critérios da MBE (Medicina Baseada em Evidências). Para aferir tais circunstâncias na via judicial são propostos os seguintes parâmetros: 1. Prévio requerimento administrativo, que pode ser suprido pela oitiva de ofício do agente público por parte do julgador; 2. Subscrição realizada por médico da rede pública ou a justificada impossibilidade; 3. Indicação do medicamento por meio da Denominação Comum Brasileira ou DCI - Internacional; 4. Justificativa da inadequação ou da inexistência de medicamento ou tratamento dispensado na rede pública; 5. E ainda laudo ou formulário ou documento subscrito pelo médico responsável pela prescrição, em que indique a necessidade do tratamento, seus efeitos, e os estudos da Medicina Baseada em Evidências, além das vantagens para o paciente, comparando-o, se houver, com eventuais fármacos ou tratamentos fornecidos pelo SUS para a mesma moléstia" (trechos obtidos a partir dos votos divulgados na íntegra em https://www.conjur.com.br/2016-set-28/pedido-vista-suspende-julgamento-obrigacao-fornecer-remedio). ALVES, Francisco Glauber Pessoa. Ações de saúde contra o Poder Público: ensaio de um roteiro decisório. Revista de Processo nº259. São Paulo: RT, setembro de 2016.

3. Nesse sentido, o seguinte enunciado publicado do Aviso Conjunto TJRJ/COJES N. 12/ 2017: "16. Tendo em vista tratar se de obrigação de fazer sem conteúdo econômico imediato os Juizados Especiais da Fazenda Pública são absolutamente competentes para apreciar as demandas que tenham por objeto o fornecimento de insumos e remédios, assim como a prestação de assistência hospitalar" (todos os enunciados sobre os Juizados no âmbito do Estado do Rio de Janeiro estão neste endereço eletrônico: *www.tjrj.jus.br/documents/10136/30422/juizados-especiais.pdf*). Registre-se que, considerar que tais pretensões não possuem interesse econômico imediato e essa seria a nota caracterizadora do teto econômico estabelecido em lei para a competência dos Juizados, afigura-se como um contorcionismo hermenêutico que só pode encontrar explicação na utilização de tais órgãos jurisdicionais como meras engrenagens de administração provisória do acervo cartorário. Como a competência dos Juizados Especiais da Fazenda Pública é absoluta, simplesmente esse entendimento do TJRJ faz com que todas as causas individuais envolvendo o tema - e são dezenas *por dia* - não mais tramitem no Juízo comum, o que significa dizer, entre outras coisas, que tais causas podem ser conduzidas por juízes leigos e jamais chegarão ao Tribunal de Justiça, com todas as limitações procedimentais inerentes ao procedimento dos Juizados, incluindo a dificuldade para que a causa chegue aos Tribunais Superiores.

4. Como desdobramento desse panorama, há situações, por exemplo, em que o processo, como se fosse um objeto incômodo, é extinto precipitadamente, sem um adequado exame da situação concreta. Esse comportamento pode decorrer de vários fatores, como o despreparo técnico, a desatenção, a concentração na produção estatística da vara judicial - cuja preocupação com a produtividade cinge-se à quantidade de sentenças sem se preocupar com a qualidade da prestação jurisdicional -, a busca de artifício para o não enfrentamento do mérito e o comodismo, frustrando a finalidade do processo e negando o acesso à tutela jurisdicional, ainda que, por vezes, uma boa resposta jurisdicional a casos simbólicos passe a impressão de uma preocupação efetiva com a tutela dos direitos. Nesse sentido: *"Num Estado em geral opaco ou pouco transparente, um deficiente desempenho instrumental dos tribunais pode não afetar a sua eficácia simbólica, sobretudo se alguns casos exemplares de bom desempenho instrumental forem alimentando a comunicação social e, se o fizerem de molde a que a visibilidade dos tribunais fique reduzida a essas*

notar que, quando o discurso deve ser elaborado para afastar a aplicação de regras ou institutos que podem tornar mais complexa a atividade judicante, a aplicação ortodoxa dos "princípios que regem os Juizados" são utilizados com desconcertante naturalidade, mesmo que seja para violar as básicas garantias do contraditório efetivo e da fundamentação das decisões, apenas para ficarmos em dois eloquentes exemplos.

Os Juizados Especiais da Fazenda Pública tornaram-se campo propício para uma flexibilização do discurso travestido de flexibilização procedimental, quando interessante para administração judiciária, assim como a adaptação discursiva se presta a um engessamento do procedimento, desde que para evitar a aplicação de institutos que soam incômodos, configurando, assim, uma utilização cambiante e casuística de figuras retóricas como interpretação sistemática, princípios que regem os Juizados, aplicação subsidiária[5] do Código de Processo Civil etc[6]. Apenas para exemplificar uma vez mais: o

---

zonas de atenção pública" (Sousa Santos, Leitão Marques, João Pedroso e Lopes Ferreira: *Os Tribunais nas Sociedades Contemporâneas: o caso português*. 2ª ed. Porto: Afrontamento, 1996, p. 56). Sobre a preocupação com a produtividade estatística do Judiciário, uma advertência se faz necessária nesse particular: os dados estatísticos são fundamentais para o estudo de qualquer ciência e toda iniciativa desse jaez deve ser celebrada e incentivada, especialmente porque o campo jurídico não é muito amigo de dados objetivos. Entretanto, há uma faceta do estabelecimento de controle estatístico que é seriamente preocupante e toca de perto o objeto deste trabalho: há uma espécie de pressão perversa que pode ser impingida aos magistrados, aproximando-se a bem intencionada iniciativa de uma espécie de ditadura numérica. A partir do momento em que se exige um certo número de prolação de sentenças por mês de um juiz, em que a produtividade é o fim principal da atividade jurisdicional, apenas com os olhos voltados para um programa de *"quantidade total"*, sem preocupações qualitativas, efeitos danosos podem ser produzidos, como o descaso com a instrução do processo pela pressa de produzir sentenças e, inclusive, evitando-se a "difícil" tarefa de se julgar o mérito, buscando artifícios formais para tornar inadmissível a tutela jurisdicional.

5. Cf. NÓBREGA, Rafael Estrela. O novo Código de Processo Civil e os Juizados Especiais Cíveis: aplicação subsidiária, supletiva e diálogo das fontes. *Revista de Processo, nº 271*. São Paulo: RT, setembro de 2017. Enunciado nº 2 da 1ª Jornada de Direito Processual Civil do Conselho da Justiça Federal: "As disposições do CPC aplicam-se supletiva e subsidiariamente às Leis n. 9.099/1995, 10.259/2001 e 12.153/2009, desde que não sejam incompatíveis com as regras e princípios dessas Leis". É conhecida a controvérsia envolvendo a forma de contagem de prazos nos Juizados. De acordo com o enunciado nº 19 da 1ª Jornada de Direito Processual Civil do Conselho da Justiça Federal, "o prazo em dias úteis previsto no art. 219 do CPC aplica-se também aos procedimentos regidos pelas Leis n. 9.099/1995, 10.259/2001 e 12.153/2009". No mesmo sentido o enunciado nº 415 do Fórum Permanente dos Processualistas Civis: Os prazos processuais no sistema dos Juizados Especiais são contados em dias úteis". Já o enunciado nº 13 do FONAJE, especificamente em referência à Fazenda Pública, é em outro sentido: "a contagem dos prazos processuais nos Juizados da Fazenda Pública será feita de forma contínua, observando-se, inclusive, a regra especial de que não há prazo diferenciado para a Fazenda Pública". A Turma de Uniformização de Jurisprudência dos Juizados Especiais Cíveis de São Paulo decidiu no mesmo sentido: Processo nº **0000002-60.2017.8.26.9059, julgado em 1º de junho de 2018.**

6. A utilização de miscelânea de princípios invocados para coonestar os mais diversos atos vem se tornando uma prática comum na jurisprudência e na doutrina brasileiras, como se, por meio de palavras mágicas, as portas da tutela jurisdicional se abrissem para o lado que declamasse mais princípios, quase recriando

argumento básico para admitir o incapaz como legitimado ativo é a ausência de vedação expressa da lei dos Juizados especiais da Fazenda Pública[7]; ao mesmo tempo, não se permite que se observem as regras que concretizam o contraditório[8], sob o argumento de que não há esse comando expresso[9] e também que há incompatibilidade com os princípios que regem os Juizados Especiais (desconsiderando-se, no caso, a origem constitucional da garantia,

---

a clássica sentença literária, que agora seria algo como "se os princípios existem, então tudo é permitido", com a finalidade de conferir autoridade retórica ao argumento. Sobre o tema, vale conferira crítica abordagem de Marcelo Neves em sua recente tese: *Entre Hidra e Hércules: princípios e regras constitucionais*. São Paulo: Martins Fontes, 2013: "a invocação aos princípios (morais e jurídicos) apresentava-se como panaceia para solucionar todos os males da nossa prática jurídica e constitucional. Por outro, a retórica principialista servia ao afastamento de regras claras e completas, para encobrir decisões orientadas À satisfação de interesses particularistas. Assim, tanto os advogados idealistas quanto os astutamente estratégicos souberam utilizar-se exitosamente da pompa dos princípios e da ponderação, cuja trivialização emprestava a qualquer tese, mesmo as mais absurdas, um tom de respeitabilidade" (pp. IX/X), acrescentando que vive-se um "contexto em que o principialismo tem um enorme significado e, ao provocar certo fascínio, estimula, em geral, abusos de princípio mediante argumentações *ad hoc*, comprometidas imediatamente com os particularismos a que elas tendem a encobrir sob o manto retórico da justiça inerente aos princípios invocados " (p. 220). Registre-se que essa distorção no manuseio da teoria dos princípios não se confunde com uma inadequada compreensão do "neoconstitucionalismo". Sobre o tema há ampla bibliografia, mas é fundamental a leitura de um específico trabalho de Humberto Ávila, onde se encontram outras referências: Neoconstitucionalismo": entre a "ciência do direito" e o "direito da ciência". *Revista Eletrônica de Direito do Estado*, n. 17, jan., fev. e mar./2009, disponível em www.direitodoestado.com. Na teoria processual, confira-se DIDIER JR. *Sobre a Teoria Geral do Processo, essa Desconhecida*. Salvador: JusPodivm, 2012, capítulo 3.

7. Existem algumas peculiaridades na lei dos Juizados Especiais da Fazenda Pública em relação às demais leis de Juizados Especiais e as soluções variam bastante, como já apontado, com a lacuna normativa servindo para permitir ou proibir determinada aplicação normativa, caracterizando, assim, a utilização elástica da hermenêutica para fins de administração dos serviços jurisdicionais. Um exemplo interessante de aplicação do CPC diante da ausência de regra expressa nos Juizados Especiais da Fazenda Pública está na possibilidade de se remeter o processo para o juízo competente, evitando sua extinção. Cf., sobre o ponto, Incompetência não deve extinguir. GAJARDONI, Fernando da Fonseca. GOMES JUNIOR, Luiz Manoel. Breves anotações sobre a competência nos Juizados da Fazenda Pública: a função social do Sistema dos Juizados. *Revista de Processo, nº 273*. São Paulo: RT, novembro de 2017, p. 329. Também a questão da capacidade postulatória da parte não é regulada nos Juizados Especiais da Fazenda Pública. No sentido da possibilidade de a parte comparecer sem assistência técnica em Juízo, com base no sistema dos Juizados Especiais: WAMBIER, Luiz Rodrigues. TALAMINI, Eduardo. *Curso Avançado de Processo Civil*. 16ª ed. São Paulo: RT, 2018, p. 405. Vol. 4. CUNHA, Leonardo Carneiro da. *A Fazenda Pública em Juízo*. 15ª ed. Rio de Janeiro: Forense, 2018, p. 895. RODRIGUES, Marco Antonio. *A Fazenda Pública no Processo Civil*. São Paulo: Atlas, 2015, p. 347. Já sobre a compatibildiade dos Juizados Especiais com o instituto do Incidente de Resolução de Demandas Repetitivas, síntese da discussão em TEMER, Sofia. *Incidente de Resoluçãod e Demandas Repetitivas*. 3ª ed. Salvador: JusPodivm, 2018, p. 123/127.

8. Sobre o contraditório e prova pericial nos Juizados Especiais Federais e da Fazenda Pública: CÂMARA, Alexandre Freitas. *Juizados Especiais Cíveis Estaduais, Federais e da Fazenda Pública: uma abordagem crítica*. 7ª ed. Rio de Janeiro: Lumen Juris, 2012, p. 236/237.

9. Enunciado FONAJE nº 161: "Considerado o princípio da especialidade, o CPC/2015 somente terá aplicação ao Sistema dos Juizados Especiais nos casos de expressa e específica remissão ou na hipótese de compatibilidade com os critérios previstos no art. 2º da Lei 9.099/95".

evidentemente), ou, ainda, não permitindo a realização de prova pericial[10] mesmo havendo autorização legal[11]. Já para não aplicar a norma sobre fundamentação da sentença, argumenta-se que há regra expressa[12], como se não fosse constitucional essa garantia.

2. A INTERVENÇÃO DO MINISTÉRIO PÚBLICO NOS JUIZADOS ESPECIAIS DA FAZENDA PÚBLICA

Entre tantas possibilidades de discussão decorrentes do afirmado nos parágrafos anteriores, o presente trabalho se limita a analisar o impacto procedimental decorrente da atuação do Ministério Público nos Juizados Especiais da Fazenda Pública, especialmente – mas não apenas – em razão daquelas duas situações antes assinaladas: incapaz como legitimado ativo e competência para julgamento de causas envolvendo o direito à saúde.

Em razão de não ser necessária a intervenção do Ministério Público no processo apenas em virtude da presença da Fazenda Pública – o que já era bem desenvolvido pela doutrina e jurisprudência e que agora está expresso

---

10. Nesse sentido, os seguintes enunciados do Aviso Conjunto TJRJ/COJES N. 12/ 2017 "12. Inadmissível em sede de Juizado Especial Fazendário o pedido de reajuste da parcela de produtividade fiscal devida ao Auditor Fiscal da Receita do Estado diante da necessidade de realização de perícia contábil, situação que se contrapõe aos princípios da simplicidade, celeridade e à regra do parágrafo único, do artigo 38, da Lei 9.099/95, incidente nos Juizados Fazendários por força do artigo 27 da Lei n. 12.153/09"; "19. Não cabe pedido de internação compulsória em sede de Juizados da Fazenda Pública diante da necessidade de realização de perícia médica e psicológica, situação que se contrapõe aos princípios da simplicidade, celeridade e à regra do parágrafo único, do artigo 38, da Lei 9.099/95, incidente nos Juizados Fazendários por força do artigo 27 da Lei n. 12.153/09" (todos os enunciados sobre os Juizados no âmbito do Estado do Rio de Janeiro estão neste endereço eletrônico: *www.tjrj.jus.br/documents/10136/30422/juizados-especiais.pdf*).

11. "Processual civil. Ação proposta contra o estado do rio de janeiro. Juizado especial da fazenda pública. Artigo 2º da lei 12.153/2009. Necessidade de prova pericial complexa. Valor da causa inferior a 60 salários mínimos. Competência absoluta. 1. O art. 2º da Lei 12.153/2009 possui dois parâmetros – valor e matéria – para que uma ação possa ser considerada de menor complexidade e, consequentemente, sujeita à competência do Juizado Especial da Fazenda Pública. 2. A necessidade de produção de prova pericial complexa não influi na definição da competência dos juizados especiais da Fazenda Pública. Precedente: REsp 1.205.956/SC, Rel. Ministro Castro Meira, Segunda Turma, DJe 01.12.2010; AgRg na Rcl 2.939/SC, Rel. Ministro Hamilton Carvalhido, Primeira Seção, DJe 18.09.2009; RMS 29.163/RJ, Rel. Ministro João Otávio de Noronha, Quarta Turma, DJe 28.04.2010. 3. Agravo Regimental não provido"

    (AgRg no AREsp 753.444/RJ, Rel. Ministro Herman Benjamin, Segunda Turma, julgado em 13/10/2015, DJe 18/11/2015).

12. Enunciado FONAJE nº 162: "Não se aplica ao Sistema dos Juizados Especiais a regra do art. 489 do CPC/2015 diante da expressa previsão contida no art. 38, caput, da Lei 9.099/95". Sobre o tema: SCHMITZ Leonard Ziesemer. Confirmar a sentença por seus "próprios fundamentos" não é motivar: A influência normativa do art. 489, § 1º, do CPC/15 sobre o art. 46 da Lei 9.099/95. *Juizados Especiais*. Redondo; Santos; Silva; Valladares (coord.). Salvador: JusPodivm, 2015.

no art. 178, parágrafo único, CPC -, a lei 12.153/2009 não traz regra expressa prevendo sua atuação como fiscal da ordem jurídica, talvez pressupondo, equivocadamente, que o limite do valor da causa dispensasse esse tipo de atuação. Entretanto, além de os Juizados da Fazenda Pública não se limitarem a causas patrimoniais de menor valor, o fato é que, com a participação de incapazes ou a possibilidade de se discutirem causas relacionadas à prestação de serviços de saúde, torna-se inexorável a atuação do Ministério Público em processos que veiculem as hipóteses previstas no art. 127 da Constituição da República e no art. 178, I, II e III, do CPC.

Antes, porém, de examinarmos essa atuação específica, convém tecer algumas considerações genéricas sobre a atuação do Ministério Público como fiscal da ordem jurídica.

2.1. O Ministério Público como fiscal da ordem jurídica: generalidades

O Ministério Público, mesmo após a Constituição de 1988, ainda não é percebido como um personagem multifacetado no processo civil, com toda uma nova dimensão jurídica advinda de diversos textos normativos e da própria prática institucional. Anotávamos em trabalhos anteriores[13] que há certo silêncio da doutrina, que, em linhas gerais, persiste na análise do Ministério Público apenas na tradicional função de *custos legis* ou, na linguagem do novo CPC, fiscal da ordem jurídica[14], salvo quando se abordam questões envolvendo a legitimidade para ações coletivas. Se houve evidente modificação do Ministério Público[15], com necessárias repercussões processuais, a manutenção

---

13. GODINHO, Robson Renault. *A Proteção Processual dos Direitos dos Idosos.* 2ª ed. Rio de Janeiro: Lumen Juris, 2010. DIDIER, JR., Fredie. GODINHO, Robson Renault. Questões atuais sobre as posições do Ministério Público no novo CPC. *Ministério Público.* Robson Renault Godinho; Susana Henriques da Costa (coord.). 2ª ed. Salvador: JusPodivm, 2017. GODINHO, Robson Renault. O Ministério Público no novo Código de Processo Civil: alguns tópicos. *Ministério Público.* Robson Renault Godinho; Susana Henriques da Costa (coord.). 2ª ed. Salvador: JusPodivm, 2017.

14. ESTELLITA, Guilherme. *O Ministério Público e o Processo Civil.* Rio de Janeiro: Freitas Bastos, 1956. CAMPOS, Benedicto de. *O Ministério Público e o Novo Código de Processo Civil.* São Paulo: RT, 1976. LOPES, José Fernando da Silva. *O Ministério Público e o Processo Civil.* São Paulo: Saraiva, 1976. MACHADO, Antônio Cláudio da Costa. *A Intervenção do Ministério Público no Processo Civil Brasileiro.* 2ª ed. São Paulo: Saraiva, 1998. ZENKNER, Marcelo. *Ministério Público e Efetividade do Processo Civil.* São Paulo: RT, 2006. LIMA, Fernando Antônio Negreiros. *A Intervenção do Ministério Público no Processo Civil Brasileiro como* Custos Legis. São Paulo: Método, 2007. MOREIRA, Jairo Cruz. *A Intervenção do Ministério Público no Processo Civil à Luz da Constituição.* Belo Horizonte: Del Rey, 2009.

15. Para a formação histórica geral do Ministério Público e/ou para notícias de direito comparado, vale conferir os seguintes estudos, que também trazem outras referências bibliográficas sobre o tema: GARCIA, Emerson. *Ministério Público - organização, atribuições e regime jurídico.* 4ª ed. São Paulo: Saraiva, 2014.

de uma interpretação "retrospectiva" é incompatível com uma realidade que, se não é exatamente nova, exige um tratamento condizente com tais transformações. Barbosa Moreira chegou a afirmar que o silêncio da Instituição no processo civil teria sido interrompido exatamente em razão do processo coletivo, que ensejou a "revitalização do Ministério Público, arrancado à relativa quietude em que usualmente o mantinham, no tocante ao processo

---

MAZZILLI, Hugo Nigro. *Regime Jurídico do Ministério Público.* 7ª ed. São Paulo: Saraiva, 2013. CARNEIRO, Paulo Cezar Pinheiro. *O Ministério Público no Processo Civil e Penal – Promotor natural, atribuição e conflito.* 6ª ed. Rio de Janeiro: Forense, 2001. LYRA, Roberto. *Teoria e Prática da Promotoria Pública.* Reimpressão. Porto Alegre: Sergio Antonio Fabris, 2001. DIAS, Mario. *Ministério Público Brasileiro* (dois volumes). 2ª ed. Rio de Janeiro: José Konfino, 1955. RITT, Eduardo. *O Ministério Público como Instrumento de Democracia e garantia constitucional.* Porto Alegre: Livraria do Advogado, 2002. SAUWEN FILHO, João Francisco. *Ministério Público Brasileiro e o Estado Democrático de Direito.* Rio de Janeiro: Renovar, 1999. PAES, José Eduardo Sabo. *O Ministério Público na Construção do Estado Democrático de Direito.* Brasília: Brasília Jurídica, 2003. RIBEIRO, Diaulas Costa. *Ministério Público – Dimensão Constitucional e Repercussão no Processo Penal.* São Paulo: Saraiva, 2003. NERY, Rosa Maria de Andrade. Notas sobre a justiça e o Ministério Público no direito da Alemanha ocidental. *Revista de Processo, n° 47.* São Paulo: RT, julho/ setembro de 1987. VIGLIAR, José Marcelo Menezes. A participação do Ministério Público no processo civil. *Ministério Público – instituição e processo.* Antonio Augusto Mello de Camargo Ferraz (coord.). São Paulo: Atlas, 1997. PROENÇA, Luis Roberto. Participação do Ministério Público no processo civil nos Estados Unidos da América. *Ministério Público – instituição e processo.* Antonio Augusto Mello de Camargo Ferraz (coord.). São Paulo: Atlas, 1997. FERRAZ, Antonio Augusto Mello de Camargo. Anotações sobre os Ministérios Públicos brasileiro e americano. *Ministério Público e Afirmação da Cidadania.* São Paulo: s/ ed., 1997. COSTA, Eduardo Maia. Ministério Público em Portugal. *Ministério Público II – democracia.* José Marcelo Menezes Vigliar e Ronaldo Porto Macedo Júnior (coord). São Paulo: Atlas, 1999. SALLES, Carlos Alberto de. *A Legitimação do Ministério Público para Defesa de Direitos e Garantias Constitucionais.* Dissertação de mestrado. USP. 1992. SALLES, Carlos Alberto de. Entre a razão e a utopia: a formação histórica do Ministério Público. *Ministério Público II – democracia.* José Marcelo Menezes Vigliar e Ronaldo Porto Macedo Júnior (coord). São Paulo: Atlas, 1999. MACEDO JÚNIOR, Ronaldo Porto. A evolução institucional do Ministério Público brasileiro. *Uma Introdução ao Estudo da Justiça.* Maria Tereza Sadek (org.). São Paulo: IDESP/Sumaré, 1995. PORTO, Sérgio Gilberto. *Sobre o Ministério Público no Processo Não-Criminal.* 2ª ed. Rio de Janeiro: Aide, 1998. ARANTES, Rogério Bastos. *Ministério Público e Política no Brasil.* São Paulo: IDESP/EDUC/Sumaré, 2002. ALVES, RUFINO e SILVA (org.). *Funções Institucionais do Ministério Público.* São Paulo: Saraiva, 2001. FARIA, ALVES e ROSENVALD (org.). *Temas Atuais do Ministério Público.* 3ª ed. Salvador: Jus Podivm, 2012. JATAHY, Carlos Roberto de C. *O Ministério Público e o Estado Democrático de Direito: perspectivas constitucionais de atuação institucional.* Rio de Janeiro: Lumen Juris, 2007. RODRIGUES, João Gaspar. *Ministério Público Resolutivo: um novo perfil institucional.* Porto Alegre: Sergio Antonio Fabris, 2012. SACCO, Ricardo Ferreira. *Constitucionalismo e Ministério Público.* Belo Horizonte: mandamentos, 2008. MACHADO, Bruno Amaral. *Ministério Público: organização, representação e trajetórias.* Curitiba: Juruá, 2007. RIBEIRO, Carlos Vinícius Alves (org.). *Ministério Público: reflexões sobre princípios e funções institucionais.* São Paulo: Atlas, 2009. ALMEIDA, Gregório Assagra. SOARES JÚNIOR, Jarbas. *Teoria Geral do Ministério Público.* Belo Horizonte: Del Rey, 2013; SABELLA, POZZO e BURLE FILHO (coord.). *Ministério Público: vinte e cinco anos do novo perfil* constitucional. São Paulo: Malheiros, 2013. GOULART, Marcelo Pedroso. *Elementos para uma Teoria Geral do Ministério Público.* Belo Horizonte: Arraes, 2013. Convém mencionar interessante livro que oferece um panorama comparado: DIAS e AZEVEDO (coord.). *O Papel do Ministério Público: estudo comparado dos países latino-americanos.* Coimbra: Almedina, 2008. Para uma visão crítica e interdisciplinar: ARANTES, Rogério Bastos. *Ministério Público e Política no Brasil.* São Paulo: IDESP/EDUC/Sumaré, 2002. SILVA, Cátia Aida Pereira da. *Justiça em Jogo: novas facetas da atuação dos Promotores de Justiça.* São Paulo: Edusp, 2001. KERCHE, Fábio. *Virtude e Limites: autonomia e atribuições do Ministério Público no Brasil.* São Paulo: Edusp, 2009.

civil, as atribuições tradicionais" [16]. E aqui está a unidade hermenêutica que didaticamente o novo CPC impõe para a análise de qualquer tema relacionado ao Ministério Público no processo civil: sua atuação somente se justifica a partir do que está estabelecido no art. 127 da Constituição da República. Essa obviedade é necessária e deve ser repetida à exaustão, sob pena de o hábito atávico - que enseja a inércia da reflexão e a repetição automática de comportamentos - obnubilar qualquer avanço institucional, permanecendo o Ministério Público em sua "relativa quietude" no processo civil, afastando-se inexoravelmente dos balizamentos constitucionais.

Toda análise da atuação e da participação do Ministério Público no processo civil, seja como agente, seja como interveniente, necessariamente deverá partir dessa ideia básica de ser constitucionalmente autorizada[17].

Em razão do perfil constitucional que indica uma atuação mais ativa, a intervenção do Ministério Público na condição de *custos legis* vem sendo fortemente questionada há anos, dando origem ao que se convencionou denominar de "racionalização da intervenção no processo civil", o que, como se sabe, provocou vários reflexos precisamente em causas envolvendo a Fazenda Pública. Busca-se evitar que a função do membro do Ministério Público se resuma ao que foi denominado de "parecerismo", entendido como o "fenômeno pelo qual os promotores de justiça passam a elaborar pareceres cada vez mais em tudo semelhantes a sentenças judiciais, atendendo a todos requisitos formais de uma sentença e esquecendo-se, por vezes, da própria finalidade com que intervinham no feito"[18].

Não há dúvidas de que a intervenção como *custos legis* deve ser redimensionada, mas nos parece que também há uma resistência injustificada a

16. Os novos rumos do processo civil brasileiro. *Temas de Direito Processual* (Sexta Série). São Paulo: Saraiva, 1997, p. 73.

17. Cf. DIDIER JR., Fredie. GODINHO, Robson Renault. Questões atuais sobre as posições do Ministério Público no processo civil. *Revista de Processo, nº 237*. São Paulo: RT, novembro de 2014.

18. MACEDO JÚNIOR, Ronaldo Porto. A evolução institucional do Ministério Público brasileiro. *Uma Introdução ao Estudo da Justiça*. Maria Tereza Sadek (org.). São Paulo: IDESP/Sumaré, 1995, p. 44. Prossegue o autor: *"Importa, todavia, apontar para um dado importante para a compreensão deste papel, de aparente 'assessor do juiz' no processo judicial (especialmente no cível). O Poder Judiciário de primeiro grau está organizado de tal modo que todo o poder da decisão repousa sobre a decisão de um juízo monocrático [...] Dentro dessa engenharia institucional, o promotor de justiça sempre representou um importante contrapeso contra a possível arbitrariedade do magistrado, situação particularmente verdadeira se lembrarmos que, em nosso sistema judicial, especialmente em cidades pequenas, os advogados contam com pouca possibilidade real de conflitarem com atitudes e decisões dos magistrados, sob pena de se indisporem e comprometerem sua própria sobrevivência profissional. Neste sentido, a atribuição de 'fiscal da lei' significa concreta e salutarmente ser o promotor de justiça um 'fiscal do juiz'"* (p. 45).

esse tipo de atuação, já que, inclusive por meio dela, é possível a tutela de direitos. Na realidade, exige-se uma nova compreensão de uma antiga função, não sendo mais compatível uma postura passiva e contemplativa do evolver processual[19].

Não só as hipóteses que ensejam a intervenção do Ministério Público e o número de órgãos que possuam atribuição exclusivamente interveniente devem ser objeto de profunda reflexão, mas também o modo como se deve dar essa participação no processo. Também a aceitação irrefletida da fixação legal de hipóteses de intervenção não é compatível com o perfil constitucional do Ministério Público, devendo haver uma filtragem constitucional das normas legais que criam causas de intervenção[20].

Quanto ao conteúdo do pronunciamento do Ministério Público nas causas que exigem sua participação, é necessário abordar as hipóteses que ensejam sua intervenção no processo.

Na hipótese da intervenção em razão da existência de interesse público ou social, na dicção do artigo 178, I, do novo Código de Processo Civil, estamos diante de um conceito jurídico indeterminado e apenas as circunstâncias do caso concreto indicarão se haverá necessidade de intervenção da Instituição. O novo CPC, no entanto, é expresso ao acolher orientação doutrinária e jurisprudencial no sentido de que "a participação da Fazenda Pública não configura, por si só, hipótese de intervenção do Ministério Público" (artigo 178, parágrafo único), como será mais bem analisado no tópico seguinte.

Há quem faça distinção acerca do conteúdo da intervenção Ministério Público, vinculando-o se a participação no processo se der em razão da qualidade da parte.

Em outra perspectiva, entende-se que o Ministério Público possui liberdade na atuação como *custos legis*, no que se refere ao mérito do processo, podendo se manifestar contrariamente à pretensão da parte que ensejou sua intervenção no processo, havendo limitação apenas ao seu interesse recursal. Ou seja: em uma ação ajuizada, por exemplo, por incapaz, pode o Ministério Público manifestar-se contrariamente à pretensão veiculada na petição inicial;

19. Sobre a relação entre a atividade interventiva e a repercussão na legitimidade ativa do Ministério Público, vale conferir o REsp 1155793/DF, Rel. Ministra Maria Isabel Gallotti, Quarta Turma, julgado em 01/10/2013, DJe 11/10/2013.

20. Cf. ZENKNER, Marcelo. *Ministério Público e Efetividade do Processo Civil*. São Paulo: RT, 2006, *passim*.

entretanto, se o pedido for julgado procedente, não poderá recorrer por ausência de interesse recursal.[21]

Concordamos parcialmente com essa última opinião. Parece-nos que a questão deve ser resolvida com base no artigo 127 da Constituição da República, isto é, o Ministério Público só intervirá em processos individuais pela qualidade da parte se houver direitos indisponíveis em disputa, o que é reforçado pelo novo CPC nos artigos 178 e 698. Se não estiver presente o direito do incapaz, não haverá nenhuma indisponibilidade e simplesmente o Ministério Público não poderá atuar em seu favor por absoluta legitimidade. Também a questão recursal parece ser melhor situada no plano da legitimidade do que no do interesse recursal. Na hipótese de a sentença favorecer o titular de um direito indisponível, não poderá o Ministério Público recorrer contra a sentença por não ter legitimidade, já que, ao prolongar a relação processual, por via reflexa estará atuando como uma espécie de substituto processual de um titular de direito individual disponível, o que lhe é vedado constitucionalmente. O interesse recursal sempre estará presente, mas a legitimidade, não. Note-se que são duas situações distintas: 1)antes da sentença, há uma relação processual instaurada por um titular de um direito afirmado, que, por razões variadas, o ordenamento considera indisponível. O Ministério Público não está obrigado a defender de modo automático a parte que se afirma titular de um direito indisponível[22].

21. PINHEIRO CARNEIRO, Paulo Cezar *O Ministério Público no Processo Civil e Penal: Promotor natural, atribuição e conflito*. 5ª ed. Rio de Janeiro: 1998, pp. 12/14. No mesmo sentido: MAZZILLI. *Regime...cit.*, pp. 215/216. Também no sentido da atuação desvinculada do Ministério Público temos a posição de José Fernando da Silva Lopes (*O Ministério Público e o Processo Civil*. São Paulo: Saraiva, 1976), que entende que o Ministério Público sempre atua em prol do interesse público. Ainda: ZENKNER, Marcelo. *Ministério Público e Efetividade do Processo Civil*. São Paulo: RT, 2006, p. 123/130.

22. Excelente síntese do problema, com original proposta de compatibilização das teses existentes em ZANETI JUNIOR, Hermes, em seus comentários ao art.178 no livro coletivo *Comentários ao Código de Processo Civil*. Lenio Streck; Dierle Nunes; Leonardo Cunha; Alexandre Freire (coord.). São Paulo: Saraiva, 2016: "o problema surge quando, ao atuar, o Ministério Público encontra uma situação de perplexidade diante de um incapaz que pleiteia um direito contrário ao ordenamento jurídico, segundo o juízo do agente do MP oficiante nos autos. A questão relaciona-se com a correta interpretação da Constituição (Art. 127, *caput*), isto é, pergunta-se: se o incapaz não tem direito, deve o *parquet* manifestar-se contra sua pretensão para garantir a tutela do ordenamento jurídico? Existem três posições na doutrina: a) intervenção com poderes amplíssimos e obrigatoriedade de manifestação no mérito, inclusive recorrendo, mesmo contra os interesses dos incapazes (Nelson Nery Jr.); b) intervenção *ad coadjuvandum*, ou seja, apenas para beneficiar os interesses do incapaz, deixando de se manifestar no mérito, quando, no entendimento do *parquet*, o incapaz não possuir razão (Cândido Rangel Dinamarco); c) liberdade de opinião durante o processo de conhecimento, com manifestação obrigatória quanto ao mérito, vedada a recorribilidade quando a decisão de mérito for favorável ao incapaz, por falta de interesse processual, mesmo após parecer contrário do MP (MAZZILLI: 2011). Nos parece que nenhuma das teses está completamente correta quando iluminadas pela incorporação explícita dos vetores constitucionais ao texto a novo CPC (Art. 1º c/c Art. 176).

A independência funcional garantida constitucionalmente ao Ministério Público assegura a liberdade de manifestação sobre o mérito do processo[23] e o Superior Tribunal de Justiça vem sufragando essa tese[24].

De todo modo, merece ser registrado que ao Ministério Público caberá a valoração da existência do interesse público, de modo que é ilegítima a existência de uma ordem judicial cogente que obrigue sua intervenção, tendo em vista que a independência funcional garante à Instituição a verificação de quando e como exercer suas funções. Se o membro do Ministério Público entender que não é hipótese de sua intervenção e o juiz discordar, os autos deverão ser remetidos ao Procurador-Geral, que dará a interpretação definitiva sobre a situação. No caso de o membro do Ministério Público resolver atuar e o juiz entender que não é hipótese de intervenção por ausência de interesse público, a palavra final sobre a questão será do Judiciário, por meio da análise dos recursos interpostos.

2.2. Especificamente o fiscal da ordem jurídica nos Juizados Especiais da Fazenda Pública

Não há previsão expressa de intervenção do Ministério Público na Lei dos Juizados Especiais da Fazenda Pública, o que em geral enseja silêncio na

---

Entendemos que o MP, quando intervém no processo civil apenas em razão da presença de incapaz, não pode se manifestar no mérito contra o interesse deste mesmo incapaz; portanto, adotamos, no ponto, a doutrina da intervenção *ad coadjuvandum*. Isso porque a opinião jurídica do MP, por mais relevante, culta e bem construída que seja, não tem pertinência para os direitos disponíveis das partes, nos quais falte relevância social. Nestes casos, deverá o membro do MP falar apenas sobre a regularidade processual. Contudo, quando, concorrer na causa um interesse contraposto com relevância social ou individual indisponível, combinado com as funções institucionais previstas no Art. 178 CPC e Art. 129 e incisos, CF/88, caberá ao Ministério Público, obrigatoriamente, manifestar-se no mérito e, inclusive, recorrer da sentença que decida contrariamente aos direitos fundamentais ali previstos. A legitimação para intervenção está presente por se tratar de *causa de intervenção autônoma*, independente do interesse do incapaz. Logo, entendemos por somar as três teses, tendo como vetor interpretativo o comando constitucional, ou seja, tratando-se de direito disponível e sem relevância social, não caberá ao MP zelar pelo ordenamento jurídico (intervenção *ad coadjuvandum*). Tratando-se, por outro lado, de direito indisponível ou com relevância social, caberá ao MP, não só tutelar o ordenamento jurídico, como inclusive recorrer, caso o incapaz que não tem direito, na visão do *parquet*, saia vencedor na fase de conhecimento. Em outras palavras, o MP não recorrerá sempre, atua em nome do incapaz e somente pode atuar contrariamente a pretensão deste, inclusive recorrendo, quando visualizar interesse social ou direito individual indisponível na pretensão da parte contrária. A liberdade de opinião diz respeito à independência funcional e deve ser respeitada em qualquer dos casos, porém esta será controlada pelo dever de fundamentar adequadamente (disponibilidade mitigada)".

23. Cf. GARCIA, Emerson. *Ministério Público...*, 4ª ed., *cit.*, p. 473.

24. REsp 135744 / SP - Rel. Min. Barros Monteiro - DJ 22.09.2003 p. 327. Sobre o impacto dessa visão da independência funcional no âmbito recursal, valeu conferir o REsp 1676877/MG, Rel. Min. Nancy Andrighi, DJe 20/10/2017.

doutrina, havendo, porém, quem entenda o silêncio da lei como desnecessidade dessa intervenção[25] ou que se trata de situação a ser verificada a partir do art. 11 da lei 9.099/1995, o que necessariamente remete ao Código de Processo Civil e outras leis especiais[26].

Se nos Juizados Especiais da Fazenda Pública tramitassem apenas causas patrimoniais de baixo valor econômico envolvendo partes capazes, realmente seria desnecessário esse debate e o Ministério Público não interveria em nenhum processo.

Entretanto, além de não existirem apenas processos com conteúdo patrimonial que tramitam nos Juizados, o fato é que a presença de incapazes e de direitos indisponíveis tornam obrigatória a intervenção do Ministério Público como fiscal da ordem jurídica e o fundamento normativo, na realidade, está no art. 127 da Constituição da República, de onde decorrem os demais fundamentos normativos.

Ainda que não houvesse esse alargamento da competência dos Juizados Especiais da Fazenda Pública com a inclusão de partes incapazes e das ações envolvendo tratamento médico, não se poderia excluir aprioristicamente a desnecessidade da intervenção do Ministério Público, já que em casos concretos pode estar presente o interesse público ou social.

Na hipótese da intervenção em razão da existência de interesse público ou social, na dicção do artigo 178, I[27], do novo Código de Processo Civil, estamos diante de um conceito jurídico indeterminado e, embora possam ser retiradas algumas regras abstratas sobre a atuação do Ministério Público – como, por exemplo, a de que não há interesse público nas ações patrimoniais

---

25. THEODORO JÚNIOR, Humberto. *Curso de Direito Processual Civil*. 50ª ed. Rio de Janeiro: Forense, 2016, p. 667. Vol. II.

26. FIGUEIRA JÚNIOR, Joel Dias. *Juizados Especiais da Fazenda Pública*. 3ª ed. São Paulo: Saraiva, 2017, p. 155.

27. Sobre a discussão suscitada pela redação do art. 82, III, do Código de Processo Civil de 73, inclusive com abordagem histórica e de direito comparado, vale conferir o trabalho de Antônio Cláudio da Costa Machado antes citado, especialmente páginas 315/345, onde se encontram outras referências bibliográficas valiosas. Também merece ser mencionado, pela maneira peculiar com que examina a matéria, um estudo de Calmon de Passos: Intervenção do Ministério Público nas causas a que se refere o art. 82, III, do C. Pr. Civ. *Revista Forense, vol. 268*. Rio e Janeiro: Forense, 1978. E ainda: Humberto Ávila, Repensando o "princípio da supremacia do interesse público sobre o particular". *Revista Trimestral de Direito Público*, nº 24. São Paulo: Malheiros, 1998, e Marçal Justen Filho. Conceito de interesse público e a "personalização" do direito administrativo. *Revista Trimestral de Direito Público*, nº 26. São Paulo: Malheiros, 1999, além de, Antonio Augusto Mello de Ferraz, Considerações sobre interesse social e interesse difuso. *A Ação Civil Pública após 20 anos: efetividade e desafios*. Edis Milaré (coord.). São Paulo: RT, 2005.

envolvendo empresas públicas, nem em execuções fiscais[28], chegando a afirmar Cândido Rangel Dinamarco que constitui aberração a intervenção do Ministério Público em causas nas quais é parte uma entidade estatal, só pela presença desta no processo[29], apenas as circunstâncias do caso concreto indicarão se haverá necessidade de intervenção da Instituição.

Nos Juizados Especiais da Fazenda Pública, por exemplo, tramitam ações envolvendo anulação de concurso público, anulação de processo administrativo sancionador, questionamentos envolvendo progressões funcionais em cargos públicos, concessões de diplomas ou certificados de unidades de ensino, entre outras demandas que, em tese, já ensejariam a intervenção do Ministério Público, sem contar as já citadas ações envolvendo partes incapazes ou direitos indisponíveis relacionados à saúde.

---

28. Confiram-se os seguintes pronunciamentos do Superior Tribunal de Justiça: *"Processual civil. Recurso especial. Intervenção do Ministério Público em ação reparatória de danos morais. Desnecessidade. 1. Tratando-se de ação indenizatória por danos morais promovida em face do Estado por abuso de autoridade em face de denúncia promovida pelo Ministério Público, não se impõe a atuação do Parquet como custos legis, consoante jurisprudência da E. Corte. (RESP 327.288/DF, 4ª T., Rel. Min. Cesar Asfor Rocha, DJ 17/11/2003; AGRESP 449643/SC, Rel. Min. Francisco Falcão, DJ de 28.06.2004; AgRg no Resp 258.798, Rel. Min. Eliana Calmon, DJ de 11.11.2002; Resp 137.186, Rel. Min. José Delgado, DJ de 10/09/2001) 2. O artigo 82, inciso III, do CPC, dispõe que compete ao Ministério Público intervir: "III - em todas as demais causas em que há interesse público, evidenciado pela natureza da lide ou qualidade da parte." 3. A escorreita exegese da dicção legal impõe a distinção jus-filosófica entre o interesse público primário e o interesse da administração, cognominado "interesse público secundário". Lições de Carnelutti, Renato Alessi, Celso Antônio Bandeira de Mello e Min. Eros Roberto Grau. 3. O Estado, quando atestada a sua responsabilidade, revela-se tendente ao adimplemento da correspectiva indenização, coloca-se na posição de atendimento ao "interesse público". Ao revés, quando visa a evadir-se de sua responsabilidade no afã de minimizar os seus prejuízos patrimoniais, persegue nítido interesse secundário, subjetivamente pertinente ao aparelho estatal em subtrair-se de despesas, engendrando locupletamento à custa do dano alheio. 4. Deveras, é assente na doutrina e na jurisprudência que indisponível é o interesse público, e não o interesse da administração. Nessa última hipótese, não é necessária a atuação do Parquet no mister de custos legis, máxime porque a entidade pública empreende a sua defesa através de corpo próprio de profissionais da advocacia da União. Precedentes jurisprudenciais que se reforçam, na medida em que a atuação do Ministério Público não é exigível em várias ações movidas contra a administração, como, v.g., sói ocorrer, com a ação de desapropriação prevista no Decreto-lei n.3.365/41 (Lei de Desapropriação). 5. In genere, as ações que visam ao ressarcimento pecuniário contêm interesses disponíveis das partes, não necessitando, portanto, de um órgão a fiscalizar a boa aplicação das leis em prol da defesa da sociedade. 6. Hipótese em que revela-se evidente a ausência de interesse público indisponível, haja vista tratar-se de litígio travado entre o Estado de Rondônia e INSS e o Procurador de Estado Beniamine Gegle de Oliveira Chaves, onde se questiona a reparação por danos morais, tendo em vista ter sido injustamente denunciado pelo crime tipificado no art. 89, da lei 8.666/93. 7. Ademais, a suposta nulidade somente pode ser decretada se comprovado o prejuízo para os fins de justiça do processo, em razão do Princípio de que "não há nulidade sem prejuízo" ("pas des nullités sans grief"). 8. Recurso especial desprovido".* (RESP 303806 / RO - Rel. Min. Luiz Fux - DJ 25.04.2005, p. 224). Nos caos de execução fiscal, foi editado o enunciado nº 189 da súmula da jurisprudência predominante: *"é desnecessária a intervenção do Ministério Público nas execuções fiscais"*.

29. *Instituições de Direito Processual Civil*. Vol. I. São Paulo: Malheiros, 2001, p. 679. No segundo volume de suas Instituições, Dinamarco afirma que o Ministério Público sempre será parte no processo, tanto quando atuar como assistente (parte auxiliar), quanto como *custos legis* (4ª. ed., 2004, p. 427).

Não se trata, portanto, de analisar o tema somente de acordo com a existência de conteúdo patrimonial. Nesse particular, o CPC já é expresso ao acolher orientação doutrinária[30] e jurisprudencial[31] no sentido de que "a participação da Fazenda Pública não configura, por si só, hipótese de intervenção do Ministério Público" (artigo 178, parágrafo único).

Estando presente alguma das situações previstas no art. 178, CPC, a intervenção do Ministério Público como fiscal da ordem jurídica será obrigatória.

Registre-se que, por força de tudo o que foi exposto, haverá também intervenção do Ministério Público nos julgamentos das Turmas Recursais, nos processos que se enquadrem no citado art. 178, CPC. Além disso, em simetria às previsões do CPC que preveem a intervenção do Ministério Público sempre que houver a possibilidade de definição de tese sobre determinado tema (arts. 948 e 976, § 2º, CPC), ampliando-se o contraditório, haverá intervenção nos pedidos de uniformização de interpretação da lei quando houver divergência entre decisões proferidas por Turmas Recursais.

2.3. O Ministério Público como autor

A previsão do Ministério Público como legitimado ativo - seja como legitimado ordinário, seja como extraordinário - é uma solução legislativa com que já se convive há bastante tempo e mais recentemente está recebendo em regra o adequado tratamento jurisprudencial no Superior Tribunal de Justiça na tutela de direitos individuais indisponíveis, após um período de confusa instabilidade jurisprudencial[32].

---

30. Cf. DINAMARCO. *Instituições de Direito Processual Civil*. Vol. II. 4ª Ed. São Paulo: Malheiros, 2004, p. 428/430.

31. "A jurisprudência do STJ é pacífica no sentido de que o interesse patrimonial da Fazenda Pública, por si só, não se identifica com o interesse público para fins de intervenção do *Parquet* no processo" (REsp 1676131/MG, Rel. Ministro Herman Benjamin, Segunda Turma, julgado em 05/09/2017, DJe 14/09/2017).

32. Cf. GODINHO, Robson Renault. O Ministério Público como substituto processual. *Revista da Ajuris*, v. 106. Porto Alegre: Ajuris, junho de 2007, p. 179-200. Como ilustração dos julgados mais recentes sobre o tema no Superior Tribunal de Justiça: "Administrativo e processual civil. Recurso especial sob a sistemática dos repetitivos. Demandas de saúde com beneficiários individualizados interpostas contra entes federativos. Legitimidade do ministério público. Suposta afronta aos dispositivos dos arts. 1º, V, e 21 da lei n. 7.347/1985, bem como ao art. 6º do CPC/1973.Não ocorrência. Direito à saúde. Direito individual indisponível. Art. 1º da lei n. 8.625/1993 (Lei Orgânica Nacional do Ministério Público). Aplicabilidade. Recurso especial conhecido e não provido. Recurso julgado sob a sistemática do art. 1.036 e seguintes do CPC/2015, c/c o art. 256-N e seguintes do regimento interno do STJ. 1. Os dispositivos legais, cuja aplicação é questionada nos dois recursos especiais e a tramitação se dá pela sistemática dos repetitivos (REsp 1.681.690/SP e REsp 1.682.836/SP), terão sua resolução efetivada em conjunto, consoante determina a regra processual. 2. A discussão, neste feito, passa ao largo de qualquer consideração acerca da legitimidade ministerial para propor demandas, quando se tratar de direitos difusos, coletivos ou individuais homogêneos, até porque inexiste

A legitimidade ativa para os processos coletivos, embora seja fenômeno bem mais recente, é bastante estudada e trabalhada, mas nos Juizados Especiais da Fazenda Pública não se admite a tramitação de processos coletivos, salvo, para parte da doutrina[33], se envolverem direitos individuais homogêneos. Não se vê, porém, esse tipo de ação coletiva tramitando nos Juizados, mas, se admitida, a legitimidade do Ministério Público deve ser considerada, a partir de todos os contornos envolvendo essa específica discussão quando relacionada aos direitos individuais homogêneos[34].

---

qualquer dúvida da sua legitimidade, nesse particular, seja por parte da legislação aplicável à espécie, seja por parte da jurisprudência. De outra parte, a discussão também não se refere à legitimidade de o Ministério Público postular em favor de interesses de menores, incapazes e de idosos em situação de vulnerabilidade. É que, em tais hipóteses, a legitimidade do órgão ministerial decorre da lei, em especial dos seguintes estatutos jurídicos: arts. 201, VIII, da Lei n. 8.069/1990 e 74, II e III, da Lei 10.741/2003. 3. A fronteira para se discernir a legitimidade do órgão ministerial diz respeito à disponibilidade, ou não, dos direitos individuais vindicados. É que, tratando-se de direitos individuais disponíveis e uma vez não havendo uma lei específica autorizando, de forma excepcional, a atuação do Ministério Público (como no caso da Lei n. 8.560/1992), não se pode falar em legitimidade de sua atuação. Todavia, se se tratar de direitos ou interesses indisponíveis, a legitimidade ministerial já decorreria da redação do próprio art. 1º da Lei n. 8.625/1993 (Lei Orgânica Nacional do Ministério Público). 4. Com efeito, a disciplina do direito à saúde encontra na jurisprudência pátria a correspondência com o próprio direito à vida, de forma que a característica da indisponibilidade do direito já decorreria dessa premissa firmada. 5. Assim, inexiste violação dos dispositivos dos arts. 1º, V, e 21 da Lei n. 7.347/1985, bem como do art. 6º do CPC/1973, uma vez que a atuação do Ministério Público, em demandas de saúde, assim como nas relativas à dignidade da pessoa humana, tem assento na indisponibilidade do direito individual, com fundamento no art. 1º da Lei n. 8.625/1993 (Lei Orgânica Nacional do Ministério Público). 6. Tese jurídica firmada: O Ministério Público é parte legítima para pleitear tratamento médico ou entrega de medicamentos nas demandas de saúde propostas contra os entes federativos, mesmo quando se tratar de feitos contendo beneficiários individualizados, porque se refere a direitos individuais indisponíveis, na forma do art. 1º da Lei n. 8.625/1993 (Lei Orgânica Nacional do Ministério Público). 7. No caso concreto, o aresto prolatado pelo eg. Tribunal de origem está conforme o posicionamento desta Corte Superior, mormente quando, neste caso, o processo diz respeito a interesse de menor, em que a atuação do Ministério Público já se encontra legitimada com base nesse único aspecto de direito. 8. Recurso especial conhecido e não provido. 9. Recurso julgado sob a sistemática do art. 1.036 e seguintes do CPC/2015 e art. 256-N e seguintes do Regimento Interno deste STJ" (REsp 1682836/SP, Rel. Ministro Og Fernandes, Primeira Seção, julgado em 25/04/2018, DJe 30/04/2018). "Administrativo. Direito à saúde. Legitimidade do Ministério Público. Acórdão em confronto com a jurisprudência desta Corte. I – É entendimento assente nesta Corte de Justiça que o Ministério Público possui legitimidade para propositura de demandas de tal natureza, por configurar tutela de direito fundamental indisponível. No mesmo sentido: AgInt no REsp 1588315/MG, Rel. Ministra Regina Helena Costa, Primeira Turma, julgado em 27/09/2016, DJe 07/10/2016; REsp 1520824/ES, Rel. Ministro Herman Benjamin, Segunda Turma, julgado em 13/09/2016, DJe 07/10/2016; AgRg no REsp 1470167/MG, Rel. Ministro Mauro Campbell Marques, Segunda Turma, julgado em 25/11/2014, DJe 02/12/2014. II – Agravo interno improvido" (AgInt no REsp 1645716/MG, Rel. Ministro Francisco Falcão, Segunda Turma, julgado em 21/03/2018, DJe 26/03/2018).

33. Cf. CUNHA, Leonardo Carneiro da. *A Fazenda Pública em Juízo*. 15ª ed. Rio de Janeiro: Forense, 2018, p. 886, nota 79.

34. Cf. DIDIER JR., Fredie. ZANTEI JR., Hermes. *Curso de Direito Processual Civil*. 11ª ed. Salvador: JusPodivm, 2017, p. 198/200 e 399/403.

Interessa-nos tratar mais especificamente da legitimidade ativa do Ministério Público envolvendo direitos individuais indisponíveis, especialmente quando relacionada ao direito à saúde de crianças, adolescentes e idosos em situação de risco, já que são esses os casos que mais frequentemente ensejam esse tipo de atuação em virtude da realidade fática, o que, porém, não a esgota.

Em relação à legitimidade ativa do Ministério Público nos Juizados Especiais da Fazenda Pública, não há qualquer peculiaridade normativo em seu alcance, devendo guardar pertinência com o que consta no art. 127 da Constituição da República. Ou seja: a legitimidade ativa do Ministério Público não é genérica, como se fosse possível uma espécie de ecumenismo temático, mas, sim, limitada pelo art. 127 da Constituição da República. De todo modo, ainda que se reconheça a legitimidade ativa do Ministério Público para algumas hipóteses, sua atuação deverá ser limitada à completa omissão do particular legitimado, cabendo-lhe, salvo se a urgência não indicar tal providência, instá-los à tutela do próprio direito ou de direito alheio, quando autorizado pelo ordenamento jurídico.

Não se aplica, nesse particular, a limitação do art. 5º, § 1º, da Lei dos Juizados Especiais da Fazenda Pública, já que o Ministério Público como legitimado ativo estará na defesa de direito individual indisponível, mantendo-se, assim, em última análise a tutela de direito de pessoa física[35].

Além disso, caso se entenda que as ações envolvendo direito individual à saúde podem tramitar nos Juizados Especiais da Fazenda Pública e considerando que se trata de competência absoluta, a legitimidade ativa do Ministério Público fica ainda mais evidente, como ilustra a ementa de recente julgado: "Administrativo e processual civil. Recurso especial sob a sistemática dos repetitivos. Demandas de saúde com beneficiários individualizados interpostas contra entes federativos. Legitimidade do Ministério Público. Suposta afronta aos dispositivos dos arts.1º, v, e 21 da lei n. 7.347/1985, bem como ao art. 6º do cpc/1973. Não ocorrência. Direito à saúde. Direito individual indisponível. Art. 1º da lei n. 8.625/1993 (Lei Orgânica Nacional do Ministério Público). Aplicabilidade. Recurso especial conhecido e não provido. Recurso julgado sob a sistemática do art. 1.036 e seguintes do CPC/2015, c/c o art. 256-N e seguintes do regimento interno do STJ. 1. Os dispositivos legais, cuja

35. Em sentido contrário, entendendo que nenhum litigante habitual pode ser parte nos Juizados Especiais da Fazenda Pública, CUNHA, Leonardo Carneiro da. *A Fazenda Pública em Juízo*. 15ª ed. Rio de Janeiro: Forense, 2018, p. 893.

aplicação é questionada nos dois recursos especiais e a tramitação se dá pela sistemática dos repetitivos (REsp 1.681.690/SP e REsp 1.682.836/SP), terão sua resolução efetivada em conjunto, consoante determina a regra processual. 2. A discussão, neste feito, passa ao largo de qualquer consideração acerca da legitimidade ministerial para propor demandas, quando se tratar de direitos difusos, coletivos ou individuais homogêneos, até porque inexiste qualquer dúvida da sua legitimidade, nesse particular, seja por parte da legislação aplicável à espécie, seja por parte da jurisprudência. De outra parte, a discussão também não se refere à legitimidade de o Ministério Público postular em favor de interesses de menores, incapazes e de idosos em situação de vulnerabilidade. É que, em tais hipóteses, a legitimidade do órgão ministerial decorre da lei, em especial dos seguintes estatutos jurídicos: arts. 201, VIII, da Lei n. 8.069/1990 e 74, II e III, da Lei 10.741/2003. 3. A fronteira para se discernir a legitimidade do órgão ministerial diz respeito à disponibilidade, ou não, dos direitos individuais vindicados. É que, tratando-se de direitos individuais disponíveis e uma vez não havendo uma lei específica autorizando, de forma excepcional, a atuação do Ministério Público (como no caso da Lei n. 8.560/1992), não se pode falar em legitimidade de sua atuação. Todavia, se se tratar de direitos ou interesses indisponíveis, a legitimidade ministerial já decorreria da redação do próprio art. 1º da Lei n. 8.625/1993 (Lei Orgânica Nacional do Ministério Público). 4. Com efeito, a disciplina do direito à saúde encontra na jurisprudência pátria a correspondência com o próprio direito à vida, de forma que a característica da indisponibilidade do direito já decorreria dessa premissa firmada. 5. Assim, inexiste violação dos dispositivos dos arts. 1º, V, e 21 da Lei n. 7.347/1985, bem como do art. 6º do CPC/1973, uma vez que a atuação do Ministério Público, em demandas de saúde, assim como nas relativas à dignidade da pessoa humana, tem assento na indisponibilidade do direito individual, com fundamento no art. 1º da Lei n. 8.625/1993 (Lei Orgânica Nacional do Ministério Público). 6. Tese jurídica firmada: O Ministério Público é parte legítima para pleitear tratamento médico ou entrega de medicamentos nas demandas de saúde propostas contra os entes federativos, mesmo quando se tratar de feitos contendo beneficiários individualizados, porque se refere a direitos individuais indisponíveis, na forma do art. 1º da Lei n. 8.625/1993 (Lei Orgânica Nacional do Ministério Público). 7. No caso concreto, o aresto prolatado pelo eg. Tribunal de origem está conforme o posicionamento desta Corte Superior, mormente quando, neste caso, o processo diz respeito a interesse de menor, em que a atuação do Ministério Público já se encontra legitimada com base nesse único aspecto de direito. 8. Recurso especial conhecido e não provido. 9. Recurso julgado sob a sistemática do art. 1.036 e seguintes do CPC/2015 e art. 256-N e seguintes do Regimento Interno deste

STJ"(REsp 1682836/SP, Rel. Ministro OG FERNANDES, PRIMEIRA SEÇÃO, julgado em 25/04/2018, DJe 30/04/2018).

3. CONSEQUÊNCIAS PROCEDIMENTAIS

Havendo intervenção do Ministério Público, há evidentes consequências procedimentais, já que passa a integrar o processo outro sujeito que possui prerrogativas processuais.

Em seu formato abstrato, o procedimento nos Juizados Especiais da Fazenda Pública segue o seguinte roteiro: com a propositura da demanda, a parte ré deve ser citada e, no mesmo ato, intimada para a audiência de conciliação, com intervalo mínimo de trinta dias, quando devem ser apresentados documentos; não obtida a conciliação, no mesmo ato ou em outro a ser designado em data próxima, caso as circunstâncias concretas indiquem que a concentração procedimental trará prejuízos à defesa, seguirá para a fase de instrução e julgamento, quando, então, deverão ser apresentados a contestação e eventuais documentos, caso não haja consenso, proferindo-se sentença ao final do ato.

Segue-se, portanto, a ideia de procedimento oral e concentrado em audiências.

Com a intervenção do Ministério Público, já surge um problema procedimental referente ao momento da intervenção, já que, de acordo com o art. 179, I, do CPC, a vista dos autos deverá ocorrer "depois das partes", com intimação pessoal (art. 180, CPC) e entrega dos autos (art. 41, IV, da lei 8.625/1993, o que não apresenta problemas quando se trata de autos eletrônicos), prevendo o *caput* do art. 178, CPC, o prazo de trinta dias para sua manifestação. Ainda que se considere que o Ministério Público possa ser intimado desde logo da data da audiência de conciliação e que o prazo de trinta dias poderá ser atendido se observado esse intervalo (art. 7º, parte final, da Lei dos Juizados Especiais da Fazenda Pública), ainda haverá o problema de a manifestação necessariamente se dar após as partes, considerando-se que contestação será oferecida apenas na audiência. Nesses casos, entendendo-se que a sentença deve ser proferida incontinenti, na forma oral, não se afigura razoável entender que se aplica o CPC para conferir prazo ao Ministério Público, frustrando-se o procedimento que deve ser conduzido pela oralidade. Entretanto, o que normalmente se vê é a postergação do momento decisório, seja para "converter o julgamento em diligências", seja para melhor exame dos autos, seja em razão da apertada pauta de audiências, seja porque o juiz leigo quem elaborou o esboço da sentença, entre outras razões. Nesses casos, havendo requerimento de vista, pressupondo-se que o membro do Ministério Público tenha sido devidamente intimado, os autos devem ser remetidos para pronunciamento no momento processual oportuno.

Não raro acontece de o procedimento assumir totalmente a forma escrita, sem a designação de audiências, praticamente na forma do procedimento comum, mantendo-se somente algumas poucas peculiaridades procedimentais. Isso acontece por razões variadas, mas quase todas podem ser reconduzidas a uma origem comum relacionada precisamente à interpretação heterodoxa da lei, com ampliação dos casos de competência dos Juizados. Em muitos casos, o Estado ou o Município avisam de antemão que não pretendem conciliar ou a própria demanda não admite autocomposição, o que faz com que não se designem audiências. Além disso, a repetição de causas com a mesma matéria, muito comum na Fazenda Pública, também enseja a adoção do procedimento escrito, com a maior parte dos atos processuais apenas reproduzindo conteúdos já utilizados em centenas de outros processos. Outras vezes a maior complexidade da causa exige um tempo mais extenso para os atos instrutórios, com demora para obtenção de documentos essenciais e que não cabem no curto espaço de tempo previsto abstratamente em lei. Nessas e em outras hipóteses se adota um procedimento escrito e sem audiências, com a intervenção do Ministério Público seguindo igualmente a forma ordinária delineada no CPC.

Por fim, convém fazer breve registro sobre a figura do juiz leigo no contexto que se aborda no presente trabalho.

A Lei dos Juizados Especiais da Fazenda Pública, em seu art. 15, prevê expressamente a participação de juízes leigos (ou juízes não togados ou juízes de instrução[36]) na conciliação, instrução e decisão dos processos, submetendo-a à homologação do Juiz de Direito, cuja atividade instrutória suplementar permanece preservada[37-38]. Embora a lei determine que as atividades dos

36. GAJARDONI, Fernando da Fonseca. *Comentários à Lei dos Juizados Especiais da Fazenda Pública*. Gomes Junior; Gajardoni; Cruz; Cerqueira. 2ª ed. São Paulo: 2011, p. 184.

37. No sentido de que a decisão do juiz leigo não pode ser modificada no mérito pelo Juiz de Direito, cujos poderes instrutórios também seriam delimitados pela atividade determinada pelo juiz não togado: FIGUEIRA JÚNIOR, Joel Dias. *Juizados Especiais da Fazenda Pública*. 3ª ed. São Paulo: Saraiva, 2017, p. 278/279.

38. É interessante notar que, na Lei dos Juizados Especiais da Fazenda Pública, há o uso de "juiz", sem qualquer outra qualificação, nos arts. 3º, 10, 12, 13, I, e § 1º, 16, caput, e § 2º, 17, caput, e §§ 1º e 2º, e 18, § 2º, o que indicaria que seriam atividades exclusivas dos Juízes de Direito, já que sempre há referência expressa a "leigo" quando a ele se quis fazer referência e o art. 16 e respectivos parágrafos parecem afastar o juiz

juízes leigos sejam supervisionadas pelo Juiz de Direito, na prática ocorre no máximo uma supervisão remota e posterior, não raro com várias audiências sendo conduzidas simultaneamente por vários juízes não togados. As decisões por ele proferidas igualmente não são remetidas, em regra, imediatamente para homologação, assim como o Juiz de Direito não se faz presente em nenhum momento da audiência. Nesses casos, sendo hipótese de intervenção do Ministério Público, em razão de as leis orgânicas somente trabalharem com a atuação junto ao Juiz de Direito, a participação nas audiências é mera faculdade e os autos devem ser remetidos para pronunciamento antes da homologação de eventual decisão.

4. SÍNTESE

A aplicação heterodoxa da lei acarreta consequências procedimentais, não havendo como ampliar a competência dos Juizados sem o correlato impacto procedimental. A partir do momento em que os Juizados Especiais da Fazenda Pública passam a comportar, por exemplo, processos envolvendo direitos que não admitem composição, ações ajuizadas por pessoas incapazes, demandas envolvendo prestações referentes ao direito à saúde etc., necessariamente haverá simétrica complexidade procedimental. É cada vez mais frequente a imposição de situações fáticas e jurídicas que fazem com que os procedimentos nos Juizados da Fazenda Pública sejam escritos e sem audiências, desbordando do desenho legislativo abstrato, na mesma intensidade com que se utilizam os Juizados cada vez mais como alternativas para a administração judiciária. Uma dessas consequências procedimentais com que se passa a conviver mais amiúde consiste precisamente na intervenção do Ministério Público como fiscal da ordem jurídica, além da discussão sobre a possibilidade de sua atuação como parte. Em síntese, sobre a atuação como fiscal da ordem jurídica, devem ser registrados os seguintes pontos conclusivos: 1) a intervenção na somente será necessária se estiver presente alguma hipótese do art. 178, CPC; 2) como o recurso de apelação somente passará pelo juízo de admissibilidade na Turma Recursal (artigo 1010, § 3º, CPC), simetricamente no caso de recurso inominado também não haverá necessidade de qualquer pronunciamento como *custos legis* após a prolação da sentença do órgão que atua em primeiro grau, acabando, enfim, como

leigo no caso de haver conciliador. Entretanto, a referência às atribuições previstas nos arts. 22, 37 e 40 da Lei nº 9.099/1995 indica que os juízes leigos conduzirão, sim, audiências de instrução e submeterão as decisões para homologação judicial.

que foi denominado de "parecer recursal"; 3) sem embargo dessa situação, haverá atuação do Ministério Público junto às Turmas Recursais, participando das sessões e sendo intimado das decisões; 4) no caso de uniformização de interpretação, em paralelo à sistemática do Código de Processo Civil para a formação de teses ou padrões decisórios, a participação do Ministério Público igualmente será obrigatória; 5) o momento procedimental da intervenção do Ministério Público deverá ser após as partes e antes da decisão final do Juiz de Direito, buscando-se ao máximo a compatibilidade entre o sistema dos Juizados Especiais, o Código de Processo Civil e as Leis Orgânicas do Ministério Público, que são elementos normativos fundamentais para o estudo do tema e frequentemente são ignoradas; por fim, registre-se que em eventual reforma legislativa que vise a consolidar o fragmentado e lacunoso sistema dos Juizados, a atuação do Ministério Público deve merecer cuidadosa disciplina, a fim de evitar algumas perplexidades hoje existentes.
